Gute Kurzzeittherapie in 12 plus 12 Stunden

für PsychotherapeutInnen, die
sich in Kurzzeittherapie einarbeiten wollen

Serge K. D. Sulz

www.cip-medien.com

Gute Kurzzeittherapie in 12 plus 12 Stunden
für PsychotherapeutInnen, die sich in Kurzzeittherapie einarbeiten wollen
Serge K. D. Sulz

ISBN: 978-3-86294-048-6
CIP-Medien, München 2017
Layout und Herstellung: S. Pohl
Cover: A. E. Sentürk
Bezugsquelle
Herold Fulfillment GmbH | Raiffeisenallee 10 | 82041 Oberhaching
cip-medien@herold-va.de | Tel. 0 89-61 38 71 24 | Fax 0 89-61 38 71 20

Bibliografische Information der Deutschen Nationalbibliothek
Die Deutsche Nationalbibliothek verzeichnet diese Publikation in der Deutschen Nationalbibliografie;
detaillierte bibliografische Daten sind im Internet über http://dnb.d-nb.de abrufbar.

Inhalt

Vorwort 11

I. DIE KURZZEITTHERAPIE-KONZEPTION 15

1. Kurzzeittherapie nach den neuen Psychotherapie-Richtlinien 17

1.1 Indikation zur Kurzzeittherapie 18

1.1.1 Umwandlungen von Kurz- in Langzeittherapie 19
1.1.2 Kurzzeittherapien ohne Verlängerung bzw. Umwandlung 19
1.1.3 Kriterien der Differentialindikation 19
1.1.3.1 Theoriegeleitete Differentialindikation von Kurz- und Langzeittherapie ... 22
1.1.3.2 Ressourcenorientierte Differentialindikation von Kurz- und Langzeittherapie ... 28
1.1.3.3 Befähigung zum Umgang mit Belastungen und Krisen als Kriterium der Differentialindikation von Kurz- und Langzeittherapie 30
1.1.3.4 Entwicklung als Kriterium der Differentialindikation von Kurz- und Langzeittherapie ... 31

1.2 Therapietheorie und Behandlungskonzept der Kurzzeittherapie 36

1.2.1 Eine affektiv-kognitive Entwicklungstheorie für die Verhaltenstherapie ... 36
1.2.1.1 Annahmen 37
1.2.1.2 Zur Homöostaseannahme 37
1.2.1.3 Zur Entwicklungsannahme 37
1.2.1.4 Zur Konstruktions- und Selbstorganisationsannahme 38
1.2.1.5 Zur Embodiment-Annahme 38
1.2.1.6 Entstehung und Funktion des Symptoms 39
1.2.1.7 Der Prozess der Symptombildung 40
1.2.1.8 Die Therapieziele 40
1.2.1.9 Die Therapiestrategie 40

1.2.2 Therapiepraxis 41
1.2.2.1 Die therapeutische Beziehung – die therapeutische Interaktion ... 42

1.2.2.1.1	Die therapeutische Beziehung – Maximen	42
1.2.2.1.2	Die Entwicklung der therapeutischen Beziehung im Laufe der Therapie	42
1.2.2.1.3	Das Symptom als Beziehungsstifter und primärer Therapieauftrag	42
1.2.2.2	Thematische Rekonstruktion der kindlichen Entwicklung und des Verharrens in kindlichen Überlebensstrategien	42
1.2.2.3	Entwicklung der Veränderungsstrategie	43
1.3	**Therapiethemen**	**45**
1.4	**Die therapeutische Beziehung in der Kurzzeittherapie: Von der Strategie der Übertragung zur heilenden Beziehungserfahrung**	**55**
1.4.1	Gestaltung der therapeutischen Beziehung	58
1.4.1.1	Welche Aspekte sind wichtig für die Gestaltung der therapeutischen Beziehung?	59
1.4.1.2	Konkrete Planung der Beziehungsgestaltung	60
1.4.1.3	Konkrete Vorbereitung auf Beziehungstests	61
1.4.2	Entwicklung der therapeutischen Beziehung im Therapieverlauf	62
1.5	**Gesprächsführung in den verschiedenen Phasen der Therapie**	**65**
1.5.1.1	Emotive Gesprächsführung	66
1.5.1.2	Kognitive Gesprächsführung	72
1.5.1.3	Metakognitive Gesprächsführung	73
1.5.1.3.1	Prinzipielles zur metakognitiven Gesprächsführung	73
1.5.1.3.2	Vorgehen beim metakognitiven Gespräch	75
1.6	**Der Therapieprozess**	**78**
1.6.1	Die 20 Schritte des Therapieprozesses	78

II. KLÄRUNGSPHASE . . . 83

2.	**Klärungsphase der Behandlung**	**85**
2.1	**Diagnostische Maßnahmen – die fünf diagnostischen Sitzungen und das VDS**	**86**
2.1.1	Die fünf diagnostischen Sitzungen	86

2.1.2	Das Verhaltensdiagnostiksystem als Instrument der horizontalen und vertikalen Verhaltensanalyse, Makroanalyse und Funktionsanalyse	88
2.1.3	Indikationsstellung	90
2.1.4	Prognose	91
2.2	**Anamnese der Lebens- und Krankheitsgeschichte**	**93**
2.3	**Verhaltens- und Bedingungsanalyse – Funktionales Bedingungsmodell und Fallkonzeption**	**95**
2.3.1	Das SORKC-Schema der Verhaltens- und Bedingungsanalyse	95
2.3.2	Bedingungsanalyse (der Mensch bzw. die Person)	96
2.3.3	Mikroebene	98
2.3.3.1	Problemsituation S	98
2.3.3.2	Problemreaktion R	98
2.3.3.3	Problemkonsequenz C	98
2.3.4	Makroebene	99
2.3.4.1	Vom Problem zum Symptom	99
2.3.4.3	Der Beitrag der sozialen Umwelt zur Aufrechterhaltung der Störung	100
2.3.4.4	Entwickeltes versus gelerntes Verhalten	100
2.3.5	Beispielfall	101
2.4	**Zielanalyse – der strategische Aufbau der Therapie**	**103**
2.4.1	Von der Störung zum Therapieziel – Idiographische Zielanalyse	103
2.4.1.1	Systematische Zielanalyse: Vom Störungsdetail zum Detailziel	105
2.4.1.2	Zielspezifität: Vergleich der Therapieziele bei verschiedenen Störungen	106
2.4.1.3	Zielprioritäten: Von den Detailzielen zum Globalziel	109
2.4.1.4	Ziele des Therapeuten – Wo bleibt der Patient?	111
2.4.2	Allgemeine Zieltaxonomien	113
2.4.2.1	Prozessuale Etappenziele	113
2.4.2.2	Salutogenetische ressourcenorientierte Therapieziele	113
2.5	**Der Behandlungsplan: Viele Wege führen nach Rom**	**115**
2.5.1	Therapeutische Strategien: Welche Wege wie begehen?	115
2.5.1.1	Vom SORKC-Schema ausgehende Ziele und Interventionsstrategien	116
2.5.1.2	Die Gesamtstrategie als Kern der Fallkonzeption	120
2.5.1.3	Die drei Säulen der Strategisch-Behavioralen Therapie	121
2.5.1.3.1	Säule 1: Symptomtherapie	121
2.5.1.3.2	Säule 2: Aufbau von Fertigkeiten – Skills Training	122
2.5.1.3.3	Säule 3: Motivklärung und Überlebensregel	122

2.5.1.4	Individualisierung des Therapieplans	123
2.5.2	Planung des zeitlichen, inhaltlichen und prozessualen Ablaufs der Therapie	123

2.6 Die Überlebensregel und die Klärung der Motive 125

2.6.1	Die Erschließung der Überlebensregel aus den heutigen	126
	Motiven und Verhaltensweisen	126
2.6.1.1	Das biographische Störungsmodell	126
2.6.1.2	Heutige Grundmotive (Bedürfnis, Angst) und Verhaltensstereotypien (Persönlichkeit)	127
2.6.1.2.1	Heutige Grundbedürfnisse/zentrale Bedürfnisse	128
2.6.1.2.2	Heutige Grundformen der Angst/zentrale Ängste	129
2.6.1.2.3	Persönlichkeit heute (dysfunktionale Persönlichkeitszüge)	130
2.6.1.2.4	Frustrierendes Elternverhalten, das zur Überlebensregel führte	131
2.6.2	Ableitung der dysfunktionalen Überlebensregel aus der Lerngeschichte und den	
	Beziehungen zu Vater und Mutter	133
2.6.3	Entgegen der Überlebensregel handeln	136
2.6.4	Neue Erfahrung: Die neue Erlaubnis gebende Lebensregel	137

2.7 Achtsamkeit und Akzeptanz 138

2.7.1	Erste Übung Body Scan	139
2.7.2	Atemübung	141
2.7.3	Sitzmeditation	142

III. ÄNDERUNGSPHASE 145

3. Änderungsphase der Kurzzeittherapie 147

3.1 Symptomtherapie bei allen Störungen – Mit meinem Symptom umgehen lernen 148

3.1.1	Kognitive Symptombewältigung	150
3.1.2	Umgang mit dem Verhaltenssymptom	150
3.1.3	Umgang mit der Reaktionskette zum Symptom	151
3.1.3.1	Die primäre Emotion wahrnehmen lernen	151
3.1.3.2	Den primären Handlungsimpuls bewusst verantwortlich steuern lernen	152
3.1.3.3	Die Folgen der intendierten Handlung realistisch einschätzen lernen	153
3.1.3.4	Das sekundäre gegensteuernde Gefühl ignorieren lernen	153
3.1.3.5	Meisterndes Verhalten aufbauen	154
3.1.3.6	Umgang mit der symptomauslösenden Situation	154
3.1.4	So beginnt die praktische Umsetzung	155

3.1.5	Umgang mit den symptomaufrechterhaltenden Bedingungen	155
3.1.6	Rückfallprophylaxe	156

3.2 Fertigkeitentraining und Kompetenzaufbau inkl. Rollenspiel ... 159

3.2.1	Von der Situation ausgehendes Training der Fertigkeiten	160
3.2.2	Vom Verhalten ausgehendes Training der Fertigkeiten	161
3.2.3	Verhaltenstherapeutisches Rollenspiel	161

3.3 Emotionsregulationstraining, Emotions-Exposition und Umgang mit Bedürfnissen ... 164

3.3.1	Emotionen und Gefühle	164
3.3.2	Emotionsregulation und ihre Störungen	166
3.3.3	Emotions-Exposition	169
3.3.3.1	Wut-Exposition	172
3.3.3.1.1	Wut haben	172
3.3.3.1.2	Mit Wut umgehen	174
3.3.3.2	Trauerexposition	176
3.3.4	Alter und neuer Umgang mit Bedürfnissen	179
3.3.4.1	Mein unbefriedigtes zentrales Bedürfnis	179
3.3.4.2	Lernen, mit meinem zentralen Bedürfnis umzugehen	180
3.3.4.2.1	Mein wichtigstes Zugehörigkeitsbedürfnis	180
3.3.4.2.2	Mein wichtigstes Autonomiebedürfnis	180
3.3.4.2.3	Mein wichtigstes Homöostasebedürfnis	181
3.3.4.2.4	Mein neuer Umgang mit meinem Bedürfnis	182

3.4 Entwicklung als Therapie ... 183

3.4.1	Entwicklungsstufen	183
3.4.1.1	Eine phänomenologische Heuristik zur Erkennung der impulsiven Stufe bzw. des impulsiven Modus	187
3.4.1.1.1	Neurobiologische und entwicklungspsychologische Wissensbasis	187
3.4.1.1.2	Unterscheidung von impulsivem Modus und souveränem Modus bzw. impulsiver und souveräner Entwicklungsstufe (Selbstaussagen des Patienten im therapeutischen Gespräch)	188
3.4.3	Praktisches Vorgehen bei den beiden Entwicklungsschritten	199
3.4.3.1	Entwicklung von der impulsiven zur souveränen Stufe (Mentalisierungsfähigkeit)	199
3.4.3.2	Entwicklung von der souveränen zur zwischenmenschlichen Stufe (Empathie)	201

IV. 12 + 12 STUNDEN GUTE KURZZEITTHERAPIE 205

4. Wie Kurzzeittherapie in 12 plus 12 Stunden stattfinden kann 207

4.1 Die Durchführung einer guten Kurzzeittherapie in 12 plus 12 Stunden – Vorbemerkung ... 208

4.1.1. Die Therapieverlaufsstadien – inhaltlich und prozessual 208
4.1.2 Durchführung als Kurzzeittherapie – Die Zeit spielt eine Rolle 210
4.1.2.1 Die TherapeutIn 212
4.1.2.2 Der Patient, die Patientin 213
4.1.2.3 Die Therapiestunden 214
4.1.2.3.1 *Erste Stunde:* Erstgespräch: Der Mensch, seine Beschwerden, die Auslöser, Verstärker 214
4.1.2.3.2 *Zweite Stunde:* Befunderhebung, Diagnostik: Symptome, Syndrome, Diagnosen 214
4.1.2.3.3 *Dritte Stunde:* Anamnese: Biographie und Familie 216
4.1.2.3.4 *Vierte Stunde:* Organismus-Variable O: Schemaanalyse (Überlebensregel), Entwicklungs-, Persönlichkeits- und Beziehungsdiagnostik 217
4.1.2.3.5 *Fünfte Stunde:* Fallkonzeption (Verhaltens- und Zielanalyse, Therapieplan) 220
4.1.2.3.6 *Sechste Stunde:* Symptomtherapie (Achtsamkeit, Akzeptanz, Bereitschaft, Exposition) 227
4.1.2.3.7 *Siebte Stunde:* Ressourcenanalyse & Ressourcenmobilisierung (z. B. Aktivitäten etc.) 233
4.1.2.3.8 *Achte Stunde:* Metakognitionstherapie. Von der dysfunktionalen Überlebensregel zur Erlaubnis gebenden Lebensregel 236
4.1.2.3.9 *Neunte Stunde*: Emotionstherapie 1: Tiefe emotionale Erfahrung – Gefühle wahrnehmen ... 236
4.1.2.3.10 *Zehnte Stunde:* Widerstandsanalyse (regressive Ziele, das Dilemma, Loslassen) 240
4.1.2.3.11 *Elfte Stunde:* Neue Fertigkeiten ausprobieren im Umgang mit mir und mit anderen 242
4.1.2.3.12 *Zwölfte Stunde:* Angst vor Veränderungen – ich stelle mich der Angst und den Gefahren 249
4.1.2.3.13 *Dreizehnte Stunde:* Emotionstherapie 2 – neuer Umgang mit Bedürfnis, Angst, Wut, Trauer 251
4.1.2.3.14 *Vierzehnte Stunde:* Niederlagen machen „wehrhaft". 257
4.1.2.3.15 *Fünfzehnte Stunde:* Umgang mit dysfunktionalen Persönlichkeitszügen 258
4.2.2.3.16 *Sechzehnte Stunde:* Entwicklung zur zwischenmenschlichen Stufe – Empathie 261
4.1.2.3.17 *Siebzehnte Stunde:* Persönliche Werte – vom bedürfnis- zum wertorientierten Menschen ... 263
4.1.2.3.18 *Achtzehnte Stunde:* primärer, sekundärerund tertiärer Selbstmodus 265
4.1.2.3.19 *Neunzehnte Stunde:* Das neue Selbst und die neue Welt 270
4.1.2.3.20 *Zwanzigste Stunde:* Neue Beziehungen 270
4.1.2.3.21 *Einundzwanzigste Stunde:* Automatisierung, Generalisierung, Selbstmanagement 272
4.1.2.3.22 *Zweiundzwanzigste Stunde:* Nach dem Überleben kommt das Leben 272
4.2.2.3.23 *Dreiundzwanzigste Stunde:* Rückfallprophylaxe 273
4.1.2.3.24 *Vierundzwanzigste Stunde:* Abschied und Neubeginn 275

4.2	PKP: Evidenzbasierte störungsspezifische Kurzzeittherapie von Depression, Sucht, Angst und Zwangsstörungen	281
4.3.	Das Praxismanual zur Kurzzeittherapie – Strategien der Veränderung von Erleben und Verhalten	284

V. ZUSAMMENFASSUNG 287

VI. ANHÄNGE 293

Anhang 1
Selbstmodus und Entwicklungsmodus 295

Anhang 2
Zusammenfassung wichtiger biographischer Faktoren 296

Anhang 3
VDS-Z Verhaltensdiagnostische Fallkonzeption mit Zielanalyse und Therapieplan ... 297

Anhang 4
Therapievertrag 306

Literaturverzeichnis 307

Stichwortverzeichnis 320

Autorenverzeichnis 331

Vorwort

Die Psychotherapie-Richtlinien sehen ab April 2017 vor, dass ohne Gutachterpflicht sofort 12 Stunden Kurzzeittherapie bewilligt werden, und danach noch ein zweites Mal weitere 12 Stunden. D. h. wir haben 24 Stunden Kurzzeittherapie zur Verfügung. Anlass genug, um sich der Kunst der Kurzzeittherapie zuzuwenden. Es gibt TherapeutInnen, die schon immer mit diesem Therapieumfang zurechtkamen und noch nie einen Bericht an den Gutachter schrieben.

Verhaltenstherapie war ursprünglich „die" Kurzzeittherapie. Heute beherrschen nicht mehr viele TherapeutInnen die Kunst der kurzen Therapie. Mehr und mehr wurde die Verhaltenstherapie „tiefenpsychologisch" – nicht unbedingt im Sinne von Freud, aber doch die tieferen Motive wie Bedürfnisse, Ängste und die zwischenmenschlichen Beziehungen analysierend. Und das kostet Zeit. Mit der konnte gezeigt werden, dass dies alles auch im Kurzzeit-Setting effektiv angegangen werden kann.

Je kürzer die Therapie, umso umfangreicher und differenzierter ist die Therapievorbereitung, umso präziser die Diagnostik und umso aktiver bewegen sich PatientIn und TherapeutIn durch den Therapieprozess. Wir können Ähnliches bei den immer kürzer werdenden stationären Aufenthalten in psychosomatischen Kliniken beobachten.

Es kommt in der Kurzzeittherapie sehr früh zu tiefer emotionaler Erfahrung – basierend auf einer Sicherheit gebenden vertrauensvollen und tragfähigen therapeutischen Beziehung (Problemaktualisierung nach Grawe, 1998). Wird im Kognitiven geblieben, so bleibt der Prozess oberflächlich und stagniert früh. Dagegen mündet das emotionale Erleben während der Therapiesitzung in eine mentale Reflexion der Ursachen und Wechselwirkungen der Problementstehung, Symptombildung und -aufrechterhaltung. Ergebnis ist Akzeptanz der Begrenzungen der eigenen Person sowie die Motivation zur Veränderung. Damit ist der aktive Part, den die TherapeutIn spielt, schon im Wesentlichen geleistet. Nun wird der Patient der Akteur, begleitet von der TherapeutIn – emotional, mental und relational.

Um eine Kurzzeittherapie souverän zu steuern, muss über die beiden wichtigen Aspekte von Beziehung und Therapieinhalt hinaus der Prozess im Bewusstsein der TherapeutIn sein. Der Therapieprozess besteht aus einer Kaskade von in jeder Therapie implizit oder explizit wiederkehrenden Therapieschritten, nicht starr wie eine Treppe, sondern dynamisch mit austauschbarer Reihenfolge. Jeder Schritt kann die Chance zu der entscheidenden Wende beinhalten, aber auch die Gefahr des Steckenbleibens oder Scheiterns.

Am Beginn einer Kurzzeittherapie steht die Fallkonzeption. Dazu sollte ich so viel wie möglich vom Patienten verstanden haben und die Geschichte seiner frühen und späten Kindheit, seiner Jugend und seines bisherigen Erwachsenenlebens kennen. Das mentale und empathische Nachempfinden seines Versuchs, heil durch seine schwierige Kindheit zu kommen, hilft seine Überlebensregel zu finden, die er vermutlich immer noch relativ wenig verändert auf seine heutigen Beziehungen anwendet. Sein Entwicklungsdefizit ließ ihn in der das Symptom auslösenden Situation scheitern. Oder der Konflikt zwischen den Bedürfnissen seiner meist nicht bewussten impulsiven emotionalen Seite und den Geboten und Verboten seiner eher bewussten rational steuernden Seite führte zur Symptombildung. Der Patient kann sich in der Therapie bald die Erlaubnis zu neuen Verhaltensweisen geben und verantwortlich mit seinen Beziehungen und seinem Leben umgehen. Er macht sowohl in der therapeutischen Beziehung als auch in seinen neuen Begegnungen mit für ihn wichtigen Menschen korrigierende Beziehungserfahrungen.

Dieses Buch ist der Nachfolger von „Strategische Kurzzeittherapie" (Sulz, 1994), das Mitte der Neunziger Jahre große Verbreitung fand, weil es die später nach Deutschland kommende dritte Welle der Verhaltenstherapie (z. B. Hayes et al., 2007, Linehan, 2016; McCullough, 2007) und auch den umfassenderen Ansatz von Klaus Grawe (1998) vorwegnahm.

Zur Bedeutung des Begriffs „strategisch"
Das Wort strategisch wird einerseits von einer systemischen Therapie verwendet (Haley 1977), andererseits wird immer wieder von Therapiestrategien gesprochen, was ein vorgefertigtes Ziel impliziert und einen gut überlegten und bevorzugten Weg, dieses zu erreichen.

Hier ist „strategisch" ein Synonym für „funktional". Die Funktion eines Verhaltens kann sich im systemischen Kontext auf seine Funktion z. B. im Familiensystem beziehen oder auf seine Funktion in der Emotionsregulation und Selbstregulation als Individuum. Der Untertitel meines Buchs: „Therapiebuch III – von der Strategie des Symptoms zur Strategie der Therapie" (Sulz 2011a) weist auf die eigentliche Bedeutung hin: Die Psyche, genauer die autonome Psyche des Menschen verfolgt eine Strategie des Überlebens und bedient sich dabei eines Symptoms. Diese unbewusste Strategie wird mit großer Energie verfolgt. Wie bei einer asiatischen Kampfkunst greift die Strategische Kurzzeittherapie diese Strategie und ihre Energie auf und macht daraus eine Strategie der Therapie.

Nicht die TherapeutIn ist es, die eine Strategie erfindet und entwickelt, sondern (unbewusst) die Psyche des Patienten. Die TherapeutIn greift nur diese schon vorhandene Strategie auf und gibt ihr eine neue Richtung. Das kann sie aber nur, wenn sie die Strategie des Symptoms verstanden hat.

Ist die hier vorgestellte Kurzzeittherapie verhaltenstherapeutisch?
Vom Verständnis des Patienten und seiner Symptombildung bis zu einer effektiven Therapiestrategie und einer Therapie, die nach 24 Sitzungen abgeschlossen werden kann, ist noch ein wesentlicher Schritt.

Es ist unbefriedigend, den Fall zwar verstanden zu haben, aber keine individuellen Kurzzeit-Therapieziele und erst recht keinen Kurzzeit-Therapieplan zu haben, mit einem inneren Bezug zu dem Menschen, den ich behandeln soll und will. Das Fallverständnis kann zwar intuitiv entstehen, nicht aber eine effektive Therapiestrategie. Dabei ist wirkliche Intuition das Ergebnis einer, allerdings nicht bewussten, komplexen Störungs-, Situations- und Beziehungsanalyse. Erfahrene Kurzzeit-TherapeutInnen können sich auf die Intuition ihrer autonomen Psyche verlassen. Doch das gelingt erst im Laufe der Jahre. Was am Anfang ein mühsamer und anstrengender gedanklicher Ablauf ist, wird mit jedem neuen Therapiefall ein zunehmend eleganterer intuitiv-kreativer Prozess.

Das Buch handelt nicht nur von der Kurzeittherapie-Strategie, sondern von strategischer Therapie – die immer weniger durch zielorientierte Kognition gesteuert wird, sondern sich vermehrt als strategische Intuition im therapeutischen Dialog mit dem Patienten ereignet. Dadurch wird viel psychische Energie und Aufmerksamkeit für die Interaktions- und Beziehungsaspekte frei, aber auch für die subtile Wahrnehmung dysfunktionaler affektiv-kognitiver Sequenzen in der Selbstregulation des Patienten.

Therapeutische Intuition ist erlernbar – durch Üben, wie es in diesem Buch vorgeschlagen wird.

Dadurch können Therapien kürzer werden und der Patient viel früher in sein eigenes Leben entlassen werden, wo er die Erfahrung machen kann, es selbst zu meistern und erfüllende Beziehungen einzugehen und dauerhaft zu pflegen.

Sind Sie ein psychoedukativer Therapie-Typ? Trotz des ständigen Aufgreifens momentaner Gefühle des Patienten kann es sein, dass der persönliche Stil und die eigene Arbeitsweise viel Psychoedukation beinhaltet. D. h., dass z. B. mit Flipchart oder Papier und Stift gearbeitet wird. In diesem Fall sind schriftliche Arbeitsmaterialien sehr hilfreich. Zu diesem Buch gehört deshalb das „Praxismanual – Strategien der Veränderung des Erlebens und Verhaltens" (Sulz, 2009b). Es enthält zweiundzwanzig detaillierte Arbeitsmodule zu den in diesem Buch beschriebenen vierundzwanzig Therapiesitzungen (148 Seiten) und einunddreißig Experimente (100 Seiten), die den Patienten herausfordern zu eigenem Erproben eines neuen Umgangs mit sich und anderen Menschen. In diesem Buch wird auf die jeweiligen Praxismanual-Arbeitsmodule verwiesen. Wer nicht mit Psychoedukation arbeiten will, sondern die Therapie rein interaktiv erlebnisorientiert gestaltet, braucht das Praxismanual nicht.

Auch auf das im Buch immer wieder zitierte PKP sei hingewiesen, das die störungsspezifische Variante der Strategischen Kurzzeittherapie ist, derzeit vorliegend für Depression, Alkoholkrankheit und Angst & Zwang. PKP bedeutet Psychiatrisch-Psychosomatisch-Psychologische Kurz-Psychotherapie und wird in Form von 90 bis 120 Therapiekarten (alternativ als A4-Ringbuch) angeboten. Inhalt ist eine Komposition evidenzbasierter leitliniengerechter Interventionen für die jeweilige Störung. Die Therapiekarten werden von den Patienten gut angenommen und führen dank ihrer Systematik konsequent durch die Therapie.

Noch ein letzter Literaturhinweis: Als erfahrene „Praktiker" – wie uns die Universitätsprofessoren nennen – befassen wir uns viel zu wenig mit dem aktuellen Forschungsstand der Psychologie bzw. der Psychotherapie-Wissenschaft, während sich die publizierte wissenschaftliche Erkenntnis jährlich mehr als verdoppelt. Wir müssten tausende von Seiten lesen, um auf dem aktuellen Stand zu sein. Als „scientist practitioner" habe ich versucht, diese Lücke teilweise zu schließen. Ich habe in meinem Buch „Gute Verhaltenstherapie lernen und beherrschen – Band 1. Verhaltenstherapie-Wissen: So gelangen Sie zu einem tiefen Verständnis des Menschen und seiner Symptome." auf etwa 400 Seiten aktuelles Wissen der Psychotherapie-Wissenschaft zusammengefasst, allerdings selektiv: Nur die für die Psychotherapie-Praxis höchst relevanten Forschungsergebnisse und nur diejenigen, die für ein integratives Menschenverständnis wie es der dritten Welle der Verhaltenstherapie und insbesondere auch dem Konzept der Strategischen Kurzzeittherapie SKT (Sulz, 2012a) und der Strategisch-Behavioralen Therapie SBT (Sulz & Hauke, 2009) zugrunde liegt. Wenn Sie neugierig sind, können Sie sich der Lektüre dieses Buches widmen – zeitökonomisch, weil Sie ja nicht mehr so vieles anderes lesen müssen.

Wenn es Ihnen nicht so sehr auf das Neueste aus der Wissenschaft ankommt, sondern Sie einfach ein tieferes Menschenverständnis haben wollen, das direkt zu dem Konzept der hier empfohlenen Kurzzeittherapie führt, dann können Sie als Abend- oder Bettlektüre mein Buch „Als Sisyphus seinen Stein losließ. Oder: Verlieben ist verrückt." genießen wie tausende vor Ihnen.

Am Zustandekommen des hier vorliegenden Buchs haben vor allem diejenigen Menschen, die als PatientInnen zu mir in psychotherapeutische Behandlung kamen, mitgewirkt. Ihnen möchte ich ebenso danken, wie meiner Frau, meinem Sohn Julian und meiner Tochter Aline. Und die KollegInnen, mit denen ich zusammengearbeitet habe und noch zusammenarbeite, haben viel zur Essenz dieses Buches beigetragen, wofür ich ihnen sehr dankbar bin (Christian Algermissen, Stephanie Backmund-Abedinpour, Beate Deckert, Ute Gräff-Rudolph, Susanne Graßl, Richard Hagleitner, Gernot Hauke, Annette Hoenes, Veit-Uwe Hoy, Petra Jänsch, Thomas Kaufmayer, Iris Liwowski, Manuel Peters, Annette Richter-Benedikt, Susanne Schönwald, Miriam Sichort-Hebing, Lars Theßen u. a.).

München, im Mai 2017   Serge Sulz

I. DIE KURZZEIT-THERAPIE-KONZEPTION

1. Kurzzeittherapie nach den neuen Psychotherapie-Richtlinien

Seit 1. April gelten die Bestimmungen der neuen Psychotherapie-Richtlinien für gesetzlich Krankenversicherte.

Neben der neu eingerichteten nur anzeigepflichtigen Akutbehandlung (bis zu 24-mal 25-minütige Sitzungen oder 12-mal 50-minütige Sitzungen ohne Antragstellung je Krankheitsfall) gibt es nun als antragspflichtige aber Gutachten-freie Richtlinientherapie die zweimal 12-stündige Kurzzeittherapie. Sie kann sofort beginnen, nachdem mindestens zwei und höchstens vier probatorische Sitzungen stattgefunden haben. Dabei kann es sich um eine Weiterbehandlung nach der gerade angesprochenen Akutbehandlung handeln oder um einen ganz neuen Beginn. Der Antrag auf Kurzzeittherapie kann bereits nach der ersten probatorischen Sitzung gestellt werden, wenn eine zweite probatorische Sitzung vereinbart wurde. Es gibt zwei Beantragungsschritte, zunächst die ersten 12 Sitzungen und später, sofern noch erforderlich, die zweiten zwölf Sitzungen (frühestens nach der siebten Sitzung). Dies ist aber nur möglich, wenn innerhalb der letzten zwei Jahre keine Psychotherapie stattgefunden hat.

Die Kurzzeittherapie gilt auch ohne Bewilligungsbescheid automatisch als bewilligt. Der Patient wird aber benachrichtigt. Bei Ablehnung werden sowohl Patient als auch TherapeutIn benachrichtigt. Spätestens nach der achten Sitzung der zweiten 12 Kurzzeitsitzungen (also etwa vier Wochen vor Ende der Kurzzeittherapie) kann eine Umwandlung in eine gutachterpflichtige Langzeittherapie beantragt werden. Diesem Antrag ist neben den Formularen der Bericht an den Gutachter (Sulz 2017c,d,e) und ein Konsiliarbericht beizulegen. Gleich im ersten Schritt können 60 Sitzungen Verhaltenstherapie beantragt werden. Einzel- und Gruppentherapie können kombiniert werden. Es ist lediglich auf dem Antragsformular anzugeben, ob das Einzelsetting oder das Gruppensetting dominierende Behandlungsart sein werden. Wechselt das dominierende Setting z. B. von Einzel zu Gruppe, so ist das nur anzeigepflichtig und es muss kein erneuter Antrag gestellt werden.

Beantragung zwei mal 12-stündige Kurzzeittherapie
- nach mindestens zwei und höchstens vier probatorische Sitzungen
- als Weiterbehandlung nach der gerade angesprochenen Akutbehandlung
- oder ein ganz neuer Beginn.

Der Antrag auf Kurzzeittherapie kann bereits nach der ersten probatorischen Sitzung gestellt werden, wenn eine zweite probatorische Sitzung vereinbart wurde.

Zwei Beantragungsschritte:
- die ersten 12 Sitzungen
- die zweiten 12 Sitzungen.

Die Kurzzeittherapie gilt auch ohne Bewilligungsbescheid automatisch als bewilligt.
- Spätestens nach der 8. Sitzung der zweiten 12 Kurzzeitsitzungen Umwandlung in eine gutachterpflichtige Langzeittherapie möglich.
- Einzel- und Gruppentherapie können kombiniert werden.

1.1 Indikation zur Kurzzeittherapie

Wissenschaftlich untersucht sind in der Verhaltenstherapie lediglich Kurzzeittherapien, während die Hälfte der in der Kassenversorgung durchgeführten Therapien Langzeitbehandlungen zwischen 45 und 80 Sitzungen sind.

Auf der Suche nach Kriterien für eine Differentialindikation lassen sich kaum empirische wissenschaftlichen Untersuchungen finden. Die zeitliche Kürze einer Therapie war noch kaum von primärem Interesse für die verhaltenstherapeutische Forschung. Der Grund ist simpel: In diesen Forschungstherapien wurde nicht behandelt, bis ein Therapieziel erreicht war, um dann den notwendigen Therapieaufwand zu messen (klinische Perspektive), sondern man wandte ein Interventionspaket an und hielt fest, wie wirksam es im Durchschnitt war. D. h., es wurde nach der im Forschungsdesign festgelegten Zeit mit der Therapie aufgehört, um dann die Effektivität dieser Therapie (wissenschaftliche Perspektive) zu testen. Gerade hierin unterscheiden sich Blickwinkel und Intention des Wissenschaftlers von denen des Klinikers und Praktikers.

Wir sind also bei der Frage nach der Differentialindikation von Kurz- und Langzeittherapie auf klinische Kriterien angewiesen. Wenn von vornherein eine Langzeittherapie durchgeführt wurde und diese erfolgreich war, so können wir nicht ausschließen, dass eine Kurzzeittherapie auch gereicht hätte. Eine erfolglose Langzeittherapie verleitet aus Gründen der Plausibilität zu der Aussage, eine Kurzzeittherapie sei noch weniger in der Lage, einen Erfolg zu erzielen. Es lässt sich jedoch dagegen halten, dass eine Intensivstrategie im Kurzzeitsetting vielleicht wirksamer das Veränderungspotential des Patienten hätte mobilisieren können.

Am meisten hilft uns die Betrachtung
a) erfolgreicher Kurzzeittherapie im Kontrast zu
b) erfolgloser Kurzzeittherapie, der eine erfolgreiche Langzeittherapie nachfolgte.

Natürlich ist es auf diese Weise nicht möglich, zu empirischen wissenschaftlichen Ergebnissen zu kommen. Aber vorliegende klinischen Ergebnisse sind so am hilfreichsten auszuwerten.

Vom inneren Aufbau her können wir zwei Arten von Kurzzeittherapie unterscheiden:
a) Tapetenmuster; fängt willkürlich irgendwann an und hört irgendwann auf, d. h., es wird so lange weitergemacht, bis das definierte Therapieziel erreicht ist, z. B. Angstexposition (Margraf und Schneider 2013) und kognitive Therapie nach Beck (1979);
b) Bild mit Rahmen; in sich dramaturgisch aufgebaut, mit definierter Anfangsphase, Mittel- und Abschlussphase wie Selbstkontrolltherapie der Depression nach Roth und Rehm (1986), Interpersonelle Psychotherapie der Depression nach Klerman et al. (1984 siehe auch Schramm 1998, 2009), Sulz (1998a, 1998b, 2009b, 2012a).

Erstere hat den Vorteil größerer zeitlicher Flexibilität, vor allem auch in Richtung weiterer Verkürzung z. B. auf nur zehn Sitzungen, letztere den Vorteil der Einbeziehung des Zeitfaktors in die Therapiekonzeption. Gemeinsam ist ihnen, dass sie nicht auf längere Therapien von 40-80 Sitzungen angelegt sind.

Sucht man im Langzeitbereich nach Therapiekonzepten, so bleibt fast nur Typ (a) übrig. Es gibt kaum Konzepte, die 40-80 Stunden veranschlagen und die den Aufbau der Therapie über so viele Stunden verteilen. Ausnahmen sind das Assertiveness-Training-Programm von Ullrich und Ullrich de Muynck (1997, 2002, 2003, 2006) und die Dialektisch-Behaviorale Therapie von M. Linehan (1996, 2016a, b).

Dies bedeutet, dass gerade in dem Bereich der Langzeittherapie mit Ausnahme der beiden genannten Beispiele sich Verhaltenstherapie und tiefenpsychologisch fundierte Psychotherapie weniger unterscheiden. Zwar wird in der Verhaltenstherapie das Problem und das Ziel definiert, der Weg jedoch nicht konzeptionell geplant. Auf eine sehr interaktionsbezogene Art wird der sequentielle Ablauf von Therapiesitzung zu Therapiesitzung der Wechselwirkung von Patient und TherapeutIn überlassen. Es handelt sich also um eine Verhaltensstrategie, die durch gegenseitige Vestärkung gesteuert wird und deshalb auch längere Zeit beansprucht als eine strategische Therapiekonzeption.

1.1.1 UMWANDLUNGEN VON KURZ- IN LANGZEITTHERAPIE

Häufige Begründung für die Umwandlung Kurz- in Langzeittherapie im Gutachterverfahren (aus der beispielhaften Durchsicht von 100 Umwandlungsanträgen) sind:
- die klinische Störung ist komplexer als anfänglich vermutet
- die Primärpersönlichkeit ist gestörter als anfänglich vermutet
- es wird ein vorher nicht bekanntes schweres Trauma offenbart (z. B. Missbrauch)
- zusätzlich zur Symptombehandlung wird die Therapie des Sozial- und Beziehungsverhaltens notwendig
- zwischenzeitlich trat ein belastendes Lebensereignis auf, dem der Patient in seinem Zustand noch nicht gewachsen war
- es kam zu einer Intensivierung der Symptomatik
- der Patient hat gerade einen sehr großen, sehr wichtigen Entwicklungsschritt gemacht, der durch Abbruch des therapeutischen Kontakts gefährdet wäre
- das Tempo der Veränderungsschritte vollzog sich erheblich langsamer, als angenommen werden konnte
- kurz vor Therapieende kam es zu einem schweren Rückfall, der vom Patienten allein nicht aufgefangen werden konnte.

Diese Formulierungen legen nahe, dass ein Langzeitfall als Kurzzeitfall verkannt wurde, abgesehen von eventuellen Therapiefehlern, die ein Nachbessern erforderlich machten.

1.1.2 KURZZEITTHERAPIEN OHNE VERLÄNGERUNG BZW. UMWANDLUNG

Dagegen wurden bei Kurzzeittherapien, die nicht in Langzeittherapien übergeführt wurden, folgende Gründe genannt (Durchsicht von 50 Kurzzeitanträgen einer verhaltenstherapeutischen Praxis):
- einfache umschriebene Störungen (keine Mehrfachdiagnosen) oder leichte Störungen (Anpassungsstörung)
- eher kurze Dauer der Störung
- eher stabile Primärpersönlichkeit
- eher erhebliche situative Auslöser.

Dies ist analog den Indikationskriterien, die z. B. für die interpersonelle Psychotherapie der Depression (IPT) genannt wurden (Klerman et al 1984, Schramm 1998, 2009).

1.1.3 KRITERIEN DER DIFFERENTIAL-INDIKATION

Die therapeutische Arbeit ist mit Erreichen des Therapieziels beendet. Das ist der Fall, wenn die angestrebten Verhaltensänderungen vollzogen sind oder wenn der Patient die restlichen Veränderungen ohne therapeutische Hilfe vollziehen kann. Um eine bestimmte Störung zu beheben, sind definierte Interventionen in abzuschätzendem Ausmaß erforderlich (Sulz, 2012a, 2015a). Dabei sind zu berücksichtigen: die Art der Erkrankung (Rabinowitz, und Lukoff, 1995), deren Schweregrad, Komplexität und Chronizität (Tillett, 1996), bisherige erfolglose Anwendungen von prinzipiell wirksamen Maßnahmen, die Wechselwirkung mit einer eventuell gestörten Persönlichkeit des Patienten und die Wechselwirkung mit einer eventuell änderungsfeindlichen sozialen Umgebung (Sulz, 2012a,b, 2015a). Diese eventuellen ungünstigen Bedingungen können den zeitlichen Aufwand für eine geplante Therapie verdoppeln, verdreifachen oder gar therapeutische Veränderungen unmöglich machen. Insbesondere wirken sie zeitraubend, wenn sie zum Zeitpunkt der Diagnose und Therapieplanung unzureichend analysiert sind. Sie müssen also auch zu Beginn einer Kurzzeittherapie in Art und Ausmaß eingeschätzt werden. Trotz Vorliegens mehrerer dieser ungünstigen Prädiktoren kann die Entscheidung zugunsten einer Kurzzeittherapie fallen, solange nicht empirische Belege für deren grundsätzliche Unwirksamkeit vorliegen. Der Therapieplan muss in diesem Falle diese ungünstigen Faktoren einbeziehen (Sulz 2005d, 2008a,b). Die hierfür einsetzbare QM-Checkliste aus dem Qualitätsmanagementsystem für die Psychotherapie VDS QM-R ist der QMP03-Bel: Fallspezifische Belastungen (Sulz 2008b). Hier wird nach ungünstigen Vorbedingungen einer Psychotherapie gefragt, die möglicherweise eine Langzeittherapie erforderlich machen:

Belastende Faktoren in der Kindheit und Jugend:
- ( ) Erbliche Belastung psychisch (z. B. affektive oder schizophrene Psychosen in der Familie oder Alkoholismus)
- ( ) Mutter ist in meinen ersten Lebensjahren psychisch krank gewesen (inkl. Sucht)
- ( ) Vater ist in meiner Kindheit psychisch krank gewesen (inkl. Sucht)
- ( ) Mutter lebte in meinen ersten Lebensjahren unter extrem belastenden Bedingungen
- ( ) Ständige massive Auseinandersetzungen der Eltern in meiner Gegenwart als Kind
- ( ) Häufige körperliche Gewalttätigkeiten von Seiten der Eltern in meiner Kindheit
- ( ) Sexueller Missbrauch in meiner Kindheit
- ( ) Ich wurde die ganze Woche bei den Großeltern abgegeben und erst zum Wochenende geholt
- ( ) Ich wurde unter der Woche zu Pflegeeltern gegeben
- ( ) Ich verbrachte Monate bis Jahre im Heim
- ( ) Mutter war in den ersten beiden Lebensjahren längere Zeit im Krankenhaus, während der Vater weiter zur Arbeit ging
- ( ) Ich war als Kind in den ersten drei Lebensjahren längere Zeit ohne Mutter im Krankenhaus
- ( ) Trennung bzw. Scheidung der Eltern während meiner Kindheit
- ( ) Tod eines Elternteils während meiner Kindheit
- ( ) Tod eines Geschwisters während meiner Kindheit
- ( ) Ich hatte in meiner Kindheit eine schwere körperliche Erkrankung, die mein Leben stark beeinträchtigte
- ( ) Ich hatte in meiner Kindheit ein sehr traumatisches Erlebnis, das nicht verarbeitet werden konnte
- ( ) Ich musste in meiner Kindheit eine Serie von sehr belastenden Erlebnissen über mich ergehen lassen
- ( ) Ich hatte psychische Erkrankung(en) in der Kindheit und Jugend

Belastende Faktoren im Erwachsenenalter:
a) schicksalhafte Belastungen
- ( ) Tod des Ehepartners
- ( ) eigene unheilbare schwerste Erkrankung (z. B. Karzinom, schwere degenerative oder Autoimmunkrankheit)
- ( ) Frühpensionierung
- ( ) Sozialhilfeempfänger/in
- ( ) Leben in einem Heim

b) eigenes Scheitern
- ( ) fehlender Berufsausbildungsabschluss
- ( ) in der Vergangenheit fehlende stabile Angestelltenverhältnisse
- ( ) in der Vergangenheit wiederholtes Scheitern von beruflichen Projekten (anspruchsvolle Stelle, Umschulung)
- ( ) in der Vergangenheit häufig Entlassenwerden
- ( ) in der Vergangenheit lange oder wiederholte Zeiten von Arbeitslosigkeit
- ( ) in der Vergangenheit fehlende Partnerschaften
- ( ) in der Vergangenheit häufiges Scheitern von Partnerschaften
- ( ) in der Vergangenheit extrem häufige Wechsel von Geschlechtspartnern
- ( ) in der Vergangenheit Leben in sozial sehr niedrigem Milieu
- ( ) in der Vergangenheit mehrfache kriminelle Delikte

c) Vorerkrankungen
( ) Chronische körperliche Erkrankungen, die eine Verbesserung der Lebensqualität unmöglich machen
( ) Chronische psychische Erkrankungen (ohne Sucht)
( ) Suchterkrankung
( ) Mehrere schwere Selbstmordversuche
( ) Häufige psychische Erkrankungen in der Vergangenheit (zwei oder mehr)
( ) Lange Aufenthalte in einer psychiatrischen Klinik (zwei oder mehr)
( ) Häufige stationäre psychiatrische Behandlungen (zwei oder mehr)
( ) Häufige stationäre psychotherapeutische Behandlungen (zwei oder mehr)
( ) Mehrere ambulante psychotherapeutische Vorbehandlungen ohne große Veränderungen (zwei oder mehr)

Während einer Kurzzeittherapie können sich aber neue ungünstige Ereignisse eingestellt haben, die es zu berücksichtigen gilt (Sulz 2005c, 2008b). Sie sind in der QM-Checkliste QMT11-Verlauf Therapieverlaufsspezifische Faktoren, die bei der Bewertung des Therapieergebnisses berücksichtigt werden müssen, erfasst:

A. Ungünstige Ereignisse während der Kurzzeittherapie
Diese Aufzählung soll Ereignisse und Entwicklungen dokumentieren, die einen unteroptimalen Verlauf der Therapie und ein ungünstiges Ergebnis nachvollziehbar machen. Zum Teil sind sie unbeeinflussbare Schicksalsschläge (a), zum Teil Ergebnis der Therapie (b, c). Im letzteren Fall entschuldigen sie nicht das unteroptimale Ergebnis, sondern sind dessen Bestandteil.

a) Neue belastende Ereignisse im Leben des Patienten
( ) Trauma ....
....
( ) Sehr belastendes Life event (z. B. Tod des Partners, Trennung, Scheidung, massive Ehekrise, schwere akute eigene Erkrankung, schwere akute Erkrankung eines nahen Angehörigen, Verlust des Arbeitsplatzes, Auszug erwachsener Kinder) ....
....

b) Unerwünschte Ereignisse in der Therapie
( ) Antitherapeutische Entwicklung der Therapiebeziehung (Verbrüderung, Gegnerschaft, Missbrauch, krisenhafte Verschlechterung der Therapiebeziehung etc.) d. h. ....
....
( ) Der Patient kommt nur unregelmäßig zur Therapiestunde
( ) Der Patient unterhält mehrere therapeutische Nebenbeziehungen
( ) Der Patient bricht die Therapie ab

c) Zwischenzeitliche Erkrankungen
( ) Chronische körperliche Erkrankung, die eine Verbesserung der Lebensqualität unmöglich macht
( ) Chronische psychische Erkrankung
( ) Suizidversuche
( ) Schwere Rückfälle in die alte Symptomatik (krisenhafte Zuspitzung)
( ) Neue psychische oder psychosomatische behandlungsbedürftige Beschwerden
( ) Aufenthalte in einer psychiatrischen Klinik
( ) stationäre psychotherapeutische Behandlung/en
( ) neu oder wieder erforderliche Medikation (Psychopharmaka, Schmerzmittel etc.)
....
....

B. Ungünstige Ereignisse nach der Therapie
Diese Aufzählung soll Ereignisse und Entwicklungen dokumentieren, die einen unteroptimalen Verlauf der Therapie und ein ungünstiges Ergebnis nachvollziehbar machen.
Neue belastende Ereignisse im Leben des Patienten
( ) Trauma
( ) Sehr belastendes Life event (z. B. Tod des Partners, Trennung, Scheidung, massive Ehekrise, schwere akute eigene Erkrankung, schwere akute Erkrankung eines nahen Angehörigen, Verlust des Arbeitsplatzes, Auszug erwachsener Kinder) ....
....

Unter diesem Vorzeichen heißt die Indikationsregel für Kurzzeittherapie zunächst:
- bei jedem Patienten mit jeder Störung.

Umgekehrt heißt die Indikationsregel für Langzeittherapie:
- bei jedem Patienten, bei dem eine Kurzzeittherapie nicht ausreiche oder der Therapieplan eine notwendige Stundenzahl nachvollziehbar begründet, die in den Bereich der Langzeittherapie fällt.

Diese Formulierungen scheinen den Entscheidungsspielraum der TherapeutIn auf eine unbefriedigend beliebige Weise auszudehnen. Dies ist dann gerechtfertigt, wenn bei Kurzzeittherapien eine mindestens so aufwendige Diagnostik und Therapieplanung betrieben wird wie bei Langzeittherapien. Wer diese unterlässt, muss sich dem Vorwurf stellen, er sei konzeptionslos in eine Kurzzeittherapie hineingestolpert und habe dehalb die bisherigen Therapiestunden unökonomisch und ziellos vertan. Wer in der zwanzigsten Stunde bei einer Agoraphobie mit Panikattacken mit einer systematischen Desensibilisierung beginnt, und als bisherige therapeutische Arbeit Entspannnungstraining, Vorstellungstraining und Erarbeiten einer Zielhierarchie angibt, muss sich z. B. fragen lassen, weshalb er nicht bereits in der sechsten Stunde (nach fünf diagnostischen Sitzungen) mit einer Angsttherapie in vivo begonnen hat – neben der Frage nach der wesentlich ökonomischeren Vorgehensweise der Angstexposition Sulz, Sichort-Hebing & Jänsch 2015a,b).

Bei der Umwandlung müssen anfänglich definierte Ziele und zielbezogene Interventionen mit Teilzielerreichungen aufzeigbar sein (Sulz 2015a). So kann eine Depressionsbehandlung eine Reduktion des sozialen Rückzugsverhaltens und den Aufbau sozial kompetenten Verhaltens im Kollegenkreis zum Ziel haben. Zum Zeitpunkt der Umwandlung kann sich durch den Einsatz von Tagesplänen das Aktivitätsniveau im angestrebten Ausmaß erhöht haben. Dagegen hatten bisher erst wenige Sitzungen Sozialverhalten wie Nein-sagen-Können und Fordern-Können zum Thema.

Selbst bei bescheidener Formulierung der Ziele sollten sie sich doch in das insgesamt komplexe Bild des klinischen Falles einfügen.

Die zeitliche Priorität der bisher verfolgten Ziele muss nachvollziehbar sein und diese müssen auch (außer bei Krisenintervention) die natürlichen ersten Schritte der Veränderung sein (Kanfer et al. 2012, Schulte 1998). So kann z. B. der Einsatz von kognitiven Interventionen bei einer Depression zurückgestellt werden zugunsten von prompt auf die Stimmung einwirkenden verstärkerorientierten Interventionen wie bei Sulz & Deckert (2012a,b). Es bleiben als primäre Langzeitfälle komplexe Störungen wie z. B. Persönlichkeitsstörungen, Zwang, Anorexia nervosa, Bulimia nervosa, bei denen kontrovers diskutiert wird, ob eher eine Indikation zur stationären Therapie besteht (Sulz 1993c). Verhaltenstheoretisch lassen sich Persönlichkeitsstörungen als extrem verfestigte, d. h. nur schwer löschbare emotionale, kognitive und Handlungs-Reaktionsstereotypien betrachten, bei denen es nicht ausreicht, nur einen Verhaltensbestandteil zu modifizieren, z. B. einfache kognitive Umstrukturierungen durchzuführen. Man kann z. B. den Therapieansatz von Ullrich und Ullrich de Muynck (2002, 2003, 2006) als Behandlung der selbstunsicheren bzw. sozial ängstlichen Persönlichkeitsstörung betrachten. Ihr Assertiveness-Training-Programm ist eines der bisher empirisch am besten abgesicherten und zugleich klinisch umfassendsten eingesetzten und bewährten Therapieverfahren. Die Behandlung wird in Gruppen durchgeführt mit einer doppelstündigen Sitzung pro Woche. Insgesamt sind fünfzig bis sechzig Gruppensitzungen erforderlich. Inhaltlich folgt die Therapie einer mehrdimensionalen Angsthierarchie mit insgesamt 110 Übungsstufen.

Noch aufwendiger angelegt ist Marsha Linehans (2016a,b) Dialektisch-Behaviorale Therapie (DBT) der Borderline-Persönlichkeitsstörung. Einzel- und Gruppentherapie laufen mindestens ein Jahr lang parallel. Die Einzeltherapie wird anschließend noch zwei Jahre lang fortgeführt. In sehr schwierigen Fällen dauert die therapeutische Betreuung auch fünf Jahre.

1.1.3.1 Theoriegeleitete Differentialindikation von Kurz- und Langzeittherapie

Eine erste grundsätzliche Unterscheidung bezieht sich auf die Art der Aufrechterhaltung von Symptomen und zu verändernden Verhaltensweisen. Wir unterscheiden gelerntes Verhalten von regelgeleitetem Verhalten.

Eine einfache lernpsychologisch fundierte Verhaltensanalyse und -therapie reichen bei dem Verhalten aus, das durch einfache respondente oder operante Weise konditioniert wurde und im Wesentlichen durch Vermeidung aufrechterhalten wird. Dies ist die klassische Indikation für Kurzzeittherapie. Von lediglich konditionierungsbedingtem Verhalten ist Verhalten zu unterscheiden, das „rule-governed" – regelgeleitet – ist (Hayes et al. 2007, Sulz 1994). D. h., das Verhalten muss, einer in der Lerngeschichte entwickelten Über-

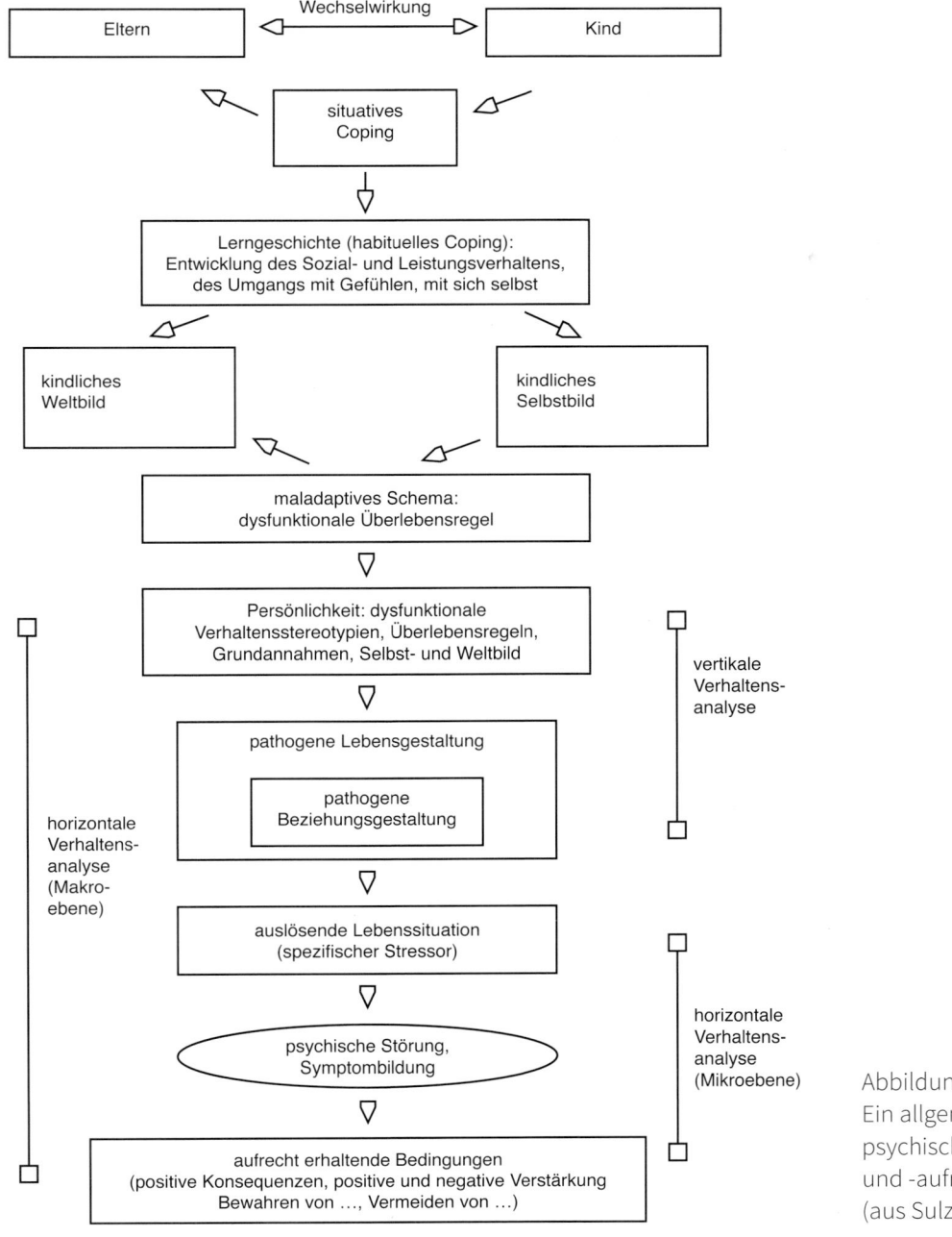

Abbildung 1.1.1: Ein allgemeines Modell psychischer Symptombildung und -aufrechterhaltung (aus Sulz 2015a, S. 18)

Tabelle 1.1.1: Defizitorientierte Differentialindikation von Kurz- und Langzeittherapie

	Kurzzeittherapie	Langzeittherapie
Lebensgestaltung vor Symptombildung (pathogen?)	ungestört oder durch schwer beeinflussbare externe Faktoren beeinträchtigt	pathogene Konstruktion ungünstiger Lebensbedingungen
Beziehungsgestaltung vor Symptombildung (pathogen?)	ungestört	deutlich chronisch gestört
Symptomauslösender Aspekt der Lebenssituation (massive belastende Auslöser?)	massive situative Belastung im Sinne eines belastenden Life event	Der Auslöser ist lediglich der Tropfen, der das Fass zum Überlaufen bringt
Lerngeschichte der familiären Sozialisation (auffällig belastende Lebensereignisse oder -umstände in der Kindheit?)	geringe Frustrationen und/oder Traumatisierungen in der kindlichen Lerngeschichte	erhebliche Frustrationen bzw. Traumatisierungen in der kindlichen Lerngeschichte
Selbstbild (Einschätzung, das Leben zu meistern und sich die nötigen Beziehungen aufzubauen, ist kindlich bedürftig und ineffizient?)	ausreichend realistisches Selbstbild, das durch neue Erfahrungen modifizierbar ist	trotz laufender gegenteiliger Erfahrungen wird am alten Selbstbild festgehalten
Weltbild (Einschätzung der anderen Menschen, deren Motive und voraussichtliche Reaktionen als unverändertes Residuum aus der Kindheit übernommen?)	ausreichend realistische Sicht der gegenwärtigen Umwelt, die durch neue Ereignisse erweitert werden kann	unrealistische Erwartungen bzw. Vorhersagen bezüglich der Reaktion der Umwelt
Überlebensregel (zur Optimierung der Beziehungsgestaltung ist dysfunktional und rigide?)	mäßig dysfunktionale Überlebens- regel, die nur in sehr schwierigen Situationen das Verhalten beherrscht	sehr dysfunktionale, rigide Überlebensregel, die das psychosoziale Verhaltensrepertoire stark einschränkt
Zentraler Verstärker (zentrales Bedürfnis als völlig im Vordergrund bleibendes Motiv, chronische instrumentelle Verhaltensmuster, um diese Verstärkung zu erhalten bzw. zu bewahren?)	partieller Verzicht auf nicht erreichbare Verstärker bzw. Umstieg auf andere Verstärker ist möglich, z. B. von Geborgenheit auf Anerkennung	große Bedürftigkeit, die nicht durch bewussten Verzicht (Selbstkontrolle) abgebaut werden kann
Zentrale Vermeidungstendenz (zentrale Angst, Bemühen, durch ständiges Vermeidungsverhalten die Gefahr zu bannen?)	punktuelle, situationsspezifische Hintergrundangst, die der bewussten Exposition zugänglich ist	durchgängige, intensive, stark generalisierte Vermeidungshaltungen, die das Verhalten bestimmen
Aggressionshemmung, Aggressionspotential (keine intentionale Wehrhaftigkeit, wachsendes Aggressionspotential?)	wenig aufgestaute Aggressivität bzw. Impulsivität	starke Hemmung der spontanen Impulsivität, großes aufgestautes Aggressionspotential (aufgrund der Menge der nicht erwiderten Frustrationen und Chancenlosigkeit, sich zu wehren

lebensregel folgend, in bestimmten Situationen ausgeführt werden. Diese Regel kann sehr starr oder sehr generalisiert ein Verhalten vorschreiben, das nicht ausreichend situationsadäquat ist und dem Betreffenden zum Nachteil gereicht. Die diagnostischen Betrachtungen müssen in diesem Falle auf motivations-, emotions-, kognitions-, persönlichkeits- und sozialpsychologischen Erwägungen beruhen. Gegenstand der Diagnostik ist es dann, diese Regel zu finden, ihre Änderungsresistenz einzuschätzen und gezielte verhaltensorientierte Interventionen zu planen, die ihre Änderung zur Folge haben. Ergebnis dieser Diagnostik kann sowohl die Indikation zu einer Kurz- als auch zu einer Langzeittherapie mit entsprechender Zielformulierung sein (Sulz 2012a, 2015a).

Als Therapieziel bei Kurzzeittherapie kann man sehen (Sulz 1996):
a) die Optimierung der psychischen Homöostase auf dem bestehenden emotionalen Entwicklungsniveau oder
b) die Überwindung eines Entwicklungskonflikts und Hilfestellung beim Entwicklungsschritt zur nächst höheren Entwicklungsstufe (Kegan 1986).

Diese Zielbestimmung ergibt sich aus einem Störungsmodell, das die Symptombildung als Notfallmaßnahme zur Stabilisierung der gegenwärtigen homöostatischen Selbstregulation betrachtet (Sulz 2012b).

Im Kontrast dazu ergibt sich als Therapieziel bei Langzeittherapie die Herstellung der Entwicklungsfähigkeit
a) bei einem defizienten Entwicklungsstand im emotionalen, kognitiven und interaktiven Bereich oder
b) bei umfassendem Entwicklungsrückstand aller wichtigen psychischen Bereiche (Denken, Fühlen, Handeln) auf einer sehr frühen Entwicklungsstufe. D. h., der Mensch muss auf dieser Stufe nachreifen und kann erst dann den nächsten Entwicklungsschritt gehen.

Ausgehend von einer affektiv-kognitiven Entwicklungstheorie psychischer Störungen (Sulz 2012a), lässt sich hypothetisch ein Modell der Differentialindikation von Kurz- und Langzeittherapie formulieren (Tabelle 1.1.1):

Die Lebensgestaltung vor Symptombildung, d. h., wie das Leben des Patienten ablief, bevor das Symptom ausbrach, kann einerseits auf die Funktion des Symptoms hinweisen. Andererseits zeigt sie auch im Sinne des Konstruktivismus der Palo-Alto-Schule (Watzlawik et al. 1974), inwiefern in die Gestaltung der verschiedenen Lebensbereiche eine Sollbruchstelle eingebaut wurde, die zwangsläufig zum Symptom führen musste, sobald die persönlichen Ressourcen überlastet waren. So wie wir den Bäcker oder einen anderen Handwerker betrachten können (Persönlichkeitsdiagnostik), können wir auch seine handwerklichen Produkte, sein Werk betrachten (Konstruktion des aktuellen Lebens als eventuell pathogene Lebensgestaltung). Beides zusammen ergibt eine aufschlussreichere Diagnostik.

Es gibt Patienten, bei denen die Lebensgestaltung ungestört erscheint oder durch schwer beeinflussbare Faktoren beinträchtigt ist (z. B. den Entscheidungen des einzigen Arbeitgebers in der Region ausgesetzt). Bei ihnen liegt keine pathogene Konstruktion des Lebens vor, wie dies bei einem Menschen der Fall wäre, der sämtliche Arbeitgeber der Region im Halbjahresrhythmus „aufgearbeitet" hat.

Die Beziehungsgestaltung vor Symptombildung, d. h., welche zwischenmenschlichen Beziehungen im letzten Jahr davor existierten, wie sie gepflegt wurden, auf welche Weise sie stützend waren oder pathogen wurden, kann ebenfalls als konstruiertes Werk des Patienten betrachtet werden.

Eine Patientin, die das Gedeihen ihrer Kinder zum alleinigen Inhalt ihres Lebens machte, keinerlei eigene Freundschaften pflegte und die Ehe verkümmern ließ, steuerte unweigerlich auf einen Zusammenbruch hin, den der Auszug der erwachsen gewordenen Kinder hervorrief. Eine andere Patientin dagegen pflegte neben ihren Beziehungen zu ihren Kindern und dem allmählichen Loslassen dieser Kinder eine tragfähige eheliche Partnerschaft sowie einige gute Frauenfreundschaften. Der plötzliche Unfalltod ihrer zweiten Tochter löste bei ihr eine Depression aus.

Der **symptomauslösende Aspekt der Lebenssituation** ist zwar manchmal nicht leicht erkennbar, aber bei einigen Patienten ist das situative Ereignis so überwältigend, dass wir von einem situativen oder reaktiven Geschehen sprechen können. Wir erkennen das Ereignis sofort als massiven belastenden Auslöser, wie z. B. Tod eines Angehörigen, Trennung und Scheidung, Entlassung als Endpunkt einer Karriere. Andere Patienten werden schon krank, wenn sie nur an die Trennung vom Partner denken. Oder wenn sie den Eindruck gewinnen, ihre zentralen Anliegen niemals in der bestehenden Partnerschaft durchsetzen zu können.

Die **Lerngeschichte** der familiären Sozialisation lässt nach ausgiebiger Anamnese und Exploration (unbedingt auch bei einer Kurzzeittherapie!) nachempfinden, welche Fülle von Frustrationen oder Traumatisierungen zur Vulnerabilität eines Patienten beigetragen haben können. Während wir in einem Fall keine auffälligen belastenden Lebensereignisse oder -umstände in der Kindheit finden, auch keine pathologischen Persönlichkeiten der Eltern und zudem keine chronisch belastenden Interaktions- und Beziehungsmuster zwischen Eltern und Kind, mag in einem anderen Fall die Mutter das Kind wochenweise bei wechselnden Bekannten abgegeben, es mit Wutausbrüchen malträtiert und ansonsten Körperkontakt panisch vermieden haben.

Das **Selbstbild** als Quelle der Überzeugung und des Vertrauens, Eigenschaften und Fähigkeiten bleibend in sich zu tragen und im rechten Moment einsetzen zu können, um das Leben zu meistern und sich die benötigten sozialen Beziehungen aufzubauen, kann bei einem Menschen gut durch die realen Erfahrungen des Erwachsenenlebens evaluiert sein. Ein anderer Patient verharrt, ungeachtet der ständig das Gegenteil erweisenden Erlebnisse, in einem kindlichen Selbstbild, das aus den lange zurückliegenden Eltern-Kind-Interaktionen hervorging und z. B. immer noch seine Kreativität als nichtsnutzige Leistungsverweigerung empfindet.

Das **Weltbild** als Summe der Erfahrungen im Austausch mit der sozialen Umwelt ist bei einigen Patienten das unveränderte Residuum aus der Kindheit. Obgleich die Kindheitsbedingungen längst nicht mehr gelten, tun sie so, als ob diese immer noch wirksam seien. So kann ein Patient fest damit rechnen, von allen Menschen streng strafend zurückgewiesen zu werden, wenn er eine gegenteilige Meinung äußert. Er hat mit dem Ende der Kindheit aufgehört, die Gültigkeit dieses Bilds an der täglichen Realität zu prüfen. Ein anderer Patient dagegen mag eine weitgehend adäquate Einschätzung der anderen Menschen, deren Motive und voraussichtlichen Reaktionen haben und auch bereit und fähig sein, dieses Bild neuen Erfahrungen anzupassen.

Die **Überlebensregel** als verdichtete Verhaltensanweisung im Umgang mit wichtigen Beziehungen kann flexibel und hilfreich sein, um zur bestmöglichen Beziehungsgestaltung zu kommen. Sie leitet aus der logischen Verknüpfung von Selbst- und Weltbild Gebote und Verbote ab, die gewährleisten sollen, zentrale Bedürfnisse zu befriedigen und zentrale Bedrohungen zu verhindern. Bei manchen Patienten ist diese Regel so unumstößlich wie die zehn Gebote und zugleich im Erwachsenenleben so **dysfunktional**, dass sie die Meisterung von Lebenskrisen nur mit Hilfe von Symptombildung erlauben.

Der **zentrale Verstärker bzw. das zentrale Bedürfnis** ist bei einigen Patienten das völlig im Vordergrund bleibende Motiv geblieben. Sie haben das Gefühl, davon sehr viel zu brauchen, und entwickeln chronische instrumentelle Verhaltensmuster, um diese Verstärkung so umfassend wie möglich zu erhalten bzw. zu bewahren. Umgekehrt dürfen sie kaum anderes Verhalten zeigen, denn dieses würde zum Verlust dieses zentralen Verstärkers führen. Wenn z. B. Geborgenheit oder Schutz und Sicherheit ein so hochwertiges Gut im Leben eines Menschen sind, so kann er jegliche Selbständigkeit, jegliches Verlassen seines sicheren Nestes meiden. Erfordert eine Lebenssituation dies trotzdem, so weicht er auf eine Symptombildung aus. Ein anderer Patient hat dagegen ein größeres Reservoir an potentiell wirksamen Verstärkern. Er sieht sich nicht gezwungen, unentwegt instrumentelle Bemühungen aufzubringen, da er in der Zuversicht lebt, dass das Leben sie ausreichend bieten wird.

Die **zentrale Vermeidungstendenz bzw. die zentrale Angst** soll eine bestimmte Bedrohung fernhalten wie z. B. Vernichtung, Verlassenwerden, Kontrollverlust oder Ablehnung. Einige Patienten starren in nahezu jeder sozialen Situation auf ihr imaginäres Damoklesschwert und bemühen sich durch ständiges Vermeidungsverhalten die Gefahr zu bannen. Sie sind nur schwer von diesem Überlebenskampf abzubringen und wollen die Ungefährlichkeit ihrer Umwelt einfach nicht glauben. Andere Patienten fühlen sich prinzipiell nicht bedroht in ihrem Leben und in ihren Beziehungen. Und es sind auch keine umfangreichen Vermeidungsstrategien bei ihnen zu explorieren oder zu beobachten.

Die **Wut und Umgang mit Wut als Aggressionshemmung und das Aggressionspotential** erklären eine wichtige Kraft, die dem therapeutischen Fortschritt entgegenwirkt. Es gibt einige Menschen, die in ihrer Kindheit gelernt haben, keinerlei aggressive Impulse in die Außenwelt gelangen zu lassen, weshalb ihr Verhalten keine intentionale Wehrhaftigkeit beherbergt. Andererseits dürfen wir wohl von einem „Satz von der Erhaltung der Aggression" ausgehen. Und dies bedeutet, dass jedes Kind, das keine Chance hatte, eine Aggression angemessen zu erwidern, sich wie ein Akkumulator mit Aggression auflädt. Es hat somit die Bürde, diese größer werdende Ladung, d. h. das wachsende Aggressionspotential so zu verwalten, dass keine Komplikationen im Umgang mit der sozialen Umwelt auftreten. Beide Aspekte sollten erfasst werden. Während wir das Ausmaß der Wehrhaftigkeit am Vorhandensein von selbstbehauptendem Verhalten erkennen, lässt sich das so definierte Aggressionspotential nur an der Summe der explorierten Frustrationen und Aggressionen abschätzen, die dem aggressionsgehemmten, wehrlosen Menschen als Kind, Jugendlichem und Erwachsenem zugefügt wurden. Deshalb ist die Kenntnis der Biographie unverzichtbar.

Eine **Defizienz der Impulskontrolle** kann sowohl im Sinne einer unzureichenden Kontrolle mit Impulsdurchbrüchen als auch im Sinne eines völligen Ausfalls jeglicher Impulsivität bestehen. Während einige Patienten situationsadäquat emotionales Verhalten zeigen können, ohne zu impulsiv zu reagieren bzw. ohne unnötige Impulshemmung, begegnen wir anderen Patienten, die Wut und Impulsivität nur nach dem Prinzip des Alles oder Nichts handhaben können. Entweder emotionslos kühl oder kalt reagieren oder einer nicht mehr steuerbaren Wut verfallen.

Eine **Einschränkung des Gefühlsrepertoires** beeinträchtigt die Erlebens- und Verhaltensmöglichkeiten eines Menschen. Bei einigen Patienten ist diese Einschränkung in nahezu allen zwischenmenschlichen Situationen wirksam und es bleiben ihnen auch nur wenige Gefühle. Manche sind seit der Kindheit nicht mehr aufgetreten. Die Therapie erfordert eventuell umfangreiche „Ausgrabungsarbeiten", um Emotionen und emotionales Verhalten wieder im aktiven Verhaltensrepertoire zu etablieren. Bei anderen Patienten finden wir keine Einschränkungen der Wahrnehmung und des Ausdrucks von Gefühlen und auch keine dysfunktionalen Stereotypien mit situationsinadäquaten Gefühlen oder sie haben übermäßig intensive Emotionsmuster von immer wieder gleichen Gefühlen wie Ärger.

Eine **Persönlichkeitsstörung** neben einem klinischen Syndrom erschwert die Therapie bzw. erfordert eine klare Eingrenzung bei der Zielformulierung. Nähert sich die Dysfunktionalität von persönlichen Verhaltens- und Erlebensstereotypien sowohl bezüglich ihrer Ausprägung und Rigidität als auch ihrer Situationsinadäquatheit einer Persönlichkeitsstörung, so müssen wir mit einer fehlenden Fähigkeit bzw. Bereitschaft zu schnellen Verhaltensänderungen rechnen.

Das **Konfliktverhalten** kann einerseits durch ängstliches Zögern vor einem prinzipiell machbaren oder erlaubten Schritt geprägt sein. Und es kann auch eine Offenheit gegenüber einer dritten Lösungsvariante bestehen. Andererseits finden wir Patienten, die ein starres oder paralysiertes Verharren in der Konfliktzone aufweisen, ohne sich probatorisch zu einer Lösungsmöglichkeit hinbegeben zu können, nicht einmal im Gespräch. Für sie existiert nur eine Dichotomie der Lösungsmöglichkeiten. Eine dritte Möglichkeit ist nicht denkbar.

Defizite bei einigen dieser Faktoren machen eine Kurzzeittherapie schwierig, weshalb mit einer Verlängerung der Therapiezeit zu rechnen ist. Werden in der Diagnostikphase und in der Planungsphase diese Faktoren nicht berücksichtigt, so bleibt eine Kurzzeittherapie ganz einfach stecken, und Patient und TherapeutIn wundern sich gemeinsam. Beide sind sich meist einig, dass der Patient etwas falsch gemacht haben muss. Die evtl. falsch angelegte Therapie durch mangelnde Eingangsdiagnostik und unzureichende Klärung der differentiellen Indikation bleibt beiden verborgen.

Während obige Betrachtungen der Frage nachgingen, welche wenig veränderbaren Bürden der Patient in die Behandlung mitbringt, was er nicht kann, was er noch braucht, was er noch tun muss, obwohl es sich als dysfunktional in Erwachsenenbeziehungen erwiesen hat, können wir nun unser Augenmerk darauf richten, welche Fertigkeiten und Ressourcen er in die Therapie mitbringt. Je umfassender und stabiler diese sind, um so eher ist eine Kurzzeittherapie indiziert.

1.1.3.2 Ressourcenorientierte Differentialindikation von Kurz- und Langzeittherapie

Dem Selbstregulationsmodell Kanfers (1990, 1998) folgend, können die Verhaltensweisen des Menschen in (Selbst-) Beobachtung, (Selbst-) Bewertung und (Selbst-) Verstärkung eingeteilt werden:

Selbst- und Fremdbeobachtung (realistische Wahrnehmung der Situation und der eigenen Person):
- Meines zentralen Verstärkers (Bedürfnisses) bewusst sein, mein Bedürfnis wahrnehmen können
- Meiner zentralen Vermeidungstendenz bewusst sein, meine zentrale Angst wahrnehmen können
- Meine Gefühle wahrnehmen können
- Wahrnehmen können, was mein Gegenüber braucht, fürchtet, fühlt, wirklich tut

Selbst- und Fremdbewertung (kognitive und soziale Einschätzung des Interaktionsprozesses):
- Die Situationsadäquatheit meines Bedürfnisses, meiner Angst, meines Gefühls und meines Handelns prüfen und beurteilen können
- Die Situationsadäquatheit des Bedürfnisses, der Angst, der Gefühle und des Handelns des Gegenübers prüfen und beurteilen können

Selbst- und Fremdverstärkung (Wirksamkeit eigenen Verhaltens):
- Gefühle direkt ausdrücken können
- Aus meinem Gefühl heraus handeln können
- Meinem Gegenüber klar zeigen können, was ich will und was ich nicht will
- Mich so verhalten können, dass mein Gegenüber tut, was ich brauche, und nicht tut, was ich fürchte
- In meinem Verhalten berücksichtigen können, was mein Gegenüber braucht, fürchtet, fühlt
- Streiten können
- Verlieren können
- Balance zwischen meinen Selbstinteressen und meiner Beziehung herstellen können
- Meine Beziehungen vorausblickend pflegen können

Sind diese Ressourcen und Fähigkeiten nicht vorhanden, so wird ihr Erwerb oft zum Therapieziel. Die resultierende therapeutische Arbeit bedingt über die Symptomtherapie hinaus einen langzeittherapeutischen Rahmen (Tabelle 1.1.2).

Allerdings erweist sich wegen des interaktionellen Schwerpunkts der Modus der Paar-, Familien- oder Gruppentherapie als vorteilhaft. Da sich diese Defizite am deutlichsten in der ehelichen Beziehung bemerkbar machen, kann nicht selten im paartherapeutischen Modus die gezielteste Intervention erfolgen.

1.1 Indikation zur Kurzzeittherapie

Tabelle 1.1.2: Ressourcenorientierte Differentialindikation von Kurz- und Langzeittherapie

Selbst- und Fremdbeobachtung (realistische Wahrnehmung d. Situation u. d. eigenen Person):	Indikation zur Kurzzeittherapie	
Meines zentralen Verstärkers (Bedürfnisses) bewusst sein, mein Bedürfnis wahrnehmen können	Ist durch Verhaltens- und Bedingungsanalyse befähigt, sein durchgängiges Bemühen zum Bewahren bzw. Erreichen seines zentralen Verstärkers zu beobachten. Kann in konkreten Situationen das entsprechende Bedürfnis wahrnehmen	Ist trotz gemeinsamer Verhaltens- und Bedingungsanalyse nicht in der Lage, die operanten Bedingungen seines angestrengten Bemühens zum Erhalt bzw. Erwerb seiner zentralen Verstärkung zu beobachten (z. B. immer jemand um sich haben)
Meiner zentralen Vermeidungstendenz bewusst sein, meine zentrale Angst wahrnehmen können	Kann durch die Verhaltensanalyse beobachten, wie zahlreiche Verhaltensweisen dazu dienen, seine zentrale Bedrohung zu vermeiden. Kann seine entsprechende Angst in konkreten Situationen wahrnehmen	Ist trotz gemeinsamer Verhaltens- und Bedingungsanalyse nicht in der Lage, die Vermeidungsfunktion seines angestrengten Bemühens zu beobachten, das seine zentrale Bedrohung/Angst verhindern soll (z. B. allein sein).
Meine Gefühle wahrnehmen können	Kann bereits während der verhaltensdiagnostischen Sitzungen bzw. während der dazugehörigen Verhaltensbeobachtung seine bisher nicht gespürten Gefühle wahrnehmen	Kann trotz offensichtlich stark emotionsgeladenen Handlungen und Gesten, die entsprechenden Gefühle nicht wahrnehmen (greift z. B. ärgerlich aggressiv an, fühlt aber nichts).
Wahrnehmen können, was mein Gegenüber braucht, fürchtet, fühlt, wirklich tut	Ist durch Beobachtungsübungen dazu anzuleiten, seine Aufmerksamkeit auf Bedürfnisse, Gefühle und Handlungsintentionen des Gegenübers zu lenken und diese wahrzunehmen	Ist trotz Beobachtungsübungen nicht in der Lage, seine Aufmerksamkeit auf Bedürfnisse, Gefühle und Handlungsintentionen des Gegenübers zu lenken, bleibt konsequent bei der Selbstwahrnehmung
Die Situationsadäquatheit meines Bedürfnisses, meiner Angst, meiner Gefühle und meines Handelns des Gegenübers prüfen und beurteilen können	Kann zumindest im Rückblick beurteilen, ob Bedürfnis, Angst, Gefühl oder Verhalten des Gegenübers der Situation gerecht wurden	Kann sich selbst im nachträglichen Besprechen mit der TherapeutIn nicht aus der eingeengten Perspektive befreien, die nicht zulässt, die situative Adäquatheit der Reaktionen des Gegenübers zu prüfen
Selbst- und Fremdverstärkung (Wirksamkeit eigenen Verhaltens):	Indikation zur Kurzzeittherapie	
Gefühle direkt ausdrücken können	Kann zumindest in „leichten" Situationen sein Gefühl direkt aussprechen	Kann selbst in „leichten" Situationen kein Gefühl direkt aussprechen
Aus meinem Gefühl heraus handeln können	Kann im Rahmen von Verhaltensübungen die verhaltenssteuernde Funktion seiner Gefühle nutzen und ihnen gemäßes Verhalten zeigen	Kann bei Verhaltensübungen die verhaltenssteuernde Funktion seiner Gefühle nicht nutzen und ihnen gemäßes Verhalten zeigen
Meinem Gegenüber klar zeigen können, was ich will und was ich nicht will	Kann zumindest in „leichten" Situationen seinem Gegenüber Forderungen aussprechen bzw. dessen Wunsch ablehnen	Kann selbst in „leichten" Situationen keine Forderung aussprechen und auch keine Forderung des Gegenübers ablehnen

Mich so verhalten können, dass mein Gegenüber tut, was ich brauche, und nicht tut, was ich fürchte	Kann in „leichten" Situationen wirksam das Verhalten seines Gegenübers steuern	Kann selbst in „leichten" Situationen keinen intendierten Einfluss auf das Verhalten des Gegenübers nehmen, bleibt der Reagierende
In meinem Verhalten berücksichtigen können, was mein Gegenüber braucht, fürchtet, fühlt	Kann erfolgreiches selbstbehauptendes Verhalten so dosieren, dass Bedürfnisse und Gefühle des Gegenübers berücksichtigt bleiben	Gelingt einmal selbstbehauptendes Verhalten, so nur auf Kosten der Wahrnehmung der Belange des Gegenübers
Streiten können	Kann bei starker Uneinigkeit einen klärenden Streit beginnen oder diesem zumindest standhalten	Kann weder einen notwendigen Streit einleiten noch einen in Gang geratenen Streit wehrhaft durchstehen
Verlieren können	Fürchtet zwar Niederlagen, riskiert diese aber trotzdem. Kann es aushalten, wenn das Gegenüber bzw. der Konkurrent besser war oder im Recht war	Hat unüberwindbare Angst vor einer Niederlage und meidet deshalb entsprechende Situationen und Begegnungen bzw. kann diese emotional nicht verarbeiten
Balance zwischen meinen Selbstinteressen und meiner Beziehung herstellen können	Kann sowohl eigene Interessen zugunsten der Beziehung als auch deren Belange zugunsten wichtiger Selbstinteressen zurückstellen	Erlebt Selbst und Beziehung als unvereinbare Pole und schlägt sich ganz auf eine Seite, opfert die andere dafür

1.1.3.3 Befähigung zum Umgang mit Belastungen und Krisen als Kriterium der Differentialindikation von Kurz- und Langzeittherapie

Neben allgemeinen Defiziten und Ressourcen ist die Befähigung zum Umgang mit Krisen und Belastungen ein wichtiger Prädiktor der dauerhaften Befreiung von Symptomen.

Hilfreich ist eine Analyse
- der Art und bisherigen Wirksamkeit von Stress- und Krisenbewältigungsstrategien
- der Fähigkeit, neue Stressreduktionsmöglichkeiten zu (er-)finden,
- der Befähigung, neue Wege aus einer Krise zu finden und zu begehen
- der Leidenskapazität, um unvermeidbaren psychischen Schmerz zu tolerieren
- der Bereitschaft, ein zunächst unerträglich erscheinendes Schicksal anzunehmen, und
- des Könnens, das übriggebliebene Leben sinnvoll zu gestalten

In Tabelle 1.1.3 wird wiederum versucht, klinisch häufig auftretende Varianten des Umgangs mit Stress und Krisen als Kriterien einer Differentialindikation zu Kurz- versus Langzeittherapie zu formulieren. Diese Betrachtungen führen zu einer weiteren Einschränkung der Indikation zur Kurzzeittherapie. Zwei Indikationen sind demnach:

1. Ein Mensch mit ausreichender psychischer Stabilität hat ausnahmsweise beim Versuch versagt, eine sehr starke Lebensbelastung mit seinem aktiven Repertoire an psychischen und handelnden Bewältigungsstrategien zu meistern und deshalb eine Symptombildung nicht verhindern können (Sulz 2009, 2015a).
2. Ein Mensch, dessen umfassende Behandlung eine Langzeittherapie erfordern würde, soll mit sehr begrenzter Zielvorgabe lediglich eine therapeutische Hilfe zur Symptomreduktion bzw. zur Modifikation eines sehr begrenzten Bereiches seiner habituellen dysfunktionalen Verhaltensmuster erhalten.

Tabelle 1.1.3: Befähigung zum Umgang mit Belastungen und Krisen als Kriterium der Differentialindikation von Kurz- und Langzeittherapie

Befähigung zum Umgang mit Belastungen und Krisen	Indikation zur Kurzzeittherapie	Indikation zur Langzeittherapie
Art und bisherige Wirksamkeit von Stress- und Krisenbewältigungsstrategien	Wirksame Bewältigungsstrategien im affektiven, kognitiven und Handlungsbereich liegen vor	Es sind nur wenige oder wenig wirksame Bewältigungsstrategien vorhanden
Fähigkeit, neue Stressreduktionsmöglichkeiten zu (er-)finden	Die Exploration früherer Belastungssituationen ergab Bewältigung mittels zuvor nicht eingesetzter Stressbewältigungsstrategien	Es bleibt beim rigiden Beibehalten des zu kleinen und zu wenig wirksamen Stressbewältigungsrepertoires
Befähigung, neue Wege aus einer Krise zu finden und zu begehen	Bisherige Krisen konnten durch Einschlagen eines neuen Weges verlassen	Frühere Krisen mündeten stets in Symptombildung
Leidenskapazität, um unvermeidbaren psychischen Schmerz zu tolerieren	Es liegen Hinweise vor, dass unvermeidbarer psychischer Schmerz wie Trauer nicht durch Agieren oder Symptombildung kupiert werden muss	Obwohl offensichtlich ist, dass es keine wirksame Maßnahme zum Beenden des psychischen Schmerzes gibt, erfolgt ein nicht endendes verzweifeltes Bemühen zu seiner Reduktion
Bereitschaft, ein zunächst unerträglich erscheinendes Schicksal anzunehmen	Innere und äußere Welt erscheinen zwar extrem ärmer, es besteht aber die prinzipielle Bereitschaft, das Unabänderliche anzunehmen	Es ist unvorstellbar, z. B. einen erlittenen Verlust hinzunehmen und ohne das Verlorene existieren zu können
Fähigkeit, das übriggebliebene Leben sinnvoll zu gestalten	Das für das Leben noch Verfügbare wird wahrgenommen und kann genutzt werden	Kann mit den verbliebenen emotionalen, sozialen und materiellen Gütern nichts anfangen, kann sich diesen nicht widmen
Meine Beziehungen vorausblickend pflegen können	Kann auf kurzfristige Vorteile verzichten, um dadurch eine langfristig befriedigende Beziehung zu bewahren	Kann keinen langfristig angelegten Ausgleich gegenseitiger Bedürfnisbefriedigung schaffen

Natürlich stellt sich spätestens hier die Frage, ob die Indikationen zur Langzeittherapie nicht in Wirklichkeit Kriterien für fehlende Therapierbarkeit sind. Das Zusammentreffen einer größeren Zahl der bisher genannten Langzeit-Indikatoren entspricht einer prinzipiellen Lebensuntüchtigkeit unter den dem Patienten zugänglichen Lebensbedingungen. Es bleibt die Frage, ab welcher Ausprägung diese Langzeittherapie-Indikationskriterien zu Ausschlusskriterien werden, da sie anzeigen, dass eine Therapie nur mit sehr geringer Wahrscheinlichkeit zum Erfolg führen wird. Eine andere Gefahr liegt darin, dass die Klassifizierung eines Patienten als Langzeitfall eine rasche Veränderung hemmt. Andererseits gehen untaugliche Schnellversuche auf Kosten des Patienten. Da Psychotherapien bezüglich ihres invasiven Charakters durchaus mit großen Operationen zu vergleichen sind, dürfen wir nicht sagen, der Versuch einer Kurzzeittherapie könne ja nichts schaden, bei seinem Misslingen sei immer noch eine Langzeittherapie möglich. Unserer Verantwortung als PsychotherapeutInnen werden wir nur durch eine gründliche Indikationstellung gerecht.

1.1.3.4 Entwicklung als Kriterium der Differentialindikation von Kurz- und Langzeittherapie

Bislang haben wir den Aspekt der Entwicklung nicht bei unseren Überlegungen berücksichtigt. Wie die therapeutische Entwicklungsförderung in die kognitive Verhaltenstherapie einbezogen werden kann, wurde an anderer Stelle beschrieben (Sulz 2012a,b). Eine einfache Formel der Differentialindikation könnte sein, Veränderungen ohne Entwicklung der Kurzzeittherapie zuzuschlagen und die psychische Entwicklung des Menschen der Langzeittherapie zuzuordnen. Da aber Kurzzeittherapie dazu dienen kann, den entscheidenden Entwicklungsanstoß zu geben, gehört sie durchaus in den Kreis der entwicklungsbezogenen Maßnahmen. Es kann im Gegenteil sogar argumentiert werden, dass Therapie Schonklima oder gar Treibhausbedingungen schafft, also auf keinen Fall zu lange auf den Menschen einwirken sollte, da sie Entwicklung als Wechselwirkung des Menschen mit den realen Bedingungen seiner Umwelt zwangsläufig in unnatürliche Bahnen lenken muss. Gerade bei der Verfolgung von Entwicklungszielen ist das rechte Zeitmaß therapeutischer Intervention von größter Bedeutung. Die über Jahre gehende, regelmäßige, dichte Sitzungsfrequenz muss nicht der zweckmäßigste Modus sein. Eine Sitzung im Abstand von zwei oder gar vier Wochen im Rahmen einer mehrjährigen Betreuung, wie sie bei manchen Persönlichkeitsstörungen erforderlich ist, kann eventuell mehr Raum zur Entfaltung eröffnen. Das ständige „Dranbleiben" der TherapeutIn hat für manche Menschen in bestimmten Phasen eine hemmende Wirkung, kann aber bei einem anderen Menschen die entwicklungsfördernde „Umwelt" schaffen, die es diesem erlaubt, Entwicklung überhaupt erst zu beginnen. Es ist jedenfalls nicht plausibel, dass Entwicklung einer dichten Langzeitbegleitung bedarf. Auch die Vorstellung, dass der Patient sich in der Therapiesitzung entwickelt und deshalb viele Therapiesitzungen stattfinden müssen, ist nicht ohne weiteres nachvollziehbar. Auch wenn Entwicklung als Kriterium der Differentialindikation von Kurz- und Langzeittherapie äußerst schwierig zu fassen ist, soll der Versuch unternommen werden, einige Aussagen zu machen (Tabelle 1.1.4).

Gehen wir von der kognitiven Entwicklungspsychologie Piagets aus (Piaget und Inhelder 1981) und beschreiben die Phasen der emotionalen und Beziehungsentwicklung des Menschen mit den Formulierungen Kegans (1986), so begegnen wir in unseren Therapien Menschen, die auf einer frühen einverleibenden Stufe (Kleinkindalter) oder einer impulsiven Stufe (Vorschulalter) bzw. der souveränen Stufe (Grundschulalter) bzw. der zwischenmenschlichen Stufe (ab 11 Jahren) stehen. Im Rahmen von Kurzzeittherapien treffen wir auch Menschen, die auf der institutionellen Stufe (ab 18 Jahren) stehen. Die höchste Stufe, die überindividuelle, schützt wohl weitgehend vor Therapiebedürftigkeit. Diese kognitiv-affektiven Entwicklungsstufen wurden von Sulz (2012a,b) ausführlich dargestellt.

Tabelle 1.1.4: Entwicklungsstufenspezifische Kriterien der Differentialindikation von Kurz- und Langzeittherapie

Entwicklungsstufe	Stufenspezifisches Verhalten	Kurzzeittherapie-Aufgabe
einverleibend (aufnehmend)	Ich brauche, dass mir gegeben wird, was ich brauche. Ich fürchte, nicht zu erhalten, was ich brauche, dass zu viel Schädliches an mich herankommt, dass ich zu gierig von dem anderen in mich aufnehme. Ich kann annehmen, mich öffnen, mich verschließen. Ich kann nicht: mir von anderen holen, was ich brauche.	Wieder befriedigend (erhalten, was ich brauche) und ohne zentrale Bedrohungen (eindringende Noxen) auf dieser Stufe leben können. Oder: zur nächsten Stufe schreiten können.
impulsiv (spontan)	Ich brauche einen Menschen, der dann, wenn ich es mir holen will, mir das abgeben will, was ich brauche. Ich brauche nicht zu warten, bis mir etwas angeboten wird. Ich fürchte, dass ich mich von meiner Bezugsperson so weit entferne, dass ich sie verliere. Ich kann genau das tun, was mein momentanes Bedürfnis befriedigt, mir das holen, was ich brauche. Ich kann nicht: andere dazu bringen, in meinem Sinne zu handeln.	Wieder befriedigend (von einer verfügbaren Person holen und zurückweisen können) und ohne zentrale Bedrohungen (Trennung, Alleinsein) auf dieser Stufe leben können. Oder: zur nächsten Stufe schreiten können

Entwicklungsstufe	Stufenspezifisches Verhalten	Kurzzeittherapie-Aufgabe
souverän	Ich brauche eine Umwelt, die sich durch mich beeinflussen lässt. Ich brauche nicht einen Menschen, der von sich aus immer gleich denkt und fühlt wie ich. Ich fürchte, die Kontrolle über meine Umwelt zu verlieren. Ich kann auf andere Menschen so einwirken, dass sie in meinem Sinne handeln. Ich kann nicht: Kontrolle abgeben, um durch Verzicht auf eigene Interessen mich der Beziehung zu überlassen.	Wieder befriedigend (den anderen steuern können) und ohne zentrale Bedrohungen (Kontrollverlust) auf dieser Stufe leben können. Oder: zur nächsten Stufe schreiten können

Entwicklungsstufe	Stufenspezifisches Verhalten	Kurzzeittherapie-Aufgabe
zwischenmenschlich	Ich brauche eine gefühlvoll liebende Beziehung und Harmonie in der Beziehung. Ich brauche nicht den anderen zu beeinflussen oder kontrollieren, damit er sich verhält, wie ich es brauche. Ich fürchte, gegen die Wünsche des anderen etwas zu tun, was mich seine Liebe kostet. Ich kann andere Menschen sehr gut verstehen und die Beziehung ganz vor meine Eigeninteressen stellen. Ich kann nicht: mir vorstellen, ohne die Zuneigung meiner Bezugsperson sein zu können.	Wieder befriedigend (in hingebungsvoller Beziehung) und ohne zentrale Bedrohungen (Liebesverlust, Ablehnung) auf dieser Stufe leben können. Oder: zur nächsten Stufe schreiten können
institutionell (fair)	Ich brauche klare Umgangsregeln, damit ich mich darauf verlassen kann, dass andere sich an diese Regeln halten. Ich brauche nicht die unerschütterliche Zuneigung des anderen, das Eingebettetsein in eine Beziehung. Ich fürchte, die Übersicht über die vernünftige Regelung von Beziehungen zu verlieren. Ich kann gefühlsmäßig Abstand von einer Beziehung nehmen. Ich kann nicht: mich über Regeln hinwegsetzen, wenn ich sie im Einzelfall für ungerecht halte.	Wieder befriedigend (geregelte Gemeinschaft) und ohne zentrale Bedrohungen (Selbstverlust, Gegenaggression) auf dieser Stufe leben können. Oder: zur nächsten Stufe schreiten können
überindividuell	Ich hoffe nicht, ich fürchte nicht, ich bin frei. Ich brauche nicht eine äußere Regelung zur Pflege des zwischenmenschlichen Umgangs. Ich kann Umgangsregeln kritisch handhaben. Ich kann nicht: auf Dauer ohne andere Menschen sein, ohne eine gesunde Natur und Ökologie leben.	Da keine persönliche Disposition und Vulnerabilität vorliegt, ist eine psychische bzw. psychosomatische Störung nur unter extrem traumatisierenden situativen auslösenden Stimuli zu erwarten, so dass eine Krisenintervention durchzuführen oder eine posttraumatische Belastungsstörung (PSTD) zu behandeln ist

Kegan (1986) setzt den Therapiefokus auf die Stufenübergänge, die inhärente psychische Destabilisierung bedeuten und zu psychischen Krisen mit Symptombildung ausarten können. Kurzzeittherapie kann sich zur Aufgabe machen, Hilfestellung bei der Bewältigung dieser Übergangskrisen zu geben und dem Patienten zu helfen, diesen einen notwendigen Schritt zu leisten, um auf der nächsten Entwicklungstufe angekommen von selbst wieder eine Stabilisierung zu erreichen (z. B. Sulz 1998a,b 2009, 2012a,b).

Aus der Perspektive der Entwicklungspsychologie ist es nicht sinnvoll, durch kontinuierliche Therapie einen Menschen über mehrere Entwicklungsstufen hinweg begleiten zu wollen. Er benötigt eine geraume Zeit, um die Stufentableaus zu durchlaufen und ist erst nach Abschluss dieser Tableauphase wieder auf natürliche Weise zu einem nächsten Entwicklungsschritt bereit.

Eine Indikation zur Langzeittherapie stellt weder das Verharren eines Patienten auf einer sehr frühen Stufe dar, noch ein eventuelles Vorhaben, den Patienten um einige Stufen weiterbringen zu müssen. Vielmehr können wir unterscheiden zwischen
a) Symptombildungen, die aus einer Übergangskrise resultieren, d. h. dem gescheiterten Versuch, einen natürlicherweise anstehenden Entwicklungsschritt zu leisten und
b) Symptombildungen, die aus einer Blockade des Durchlebens des gegenwärtigen Entwicklungsniveaus resultieren. Dies sind entweder Blockaden oder Exzesse der entwicklungsentsprechenden Erlebens- und Reaktionsweisen (zu viel oder zu wenig einverleibend, zu viel oder zu wenig impulsv, zu viel oder zu wenig souverän, zu viel oder zu wenig zwischenmenschlich, zu viel oder zu wenig institutionell).

Für die Therapie der Übergangskrise reicht eine Kurzzeittherapie. Hilfestellung zum regulären Durchlaufen des gegenwärtigen Entwicklungsniveaus kann oft nicht im kurzzeittherapeutischen Rahmen geleistet werden. Hier haben sich z. B. rein kognitive Strategien mit dem Ziel der Reattribuierung von Selbst und Weltbild zumindest in der klinischen Praxis als unzureichend für eine dauerhafte Veränderung erwiesen. Nicht neue Einsicht, sondern neue affektive Erfahrungen, die durch Verhaltensänderungen zugänglich wurden, brachten stabile Modifikationen der Selbst- und Weltsicht. Kurzzeittherapie dient demnach dem Wiederherstellen eines symptomfreien Lebens und manchmal dem Wiederherstellen gesunderhaltender Lebensbedingungen.

Entwicklungspsychologisch kann dies das weitere Verweilen auf der momentanen Entwicklungsstufe sein, als Tableaustadium, das benötigt wird, um Entwicklungsergebnisse stabil zu etablieren. Dies geschieht durch die Interaktion mit der Umwelt, ausreichend lange und ausreichend oft. Und deshalb kann ein Entwicklungstableau nicht im Eilschritt durchlaufen werden, Kurzzeittherapie kann somit auch nicht das Erreichen der übernächsten Entwicklungsstufe zum Ziel haben. Sie kann nur helfen, seine Entwicklungsaufgaben auf seiner momentanen Entwicklungsstufe zu erledigen (z. B. auf der souveränen Stufe die Steuerung des Verhaltens anderer Menschen zu erproben und eigene Impulse aufzuschieben). Oder sie kann nach Ablauf des Tableaustadiums dazu dienen, den Schritt auf die nächste Stufe zu tun. Das gleiche ist auch in einer Langzeittherapie möglich, wenn die oben beschriebenen sehr ungünstigen Bedingungen herrschen. Es kann ihre Aufgabe sein, die Entwicklung um mehr als eine Stufe voranzubringen – so weit, bis der Patient seiner sozialen Umwelt gewachsen ist. Hierzu ist allerdings eine z. B. zweijährige Begleitung erforderlich, während der z. B. vierzehntägige Termine sinnvoll sein können. Im zweiten Jahr sind wohl eher Treffen alle drei bis vier Wochen ein guter Arbeitstakt. Die Therapiesitzungen werden so zu Arbeitssitzungen oder Supervisionsstunden, in denen der Gang des Selbstmanagements oder der Selbstentwicklung besprochen wird.

Insgesamt haben wir
- die gegenwärtige Lebenstüchtigkeit des Patienten einerseits und
- die Lebensmöglichkeiten und Überlebenschancen, die ihm seine Umwelt anbieten kann und will,
- zu berücksichtigen, wenn wir entscheiden wollen, welcher therapeutische Aufwand erforderlich ist, um
- ausreichende Bedingungen für seine Gesundung zu schaffen, d. h. für ein symptomfreies Erleben und Verhalten
- in einer nicht bzw. nicht mehr symptomatischen oder
- pathogenen sozialen Umgebung.

Umgekehrt stellt sich seit der Erweiterung des Facharztes für Psychiatrie auf die Psychotherapie immer öfter die Frage, warum bei chronisch kranken Patienten, die leidlich psychiatrisch versorgt werden, nicht Langzeittherapie praktiziert wird, die mit großer Wahrscheinlichkeit die Arbeitsfähigkeit aufrechterhalten und so manchen stationären Aufenthalt verhindern könnte. Zudem würden Anzahl und Ausmaß der beanspruchten medizinischen Leistungen reduziert. Aus humanitären Gründen müsste die Beweislast der eventuellen Mehrkosten dieser psychotherapeutischen Versorgung nicht bei der PsychotherapeutIn, sondern beim Kostenträger liegen, der bis heute diese Therapie verweigert, soweit sie über die Grenzen der Richtlinientherapie hinausgeht. Diese Langzeittherapie würde zum einen das Mindestmaß an zwischenmenschlicher Beziehung herstellen, die für therapeutische Veränderung erforderlich ist, zum andern auf dieser aufbauend weitere Chronifizierung aufhalten, zumindest verlangsamen. Therapeutische Aufgaben, denen wir uns zu stellen haben.

Tabelle 1.1.5: Entwicklung als Kriterium der Differentialindikation von Kurz- und Langzeittherapie

Entwicklungsstand bzw. -problem	Indikation zur Kurzzeittherapie	Indikation zur Langzeittherapie
fühlt sich prinzipiell auf seiner Entwicklungstufe wohl	befindet sich zwar auf einer frühen Entwicklungstufe, <u>hat</u> aber eine stützende Beziehung und kann in dieser die stufen-spezifischen Bedürfnisse befriedigen. <u>Hat keinen</u> drängenden Bedarf nach Erfüllung von Wünschen und Werten, die einer noch nicht erreichbaren Entwicklungstufe angehören. <u>Kann</u> die in seinem Leben auftretenden Probleme und Konflikte mit den stufenspezifischen affektiven, kognitiven und interaktiven Fähigkeiten bewältigen	befindet sich auf einer frühen Entwicklungstufe, kann sich die hierzu erforderliche stützende Beziehung <u>nicht</u> bewahren und in dieser die stufenspezifischen Bedürfnisse nicht befriedigen. Hat drängenden Bedarf nach Erfüllung von Wünschen und Werten, die einer noch nicht erreichbaren Entwicklungstufe angehören. <u>Kann nicht</u> die in seinem Leben auftretenden Probleme und Konflikte mit den stufenspezifischen affektiven, kognitiven und interaktiven Fähigkeiten bewältigen
hält es prinzipiell auf seiner Entwicklungsstufe nicht mehr aus	hat alle Fähigkeiten erworben, die auf der bestehenden Stufe erworben werden müssen, scheitert lediglich am anstehenden Schritt auf die nächsthöhere Stufe	muss zuerst noch die affektive, kognitive und interpersonelle Ausstattung der bestehenden und eventuell auch noch der vorausgegangenen Entwicklungstufe erwerben, bevor der nächste Entwicklungsschritt dran ist

1.2 Therapietheorie und Behandlungskonzept der Kurzzeittherapie

Gegenwärtig herrrscht in der Psychotherapie das Primat der Empirie so sehr vor, dass Wissenschaft auf halber Strecke stehen bleibt – bezüglich wissenschaftlicher Erkenntnis im Sinne der Theoriebildung. Natürlich können wir Praktiker sagen, dass für uns genau das was die Wirksamkeitsforschung der Psychotherapie leistet, nämlich die Prüfung der Evidenzbasierung, das einzig relevante ist. Wir brauchen keine wahren Theorien im Sinne der Philosophie und der Logik. Wir brauchen wirksame Therapien für unsere Patienten. Nachteil ist in der Versorgungspraxis allerdings, dass wir es nicht mit für eine Laborstudie sorgsam ausgewählte Probanden zu tun haben, bei denen Individualität Fehlervarianz bedeutet. Bevor wir einen Menschen behandeln, müssen wir ihn und seine Psyche in den für die Symptombildung und -aufrechterhaltung bedeutsamen Aspekten verstanden haben. Dieses Verständnis liefert uns die Evidenzbasierungsforschung (noch) nicht. Deshalb sind wir (noch) auf unser umfassendes psychologisches Wissen und unsere klinische Erfahrung angewiesen und auf Theorien, deren Wahrheitsgehalt nicht empirisch bestätigt wurde, die uns aber eine hilfreiche Heuristik bieten.

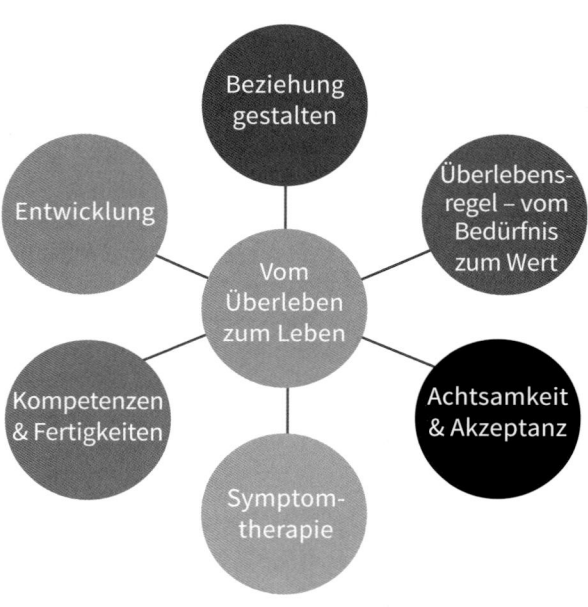

Abbildung 1.2.1 Sechs Therapiestrategien und Arbeitsmodule der Strategischen Kurzzeittherapie

1.2.1 EINE AFFEKTIV-KOGNITIVE ENTWICKLUNGSTHEORIE FÜR DIE VERHALTENSTHERAPIE

(verändert aus Sulz (1998b). Strategische Kurzzeittherapie – Ein Weg zur Entwicklung des Selbst und der Beziehungen. In Sulz, S. (Hrsg.): Kurz-Psychotherapien: Wege in die Zukunft der Psychotherapie (S. 165-172). München: CIP-Medien.)

Die affektiv-kognitive Entwicklungs- und Systemtheorie psychischer Störungen (Sulz, 2011a)
- enthält explizit eine Therapietheorie für die kognitive Verhaltenstherapie,
- hat als Essenz die emotionale Entwicklung des Kindes im Vorschulalter,
- formuliert als Ziel die Entwicklung des Selbst und seiner zentralen Beziehungen und ist zugleich eine Störungs- und eine Therapietheorie.

1.2.1.1 Annahmen

Der affektiv-kognitiven Entwicklungstheorie psychischer Störungen liegen folgende Annahmen (Prämissen) zugrunde:

1. Die menschliche Psyche reguliert autonom als „autonome Psyche" im Sinne einer Homöostase (Selbstregulation und Selbstorganisation) menschliches Empfinden, Wahrnehmen, Fühlen, Denken und Handeln (vgl. Sulz, 1987; Bischof, 1995, 2001; Grawe, 1998). Die Autonomie meint, dass das Bewusstsein als „willkürliche Psyche" keinen ständigen steuernden Einfluss auf die Selbstregulation (Kanfer, Reinecker & Schmelzer, 2012) hat, sondern lediglich im Sinne der Kybernetik als Mess- und Stellgröße in diesem Regelsystem dient. Dabei entstehen Verhaltensziele nicht nur durch Sollwerte übergeordneter Systemebenen, sondern auch bottom-up aus der Konstituierung neuer Ordnungsmuster durch das Zusammenwirken unterer Systemebenen.

2. Der Mensch hat eine inhärente Tendenz zur lebenslangen Entwicklung seiner Emotionalität (Piaget & Inhelder, 1980) und seiner zwischenmenschlichen Beziehungen (Kegan, 1986). Diese Entwicklung erfolgt zwar hauptsächlich vor Beginn der Pubertät, insbesondere im Vorschulalter. McCullough (2007) weist darauf hin, dass Menschen sich nur partiell weiterentwickeln. Ihre Psyche operiert in schwierigen wichtigen Situationen auf einer niedrigeren Entwicklungsstufe. Die Entwicklung kann aber jederzeit z. B. mit Hilfe von Psychotherapie fortgesetzt werden (Sulz, 2010e, 2012c). Entwicklung von einer Stufe zur nächsten folgt den Gesetzen der Selbstorganisation. Der Ordnungsparameter ändert sich. Es bildet sich ein neuer Attraktor heraus.

3. Lebens- und Beziehungsgestaltung des Menschen erfolgt weit mehr nach dem Prinzip der Konstruktion und Selbstorganisation als nach demjenigen der Kausalität. Dies ist die Hypothese des Konstruktivismus der Palo-Alto-Schule (Watzlawick, 1986; Watzlawick et al., 1974). Genau genommen enthält das homöostatische Prinzip bereits im Sinne einer Zielgerichtetheit und einer Instrumentalität und Funktionalität diese Annahme (Sulz, 2012c). Allerdings entstehen aus der Selbstorganisation untergeordneter Teilsysteme der Psyche neue Ordnungsmuster, die auch die soziale Außenwelt konstruieren.

4. Embodiment-Annahme: Die Psyche ist mit allen Prozessen in den Körper eingebettet. Es gibt kein Denken ohne Körper, kein Fühlen ohne Körper und kein Handeln ohne Körper. Der Körper wirkt ebenso auf diese Funktionen ein wie diese auf den Körper.

1.2.1.2 Zur Homöostaseannahme

Unsere autonome Psyche bzw. unser limbisches System sorgt automatisch ohne unser willkürliches bewusstes Dazutun ebenso für eine ausgeglichene Balance z. B. unserer Zugehörigkeitsbedürfnisse einerseits und unserer Autonomiebedürfnisse andererseits wie unser Stammhirn für eine konstante Körpertemperatur und einen konstanten Blutdruck sorgt. Aber gerade das Beispiel des Blutdrucks zeigt, dass es nicht um fixe Werte geht, sondern um ein Fließgleichgewicht mit einem Sollwert, der abhängig von verschiedenen Variablen mal höher und mal niedriger ist.

Nach einem anstrengenden und dabei wenig erfolgreichen Tag ist das Bedürfnis nach Geborgenheit größer als nach einem Tag, bei dem alles mit Leichtigkeit aus dem Ärmel geschüttelt werden konnte. Außerdem unterscheiden sich Menschen sehr hinsichtlich ihrer Sollwerte bei den einzelnen Bedürfnissen. Zum Beispiel brauchen manche Menschen sehr viel Sicherheit, andere sehr viel Beachtung und wieder anderen ist Verständnis das Wertvollste.

1.2.1.3 Zur Entwicklungsannahme

Piagets Stufenmodell der emotionalen Entwicklung (Piaget & Inhelder, 1981) ist die weitere Basis unseres Entwicklunsmodells. So wie wir wissen, dass das limbische System ab Geburt funktionsfähig ist, was der einverleibenden und der impulsiven Stufe Kegans (1986) entspricht, sagt uns die

Neurobiologie auch, dass der Präfrontale Cortex erst mit vier bis fünf Jahren ausreichend funktionstüchtig ist. Das ist der Zeitpunkt, in der kausales Denken möglich ist und in der eine Theory of Mind gebildet werden kann. Das entspricht Piagets konkret-operativer Stufe und Kegans souveräner Stufe. Während auf der impulsiven Stufe noch die Bedürfnisse und Emotionen regierten, herrscht nun das Denken und der Wille. Jetzt können bewusste Entscheidungen getroffen werden. Mit der weiteren Reifung des Cortex kommt es ab etwa elf Jahren zur Fähigkeit des Abstrahierens (Piagets formal-logische Stufe) und damit zur Fähigkeit zum Perspektivenwechsel und zur reifen Empathiefähigkeit. Damit sind wir auf Kegans zwischenmenschlicher Stufe. Wenn wir wissen, auf welcher Stufe die Psyche eines Menschen operiert, können wir Herkunft und Zweck eines Verhaltens besser verstehen und vor allem treffsichere therapeutische Interventionen einsetzen.

1.2.1.4 Zur Konstruktions- und Selbstorganisationsannahme

Klassische Ansätze berücksichtigen das Prinzip der Konstruktion von Wirklichkeit und das Selbstorganisationsprinzip (keine top-down-Steuerung von Verhalten) zu wenig. Viele Störungen sozialer Wahrnehmung und Interaktion beruhen jedoch darauf, dass wir sehen, was wir sehen wollen und hören, was wir hören wollen. Nicht in dem Sinne, dass das Gehörte oder Gesehene angenehm für uns ist, sondern dass es unser Weltbild bestätigt. Wir drehen uns die äußere Wirklichkeit so hin, dass sie deckungsgleich mit unseren inneren Vorstellungen von der Welt wird. Alle sind gegen uns, also sorgen wir implizit dafür, dass sie sich so verhalten, dass wir diese Erfahrung immer wieder machen können.

Das Selbstorganisationsprinzip der Kybernetik besagt, dass sich aus den Eigenschaften der Elemente eines Systems und deren Wechselwirkung die Eigenschaften des gesamten Systems ergeben und daraus Reaktionsweisen resultieren, die nicht durch die Eigenschaften des einzelnen Elements vorhersagbar gewesen wären. Wir müssen also nicht notwendigerweise nach einer obersten Steuerzentrale der Psyche suchen, von der aus Befehle nach unten gegeben werden.

1.2.1.5 Zur Embodiment-Annahme

Die Einbettung der Kognitionen und allgemein aller psychischen Prozesse in den Körper ist Gegenstand des Forschungsthemas „Embodied Cognitive Science" (Fuchs 2012, Tschacher & Storch 2012, Hauke & Spreemann 2012, Hauke 2016, Tschacher & Pfamatter 2016).

Fuchs (2012, S. 17) schreibt „Im Begriff „embodiment" konvergieren heute phänomenologische, systemisch-biologische und handlungsbezogene Ansätze aus verschiedensten Human- und Kognitionswissenschaften. An die Stelle von internen Repräsentationen im Gehirn treten dabei dynamische Operationen von Organismen in ihrer Umwelt als Grundlage von Kognition. Das Gehirn fungiert in diesen Interaktionen als ein Vermittlungs- und Beziehungsorgan, nicht als alleiniger Produzent des Geistes."

Ramseyer & Tschacher (2011) zeigten, dass bei gut verlaufenden Therapien die Bewegungen von Patient und TherapeutIn synchroner werden, besonders bei sicher gebundenen Patienten.

KörpertherapeutInnen nutzen das Bottom-up-Prinzip, um durch körperlich-szenische Aktivierung wichtige emotionale Inhalte dem Bewusstsein zugänglich zu machen. Für sie ist das Körpergedächtnis eine Selbstverständlichkeit: Erinnerungen sind nicht sprachlich, sondern bildhaft-szenisch und körperlich-bewegt.

Deshalb ist auch die „talking cure" wie PsychotherapeutInnen die Psychotherapie im angloamerikanischen Bereich nennen, kein ökonomisches und effektives Vorgehen.

Verhaltensttherapie wurde erst nach der kognitiven Wende sensu A. T. Beck (1979) zu einer Therapie, in der die verbalen Inhalte dominierten. Therapien, in denen sich viel bewegte, brachten vergleichsweise gute Ergebnisse – wie das Training sozialer Kompetenz (Ullrich & Ullrich de Muynck 2003) oder Expositionsverfahren in vivo (Munsch et al. 2003).

Hauke (2013, S. 13) beschreibt deshalb das zu bevorzugende Setting einer Therapiestunde so: „Ein

großer Teil der praktischen Therapiearbeit findet deshalb nicht im Sitzen und auch nicht nur durch Reden statt, sondern bezieht den gesamten Körper, Bewegungen im Raum, Tasten, Mimik, Gestik, Körperhaltung, Stimmen und Atem ein."
Das wiederum ist das Setting von Körpertherapien wie z. B. der Konzentrativen Bewegungstherapie (Hamacher-Erbguth 2013). Da muss kein Stuhl im Zimmer stehen.
Therapien mit Aufstellen familiärer Bezugspersonen durch Rollenspieler wenden ebenfalls dieses Prinzip an, z. B. Psychodrama und Pessotherapie (Bender & Stadler 2011, Pesso & Perquin 2008).
Umso erstaunlicher ist es, dass eine scheinbar körperlose Kognitions- und Gehirnforschung nun ein Vorgehen empfiehlt, das der Körpertherapie so ähnlich scheint – bestückt mit einer ständig zunehmenden Zahl empirisch-wissenschaftlicher Bestätigung.

1.2.1.6 Entstehung und Funktion des Symptoms
Das Symptom ist eingebettet in
- eine pathogene Lebensgestaltung,
- eine pathogene Beziehungsgestaltung und
- eine spezifische Auslösesituation.
-

Das Symptom ist eine Notfallreaktion der autonomen Psyche
- als einzige Möglichkeit, eine Verletzung der Überlebensregel der psychischen Homöostase zu verhindern (Selbsterhaltung durch Assimilation),
- als letzte Möglichkeit, eine bedrohlich erscheinende Veränderung des Selbst (Akkommodation) und des psychosozialen Systems zu verhindern.

Der betroffene Mensch hatte in seiner Kindheit die individuell bestmögliche Überlebensform gefunden, eine großartige Anpassungsleistung erbracht. Aufgrund seiner großen Bedrohtheit in seiner Kindheit und des Erfolgs seiner Überlebensstrategie entstand eine Rigidität und Eingeschränktheit seines Erlebens und Handelns, die zu dem Versäumnis führten, den Wechsel von der Welt der Kindheit zur Erwachsenenwelt auch in der psychischen Homöostase zu vollziehen. Da die mitgebrachte Überlebensstrategie aber im Erwachsenenleben aus-

reichend war, bestand lange Zeit kein zwingender Grund, sie aufzugeben. Für das Alltagsleben und die Alltagsprobleme reichten die Problemlösungsstrategien der Kindheit aus, zumal sie durch Vernunft, Wissen und Erfahrung des Erwachsenen elaboriert werden konnten. Erst die symptomauslösende Lebenssituation brachte das Versagen der kindlichen Homöostase, offenbarte ihre Dysfunktionalität. Es bleibt nur noch eine Chance: die kreative Erfindung eines Symptoms, das wie ein Schlüssel das Schloss der Problemsituation öffnet, ohne Veränderung des Selbst und der Welt. Wiederum ein beachtlicher Erfolg. Die bedrohliche Destabilisierung des psychosozialen Systems konnte verhindert werden. Die Symptombildung selbst lässt sich auf der Mikroebene durch das Selbstorganisationsprinzip erklären. Die hier beschriebenen Destabilisierungen des psychosozialen Systems führten durch Emergenz zu einem qualitativ neuen Ordnungsprinzip, dem Symptom, das als Attraktor die Bedürfnisspannung reduzierte und das alte System stabilisierte (Grawe, 1998, 2004).

Beispiel: Ein Lehrer hatte durch Selbstunsicherheit und Zwanghaftigkeit seine impulsiven Tendenzen zivilisiert, war ein verträglicher und zuverlässiger Ehemann geworden. Für die Frau war dies nach mehreren Jahren zu unbefriedigend, sie nahm sich einen Liebhaber und zog aus. Als nach einer 6-wöchigen Trennung und Versöhnung seine Frau zu ihm zurückzog, entstanden bei ihm so große Wutgefühle, dass er den starken Impuls verspürte, mit einem Messer, das er gerade in der Hand hatte, auf sie einzustechen. Er war so entsetzt über sich, dass der Impuls verschwand. Von dieser Stunde an blieben ihm aber große Befürchtungen, er könne sich selbst mit einem spitzen Gegenstand ins Herz bohren. Die Versöhnung mit seiner Frau wurde aber nicht weiter gestört.
Um seiner Frau ein ebenbürtiger Partner zu sein, müsste er mit seinen aggressiven Gefühlen im Sinne einer größeren Wehrhaftigkeit umzugehen lernen, d. h. sein Selbst ändern. Seine Überlebensregel prophezeit ihm dafür aber endgültigen Liebesverlust und verbietet diese Änderung. Die symptomauslösende Lebenssituation überfordert

diese so gesteuerte Homöostase. Mangels Entwicklung eines zivilisierten Umgangs mit seiner Aggressivität entsteht ein inadäquat intensiver Impuls, der natürlich niedergekämpft werden muss. Das Symptom war die hierzu einzig verfügbare Notfallmaßnahme.

1.2.1.7 Der Prozess der Symptombildung

Obiges Beispiel lässt den allgemeinen Prozess der Symptombildung als Reaktionskette zum Symptom deutlich werden. In einer konkreten Situation (Rückkehr der Ehefrau) entsteht

- ein primäres natürliches Gefühl (Wut, dass ihn die Frau sitzen ließ), dies führt zu einem
- primären natürlichen Handlungsimpuls (Angriff, hier inadäquat infolge lebenslanger Unterdrückung und dadurch nicht möglicher Zivilisierung aggressiver Impulse).
- Die Antizipation bedrohlicher Handlungskonsequenzen (endgültiger Liebesverlust, subjektiv wichtiger als die strafrechtlichen Folgen) führt zu
- sekundären gegensteuernden Gefühlen (Angst, Schuldgefühle), diese zum
- Unterdrücken natürlichen Copings und Vermeidung von dessen Folgen (von wehrhafter konstruktiver Auseinandersetzung, um eigene Belange deutlicher zu vertreten, denn diese würden subjektiv zu erneutem Verlassenwerden führen).
- Neue verhaltenssteuernde Gefühle (Spannung, „discomfort", Angst) sind die inneren Auslöser, die
- das Symptom (hier Zwang) in Gang bringen. Nur das Symptom hilft, die Überlebensregel einzuhalten. Diese ist eine Systemregel, die die homöostatische Selbstregulation gewährleistet.

1.2.1.8 Die Therapieziele

Psychotherapie hat demnach zwei zentrale Therapieziele:
Veränderung der psychosozialen Homöostase der autonomen Psyche im Sinne einer besseren Meisterung der bisher symptomauslösenden Lebenssituation (Selbsterhaltung bzw. Assimilation).
Falls dies nicht ausreicht, wird als zweites zentrales Therapieziel formuliert: Entwicklung der autonomen Psyche zur nächsthöheren Entwicklungsstufe (Selbstveränderung bzw. Akkommodation).

Beispiel: Der Patient kann auf seinem alten Entwicklungsniveau, dem impulsiven Niveau, bleiben, wenn er lernt, seine Gefühle spontan zu äußern, seine Bedürfnisse zu artikulieren, so dass seine Frau bereit ist, auf ihn einzugehen. Verhaltenstherapeutisch könnte das durch Training sozialer Kompetenz und durch Üben des Gefühlsausdruckes erzielt werden. Wenn aber seine Frau nicht auf der Basis von Freiwilligkeit genügend auf ihn eingeht, sondern jemanden braucht, der ihr auch Grenzen setzt und steuernd auf sie einwirken kann, so benötigt der Patient einen Entwicklungsschritt zur souveränen Entwicklungsstufe, auf der er als neue Errungenschaft die Erfahrung macht, dass und wie er das Verhalten seiner Frau in seinem Sinne und im Sinne einer besser funktionierenden Beziehung beeinflussen kann. „Indem ich auf eine ihr wohltuende Weise mit ihr umgehe, wird sie bereit sein, gerne die Zeit mit mir auf eine uns beiden angenehme Weise zu verbringen."

Psychotherapie ist demnach zunächst ein Versuch, die Selbstregulation zu optimieren. Dies kann in der Optimierung der exekutiven Maßnahmen zur Erreichung eines beibehaltenen Ziels bestehen, kann aber auch in der Optimierung der Zielrichtung bzw. des Zielorts bestehen (Selbstregulationstherapie).
Die Therapie kann auch darin bestehen, dazu zu verhelfen, ein individuelles oder soziales System von einem Zustand pathologischer Stabilität und Erstarrung in einen neuen, lebendigen Zustand übergehen zu lassen, oder auch nur zu helfen, den gerade ablaufenden und mitten im kritischen Phasenübergang befindlichen Veränderungsprozess zu unterstützen, ohne dass von therapeutischer Seite der neue Zustand vorgedacht ist (Selbstorganisationstherapie).

1.2.1.9 Die Therapiestrategie

Die folgende Darstellung des strategischen Ablaufs einer Therapie zeigt, wie beim Patienten eine Entwicklung in Gang gesetzt werden kann, die nach der Therapie ihre Fortsetzung findet. Dieser strategische Therapieablauf, der eine konsequente Umsetzung einer affektiv-kognitiven Entwicklungstheorie ist, wird in der Verhaltenstherapie überlagert von störungsspezifischen Zielen und Therapieinterventionen. Ohne diese störungsspezifischen Therapieinhalte ist die hier dargestellte strategische Durchführung einer behavioralen Therapie ein elaborierter Therapieansatz zur Behandlung von Persönlichkeitsstörungen.

Wichtige Bestandteile bestehen deshalb darin, die psychosoziale Homöostase des Menschen, die bisher durch den dysfunktionalen „Sollwert" einer kindlichen Überlebensregel blockiert war, wieder zu befähigen, ein gesundes Fließgleichgewicht herzustellen. Hierzu ist die Balancierung von Abhängigkeits- und Autonomiebedürfnissen notwendig (**motivationale Therapiestrategie**).

Außerdem muss der Zugang zu den blockierten Gefühlen ermöglicht werden (**affektive Therapiestrategie**). Diese sind mit zugehörigen Kognitionen zu affektiv-kognitiven Bedeutungen zu verknüpfen (**affektiv-kognitive Therapiestrategie**). Schließlich muss die kindliche Selbst- und Weltsicht und die Grundannahme über das Funktionieren der Welt korrigiert und die dysfunktionale Überlebensregel falsifiziert werden (**kognitive Therapiestrategie**). Letztendlich ist der Abbau der dysfunktionalen Verhaltensstereotypien erforderlich (**Handlungs-Therapie-Strategie**).

Sind diese Blockierungen der psychosozialen Entwicklung behoben, so kann der Übergang zur nächsten Entwicklungsstufe ermöglicht werden (**Entwicklungsstrategie**).

Das Vorgehen ist direktiv mit ständigen kognitiven Klärungen und Konfrontation mit den „pathologischen bzw. pathogenen" Gefühlen der Angst, des Schuldgefühls oder der Scham sowie der unterdrückten „primären bzw. gesunden" Gefühle wie Ärger, Freude, Trauer, Liebe. Das Vorgehen ist eine Übertragung des ursprünglich bei Angst, Zwang und Trauer angewandten Expositionsverfahrens auf Emotionen allgemein:
a) Emotionsexposition, gefolgt von der konsequenten
b) Verknüpfung des Gefühls mit Kognitionen zur affektiv-kognitiven Bedeutung. Dies schafft die Voraussetzung für ein Handeln entgegen der alten Überlebensregel, um diese zu falsifizieren und zu beweisen, dass ein Überleben auch anders möglich ist. So ist die Strategische Kurzzeittherapie Therapie der Beginn einer Entwicklung, die vom Überleben zum Leben führt.

Außer diesen prozessimmanenten Therapiestrategien werden noch zwei Rahmen gebende Strategien verfolgt:
c) die **Achtsamkeitsstrategie**, die es ermöglicht, überselektive Aufmerksamkeitsfokussierung zurückzunehmen und dadurch eine erste Emotionssteuerung zu erreichen. Sie schafft eine optimale Basis für die Sammlung psychischer Energien und wird deshalb an den Anfang des therapeutischen Prozesses gestellt.
d) die **Akzeptanzstrategie** verhindert frustrane Änderungsbemühungen aus der Haltung der Ablehnung der eigenen Person und der Problemsituation heraus.

1.2.2 THERAPIEPRAXIS

Die Therapiepraxis erfolgt mit 6 Therapiestrategien oder Arbeitsmodulen (Abb. 1.2.1):
1. Die **Patient-Therapeut-Beziehung** therapeutisch nutzen
2. Eine Haltung von **Achtsamkeit und Akzeptanz** aneignen
3. Lernen mit meinem Symptom umzugehen (**Symptomtherapie**)
4. Meine heutige Persönlichkeit aus meinen Kindheitserfahrungen verstehen und diese Erfahrungen emotional verarbeiten (**Motivklärung**) und erkennen, wie ich noch heute meine kindlichen Überlebensstrategien anwende, und erfahren, dass mich meine Erwachsenen-Realität ohne diese Überlebenskämpfe leben lässt (dysfunktionale **Überlebensregel**)
5. Experimentieren mit mir und den anderen, um meine Ressourcen, meine Lebenstüchtigkeit spüren zu können (**Fertigkeiten und Kompetenzen**)
6. Mein **Entwicklungsniveau** erfassen und die Weiterentwicklung meines Selbst und meiner Beziehungen in Gang bringen

1.2.2.1 Die therapeutische Beziehung – die therapeutische Interaktion

1.2.2.1.1 Die therapeutische Beziehung – Maximen

Die Beziehung zum Patienten wird aktiv von der TherapeutIn nach folgenden Gesichtspunkten gestaltet:
- Die Direktive liegt bei der TherapeutIn.
- Das Klima ist geprägt von Respekt vor der Würde des Patienten, egal wie schwer die psychische Störung und wie schwer sein Defizit in der Persönlichkeitsentwicklung ist.
- Es wird ein Kontrakt mit der gesunden Seite des Patienten geschlossen, diese ist Ansprechpartner auf der Ebene der Entscheidungen und Handlungen. Sie wird bestätigt, gefördert und gefordert.
- Die unentwickelte Seite des Patienten erfährt unbedingte Akzeptanz und Empathie. Sie erfährt ebenso viel Sympathie wie die kompetente Seite.
- Übertragungsphänomene werden durch die Gegenübertragungsreaktion der TherapeutIn identifiziert und als gleichwertige Interaktions- und Beziehungsgestaltungsbeispiele neben den mit in die Therapiestunde gebrachten Beispielen bearbeitet.

1.2.2.1.2 Die Entwicklung der therapeutischen Beziehung im Laufe der Therapie

Die therapeutische Beziehung entfaltet sich, indem die Zugehörigkeitsbedürfnisse des Patienten in Art und Ausmaß einer erwachsenen emotionalen Beziehung befriedigt werden:
- willkommen sein
- Wärme
- Zuverlässigkeit
- gemocht werden
- Aufmerksamkeit
- Empathie
- Wertschätzung

Die therapeutische Interaktion und Zusammenarbeit vermitteln zunehmend die Erfahrung von:
- selbst machen und selbst können
- Selbstbestimmung
- Grenzen gesetzt bekommen
- gefördert werden
- gefordert werden
- ein Vorbild haben
- Responsivität bezüglich der geschlechtlichen Identität des Patienten
- ein Gegenüber

1.2.2.1.3 Das Symptom als Beziehungsstifter und primärer Therapieauftrag

Da der Patient ausschließlich aus Anlass seines Leidens unter seinem Symptom den Kontakt mit der TherapeutIn aufnimmt, gebührt seinem Anliegen auch die erste gründliche Zuwendung durch ausführliche Exploration:
- die Beschwerden
- der Befund
- die Syndromdiagnose
- die symptomauslösende Situation
- die Funktion des Symptoms
- der Umgang mit dem Befindlichkeitssymptom
- der Umgang mit dem Verhaltenssymptom
- die Ablösung des Symptoms durch neue Lösungen

Da das Symptom eine kreative Leistung in einer sonst nicht zu bewältigenden Situation ist, gilt es, ein alternatives Verhalten zu finden, mit dem diese Situation zu bewältigen ist – ohne die Nachteile des Symptoms. Schlüssel zum Verständnis der Erkrankung ist die Reaktionskette von der Situation zum Symptom.

1.2.2.2 Thematische Rekonstruktion der kindlichen Entwicklung und des Verharrens in kindlichen Überlebensstrategien

Es erfolgt nun eine systematische Exploration der Entstehungsgeschichte derjenigen Aspekte der Persönlichkeit, die zur Symptombildung beitrugen, sei es, dass sehr große Bedürfnisse und Ängste zu einer sehr großen Rigidität des Erlebens und Verhaltens führten, sei es, dass die emotionale Entwicklung blockiert wurde. Die Rekonstruktionsschritte sind:
- Ableitung kindlicher Eigenschaften aus den Eigenschaften von Mutter und Vater:
- Identifizierung mit Vater oder mit Mutter?
- Partnerwahl nach dem Vorbild des Vaters oder der Mutter?

- Erinnerung an wichtige frustrierende bzw. traumatisierende Elternverhaltensweisen
- Erinnerung der häufigen Gefühle in der Kindheit
- Wahrnehmung zentraler Bedürfnisse im Erwachsenenalter
- Rückverfolgung der Fährte von den heutigen zentralen Bedürfnissen über die häufigen Gefühle in der Kindheit zu den frustrierenden bzw. traumatisierenden Elternverhaltensweisen
- Wahrnehmung der zentralen Angst
- Erinnern der gebotenen oder nützlichen Verhaltensweisen gegenüber der Mutter und gegenüber dem Vater
- Erinnern der verbotenen oder schädlichen Verhaltensweisen gegenüber der Mutter und gegenüber dem Vater

Den bisherigen Umgang mit Gefühlen betrachten:
- Welche Gefühle waren geboten oder nützlich?
- Welche Gefühle waren verboten oder schädlich?
- Das bisherige Selbstbild rekonstruieren
- Das bisherige Weltbild rekonstruieren
- Die bisherige Homöostase anhand der bisherigen Überlebensregel rekonstruieren
- Die bisherigen Verhaltensstereotypien, d. h. die bisherige Persönlichkeit beschreiben
- Das emotionale Entwicklungsniveau erfahren
- Das emotionale Erleben wichtiger Beziehungen als Kriterium der emotionalen Entwicklung
- Der bisherige Umgang mit Konflikten
- Mich aus meiner Lebensgeschichte heraus verstehen und akzeptieren

1.2.2.3 Entwicklung der Veränderungsstrategie

Nachdem die Konstruktion der Gegenwart aus der Vergangenheit so deutlich gemacht wurde, dass daraus auch in der Regel eine Umschreibung der eigenen Historie erfolgte, kann nun auch eine neue Zukunft konstruiert werden – ausgehend von den Grundhaltungen der Achtsamkeit und der Akzeptanz:
a) Sammeln persönlicher Ziele und Werte
b) Unterscheiden extrinsischer und intrinsischer Ziele (Umdefinition des Widerstands)
c) Mobilisieren von Ressourcen
d) Loslassen verzichtbarer Ziele, Abschied nehmen von regressiven Wunscherfüllungen, Trauern um endgültig Verlorenes
e) Umgang mit der Angst vor Veränderung
f) Meine Fähigkeiten der Angstbewältigung entwickeln
g) Meine Fähigkeiten der Stressbewältigung entwickeln
h) Mich bisher vermiedenen Gefühlen stellen (Exposition)
i) Lernen, mit Gefühlen umzugehen (emotionales Lernen)
j) Durch Niederlagen wehrhaft werden
k) Konflikte durch Integration und Wertorientierung lösen lernen
l) Neue Lebensgewohnheiten entwickeln
m) Neue Beziehungsformen entwickeln

In einer psychoedukativen Variante der Strategischen Kurzzeittherapie (Sulz, 2009b) bereitet sich der Patient auf jede Sitzung mit Hilfe eines oder mehrerer Arbeitsblätter, die obige Themen haben, auf die jeweils nächste Therapiesitzung vor. Die Nachbearbeitung des Themas bzw. der Versuch, mit diesem im realen Leben zu experimentieren, erfolgt anhand zahlreicher definierter Experimente zur strategischen Entwicklung.

Obige Veränderungsstrategie steht unter dem Motto „Vom Überleben zum Leben" und umfasst alle die Arbeitsmodule Achtsamkeit & Akzeptanz sowie Fertigkeiten- und Kompetanztraining, aber auch diejenigen Veränderungsschritte, die aus der Motivklärung hervorgehen. Sie mündet in die sechste Therapiestrategie ein: die Strategie der Entwicklung, die nachfolgend ausführtlich dargestellt wird.

Die Strategische Kurzzeittherapie und die Strategisch-Behaviorale Therapie als deren Langzeitform ist ein kognitiv-behavioraler Therapieansatz, ausgehend vom Selbstregulationsansatz (Kanfer, 2000; Carver & Scheier, 1998), Piagets kognitiver Entwicklungspsychologie (Piaget & Inhelder, 1980) in der Weiterentwicklung von Kegan (1986) unter Einbeziehung des Selbstorganisationsprinzips (Haken & Schiepek, 2005) und des Konstruktivismus der Palo-Alto-Gruppe (Watzlawick, 1986). Sie baut auf der hier beschriebenen affektiv-kognitiven Entwicklungs- und Systemtheorie psychischer Störungen auf, definiert eine Therapietheorie und verfolgt eine konsequente Strategie der Optimierung der psychosozialen Homöostase des Menschen und der Entwicklungsförderung zur jeweils nächsten Stufe der Entwicklung der Emotionen und der Beziehungen. Sie ist anwendbar bei allen psychogenen, psychischen und psychosomatischen Störungen und insbesondere auch bei Persönlichkeitsstörungen.

Das Vorgehen ist keine eigenständige Methode, die von der kognitiven Verhaltenstherapie abweicht wie die DBT oder CBASP oder Schematherapie. Sie ist vielmehr wie der Selbstmanagemantansatz von Kanfer et al. (2012) eine Betonung der Therapiestrategie, die bei Kanfer aus sieben Schritten besteht. Der Unterschied zu Kanfers Selbstmanagementansatz besteht darin, dass das Schwergewicht auf die emotionsgesteuerte Strategie des Symptoms gelegt wird, die durch Funktionsanalyse und biographische Analyse auf Mikro- und Makroebene offengelegt wird. Auf diese Weise gelingt ein tiefgehendes Fallverständnis. Dabei meinen Strategie und Funktion dasselbe, wobei eine Nähe zum systemischen Denken besteht. Die Funktionsanalyse ist eine Brücke zum systemischen Ansatz. Funktion des Symptoms und Strategie des Symptoms meinen dasselbe: den Vermeidungsaspekt des Symptoms. Beide beziehen sich auf die Instrumentalität des Symptoms, das durch negative Verstärkung aufrechterhalten wird.

Wenn wir die Strategie des Symptoms verstehen, können wir sie mit weniger Mühe umlenken zu einer Strategie der Therapie.

1.3 Therapiethemen*

Ausgehend von der kognitiv-affektiven Entwicklungs- und Systemtheorie psychischer Störungen (Sulz, 1994) und von der daraus abgeleiteten Therapietheorie (Sulz, 2011a) hat sich zwischenzeitlich ein kognitiv-behaviorales Therapiekonzept klinisch bewährt, das im Folgenden beschrieben werden soll.

Ausgangspunkt der Therapie ist, dass die Entwicklung der Persönlichkeit eines Menschen das Ergebnis der Wechselwirkung zwischen dem Kind mit seinen angeborenen Dispositionen und den Eltern mit ihren punktuell traumatisch oder chronisch frustrierenden Elternverhaltensweisen ist (Sulz & Tins, 2000).

Die noch unentwickelte Psyche des Kindes (Piaget & Inhelder, 1981; Kegan, 1986) ist nicht in der Lage, mit dem bereits entwickelten Verhaltensrepertoire auf diese Bedrohungen und Frustrationen zu reagieren. Es entwickelt sich Angst, die es durch vielfältige Vermeidungsreaktionen zu lindern sucht. Diejenigen Vermeidungsverhaltensweisen, die erfolgreich seine Angst reduzieren, werden gelernt, nicht erfolgreiche werden extingiert, und Angst vergrößernde werden unterdrückt (vgl. Sulz, 2015a).

Die Knappheit alters- und entwicklungsentsprechender Bedürfnisbefriedigungen führt dazu, dass das Kind außergewöhnliche Anstrengungen unternimmt, um diese gerade im Vordergrund stehenden Bedürfnisse zu befriedigen. Viele seiner Bemühungen bleiben frustran. Einige, meist nicht kindgemäße oder umgekehrt regressive Verhaltensweisen führen zum Erfolg. Die Eltern lassen sich durch dieses Verhalten zur Bedürfnisbefriedigung bewegen. Das Verhalten wird verstärkt. In der Hierarchie des motivationalen Systems bleibt dieses Bedürfnis auch im Erwachsenenalter ein Verstärker erster Ordnung. Um das spätere Verhalten eines Menschen verstehen zu können, d. h. zu verstehen, weshalb er was tut und was unterlässt, ist neben der Bedeutung einer konkreten Situation auch die Kenntnis seiner Verstärkerhierarchie notwendig. Die Summe dieser meist situationsübergreifenden Erlebens- und Verhaltenstendenzen können wir als Persönlichkeit (Mischel 2004, 2015) bezeichnen. In dem Ausmaß, in dem diese Verhaltensmuster mehr mit der Person als mit der Situation korrelieren, können wir sie als Verhaltensstereotypien (Sulz, 2011a) bezeichnen. Haben diese Verhaltensstereotypien mittel- und langfristig erhebliche Nachteile für einen Menschen, so sind sie dysfunktional (Beck, 1979).

Für unsere Betrachtungen hat die Unterscheidung von konditioniertem Verhalten, für dessen Erklärung die Lernpsychologie ausreichend ist, und regelgeleitetem Verhalten sehr große Bedeutung (Hayes 1998, Hayes et al., 1989, 1996, 2007). Letzteres meint, dass nicht nur dichotome Informationsprozesse wie „verstärkt versus nicht verstärkt" oder „bestraft versus nicht bestraft" menschliches Verhalten steuern, sondern dass die Psyche diese Lernerfahrungen zusammenfasst, z. B. zu allgemeinen Grundannahmen (Beck, 1979) über das Funktionieren des Selbst und der Welt, und daraus allgemeine und situationsspezifische Verhaltenspläne ableitet (Grawe, 1998). Becks Grundannahmen (als kausale Schlussfolgerungen) und Grawes Verhaltenspläne (als generalisierte Verhaltensgebote) lassen sich zu einer „Überlebensregel" als kognitiver Formulierung der homöostatischen Steuerung der menschlichen Psyche zusammenfassen (Sulz,

* verändert aus Sulz 2011a, S. 36 – 44

1994, 2012a). Durch diese Formulierung als Selbstregulation lassen sich Becks und Grawes Betrachtungsweisen in Kanfers Selbstregulationsansatz einordnen (Kanfer et al., 2012).

Das prinzipiell beobachtbare Verhalten eines Menschen lässt sich auf diese – durch die Überlebensregel beschriebene – Homöostase-Steuerung zurückführen, als im Idealfall alles, was ein Mensch tut, denkt, fühlt, wahrnimmt.

Ebenso wichtig ist festzustellen, was ein Mensch nicht tut, nicht denkt, nicht fühlt, nicht wahrnimmt – im Gegensatz zu vielen oder manch anderen Menschen in den gleichen Situationen. In unserem Kontext sind die durch obige traumatische oder Frustrationserfahrungen erfolgten Vermeidungen und Unterdrückungen menschlicher Erlebens- und Verhaltensmöglichkeiten bedeutsam. In einer vorgegebenen Situation ist zu fragen: Was nimmt dieser Mensch nicht wahr, was denkt er nicht, was fühlt er nicht, was macht er nicht?

Jegliche Zivilisation – und Sozialisation erfordert die dauerhafte Hemmung und Unterdrückung selbst- und gemeinschaftsschädigender Impulse. Die Befähigung zu diesen Hemmungen zeichnet u. a. einen gesunden Menschen aus. Diese Fähigkeit zur Impulshemmung kann aber erst auf einem bestimmten Entwicklungsniveau aufgebaut werden (Piaget & Inhelder, 1981; Kegan, 1986). Wird dem Kind vorzeitig, d. h. im ersten, zweiten oder dritten Lebensjahr, eine komplette Beherrschung seiner Impulse abverlangt, so kann es das nur mit Hilfe von Angstkonditionierungen und Aufbau relativ löschungsresistenter Vermeidungsmuster leisten, die später seine erwachsene Persönlichkeit in hohem Maße determinieren. Prinzipiell kann es für ein Individuum notwendig erscheinen, jegliche Art von Impulsen und Emotionen zu unterdrücken, Freude wie Trauer, Liebe wie Hass, Lust wie Unlust. Sehr zentral ist jedoch die Unterdrückung von Wut- und Angriffstendenzen. Je größer meine Wut, umso mehr Schaden kann sie anrichten, je weniger meine Selbststeuerungsfähigkeiten bereits entwickelt sind, umso wahrscheinlicher ist es, dass meine große Wut ungebremst zu Verhaltensweisen führt, die großen Schaden anrichten. Je weniger mein Selbst- und Weltbild durch Erfahrungen geprägt ist, die zeigen, dass ich selbst große Wut nicht zwingend in einen Handlungsimpuls überleiten muss, sondern Wut in mir behalten kann bzw. dass selbst intensive Ausdrucksformen meiner Wut keinen Schaden in der Welt anrichten, umso mehr glaube ich meiner Befürchtung, dass meine Wut großen Schaden anrichten wird. Also muss ich dieses Gefühl und diese Impulse umso rigoroser unterdrücken.

Unsere therapeutische Diagnostik sollte also Art und Ausmaß von unterdrückter Wut und von Angriffstendenzen ebenso erfassen wie die Art, die Flexibilität oder Rigidität, den Reifegrad und die Wirksamkeit bzw. die Nebenwirkungen der habituellen Hemmungs- und Unterdrückungsmuster primärer Impulse. Beides zusammen, das vorhandene und das unterdrückte bzw. vermiedene Verhalten, ergibt erst das Gesamtbild eines Menschen. Die genannten Analysen ermöglichen es, das Verhalten auf der Dimension psychosozialer Funktionalität versus Dysfunktionalität einzuordnen. Wir können auf diese Weise prinzipiell pro- und retrospektiv situatives Scheitern erklären. Dominiert der dysfunktionale Anteil dieser Verhaltensstereotypien, so kommt es zu pathogener Lebens- und Beziehungsgestaltung, die in einer das homöostatische System überfordernden spezifischen Auslösesituation zur Symptombildung führt. Die Rigidität der Überlebensregel verbietet die Adaptation des Menschen an die situativen Aufgabenstellungen, weshalb das Symptom aufrechterhalten werden muss. Das Symptom oder das Symptomverhalten wird dadurch verstärkt, dass es mit seiner Hilfe gelingt, die problematische Lebenssituation oder -konstellation durchzustehen, ohne das bewährte homöostatische System der Psyche verändern zu müssen. Der Nachteil, den das Symptom mit sich bringt, wird durch den Vorteil der intrapsychischen Stabilitätswahrung mehr als ausgeglichen. Letzteres erscheint als das höhere Gut, als zentraler Garant emotionalen Überlebens.

Wir können uns an einem Beispiel die homöostatische Selbstregulation vergegenwärtigen: Durch selbstunsicheres und dependentes Verhalten bringt ein Mensch seine Mitmenschen in eine eher selbstsichere Position, aus der heraus sie wohltuend und annehmend reagieren. Dadurch wird seine Angst vor Ablehnung und Verlassenwerden reduziert und sein Bedürfnis nach Zuneigung und Geborgenheit befriedigt.

Verhalten sich diese Menschen nicht mehr befriedigend oder entängstigend oder tritt ein anderes Bedürfnis in den Vordergrund, z. B. das nach Selbstständigkeit oder nach Selbstbestimmung, so wird die Wahrscheinlichkeit von nicht selbstunsicherem Verhalten bedrohlich anwachsen, die Gefahr wird immer größer, dass die Überlebensregel verletzt wird, und schließlich muss durch Symptombildung die Notbremse gezogen werden. Ein depressives oder ein Angstsyndrom oder ein Low Back Pain rückt die neuen Verhaltenstendenzen wieder in den Hintergrund. Es wird wieder möglich, auf die alte, selbstunsichere Weise mit den anderen Menschen umzugehen. Die psychosoziale Homöostase ist gerettet.

Da Menschen dazu neigen, Störungen der Homöostase zuerst nach dem Prinzip „mehr desselben" zu beantworten, d. h. z. B. geringeres Wohlwollen der Bezugsperson durch noch mehr Selbstunsicherheit und noch abhängigeres Verhalten zu beeinflussen, kommt es im Lauf der Jahre zu einer Polarisierung der anfangs eingeleiteten Rollenzuweisungen. Dies geht so weit, dass schließlich die Vorteile der bisherigen Selbstregulation bei Weitem hinter den Nachteilen zurückbleiben. Im obigen Beispiel wird es schließlich unmöglich, ausreichend Selbstwertgefühl zu bewahren, oder immer schwieriger, den wachsenden Ärger über die ständigen Frustrationen zu unterdrücken. Schließlich versagt die Homöostase, und nur noch die Symptombildung kann diese Eskalation aufhalten.

Im Beispiel braucht mich der Partner immer weniger, ich bin immer unattraktiver für ihn geworden. Es scheint nur zwei Möglichkeiten zu geben, mein Selbstwertgefühl zu retten: ihn zu verlassen, dann fühle ich mich verlassen, oder meine ganze Wut rauslassen, dann mache ich mich schuldig und verliere jegliche Liebe. Beides würde ich emotional nicht überleben. Das Symptom enthebt mich des Zwangs zur Entscheidung, macht mich als Patient handlungs- und entscheidungsunfähig. Meine Umwelt ist gezwungen, auf mein Symptom zu reagieren, was sie zunächst auf eine besorgt-zuwendende Weise tut. Ich werde jetzt anders behandelt, ohne etwas oder mich geändert zu haben. Manche Pflichten entfallen, neue Rechte stehen mir zu, ohne dass ich darum kämpfen müsste. Meine Selbstregulation hat sich wieder mehr Vorteile verschafft. Doch leider ist zu Recht zu befürchten, dass ich auf diese Vorteile wieder verzichten muss, sobald das Symptom verschwindet. Und das kann ich mir nicht leisten. Das Symptom und seine unmittelbar negativen Folgen schmälern die psychischen Funktionen des Menschen oft so erheblich, dass sie den psychotherapeutischen Prozess unmöglich machen. Deshalb ist hier an erster Stelle Abhilfe erforderlich: Lernen, mit dem Symptom umzugehen, damit seine negativen Auswirkungen so weit reduziert werden, dass die Psychotherapie wirksam durchführbar ist.

Aus diesen Betrachtungen folgt, dass Krankenbehandlung auf drei Ebenen stattfinden muss:
- Lernen, mit dem Symptom umzugehen,
- Aufbau von interaktionellen Fertigkeiten, die helfen, Beziehungen befriedigend zu gestalten, und
- Entwicklung der Persönlichkeit.

Menschen, die psychische und psychosomatische Symptome entwickeln, haben grundsätzliche Defizite an interaktioneller Kompetenz, selbst wenn partiell große Fähigkeiten vorhanden sind. Im entscheidenden Moment, in der entscheidenden Beziehung sind sie nicht in der Lage, diese Fähigkeiten einzusetzen. Deshalb lohnt es sich, sobald neben der Symptomtherapie Zeit bleibt, diese Defizite zu analysieren und entsprechende Fertigkeiten zu üben. Vereinfacht heißen die Fragen:
- Was macht er/sie, was macht er/sie nicht? (Vermeidung)
- Was kann er/sie, was kann er/sie nicht? (Defizit)

Im Zentrum des Interesses steht einerseits die interaktionelle Situation, die zur Symptombildung

führte. Welches konkrete Verhalten wäre zur Meisterung dieser Situation erforderlich gewesen? Welche anderen Situationen werden als schwierig bzw. deren Ausgang als Scheitern erlebt? Welche Beziehungen werden als schwierig erlebt? Für welche dysfunktionalen Interaktions- und Beziehungsmuster ist der Patient blind (sie sind lediglich indirekt aus seinen Berichten erschließbar)? Wir können, ausgehend von Kanfers (1998) Selbstregulationsmodell, interaktionelle Kompetenz in drei Bereiche einteilen:
- Selbst- und Fremdbeobachtung (Wahrnehmungsregulation)
- Selbst- und Fremdbeurteilung (Handlungs- und Kognitionsregulation) Selbst- und Fremdverstärkung (motivationale und emotionale Regulation)

Bei der Selbst- und Fremdbeobachtung geht es um die realistische Wahrnehmung von Bedürfnissen, Ängsten und Gefühlen bei mir und beim Gegenüber. Bei der Selbst- und Fremdbeurteilung geht es um die soziale und kognitive Einschätzung des Interaktionsprozesses wie die Situationsadäquatheit meines Bedürfnisses, meiner Angst und meines Handelns bzw. des/derjenigen meines Gegenübers, aber auch um die situationsübergreifende intrapsychische Etablierung meiner Bezugsperson als festen Bestandteil unserer dauerhaften Beziehung.

Bei der Selbst- und Fremdverstärkung geht es um die Wirksamkeit meines Verhaltens wie
- Gefühle direkt ausdrücken können
- aus meinem Gefühl heraus handeln können
- fordern und nein sagen können
- das Verhaltens meines Gegenübers steuern können
- Bedürfnisse, Ängste und Gefühle meines Gegenübers berücksichtigen können
- streiten können
- verlieren können
- Balance zwischen Selbst und Beziehung herstellen können
- meine Beziehungen vorausblickend pflegen und mich anhaltend binden können
- eine Trennung durch Trauer verarbeiten können

Sind die individuellen Defizite und Vermeidungen herausgearbeitet, so kann mit dem Aufbau interaktioneller Fertigkeiten begonnen werden.
Die jeweilige Situation wird in der Therapiestunde im Rollenspiel geprobt und dann täglich geübt. Bei Defiziten und Vermeidungen ist das Übungsprogramm identisch. Übung reduziert einerseits situative Ängste und Vermeidungen, Übung führt andererseits zum Aufbau neuer Fertigkeiten.

Grawe (1998, 2004) sowie Sulz (1994, 2011a) weisen darauf hin, dass über die verschiedenen Psychotherapieansätze hinweg TherapeutInnen im Laufe der Therapie mit einem Patienten ganz ähnliche inhaltliche Themen bearbeiten. Diese ergeben sich aus obigen Ausführungen zum grundsätzlichen Verständnis der Psyche des Menschen und seiner Beziehungen. Wir haben unterschieden zwischen motivationalen und emotionalen Parametern einerseits und dem Verhalten, das entweder aus einem Motiv oder einer Emotion resultiert oder gegen diese gerichtet ist. Dieses Verhalten bezeichnen wir als „Umgang mit …". In dieser Bezeichnung steckt auch schon die Möglichkeit des steuernden Eingreifens der willkürlichen Psyche im Sinne einer Verhaltensänderung als Selbstmanagement (Kanfer et al., 2012). Dies bedeutet nicht, dass das Ziel, den Umgang mit einem Motiv zu verändern, ganz auf der rechten Seite des Rubikons (Heckhausen & Heckhausen, 2010) abgehandelt wird. Vielmehr gilt es wiederum, beim Verhaltensmotiv zu beginnen, d. h. motivationale Klärung z. B. mit intensiver emotionaler Arbeit zu leisten und erst dann den Rubikon zu überschreiten, wenn ein bewusster Änderungswunsch besteht und dieser zum Änderungswillen wird. Störungsübergreifend ergeben sich folgende Therapiethemen (2011a).
1. Symptomtherapie:
   Umgang mit dem Symptom
2. Symptomtherapie:
   Funktionale Beziehungsgestaltung
3. Symptomtherapie:
   Funktionale Lebensgestaltung
4. Fähigkeiten aufbauen –
   Ressourcenmobilisierung 1
5. Probleme in der Beziehung und persönliche Defizite bearbeiten

6. Umgang mit wichtigen schwierigen Situationen
7. Umgang mit zentralen Bedürfnissen
8. Umgang mit zentraler Angst
9. Umgang mit zentraler Wut
10. Umgang mit Gefühlen
11. Umgang mit Ressourcen – Ressourcenmobilisierung 2
12. Umgang mit Werten und Normen
13. Umgang mit Konflikten
14. Umgang mit Persönlichkeit
15. Umgang mit Entwicklung

Gehen wir von einer dreifach ansetzenden Therapie aus (Sulz, 2011a), so können wir erstens Symptomtherapie (1. – 3.), zweitens Fertigkeitentraining / Kompetenzaufbau (4. – 6.) und drittens Motivationsklärung / Überlebensregel (7. – 15.) als die drei Säulen der Psychotherapie betrachten.

Zur Symptomtherapie gehören der **Umgang mit dem Symptom**, mit der symptomauslösenden Situation und mit den symptomaufrechterhaltenden Bedingungen. Zur Verhaltensänderung wird z. B. bei der kognitiv-behavioralen Vorgehensweise mit Hilfe von Fertigkeitentraining ein neuer Umgang mit ... erarbeitet (in anderen Therapieformen geschieht diese Veränderung auf deren jeweils eigene Art).

Das Thema des Symptoms wird zumindest vom Patienten immer wieder als sein zentrales Anliegen in die Therapiestunde gebracht, denn er sieht die TherapeutIn – ob diese es wahrhaben will oder nicht – als SymptomheilerIn. Es ergibt sich explizit oder implizit ein hilfreicher Umgang mit dem Symptom. Achtet die TherapeutIn nicht darauf, weil ihr andere Themen viel wichtiger sind, muss sie damit rechnen, dass der Patient das Symptom bis zum Ende der Therapie konserviert und die großen Energien und Kräfte, die das Symptom aufrechterhalten, in der Therapie nicht angegriffen werden. Denn für den Patienten ist die schonendste Lösung, die TherapeutIn in seine psychosoziale Homöostase einzubauen, ihn als Hilfsaggregat zur Stützung seiner Selbstregulation zu verwenden, so dass sein psychisches System und sein soziales Beziehungsgefüge gestützt werden und sich nicht ändern müssen.

Das Thema der **gesund erhaltenden Beziehungsgestaltung** geht darauf ein, dass oft eine pathogene Beziehungsgestaltung zur Symptombildung beitrug und durchzieht alle anderen Themen, bzw. alle Themen sind Teilaspekte der Beziehungsgestaltung. In ihr manifestieren sich die bisher angesprochenen Therapieinhalte. So ergibt die Beziehungsanalyse (Sulz, 2008a: VDS36) eine präzise Zusammenfassung der homöostatischen Selbstregulation. Sie zeigt, worum es dem Patienten in seinen wichtigen Beziehungen geht und auch wie er versucht, seine Anliegen in diesen Beziehungen umzusetzen. Gelingt es, den Patienten dazu bringen, seine Beziehung so zu gestalten, dass er und seine Bezugsperson eine stabile Bindung aufrechterhalten können, dass sie sowohl ihre Zugehörigkeits- als auch ihre Selbst- bzw. Differenzierungsbedürfnisse befriedigen und gegenseitig die individuelle Weiterentwicklung zulassen und fördern können, so ist damit die größte denkbare Therapiearbeit neben der Symptomtherapie geleistet. Beziehungsarbeit vollzieht sich zweigleisig. Zum einen ressourcenorientiert durch gegenseitiges Geben und Fördern, zum anderen problemorientiert durch Reduktion dysfunktionaler Beziehungsstrategien (Sulz, 2011a).

Das Thema der **gesund erhaltenden Lebensgestaltung** bezieht sich darauf, dass nicht selten eine pathogene Lebensgestaltung zur Symptombildung beitrug. Ihm wird in ähnlicher Weise Rechnung getragen, indem einerseits dysfunktionale oder gar pathogene Formen der Lebensgestaltung modifiziert werden und andererseits Ressourcen, die das Leben des Patienten zu bieten hat, freigelegt und einer regelmäßigen habituellen Nutzung zugeführt werden (Sulz, 2009). So wird darauf geachtet, dass die zentrale Beziehung bzw. Bezugsperson nicht der ganze Lebensinhalt bleibt, sondern ein Eigenleben entwickelt wird, das von dieser Beziehung unabhängige Werte und Erfüllungen bringen kann. Neben einer Vergrößerung der Zahl wichtiger Ressourcen ist auch die Förderung der Tiefe der Erfüllung durch einen wichtigen Lebensbereich bedeutsam, damit echte Gegenpole entstehen, die die Lebensqualität steigern und die Vulnerabilität bezüglich psychischer Störungen reduzieren. Die Betrachtung der Lebensgestaltung kann aber auch als höchste Stufe einer ganzheitlichen, die Beobachtungen und Erkenntnisse integrierende Zusammenschau verstanden werden. Ist ein Weg eingeschlagen, der den Patienten dauerhaft von seiner Erkrankung und deren Bedingungen entfernt? Geht er in ein gesundes und gesunderhaltendes Leben hinein? Ist dies der Fall, so kann die TherapeutIn sich als Wegbegleiter vom Patienten verabschieden – gesünder wäre es, wenn der Abschied vom selbständig gewordenen Patienten eingeleitet wird.

Das Thema der **Fertigkeiten (Skills) und Kompetenzen** wird in der kognitiv-behavioralen Psychotherapie direkt und aktiv angegangen. Als erster Schritt der Ressourcenmobilisierung wird der Einsatz vorhandener Fertigkeiten gefördert, sodass der Patient kurzfristig Erfahrungen macht, die ihm die Verfügbarkeit dieser persönlichen Ressourcen zeigen und sein Selbsteffizienzgefühl bzw. seine Selbstwirksamkeit stärken. Andere Therapierichtungen fördern dies eher indirekt, indem sie emotionale Haltungen ändern und dadurch die Motivation zum Einsatz der Skills entsteht, ohne dass dies explizite Vereinbarung zwischen Patient und TherapeutIn ist. D.h. durch motivationale Klärungen und Änderungen wird die Wahrscheinlichkeit des Einsatzes der Fähigkeiten vergrößert. Grawe (1998) weist allerdings darauf hin, dass diese Nondirektivität in nicht wenigen Fällen dazu führt, dass Trägheit und Vermeidung zu lange verhindern, dass Verhaltensänderungen in Gang kommen, weshalb er empfiehlt, zusätzlich explizite Änderungsorientierung auch in diese Therapien zu bringen.

Das Thema der **Beziehungsprobleme** und der persönlichen Defizite wird in psychodynamischen und humanistischen Therapieformen durch emotional-motivationale Therapiearbeit im Sinne eines Bewusstmachens, Erfahrens, Verstehens und Verarbeitens behandelt. Der kognitiv-behaviorale Therapieansatz befasst sich im Rahmen eines Problemlösens mit Problemdefinition und -konkretisierung, Zieldefinition und Lösungsplanung und -realisierung. Auch hier empfiehlt Grawe (1998), beide Vorgehensweisen zusammenzufügen, um auf diese Weise einer größeren Anzahl von Patienten gerecht zu werden.

Das Thema des **Umgangs mit schwierigen Situationen** ist eine der hauptsächlichen Steuerungsmöglichkeiten der TherapeutIn. Nicht wenige Therapien verlaufen so, dass der Patient zu Beginn der Therapiestunde über eine besonders schwierige Situation der vergangenen Woche berichtet und Patient und TherapeutIn gemeinsam diese Situation, die Interaktion, die Beziehung zu der anderen Person, das Beziehungsproblem, den Konflikt erörtern. Zumindest zwischen den Zeilen erfährt der Patient, wie er künftig mit dieser Situation verfahren kann und welche Ressourcen er hierzu einsetzen kann und darf. Der Patient ist mit der Therapiestunde zufrieden. Neben Trost, emotionaler Unterstützung und Ermunterung hat er eine emotionale Klärung erfahren, kann sich und den anderen Menschen besser verstehen, kann spüren, was er will, und hat eine Vorstellung, wie er das konkret beim nächsten Auftreten der Situation erreichen kann. Auch die TherapeutIn ist zufrieden. Sie hat wieder einmal ein Problem erfolgreich gelöst und se darf hoffen, dass ihr Patient das nächste Mal berichten wird, dass es ihm gleich nach der Stunde viel besser ging und dass er es tatsächlich schaffte, mit der schwierigen Situation auf eine neue Weise umzugehen. Die kognitiv-behaviorale TherapeutIn wird sich freuen, dass der Patient das, was erarbeitet wurde, so konsequent umgesetzt hat. Der psychodynamische und die humanistische TherapeutIn wird sich freuen, dass der Patient anscheinend ganz von selbst eigene Schlüsse aus der therapeutischen Arbeit zog und diese ohne Anweisungen des Therapeuten auf seine realen Beziehungen übertrug. Wie auch immer dies zustande kam, Hauptsache ist, dass der Transfer erfolgte. Kanfers Selbstmanagementansatz (Kanfer et al., 2012) achtet darauf, dass nicht die TherapeutIn der Problemlöser bleibt und sich kein langfristiges gleichbleibendes Therapieritual einstellt, das

Rollen festschreibt, die die Weiterentwicklung und Selbständigkeit des Patienten verhindern. Es geht nicht darum, die konkrete Situation zu meistern, sondern darum, dass der Patient die Fähigkeit aufbaut, sein eigener Problemlöser zu werden. In analoger Weise wird in der Strategischen Kurzzeittherapie vorgegangen (Sulz, 2012a) sowie in der Strategisch-Behavioralen Therapie (Sulz & Hauke, 2010).

Das Thema des **Umgangs mit zentralen Bedürfnissen** kann einerseits im Rahmen einer emotionalen Arbeit oder einer motivationalen Klärung in einer Therapiestunde Gestalt annehmen und zum Fokus der Stunde werden. Oder es wird von der TherapeutIn als höchst bedeutsame Zielvariable (in der psychosozialen Homöostase) einer systematischen Analyse unterzogen (Sulz, 2008a: VDS27) und motivationale oder Verhaltensänderungen vereinbart (Sulz, 2008a: VDS42) und konsequent erarbeitet. Ein dysfunktionaler Umgang mit zentralen Bedürfnissen (Verstärkern) kommt dadurch zustande, dass die Bedürfnisbefriedigung an sich oder die Art der Bedürfnisbefriedigung in Konflikt mit anderen Motiven, Werten, Normen, Regeln oder der sozialen Umwelt stehen. Deshalb kann dieses Thema ebenso wenig wie die anderen Themen isoliert betrachtet und behandelt werden. Aber es kann das ausgesprochene Ziel bleiben, dessen Verfolgung konkret geplant wird, dessen Erreichung geprüft und evaluiert wird.

Ähnliches gilt für das Thema des **Umgangs mit der zentralen Angst/Vermeidung**. Das systematische Herangehen an dieses Thema (Sulz, 2008a: VDS28) hat den Vorteil, dass der Hauptwiderstand des Patienten nicht erst zufällig bei dessen unübersehbarem Anwachsen zum Inhalt des Therapiegesprächs wird, sondern von Anfang an transparent ist, sowohl in seiner Erscheinungsform in Alltagsbeziehungen als auch in der therapeutischen Beziehung und angesichts des gerade zu bewältigenden therapeutischen Schrittes bzw. der therapeutischen Veränderung insgesamt (Sulz, 2008a: VDS43). Früh genug können therapeutische Strategien entwickelt werden, die dem Patienten helfen, seiner zentralen Bedrohung/Angst so zu begegnen, dass Bewältigungserfahrungen sich häufen und die Bedrohung ihren Schrecken verliert, z. B. die Angst vor Kontrollverlust oder die Angst vor Ablehnung.

Das Thema des **Umgangs mit der zentralen Wut** wird traditionell in den meisten Psychotherapien vernachlässigt. Dies gilt für nahezu alle Therapieansätze. Es hängt lediglich von der Persönlichkeit der TherapeutIn ab, von deren eigenen Fortschritten im Umgang mit ihrer Wut. Und dieser Fortschritt ist wegen mangelnder oder mangelhafter Selbsterfahrung oft nicht groß – die Selbsterfahrungsleiter sind in ihrer Selbstentwicklung auch noch nicht freier geworden. In welch großem Ausmaß ein dysfunktionaler Umgang mit eigenen Aggressionstendenzen zu einer unteroptimalen Persönlichkeitsentwicklung und zu Symptombildungen beiträgt und wie verbreitet in der Umwelt des Patienten ein ebenfalls dysfunktionaler Umgang mit Wut ist bzw. gar zur Norm geworden ist, kann durch systematische Analyse dieses Themas erfasst werden (Sulz, 2008a: VDS29). Die Veränderung des Umgangs mit zentralen Wuttendenzen wird in vielen Therapien unterlassen. Ähnlich wie das Thema Sexualität bleibt auch dieses vitale Thema oft ausgespart. Wie viele positive Energien und Ressourcen gerade aus dieser Arbeit heraus mobilisierbar sind, ist eine Erfahrung, die – nachdem die TherapeutIn seine eigene Angst davor überwunden hat – der therapeutischen Arbeit wertvolle Impulse gibt (Sulz, 2008a: VDS44).

Zum Thema des **Umgangs mit Emotionen** haben die humanistischen Therapien lange Zeit die konkreteste Vorgehensweise gepflegt. Das Wahrnehmen des Gefühls in der Therapiestunde und das Begleiten durch eine tiefe emotionale Erfahrung ist der Fokus dieser Therapien (Greenberg, 2000, 2007; Sachse & Sachse, 2016). In der Verhaltenstherapie war der DBT-Ansatz von Marsha Linehan (2016a, b) zur Behandlung von Borderlinestörungen eine bahnbrechende Erneuerung der Therapie emotionaler Dysregulation und dysfunktionalen Umgangs mit Gefühlen. Die therapeutische Interaktion enthält zahlreiche emotionale Begegnungen und hat u. a. deren unmittelbare Modifikation zum Ziel. Während der Therapiestunde vorhandene, zum Teil sehr intensive Gefühle erfahren eine prompte Bearbeitung im Sinne eines Aufbaus funktionalen Umgangs mit diesen Gefühlen. Weniger dramatisch verläuft die emotionale Arbeit von Kohlenberg (Kohlenberg et al., 2000), der u. a. emotionale Reaktionen durch eine Metakommunikation zum klinisch relevanten Verhalten (clinical relevant behavior CRB) erklärt und deren Veränderung (wiederum in der therapeutischen Begegnung) zu einem Therapieziel macht. Sulz (2009) hat im bereits erwähnten Praxismanual Leitfäden entwickelt, um einen umfassenden Prozess des Lernens mit Gefühlen umzugehen, in Gang zu bringen. Neben der Wahrnehmung der Gefühle, dem Erfassen des bisherigen Umgangs mit diesen sowie dem Erarbeiten der Funktionalität der Gefühle und des Umgangs mit ihnen (Sulz, 2008a: VDS32), ist die Exposition als tiefe emotionale Erfahrung und die Modifikation ihrer verhaltenssteuernden Wirkung ein wichtiger Interventionsschritt (Sulz, 2009; Sulz 2008a: VDS45). Gefühle, die noch fest mit unverarbeiteten traumatischen Kindheitserfahrungen verknüpft sind, werden mit Hilfe der therapeutischen Arbeit zu befriedigendem und zu frustrierendem Elternverhalten gut zugänglich und in der Therapiestunde intensiv spürbar. Ziel ist es, das aktive Gefühlsrepertoire des Patienten auf seinen ursprünglichen Umfang zu erweitern und den Gefühlen ihre ursprüngliche Funktion zurückzugeben.

Das Thema des **Umgangs mit Ressourcen** sollte möglichst bald zur Bearbeitung kommen. Das erfolgreiche Lösen von Aufgaben vermittelt in der Verhaltenstherapie früh die Erfahrung des Vorhandenseins von Ressourcen. Diese Wirkung hat jede therapeutische Arbeit mit den bislang diskutierten Themen. Doch sind damit die Möglichkeiten der Ressourcenutilisierung nicht ausgeschöpft. Die bewusste Planung und Pflege einer bedürfnisbefriedigenden und förderlichen therapeutischen Beziehung ist ein sehr wichtiger Schritt (Grawe, 1998). Die lange Tradition der verstärkerorientierten Depressionstherapie bringt es mit sich, dass VerhaltenstherapeutInnen gezielt Ressourcen des Patienten aufspüren und ihre Utilisierung systematisch betreiben. Sowohl die Fähigkeit und die Erlaubnis, genussvolle Erlebnisse und Aktivitäten zur gesundmachenden und gesund erhaltenden Gewohnheit zu machen als auch die Fähigkeit zur Selbstverstärkung (Kanfer, 1977) sind Ressourcen, die durch gezielte Interventionen aufgebaut werden können. Ob ausreichend Ressourcenorientierung in einer Therapie stattfindet, hängt von der Persönlichkeit der TherapeutIn ab, so lange diese nicht Bestandteil der psychotherapeutischen Ausbildung ist. Wenn ihre habituellen kognitiven und emotionalen Strategien eher problem- oder gar defizitorientiert sind, besteht die Gefahr, dass sie vor lauter tiefschürfender Problem- und Konfliktsuche das Tageslicht nur wenig erblickt und durch das grelle Sonnenlicht geblendet, die Flucht in die Arbeit unter Tage antritt. Es besteht jedoch der Verdacht, dass Therapien nicht durch Defizitminderung, sondern durch Ressourcenmobilisierung wirksam werden (Grawe, 1998).

Zum Thema des **Umgangs mit Werten und mit Normen** gelangen manche TherapeutInnen nur dann, wenn dieses offensichtlich den Fortgang der Therapie blockiert. Wenn bei einem Patienten ein Wert zum absoluten Imperativ wird, sei es z. B. Vermögen, Erfolg oder Friedfertigkeit, so kann dies notwendige therapeutische Veränderungen blockieren (Sulz, 2008a: VDS33). Da es die psychotherapeutische Berufsethik verbietet, dem Patienten sein eigenes Wertesystem überzustülpen, geraten wir dort, wo es um ethische oder moralische Entscheidungen geht, an einen äußerst diffizilen Punkt. Hier hilft eine Selbstmanagementhaltung (Kanfer, 1998) oder auch eine klientenzentrierte Haltung (Rogers, 1961, 1989), die nötige Zurückhaltung und den Respekt vor dem anderen Menschen zu bewahren. Das Therapiemodell des Dialogs und der menschlichen Begegnung bewahrt davor, in die Falle eines falschen Verständnisses der therapeutischen Einflussnahme als Analogon zum hirnchirurgischen Eingriff zu treten (Hauke, 2001, 2006, 2013). Dadurch bleibt, trotz Zieldefinition und

Therapieplanung das inhaltliche Ziel der Therapie offen. Es wird das Ergebnis des Wechselwirkungsprozesses sein, dessen Richtung überraschende Wendungen nehmen kann. Die Therapie muss der Möglichkeit solcher überraschenden Wendungen genügend Raum geben. Denn gerade diese bedeuten nicht selten die eigentlichen qualitativen Veränderungen, während so manche vorgeplante Veränderung nur graduelle Verschiebungen sind, die das psychosoziale System des Patienten in seiner Funktionsweise nicht wirklich ändern.

Das Thema des **Umgangs mit Persönlichkeit** kann auch schon in der Kurzzeittherapie zum Inhalt werden. Allerdings nicht im Sinne einer Veränderung der Persönlichkeit, sondern in dem Sinne, dass die wiederkehrenden Nachteile der dysfunktionalen Persönlichkeitszüge abgemildert werden. Ich bleibe zwar selbstunsicher, aber in den Situationen, in denen es für mich bisher höchst nachteilig war, weil es zu unerträglichen Frustrationen und Selbstwertminderungen kam, lerne ich kompensatorische Kompromisse zu erreichen, die für mich akzeptabel sind. Oder ich bleibe narzisstisch, aber ich lerne mit meinen narzisstischen Niederlagen so umzugehen, dass sie mich nicht mehr tage- und wochenlang depressiv machen. Im Rahmen einer Langzeittherapie hingegen können weitergehende Veränderungen der Erlebens- und Verhaltensstereotypien einer Persönlichkeit zum Ziel werden. Da sich diese gut als konkretes Verhalten in konkreten Situationen operationalisieren lassen (Sulz, 2008a: VDS30), können Interventionsstrategien angesetzt werden, die die Modifikation meist sozialen Handelns zum Inhalt haben (Sulz, 2008a: VDS46). Da die dysfunktionalen Interaktionsmuster durch intermittierende unregelmäßige Verstärkung aufrechterhalten werden, sind sie sehr veränderungsresistent. Oft kommt zu der ursprünglich negativen Verstärkung (als Vermeidungsverhalten) eine positive Verstärkung hinzu (im Sinne einer Bedürfnisbefriedigung), sodass es schwer ist, alternative Verhaltensweisen zu finden, die motivational vergleichbare erwünschte Effekte haben. Zudem ist ein dysfunktionaler Persönlichkeitszug die konkrete Umsetzung der impliziten Überlebensregel, sodass erst eine Modifikation dieser Regel die Erlaubnis zu einem alternativen Verhalten gibt.

Das Thema des **Umgangs mit Entwicklung** ist für die meisten TherapeutInnen neu und ungewohnt. Am ehesten berücksichtigen noch psychodynamische TherapeutInnen die Entwicklungspsychologie. Die therapeutisch am weitesten reichende Entwicklungstheorie der Psychoanalyse (Erikson, 1965) ist aber heute bei den wenigsten tiefenpsychologisch orientierten PsychotherapeutInnen eine angewendete Heuristik. Das derzeit in der Psychoanalyse vorherrschende Entwicklungsmodell (Kernberg, 1988) vernachlässigt zugunsten früher Störungen der Entwicklung spätere Entwicklungsstadien, die aber für ambulante Psychotherapien eine große Rolle spielen (Kapfhammer, 1995). Die dadurch aufgeworfenen Probleme führten dazu, dass die Arbeitsgemeinschaft OPD (1996, 2009) in ihrem diagnostischen Ansatz sogar auf die Entwicklungsperspektive verzichtet hat. Dies ist ein Tribut an die Wissenschaftlichkeit, da die Messung des emotionalen Entwicklungsstandes methodisch sehr schwierig ist (Sulz & Theßen, 1999). Legt man jedoch die kognitive Entwicklung zugrunde, wie das Piaget und Inhelder (1980) und Kegan (1986) machten, so lässt sich der Entwicklungsstand leichter operationalisieren. Die Ergebnisse von Sulz und Theßen (1999) weisen darauf hin, dass durch die getrennte Erfassung von Entwicklungserrungenschaften (entwickelten Fähigkeiten) und Entwicklungsdefiziten (noch nicht Entwickeltes, noch nicht vorhandene Fähigkeiten, noch vorhandene Bedürftigkeiten, noch existierende Bedrohungen) klinisch relevante Aussagen über die emotionale und Beziehungs-Entwicklung eines Menschen gemacht werden können (Sulz, 2008a: VDS31). Ein dysfunktionaler Umgang mit Entwicklung kann darin bestehen, den längst fälligen Entwicklungsschritt zu unterlassen oder diesen Schritt unbedingt tun zu wollen, bevor die Entwicklung hierzu gereift ist. Im einen Fall werden entwicklungsfördernde Maßnahmen (Kegan, 1986) ergriffen (Frustration alter Bedürfnisse, Unterstützung des Schrittes, in der Nähe bleiben nach getanem Schritt). Im anderen Fall werden Bedingungen geschaffen, die den Druck zur vorzeitigen Entwicklung nehmen (Befriedigung stufenspezifischer Bedürfnisse, Erfolgserfahrungen mit stufenspezifischen Fähigkeiten, Reduktion stufenspezifischer Bedrohungen (Sulz, 2008a: VDS35; vgl. Sulz, 2012b, c).

Das Thema des **Umgangs mit Konflikten** (Sulz, 2008a: VDS35) ist einerseits abhängig vom Entwicklungsstand. Wenn Ambivalenz entwicklungsbedingt noch nicht ertragen werden kann, so müssen stufenspezifische, unreifere Konfliktlösungen gefördert werden, z. B. unter Beibehaltung einer dichotomen Denkweise Entweder-Oder-Entscheidungen optimiert werden. Die TherapeutIn kann nicht künstliche Integrationsleistungen herbeiführen, die die Psyche des Patienten überfordern. Wer es nicht aushalten kann, dass ein geliebter Mensch sowohl liebenswerte als auch hässliche Seiten hat, muss entweder mit diesem Menschen brechen (was oft nicht geht, weil eine emotionale Abhängigkeit besteht) oder die Wahrnehmung der hässlichen Seite ignorieren bzw. eine gute Entschuldigung für diese finden. Besteht dagegen Ambivalenzfähigkeit, so kann die Lösung eines Konflikts darin bestehen, die eindimensionale polarisierende Betrachtung des „Entweder-oder" zu erweitern durch eine zweite Dimension – das „Und" bzw. „Sowohl-als-auch". Ein funktionaler Umgang mit Konflikten kann aber auch darin bestehen, die Bereitschaft zu fördern, den Preis für die Vorteile einer Entscheidung zu zahlen, d. h. ihre Nachteile zu tragen.

Für unser Fallverständnis ist zentral, dass wir die **Strategie des Symptoms** erforschen, verstehen und aufgreifen, um daraus die individuell passende **Strategie der Therapie** zu machen. Werden z. B. starke Schwindelsymptome von der autonomen Psyche dazu eingesetzt, damit zu groß erscheinenden Lust, die Welt zu erobern ausgebremst wird, so können wir diese Strategie aufgreifen und daraus eine Therapiestrategie machen. Der Schwindel hat die Funktion, verbotene bzw. zu riskant erscheinende Verhaltensweisen zu verhindern. Der Patient kann überhaupt nichts mehr unternehmen. Er hat keinerlei Unternehmungslust mehr. Seine dysfunkionale Überlebensregel wachte über sein emotionales Überleben und hat so viel zentrale Angst erzeugt, dass diese in ein psychosomatisches Symptom mündete. Diese verbietende und gebietende **Überlebensstrategie** greifen wir therapeutisch auf und machen aus ihr eine Erlaubnis gebende Lebensstrategie, in der Unternehmungslust bejaht wird und keine Angst auslöst. So wird das Symptom überflüssig, es hat seine Funktion verloren, dient keiner impliziten Strategie mehr und kann verschwinden.

Damit gelangen wir zu der Rosette unserer Therapiestrategie und der Arbeitsmodule in deren Zentrum die Änderung der Überlebensstrategie steht: vom Überleben zum Leben – von der zu frustrierenden Ergebnissen führenden dysfunktionalen **Überlebensstrategie** zur befriedigenden Gestaltung der Beziehungen und des Lebens (siehe Abb. 1.2.1 „Sechs Therapiestrategien und Arbeitsmodule der Strategischen Kurzzeittherapie".

Erste Aufgabe ist die Etablierung einer förderlichen **Patient-Therapeut-Beziehung**. Durch früh beginnendes **Achtsamkeitstraining** als zweite Aufgabe wird die bestmögliche Grundhaltung des Patienten entfaltet und **Akzeptanz** ermöglicht. Wir beginnen mit der **Symptomtherapie** als dritter Aufgabe und führen parallel die **motivationale Klärung mittels Schemaanalyse** und Formulierung der dysfunktionalen Überlebensregel durch. Bald wird sich ergeben, dass **Kompetenzen und Fertigkeiten** unzureichend sind und geübt werden müssen. Diese Module sind bereits sehr gute Vorbereitungen für die **emotional-kognitive Entwicklung** des Patienten.

Um den Überblick und die Orientierung im Therapiegeschehen zu behalten, ist es sinnvoll, immer wieder einen Blick auf die Rosette von Abbildung 1.2.1 zu werfen.

1.4 Die therapeutische Beziehung in der Kurzzeittherapie: Von der Strategie der Übertragung zur heilenden Beziehungserfahrung

Die Gestaltung der PatientIn-TherapeutIn-Beziehung ist als einer der wichtigsten Wirkfaktorn der Psychotherapie ein erstes Vorhaben, dessen Gelingen über den Ausgang der Therapie entscheidet. Entsprechend ist sie ein definitives Modul der Therapiestrategie (Abb. 1.4.1).

Als ich vor 40 Jahren meine ersten Patienten verhaltenstherapeutisch behandelte, war diese noch ein reiner Abkömmling der Lernpsychologie. Wir hatten die lernpsychologischen Grundlagen mit Skinner, u. a. mit dem programmierten Lehrbuch von Holland und Skinner (1971) erlernt, in dem kaum von Experimenten mit Menschen, sondern überwiegend mit Tauben und Ratten berichtet wurde. In den USA hatte sich jedoch schon eine Entwicklung zum Menschen hin gebildet, was auch in dem fortan zur Bibel gewordenen Lehrbuch von Kanfer und Philips (1970) deutlich zum Ausdruck kam. Der Mensch mit seinem Innenleben war jedoch zuerst noch eine black box, über die keine wissenschaftlichen Hypothesen gebildet wurden, da diese nicht experimentell erfasst werden konnten. Zwar waren Ängste und Phobien die hauptsächlichen psychischen Störungen, die verhaltenstherapeutisch behandelt wurden, aber das änderte sich schnell. So enthielt das störungsbezogene Lehrbuch von Yates (1970) schon mehr als eine Handvoll Störungen und beschrieb deren verhaltenstherapeutische Behandlung.

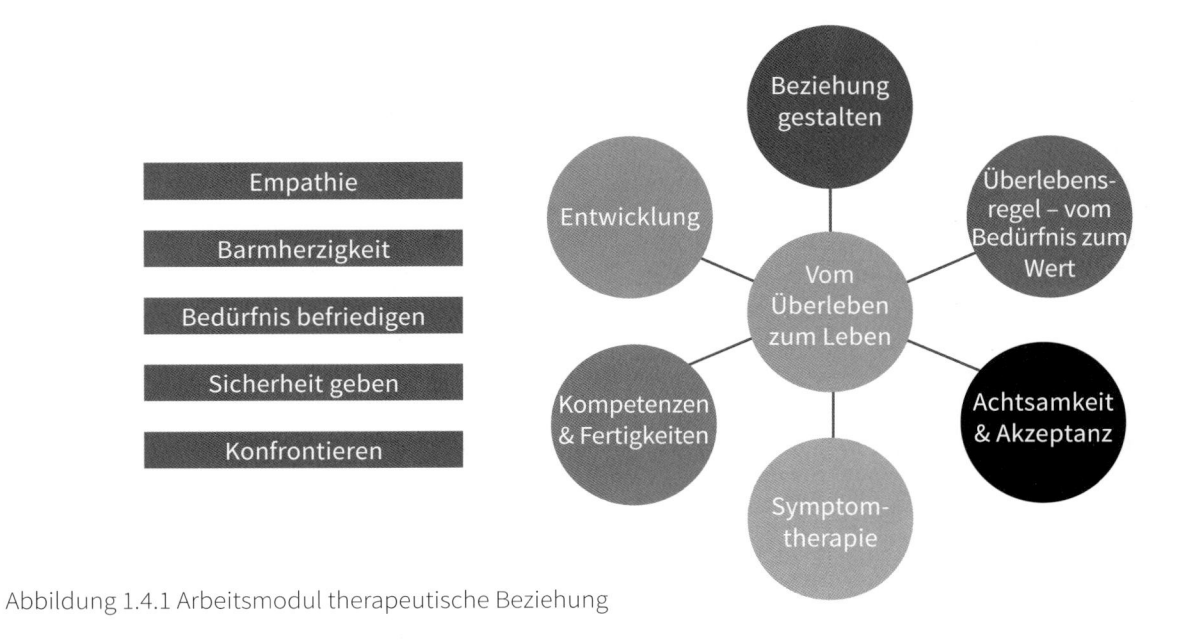

Abbildung 1.4.1 Arbeitsmodul therapeutische Beziehung

Das Wort Therapie wurde anfangs nur zögerlich ausgesprochen, es ging nicht um die Behandlung eines kranken Menschen. Der Mensch war nicht krank, sondern er zeigte ein störendes Verhalten. Deshalb musste nur dieses eine Verhalten geändert werden. Vielen erschien deshalb der Begriff Verhaltensmodifikation am zutreffendsten. Erst als das Gesundheitssystem der Gesellschaft auf klinische PsychologInnen zukam und um Hilfe bat, ging es de facto doch um Therapie. In Deutschland war es die Klinische PsychologIn, die Verhaltensmodifikation ausübte. Der Begriff Psychotherapie war ausschließlich für die psychoanalytische Behandlung reserviert.

Die Lernpsychologie hatte sich inzwischen auch den sprachlichen Prozessen zugewandt. Sie untersuchte die Konditionierung von Sprachverhalten. Dieses wurde wie die Gedanken und Gefühle verdeckte Variable genannt, da sie sich unsichtbar in der black box befanden. Zunächst erweiterte nur Albert Ellis (Ellis & Maclaren 2015) den Horizont um Gedanken und Gefühle.

Schließlich trat mit Meichenbaum (1979), Mahoney (1977), Bandura (1977) und Kanfer (1977) die kognitive Strömung der Verhaltenstherapie in Erscheinung und Beck (1979) wandte sich der Verhaltenstherapie zu. Es gab nun kognitive, emotionale, beobachtbar handelnde und körperlich-physiologische Verhaltenskomponenten (Lazarus, 1978). Mein Behandlungszimmer war dem direkten Vorbild Niels Birbaumers (1973) folgend, auch mit Videokamera und einem umgebauten EKG, das den psychogalvanischen Hautreflex, das Elektromyogramm und EEG-Hirnströme des Frontallappens aufzeichnen konnte, ausgestattet. Für diese Messungen wurde auch ein Entspannungssessel benötigt. Der Patient war aber immer noch kein Patient, eigentlich auch kein Klient. Letzteres war ein Begriff aus Rogers (1961, 1989) Gesprächstherapie, die damals schon viel weiter war als die Verhaltenstherapie (Tausch & Tausch, 1979).

Wer war das also, der zur Klinischen PsychologIn zur Verhaltensmodifikation kam? Krankenkassen bezahlten für dieses Vorgehen nur im Ausnahmefall etwas, was auch zeigt, dass es nicht um PatientInnen gehen konnte. Zur experimentalpsychologischen Grundhaltung hätte eigentlich der Begriff des Probanden gepasst. Kanfer (1977) hatte dann den Begriff des Klienten übernommen. Dies entsprach auch dem damaligen Schwerpunkt des Counceling in der Klinischen Psychologie der USA. Ein Ratgeber lässt noch viel mehr Verantwortung beim Klienten als der Therapeut beim Patienten, ein Experimentalpsychologe jedoch noch weniger als dieser. Denn er befindet sich ja im Labor und nicht im Beratungszimmer. Er wendet lernpsychologische Prinzipien an, mit denen er das Verhalten der Versuchsperson bzw. des Probanden ändert. Er spricht mit diesem über dessen Verhalten und über die Situationen, in denen das Verhalten auftritt und solche, in denen es nicht auftritt. Und in den ersten Jahren gehörte noch zwingend die Verhaltensbeobachtung in der verhaltensauslösenden Situation und am Ort (z. B. zu Hause oder im Bus) dazu.

Die Kommunikation beschränkte sich auf das Notwendige: Anamnese und Exploration bezüglich Situation und Verhalten einerseits, der Erläuterung des Vorgehens, die wiederholte Frage nach dem momentanen Stand bezüglich der erfassten Variablen (Qualität der Imagination, Intensität der Angst bzw. der körperlichen Anspannung) und dem Ergebnis am Ende der Intervention. Dass ein Einverständnis mit der Art des Vorgehens bestand, wurde vorausgesetzt, solange kein Protest kam. Und es wurde auch nicht nachgefragt, ob alles klar ist oder ob etwas noch nicht verstanden wurde. Bzw. ob der Patient sich zu der Intervention in der Lage fühlt.

Aus diesen Schilderungen ist ersichtlich, wie weit wir damals von unserem heutigen Verständnis der therapeutischen Beziehung entfernt waren. Und nicht wenige PsychotherapeutInnen, die ein anderes Verfahren durchführen, sehen VerhaltenstherapeutInnen noch so.

Auch wenn all dies von der TherapeutIn nicht bewusst reflektiert und kommuniziert wurde und auch wenn es nicht gelehrt und explizit gelernt wurde, hatte sie implizit einen guten und für das Gelingen der therapeutischen Maßnahmen förderlichen Umgang mit dem Patienten. Ohne Worte stellte sich die Art der Beziehung ein, die einerseits für den Fortgang der Behandlung und andererseits für das Wohlbefinden von KlientIn und TherapeutIn optimal war. Rückblickend war vielleicht diese gute Beziehung oft für den Therapieerfolg entscheidender als die angewandten Techniken. Denn die verhaltenstherapeutischen Techniken waren noch simpel und nicht maßgeschneidert für die einzelne Persönlichkeit. Es gab allerdings nicht wenige VerhaltenstherapeutInnen, die zuvor oder parallel in klientenzentrierter Gesprächstherapie ausgebildet waren. Für sie war die Arbeit mit und an der therapeutischen Beziehung eine Selbstverständlichkeit (vergl. Sachse & Sachse 2016).

Zimmer (1983, 2011, 2013) berichtete schon 1983 über eine Studie, die die hohe interaktionelle Kompetenz von VerhaltenstherapeutInnen zeigte: Fähigkeit, sich auf die verschiedenen Beziehungsangebote von PatientInnen einzustellen, Warmherzigkeit, Unterstützung, Offenheit (auch bezüglich eigener modellhafter Erfahrung), systematische Aufmerksamkeitslenkung und Strukturierungsfähigkeit. Und 1992 gaben Margraf und Brengelmann ein Buch mit dem Titel „Die Therapeut-Patient-Beziehung in der Verhaltenstherapie" heraus (vergl. auch Scholz, 2002).

Zimmer schreibt über den heutigen Stand: „Ein hoher Anteil der präsentierten Symptome steht in engem Zusammenhang mit mangelnder Bewältigung zwischenmenschlicher Konflikte. Entsprechend wichtig sind die kognitiv-emotionalen und interaktionellen Schemata, die auch in der therapeutischen Interaktion sichtbar werden. VerhaltenstherapeutInnen beobachten wie andere TherapeutInnen das Verhalten des Patienten in der Therapie und nutzen ihre eigene Reaktion als Hinweisreize auf zwischenmenschliche Bedürfnisse bzw. Befürchtungen. Die Nutzung solcher Beobachtungen ist eine Anregung zur Generierung von Arbeitshypothesen für die eigene Fallkonzeption. Sie bedürfen natürlich kritischer Prüfung." (Zimmer, 2011, S. 39). Zugleich weist der Autor darauf hin, dass verhaltenstherapeutische Störungstheorien den Beziehungsaspekt lange Zeit vernachlässigten.

Zimmer (2011, S. 41) hält folgende Aspekte der therapeutischen Interaktion für wesentlich:
a. Geduldig und behutsam die Muster gemeinsam erarbeiten.
b. Das unbefriedigte zwischenmenschliche Bedürfnis zu erschließen und sich mit dem Wunsch nach Befriedigung verbünden.
c. Auch die oftmals starken Ängste sollten validiert und zunächst akzeptiert werden.
d. Vor diesem Hintergrund kann oftmals rekonstruiert werden, welche früheren Beziehungserfahrungen das (überlebte) Problemlöseverhalten verstehbar machen, um dann
e. Patienten auch zu frustrieren und zu konfrontieren.

Kanfer (Kanfer et al., 2012) hat im Rahmen seines Selbstmanagementansatzes die phasengerechte Interaktion zwischen TherapeutIn und PatientIn herausgearbeitet. Beginnend mit der gemeinsamen Klärung der Rahmenbedingungen und der Motivation, gefolgt von der immer wieder neu erfolgenden Abstimmung der Vorgehensweise, in der die TherapeutIn Führung und Aktivität immer mehr zugunsten von Eigeninitiative des Patienten zurücknimmt, mündet die Interaktion und Kommunikation in der Schlussphase im wörtlichen Selbstmanagement des Patienten, während die TherapeutIn verfügbar bleibt.

Zwar gehen wir auch in der Verhaltenstherapie davon aus, dass die therapeutische Beziehung zu den Common Factors (Norcross, 2002) bezüglich der Wirksamkeit von Psychotherapien gehört, aber die Gestaltung von Interaktion und Beziehung sind auch verfahrensspezifisch, indem die Orientierung an obigen Maximen speziell für die Verhaltenstherapie notwendig sind – nicht nur, dass sie wichtig sind, sondern wie und wann sie in der Verhaltenstherapie eingesetzt werden.

Insgesamt entsteht häufig der Eindruck, dass VerhaltenstherapeutInnen einerseits implizit die therapeutische Beziehung auf kompetente Weise optimieren und dass sie andererseits erst dann explizit darauf eingehen, wenn das Therapiegespräch schwierig und der Patient zum Problempatient wird – manchmal ist das zu spät (Lutz et al., 2004a,b; Kowarowsky, 2005; Jacob, Lieb & Berger, 2009).

1.4.1 GESTALTUNG DER THERAPEUTISCHEN BEZIEHUNG*
*verändert aus Sulz (2011a): Das Therapiebuch III. München: CIP-Medien, S. 47-64)

Die Therapieforschung konnte wiederholt belegen, dass die Qualität der therapeutischen Beziehung einer der wesentlichen Wirkfaktoren der Psychotherapie ist (Orlinsky et al., 2013).
Welche Funktion hat die Patient-Therapeut-Beziehung? Zu allererst ist sie der Beginn der Hilfe in einer akuten Not. Sie lässt Hoffnung schöpfen und bringt oft bereits eine Linderung der Beschwerden. Sie ist durch die Asymmetrie der Beziehung zwischen einem kranken Menschen und einem kompetenten Heiler zunächst eine Möglichkeit, Verantwortung abzugeben und sich anzuvertrauen. Sie ist anfänglich die Gelegenheit, eine emotionale Abhängigkeit entstehen zu lassen, die emotionales Nähren ermöglicht, die Befriedigung zentraler Bedürfnisse durch die TherapeutIn. Sie ist die Chance, eine bislang nicht mögliche oder verbotene Rolle in einer nahen Beziehung einzunehmen und korrigierende Beziehungserfahrungen (Alexander & French, 1946; Alexander, 1950; Fürstenau, 1994, 1998) zu machen. Und sie ist der Schauplatz von Reinszenierungen alter dysfunktionaler Interaktions- und Beziehungsmuster, Fehlwahrnehmungen, Missinterpretationen, Konfliktaktualisierungen, Beziehungstests (Weiss et al., 1986) und zentraler Vermeidungstendenzen. Dadurch ist sie ein wertvolles Anschauungs- und Übungsfeld für die oft wichtigsten Veränderungen neben der Symptomtherapie. Da sich die therapeutische Beziehung im Laufe der Therapie erheblich verändert, ähnlich der Beziehung zwischen Eltern und Kind im Laufe von Kindheit und Jugend, ist sie auch ein Modell für Beziehungsentwicklung. Erst durch ihre Entwicklung wird sie eine förderliche Beziehung. Zur Beziehungsfähigkeit gehört nicht nur, sich aufeinander einzustellen – das gelingt den meisten, sondern Veränderungen und Entwicklungen des Partners wahrzunehmen, zuzulassen bzw. zu fördern, sich selbst zu verändern und zu entwickeln und dann wieder ein neues Beziehungsgleichgewicht herzustellen. Die meisten Ehen scheitern gerade an diesem zweiten Aspekt, an ihrer Unfähigkeit zur Beziehungsentwicklung. Ähnlich ist es bei der Patient-Therapeut-Beziehung. Neben dem richtigen Umgang mit Beziehungstests ist die Fähigkeit der TherapeutIn, ihr Beziehungsverhalten den Veränderungen und Entwicklungen des Patienten und der Phase des Therapieprozesses anzupassen, eine Bewährungsprobe. Sowohl Anfänger als auch erfahrene TherapeutInnen laufen Gefahr, ein Beziehungsstereotyp zu entwickeln, das zu vielen PatientInnen zu oft und zu lange angeboten wird. Dagegen steht das subtil wahrnehmende Einstellen auf die aktuelle Person, auf ein Gegenüber, dessen Aufgabe nicht darin besteht, sich dem Interaktionsstereotyp der TherapeutIn anzupassen.
Beziehungsgestaltung beginnt mit einer Begegnung. Ich begegne dem Menschen, der zwar mein Patient ist, aber wesentlich für den Aufbau unserer Beziehung ist, was er für ein Mensch ist und wie die Begegnung zwischen uns abläuft, wie aus unseren Begegnungen Beziehung entsteht. Da läuft etwas ab, das wir anfänglich mehr wahrnehmen denn steuern können. Der Beziehungsaufbau geschieht prozesshaft und viel schneller als wir gedanklich erfassen können, was geschehen ist. Wir ertappen uns bei Gedanken, Gefühlen, Aussagen und Gesten, die nicht zu unseren häufigsten gehören und wundern uns über uns selbst. Da hat der Patient quasi zwischen den Zeilen durch nonverbale Signale auf eine sehr komplexe Weise auf unsere Psyche so eingewirkt, dass wir ohne es frühzeitig zu bemerken und steuern zu können, wie ein anderer Mensch reagieren. Er macht jemand anderen aus uns. Genau so kann es natürlich dem Patienten mit uns gehen. Hier geht es um Vorgänge, die in der Psychoanalyse Übertragung und Gegenübertragung genannt werden. Ohne die theoretischen Erklärungen der Psychoanalyse hier bei den weiteren Ausführungen übernehmen zu müssen, können wir diese gut eingebürgerten Begriffe verwenden. Übertragung ist demnach ein unbewusstes non-

verbales Beziehungsangebot, durch das uns der Patient eine bestimmte Rolle anbietet. Wir gehen unbewusst auf dieses Angebot ein und es kommt bei uns eine ganzheitliche Antwort als Gegenübertragung zustande. Wir haben die uns angebotene oder zugewiesene Rolle übernommen. Oft wird uns so ein Angebot gar nicht bewusst. Es bedarf der therapeutischen Schulung, um eine ausreichende Wahrnehmung für Übertragungs- und Gegenübertragungsprozesse zu entfalten. Selbst erfahrene TherapeutInnen geraten immer wieder in Situationen, die eventuell über Monate hinweg in eine Gegenübertragung führten und so den therapeutischen Prozess zum Stagnieren brachten. Manchmal kann nur ein Kollege oder Supervisor, der von außen auf die Patient-Therapeut-Beziehung sehen kann, die besondere Art der Übertragungs-Gegenübertragungs-Konstellation erkennen.

1.4.1.1 Welche Aspekte sind wichtig für die Gestaltung der therapeutischen Beziehung?

Wovon ich zunächst nur Notiz nehmen kann – konstatieren, dass es so ist – werde ich allmählich mehr verstehen lernen, wenn ich mehr vom Patienten weiß (und natürlich auch von mir selbst). Hierzu verhelfen uns die umfangreichen Untersuchungen während der diagnostischen Phase.

Sie geben Aufschluss:
- über die Geschichte des Patienten, die im Wesentlichen eine Beziehungsgeschichte ist,
- über seine zentralen Bedürfnisse in Beziehungen,
- über die Art seines Umgangs mit seinen zentralen Bedürfnissen – wie er anderen Menschen gegenüber diese zu befriedigen sucht und wie er eventuell immer wieder an deren Befriedigung scheitert,
- über seine zentralen Ängste in Beziehungen,
- wie er versucht, diese entsprechenden Bedrohungen laufend zu verhindern und wie er vielleicht trotzdem immer wieder diesen Ängsten ausgeliefert ist,
- in welchen Beziehungskontexten er mit welchen Gefühlen reagiert,
- wie er versucht, durch seinen Umgang mit seinen Gefühlen, die Beziehung zu steuern,
- über seine dysfunktionalen Persönlichkeitszüge als Verhaltens- und Erlebensstereotypien, durch die er in Beziehungen nicht anders sein kann, auch wenn es zu seinem Schaden gereicht,
- über seine situationsübergreifenden kognitiven Bewertungen und Erwartungen, die einer Beziehung keine Chance geben, sich anders als erwartet zu entwickeln,
- über seine dysfunktionale Überlebensregel, die wie ein ehernes Gesetz über sein Beziehungsverhalten wacht, um vermeintlich sein Überleben in Beziehungen zu gewährleisten,
- über seine gegenwärtigen wichtigen Beziehungen und deren Gestaltung, deren partielles oder vollständiges Scheitern und die Art, in der dieses Scheitern abläuft,
- über seine Werte und Normen, die Eckpfeiler für sein Verhalten und seinen Umgang mit Beziehungen setzen,
- über die Konflikte, die in seinen Beziehungen auftreten und über seinen Umgang mit diesen Konflikten,
- über seine Ressourcen, durch die er seine Beziehungen bereichert oder bereichern könnte,
- über seine Entwicklungsstufe, die seinen Beziehungen eine stufenspezifische Bedeutung gibt und über seine Entwicklungsdefizite, die verhindern, dass er seine Beziehungen weiterentwickelt.

Jeder dieser Aspekte wirkt auch auf die Beziehungsgestaltung in der Therapiesituation. Eine Planung der Beziehungsgestaltung berücksichtigt sie, indem Beobachtungen und Hypothesen über die Art ihres Einflusses auf die therapeutische Beziehung festgehalten werden. Welcher Umgang damit hat sich in den Therapiesitzungen bereits gezeigt und welcher ist unter welchen Umständen zu erwarten? Nach diesen Verhaltensbeobachtungen und Verhaltensvorhersagen kann aufgrund des Gesamtverständnisses des Patienten erarbeitet werden, welches Therapeutenverhalten bezüglich welchen Aspekts förderlich und welches schädlich ist (Sulz, 2008a, VDS39).

1.4.1.2 Konkrete Planung der Beziehungsgestaltung

Wollten wir alle relevanten Aspekte in einer Therapiesitzung berücksichtigen, so wären wir völlig überfordert. Das Beziehungsgeschehen ist zu komplex, als dass wir es simultan kognitiv auch nur annähernd erfassen und steuern könnten. Wir sind immer ein bisschen verspätet dran. Deshalb greifen wir uns die drei wichtigsten Aspekte heraus und planen diesbezüglich die Beziehungsgestaltung. Hierzu eignen sich vor allem das zentrale Beziehungsbedürfnis und die zentrale Beziehungsangst, da sie erfahrungsgemäß einen hohen Prozentsatz des Beziehungsverhaltens determinieren. Als Kriterien der konkreten Planung verwenden wir (teils einer Empfehlung Grawes (1998) folgend):

- das Motiv (Bedürfnis),
- das instrumentelle Annäherungsverhalten, das zur Bedürfnisbefriedigung führen soll,
- das Vermeidungsverhalten, das vor einer schmerzlichen Frustration schützen oder den Schmerz der Frustration verringern soll,
- das Verhalten, zu dem die TherapeutIn verleitet wird.

Wenn ich weiß, was der Patient in einer wichtigen Beziehung braucht, kann ich viele seiner Reaktionen besser verstehen. Ich kann zahlreiche Verhaltensweisen in konkreten Beispielsituationen als instrumentelle Annäherungen identifizieren, die die betreffende Bedürfnisbefriedigung herbeiführen sollen. Seine Beziehungsgeschichte hat ihn gelehrt, welche Verhaltensweisen zur Bedürfnisbefriedigung führen können und dürfen. Der eine Patient wird versuchen, Geborgenheit durch wortarmes „Anschmiegen" zu erlangen, der andere durch wortreiches aktiv-freundliches Gesprächsverhalten. Da oft andere Verhaltensweisen verboten sind, muss er bei ausbleibender Befriedigung dieses Verhalten intensivieren – mehr desselben, das so zu viel des Guten wird und die Frustration besiegelt. Um dieser Frustration vorzubeugen, tritt ein Vermeidungsverhalten hinzu oder ein vermeidender Verhaltensaspekt, der sich mit dem annähernden so vermischt, dass eine Doppelbindungsbotschaft resultiert, z. B. „Bitte gib mir Verständnis, aber du kannst mich nie verstehen!" Vor diese unlösbare Aufgabe gestellt, wird die TherapeutIn, noch ehe er auf bewusster Ebene die Botschaft dekodiert hat, spontan von eindeutig befriedigendem Verhalten zurückschrecken und die selbsterfüllende Prophezeiung des Patienten wahrmachen. Nur wenn er sich auf solche Situationen vorbereitet und in ihrer Wahrnehmung eine aktive Suchhaltung aufgebaut hat, die dieses Beziehungsangebot des Patienten bewusst wahrnehmbar werden lässt, erkennt sie rechtzeitig, worum es geht und kann die Transaktion steuern und für eine korrigierende Beziehungserfahrung nutzen. Da mich das Beziehungsangebot des Patienten einfängt, fällt mir nicht schnell genug der richtige förderliche Satz ein, der einfach darin bestehen kann, das implizite Motiv des Patienten oder seinen Konflikt auszusprechen (z. B. „Sie brauchen Verständnis und fürchten, dass ich Sie nicht verstehen kann.") Ich muss ihn mir vorher überlegen und z. B. schriftlich festhalten. Bei Sulz (2008a, VDS39) findet sich eine praktische Möglichkeit dieser Planungsschritte.

Analog wird beim zweiten Schritt, der zentralen Angst in Beziehungen, vorgegangen. Ist diese Angst z. B. die Angst vor Kontrollverlust über das Verhalten des Gegenübers, so werden wir viele Reaktionen des Patienten erleben, die wir als aktiven Widerstand gegen die therapeutischen Interventionen interpretieren und leicht verärgert direktiver werden. Dies erhöht die Angst des Patienten vor Verlust der Kontrolle, er sieht sich in der Bedrohlichkeit der Situation bestätigt und kann noch weniger die Kontrolle abgeben. Sein Vermeidungsverhalten wird uns verständlich, wenn wir seine Angst beim Namen nennen können. Dass aus einer Angst eher ein Annäherungsverhalten resultieren kann, erscheint nur auf den ersten Blick abwegig. So führt Angst vor Alleinsein zu aktivem, Schutz suchendem Verhalten. Angst vor Verlust der Kontrolle über den Interaktionspartner führt nur zum Teil zu defensivem Verhalten. Es führt auch zu einer Annäherung durch ein Angebot einer gleichberechtigten Kooperation, in der keine Seite die Direktive hat. Gerade dieser annähernde Aspekt hilft, das richtige Therapeutenverhalten zu finden, wie dies gerade bei dieser Angst eine Untersuchung von Grawe et al. (1990) nahelegt. So kann die TherapeutIn den Patientin einladen, mit ihr gemeinsam das weitere Vorgehen zu planen.

Oft reicht es für den Anfang, diese beiden Aspekte zu berücksichtigen und es gesellt sich nach und nach ein weiterer Aspekt wie z. B. die Überlebensregel oder der dysfunktionale Persönlichkeitszug hinzu, der sich in der therapeutischen Beziehung am deutlichsten manifestiert. Hier ist zu fragen, wozu verhält sich der Patient mir gegenüber z. B. selbstunsicher, worin besteht die Instrumentalität dieses Verhaltens? Welchen Annäherungs- und welchen Vermeidungsaspekt enthält es (vgl. Grawe, 1998)? Und zu welcher Antwort tendiere ich spontan? Der förderliche Satz könnte darin bestehen: „Sie wissen, was Sie wollen. Ich vertraue darauf." Dabei können uns diese Sätze übertrieben oder pathetisch vorkommen. Aber bei so viel Bedürfnis kommen sie genau so beim Gefühl des Patienten an, wie dieser es braucht. Es ist wie wenn wir mit Kindern sprechen. Das ist eine ganz andere Sprache als mit Erwachsenen. Wir sprechen quasi über die Erwachsenen- oder Verstandesseite des Patienten hinweg mit seiner Kind- oder Gefühlsseite. Und diese legt völlig andere Maßstäbe an. Denken wir nur an Komplimente, die uns gemacht werden. Sie sind meist überzeichnet und doch tun sie uns gut. Auch wenn wir amerikanische TherapeutInnen hören, mit welcher Expressivität sie auf den Patienten eingehen, wie da eine Bestätigung oder ein Lob das Gefühl und nicht nur den Verstand erreicht. Es geht unter die Haut, wir hören nicht nur die wohltuenden Worte, wir spüren die positive affektive Botschaft. Also sollten wir darauf achten, an wen wir uns mit unserem Satz wenden. Ist es der Techniker, der Buchhalter, der Philosoph oder seine fühlende, bedürftige Seele? Therapeutische Beziehungsgestaltung achtet darauf, an wen sie welche Botschaft richtet. Sie verwendet eine je verschiedene Sprache und verschiedene nonverbale Signale.

In der Verhaltenstherapie haben sich Kohlenberg und Mitarbeiter systematisch mit dysfunktionalen Interaktionsmustern innerhalb der Therapiesitzung und den therapeutischen Umgang mit ihnen befasst (Kohlenberg et al., 1991, 2000).

1.4.1.3 Konkrete Vorbereitung auf Beziehungstests

Neben den häufigen Übertragungs- und Gegenübertragungsreaktionen, die auf subtile Weise den Verlauf der Beziehung zu steuern versuchen, gibt es „große" Beziehungsmanöver, die als Liebesbeweise angelegt sind und für den Prüfling (die TherapeutIn) eine große Gefahr des Scheiterns beinhalten. Jemand, der unvoreingenommen und unbedacht in diese Prüfungssituation gerät, muss scheitern. Zum Leidwesen sowohl des Patienten als auch der TherapeutIn sind diese Prüfungen so angelegt, dass der Geprüfte sie im Normalfall nicht besteht. Der Patient hat sich und der Welt wieder einmal bewiesen, dass das Paradies verloren bleibt, dass auch die TherapeutIn nicht derjenige ist, der das Tor zum Paradies zu öffnen vermag. Dass also auch er der Falsche ist. Diese Beweisführung hat Schutzfunktion. Sie schützt davor, sich dem anderen anzuvertrauen und hinzugeben, sich dadurch sehr verletzbar zu machen, um mitten in diese ungeschützte Verletzbarkeit hinein retraumatisiert zu werden. Die Enttäuschung „davor" ist leichter zu verkraften als die Enttäuschung „mittendrin".

Die Psychoanalyse erklärt diese Prüfungen durch Wiederholungszwang. Immer wieder versucht die Psyche ein unerledigtes Problem zu lösen. Immer wieder versucht sie dies in untauglichen Kontexten mit den gleichermaßen untauglichen Personen – so untauglich wie in der Kindheit eine problematische Elternperson war. Da es um eine Reparatur der Kindheit geht und nicht um heutiges Glück, muss auch eine ähnliche Person und eine ähnliche Situation wie damals ausgesucht werden. Glück ist nicht die Bescherung durch eine unproblematische Person, sondern die glückliche Wendung der problematischen Person in der problematischen Situation. Es geht um die Wunscherfüllung durch genau die Person, von der Wunscherfüllung bisher vergeblich ersehnt wurde. Das Glück besteht nicht in einer sehr positiven Erfahrung aus einem neutralen Motivationszustand heraus, sondern im Beenden eines höchst aversiven Leids durch Änderung des Beziehungsverhaltens des Verursachers des Leids. Gerade diese Wendung des Verhaltens des Täters ist aber sehr unrealistisch, wenn die im Wiederholungszwang eingesetzte Person von ihrer Persönlichkeit her eine große Affinität zu dem Täterverhalten hat. Wirkt der Wiederholungszwang also bereits bei der Wahl der Bezugsperson, sei es des Ehepartners, sei es des Therapeuten, so ist eine Auflösung äußerst schwierig.

Also muss sich die TherapeutIn, der sich sehr gut kennen muss, zuerst fragen, wieviel Ähnlichkeit sie mit der Elternperson hat, von der aus der Wiederholungszwang seinen Ausgang nahm und ob sie zu genau diesen enttäuschenden Antworten neigt. Tatsächlich ist die Auswahl der TherapeutIn manchmal bereits unter diesen Gesichtspunkten erfolgt und die Therapie verspricht dadurch sehr schwierig zu werden. Die sorgfältige Planung der Beziehungsgestaltung ist in diesem Falle die wichtigste therapeutische Arbeit.
Sampson und Weiss (1986) nannten diese Prüfungen Beziehungstest. Die konkrete Vorbereitung auf den Beziehungstest, den uns der Patient stellen wird, ist nicht nur klug, sondern auch sehr ökonomisch.

Welches Motiv ist das, das immer wieder traumatisch frustrierte, wichtige Beziehungen wie ein roter Faden auf gleiche Weise markiert? Welche Enttäuschungen, welches Trauma wiederholt sich in den bisherigen Beziehungen? Welche analoge Situation in der Therapie kann sich beispielhaft ergeben? Durch welches Annäherungsverhalten wird der Patient der PsychotherapeutIn gegenüber versuchen, dem Motiv zu folgen und welche Anliegen oder Bedürfnisse zu befriedigen? Durch welches Vermeidungsverhalten wird er diese Annäherung unwirksam machen bzw. welches frustrierende Verhalten bei der TherapeutIn evozieren? Welches Therapeutenverhalten wäre schädlich, weil es welche Wirkung auf den Patienten hat und dadurch in dieselbe Kerbe schlägt wie Reaktionen bisheriger enttäuschender Personen? Gibt es ein förderliches Verhalten, das aus diesem Beziehungsmuster oder dieser Beziehungsfalle heraustritt? Ideal wäre eventuell – sofern es ein irdisches, wiederholbares Verhalten wäre – ein Verhalten, das das Tor zum Paradies öffnet. Doch das hängt sehr vom Einzelfall ab, ob dies überhaupt möglich ist. Andererseits ist es schwierig, ein Verhalten zu finden, das weder frustrierend noch befriedigend ist. Die Fortsetzung der Kommunikation auf einer Metaebene muss behutsam erfolgen, sonst wirkt sie wie das Aufwecken aus einem intensiven Traum kurz vor der (Er-)Lösung.

1.4.2 ENTWICKLUNG DER THERAPEUTISCHEN BEZIEHUNG IM THERAPIEVERLAUF
Auch die Beziehungsentwicklung sollte im Einzelfall bewusste Betrachtung von Beginn an finden. Je schwieriger es ist, eine tragfähige, förderliche Beziehung aufzubauen, umso größer ist die Gefahr, dass diese zu einem unflexiblen Muster erstarrt, das Entwicklung verhindert. Man ist so froh, es geschafft zu haben, dass man den erfolgreichen Weg nicht mehr verlassen mag. Anfänglich braucht der Patient auch die Festigkeit und Zuverlässigkeit des Beziehungsangebots, um sich in die emotionale Arbeit einlassen zu können. Später muss die Beziehung ihm aber zunehmend mehr Raum geben. Die von Sulz (1994, 2008a, 2009, 2011a, 2012a-c) beschriebene und empirisch gewonnene Bedürfnisreihe (Sulz & Tins, 2000) eignet sich auch, um die Beziehungsentwicklung zu verstehen.
Der Patient will zunächst bei der TherapeutIn willkommen sein, zur entstehenden Therapiebeziehung gehören. Er will dann jemanden haben, der ihm Geborgenheit und Wärme gibt. Er braucht Schutz und Sicherheit sowie zuverlässige Verfügbarkeit. Dies ist die Phase des Beziehungsaufbaus, die der Entwicklung einer sicheren Bindung dient (Bowlby, 1975, 1976). Der Blick ist ganz auf den Versorger gerichtet.
Ist die Beziehung etabliert, so will der Patient der TherapeutIn etwas wert sein. Er will von ihr Liebe und Zuneigung erhalten. Er sucht Aufmerksamkeit und Beachtung. Er erhofft Empathie und Verständnis und er braucht Wertschätzung, Bewunderung

und Lob. Dies ist die Phase des Selbstwerts. Das Selbst erhält Wert durch den gebenden Anderen, die Selbstwert spendende TherapeutIn. Diese beiden Phasen der Beziehungsentwicklung standen ganz unter dem Vorzeichen von Beziehung. Man könnte sie als Beziehungsphasen bezeichnen. Es geht um „Beziehung haben" und um „Wert durch Beziehung haben". Die nächsten beiden Phasen könnte man als Selbstphasen bezeichnen. Es geht um das Herausschälen des Selbst aus der Beziehung, um die Differenzierung des Selbst von der Bezugsperson (TherapeutIn). Es geht darum, ein abgegrenztes Individuum mit einer eigenen Identität zu werden, als abgegrenzte Person einer ebenso abgegrenzten Person zu begegnen, in dieser Beziehung ein Du zu finden.

Die sieben in diesen Phasen zu befriedigenden Bedürfnisse können deshalb auch Selbst- oder Differenzierungsbedürfnisse genannt werden. Es beginnt mit dem Bedürfnis nach Selbsteffizienz (selbst machen, selbst können).
Es geht weiter mit dem Bedürfnis nach Selbstbestimmung und Freiraum. Hierzu gehört als Gegenpol das Bedürfnis Grenzen gesetzt zu bekommen (das eher selten bewusst wahrgenommen wird, dem aber instrumentelle Verhaltensweisen zugeordnet werden können). Der Patient braucht die Bezugsperson, die TherapeutIn, um in seinem eigenständigen, selbstbestimmten Projekt gefordert und gefördert zu werden. Und er braucht für seine Selbstentwicklung die TherapeutIn als Vorbild und als jemanden zum Idealisieren, damit Erstrebenswertes am Horizont erscheint und Veränderungsmotivation gefördert wird. Jede TherapeutIn muss sich bewusst machen, dass zur Identitätsbildung das Mannsein bzw. das Frausein gehört. Selbstsicherheit und Selbstbewusstsein als Mann bzw. als Frau muss auf förderlichen Beziehungserfahrungen aufbauen. Der männliche Patient braucht das Feedback männlich zu sein, die weibliche Patientin braucht die Spiegelung, eine Frau zu sein.

Das Bedürfnis nach Intimität, Hingabe und Erotik weist auf diese wichtige Funktion auch der therapeutischen Beziehung hin. Intimität heißt, dass beide um die Erotik des Patienten wissen und dass die TherapeutIn zuverlässig die Intimitätsgrenzen achtet. Erst dann kann Hingabe geschehen mit der Sicherheit, sich frei im erotischen Spannungsfeld bewegen zu können, selbst steuernden Einfluss auf dieses Wechselspiel nehmen zu können. Erotik ist diese Spannung zwischen bewahrter Intimität und Hingabe (als Möglichkeit). Bedürftige, deprivierte TherapeutInnen sind dieser Aufgabe manchmal nicht gewachsen, so dass es zum Missbrauch kommen kann.

Ein Therapeut, der in seiner Selbstentwicklung nicht zu erotischem Mannsein, eine Therapeutin, die nicht zu erotischem Frausein gefunden hat, kann diesen Schritt nicht durch eine spezifische Beziehungsgestaltung fördern. Deshalb ist zu fordern, dass in der psychotherapeutischen Ausbildung diesem Aspekt, u. a. in der Selbsterfahrung, große Aufmerksamkeit gewidmet wird. Wie kann Erotik auf eine förderliche Weise in die therapeutische Beziehung Eingang finden? (z. B. indem einfach die Selbstwahrnehmung die eines erotischen Wesens ist und der/die andere als erotisches Wesen wahrgenommen wird). Wie kann die Grenze zum Missbrauch gehandhabt werden? (z. B. der Patient/die Patientin zur Befriedigung eigener noch so subtiler Bedürfnisse benutzt wird). Dies ist eine sehr schwierige Aufgabe für die TherapeutIn. Leider wird der gekonnte Umgang mit den Grenzen manchmal nicht geübt, sondern prüde die Geschlechtlichkeit aus der Beziehung herausgehalten, aus der unbewussten Angst heraus, Missbraucher zu werden. Gerade dies ist aber oft genug eine Wiederholung früherer Beziehungserfahrungen, wie sie z. B. eine Tochter mit ihrem verantwortungsvollen Vater erlebte. Diese Beziehungserfahrung erneut zu machen, bedeutet, dass die eigene Geschlechtlichkeit in einer wichtigen, nahen Beziehung keinen Platz hat, dass sie tabu ist, dass sie nicht als schätzenswerter Teil der eigenen Persönlichkeit in diese integriert werden darf. Ein erotischer Mann oder eine erotische Frau sein scheint dann in der Therapie oder überhaupt kein erstrebenswertes Entwicklungsziel zu sein. Diese beschneidende Quintessenz ist therapeutisch schädlich und der Weiterentwicklung des Patienten hinderlich.

Das siebte Selbstbedürfnis ist das Bedürfnis nach einem Gegenüber, der sich stellt, damit ich ihn aktiv lieben kann und mich emotional mit ihm auseinandersetzen kann. Hier geschieht der abschließende Schritt der Selbstentwicklung. Nach dem spielerischen erotischen Annähern und wieder Entfernen erfolgt nun die Hinwendung des abgegrenzten Selbst zu einer Person, die auch abgegrenzt ist. Beide bleiben in der Begegnung abgegrenzt. Die sich jetzt bildende Beziehung ist die Beziehung zwischen zwei abgegrenzten Individuen, die sich aus ihrem Verschiedensein heraus begegnen. Der Patient übt dabei, bewusst steuernden Einfluss auf die Beziehungsgestaltung zu nehmen, ihr eine von ihm erzeugte Prägung zu geben, selbst Gestalter der Beziehung zu sein. Die TherapeutIn muss befähigt sein, dies mit sich geschehen zu lassen. Sie muss dies in die therapeutische Beziehung investieren, um dem Patienten die für seine Selbstentwicklung und für seine Identitätsbildung notwendige Beziehungserfahrung zu vermitteln.

Empirische Studien zeigten, dass die Beziehungsqualität (Warmherzigkeit und Unterstützung) ein wichtiger Parameter des Therapieprozesses ist, der auch mit Outcome-Variablen korreliert (Sulz et al., 2003).

Daraus ging die Empfehlung einer Kurzskala zur Erfassung der therapeutischen Beziehungsqualität hervor (QMT06-Bez Therapiebeziehung), die folgende Aspekte erfasst:

1. Bedürfnisbefriedigung
2. Förderung der Änderungsmotivation
3. Stützung durch Beziehung
4. Herausforderung durch Beziehung
5. Nähe, Warmherzigkeit
6. Abstand, Professionalität
7. Entwicklung der Beziehung

1.5 Gesprächsführung in den verschiedenen Phasen der Therapie

Der strategisch-behaviorale Therapieprozess entspricht in der Klärungsphase nach Grawe (1998) durchgängig dem Konzept der Metakognition (Reflexion von Gedanken, Gefühlen, Bedürfnissen) und ebenso der mentalisierten Affektivität:

- Etablierung einer therapeutischen Beziehung, die Sicherheit gewährleistet und Vertrauen schafft, um spielerisches Experimentieren mit der inneren und äußeren Realität zu ermöglichen
- Erlernen von Achtsamkeit
- Erlebnisorientierte Arbeit mit den Schritten der Emotionswahrnehmung, Verstehen der motivationalen Bedeutung des Gefühls, Emotionsmodulierung und Gefühlsausdruck, zunächst im Schonraum der Psychotherapie, dann in realen Beziehungen
- Übung der Fähigkeit, über Gedanken und andere Bewusstseinsinhalte nachzudenken (ein Gedanke ist nur ein Gedanke, ein Gefühl ist nur ein

---

Dreifache Gesprächsführung:
Emotiv – kognitiv – metakognitiv

1. Emotive Gesprächsführung:
Der Patient kommt mit emotionalem Leid und braucht einfühlendes Zuhören. Die TherapeutIn nimmt seine Gefühle wahr, zum Teil durch somatische Marker. Sie spiegelt ihm diese und nennt dazu den Kontext, der das Gefühl hervorrief. Einerseits zeigt sie Mitgefühl mit seinem schmerzlichen Erleben, andererseits hilft sie ihm, die emotionale Bedeutung der geschilderten zwischenmenschlichen Situationen zu reflektieren. Beides: das bewusste Erleben des Gefühls und das Reflektieren der Zusammenhänge ergibt die tiefe emotionale Erfahrung, die Grawe als Problemaktualisierung bezeichnet.

2. Kognitive Gesprächsführung:
Vor lauter Emotionen und Symptomen fehlt dem Patienten Ursachen-Wirkung-Denken. Seine Gefühle beherrschen sein Denken. Sie erzeugen dysfunktionale automatische Gedanken, die zu maladaptive Interpretationen und dysfunktionalen Reaktionen führen. Deshalb wird entweder mit Sokratischer Gesprächsführung, aber auch mit anderen Reattribuierungstechniken oder mit gezielten Fragen interveniert: So fragen, dass er logisch denken muss, um Ihre Frage beantworten zu können, z.B. „Wodurch wurde Ihre Reaktion genau ausgelöst?" oder „Was genau war die Folge Ihres Verhaltens und war es das, was Sie erreichen wollten?"

3. Metakognitive Gesprächsführung:
Der Patient hat noch keine elaborierte Theory of Mind, die ihm helfen würde, seine Bedürfnisse, Gefühle, Gedanken und Handlungen im Kontext zwischenmenschlicher Beziehung zu reflektieren und zu verstehen – ebenso wenig wie die anderer Menschen. Deshalb ist auch hier eine spezielle Fragetechnik erforderlich, die ihm zum Perspektivenwechsel verhilft: „Was bewog M. so zu handeln", „Was fühlte sie auf Ihre Antwort hin?" „Was hätte sie gebraucht?", „Welche Befürchtung hatte sie?" Dadurch wird die Empathie und das Mitgefühl gebahnt.

Gefühl) und mit diesen auf einer metakognitiven Ebene umgehen zu können
- Aufgreifen und Nutzen der DRIBS-Muster des Patienten (Dysfunktionaler Repetitiver Interaktions- und Beziehungs-Stereotyp) in der therapeutischen Beziehung (Identifizierung, emotionales Feedback, gemeinsames tiefes Verständnis, Unterstützung bei alternativen Interaktionsangeboten)

1.5.1 DREIFACHE GESPRÄCHSFÜHRUNG: EMOTIV – KOGNITIV – RELATIV (METAKOGNITIV)

Wir benötigen drei Arten, ein Gespräch mit dem Patienten zu führen:
Emotiv: Wir konzentrieren uns völlig auf die Gefühle, die der Patient im Moment des Gesprächs hat und helfen ihm, diese wahrzunehmen und in ihrer inneren und äußeren Kontextbedingtheit zu verstehen (Greenberg, z. B. Elliott et al., 2008; Sachse & Sachse, 2016; Pesso, 2008a,b).
Kognitiv: Wir stellen dem Patienten Fragen, die er nur beantworten kann, wenn er anfängt, kausal zu denken, sich logische Gedanken über die Verursachung eines Ereignisses macht oder die Wirkungen und Folgen seines Verhalten reflektiert (McCullough, 2000, 2007; Sulz, 2011a). Hier ein Beispiel: „Was genau bewog Sie dazu, sich zurückzuziehen?" oder „Was war die Folge Ihres Zornausbruchs?" oder „Durch welches Verhalten hätten Sie erreichen können, was Sie wollten?"
Relativ: Wir stellen dem Patienten Fragen, deren Beantwortung einen Perspektivenwechsel erfordern. Er muss sich in die andere Person, nach der gefragt wurde, hineinversetzen und nachempfinden, was diese fühlt, denkt oder braucht, beabsichtigt. Das ist Metakognition, Mentalisierung und Theory of Mind. Dadurch wird die egozentrische Sichtweise relativiert und verlassen und die Beziehung in den Vordergrund gerückt (Fonagy & Bateman, 2008; McCullough, 2000, 2007; Sulz 2011a).
Empathie, Mitgefühl und Verständnis des anderen sind die psychischen Prozesse, die dadurch angestoßen werden. Obgleich TherapeutInnen den Patienten dazu bringen würden, dass er besser und klüger mit seinen Bezugspersonen umgeht, ist diese Art der Gesprächsführung erst der dritte Schritt. Zunächst braucht der Patient, dass er selbst von der TherapeutIn verstanden wird, dass seine eigenen Bedürfnisse, Ängste und Nöte mitfühlend wahrgenommen und benannt werden. Wenn er eine therapeutische Beziehung erfährt, die dies reichlich sättigt, und er dabei noch egozentrisch bleiben darf, kann er den nächsten Schritt tun. Das ist aber noch nicht die Empathie für die andere Person und deren Belange, sondern ein realistischer Blick auf die Realität, auf Ursachen und Wirkungen, der durch kausales Denken ermöglicht wird. Deshalb verweilen wir in einer zweiten Etappe der Gesprächsführung noch in der Förderung des logischen Denkens, das im Sinne von Piaget (1978, 1995) eine „Dezentrierung" ermöglicht.

Wir müssen uns nur die innere und äußere Situation des Patienten vergegenwärtigen, wenn er zu uns zur Therapie kommt. Er ist in großer Not, er leidet, er weiß sich nicht mehr selbst zu helfen. Er hat die Erfahrung machen müssen, dass die Menschen um ihn herum, Partner, Freunde, Angehörige ihm nicht helfen können, evtl. kein Verständnis haben. Da ist es eine Invalidierung seiner Gefühle, wenn wir mit relativer Gesprächsführung beginnen, damit er mehr Empathie für die anderen empfinden kann. Und da ist ihm auch nicht danach, durch unsere kognitive Gesprächsführung kluge Überlegungen über die Ursachen seiner Erkrankung anzustellen. Er braucht jemand der gefühlvoll auf ihn eingeht, so mit ihm spricht, dass er sich in seinen Gefühlen und seiner Not gehört, gesehen und verstanden fühlt. Die Reihenfolge der drei Arten von Gesprächsführung ergibt sich also von selbst: emotiv – kognitiv – relativ.

1.5.1.1 Emotive Gesprächsführung
Also ist die erste Fertigkeit, die eine TherapeutIn lernen muss, die emotive Gesprächsführung – gerade die Art zu sprechen, die am anspruchsvollsten und schwierigsten ist. Dabei reicht es nicht, einfach nur mitfühlend und empathisch zu sein. Mit Empathie ist schon viel gewonnen, aber es bleibt zu viel von der Gefühlswelt des Patienten verbor-

gen, wenn wir seine Gefühle nur mit Empathie erschließen. Wir müssen eine exakt beobachtende Haltung einnehmen, die uns körperliche Signale wahrnehmen lässt, die zeigen, dass jetzt im Moment eine bestimmte Emotion vorhanden ist. Wir gehen von der Einbettung psychischer Prozesse in den Körper aus (Embodiment) und Wahrnehmung, Ausdruck und Kommunikation beziehen sich stets auf Körpersignale plus Emotionen.

Um das therapeutische Vorgehen nachvollziehen zu können, muss Damasios (1990, 1995, 2000, 2003) Konzept des somatischen Markers bekannt sein: (Noch) nicht bewusst wahrgenommene Emotionen zeigen sich durch Körperausdruck und Bewegungen. Es bedarf allerdings der **Schulung der Emotionswahrnehmung**, um diese Marker richtig einschätzen und das Gefühl benennen zu können, das sie signalisieren. Ein erster simpler Zugang sind die 43 Fotografien von Gesichtern, die die wichtigsten Gefühle ausdrücken (Sulz & Sulz, 2005).

Es gibt weitere Möglichkeiten der Schulung des emotiv-diagnostischen Blicks, z. B. *artnatomy.com*.

Nach dem Erkennen des Gefühlsausdrucks im Gesicht eines Menschen kommt das **Benennen dieses Gefühls**. Da es nicht nur die erwähnten 43 wichtigen Gefühle gibt, sondern hunderte, geht uns ganz schnell die Sprache aus, wenn wir versuchen, dem Patienten zurückzumelden, welches Gefühl wir gerade sehen. Das ist ein häufiger Grund, weshalb TherapeutInnen das Gespräch auf kognitive Weise weiterführen, denn da fühlen sie sich nicht mehr unsicher und überfordert. Es gilt also, sich bei dieser „kognitiven" Vermeidung zu ertappen und zurück zum emotiven Gespräch zu kehren. Es dauert zwar einige Zeit, bis ausreichend Treffsicherheit in der Wahrnehmung und Sicherheit im Benennen des momentanen Gefühls entsteht, aber ohne Übung wird dieses Hindernis nicht überwunden.

Die **emotive Gesprächsführung**, die der Aktualisierung und Bearbeitung eines komplexen affektiv-kognitiven Schemas dient, kann eng angelehnt an das Mikrotracking von Pesso (2008a,b) als erster Schritt eines metakognitiven Prozesses bzw. einer affektive Mentalisierung im Sinne von Fonagy und Bateman (2008) (gedankliches Vergegenwärtigen eines im Moment vorhandenen Affekts) z. B. so ablaufen (Sulz et al., 2012):

Der Patient berichtet über sein häufiges Unglücklich-Sein in einer wichtigen Beziehung oder über eine Situation, in der das Symptom auftritt.

Die TherapeutIn nimmt möglichst jedes während des Berichts von Minute zu Minute neu auftretende Gefühl in den Gesichtszügen des Patienten als somatischen Marker wahr. Sie nimmt die in den Körper eingebettete Emotion wahr (Embodimentperspektive).

Die TherapeutIn benennt das Gefühl im Sinne einer prompten Affektspiegelung mit einfachen, im Konkreten bleibenden Worten.

Die TherapeutIn nennt den berichteten Kontext als Auslöser des Gefühls und ermöglicht es so dem Patienten, Herkunft und Funktion seines Gefühls affektiv und kognitiv zu erfassen.

Der Patient prüft, während er in dem Gefühlszustand bleibt, ob das Gefühl richtig benannt wurde. Wenn nicht, korrigiert er die Benennung. Bei ihm gibt es parallel zwei Bewusstseinszustände – einerseits denjenigen, in dem er sich in einem inneren Bild oder Film emotional in der berichteten Situation und Begegnung mit dem wichtigen Menschen befindet, andererseits denjenigen, in dem er sich mit der TherapeutIn unterhält und dieser ein korrigierendes Feedback gibt.

Der Patient konzentriert sich weiter auf die Wahrnehmung des Gefühls, das Kristallisationspunkt seines weiteren Berichtens ist und ihn allmählich zur umfänglichen Vergegenwärtigung und Erfassung der emotionalen Bedeutung der berichteten Beziehungsepisode(n) führt (dem Bedürfnis des Patienten gerecht werdend, seine Affekte zu verstehen).

Die TherapeutIn bleibt in seiner Suchhaltung nach somatischen Markern und benennt das von ihm angezeigte Gefühl (Kontinuität der kontingenten Affektspiegelung).

Die TherapeutIn ermöglicht es dem Patienten durch seine unterstützende Begleitung, das Gefühl intensiver werden zu lassen, so dass seine Intensität den wirklichen Umfang der emotionalen Bedeutung ausdrückt (Akzeptieren negativer Gefühle in schützendem Rahmen).

Der Patient vertieft sich in die szenische Vergegenwärtigung und erlebt sich ganz in der Situation und Beziehung (begleitetes Durchspielen des erinnerten Kontexts im Als-ob-Modus).

Die TherapeutIn signalisiert einerseits ihr empathisches Mitfühlen mit dem Affekt des Patienten, andererseits strahlt sie in einer ruhigen Präsenz ihre Zuversicht und Fähigkeit aus, den intensiven Affekt zu begrenzen (Markierung der Affektspiegelung).

Es gibt im Bericht des Patienten immer wieder einen Punkt größter Bedürftigkeit und Frustration, den der Therapeut nutzt, um ihm zu spiegeln, was er in diesem Moment am meisten gebraucht hätte. Zum Beispiel: „Sie hätten jemand gebraucht, der Ihnen zugetraut hätte, dass Sie das schaffen, und der stolz gewesen wäre, wenn es Ihnen gelungen wäre!" (Antidot)

Auch an diesem Punkt prüft der Patient, ob das therapeutische Angebot mit seinem Gefühl übereinstimmt, und korrigiert oder ergänzt die Aussage der TherapeutIn notfalls (gemeinsames Mentalisieren).

Wenn es stimmt, rutscht der Patient unwillkürlich in ein inneres Bild der Wunscherfüllung, und sein Gesicht hellt sich auf und zeigt Züge der Zufriedenheit oder des Glücks (Stärkung positiver Gefühle).

Oft gesellt sich zu diesem Glück rasch ein Weinen und ein Schmerz, dass es nicht so ist oder war. Ein Moment, in dem die empathische Spiegelung dieses Affekts den Patienten aus seiner im realen Kontext erfahrenen Einsamkeit befreit und ihm sein aktuelles Geborgensein in der therapeutischen Beziehung Erleichterung schafft (Affektmodulierung). Indem er sich dies bewusst macht, gelangt er zum Verständnis der erlebten Gefühlsmischung.

Der Patient macht zudem die Erfahrung, dass er durch seine Gefühlswahrnehmung und seinen Gefühlsausdruck einen anderen Menschen berührt, dass sein Affektausdruck eine Wirkung auf andere Menschen hat, dass es ihm gelingt, Empathie und Verständnis hervorzurufen, dass er sozialer, intentionaler und repräsentationaler Akteur ist und diesbezüglich Kompetenz gezeigt hat.

Ergebnis des Gesprächs kann sein, dass der Patient
- sein Symptom versteht, akzeptiert, es hergeben kann
- sein Gefühl besser bewusst wahrnehmen kann
- sein negatives Gefühl akzeptieren kann
- sein Gefühl verändern kann
- seine Selbstwahrnehmung verändern kann
- seine Bezugsperson anders wahrnehmen kann
- der Beziehung eine andere Bedeutung geben kann
- sich weniger abhängig von der Bezugsperson fühlt und definiert
- weniger Vermeidung im Umgang mit sich und den anderen aufrechterhalten muss
- seine Mentalisierungsfähigkeit (metakognitive Fähigkeit) geübt und verbessert hat

Auch wenn andere Themen Inhalt der Therapiestunde sind, wird z. B. auf obige Weise das emotionale Erleben des Patienten angesichts des betreffenden Themas herausgearbeitet, so dass nur in wenigen Passagen der Therapieprozess rein kognitiv oder handlungsorientiert ist. Nicht Gedankeninhalte oder konkrete Handlungen stehen im Mittelpunkt (sie sind hier nur emotionsauslösender Kontext oder Verhaltenskomponente der Emotion), sondern Emotionen und Motive in einer wichtigen Beziehung und deren Auswirkungen auf das Gelingen der Beziehungsgestaltung. Weitere erlebnisorientierte und damit emotive Vorgehensweisen werden von Hauke (2013) beschrieben.

Eine behaviorale Therapie ist aber damit nicht beendet. Ausgehend von Grawes (1998) Einteilung der Therapie in eine Klärungs- und eine Änderungsphase, wird mit obigem Vorgehen die Klärungsphase bestritten und Änderungen der Affektregulierung und der Entwicklung der Mentalisierung angestoßen. Die Änderungsphase befasst sich zusätzlich mit den konkreten Schritten, Situationen und Beziehungen metakognitiv zu analysieren, die wichtigen Beziehungen neu zu gestalten, Interaktionen zu optimieren, die Beziehungsfallen der

DRIBS rechtzeitig zu erkennen und durch adaptive Interaktionsangebote zu ersetzen. DRIBS meint Dysfunktionaler Repetitiver Interaktions- und Beziehungs-Stereotyp – das ist das, was die Psychoanalyse Wiederholungszwang oder Projektive Identifizierung nennt, also das nicht bewusste wiederholte Herbeiführen unbefriedigender Begegnungen als eine Serie unglücklich machender Beziehungserfahrungen, stets in der Hoffnung, dieses Mal das zu bekommen, was ersehnt und gebraucht wird. Jeder dieser Schritte trägt dazu bei, dass der Patient auf das Symptom allmählich verzichten kann. Erst diese neuen, erfolgreichen Erfahrungen in seiner realen Beziehungswelt verfestigen die neuen affektiven und kognitiven Haltungen, lassen den Patienten zu dem Akteur werden, der seine Beziehungen und sein Leben erfolgreich gestaltet.

Nachfolgend finden Sie eine Zusammenfassung der Sequenzen der emotiven Gesprächsführung:

Emotion Tracking – emotive Gesprächsführung
(den Gefühlen auf der Spur)
Hören: Was wird berichtet?
Verstehen des Gehörten
Inneres Bild/inneren Film in sich selbst entstehen lassen
Sehen: Was ist im Gesicht zu erkennen? → somat. Marker
Spüren: eigene emotionale Reaktion empathisch oder sympathisch wahrnehmen.
Prüfen: Kommt mein Gefühl von meiner eigenen Geschichte oder gehört es zum Berichtenden?
Sprechen 1: Das zum somat. Marker gehörende Gefühl aussprechen
Sehen: ob bejahender 2. somat. Marker in Sekundenbruchteilen entsteht
Wenn ja,
Sprechen 2: den Kontext dazu aussprechen, d. h. das was im Bewusstsein war, unmittelbar bevor das Gefühl auftrat
wenn nein,
Fragen: Welches Gefühl ist wirklich da?
Sprechen 1: Wiederholen dieses Gefühls
Sprechen 2: den Kontext dazu aussprechen, d. h. das was im Bewusstsein war, unmittelbar bevor das Gefühl auftrat

Warten: nicht selbst das Gespräch vorantreiben, sondern warten bis aus dem erlebten Gefühl und dem erkannten Auslöser heraus, eine neue Reaktion entsteht.
Hören und Sehen: entsteht ein Gefühl? Entsteht ein Gedanke? Entsteht eine Erinnerung als inneres Bild? Entsteht eine Phantasie als inneres Bild?
Empathisch/sympathisch mitgehen und dabei eigenes inneres Bild entstehen lassen
Wenn Gefühl: Sprechen 1 und 2
Wenn Gedanke: Prüfen, ob er dysfunktional und schädlich ist und externalisiert werden muss oder ob es ein konstruktiver Gedanke ist, der wertzuschätzen ist
Externalisieren dysfunkt. Gedanken: Dieser Gedanke gehört nicht zu Ihnen. Er kommt zwar aus Ihren bisherigen Erfahrungen, schadet Ihnen aber. Wir geben ihn wieder nach außen. Es ist als ob jemand zu Ihnen sagen würde: ………
………………………………………………………..…
Wie ist das, wenn Sie das von außen hören (Zustimmung? Protest? Niedergestimmtes Gefühl?)?
Wir müssen Sie schützen vor solchen schädlichen Aussagen. Wie könnte das geschehen? Was für ein Mensch könnte so etwas gesagt haben oder sagen? Wir könnten uns einen anderen Menschen vorstellen, der solche Aussagen stoppt und etwas sagt, was stimmt.
Diese Person könnte z. B. sagen: ………..……..
Wie fühlt sich das an, wenn Sie diese Worte hören? ……………………………………
Wertschätzen konstruktiver Gedanken: Das ist ein wichtiger, wertvoller Gedanke: ……..………..…
Wenn Erinnerung/Phantasie mit innerem Bild:
Ermuntern, zu berichten und dabei in der Phantasie/Erinnerung zu bleiben → Sehen des somat. Markers etc.
Wenn der Sachverhalt ausreichend berichtet wurde, der frustriert bzw. unglücklich macht,
Empathisch spüren: was vermisst wurde, was von welcher Person auf welche Weise dringend gebraucht wird, was also im Sinne von Pesso Antidot wäre.

Sprechen: und diese Hypothese aussprechen:
„**Du hättest gebraucht / Du brauchst …**"
(ohne Rücksicht auf die Grenzen des Machbaren)

Sehen: wenn es stimmt, taucht in Sekundenbruchteilen ein Erhellen des Gesichts, evtl. ein Entspannen des Körpers. Wenn kein somat. Marker kommt, ist es kein Treffer.

Ermuntern: zum Phantasieren, was noch Erfüllendes, Befriedigendes dazu gehören würde.

Sprechen 1: Welches gute Gefühl entsteht
Sprechen 2: Wodurch dieses gute Gefühl ausgelöst wurde

Dieses Übergehen vom reinen Emotion Tracking in die Einladung zu einer Imagination und kann am Beispiel von Pessos Ideale-Eltern-Übung veranschaulicht werden.

Imaginationsübung Ideale Eltern

Nachdem soeben deutlich wurde, was Sie von Elternseite so schmerzlich vermisst haben, können wir uns die Freiheit nehmen, eine Phantasie herzustellen von Eltern, die Sie gebraucht hätten, um in dieser Phantasie spüren zu können, wie sich „ideale Eltern" angefühlt hätten. Wenn der Patient einverstanden und neugierig ist, können Sie ihn erst noch einmal den negativen Aspekt von Vater und Mutter vergegenwärtigen lassen:

Reale Eltern

Meine Mutter war leider
1. ....
2. ....
Mein Vater war leider
1. ....
2. ....
(mitschreiben, weil das ja nachher gebraucht wird)

Die Beziehung meiner Eltern zueinander war leider
Wenn die Beziehung der Eltern nicht so gut war, wie war sie leider?
1. Leider .... (z. B. stritten sie oft)
2. Leider .... (z. B. demütigte V. die M.)
Wie hätten Sie sich die Beziehung Ihrer Eltern zueinander gewünscht?
1. .... (z. B. Sie wären liebevoll miteinander umgegangen)
2. .... (z. B. Sie hätten zueinander gehalten und sich geholfen)

A   Imagination der idealen Eltern

- Sie können sich jetzt vorstellen, dass die Mutter, die Sie gebraucht hätten hier im Raum steht. Wo wollen Sie sie sehen?
- Wie sieht sie aus?
- Stehen, sitzen, wie zugewandt, wie nah, evtl. Hände im Kontakt, z. B. auf der Schulter (falls dahinterstehend) oder die Hand gebend (falls danebenstehend)?
- Falls die ideale Mutter gegenüber aufgestellt wird und auch noch 1,5 m entfernt, einladen, auszuprobieren, wie es wäre, wenn sie hinter dem Patienten steht – den Unterschied beschreiben lassen und selbst entscheiden, wo sie letztlich sein soll.

- Nun kann der Patient sich vorstellen, dass er selbst im Kindergarten- oder Grundschulalter ist. Wie alt?
- Wie schaut sie Sie an?
- Was sagt sie?

B Ideale Eltern sprechen lassen

Die **ideale Mutter** verneint jetzt die Eigenschaften der realen Mutter:
1. z. B. Ich wäre nie aufbrausend gewesen.
   Ich wäre sanft und verständnisvoll gewesen.
2. Ich wäre nie ……………………..................….
   Ich wäre …………………….....................…

Der **ideale Vater** verneint jetzt die Eigenschaften des realen Vaters:
1. z. B. Ich wäre nie ungerecht gewesen.
   Ich wäre gerecht gewesen
2. Ich wäre nie……………………………….….
   Ich wäre ………………….....….........………..

C Die idealen Eltern nochmal sprechen lassen (ohne Verneinungen)

Die **ideale Mutter** sagt warmherzig und überzeugend:
1. z. B. Ich wäre sanft und verständnisvoll gewesen.
2. ……………………………………
   (wie ist das, das zu hören? Wie fühlt sich das an?)

Der **ideale Vater** sagt warmherzig und überzeugend:
1. z. B. Ich wäre gerecht gewesen.
2. Ich wäre ……………………..........….……
   (wie ist das, das zu hören? Wie fühlt sich das an?)

D Beide Eltern sagen über ihre Beziehung zueinander:
1. Wir wären nie/hätten nie ………………….....
   (z. B. gestritten)
   Wir wären/hätten …………….......................…..
   (z. B. liebevoll miteinander umgegangen)
2. Wir wären nie/hätten nie ………………….....
   (z. B. demütigte V. nie die M.)
   Wir wären/hätten …………………………..…..
   (z. B. zueinander gehalten und sich geholfen)

Wie ist es, das zu hören? Wie fühlt sich das an? Oft ist es Freude, Glück, Entlastung, Ruhe und dazu gesellt sich die Traurigkeit, dass es nicht so war. In diesem Fall Verständnis und Mitgefühle für die Trauer zeigen und dann wieder die Aufmerksamkeit auf das phantasierte Glück lenken, genau die Eltern zu haben, die gebraucht worden wären. Damit die Übung mit einem guten Gefühl ausklingt.

Dem Patienten kann die Empfehlung gegeben werden, diese Imagination täglich morgens und abends kurz ins Bewusstsein zu holen. Fünf Minuten reichen.

Es sei noch einmal daran erinnert, dass Therapieziel der emotiven Gesprächsführung ist, dass der Patient seine Gefühle wahrnehmen und benennen lernt und erfährt, welcher äußere Kontext sie auslöst (welches Verhalten welcher Person in welcher Situation) angesichts welches inneren Kontexts (welches Bedürfnis, welche zentrale Angst und welche zentrale Wut, welche durch seine dysfunktionale Überlebensregel gesetzten Gebote und Verbote). Das fördert seine Fähigkeit zur Emotionsregulation.

Wer als tiefenpsychologische PsychotherapeutIn die Mentalisierung fördernde Gesprächsführung nach Fonagy (Fonagy & Bateman, 2008) gelernt hat, z. B. in einer MBT-Ausbildung, hat sich die hier beschriebene emotive Gesprächsführung ebenfalls nicht angeeignet. Ebenso wie wir kognitive VerhaltenstherapeutInnen gehen die MBT-TherapeutInnen zu schnell zum kognitiven und metakognitiven Teil des Gesprächs über. Nur Ansätze wie z. B. Greenbergs EFT (Elliott, Watson, Goldman & Greenberg, 2008), Pessos PBSP (1969, 2008a,b) und Gendlins Focusing (1998) stellen die Emotion ausreichend lange in den Fokus. Inzwischen ist auch im Rahmen der Strategisch-Beviorialen Therapie SBT von Hauke ein emotives Vorgehen beschrieben worden, das vom Konzept des Embodiments ausgeht (Hauke 2013, 2016). Hauke & Dall'Orcchio (2015) haben dieses Vorgehen explizit beschrieben. Die von Greenberg (2000), Sachse (Sachse & Sachse, 2016) und Grawe (1998) als unverzichtbaren Schritt im therapeutischen Prozess stattfindenden „tiefe emotionale Erfahrung" (von Grawe Problemaktualisierung genannt) geht davon aus, dass eine tiefe Erfahrung nur möglich ist, wenn die betreffende Emotion im Moment des Gesprächs deutlich vorhanden ist. Gelingt das nicht, ist es wie wenn Sie die Erfahrung von Ofenwärme in einem kalten Zimmer durch Sprechen darüber vermitteln wollen oder müssen, wie es sich anfühlen würde, wenn es jetzt gelungen wäre, den Ofen anzuzünden. Eine nur gedachte Emotion ist keine Emotion. Also ist während des Gesprächs keine Emotion vorhanden, so dass im MBT und in der KVT zu oft über etwas nicht Erlebtes gesprochen wird. Erfahrung braucht aber das Erleben. Das ist der Grund, weshalb wir in unserem therapeutischen Ansatz die emotive Gesprächsführung an den Anfang stellen.

1.5.1.2 Kognitive Gesprächsführung
So wie bei der emotiven Gesprächsführung Damasios (1990) Emotionstheorie als Hintergrundwissen verfügbar sein muss, benötigen wir bei der kognitiven Gesprächsführung Piagets Theorie der kognitiven Entwicklung als Verständnisgrundlage. Beck (2004, vergl. Hoyer et al. 2005) hat zwar auch die kognitiven Verzerrungen, die bei depressiven PatientInnen typisch sind, auf den unreifen Entwicklungsstand des Denkens im Vorschulalter zurückgeführt, aber den Entwicklungsaspekt hat erst McCullough (2000, 2007) so deutlich herausgearbeitet, dass wir die kognitive Entwicklung als Heuristik für unsere kognitive Gesprächsführung verwenden können. Bereits zehn Jahre bevor sein Konzept in Deutschland bekannt wurde, habe ich in meinem Buch „Strategische Kurzzeittherapie" (1994, 2012b) das gleiche theoretische Verständnis und nahezu das identische Vorgehen beschrieben. Therapieziel ist (nach der Etappe der emotiven Gesprächsführung) das unzureichend entwickelte Denken das Patienten (soweit es die schließlich zur Symptombildung führenden schwierigen Situationen und Beziehungen betrifft) in zwei Schritten so weit zu entwickeln, dass er

a) fähig ist, zutreffende kausale Reflexionen über die Folgen seines Verhaltens anzustellen, die ihm helfen, durch neues wirksames Verhalten seine konkreten Interaktionen in seinen wichtigen Beziehungen befriedigend zu gestalten (mittels kognitiver Gesprächsführung)

b) anschließend fähig wird, auch die Gefühle und Bedürfnisse des Gegenübers durch Perspektivenwechsel empathisch nachzuempfinden und zu berücksichtigen, so dass auch seine Bezugsperson mit ihm Befriedigung in gemeinsamen Interaktionen erleben kann (mittels relativer bzw. metakognitiver Gesprächsführung).

Diese Befähigungen erwirbt der Patient nicht allein durch Lernprozesse, sondern dadurch, dass er sich auf eine höhere Entwicklungsstufe begibt. Wir haben den Patienten im emotiven Gespräch noch weitgehend auf der impulsiven Entwicklungsstufe gelassen. Wir haben ihn dort abgeholt und sind auf diese emotionale Erlebensweise eingegangen.

Jetzt stellen wir ihm Fragen, die er auf dieser Entwicklungsstufe nicht beantworten kann. Wir fragen nach dem Warum und dem Wozu, nach den Folgen seines Verhaltens, ob sein Verhalten die von ihm erwünschte Wirkung erzielte, wenn nicht, durch welches alternative Verhalten dies möglich würde. Wir zwingen ihn durch diese Fragen, sich auf Piagets konkret-operative oder konkret-logische Stufe (Kegans (1986) **souveräne Stufe**) zu begeben.
Das Vorgehen in diesem Gespräch entspricht dem **Sokratischen Dialog**, der dazu führt, dass der Patient selbst auf die gedankliche Lösung kommt und sie nicht von der TherapeutIn zuvor angeboten wurde. Der Unterschied ist die entwicklungstheoretische Begründung für dieses Vorgehen. Dies impliziert aber auch ein weitergehendes Therapieziel. Während der Sokratische Dialog sich damit begnügt, eine realitätsgerechte Begründung für ein Ereignis zu finden, also eine falsche Interpretation zu korrigieren, wird hier systematisch das kausale Denken des Patienten so lange gefordert und gefördert, bis er auf der konkret-logischen bzw. souveränen Stufe sicher genug angekommen ist. Während er auf der emotional-impulsiven (prä-logischen) Stufe sich noch nicht selbst helfen konnte, kann er nun durch wirksames Verhalten souverän sein Geschick in die Hand nehmen und so die Erfahrung von Selbstwirksamkeit machen.

Wir können Fragen zu Situation, Reaktion und Konsequenzen stellen:

Situation S:
1. Ich bin mit dem sich wiederholenden Ergebnis von bestimmten Situationen unzufrieden. Es geht um die frustrierende Situation
2. Welche Bedeutung hat die Situation und die Person für mich?
3. Was brauche ich von der anderen Person in dieser Situation?
4. Was macht der andere stattdessen mit mir? Wie geht er/sie mit mir um? Welche Bedeutung hat dieses Verhalten für mich?
5. Ist meine Einschätzung der Situation richtig?
6. Wenn nicht, weshalb nicht?
7. Welche Einschätzung ist richtig?

Reaktion R:
1. Was ist die richtige Einschätzung der Situation?
2. Welches Gefühl wird dadurch zuerst ausgelöst?
3. Zu welchem primären Handlungsimpuls führt das Gefühl?
4. Welche Folgen dieser Handlung fürchte ich?
5. Zu welchem sekundären Gefühl führt die Vergegenwärtigung dieser Folgen?
6. Führt dieses sekundäre Gefühl zur Unterdrückung des Impulses? JA /NEIN
7. Wie handle ich aus dem zweiten Gefühl heraus?
8. Ist meine Furcht realistisch? Ja oder NEIN
9. Wenn NEIN, was ist realistischer Weise als Folge zu erwarten?

Konsequenz C:
1. Wie handelte ich bisher?
2. Welche Folgen hatte mein Verhalten?
   In der Situation?
   Nach der Situation?
   Für mich?
   Für die andere Person?
   Für die Beziehung zwischen uns?
3. Sind die Konsequenzen meines bisherigen Verhaltens das, was ich gebraucht hatte? JA oder NEIN
4. Wenn NEIN, was hätte ich gebraucht?
5. Gibt es ein Verhalten, durch das ich erhalten hätte, was ich brauche?

Danach: Wirksamkeitsanalyse:
Es handelte sich um welche frustrierende Situation?
Ich hatte mich für welches neue Verhalten entschieden?
Ich erreichte dadurch welches erwünschte Ziel?
1. Wie trug meine richtige Einschätzung dazu bei, dass ich mein Ziel erreichte?
2. Wie trug mein neues Verhalten dazu bei, dass ich mein Ziel erreichte?
3. Was lerne ich aus dieser Erfahrung?
4. Wie kann ich das auf andere Situationen übertragen?

1.5.1.3 Metakognitive Gesprächsführung
1.5.1.3.1 Prinzipielles zur metakognitiven Gesprächsführung

Wissenshintergrund für die relative bzw. metakognitive Gesprächsführung ist wiederum die Entwicklungspsychologie. Einerseits geht es um die Entwicklung von Metakognition und Mentalisierung im Sinne der Theory of Mind TOM. Andererseits geht es um die Entwicklung des Denkens im Sinne von Piaget von der Stufe des konkret-logischen zum abstrakt-logischen Denken, mit den Worten von Kegan (1986) von der souveränen Stufe, bei der noch egozentrisch kluges kausales Denken eingesetzt wurde, um eigene Bedürfnisse zu befriedigen, auf die zwischenmenschliche Stufe, auf der die Beziehung und die Bezugsperson das Wichtigste ist, so dass ohne Mühe auf egozentrische Anliegen verzichtet werden kann.

Die Theory of Mind ist eine gedankliche Konzeption des Kindes, des Jugendlichen und des Erwachsenen bezüglich der Intentionen, die bei uns selbst und bei anderen zu bestimmten Verhaltensweisen führen. Dabei können wir ein Hineindenken in den anderen als frühe Form der TOM (bereits auf der konkret-logischen bzw. souveränen Stufe möglich) von dem Hineinfühlen in den anderen als reife Form der TOM (erst auf der zwischenmenschlichen Stufe durch die Fähigkeit zu abstraktem Denken und zu Perspektivenwechsel möglich) unterscheiden.

McCullough (2000, 2007) systematisiert auch die Gesprächsführung auf dieser therapeutischen Etappe durch Fragestellungen, die den Patienten zum Perspektivenwechsel zwingen, wenn er eine angemessene Antwort finden will.

Wie bei allen Beschreibungen des Vorgehens dienen diese nur dazu, das konkrete Therapeutenverhalten zu verdeutlichen und sie müssen nicht exakt umgesetzt werden. Also auch hier das Vorzeichen „Etwa so können Sie das Gespräch führen …". Was dabei zu beachten ist, ist viel wichtiger, z. B. dass die Fragen nicht in einem belehrenden oder prüfenden Tonfall ausgesprochen werden, auch nicht als Fragen von jemandem, der die richtige Antwort selbst weiß und nur herauskriegen möchte, ob der Patient sie findet. Um dem vorzubeugen, ist die von Fred Kanfer (Kanfer et al., 2012) und Marsha Linehan (2016a) empfohlene „Columbo-Methode", in der die Therapeutin sich sehr interessiert und dabei eine Spur unwissender und vorübergehend etwas unterlegen zeigt, so dass der Patient risikolos antworten kann, ohne etwas Negatives vom Gegenüber fürchten zu müssen. Columbo war eine sehr beliebte Krimi-Serie in den 60iger Jahren, in der der Kriminalkommissar so auftrat und damit viel erreichte.

Wenn wir wollen, dass der Patient sich das neue Denken nicht nur antrainiert, sondern sich auf diese kognitive Stufe durch Entwicklung hinaufbegibt, müssen wir einerseits die Reihenfolge beachten: zuerst der Schritt von der emotional-impulsiven Stufe auf die souveräne Stufe (kausales Denken in konkreten Situationen) mit der Erfahrung von Selbstwirksamkeit und Selbstbehauptung und erst danach den Schritt auf die zwischenmenschliche Stufe (abstrakt-logisches Denken und Perspektivenwechsel als Voraussetzung von Empathiefähigkeit).

Wir wählen zur Übung eine vom Patienten berichtete Auseinandersetzung mit einer wichtigen Bezugsperson, in der er unempathisch geblieben ist. Er hat zwar Schuldgefühle, die aus seiner Angst vor Liebesverlust heraus entstehen, aber er versteht die Bezugsperson nicht, kann nicht nachempfinden, was in ihr abläuft. Die Therapeutin stellt immer wieder Fragen, die dem Patienten Perspektivenwechsel abfordern, die ihn dazu bringen, sich in die Bezugsperson einzufühlen. Sie fragt: was die Bezugsperson gefühlt, gedacht, gebraucht, gefürchtet, haben könnte. Und sie fragt, inwiefern sein eigenes Verhalten darauf Einfluss nahm oder nehmen könnte.

Der zweite Aspekt von Empathiefähigkeit ist, so über eigene Gefühle und Bedürfnisse mit der Bezugsperson zu sprechen, dass diese empathisch sein kann. Ohne Selbstöffnung hat diese keine Chance empathisch zu sein. Also fragt die Therapeutin, welches Gefühl der Patient in der strittigen Situation hatte und mit welchen Worten er diese mitteilen könnte. Gemeinsam werden Sätze erarbeitet, die dem anderen helfen, ihn zu verstehen. Danach soll der Patient reflektieren, wodurch genau dieses Gefühl ausgelöst wurde. So kann der Hinweis der Bezugsperson, dass der Patient etwas falsch gemacht hat, nur deshalb wütend machen, weil es von oben herab und abwertend geäußert wurde. Der Patient kann sagen: „Was mich wirklich wütend machte, war nicht der Hinweis auf meinen Fehler, sondern, dass du so gesprochen hast, dass ich mich sehr abgewertet fühlte." Nun kann die Bezugsperson bedauernd sagen, dass sie nicht abwertend sein wollte und sich entschuldigen.

Beide Aspekte können auch in der therapeutischen Beziehung auftauchen und genutzt werden – sei es der Ärger des Patienten über zu wenig Therapiestunden, sei es der Ärger der TherapeutIn über dessen Unpünktlichkeit.

Wieder geht es nicht primär um die Verbesserung der Kommunikation. Diese ist das Ergebnis im Sinne einer größeren Beziehungsfähigkeit. Es geht zuvorderst um die Entwicklung der Theory of Mind, um Metakognition, um abstraktes Denken, um Perspektivenwechsel und um die daraus resultierende Fähigkeit zur Empathie.

1.5.1.3.2 Vorgehen beim metakognitiven Gespräch: Theory of Mind entstehen lassen und zur Empathie finden durch reines Fragen und Zuhören

Das Metakognitive Gespräch ist eine Mischung aus Verhaltensanalyse der Reaktionskette (Sulz, 2011a), emotionsaktivierendem Gespräch (Emotion Tracking bzw. Microtracking nach Pesso (2008a,b) und Fonagys mentalisierungsfördernder Gesprächsführung (Fonagy et al., 2008; Fonagy & Bateman, 2008). Sie entspricht Allens Brückenidee des Mentalisierungskonzepts für psychodynamische und behaviorale Therapien (Allen, 2010).
Es dient dazu, dass der Patient zu seinen im Moment vorhandenen emotionalen Reaktionen eine Reflektion hinzufügt, die ihn seine Gefühle und Motive in deren Kontext verstehen und steuern lässt und so der bewussten Emotionsregulation zugänglich macht. Im Gegensatz zum emotiven Gespräch (Emotion Tracking), bei dem es um Bewusstmachen, Erleben und Verstehen von Gefühlen geht, ist hier die Reflexion und die damit verbundene Steuerung der Emotion Hauptgegenstand. Bei ersterem geht es also vom Erleben zum Verstehen, bei letzterem vom Verstehen zum Steuern. Bei beiden geht es um das Elaborieren der Theory of Mind.

Kontrakt ist einerseits, dass es für dieses Gespräch eine sichere Beziehung braucht und zuerst geklärt wird, ob ausreichend Vertrauen besteht. Andererseits besteht Übereinkunft, dass vom Patienten sofort angesprochen wird, wenn das Gespräch so verläuft, dass Sicherheit und Vertrauen verloren geht, z. B. weil (trotz großer Sorgfalt in der Gesprächsführung) eine nicht verkraftbare Invalidierung stattfand.

Was der Patient von der TherapeutIn in der therapeutischen Beziehung braucht, kann durch eine kleine Imaginationsübung erfasst werden. Dazu schließt der Patient die Augen und erspürt sein Befinden in der aktuellen Gesprächssituation. Er spricht und ergänzt innerlich folgende angefangenen Sätze:
Ich fühle in mir …
Ich brauche von Ihnen …
Ich fürchte von Ihnen …
Ich will von Ihnen nicht …

Er schreibt die entstandenen Sätze auf und danach wird darüber gesprochen.

Der Patient spricht ein belastendes oder bewegendes Thema an.
„Sie haben dieses **Thema** angesprochen. Wir können gern etwas mehr darüber reden, sofern Sie wollen?"

Wenn ja:
„Ich möchte **verstehen**, wie es Ihnen mit dem Thema geht, das Sie gerade angesprochen haben.
Dazu würde ich gern einige Fragen stellen. Ist so viel **Vertrauen** zwischen uns, dass Sie darauf eingehen können und wollen?"

Wenn ja:
Einladen, etwas mehr über das gewählte Thema zu erzählen und dann bald **mit Fragen beginnen**.
(keine langen Pausen entstehen lassen – weiter fragen. Aber so lange Pause, dass ein auftretendes Gefühl wahrgenommen werden kann)

Darauf achten, dass auf die Frage eingegangen wird, evtl. wiederholen.
Eine **bescheidene Haltung von Nicht-Wissen** einnehmen – die Columbo-Fragetechnik (Wir erfahren erst durch seine Antwort wie bei ihm was zusammenhängt).
Keine klugen Meta-Überlegungen oder psychodynamischen Überlegungen – weder vom Patienten noch von mir selbst.
Laut denken, so dass mein Patient erkennen kann, wo ich in meinem Versuch des Verstehens gerade stecke.
Am wichtigsten ist **das momentane Gefühl**. Frühere Erlebnisse sind nur Material, auf das **jetzt** mit Gefühlen reagiert wird.

Eine Reflexion des Patienten über das Gefühl **aufgreifen**. „Sie sagen, Sie denken, die Frustration war so groß, weil so lange nichts Gutes mehr von ihm/ihr rüber kam. Das kann ich nachvollziehen (verstehen)."
Zu unrealistischen Interpretationen einerseits sagen, dass ich sehe, welchen Zusammenhang der

Patient sieht. Nicht verneinen, sondern vorsichtig sagen: „Ich dachte auch daran, dass er das nicht absichtlich gemacht hat, sondern dass er nur unaufmerksam war." Das aber nur kurz nebenbei, so dass es nicht als Gegenposition aufgefasst wird, die invalidierend wirken würde.
Unausgesprochene Gefühle wahrnehmen und empathisch aussprechen: „Ich habe den Eindruck, dass Sie das sehr bedrückt."
Wenn die Wahrnehmung oder Vermutung richtig war, ist es wichtig, dass auf diese Weise das Gefühl mehr ins Bewusstsein rückte und dass **dem Gefühl einen Namen gegeben** wurde, so dass darüber gesprochen werden kann.
Wenn ein **Gefühl sehr heftig** wird, im Gespräch innehalten, **stoppen** und gemeinsam den Auslöser finden.
Wenn mein Gegenüber nahezu alles so anders interpretiert als ich es (realistischer Weise) wahrnehme und davon nicht abrücken kann (z. B. Ich weiß doch, dass ich für euch alle nur eine Last bin), nicht weiter darüber sprechen. Nicht versuchen, ihn doch noch vom Gegenteil zu überzeugen. Besser das Thema wechseln und es akzeptierend vorläufig so stehen lassen.
Wenn ich meinerseits eine falsche Überlegung anstellte, **gleich sagen, dass ich mich irrte**, dass das falsch war.

Für offene Fragen nicht allein eine Antwort finden wollen, sondern in eine **gemeinsame Reflexion** eintreten, gemeinsam versuchen, mehr zu erkennen. Kein allgemeines Fachwissen von sich geben, keine Psycho-Fachbegriffe verwenden.

Konkret fragen,
- Was jetzt gefühlt wird
- Was kurz zuvor ins Bewusstsein trat, also das Gefühl ausgelöst haben kann
- Welches Bedürfnis frustriert wurde (bei positivem Gefühl erfüllt wurde)
- Was stattdessen gebraucht worden wäre
- Wie er sich vom anderen behandelt fühlt (Er behandelt mich wie ein ...)
- z. B.: Ich komme mir da vor wie ein ...
- Welche Befürchtung da ist

Hierzu keine eigenen Hypothesen aufdrängen, höchstens so nebenbei aussprechen:
„Ich dachte, dass es vielleicht auch die Einsamkeit sein könnte. Aber bleiben wir lieber bei dem, was Sie gesagt haben."
Metaphern und Bilder nur, wenn deutlich spürbar ist, dass der Patient damit was anfangen kann. Sonst weglassen oder zurücknehmen. (Wie etwa „Das ist ja wie ein Auto ohne Lenkrad").

Beim **roten Faden** (des Gefühls) bleiben, davon ausgehend die gedankliche Struktur des Verstehen Wollens weiterführen.
Unterstützend sein (Bestätigen, Wertschätzen), wenn das erwünscht wird. Sonst beim Verstehen, Mitfühlen bleiben. Lieber fragen, was der Patient jetzt von mir möchte und was nicht (siehe oben).
Immer wieder **Raum geben für Gefühle**, die aus dem Vergegenwärtigen des Themas herauskommen.
Und von diesen Gefühlen aus weitersprechen.
Von Gedanken, die vom Gefühl wegführen (ist ja nicht so wichtig, das macht mir doch nichts aus, er hat ja selbst Probleme), **wieder zum Gefühl zurückkehren**. „Sie sagen, dass Sie das sehr traurig macht, wenn er >xxx> sagt ..."
Im Auge behalten, wie ich am liebsten denken und sprechen möchte angesichts der Erzählung und Darbietung des Problems, wie ich es anpacken und lösen möchte (auffällig engagiert werde) – und dabei von meiner verstehenden Haltung wegkomme – in ein **Gegenübertragungsagieren**, das nur negative Wiederholungen produziert.

Ergebnis ist, dass der Patient
a) die Erfahrung machte, mit seinen Gefühlen und Bedürfnissen verstanden worden zu sein
b) sein eigenes Verständnis vertiefen konnte
c) sich seinen Gefühlen weniger ausgeliefert fühlt
d) die Vorstellung entwickelt, künftig mit dem Thema und den damit zusammenhängenden Gefühlen auf eine neue Weise umgehen zu können
e) allgemein seine Theory of Mind weiterentwickelt und differenziert hat.

Ein häufiger Fehler ist, dass die TherapeutIn den Patienten nicht lange genug beim Verstehen der eigenen Bedürfnisse und Gefühle bleiben lässt, sondern ihn dahin bringen möchte, dass er die Perspektive wechselt und sich in sein Gegenüber hineinversetzt. Das ist zwar ein wichtiger Entwicklungsschritt, aber ein relativ später. Wenn ein Patient erst dabei ist, sich von der Vorherrschaft seiner Affekte zu befreien und diese modulieren lernt, dann hat er damit so viel zu tun, dass er sich nicht auch noch um andere Menschen kümmern kann. Erst wenn er gut für sich sorgen kann – durchaus noch in gewisser Weise egozentrisch, kann er es sich leisten, sich um den anderen zu bemühen.

1.6 Der Therapieprozess

Inhalte bedürfen einer Form, Kommunikation bedarf eines Mediums, Therapie bedarf eines Prozesses

Während die Inhalte einer Psychotherapie wesentlich davon abhängen, welcher Mensch in welchem Kontext welches Symptom entwickelt hat, ist der Therapieprozess ein quasi gesetzmäßiger Ablauf, der bestimmte Phasen beinhaltet, ohne dass diese explizit von der TherapeutIn geplant und bewusst eingesetzt werden müssen. Allerdings sieht sich eine TherapeutIn schnell einer schwierigen Situation ausgesetzt, wenn er für das prozessuale Geschehen kein Ohr und kein Auge hat. Die therapeutischen Inhalte werden durch den Prozess transportiert. Stagniert dieser oder bewegt er sich in die falsche Richtung, so kann die Therapie auch inhaltlich nicht zum Ziel gelangen. Deshalb sind Planung und reflektierte Gestaltung des Therapieprozesses unverzichtbar.

1.6.1 DIE 20 SCHRITTE DES THERAPIEPROZESSES

Die Therapieforschung belegt die Bedeutung mehrerer prozessualer Parameter. Andere sind Extrakt klinischer Erfahrung, wie sie von zahlreichen TherapeutInnen verschiedenster Provenienz geteilt wird (Abb. 1.6.1)

Hoffnung und Glaube, dass diese TherapeutIn die erforderliche Kompetenz hat und diese Therapie zu einer erfolgreichen Behandlung führen wird, werden u. a. von Frank (1997) und Orlinsky et al. (2013) als empirisch nachgewiesener Wirkfaktor genannt. Als gezielte Maßnahme wird dieser Vorgang von Grawe (1998) Erwartungsinduktion genannt, mit dem Hinweis, dass dieser Prozessschritt der Hauptwirkfaktor der Hypnose ist.

Eine förderliche therapeutische Beziehung gilt nach Orlinsky et al. (2013) als weiterer wichtiger Wirkfaktor. Ihre Merkmale werden einerseits auf die von Frank (1997) genannten Wirkfaktoren, die Variablen des Therapeutenverhaltens in der klientenzentrierten Gesprächstherapie (Rogers, 1961, 1989) und andererseits auf die Eigenschaften einer tragfähigen Beziehung, wie sie die Bindungsforschung zeichnet (Bowlby, 1975), zurückgeführt. Volkart (2009) diskutiert die therapeutische Beziehung unter dem Aspekt der Control-Mastery-Theorie. In der Verhaltenstherapie haben Schulte (1996) und insbesondere Kohlenberg et al. (2000) darauf hingewiesen. Kohlenberg setzt die therapeutische Arbeit mit der Patient-Therapeut-Beziehung als wichtigsten Aspekt der Behandlung ein.

Der Aufbau von Therapiemotivation ist nach Kanfer et al. (2012) einer der ersten Schritte im psychotherapeutischen Prozess. Die Bereitschaft, an der Therapie mitzuarbeiten, muss oft erst hergestellt werden, da die bisherigen Ziele des Patienten nicht ohne weiteres mit denen der Therapie zur Deckung gebracht werden können.

Das Herstellen tiefer emotionaler Erfahrung im Dienste der Klärung motivationaler Konstellationen ist eines der wichtigsten Elemente vieler Psychotherapien. Ihre Bedeutung wurde besonders durch die Arbeit von Greenberg (2000, 2007) sichtbar. Greenberg stellt eine Therapie vor, die er als „Process-Experiencing-Approach" bezeichnet, ent-

1.6 Der Therapieprozess

```
                    20
                  Zukunft
              19 Die Zeit danach
                 18 Abschied
              17 Selbstentwicklung
              16 Selbstmanagement
               15 Generalisierung
               14 Automatisierung
                13 Niederlagen
            12 Selbsteffizienzerfahrung
                11 Veränderung
             10 Angst vor Veränderung
               9 Loslassen, Trauer
             8 Änderungsentscheidung
             7 Ressourcenmobilisierung
                  6 Akzeptanz
                 5 Neubewertung
        4 Tiefe emotionale Erfahrung (Exposition)
       3 Therapiemotivation, Wunch nach Veränderung
              2 Therapeutische Beziehung
          1 Hoffnung, Glaube, positive Erwartung
```

Der Therapieprozess: 20 Schritte

Abbildung 1.6.1 Die Pyramide des Therapieprozesses: 20 Schritte der Therapie

wickelt aus der klientenzentrierten Gesprächstherapie und der Gestalttherapie. Sachse (Sachse & Sachse, 2016) fand eine deutliche positive Korrelation zwischen der Tiefe der emotionalen Erfahrung und dem Ergebnis von gesprächstherapeutischen Behandlungen. Die Exposition in der Verhaltenstherapie ist ebenfalls ein Verfahren, das eine tiefe emotionale Erfahrung herstellt. Es zählt zu den wirksamsten Angsttherapien (Munsch et al., 2003). Die Korrektur der emotional-kognitiven Bewertungen ist der Hauptansatzpunkt der kognitiven Therapie nach Beck (1979) und der rational-emotiven Therapie nach Ellis (1962). Empirische Forschung belegt immer wieder deren Bedeutung (z.B. Richter et al., 2000). Heute gibt es ein elaboriertes Interventionsangebot, das situative und habituelle Kognitionen umstrukturieren hilft. Die Wirksamkeit dieser kognitiven Verfahren ist vielfach untersucht worden und empirisch belegt (Grawe et al., 1995). Das Herstellen von Akzeptanz ist ein Therapieprinzip, das neuere behaviorale Therapieansätze in den Vordergrund stellen und z. B. auf diese Weise in der Paartherapie deutliche Wirksamkeitsvorsprünge vor traditionellem behavioralem Vorgehen erreichten (Jacobson & Christensen, 1992, 1996) bzw. wirksame Therapien bei schwierigen PatientInnen durchführen konnten (Hayes & Batten, 2000; Hayes et al., 2007; Linehan, 2016a,b).

Die Ressourcenmobilisierung ist von der Verhaltenstherapie mit ihren verstärkerorientierten Interventionen ein stets genutzter Aspekt der therapeutischen Veränderung, vor allem in der Depressionstherapie (Lewinsohn, 2010; Lutz, 1996). Je mehr sich jedoch problem- und störungsspezifische Ansätze durchsetzten, umso mehr geriet die Ressourcenanalyse in den Hintergrund. Insbesondere Grawe (1998) bringt Belege für ihre Bedeutung. Sehr einleuchtend ist seine Interpretation der Wirksamkeitsvergleiche von Kognitiver Therapie (Beck, 1979, 2004) und Interpersonaler Psychotherapie IPT (Klerman et al., 1984; Weissman et al., 2000). So profitierten von der Kognitiven Therapie am meisten solche PatientInnen, die nur wenig kognitive Störungen hatten, und deren Stärke im kognitiven Bereich lag. Dagegen waren die Therapieerfolge der IPT am größten bei PatientInnen, deren Kompetenzen vor allem im interpersonellen Bereich lagen. Grawe sieht die Wirkung beider Therapien entgegen ihrer expliziten Problemorientierung deshalb darin, dass sie die Ressourcen der PatientInnen utilisierten, die Kognitive Therapie die kognitiven Ressourcen und die IPT die interpersonellen Ressourcen.

Das Herstellen von Änderungsentscheidung ist das Überschreiten des Rubikon in dem Handlungsmodell von Heckhausen und Gollwitzer (Heckhausen & Gollwitzer 1987; Heckhausen & Heckhausen, 2010). Dieses Handlungsmodell beinhaltet
1. Abwägen von Bedürfnissen und Wünschen
Überschreiten des Rubikon
2. Planen und Entscheiden
3. Handeln
4. Bewerten.

Der Rubikon ist ein Fluss in Italien, den Julius Cäsar im Jahr 49 v. Chr. Mit seinem Heer überschritt, wodurch es kein Zurück in den Frieden mehr gab. Die vorausgehenden Schritte der Therapie befanden sich noch am linksseitigen Ufer (implizite nicht bewusste Motive). Es ging um Klärungsprozesse. Motive wurden untersucht, Wünsche betrachtet. Das Wählen unter den Möglichkeiten wurde geprobt. Und nun ist das Wollen der Schritt, der über den Rubikon führt. Vielleicht ist es besser zu sagen, dass die Änderungsentscheidung der erste Schritt auf dem festen Boden des rechten Ufers ist. Hingegen ist die Brücke in Heckhausens Modell nicht beschrieben. Es wird eine Dichotomie dargestellt. Es handelt sich um klar unterscheidbare Welten, die durch eine eindeutige Grenzlinie getrennt werden. Weder in Heckhausens Betrachtungen noch in denen von Grawe (1998) taucht das Prinzip der Akzeptanz auf. Gerade dieses können wir uns aber als Brücke zwischen den beiden Ufern vorstellen. Akzeptanz heißt, dass die nötigen Klärungen erfolgt sind, dass die Konflikte ausreichend gewürdigt wurden, so dass ihre Lösung möglich ist, dass es nichts mehr zu erledigen gibt auf dem linken Ufer, dass also zum anderen Ufer geschritten werden kann.

Loslassen, Abschied, Trauer ist ein Teilprozess, der auch ohne Zutun der TherapeutIn an dieser Stelle jeder Therapie geschieht. Das Betreten der Brücke bedeutet das Zurücklassen der Welt auf der linken Seite des Ufers. Viel Vertrautes, Liebes, Wertvolles muss zurückgelassen werden, wenn die alte Welt verlassen wird. Entscheidung ist immer Verzicht auf das andere. Konfliktlösung ist so gesehen der Verzicht auf die Vorteile der nicht gewählten Seite. Und wenn es zu den bisherigen zentralen Beziehungen gehörte bzw. zur Domäne des eigenen Selbst (Beck, 1979), so ist der Abschied schmerzlich. Der alte Besitz muss aktiv losgelassen werden und das Verlorene muss betrauert werden. Dieser Therapieschritt wird von Sulz (2012b, 2009b) beschrieben.

Die Angst vor Veränderung ist ebenso ein Phänomen und ein emotionaler Prozess im Weiterschreiten in der Therapie. Wir können uns wiederum vorstellen, dass mitten auf der Brücke, nachdem vom Alten Abschied genommen wurde, der Blick auf das ungewisse Neue am anderen Ufer Angst macht. Auch wenn sie nicht thematisiert wird und vom Patienten vielleicht auch nicht bewusst wahrgenommen wird, ist sie eine motivationale Kraft, die zum Widerstand werden kann (Sulz, 2009b, 2012b).

Die Veränderung des Erlebens und Verhaltens ist mehr oder weniger expliziertes Ziel jeglicher Psychotherapie. Wirksamkeitsstudien belegen für einige Psychotherapien, dass sie dieses Ziel auch erreichen (Grawe et al., 1995).
Gegenwärtig kann dies in umfassender Weise von Verhaltenstherapie, tiefenpsychologischer Psychotherapie und Gesprächstherapie gesagt werden. In Teilbereichen wiesen auch andere Therapieformen ihre Wirksamkeit nach.

Die Erfahrung von Selbsteffizienz mündet in eine Erwartungshaltung ein, die Selbsteffizienzerwartung („self efficacy expectation", Bandura, 1977), die sehr großen Einfluss darauf hat, ob eine neue Verhaltensweise entsteht, denn die Auftretenswahrscheinlichkeit von Verhaltensweisen hängt ab

1.6 Der Therapieprozess

von ihrem erwarteten Erfolg. Zudem wirkt sich die Erfahrung von Selbsteffizienz auf das Selbstwertgefühl eines Menschen aus, ist vielleicht der für die allgemeine Handlungsfähigkeit eines Menschen wichtigere Bestandteil des Selbstgefühls. Die Selbsteinschätzung, was ich kann, welche Fähigkeiten ich habe, verbunden mit der Erinnerung an zurückliegende Erfolge bestimmt ebenso das Aktivitätsniveau eines Menschen wie die Einschätzung, anderen Menschen etwas wert zu sein bzw. an sich wertvoll zu sein. Wie nahezu alle hier betrachteten psychischen Phänomene und Parameter muss dies keine bewusste Erfahrung und Einschätzung sein.

Der Umgang mit Niederlagen ist in kognitiv-behavioralen Therapien wesentlicher Bestandteil von Übungsprogrammen, die kognitive Erwartungshaltungen und Reaktionsbereitschaften im Umgang mit Misserfolgen aufbauen (Liberman, 1993; Sulz, 2009b-d). Gerade PatientInnen mit psychischen Störungen verlieren selbst durch kleine Niederlagen schnell wieder ihre Selbstwirksamkeitserwartung und damit den Mut, nach einer Niederlage möglichst bald einen neuen Anlauf zu nehmen. Sie befinden sich zudem noch lange Zeit in einer kognitiven Suchhaltung, die auf eine Bestätigung des alten Selbstbildes ausgerichtet ist.

Die Automatisierung des neuen Erlebens und Verhaltens wird von TherapeutInnen oft nicht als notwendiges Zielkriterium berücksichtigt. Solange der Patient sich jedes Mal neu überwinden muss, das neue Verhalten zu zeigen, besteht die Gefahr, dass ihm ohne Rückendeckung der TherapeutIn die Entschlossenheit fehlt und die Kraft ausgeht, diese Überwindung aufzubringen. Lernprozesse sind aber erst abgeschlossen, wenn das Verhalten nicht mehr bewusst durch Selbstkontrolle erzeugt werden muss (Kanfer, 1977, 2000).

Die Generalisierung des neuen Erlebens und Verhaltens stellt nicht selten ein therapeutisches Problem dar. Denn ein im schonenden Milieu des Therapieraumes gekonntes Verhalten kann der Patient oft nicht auf seine raue Beziehungswirklichkeit übertragen. Oder ein im Kompetenztraining gelerntes Verhalten kann zwar auf den beruflichen, aber nicht auf den familiären Bereich transferiert werden. Der gewünschte Generalisierungsprozess bedarf deshalb oft besonderer Maßnahmen (Kanfer, 1977, 2000; Sulz, 2009b).

Das Selbstmanagement des Erlebens und Verhaltens ist Ergebnis der Übernahme der fremdgeleiteten Veränderungsinitiativen in die Selbstkontrolle und Selbststeuerung (Kanfer, 1977, 2000). Erst wenn nicht mehr der Therapeut Initiator und Kontrollinstanz ist, sondern der Patient selbst das Management übernommen hat, kann von einer Stabilität der erreichten neuen Handlungsweisen ausgegangen werden.

Die Bahnung weiterer Selbstentwicklung kann in der Therapie explizit eingeleitet werden, oft findet sie aber implizit statt. Der Patient befindet sich auf einem individuellen Niveau der Entwicklung seiner Emotionalität und seiner Beziehungsgestaltung. Von Therapeutenseite wäre oft eine Weiterentwicklung wünschenswert, da dann die Vulnerabilität für psychische bzw. psychosomatische Erkrankungen geringer wäre. Entwicklung ist aber ein zeitlich so langgestreckter Prozess, dass er nicht Inhalt von kürzeren Therapien sein kann. Deshalb kann oft nur ein Entwicklungsanreiz oder -anstoß gegeben werden (Sulz, 2012b, c; 2009b; Sulz & Theßen, 1999). Der Patient wird dem Entwicklungsverlauf allein überlassen. Wenn diese zu natürlichen Krisen führt (Erikson, 1993; Kegan, 1986), kann eine erneute Kontaktaufnahme mit der TherapeutIn erforderlich werden. Diese natürlichen Wachstumskrisen dürfen aber nicht mit Krisen verwechselt werden, die eine Pathologie der Person oder eine Pathogenität der Umwelt ausdrücken.

Der Abschied, das Beenden der Therapie wird von vielen kognitiv-behavioralen, systemischen und HypnotherapeutInnen relativ cool gehandhabt. Ein sachlich-freundlicher Abschied ist eben der Abschluss einer professionellen Arbeit, die Kooperierenden wenden sich nun neuen Projekten zu. Hier erhält der Patient eventuell erstmals eine Korrektur seiner Wahrnehmung der therapeutischen

Beziehung als einer sehr zentralen persönlichen Beziehung, die so positive Qualitäten wie kaum eine andere vorher aufwies. Der rasche tränenlose Abschied ist dann ein abruptes Ende einer Illusion, die zwar sehr viel Kraft für therapeutische Veränderungen gab, aber nun erst einmal allein verkraftet werden muss. Die Rückfälle nach Abschluss der Therapie sind zum guten Teil auf das Versäumnis der TherapeutIn zurückzuführen, die Beendigung der therapeutischen Beziehung emotional ausreichend zu bearbeiten (Sulz, 2012b, 2009b).

Die Zeit nach der Therapie gehört noch zur Therapie, deren Ergebnis sich erst nach einem oder zwei Jahren zeigt. Der Anspruch an eine wirksame Therapie besteht u.a. darin, dass die erreichten Veränderungen mindestens zwei Jahre anhalten. Am schwierigsten ist das erste halbe Jahr nach Beendigung der Therapie. Diese Zeit kann noch in der Therapie vorbereitet werden. Maßnahmen zur Rückfallprophylaxe sind fester Bestandteil in der Verhaltenstherapie (Kettl, 2002).

Die Zukunft des Patienten ist das, worauf die Therapie einwirken will. Sie intendiert, dass er nach dem Verschwinden seiner Symptome möglichst dauerhaft auf derartige Notfallmaßnahmen zur Bewältigung von Problemen nicht mehr angewiesen ist, dass er sein Leben in die Hand nimmt und eine befriedigende Lebens- und Beziehungsgestaltung erreichen kann (Sulz, 2012b; Becker, 1995). Das ist ein Ideal, das wir meist nicht erreichen können und auch nicht müssen. Aber einen vielleicht bescheidenen Beitrag leistet die Psychotherapie doch in Richtung dieses globalen Zieles.

Während manche Therapieformen ständig den Prozess im Auge haben und ihn sogar eigentlichen Inhalt machen wie Leslie Greenbergs EFT (Elliott et al., 2008) oder Rainer Sachses Klärungsorientierte Psychotherapie (Sachse & Sachse, 2016) taucht das Thema der Prozessschritte in der Verhaltenstherapie höchstens in der Supervision auf (Sulz, 2007a-c). Dabei ist die Verhaltenstherapie prädestiniert für diese Zwei-Ebenen-Betrachtung von Prozess und Inhalt, da die Prozessebene noch einmal das Wesen der Verhaltenstherapie verdeutlicht. TherapeutInnen sollten deshalb vor jeder Therapiesitzung einen Blick auf die Prozess-Pyramide von Abbildung 1.6.1 werfen und sich bewusst Ort und Richtung des Therapieverlaufs ins Bewusstsein holen.

II. KLÄRUNGSPHASE

2. Klärungsphase der Behandlung

VORBEREITUNG
Vor der Klärung kam die Vorbereitungsphase, die im vorausgehenden Kapitel beschrieben wurde:
1. Indikationsstellung in einem ersten diagnostischen Schritt
2. Eine Störungstheorie und eine Therapietheorie als Hintergrundwissen und -verständnis
3. Die Auswahl und Sammlung der individuellen Therapiethemen
4. Der Aufbau einer vertrauensvollen Beziehung zwischen Patient und TherapeutIn
5. Verfügbarkeit professioneller situationsgerechter Gesprächsführungen
6. Eine Strategie des Therapieprozesses, der wirksam Barriere um Barriere hinter sich bringen und zu dem gewünschten Ergebnis hinführen kann.

Je kürzer eine Therapie, umso gründlicher müssen diese vorbereitenden Schritte erfolgen bzw. diese Ressourcen verfügbar und anwendbar sein.

KLÄRUNG
Grawe (1998) empfahl, auch Verhaltenstherapien eine Klärungsphase voranzustellen, da nicht davon auszugehen ist, dass der Patient schon gleich zu Beginn zielorientiert sagen kann, welche Veränderungen er anstrebt. So ist auch die Zielfindung bei Kanfer et al. (2012) ein wichtiger erster Abschnitt der Behandlung. Erst wenn Patient und TherapeutIn tiefere Gründe des Problems und der Symptombildung und weitergehende komplexere Zusammenhänge verstanden haben, können sie ausreichend sicher sein, dass ihre Ziele in die richtige Richtung weisen und ihre Änderungsstrategien auch wirklich zielführend sind. Zur Klärung ist einiges nötig:

1. Diagnostische Maßnahmen
2. Anamnese der Lebens- und Krankheitsgeschichte
3. Zielanalyse und strategischer Aufbau der Therapie
4. Behandlungsplan
5. Schemaanalyse mit Erarbeitung der dysfunktionalen Überlebensregel
6. Achtsamkeit

Auch bezüglich der Klärung gilt, dass sie umso wichtiger ist, je kürzer die geplante Therapie sein soll.

Ein sehr wichtiges Ergebnis der Klärung ist die Akzeptanz: der Patient akzeptiert, dass er dieser Mensch geworden ist, dass er sein aktuelles Problem nur durch Symptombildung beantworten konnte. Nicht-Akzeptanz würde heißen: Das darf keinen Tag länger so bleiben, wie es ist. Das ist so unerträglich, dass sofort alles getan werden muss, um es hinter sich lassen zu können. In diesem Fall würden sich Änderungsbemühungen gegen das Gegenwärtige richten, dagegen ankämpfen und großen Widerstand hervorrufen. Stagnation und Rückfälle wären vorprogrammiert.
Akzeptanz ist dagegen eine stabile Brücke zwischen Klärungs- und Änderungsphase der Therapie. Sie gelingt umso mehr, je mehr der Patient Empathie und Mitgefühl für sich entstehen lassen konnte. Mitgefühl mit dem kleinen Jungen oder dem kleinen Mädchen, dem damals keine Chance gegeben wurde, sich seinen Begabungen gemäß zu entwickeln, seine ins Leben mitgebrachte Vitalität aktiv werden zu lassen. Mitgefühl mit dem Erwachsenen, der sich ohne ausreichende Unterstützung durchkämpfen musste, dies auch so tapfer tat, wie er es nur konnte. Und Vertrauen, dass er jetzt die therapeutische Beziehung nutzen kann, um sich seine Lebensenergie verfügbar zu machen und seine Beziehungen so gestalten kann, dass sie ihm Kraft geben.

2.1 Diagnostische Maßnahmen – die fünf diagnostischen Sitzungen und das Verhaltensdiagnostiksystem VDS*

2.1.1 DIE FÜNF DIAGNOSTISCHEN SITZUNGEN
Gehen wir von der heutigen klinischen Praxis aus, so gibt das Diagramm in Abbildung 2.1.1 wohl am ehesten den typischen verhaltensdiagnostischen Prozess wieder.

Im **Erstgespräch** wird die Therapeut-Patient-Beziehung hergestellt und dabei in einem möglichst unstrukturierten Setting dem Patienten die Möglichkeit gegeben, sich auf seine individuelle Weise als Mensch und mit seinen Beschwerden zu zeigen, in Kontakt und Beziehung zur TherapeutIn zu treten. Diese werden in den weiteren diagnostischen Maßnahmen geprüft, erweitert, abgewandelt und präzisiert. Welche weiteren diagnostischen Maßnahmen erforderlich sein werden, gilt es ökonomischerweise bereits am Ende des Erstgesprächs zu entscheiden:

a) Einholen von Vorbefunden (Klinikaufenthalte, psychiatrische oder andere fachärztliche Behandlungen, frühere Psychotherapien).
b) Notwendigkeit und Möglichkeit einer Fremdanamnese (Partner, Eltern, Kinder etc.).
c) Notwendigkeit und Möglichkeit einer im Lebensraum des Patienten von der TherapeutIn durchgeführten Verhaltensbeobachtung.
d) Anweisung des Patienten zur Selbstbeobachtung anhand eines quantifizierenden (z. B. Strichliste) oder durch qualitative Beschreibungen erfolgenden Selbstbeobachtungsprotokolls.

Eine erste hypothetische Fassung eines SORKC-Schemas auf Makroebene wird am Ende der Sitzung als Beginn der Verhaltensanalyse formuliert, z. B.

Situation: Pat. wird von seinem Chef nicht befördert
Organismus: großer Ehrgeiz bei sozialer Ängstlichkeit
Reaktion: Pat. protestiert nicht
Symptom: Depression
Konsequenz: Vermeidung von Streit.

In der **zweiten diagnostischen Sitzung** wird der klinische Befund erhoben, die Syndromdiagnose gestellt und sich für eine ICD-10-Diagnose entschieden. Diese dient einerseits dazu, der Krankenkasse zu belegen, dass eine Erkrankung in der Art und dem Ausmaß vorliegt, dass die beantragte Therapie in den Verantwortungsbereich der Kasse als Kostenträger fällt. Zum anderen wird mit dem Befund die deskriptive Diagnose belegt, die ebenso eine Bedingung für die Kostenübernahme durch die Kasse ist. Sie muss innerhalb des Indikationskatalogs für Verhaltenstherapie liegen. Auf die Befunderhebung (mit VDS90, VDS14, VDDS30 und VDS30-Int) wird nachfolgend genauer eingegangen.

Die **dritte diagnostische Sitzung** ist der Anamnese gewidmet. Es gilt in der Anamnese die individuelle Lerngeschichte, d. h. die Lebens- und Krankheitsgeschichte (VDS1-Anamnesefragebogen), die zur Entstehung der jetzigen Erkrankung führenden Ereignisse und die aufrechterhaltenden Bedingungen zu erfassen. Bei den früheren einfachen Verhaltenstherapietechniken, die lediglich die Mikroebene der konkreten Situation berücksichtigen, erschien eine aufwändige Anamnese nicht erforderlich. Auch heute noch steht dies zur Diskussion, wenn höchst effektive direkt symptombezogene Maßnahmen ohne Einbeziehung des psychosozialen Kontexts vorhanden sind und bei einem hohen Prozentsatz

* gekürzt aus Sulz, 2015a

der PatientInnen mit der betreffenden Störung ausreichen (Reizexpositionsverfahren bei Phobien). Da in die klinische Praxis in der Regel kaum Lehrbuchfälle kommen, müssen die meist sehr wirksamen Umweltbedingungen der globalen Lebenssituation und die Lerngeschichte miterfasst werden. Nach der ersten Anamnesesitzung, in der die harten Fakten erfragt wurden, ist meist schon der Störungsbereich eingegrenzt, so dass bei Störungen, die der TherapeutIn seltener behandelt, das Nachschlagen in umfassenden störungsspezifischen Monographien notwendig wird, um sich für die weitere Exploration zu rüsten, die zu einem individuellen Störungsmodell führen soll, das mit dem aktuellen Stand wissenschaftlicher Theorien über die Entstehung und Aufrechterhaltung der betreffenden Störung in Übereinstimmung gebracht werden kann. Ausgerüstet mit diesem Expertenwissen, der inzwischen

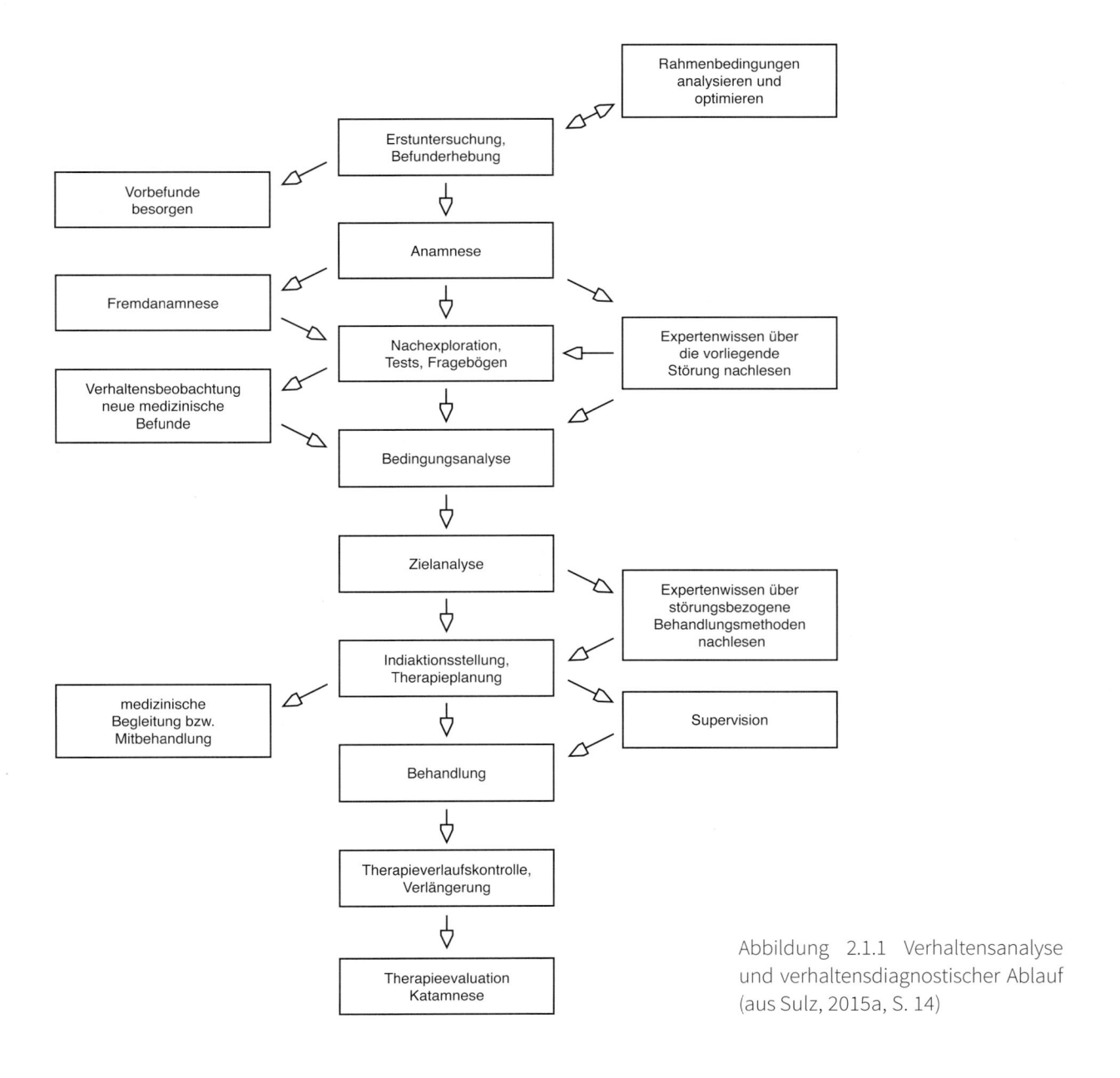

Abbildung 2.1.1 Verhaltensanalyse und verhaltensdiagnostischer Ablauf (aus Sulz, 2015a, S. 14)

erfolgten Fremdanamnese, den vorliegenden Verhaltensbeobachtungen und Selbstbeobachtungsprotokollen in der zweiten Anamnesesitzung (= dritte diagnostische Sitzung) wird die Nachexploration durchgeführt, die hypothesengeleitet ist und zunehmend auf den auslösenden Faktor und den aufrechterhaltenden Faktor (bzw. möglichst wenige dieser Faktoren) zu fokussiert.

In der **vierten diagnostischen Sitzung** werden im ersten Teil die Formulierung des SORKC-Schemas auf Makro- und Mikroebene abgeschlossen und zwischen Patient und TherapeutIn abgestimmt. Danach werden die Therapieziele des Patienten mit denjenigen der TherapeutIn verglichen und geprüft, ob sie soweit zur Deckung gebracht werden können, dass ein Zusammenarbeiten sinnvoll und erfolgversprechend erscheint.

In der **fünften diagnostischen Sitzung** erfolgt die Vorstellung des Behandlungsplans und Schließen des Therapievertrags – unter Einbeziehung der geplanten Vorgehensweisen zur Verlaufs- und Erfolgskontrolle (z. B. wiederholte Videoaufnahmen von Verhaltensproben). Der Zeitpunkt des Therapiebeginns wird festgelegt (z. B. in zwei Wochen). Alle notwendigen diagnostischen Schritte und deren Abfolge sind in Abb. 2.1.1 dargestellt.

2.1.2 DAS VERHALTENSDIAGNOSTIKSYSTEM ALS INSTRUMENT DER HORIZONTALEN UND VERTIKALEN VERHALTENSANALYSE, MAKROANALYSE UND FUNKTIONSANALYSE

Die aus der empirischen Forschung und der Verhaltenstheorie und -therapie resultierenden Kernvariablen nähern sich an. Sie entsprechen den Erkenntnissen der Hirnforschung über die Arbeitsweise des Gehirns.
Das motivationale System: Epsteins (2003) Theorie enthält das Postulat von vier Grundbedürfnissen, während Sulz und Müller (2000) sechs Bedürfnisfaktoren extrahierten (Homöostase, Bindung, Orientierung, Selbstwert, Autonomie/Autarkie, Identität).

Das kognitive System: Der Mensch entwickelt eine persönliche Theorie der Realität, die sich u. a. aus intentionalen Postulaten zusammensetzt, die ihm vorgeben, was er tun und was er unterlassen muss, um diese Bedürfnisse zu befriedigen. Sie entspricht den persönlichen Konstrukten Kellys (1955), den Überlebensregeln (Sulz, 2011a) und den kognitiven und motivationalen Schemata (Grawe, 1998). Diesen vorbewussten Teil der Psyche nennt er das experiential system im Gegensatz zum bewussten rationalen System. Diese Einteilung entspricht der Unterscheidung von autonomer und willkürlicher Psyche von Sulz (2012b) und der Einteilung Grawes (1998) in implizit und explizit.

Das Verhaltensdiagnostiksystem (Sulz, 2008a, 2015a) erfasst die für die Therapieplanung wichtigen Parameter des psychischen Systems:

Motivationsanalyse (Bedürfnis – Verstärkung, Angst – Vermeidung, Aggression – Angriff), Kognitionsanalyse, Emotionsanalyse, Entwicklungsanalyse, Persönlichkeitsanalyse, Wertanalyse, Konfliktanalyse, Ressourcenanalyse, Situationsanalyse und schließlich die SORKC-Analyse und zeitlich allem vorgeordnet die Symptomanalyse mit Achse I- und II-Diagnostik. Dies ergibt ein umfassendes Diagnosesystem, das sowohl in Papier-und-Bleistift-Form als auch als EDV-Version vorliegt, bei der der Patient seine Angaben direkt am Monitor eingeben kann. Ergänzt durch neuropsychologische, psychophysiologische und neurobiologische Messungen erfolgt eine Informationssammlung und -auswertung, die eine qualifizierte Therapieplanung ermöglicht (Sulz, 2011a).

VDS14 Die **Symptomanalyse** besteht aus der strukturierten Befunderhebung (Sulz, 2008a, Sulz et al. 2002), die zur Syndromdiagnose führt, die in der Therapieplanung eher handlungsleitend ist als die ICD-10-Diagnose. Durch einen hinzugefügten Leitfaden kann der Schritt von der Syndromdiagnose zur ICD-10-Diagnose schnell und reliabel beschritten werden – zeitökonomischer als SKID.

VDS21 Im Mittelpunkt steht die **SORKC-Analyse**. Sowohl der symptomauslösende Aspekt der Lebenssituation, die Reaktionen auf diese, als auch die symptomaufrechterhaltenden Bedingungen lassen sich mit dem Leitfaden zur Verhaltensanalyse (Sulz, 2008a, 2009c) herausschälen. Dabei wird die typische Reaktionskette auf einen Auslöser hin analysiert: primäre Emotion, primärer Handlungsimpuls, Antizipation negativer Folgen, sekundäres, gegensteuerndes Gefühl, vermeidendes Verhalten, Symptombildung.

VDS22 Zur Vervollständigung können wir eine biographische Anamnese (Sulz, 2008a, 2009c) und eine **Fremdanamnese** (Sulz, 2008a, 2009c) wichtiger Bezugspersonen erheben, die die Subjektivität der Schilderungen des Patienten relativieren hilft.

VDS23 Auch die **Situationsanalyse** (Sulz, 2008a, 2009c) als Erfassung schwieriger und wichtiger Situationen vervollständigt unsere Sicht durch externe Fakten. Welche schwierigen Situationen kommen im Leben und in den Beziehungen des Patienten häufig vor? Welche sind nur schwer zu bewältigen? Welches Problem bringt die Umwelt auf den Patienten zu? Aus welchen Situationen macht er ein Problem?

VDS24 Frustrierendes Elternverhalten in der Kindheit ist eine systematische Analyse pathogener Bedingungen in der Familie. Es hilft, aus der Vielfalt der biographischen Informationen gezielt die wichtigsten Bedingungsfaktoren zu extrahieren. Dabei geht es darum, welcher Elternteil wie sehr welche Bedürfnisse frustriert hat.

VDS26 Die **Ressourcen** eines Menschen sind gerade dann wichtig, wenn es Probleme zu lösen oder gar Krankheiten zu behandeln gilt (Grawe, 1998). Die Ressourcen eines Menschen als latentes und manifestes Repertoire an Eigenschaften und Fähigkeiten, an Möglichkeiten des Schöpfens aus materiellen und immateriellen Reserven, um Lebensqualität herzustellen und zu sichern, sind die Habenseite, die seine Lebenstüchtigkeit ausmachen. Eine systematische Ressourcenanalyse beleuchtet die vorhandenen Ressourcenquellen (Sulz, 2008a, 2009c).

VDS27 Die **zentralen Bedürfnisse** (Belohnungs- und Verstärkungssystem) eines Menschen (Sulz 2008a, 2001; Sulz & Tins, 2000; Sulz & Müller, 2000) steuern sein Beziehungsverhalten. Er versucht, diese Bedürfnisse bzw. eines dieser Bedürfnisse in seinen wichtigen Beziehungen zu befriedigen. Ein großer Teil seiner Transaktionen dient der Befriedigung seiner zentralen Selbst- bzw. Beziehungsbedürfnisse, z. B. Geborgenheit, Sicherheit, Zuneigung, Wertschätzung. PatientInnen können sehr gut zwischen den einundzwanzig im VDS27 vorgegebenen Bedürfnissen differenzieren.

VDS28 Zentrale Ängste und Vermeidungstendenzen sind der dritte motivationale Bereich. Hier geht es um das in der Hirnforschung beschriebene Bestrafungssystem. Auf die Frage „Was wäre bezüglich Ihrer Beziehung zu der Ihnen wichtigen Bezugsperson das Schlimmste, was Ihnen passieren könnte?", oder „Was fürchten Sie am meisten in dieser Beziehung?", gibt es einige wenige typische Antworten, die sich als Antwortkategorien eines Fragebogens eignen, der die zentrale Angst erfasst (Sulz, 2008a, 2001; Sulz & Müller, 2000).

VDS29 Zentrale Aggressionstendenzen lassen sich ebenso gut explorieren. Bittet man Menschen, sich vorzustellen, dass sie die größtmögliche, berechtigte Wut auf eine wichtige Bezugsperson haben, so wiederholen sich einige Wuttendenzen so häufig, dass man sie in einem Fragebogen als Antwortkategorien anbieten kann (Sulz, 2008a, 2001; Sulz & Müller, 2000). Wenn wir wissen, welche Handlungstendenz ein Patient im Falle großer Wut in Schach halten und unterdrücken muss, werden einige Verhaltensweisen verständlich, die weder durch den Versuch der Bedürfnisbefriedigung noch der Angstvermeidung erklärbar sind.

VDS30 Im klinischen Kontext erfolgt die **Persönlichkeitsanalyse** nach den ICD-10-Kriterien. Die von Sulz (2008a, 2009c) vorgeschlagenen Selbstbeurteilungsskalen haben stabile statistische Eigenschaften (Gräff, 1998, Sulz, Gräff-Rudolph & Jakob, 1998; Sulz & Theßen, 1999; Sulz & Müller, 2000; Sulz & Sauer, 2002, Sulz, S., Beste E. et al. 2009) und erfassen die für die Psychotherapie häufigsten Dysfunktionalitäten. Inzwischen liegen sie in einer auf elf Skalen erweiterten Form vor: selbstunsicher, dependent, zwanghaft, passiv-aggressiv, histrionisch, schizoid, narzisstisch, emotional instabil, paranoid, schizotyp, dissozial. Ein standardisiertes Interview zur Nachexploration ermöglicht die Diagnose einer Persönlichkeitsstörung analog SKID II (VDS 30-Int).

VDS31 Die affektiv-kognitive **Entwicklungsanalyse** lässt sich z. B. mit den VDS-Entwicklungsskalen durchführen (Sulz, 2008a, 2011a; Sulz & Theßen, 1999). Diese enthalten eine auf Piaget (Piaget & Inhelder, 1980) und Kegan (1986) zurückgehende Stufeneinteilung und bringen in vielen Fällen eine weitere Perspektive in die Fall- und Therapiekonzeption. Mit einer Selbstbeurteilungsskala können sechs Stufen des emotionalen und Beziehungsentwicklungsstandes erfasst werden.

VDS32 Da **Emotionen** wesentlich die Bedeutungsgebung in sozialen Beziehungen determinieren und auch die primären Motivatoren sozialen Handelns sind, gibt ihre Erfassung Aufschluss sowohl über die emotionale Selbstregulation als auch über die Beziehungsregulation. Es ergibt sich eine Liste von 43 Gefühlen, die in die vier Gruppen Freude, Trauer, Angst und Wut eingeteilt werden können (Sulz, 2008a; Sulz & Sulz, 2005).

VDS33 Die **Werte**, die ein Mensch internalisiert hat, haben nichts mit den Geboten und Verboten der Überlebensregel zu tun. Eigene empirische Studien führten zu Wertefaktoren, die die Grundlage für einen Wertefragebogen waren (Sulz, 2008a, 2011a), der sieben Faktoren umfasst.

VDS35 Die **Kognitionsanalyse** führt u. a. zu einer impliziten Überlebensregel (Sulz, 2011a). Sie kann folgenden Satzbau haben: Nur wenn ich immer ... (z. B. mich schüchtern zurückhalte) und wenn ich niemals ... (z. B. vorlaut und frech bin) bewahre ich mir ... (z. B. die Zuneigung der mir wichtigen Menschen) und verhindere ... (z. B. deren Unmut und Ablehnung). Der Name Überlebensregel weist darauf hin, dass die Psyche einen Verstoss gegen diese Regel für nicht verträglich mit dem emotionalen Überleben in wichtigen Beziehungen hält (Sulz, 2008a, 2011a).

VDS37 Eine systematische **Konfliktanalyse** (Sulz, 2008a, 2011a) kann die Zahl, Art und Bedeutung von Konflikten für die Symptomentstehung und -aufrechterhaltung klären helfen, z. B. Versorgung versus Autarkie (Geborgenheit versus selbst machen und können), Abhängigkeit versus Autonomie (Schutz versus Selbstbestimmung), Impuls versus Steuerung (Bedürfnisbefriedigung versus Kontrolle), Hingabe versus Identität (Beziehung versus Selbsterhalt). Hierzu wurde kein Fragebogen in die Mappe aufgenommen. Der Bogen ist jedoch einzeln erhältlich.

VDS90 Symptomliste. Es werden alle wichtigen psychischen und psychosomatischen Symptome erfasst, so dass sehr schnell in der nachfolgenden persönlichen Befunderhebung (z. B. mit dem VDS14) erfasst werden kann, welches Syndrom vorliegt und welche Comorbiditäten existieren. Bereits eine in weniger als einer Minute erfolgendes Sichten der Antworten des Patienten lässt die wichtigsten Symptombereiche in den Fokus treten. Die systematische Auswertung erfolgt ebenfalls einfach und sicher. Es liegen Referenzwerte sowie Auswertungshilfen mit Excel-Sheets vor. Sie ist für die Versorgungspraxis besser geeignet als die SCL-R, die für die Wissenschaft entwickelt wurde.

In der Praxisroutine wird man nur eine Auswahl von Fragebögen verwenden. Als Kern haben sich bewährt: VDS14, VDS21, VDS27-VDS30, VDS32 und VDS90.

2.1.3 INDIKATIONSSTELLUNG

Auch wenn ein Patient zur Verhaltenstherapie von einer Ambulanz oder Klinik zu Ihnen geschickt wurde, müssen Sie selbst noch einmal die Indikation für Ihr Therapieverfahren prüfen.

Wenn es Leitlinien der AWMF (**Arbeitsgemeinschaft der Wissenschaftlichen Medizinischen**

Fachgesellschaften – *www.awmf.org*) für die Erkrankung des Patienten gibt, dann können Sie sich auf diese berufen.

Dort finden Sie Angaben, ob Verhaltenstherapie indiziert ist, ob sie sogar als Therapie der Wahl gilt und auch nicht selten, welche verhaltenstherapeutischen Interventionsmethoden empfohlen werden (z. B. Aktivitätenaufbau oder Training sozialer Kompetenz oder Expositionsverfahren).

Wenn Psychotherapie indiziert ist, ist Verhaltenstherapie immer einbezogen. Es gibt keine Leitlinie, die Verhaltenstherapie als Psychotherapieverfahren bei einer psychischen oder psychosomatischen Erkrankung ausschließt.

Sie können folgende Fragen stellen:
- Besteht überhaupt Therapiebedarf – sind also die Symptome so krankheitswertig, dass sie ohne Behandlung nicht verschwinden?
- Differentielle Indikation
  - welche Therapie ist indiziert? (eher Verhaltenstherapie oder eher tiefenpsychologische Psychotherapie oder klientenzentrierte Gesprächstherapie oder systemische Therapie)
  - welche Schwerpunktsetzung muss die Behandlung haben?
  - welches Therapiesetting? (Einzel-, Gruppen-, Paar-, Familiensetting)
  - welcher Therapeut ist notwendig – z. B. Mann oder Frau, jung oder alt, konfrontierend oder gewährend?

Es zeigte sich oft, dass diese Anfangsüberlegungen bei vielen PatientInnen nicht sehr ausschlaggebend waren, aber in einigen wenigen Fällen können sie das Therapieergebnis stark beeinflussen (z. B. nach sexuellem Missbrauch).

Es sind jedoch weitere Fragen zur Indikation erforderlich, um Art und Umfang der notwendigen Maßnahmen zu erfassen:
- Liegt neben der psychischen eine somatische Erkrankung vor, die parallel eine Behandlung durch einen Fach- oder Hausarzt erfordert?
- Ist bei einer psychosomatischen Erkrankung ein Organ bzw. körperliches System somatisch behandlungsbedürftig?
- Ist bei einer psychischen Erkrankung eine psychopharmakologische Therapie notwendig?
- Sind eventuell Rehabilitationsmaßnahmen statt einer Akutbehandlung indiziert?

2.1.4 PROGNOSE

Epidemiologische Untersuchungen und Therapiestudien geben für viele psychische und psychosomatische Störungen spontane und therapiebedingte Heilungsraten sowie die diese beeinflussenden Faktoren an. In einer Falldokumentation sollte die Prognosestellung diesen wissenschaftlichen Erkenntnissen Rechnung tragen und sie in die Abwägungen und Einschätzungen eingehen lassen. Ein diese realen Fakten ignorierender Optimismus der TherapeutIn kann nicht lange aufrechterhalten werden und führt dann eher zu einer Stagnation oder sogar zu einer Krise des Therapieprozesses. Dagegen wirkt ein die realen Grenzen wahrnehmender und berücksichtigender Optimismus für TherapeutIn und PatientIn motivierend.

Grawe et al. (1995) zeigen mit ihren Metaanalysen von Wirksamkeitsstudien in der Psychotherapie, dass die Verhaltenstherapie empirisch gesicherte Wirkung bei einer großen Zahl psychischer Störungen hat. Allerdings sind die Erfolgsraten nur bedingt auf die Alltagspraxis in der Kassenversorgung übertragbar. In der Regel muss davon ausgegangen werden, dass entweder die Erfolgsrate geringer ist, weil nicht die starke Patientenselektion stattfindet, wie sie in den wissenschaftlichen Studien stattfindet. Oder die Therapien dauern erheblich länger als in den Studien.

Ob Stichprobenergebnisse auf den Einzelfall übertragen werden können, wird in der Testtheorie untersucht. Wir müssen davon ausgehen, dass die aus einer Stichprobe hervorgehenden Wahrscheinlichkeiten der Heilung nicht auf den Einzelfall übertragbar sind. Sie gelten nur für den Stichprobendurchschnitt, aber nicht für den Einzelfall.

Trotzdem können wir davon ausgehen, dass wir im Einzelfall nicht von deutlich höheren Erfolgswahrscheinlichkeiten ausgehen können, als die empirischen Studien nahelegen. Dies bedeutet, dass wir bei den meisten Störungen mit 30 % unzureichender Besserung rechnen müssen, und bei einigen Störungen wird höchsten bei der Hälfte der PatientInnen mit einer deutlichen Besserung zu rechnen sein.

In diesem Lichte erscheinen Aussagen wie „Die Prognose ist sehr gut" in den meisten Fällen als unrealistisch. Und eine gute Prognose bedarf des Vorhandenseins von eindeutigen prognostisch günstigen Faktoren bzw. des Fehlens ungünstiger Faktoren.

Zwei Patienten können exakt das gleiche Krankheitsbild mit dem gleichen Schweregrad entwickeln. Die gleiche Therapie wird bei dem einen völlige dauerhafte Remission der Symptomatik bewirken und beim anderen nur eine gewisse Linderung. Das kann im Rahmen der Qualitätssicherung als professionelles Versagen der TherapeutIn interpretiert werden. Die therapeutische Aufgabe ist gleich groß. Wer weniger erreicht, arbeitet weniger qualifiziert. Deshalb ergibt sich die Frage der Vergleichbarkeit der beiden Patienten (Lutz et al., 2004a, b). Genaue Anamnese und Exploration wird ergeben, dass bei dem einen Patienten keine prognostisch ungünstigen Faktoren vorliegen, während beim anderen eine Fülle von erschwerenden Bedingungen gefunden werden. Eine TherapeutIn, die diese fallspezifischen belastenden Faktoren in der Vorgeschichte des Patienten nicht erfasst, ist einerseits leichtsinnig, denn sie wird die Prognose der Therapie falsch einschätzen. Andererseits wird sie nicht in der Lage sein, zu begründen, warum diese Therapie unteroptimal verlief. Eine eventuelle Kritik wird er deshalb nicht entkräften können.

Die hier aufgezählten belastenden Faktoren sind nicht die typischen Variablen der Life event-Forschung, die sich auf das Erwachsenenalter beschränkt, sondern überwiegend Belastungen, die in Kindheit und Jugend stattfinden. Zusätzlich werden Lebensbedingungen festgehalten, die eine Gesundung erheblich erschweren. Es wird also nicht gefragt, was zur Erkrankung beigetragen haben könnte, sondern welche erschwerenden Bedingungen vorliegen, die eine ungünstige Prognose erwarten lassen.

2.2 Anamnese der Lebens- und Krankheitsgeschichte

Je kürzer die Therapie, umso wichtiger ist die Kenntnis der Biographie des Patienten. Für die Verhaltenstherapie ist es erst seit der Einbeziehung kognitiver Faktoren üblich, die lebenslange Lerngeschichte des Patienten zu berücksichtigen, obwohl die Bedeutung kindlicher Lernprozesse unter anderem von Bandura (1977) schon sehr früh dargestellt worden ist (vergl. Zarbock, 2008). Das ursprüngliche Paradigma experimenteller Fundierung verhaltenstherapeutischen Vorgehens blendete differentialpsychologische Aspekte aus, sich auf die Wirkung der statistischen Durchschnittsbildung verlassend. Dass dies zwar bei wissenschaftlichen Gruppenuntersuchungen sinnvoll ist, aber bei der Behandlung des Einzelfalls eine inadäquate Vereinfachung darstellt, wurde früher von wissenschaftlichen Protagonisten der Verhaltenstherapie zum Teil negiert, wird aber heute allgemein anerkannt und muss von der praktisch tätigen VerhaltenstherapeutIn regelmäßig in Erfahrung gebracht werden. Im Sinne einer „differentiellen Verhaltenspsychologie" ist der Kliniker gezwungen, die besonderen Gegebenheiten durch Berücksichtigung der individuellen Lerngeschichte mit großer Aufmerksamkeit zu betrachten (Kelley et al., 2011).

Ein Mensch mit seiner individuellen Lerngeschichte ist demnach nicht mehr die unbeschriebene Black Box oder Organismusvariable O, sondern Person, Persönlichkeit, Individuum mit vielfältigen Besonder- und Eigenheiten und muss sowohl im Längsschnitt seiner Lebensgeschichte als auch im Querschnitt seines Eingebundenseins in den psychosozialen Kontext seiner Lebenssituation gesehen werden. Die heutige Verhaltenstherapeutin beschränkt sich demnach nicht mehr auf die „Phobie" oder den „Zwang", wie man den Chirurgen nachsagt, statt den Menschen nur die „Galle" oder den „Blinddarm" wahrzunehmen. Vielmehr ist die Therapie die Begegnung mit dem ganzen Menschen in seinen funktionalen Bezügen, seinem daraus resultierenden Erleben und Handeln. Die Kunst des Klinikers besteht dann darin, nicht von vorneherein in seiner Wahrnehmung selektiv alles unmittelbar zum Symptom und seiner Genese Gehörende auszuklammern, sondern hypothesengeleitet von der Gesamtsicht des Menschen rasch und zielgerichtet zu einer Verminderung der Informationskomplexität bis hin zu einfachen heuristischen Modellen zu gelangen, die zu effektivem therapeutischem Handeln führen. Der Anfänger verfällt meist in zwei Fehler: Entweder flieht er zu schnell aus Angst, sich in der Komplexität der Informationen zu verlieren, zu verkürzten Störungsmodellen (z. B. das Ausmaß eines allgemeinen Stresses als plausibel genug empfindend, eine spezifische Störung zu entwickeln), oder er erliegt der Vielfalt der Informationen und kann sie nicht zu prägnanten Modellen komprimieren. Diesen Nöten kann ein Anamneseschema abhelfen, das entweder als Kombination von Patientenfragebogen (Kurzanamnese) und Nachexplorations-Interview-Leitfaden (VDS1) oder als kompletter Gesamtanamnese-Interview-Leitfaden VDS4 verwendet werden kann. Gräff (1998) und Schönwald (2015) haben umfangreiche Studien zum VDS1 vorgelegt, die zeigen, wie wichtig die Erfassung des individuellen biographischen Schicksals eines Patienten ist.

Schönwald (2015) hat die Lebens- und Krankheitsgeschichte von 100 ambulanten Psychotherapiepatienten mit dem VDS1-Fragebogen und dem VDS4-Interview erhoben.

Sie fasst zusammen:
„Die qualitative Auswertung ergab über alle Kategorien hinweg ein hohes Ausmaß an Belastungen in der Kindheit der Patienten. Diese beziehen sich insbesondere auf folgende entwicklungspsychologische Variablen: Befriedigung und Frustration zentraler Bedürfnisse durch die primären Bezugspersonen, zentrale Angst- und Wutformen, Entwicklungsniveau, Eltern-Kind-Beziehung, Qualität der Beziehung der Eltern untereinander, Ausmaß an psychischer und sozialer Belastung der Eltern, Beziehungsqualität zu Geschwistern, Interaktionserfahrungen mit Erwachsenen und Gleichaltrigen in der Kindheit, elterlicher Ausdruck von Gefühlen, Art der Gefühle und Umgang der Patienten mit Gefühlen in der Kindheit, elterliche Reaktion auf die Gefühle des Kindes, Umgang der Eltern mit Leistungserwartungen, belastende Lebensereignisse. Die Patienten der vorliegenden Stichprobe weisen bezüglich aller genannten Faktoren ein deutlich erhöhtes Ausmaß an Belastungen auf, die als Hinweise für das Vorliegen eines unsicheren Bindungsstils gelten und darüber die Entstehung psychischer Störungen determinieren. Die Häufigkeitsverteilung bezüglich der Angaben über Belastungen zu den einzelnen Variablen liegt zwischen 70 und 100 Prozent. Es liegen eindeutige Hinweise auf Erfahrungen von körperlichem und emotionalem Missbrauch in der Kindheit der Patienten vor, wie psychische und physische Vernachlässigung, körperliche und sexuelle Gewalt. Die Patienten beschreiben mit einer Häufigkeit von nahezu 100 Prozent gravierende aktuelle Beeinträchtigungen hinsichtlich Emotionsregulation, der Gestaltung interpersoneller Beziehungen und im Leistungsbereich.

Es ist daher davon auszugehen, dass ein Zusammenhang zwischen Art und Ausmaß sowie subjektivem Erleben dieser Belastungen und der Entwicklung der jeweiligen psychischen Erkrankung bei den Patienten der vorliegenden Stichprobe besteht." (Schönwald 2015, Seite IV)

Sehr aufschlussreich ist es, die frustrierenden Verhaltensweisen der Eltern systematisch zu erfassen. Dazu wird eine Imagination eingeleitet, die zurück in das Vorschulalter führt und in der Vater und Mutter visualisiert werden, wie sie damals waren. Danach wird mit dem VDS24-Frustrierendes-Elternverhalten-Fragebogen bezüglich sieben Zugehörigkeitsbedürfnissen und sieben Selbst- oder Autonomiebedürfnissen erfragt, wie groß die diesbezügliche Frustration war und von wem sie ausging (Vater, Mutter oder beide).

2.3 Verhaltens- und Bedingungsanalyse – Funktionales Bedingungsmodell und Fallkonzepton *

VORBEMERKUNG

Der neue Leitfaden für die Fallkonzeption im Rahmen der Richtlinien-Verhaltenstherapie nennt folgende Aspekte: „Verhaltensanalyse, prädisponierende, auslösende und aufrechterhaltende Bedingungen und kurze Beschreibung des übergeordneten Störungsmodells (Makroanalyse)."

Es besteht keine einheitliche Verwendung der Begriffe Verhaltens-, Bedingungs- und Funktionsanalyse (Fisher et al., 2011; Madden, 2013; Kahng et al., 2011). Hier soll Verhaltensanalyse für die Diagnostik auf der Mikroebene (konkretes Verhalten in konkreten Situationen), z.B. Auftreten von Panikattacken im U-Bahnhof, verwendet werden. Bei der Bedingungsanalyse betrachten wir die Makroebene, d. h. das störende Verhalten bzw. Symptom, ausgelöst in einer problematischen Lebenssituation (Entwicklung einer Depression nach Partnerverlust). Funktionsanalyse ist in unseren Betrachtungen die Untersuchung der Zweckgerichtetheit eines Symptoms bzw. eines gestörten Verhaltens, z. B. ein Angsyndrom verhindert den gefürchteten Weg in die Eigenständigkeit (Betz & Fisher, 2011).

2.3.1 DAS SORKC-SCHEMA DER VERHALTENS- UND BEDINGUNGSNANALYSE

Der VDS21-Leitfaden ist eigentlich ein verhaltensdiagnostisches Interview als Hilfestellung beim Erarbeiten der Verhaltens- und Bedingungsanalyse, wie sie zur Planung einer Verhaltenstherapie in der Praxis als Kurzzeit-Fallkonzeption benötigt wird. Zuvor sollte die Anamnese mit dem Anamnesefragebogen VDS1 erhoben werden (der Patient setzt sich 5 Abende lang für eine Stunde hin und beantwortet die Fragen zu seiner Lebens- und Krankheitsgeschichte). Danach das VDS21-Interview in der Therapiestunde gemeinsam mit dem Patienten bearbeitet werden. Nachdem wir alle wichtigen Informationen in Erinnerung gerufen und gesammelt haben, müssen wir sie so ordnen, dass wir Zusammenhänge erkennen können, die auf die Ursachen, die Auslöser und die aufrechterhaltenden Bedingungen schließen lassen. Wir beschreiben auf Makroebene die auslösende Situation S, danach den Menschen, die Person, die in der Verhaltenstherapie meist noch als Organismusvariable O kodiert wird, danach die Reaktion in der problematischen Situarion R. Diese kann so differenziert werden: zuerst das Verhalten, mit dem das Problem hätte gelöst werden wollen bzw. sollen, das aber nicht wirksam war. Und danach die Reaktion des Symptoms, das auf seine Weise wirksam war. Es führte zu der Konsequenz C (engl. Consequence), die zwar keine Lösung des Problems war, aber subjektiv schlimmere Folgen verhinderte:

S: a) pathogene Lebens- und Beziehungsgestaltung des Patienten in den letzten beiden Jahren
b) der mit hoher Wahrscheinlichkeit auslösende problematische Aspekt der aktuellen Lebenssituation

O: Die Person, die aufgrund ihrer Lerngeschichte eine spezifische Disposition und Vulnerabilität in dem Sinne entwickelt hat, dass sie bei spezifischen problematischen Situationen keine normalpsychologischen Bewältigungs-

* verändert und gekürzt aus Sulz, 2015a, S. 118 ff

mechanismen zur Meisterung der Situation anwenden kann, sondern lediglich die Symptombildung als Bestandteil einer insgesamt inadäquaten Lösungsstrategie zur Verfügung hat. Eine gute Zusammenfassung ist die dysfunktionale Überlebensregel.

R: Diejenigen Verhaltensweisen, die als Bewältigungsversuche in der unlösbaren problematischen Lebenssituation auftreten, das sind meist emotionale Reaktionen, kognitive Problemlösungsversuche und soziale Verhaltensweisen sowie die Symptome im engeren Sinne (Panikattacken, Migräne, Depression etc.), die nach dem Scheitern der unter (a) genannten Reaktionen entstehen.

K*: (kontingente Verknüpfung)

C: Die Auswirkungen der symptomatischen Reaktionen R auf die Umwelt, sowie die Reaktionen der Umwelt, die das Symptom verstärken oder aufrechterhalten, meist als negative Verstärkung in dem Sinne, dass durch das Symptom etwas sehr Bedrohliches vermieden wird.

Beispiel:

S = sehr unbefriedigende Partnerschaft
O = selbstunsichere Person mit der Überlebensregel „Wenn ich mich wehre, werde ich verlassen, und dann bin ich verloren"
R = gelernte Hilflosigkeit, später Depression K* (kontingente Verknüpfung von R und C)
C = lebensnotwendig erscheinende Beziehung bzw. Partnerschaft wird geschont und bewahrt.

2.3.2 BEDINGUNGSANALYSE (DER MENSCH BZW. DIE PERSON)

Welche intrapsychischen Parameter und Prozesse zur Person-Variable (Organismus O) gehören können, zeigt Abbildung 2.3.1. Je nach dem Stand der wissenschaftlichen Erkenntnisse treten neue Variablen in den Vordergrund, wenn die Forschung ergeben hat, dass diese einen größeren Stellenwert bei der Erklärung der Entstehung und Aufrechterhaltung von psychischen oder psychosomatischen Störungen haben. So hatten Sulz (1994, 2012b) und Grawe (1998) einige Variablen benannt und deren Bedeutung aufgrund empirischer Forschungsergebnisse aufgezeigt, die bis dahin wenig berücksichtigt wurden. Dies sind die kognitiven und emotionalen Schemata, die Verhalten determinieren. Aber auch das psychoanalytische Konzept des Wiederholungszwangs und der Gegenübertragung erscheinen als vorhersagbare Beziehungstests des Patienten in der Therapiesitzung zu bedeutsamen Determinanten zu werden. Die von Grawe genannten Personvariablen stimmen zu einem großen Teil mit den von Sulz (1994) formulierten Variablen überein, die zudem aufwendiger empirischer Forschung entstammen (Sulz et al., 1998; Sulz & Theßen, 1999; Sulz & Tins, 2000; Sulz & Sauer, 2003; Sulz & Becker, 2008; Sulz & Maßun, 2008; Sulz & Maier, 2009; Sulz et al., 2009; Sulz & Schmalhofer, 2010; Sulz et al., 2011a-f). Ein Kind hat eine angeborene Disposition. Es tritt in Wechselwirkung mit seiner sozialen Umwelt, die wesentlich durch seine Eltern geprägt ist. Die Eltern zeigen befriedigendes (verstärkendes) oder frustrierendes Elternverhalten, das lernpsychologisch als Bestrafung (kontingent oder nicht kontingent) aufgefasst werden kann.

Mangel an Befriedigung zentraler Bedürfnisse führt dazu, dass diese als besonders wichtig „erinnert" werden. Es bleibt eine aktive Suchhaltung im Hintergrund vorhanden, die möglichst keine Gelegenheit auslässt, etwas zu tun, was hilft, diese zentralen Bedürfnisse zu befriedigen. Der Erfolg dieser instrumentellen Verhaltensweisen führt zu deren Verstärkung. Die Bedürfnisbefriedigung selbst ist der zentrale Verstärker. Jeder Mensch hat sein Profil von zentralen und weniger zentralen Verstärkern, das sich durch seine Lerngeschichte herausgebildet hat. Zur Beschreibung eines Menschen gehört also, sein Profil von besonders wirksamen Verstärkern herauszustellen. In einer allgemeinen Sprache wird statt von Verstärkern von Bedürfnissen gesprochen.

Allerdings bleibt der Mensch im Laufe der Entwicklung nicht ausschließlich bedürfnisorientiert. Als zentrale Motive gesellen sich die Werte hinzu. Das individuelle Profil zentraler Werte ist die Wertorientierung eines Menschen. Erfüllung von

---

*kontingent (K) bedeutet, dass die Konsequenz C nur dann auftritt, wenn R vorausging

Werten wird ebenso verstärkend wie die Befriedigung von Bedürfnissen. Werte werden ebenfalls zu zentralen Verstärkern. Es lohnt sich, darauf zu achten, in welchem Ausmaß ein Mensch bedürfnisorientiert bleibt und und in welchem Ausmaß er wertorientiert wird. Oder in welchem Umfang ein Mensch sich noch seine Bedürfnisorientierung bewahren kann.

Der primäre Reflex auf Frustration ist Wut. Diese kann bei großen und protrahierten Frustrationen sehr große Ausmaße annehmen. So große Ausmaße, dass sie sozial unverträglich werden. Deshalb benötigt der Mensch ein zuverlässiges Repertoire an Verhaltensweisen, die ihm helfen, auf prosoziale Art mit seiner Wut umzugehen. Er lernt, seine Impulse zu steuern. Aber wenn die zentrale Wut trotzdem sehr groß ist, dann kann es notwendig sein, weitere Bewältigungsstrategien einzusetzen, um diese Wut unschädlich zu machen. Diese verfestigen sich in Persönlichkeitszügen, die später im Erwachsenenalter zum Teil dysfunktional werden.

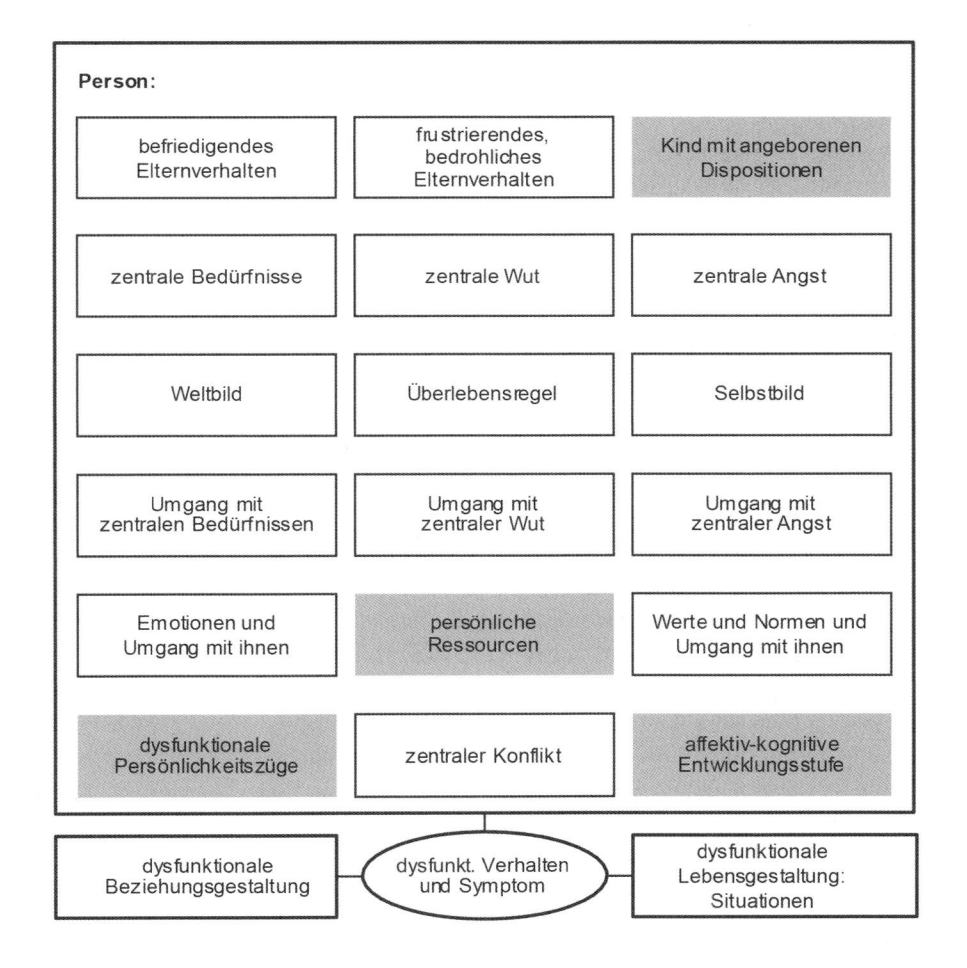

Person:

befriedigendes Elternverhalten	frustrierendes, bedrohliches Elternverhalten	Kind mit angeborenen Dispositionen
zentrale Bedürfnisse	zentrale Wut	zentrale Angst
Weltbild	Überlebensregel	Selbstbild
Umgang mit zentralen Bedürfnissen	Umgang mit zentraler Wut	Umgang mit zentraler Angst
Emotionen und Umgang mit ihnen	persönliche Ressourcen	Werte und Normen und Umgang mit ihnen
dysfunktionale Persönlichkeitszüge	zentraler Konflikt	affektiv-kognitive Entwicklungsstufe
dysfunktionale Beziehungsgestaltung	dysfunkt. Verhalten und Symptom	dysfunktionale Lebensgestaltung: Situationen

DIE SOZIALE UMWELT
Sie setzt einerseits diskriminative Stimuli und veranlasst so die Person zu bestimmten Verhaltensweisen. Andererseits wirkt sie auf das Verhalten verstärkend, löschend oder bestrafend, je nach ihren eigenen Interessen

Abbildung 2.3.1 Person – Umwelt – Wechselwirkung als Erklärungsmodell dysfunktionalen Verhaltens und der Symptombildung

2.3.3 MIKROEBENE
2.3.3.1 Problemsituation S

Auf der **Mikroebene** des konkreten Verhaltens in konkreten Situationen prüfen wir diese Bedingungshypothese, indem wir repräsentative Beispiele von **Problemsituationen S** sammeln und sie detailliert mit dem Patienten durchsprechen. Unter diesen Beispielen sollte sein:

a) die Situation des erstmaligen Auftretens des Hauptsymptoms,
b) die letzte Situation, in der das Hauptsymptom sehr stark auftrat,
c) die typische Situation, in der es meistens auftrat,
d) eine oder mehrere Situationen, die einen weiteren/anderen Symptombereich oder Bedingungsbereich aufzeigen.

Die TherapeutIn schreibt hier nicht im Sinne einer Anamnese die Angaben und Kausalattributionen des Patienten nieder, sondern Ihr eigenes verhaltensdiagnostisches Urteil, das resultiert aus ihren Hypothesen, der Exploration des Patienten und der sich daraus ergebenden Modifizierung und Differenzierung seiner Hypothesen. Dies bedeutet, dass die Beschreibung der Situation bereits das bedingungsanalytische Modell wiedergibt und diejenigen Aspekte der Situation nennt, die auslösenden oder diskriminativen Charakter haben (Lattal, 2013; McIlvane, 2013). Wer die Hypothese aufstellt, dass ein bestimmter situativer Reiz bzw. Aspekt der Situation symptomauslösenden Charakter hat, muss durch eigene Beobachtung oder mindestens durch ausgiebige Exploration geprüft haben, was bei Fehlen dieses auslösenden Aspekts statt der Symptombildung vom Patienten getan wird (Miltenberger & Weil, 2013). Besonders wichtig ist es, **Ausnahmen** von der regelhaften Stimulus-Reaktions-Sequenz zu explorieren, da sie wichtige Hinweise für den Therapieplan geben können. Diese Ausnahmen weisen darauf hin, dass das pathogene situative Bedingungsgefüge Lücken hat, die einen ersten Änderungsschritt möglich erscheinen lassen, oder dass der Patient persönliche Ressourcen und Fähigkeiten hat, die er punktuell entgegen der Regel doch einsetzen kann. Dadurch wird die gesunde Seite des Patienten deutlich, die es zu fördern und zu nutzen gilt.

2.3.3.2 Problemreaktion R

Wir unterteilen die **Problemreaktion R** bzw. das symptomatische Verhalten vierfach:

1. Der erste **Gedanke**, der typischerweise automatisch in der Problemsituation auftritt, auf die Bedeutung der Situation und ihre gedankliche Interpretation und Bewertung hinweist.
2. Das vorherrschende **Gefühl**, das einer affektiven Bewertung der Situation entspricht und zugleich ein motivierendes verhaltenssteuerndes Signal ist, weil es bestimmte Reaktionsmöglichkeiten ausschließt und zu anderen motiviert oder sie zwingend macht.
3. Das situationsbewältigende Verhalten ist oft eine Form sozialen **Handelns**, Interagierens oder Kommunizierens, das zumindest teilweise als symptomatisch definiert ist.
4. Die **körperliche** Reaktion. Dies kann eine psychovegetative Komponente des dominierenden Gefühls sein, z. B. bei Angst kalte Extremitäten, Schweiß auf der Stirn, Kloßgefühl im Hals, Urin- oder Stuhldrang, ein Hyperventilationssyndrom oder bei Depression ein Gefühl der lähmenden Schwäche, Ring um den Brustkorb etc. Es kann aber auch ein körperliches Symptom im Rahmen einer psychosomatischen Erkrankung sein, z. B. ein Asthmaanfall, eine Migräneattacke, eine Darmkolik etc. Hier ist das medizinische Fachwissen äußerst wichtig, um einschätzen zu können, wie situative Änderungen eines somatischen Symptoms zu beurteilen sind. Wenn etwa neurologische Erkrankungen wie Myasthenia gravis oder Multiple Sklerose oder eine Muskeldystrophie bei gleichzeitig exakter Verhaltensanalyse überpsychologisiert werden, so kann dies eine partielle Inkompetenz der TherapeutIn zeigen, die mit dem Beruf der TherapeutIn nicht vereinbar ist.

2.3.3.3 Problemkonsequenz C

Die **Problem-Konsequenzen C** sind an den Reaktionen der an der Problemsituation beteiligten anderen Personen ablesbar. Dabei sollte sowohl deren initiale **kurzfristige** als auch ihre spätere **langfristige** habituelle Reaktion exploriert werden (Catania, 2011; Mace et al., 2011). Wie deren

Reaktionen auf den Patienten wirken, kann dieser nur teilweise angeben. Gerade die **positive oder negative Verstärkungswirkung** einer auf den ersten Blick gar nicht angenehmen Reaktion des Anderen kann der Patient oft nicht erkennen. Das alarmierte, erschrockene oder halb ärgerliche Verhalten der Eltern kann bei einem Kind, das bisher glaubte, seinen Eltern gar nicht wichtig zu sein, sehr verstärkend auf sein Problemverhalten, wie z. B. Ladendiebstahl, wirken. Kann die verstärkende Wirkung des Symptoms mit dem Patienten kommuniziert werden, so ist weiter zu fragen, ob er dieselbe für ihn so bedeutungsvolle Reaktion der Eltern auch schon einmal durch ein alternatives, weniger problematisches Verhalten erzielen konnte. Ist dies der Fall, ist zu klären, was ihn daran hindert, es wieder auf diese Weise zu versuchen.

2.3.4 MAKROEBENE

Der Wechsel zur **Makroebene** führt wieder zurück zum Lebenskontext bzw. der aktuellen problematischen Lebenssituation S, die zur Auslösung der Erkrankung führte, z.B. die Ehescheidung, die Kündigung, der Auszug der erwachsen gewordenen Tochter, die Geburt eines Kindes. Wir schwenken den Blick auf die Organismus- oder Personvariable O, wenn wir fragen, was den Patienten daran hinderte, auf eine nichtsymptomatische Weise die problematische Lebenssituation zu meistern. Meist müssen wir die Antwort auf diese Frage erst aus unserer Beurteilung der Persönlichkeit oder durch eine vertikale Verhaltensanalyse erschließen. So muss eine dependente Patientin auf den Verlust des Ehepartners mit Trauervermeidung und Depression reagieren, weil sie die Überlebensregel hat, dass sie alleine nicht lebensfähig ist, demzufolge also den Verstorbenen emotional nicht loslassen darf.

Unsere Hypothese der symptomauslösenden Bedingungen steht und fällt mit dem Nachweis der Reihenfolge von zuerst aufgetretenem Problem und erst danach aufgetretenen Symptomen. Wegen der häufig fehlleitenden Angaben des Patienten ist eine wiederholte Befragung der Reihenfolge angebracht: „Als das geschah, war da das Symptom schon da?"

2.3.4.1 Vom Problem zum Symptom

Wir können mit Hilfe des VDS21-Verhaltensanalyse-Fragebogens (kostenlos herunterzuladen von *www.cip-medien.com/Informatives/kostenlose-downloads* wie alle anderen VDS-Fragebögen) die Reaktionskette vom situativen Auslöser bis zu Symptombildung explorieren.

Beispiel einer Reaktionskette vom situativen Auslöser zum Symptom:

(S) Situation: Nehmen wir an, ein sehr ehrgeiziger Ingenieur ist, obwohl nach Dienstjahren fällig, nicht befördert worden, sondern sein 10 Jahre jüngerer Kollege

(O) Dysfunktionale Überlebensregel: Nur wenn ich immer den Anforderungen anderer bestmöglich entspreche und nie eigenen Ideen folge, bewahre ich mir deren Anerkennung und verhindere Ablehnung.

(R-e1) Primäre Emotion: Er ist sehr wütend

(R-v1) Primärer Handlungsimpuls: Dem Chef das Büro zerkleinern

(R-k) Antizipation der Folgen: Er wird mich ablehnen uönd verachten

(R-e2) Sekundäres Gefühl: Ohnmacht, Angst, Kraftlosigkeit, Schuld

(R-v2) Beobachtbares Verhalten: Er zieht sich zurück

(R-sympt.) Symptom: Nach einer Woche entsteht eine Depression

(C⁻) Konsequenz: Er vermeidet Ablehnung (negative Verstärkung)

So einleuchtend und gut belegt das erarbeitete individuelle Störungsmodell der TherapeutIn auch erscheinen mag, so ist doch die Überzeugung des Patienten und dessen Kausalattribution die reale Arbeitsbasis. Wiederholtes Fragen, zu wie viel Prozent er das Arbeitsmodell der TherapeutIn für richtig hält, führt meist dazu, dass das Fortführen der Bedingungsanalyse trotz reichlicher Redundanz geboten erscheint, bzw. die TherapeutIn verwendet ein für den Patienten annehmbares und zugleich funktionales Störungsmodell, das ja zunächst die Funktion hat, die therapeutische Maßnahme plausibel und erfolgversprechend erscheinen zu lassen.

2.3.4.2 Funktionsanalyse der Symptome

Die symptomaufrechterhaltenden Bedingungen entsprechen der Schutz- und Stabilisierungsfunktion der Symptome. Ist das Symptom ein Vermeidungsverhalten, so ist das vor dem Eintreten eines bedrohlichen Ereignisses. Die Herzphobie schützt z. B. vor der Beendigung einer Partnerschaft (negative Verstärkung). Die Stabilisierungsfunktion des Symptoms wird oft durch positive Verstärkung gesteuert. Hilfsbedürftiges, unselbstständiges Verhalten wird belohnt durch die Hilfestellungen der dominanten Bezugsperson, die sich in ihrer Potenz, einem anderen helfen zu können, bestätigt fühlt, also ebenfalls positiv verstärkt wird. Aufrechterhaltende Bedingungen können wir nur belegen, wenn wir gezielt nach Veränderungen in allen wichtigen Lebensbereichen nach Beginn der Erkrankung fragen. So kann beruflich größere Rücksichtnahme erfolgen, in der Ehe wieder wohltuende Einmütigkeit eingetreten sein, die Familie hat sich eventuell auf den Wert der gütlichen Koexistenz besonnen, Freunde haben aufwändige Beweise ihrer Hilfsbereitschaft erbracht, und der Freizeitbereich kann auch infolge anderer Entlastungen wieder (mit besserem Gewissen) mehr zum Zug gekommen sein.

Die zweite wichtige Frage ist, welche Veränderungen die Erkrankung in den wichtigen Lebensbereichen verhindert hat. Beruflich wurde vielleicht eine anstehende Auseinandersetzung mit dem Vorgesetzten oder Rivalen verhindert; in der Ehe wurde eine Trennung vermieden; mit der Familie wäre ein Zerwürfnis entstanden, weil es einfach nicht mehr erträglich war, nach deren Facon zu leben. Ein Teil der Freunde hätte die unbequemere Gangart vielleicht nicht mitgemacht. In der Freizeit wäre ein spießiges Hobby in die Ecke gefeuert worden, um den Mut aufzubringen, das zu tun, was wirklich Spaß macht.

2.3.4.3 Der Beitrag der sozialen Umwelt zur Aufrechterhaltung der Störung

Der Blick auf das soziale Umfeld – insbesondere auf die wichtigen Bezugspersonen – hilft, mächtige Kräfte zu identifizieren. Wir müssen davon ausgehen, dass die Symptombildung denjenigen Bezugspersonen zugutekommt, von denen der Patient funktional abhängig ist, weil sie in ihrem für sie vorteilhaften bequemen Status im Kräftegleichgewicht gelassen werden. Das Symptom des Patienten ist ihnen zwar lästig, aber das alternative funktionale Verhalten wäre für sie bedrohlich. Der Ehemann einer dependenten, depressiven Patientin müsste erhebliches Terrain abgeben, wenn diese plötzlich ihm gleichziehend eigene Interessen vertreten und ihn dadurch in der Realisierung seiner Interessen einschränken würde. Nicht selten suchen diese Partner zu einem voraussehbaren Zeitpunkt den Kontakt mit der TherapeutIn des Patienten und sind dann gerne zu einer Paartherapie bereit.

2.3.4.4 Entwickeltes versus gelerntes Verhalten

Wir können nicht mehr wie der frühe Behaviorismus davon ausgehen, dass das Gehirn des Menschen bei seiner Geburt eine Tabula rasa ist, die durch Lernprozesse im Lauf des Lebens gefüllt wird. Wir bräuchten tausend Jahre, bis wir unser gesamtes Verhaltensrepertoire durch Konditionierung aufgebaut hätten. Wir haben also eine genetische Ausstattung, die in den ersten Lebensjahren zur Entwicklung unserer allgemeinen und individuellen Art des Erlebens und Verhaltens führt. Dabei müssen wir berücksichtigen, dass Unentwickeltes noch nicht durch Lernen überformt werden kann. Es kann sein, dass wir erst helfen müssen, dass sich etwas entwickelt wie z. B. kausales Denken und Empathie und dass wir erst danach Lernen im eigentlichen Sinne herbeiführen (Piaget, 1978; Kegan, 1986; Sulz, 1994, 2009b, 2010e,f, Sulz & Höfling, 2010; Fonagy & Bateman, 2008). McCullough (2000, 2007) konnte zeigen, dass chronisch Depressive auf einer Entwicklungsstufe verharren, auf der konkret-logisches Denken im Sinne von Piagets (1978) Einteilung in Stufen der kognitiven Entwicklung noch nicht verfügbar ist. Dazu gehört auch, dass es nicht möglich erscheint, selbst etwas Wirksames zu unternehmen, was Besserung bringt. Mit dem VDS31-Fragebogen (Sulz & Theßen, 1999) oder dem VDS31-Entwicklungs-Interview (Sulz & Becker, 2008) lässt sich die Entwicklungsstufe des Patienten erfassen und Entwicklungsziele formulieren.

2.3.5 BEISPIELFALL

Eine 30-jährige Patientin (Frau A.) kommt wegen seit sechs Monaten bestehenden Panikattacken mit agoraphobischen Reaktionen in engen Räumen sowie ausgeprägtem Vermeidungsverhalten zu mir in Behandlung. Sie ist verheiratet und hat einen 7-jährigen Sohn. Seit dessen Geburt ist sie nicht mehr berufstätig. Früher war sie Chemielaborantin.

Auslösende Situation: *Nachdem der Sohn zur Schule kam, bot ein Arzt ihr eine Halbtagstätigkeit in seinem Labor an. Die Patientin hatte sich selbst schon seit längerem mit dem Gedanken getragen und ihr Ehemann hatte sich auch dazu ermuntert. Sie war voll Freude über die neue Selbständigkeit und malte sich auch aus, dass sie jetzt mehr Geld für hübsche Kleider ausgeben könnte und sich auch mal mit ihrer Freundin zusammen ohne Familie einen Kurzurlaub leisten können würde. Drei Tage vor dem ersten Arbeitstag trat die erste Panikattacke auf, so dass sie die Arbeitsstelle nicht antreten konnte.*

Pathogene Lebensgestaltung: *Die Patientin hatte sich bisher ganz ihrer Familie gewidmet. Vormittags Haushalt, nachmittags Kinderbetreuung, abends mit dem Ehemann vor dem Fernseher sitzend. Sie hatte keine Hobbys, nur eine Freundin, von der sie einmal in der Woche besucht wurde. An eine Berufstätigkeit dachte sie erst, als ihr Sohn zur Schule kam.*

Pathogene Beziehungsgestaltung: *Sie pflegte die Beziehung zu ihrem Mann mit liebevollem Einsatz von ideenreichen Verwöhnungen. Er war gern zuhause bei ihr. Wenn er, als Trainer einer Fußballmannschaft, am Samstag unterwegs war, so konnte sie kaum abwarten, bis er wieder zurück war. Ohne ihn ging sie nicht aus.*

*Was brachte sie als **Persönlichkeit** in diese Lebenssituation mit? Ihre entwicklungsgeschichtliche Disposition: Ihre Entwicklungsgeschichte können wir als Wechselwirkung mit ihrer familiären Umwelt verstehen: Ihren Vater schildert sie als stark, beschützend, jedoch wenig verfügbar. Sie sei gern in seiner Nähe gewesen. Die Mutter war ängstlich, besorgt, launisch. Die Patientin habe nichts unternehmen können, ohne dass die Mutter ein Unglück befürchtete. Die Patientin war als Kind aufgeweckt, sehr gesellig, hatte Dunkelangst.*

*Ihr kindliches **Selbst- und Weltbild**: "Ich brauche Schutz, Sicherheit, Zuverlässigkeit. Die bekomme ich vom Vater nur, wenn ich die aufgeweckte, gesellige Tochter bin. Von der Mutter bekomme ich dies nur, wenn ich unter ihrer Aufsicht bleibe und alle Gefahren meide."*

*Daraus ergab sich die kindliche **Überlebensregel**: "Nur wenn ich immer eine den Eltern angenehme Tochter bin und niemals meine eigenen Wege gehe, bewahre ich mir Schutz und Sicherheit und verhindere es, allein der fremden, bedrohlichen Außenwelt ausgeliefert zu sein." Diese für das Erwachsenenalter dysfunktionale Überlebensregel führte zu einem eingeschränkten Verhaltensrepertoire.*

*Ihr dysfunktionaler **Verhaltensstereotyp**: Mit Bezugspersonen stets lebhafte innige Beziehungen eingehen, sich dadurch ihrer zuverlässigen Verfügbarkeit versichern. Darauf achten, möglichst nie allein von zuhause wegzugehen.*

*Daraus ergab sich im Laufe des Jahres ein zunehmendes **Dilemma (Konflikt)**: Ihre großen Abhängigkeitsbedürfnisse (Schutz, Zuverlässigkeit) konnte sie nur in einer angepassten Beziehungsgestaltung ausreichend befriedigen. Im Lauf der Jahre wuchsen aber ihre Bedürfnisse nach Selbständigkeit und Autonomie, die sich aber in der Beziehung nicht verwirklichen ließen: Die Dichotomie des entweder ... – oder ...*

*Ihre **Reaktionen**: Ihre Reaktionen in der auslösenden Lebenssituation lassen sich als Reaktionskette explorieren:*
*Ihre **primäre Emotion** war ein Gefühl des Eingeengtseins in der Familie und der Freude über die Chance zur Eigenständigkeit durch das Stellenangebot.*

Ihr **primärer Handlungsimpuls** *war das Annehmen der Arbeitsstelle, das ein Abwenden von der Familie implizierte.*

Die **antizipierte Konsequenz** *war Freiheit, endlich das tun zu können, wozu bisher kein Raum war. Das aber bedeutete Verletzung der Überlebensregel mit der Folge, Schutz, Sicherheit und Zuverlässigkeit zu verlieren. Dies führte zu der*

gegensteuernden sekundäre Emotion *der Angst (bei manchen PatientInnen ist das schon die erste Panikattacke), auch Schuldgefühle gegenüber der Familie. Diese Emotion zielte auf die*

Unterdrückung und Vermeidung *der ursprünglich intendierten Reaktion. Dabei hätte es ohne Symptombildung bleiben können, wenn diese Angst so einschüchternd gewirkt hätte, dass die Patientin ihre Selbständigkeitstendenzen resignierend ein für alle Mal aufgegeben hätte. Diese bleiben jedoch in ihrer Intensität erhalten. Leben wie bisher geht nicht mehr und die Änderung geht auch nicht. Dieser unerträgliche Konflikt darf nicht bleiben.*

Das **Symptom** *der Phobie schafft die benötigte Entlastung. Einige Räume wie Lift, U-Bahn oder ein volles Kaufhaus lösen ebenso Angst aus wie Weite, freie Gegenden, in denen der einzelne Mensch ein kleines, verlorenes Etwas ist. Besonders häufig tritt die Angst auf dem Weg von zuhause nach draußen auf. Sie vermeidet konsequent alle phobischen Stimuli: schließlich geht sie nur noch mit ihrem Ehemann aus dem Haus. Damit hat das Symptom seine Funktion erfüllt: Es verhindert, dass die Patientin ihre Bindungssicherheit verliert. Sie braucht Beziehung zum emotionalen Überleben und das Symptom hat dies erreicht.*

Die **Konsequenzen des Symptoms** *erhalten die Angststörung aufrecht: die Angststörung wird dadurch aufrechterhalten, dass sie das Verletzen der Überlebensregel und damit schutzloses Alleinsein in einer fremden Welt, die voll Gefahren ist, verhindert. Die Angststörung bewahrt damit eine Beziehung, in der Schutz, Sicherheit und zuverlässige Verfügbarkeit der Bezugspersonen gewährleistet ist.*

2.4 Zielanalyse – der strategische Aufbau der Therapie

2.4.1 VON DER STÖRUNG ZUM THERAPIEZIEL
Idiographische Zielanalyse
Es gibt kaum Psychotherapien, die der Zielanalyse explizit besondere Bedeutung beimessen. Deshalb sind die hierzu notwendigen Gedankengänge auch meist sehr ungewohnt und mühsam. Von unseren PatientInnen wissen wir, dass diese Trägheit zum Widerstand in Form von rationalen Gegenargumenten führt. Nicht anders verhält es sich mit TherapeutInnen. Wie ist mit diesem Widerstand umzugehen?

Die Therapeutin könnte sich so äußern:
Sie haben völlig Recht mit Ihren Argumenten. Tatsächlich findet sich das Ziel oft von selbst, wenn man einfach mit den Therapiegesprächen anfängt. Und eine Zielanalyse am grünen Tisch führt zu Zielen, denen der Patient in seinem gegenwärtigen Stand nie zustimmen würde. Schließlich sollte ein mündiger Patient selbst seine Ziele formulieren. Und natürlich ist das kognitive Ableiten von Therapiezielen aus der Detailstörung einem emotional-intuitiven Erfassen weit unterlegen. Und nicht zuletzt ist ein zielorientiertes Vorgehen ein produktiver Prozess mit Scheuklappen, der jegliche Kreativität in der Therapie behindert. Vor allem müssen die anfänglich formulierten Therapieziele im Lauf der Behandlung ohnehin wieder geändert werden, eventuell sogar mehrfach.

Die Antwort darauf kann sein:
Ihre Argumente enthalten ein entweder – oder, als ob eine systematische Zielanalyse unweigerlich alle Alternativen unmöglich machen würde. Stattdessen können wir versuchen, ihnen die Vorteile ihres Vorgehens zu lassen. Sie müssen auf nichts verzichten. Stattdessen erfinden wir das Wörtchen „und":

a) *Die Zielanalyse definiert vorläufige Ziele, die im Lauf der Behandlung ständiger Umformulierung bedürfen (Ehlert, 2003; Kanfer et al., 2012; Sulz, 2011a).*
b) *Die Zielanalyse ist ein Verhandlungsangebot der TherapeutIn an den Patienten. Der kleinste gemeinsame Nenner der Zielvorstellungen von PatientIn und TherapeutIn ergibt schließlich die zunächst angestrebten Therapieziele. Gibt es diesen gemeinsamen Nenner nicht, wird die Therapie nicht begonnen (Klerman et al., 1984; Weissman et al., 2000).*
c) *Die Zielanalyse beinhaltet das ständige empathische Erspüren des Patienten und das intuitiv-kreative Phantasieren seiner Entwicklungstendenzen. Die letztlich kognitive Zielformulierung ist nicht das Ergebnis logisch-deduktiver Denkprozesse, sondern der Versuch, das affektiv-kreative „Werk" sprachlich präzise zu fassen.*

Dies bedeutet, dass das Verständnis der autonomen Psyche des Patienten mit ihrer individuellen psychosozialen Homöostase nur möglich ist, wenn die TherapeutIn über die kritisch-logische Informationsverarbeitung ihrer eigenen willkürlichen Psyche hinausgeht und ihre autonome Psyche „befragt". Empathie kann nur von der autonomen Psyche der TherapeutIn aus geschehen. Es ist nicht die Empathie mit der willkürlichen Psyche des Patienten, sondern mit dessen autonomer Psyche. Dies führt oft zu einem diffusen Gefühl des Verstehens, das nur schwer in Worte gefasst werden kann. Trotzdem ist es für Patient und TherapeutIn sehr wichtig, dieses Verstehen sprachlich zu fassen und sprachlich zu kommunizieren. Im Sinne von Kelly (1955) ist die TherapeutIn ohnehin SchülerIn des Patienten, der versucht dessen komplexe affektiv-kognitive Theorie der Welt zu verstehen. Indem sie das, was sie bisher verstanden hat, in Worte fasst und dem Patienten sagt, kann dessen autonome Psyche erstaunlich exakt die Ungenauigkeiten der Beschreibungsversuche der TherapeutIn rückmelden. HypnotherapeutInnen versuchen diesen Dialog unter Umgehung der willkürlichen Psyche des Patienten zu optimieren.

Für den diagnostischen Prozess ist die Fähigkeit der TherapeutIn, bewussten Zugang zu ihrer eigenen autonomen Psyche zu haben, unverzichtbar. Diese Fähigkeit ist ein zentrales Kriterium für die Befähigung eines Arztes oder Psychologen zum Beruf der PsychotherapeutIn. Sie kann durch Selbsterfahrung gefördert werden und es liegt in der Verantwortung jeder PsychotherapeutIn, sich diese Fähigkeit zu bewahren und sie weiter zu entwickeln.

Man kann sagen, dass es zwei Typen von TherapeutInnen gibt: diejenigen, die mit ihrer willkürlichen Psyche in der kognitiven Verhaltensanalyse verharren mit festem Boden unter den Füßen, aber diesem Boden zugleich verhaftet. Und es gibt diejenigen, die unter weitgehender Aussparung der rational-kritischen Fähigkeiten ihrer willkürlichen Psyche sich schwimmend und schwebend in den Gewässern der autonomen Psyche tummeln, allerdings kaum den festen Boden einer kognitiv-sprachlichen Analyse des Problems betretend. Sollten sie einem Dritten sagen, was in der Therapie geschieht, so würden sie keine Worte finden, die einer Metaebene der evaluativen Analyse der Therapie entsprechen würde. Sie betonen, dass ihr Verständnis ganzheitlich sei und deshalb so schwer kommunizierbar.

Durch diese beiden Arten, das Teil mit dem Ganzen zu verwechseln, wird gerade das ganzheitliche Verständnis des Menschen verhindert. Erst beide Arten zusammen ergeben ein wirklich ganzheitliches Verständnis. Dieses „und" erfordert jedoch den Mut des Landbewohners, sich ins Wasser zu begeben und die Mühe des Wassertieres, sich auf dem Land zu bewegen.

Die Schnittstelle zwischen beiden ist die Küste und das ist die systematische Zielanalyse. So wie PhobikerInnen bereits das Vorfeld der angstauslösenden Situation konsequent vermeiden, meiden auch unsere beiden Therapeutentypen diese Schnittstelle. Die Angst beider macht diese Küste zum Niemandsland. Ihr Betreten bringt für das Landtier die Gefahr, ins Wasser zu fallen, für das Wassertier die Unsicherheit mit der mühsamen Bewegung zu Land nicht schnell genug in den Schutz des Wassers zurück zu finden. Deshalb sei hier die Ermutigung zu ersten Schritten für beide ausgesprochen. Der Anfang könnte so aussehen: die rationale TherapeutIn darf jede intuitiv-affektive Wahrnehmung durch eine kognitive Analyse paraphrasieren, so dass sie mit einem Bein festen Boden unter den Füßen behält. Die intuitive TherapeutIn darf nach jeder trockenen kognitiv analysierenden Verbalisierung sogleich wieder kurz ins Gewässer tauchen, um die Verbindung dieser Aussage mit dem Erspürten herzustellen.

Wir hätten es tatsächlich einfacher mit der Zielanalyse, wenn das Ziel das logische Gegenteil der Störung wäre. Selbst das würde aber eine sprachlich exakte Formulierung der Störung erfordern. Darüber hinaus wäre erforderlich, dass unsere Sprache eineindeutige Zuordnungen von Gegensatzpaaren erlaubt. Beides ist nicht möglich. Deshalb muss selbst in günstigen Fällen der deduktiv aus der Störung ableitbaren Zielformulierung das definierte Ziel recht unscharf bleiben.

Selbst wenn eine klinische Störungstheorie den Zustand der psychischen Gesundheit in ihre Axiome einbezieht, wie zum Beispiel obige affektiv-kognitive Entwicklungstheorie, bleibt erstens das Hinterfragen dieser Gesundheitspostulate und zweitens das Problem einer gemeinsam akzeptierten menschlichen Ethik. Selbst wenn der Therapieprozess nicht unethisch manipulativ abläuft, kann die Manipulation des Menschen noch in der expliziten Zielformulierung bzw. noch schlimmer in den nicht bewussten impliziten Zielvorstellungen der TherapeutIn liegen.

Wer sich wehrt, Therapieziele zu formulieren, wehrt sich dagegen, sich seine impliziten Zielvorstellungen bewusst zu machen und wird gerade dadurch eine unethisch manipulative PsychotherapeutIn. Es gibt für die TherapeutIn keinen Ausweg aus dem ethischen Dilemma der Zieldefinition. Es bleibt nur eines: sich dieses Dilemma möglichst immer wieder bewusst vor Augen zu führen. Der sicherste Weg dazu ist eine systematische Zielanalyse, die als permanenter Hintergrundprozess die gesamte Therapie begleitet (Kanfer et al., 2012).

Unter dem Vorbehalt, dass die Zielanalyse mit einer systematischen Erarbeitung von Detailzielen aus den Detailstörungen des Patienten nur vorläufige Überlegungen der TherapeutIn sind, über die später mit dem Patienten verhandelt werden muss, können wir nun den Schritt zur systematischen Zielanalyse wagen.

2.4.1.1 SYSTEMATISCHE ZIELANALYSE: Vom Störungsdetail zum Detailziel

Aufbauend auf den kognitiven Entwicklungstheorien Piagets (1978), Kohlbergs (1974) und Kegans (1986), haben wir eine allgemeine affektiv-kognitive Entwicklungstheorie psychischer Störungen formuliert, die detailbezogene Zielformulierungen nahelegt, wie sie Sulz (2015a) schon für einzelne psychische Störungen versucht hat (Sulz, 2012d).

Die **Lebensgestaltung** wird von pathogenen Beschränkungen und Überwertigkeiten befreit, indem alternative erfüllende Lebensbereiche zusätzlich aufgebaut werden. Die **Beziehungsgestaltung** wird „gesünder", wenn sie zur Gesundung des Individuums und der sozialen Gemeinschaft beiträgt, d. h. eigene emotionale Anliegen ebenso zur Geltung kommen wie diejenigen der Bezugspersonen und zusätzlich gemeinsame Anliegen entstehen. Für **bisher symptomauslösende Lebenssituationen** sollen künftig effiziente Bewältigungsstrategien verfügbar sein und auch selbstverantwortlich eingesetzt werden.

Angeborene Dispositionen können teils modifiziert, teils kompensiert werden, müssen aber auch in ihren unveränderbaren Anteilen akzeptiert werden. Ein realistischeres Verständnis der **Lerngeschichte** hilft, die emotionalen Auswirkungen frustrierenden oder verängstigenden Elternverhaltens zu erkennen. Aus ihnen lassen sich auch die affektiv-kognitiven Strukturen des **Selbst- und Weltbildes** ableiten, sowie die **Grundannahmen über das Funktionieren der Welt** als logische Schlüsse bzw. Wenn-dann-Aussagen des Kindes mit dessen begrenztem kognitivem Horizont. Diese empirischen Erfahrungen des Kindes und seine auf deren Basis aufgestellten Verallgemeinerungen liefern nicht nur die Prämissen für eine kindliche implizite Theorie der Welt, sondern auch das Verständnis für die **Überlebensregel**, deren Rekonstruktion zu den zentralen Zielen einer Therapie gehört. Die prämorbide Persönlichkeit und ihre **dysfunktionalen Verhaltensstereotypien** sind die Realisierung der Überlebensregel auf der Erlebens- und Handlungsebene. Ihre Modifikation ist ein weiteres Detailziel bzw. bei Persönlichkeitsstörungen das Hauptziel. Das **Dauerdilemma** (der Konflikt), das durch die restriktive Überlebensregel entstand, soll durch Befreiung aus dem dichotomen Denken stets neu lösbar werden.

Die primären Emotionen in zwischenmenschlichen Interaktionen sollen ihre Funktion der Verhaltenssteuerung wiedererlangen. Die **primären Handlungsimpulse** sollen nicht mehr unreflektiert unterdrückt, sondern bewusst überprüft und in situationsadäquates Verhalten umgesetzt werden. Die **Antizipation der Konsequenzen** soll empirische Erfahrungen des erwachsenen Menschen zur Vorhersage heranziehen anstatt der kindlichen Grundannahmen. **Gegensteuernde Gefühle**, die bisher eine Unterdrückung und **Vermeidung** von effizienten Bewältigungsstrategien hervorriefen, sollen ihre verhaltenssteuernde Funktion verlieren - ebenso wie die „neuen" **verhaltenssteuernden Gefühle** (im Gegensatz zu den primären), die bisher das **Symptom** auslösten. **Sekundäre Verhaltensweisen**, die bisher auf das Symptom folgten, dieses erträglich machten, sollen als symptomerhaltend erkannt und reduziert werden.

Das subjektive **Vermeiden aversiver Konsequenzen** mit Hilfe des Symptoms sollte gelöscht werden, einerseits indem die Erfahrung gemacht wird, dass auch ohne Symptom das Aversive nicht eintritt, andererseits durch die Erfahrung, dass das Aversive, wenn es doch eintritt, gut ausgehalten werden kann, also nicht traumatisch ist. Das **Bewahren von Verstärkungen** durch das Symptomverhalten ist ebenfalls zweifach aufzulösen: zum einen durch den Verzicht auf die bisherigen (kindlichen) Verstärkungen bzw. Bedürfnisbefriedigungen, zum anderen dadurch, dass diejenigen Verstärker, die auch für den erwachsenen Menschen bedeutend bleiben, durch eigenes selbständiges, selbstverantwortliches und effizientes Verhalten erreichbar sind. Der bisherige Zwang zur **Bestätigung der bisherigen Selbst- und Weltsicht** (Assimilation) soll einer Lernfähigkeit weichen, die die Akkommodation der affektiven kognitiven Bedeutungen ermöglicht und so eine stimmige Selbst- und Weltsicht ergibt. Die bisherige **positive Verstärkung durch die soziale Umwelt** für die alten dysfunktionalen Verhaltensstereotypien und für das persönliche Opfer der Symptombildung zugunsten des sozialen Systems sollen schließlich einer Änderungsbereitschaft auch der Bezugspersonen weichen.

Grob zusammenfassend lassen sich bezogen auf das SORK-Schema fünf **Hauptziele** formulieren:

Situation (S-Ziel): Die Lebensführung und Beziehungsgestaltung so ändern, dass sie künftig von konstruierten „Sollbruchstellen" frei bleiben. In Problemsituationen künftig nicht mehr symptomatisch, sondern adäquat bewältigend reagieren können.

Person (O-Ziel): Die dysfunktionale Überlebensregel modifizieren (leben statt überleben) und das dysfunktionale Verhaltensstereotyp aufgeben zugunsten von Verhaltenstendenzen, die im Dienst der eigenen Entwicklung stehen.

Reaktion (R-Ziel): Primäre emotionale und Handlungstendenzen zulassen und zivilisieren, d. h. verantwortlich einsetzen.

Symptom-Ziel: Die Funktion des Symptoms erkennen und Alternativen hierzu entwickeln.

Konsequenz (K-Ziel): Die Erfahrung machen, dass neue Problemlösungen nicht zwingend zum Verlust bisheriger Verstärkungen und auch nicht zu nicht bewältigbaren Bestrafungen durch die Umwelt führen.

Sowohl beim einzelnen Patienten als auch bei verschiedenen klinischen Störungen müssen die Ziele spezifiziert werden, treten verschiedene Detailstörungen mehr in den Vordergrund. Weiterhin ist der gegenwärtige Entwicklungsstand des Patienten und der bei ihm anstehenden Entwicklungsschritte zu berücksichtigen.

2.4.1.2 ZIELSPEZIFITÄT: Vergleich der Therapieziele bei verschiedenen Störungen

Um ein Gefühl für eine differentielle Zielanalyse zu entwickeln, lohnt es sich, die Detailziele der verschiedenen klinischen Störungen gegenüberzustellen.

Hier sei auf einige Vergleiche beispielhaft eingegangen:

Lebensgestaltung

AngstpatientInnen sollen ihre Lebensgestaltung nicht mehr der Absicherung der Verfügbarkeit von Schutz und Sicherheit widmen. **Zwangs**patientInnen sollen in ihrer Lebensgestaltung mehr spontane Impulse, Experimentier- und Risikofreude zulassen. **Depressive** PatientInnen sollen das Primat der Selbstwertregulierung aus ihrer Lebensgestaltung herauslassen. **Bulimie**patientinnen sollen ihre Lebensgestaltung unter Wahrnehmung einer größeren Vielfalt von Eigeninteressen als nur der des emotionalen Hungers betreiben.

Beziehungsgestaltung

AngstpatientInnen sollen das Einengende der Partnerschaft frühzeitig spüren und Freiraum durchsetzen, diesen angstfrei gestalten. **Zwangs**patientInnen sollen sich dem anderen Menschen emotional öffnen und ihr Beziehungsverhalten durch Emotionen steuern. **Depressive** PatientInnen sollen auf pure Selbstwertzufuhr von der Bezugsperson verzichten. **Bulimie**patientinnen sollen in Beziehungen Konflikte zulassen, austragen und dadurch riskieren, dass das emotionale Futter ausbleibt.

Bisher symptomauslösende Lebenssituationen
AngstpatientInnen sollen den Trennungsimpuls als Angstauslöser kennen und statt der Dichotomie unerträgliche Enge versus beängstigende Freiheit den dritten Lösungsweg probieren: Freiraum in der Beziehung. **Zwangs**patientInnen sollten eine größere Toleranz gegenüber Risiko, Uneindeutigkeit, Unabwägbarkeit und Verantwortlichkeit entwickeln.
Depressive PatientInnen sollten zentrale Verluste betrauern können, das Verlorene loslassen und dann wieder frei werden für neue Lebensbezüge.
Bulimiepatientinnen sollen Bedürfnisfrustrationen einerseits mehr tolerieren können, andererseits sich besser dagegen wehren können.

Hier muss wieder betont werden, dass kaum ein Patient diese idealtypischen Störungsmuster aufweist. Für den einzelnen Patienten werden einige Details in ausgeprägter Form zutreffen, andere sind bei ihm zu vernachlässigen. Trotzdem lohnt es sich immer wieder, bei den Reflexionen über die individuell vorrangigen Therapieziele einen Blick auf die störungsspezifische Zielübersicht zu werfen. Viel zu oft unterliegen PatientIn und TherapeutIn in unausgesprochener Übereinkunft einem systematischen Diagnosefehler (Sulz & Gigerenzer, 1982a,b). Ein die Störung von ganz neuer Seite zeigendes Detail wird einfach links liegen gelassen und erst viel zu spät in die gemeinsamen Betrachtungen einbezogen. Dann vielleicht, wenn nicht mehr genügend Finanzmittel für weitere Stunden vorhanden sind. Die systematische Detail-Zielanalyse lässt dieses gemeinsame Skotom beheben bzw. „das gemeinsame blinde Auge" von PatientIn und TherapeutIn öffnen.

Wenn beim Patienten neben der klinischen Symptomstörung **zusätzlich** eine subklinische oder klinische **Störung seiner Persönlichkeit** besteht, wird die Störungs- und Zielanalyse durch die Persönlichkeitsstörung recht komplex. Umso wichtiger ist es dann, zunächst beide Störungen zu trennen und eine getrennte Störungs- und Zielanalyse für die Syndromstörung und die Persönlichkeitsstörung durchzuführen. Erst in einem dritten Schritt werden diese zu einer Gesamtanalyse zusammengefügt. Meist wird der Fehler gemacht, sofort diese Störungsbereiche zu mischen. Dadurch verliert das individuelle fallbezogene Störungsmodell seinen Erklärungswert. Denn die Funktionen der verschiedenen Störungsbereiche werden verschleiert.

Folgendes Vorgehen wird deshalb empfohlen:
a) Analyse der Persönlichkeitsstörung
b) Analyse der Symptomstörung
c) Gemeinsame Analyse beider Störungen.

Ähnlich problematisch wird es, wenn ein Patient **zwei klinische Syndromstörungen** hat, zum Beispiel eine Angststörung und eine Depression. Hier ist folgendes Vorgehen erforderlich:
a) Genaue getrennte Exploration der zeitlichen Auslösung, der Entstehung, des erstmaligen Auftretens und des Ablaufs beider Störungen.
b) Sobald sich ergibt, dass eine der Störungen ein sekundäres Syndrom ist, das durch das Bestehen der anderen verursacht wurde, genügt es, sich zunächst für die weitere Störungs- und Zielanalyse auf das primäre klinische Syndrom zu konzentrieren. Trotzdem wird vielleicht mit der Behandlung einer sekundären Depression begonnen, weil der Patient in seinem depressiven Zustand für die Behandlung einer primären Angststörung gar nicht geeignet ist.
c) Handelt es sich um zwei eigenständige Syndrome, die unabhängig voneinander eine zentrale Funktionalität in der Lebensgestaltung des Patienten haben, so sollten sie auch völlig getrennt analysiert werden.

Um selbst eine systematische Zielanalyse bei einem konkreten Patienten durchführen zu können, kann Tabelle 2.4.1 auch als Leitfaden zur Zielanalyse verwendet werden. Er ist auch zu theoretischen Zwecken verwendbar. Man kann mit seiner Hilfe ein eigenes Störungsmodell erarbeiten.

Tabelle 2.4.1 Von der Störung zum Ziel (allgemeines Modell für alle Störungen)

Die Situation	Was ist gestört?	Das Therapieziel ist ...
Pathogene Lebensgestaltung	Pathogene Lebensgestaltung (auf welche Weise wird das übrige Leben so gestaltet, dass es unbefriedigend sein oder bleiben muss bzw. scheitern muss)	Mehrere erfüllende Lebensbereiche aufbauen (Beruf, Hobbys, Freundeskreis, Partnerschaft & Familie)
Pathogene Beziehungsgestaltung	Pathogene Beziehungsgestaltung (auf welche Weise wird in den aktuellen intimen und näheren Beziehungen mit den anderen Menschen so umgegangen, dass diese Beziehungen unbefriedigend werden müssen oder scheitern müssen)	In Beziehungen emotional offen sein, eigene Bedürfnisse äußern, sich den nötigen Freiraum schaffen, dabei die Interessen d. anderen berücksichtigen.
Auslösende Lebenssituation	Auslösende Lebenssituation (Welche konkreten Ereignisse im letzten Jahr bzw. welche größeren Veränderungen im Leben der letzten zwei Jahre führten zur Symptombildung und damit zur Auslösung der psychischen Erkrankung? Welches Problem konnte nicht anders als durch Symptombildung gelöst werden? Bei Persönlichkeitsstörungen ist hiermit diejenige ohne fremde Hilfe nicht mehr zu bewältigende Lebenssituation gemeint, die den Leidensdruck so groß machte, dass Psychotherapie begonnen wurde)	Künftig in der symptomauslösenden Problemsituation effiziente Bewältigungsstrategien verfügbar haben, so dass die Symptombildung verzichtbar wird.
Die Person	**Was ist gestört?**	**Das Therapieziel ist ...**
Angeborene Disposition	Angeborene Disposition körperlicher oder psychischer Art, die anfällig für die Symptombildung macht	Aufbau von Selbstakzeptanz für die eigenen Schwachstellen und Begrenzungen der Lebensgestaltung
Lerngeschichte	Lerngeschichte (Verhalten der Eltern)	Lerngeschichtliches Verständnis der motivationalen und emotionalen Auswirkungen elterlichen Verhaltens auf das kleine Kind
Kindliches Weltbild	Kindliches Bild der Welt: Frustrierendes bzw. traumatisierendes Elternverhalten wird ungeprüft auf die Erwachsenenwelt übertragen	Lernen, dass die Menschen im heutigen Erwachsenenleben meist anders reagieren als früher die Eltern dem Kind gegenüber
Kindliches Selbstbild	Kindliches Selbstbild (eigene Bedürfnisse, Erwartungen, Fertigkeiten) berücksichtigt nicht die heutigen Fähigkeiten und Freiheiten des erwachsenen Menschen	Erkennen, wie sehr das heutige Selbstbild noch von kindlichen Bedürfnissen und Befürchtungen geprägt ist. Deren Einfluss vermindern.
Kindliche Grundannahmen	Kindliche Grundannahmen über das Funktionieren der Welt (Erfahrungen mit den Eltern)	Herausarbeiten der kindlichen Logik als Wenn-Dann-Beziehung zwischen Selbst und Welt
Dysfunktionale Überlebensregel	Überlebensregel (Was muß ich unbedingt tun, was darf ich auf keinen Fall tun, um von der sozialen Umwelt die zum emotionalen Überleben benötigten Reaktionen zu erhalten) – ist heute meist dysfunktional	Abschwächung oder Falsifikation der kindlichen Überlebensregel, so dass effizientes erwachsenes Sozialverhalten erlaubt ist.
Dysfunktionale Verhaltensstereotypien	Dysfunktionale Verhaltensstereotypien (habituelle Erlebens- und Reaktionstendenzen, die in der Kindheit funktionale Copingstrategien waren und jetzt im Erwachsenenalter in den meisten Situationen dysfunktional geworden sind – sie definieren die Persönlichkeit)	Reduktion der dysfunktionalen Verhaltenstendenzen (z. B. selbstunsicher oder dependent oder zwanghaft oder histrionisch)

Die Situation	Was ist gestört?	Das Therapieziel ist ...
Dauerdilemma (Konflikt)	Dauerdilemma (Konflikt zwischen den Geboten und Verboten der Überlebensregel und meinen zentralen Wünschen und Bedürfnissen)	Vor- und Nachteile des alten Verhaltensstereotyps und des funktionalen Bewältigungsverhaltens abwägen, verantwortlich entscheiden

2.4.1.3 ZIELPRIORITÄTEN: Von den Detailzielen zum Globalziel

Die systematische Analyse der Störung führte uns über die definitorischen Details der Störung zu den individuellen **Detailzielen**: Mit 23 Zielen haben wir eine Datenvielfalt erhalten, die zwar dem individuellen Fall und seinem klinischen Syndrom gerecht wird, die aber zugleich der Datenreduktion bedarf. Hierzu bieten sich zwei verschiedene Wege an. Zum einen die bereits oben vorgeschlagene Zielformulierung innerhalb des SORK-Schemas, mit einem S-Ziel, einem O-Ziel, einem R-Ziel, einem Symptom-Ziel und einem K-Ziel. Zum anderen die völlig freie Prioritätensetzung, etwa indem bei jedem **Detailziel** zunächst seine **Wichtigkeit** beurteilt und dichotom entschieden wird:

eher wichtig / eher unwichtig.

Im zweiten Schritt wird eine **Rangordnung** der verbliebenen, wichtigen zum Beispiel acht Detailziele gebildet. Der dritte Schritt ist die Bestimmung der **Zahl der endgültigen Ziele**, zum Beispiel vier oder fünf. Dieses Vorgehen hat den Vorteil, dass das Ergebnis völlig dem individuellen Fallverständnis der TherapeutIn unter Würdigung des von ihr erarbeiteten Störungsmodells entspricht.

Der Nachteil dieses Vorgehens besteht darin, dass seine subjektive Wertung vielleicht relevante Aspekte außer Acht lässt. Jede TherapeutIn hat ihre Vorlieben. Der eine arbeitet überwiegend kognitiv an einer Änderung der Organismusvariablen, die andere stellt ganz das Verhalten in den Mittelpunkt ihrer Arbeit. Beide vernachlässigen eventuell die Kontingenzen und Bedingungen menschlichen Verhaltens (die klassische Konditionierung und die Verstärkung). Auch wenn es schematisch erscheinen mag, hat die Bestimmung der Zielprioritäten innerhalb des SORK-Schemas große Vorteile. Es wird keine der vier Hauptvariablen der Störung außer Acht gelassen. Wenn als fünftes Ziel jeweils ein Symptomziel hinzugefügt wird, passiert es auch nicht, dass das Symptom links liegen bleibt. Denn das erste Ziel des Patienten ist stets die Symptomlinderung. Selbst wenn ein Symptomziel nur dem Patienten zuliebe formuliert wird, besteht der Gewinn in der Regel doch darin, seine Therapiemotivation für die übrigen Interventionen zu fördern oder überhaupt erst herzustellen.

Das SORK-Schema ist eine Grobgliederung der psychosozialen Homöostase des Menschen, darstellbar als ein kybernetischer Regelkreis (Sulz, 1987). Das kybernetische System besteht aus dem Menschen und seiner sozialen Umwelt. Den Regler dieses Systems haben wir als autonome Psyche benannt, da das resultierende Verhalten nicht auf einer bewussten Ebene willkürlich gesteuert wird, die instrumentelle Funktion des Verhaltens nicht bewusst intendiert ist. Für die lernpsychologisch fundierte Verhaltenstherapie ist dies eine Selbstverständlichkeit. Die kognitiv orientierten TherapeutInnen, die sich an eine kognitive Bewusstseinspsychologie anlehnen, laufen jedoch Gefahr, alles der willkürlichen Psyche, die durch bewusste Informationsverarbeitung und bewusst und willkürlich intendierte Reaktionen charakterisiert ist, zuzuschreiben. Wenn sowohl die systemische als auch die Selbstregulation des Menschen bei der Zielsetzung berücksichtigt werden soll, sind Zielsetzungen sowohl bezüglich der Situations- und Konsequenz-Variablen als auch bezüglich der Organismus- und Reaktionsvariablen hilfreich. Wer dies bisher nicht getan hat und es jetzt bei einigen Patienten ausprobiert, wird bald merken, welche Aspekte er bisher vernachlässigt hat.

Die Zielbestimmung innerhalb des SORK-Schemas kann folgendermaßen ablaufen:

a) Auswahl der beiden wichtigsten S-Ziele, der beiden wichtigsten O-Ziele, der beiden wichtigsten R-Ziele, der beiden wichtigsten K-Ziele.
b) Auswahl der vier wichtigsten Ziele aus diesen acht verbliebenen Zielen.
c) Wer möchte, kann auch eine Zwangsauswahl treffen, d. h. zu jeder Variablen des SORK-Schemas genau ein Ziel auswählen.
d) Hinzufügen des Symptomziels.

Bei Frau A. habe ich mich im ersten Schritt für folgende acht Ziele entschieden:

1. (S) Lebensbereiche aufbauen, die Eigenständigkeit ermöglichen (Lebensgestaltung)
2. (S) Eigene Wünsche nach Freiraum in der Partnerschaft durchsetzen (Beziehungsgestaltung)
3. (O) Neues Selbstbild: Ich kann mich heute selbst schützen.
4. (O) Falsifizierung der Überlebensregel
5. (R) Inadäquate Trennungsimpulse ersetzen durch effiziente interaktionelle Handlungskompetenz
6. (Symptom) Lernen mit der Angst umzugehen
7. (K) Vermeidungsverhalten reduzieren – in der Situation bleiben
8. (K) Positive Verstärkung durch die soziale Umwelt für die alten Verhaltensmuster reduzieren

Im zweiten Schritt wählte ich folgende vier Ziele aus:

1. (S) Lebensbereiche aufbauen, die Eigenständigkeit ermöglichen (Lebensgestaltung)
2. (O) Falsifizierung der Überlebensregel
3. (R) Inadäquate Trennungsimpulse ersetzen durch effiziente interaktionelle Handlungskompetenz
4. (K) Vermeidungsverhalten reduzieren – in der Situation bleiben

Ich fügte als Symptomziel hinzu:
5. (Symptom) Lernen mit der Angst umzugehen

Die fünf Ziele können anschließend noch bezüglich ihrer Priorität oder ihrer zeitlich zu bearbeitenden Reihenfolge in eine Rangreihe gebracht werden:
1. Lernen mit der Angst umzugehen (Symptom)
2. Vermeidungsverhalten reduzieren – in der Situation bleiben (K)
3. Lebensbereiche aufbauen, die Eigenständigkeit ermöglichen (S)
4. Falsifizierung der Überlebensregel (O)
5. Inadäquate Trennungsimpulse ersetzen durch effiziente interaktionelle Handlungskompetenz (R)

Ein letzter Schritt ist die Formulierung eines Gesamtziels, das notwendigerweise abstrakter ist. Wiederum ist eine ungewohnte geistige Disziplin erforderlich, wenn der Wechsel der Abstraktionsebenen nicht zur Diagnoseroutine gehört. Die beiden extremen Grundhaltungen sind dabei das Verlieren im Detail versus die eindimensionale vom Konkreten abgehobene und nicht operationalisierbare Zukunftsutopie. Das Gesamtziel wird einerseits mit Seitenblick auf das Spezifische des klinischen Syndroms (worauf kommt es bei Agoraphobie an?) und andererseits mit Blick auf den gesamten Menschen (worauf kommt es bei genau diesem Menschen an?) formuliert. Es ist eine Abstraktion und Verdichtung der vier Einzelziele.

Bei Frau A. formulierte ich als Gesamtziel:
„Durch neue Erfahrungen ein Selbstbild entwickeln, das gekennzeichnet ist durch die Fähigkeiten, sich selbst schützen und allein überleben zu können, so dass entsprechende Situationen keine Angst mehr auslösen und deshalb auch nicht mehr vermieden werden müssen."

Damit lässt sich die Grundrichtung der Therapie immer wieder vor Augen führen. Die einzelnen Ziele erscheinen als Operationalisierungen des Gesamtziels, die immer wieder auf dieses bezogen werden können. Später wird diesem Gesamtziel eine Gesamtstrategie als abstrakte Formulierung des Therapieplanes entsprechen.

2.4.1.4 ZIELE DES THERAPEUTEN – Wo bleibt der Patient?

Obige Überlegungen zur Zielanalyse wurden zwischen den Sitzungen mit dem Patienten angestellt. In den Sitzungen lerne ich vom Patienten, wie seine Welt beschaffen ist und erlebe ihn in der Beziehung zu mir. In der nächsten Sitzung sage ich ihm, was ich bisher verstanden habe. Ausgehend von den für mich bestehenden Ungereimtheiten der letzten Stunde stellen wir weitere gemeinsame Betrachtungen seiner subjektiven Welt an. Dabei kommen wir beide zu einem immer weiterführenden Verständnis seines Selbst-Welt-Systems. Der Patient korrigiert mich oder bestätigt die vermutliche Richtigkeit meiner Hypothesen, die sich zu einer Theorie über ihn und seine Welt zusammenfügen. Er versteht sich besser und fühlt sich verstanden. Manchmal scheint es, dass die diagnostischen Sitzungen die wichtigsten Stunden der Therapie sind. Der Patient erlebt einen Menschen mit einem außerordentlichen Interesse für ihn und sein Problem und ein ernsthaftes Bemühen, ihn immer mehr zu verstehen. Diese Art des diagnostischen Vorgehens verbindet eine umfassende Diagnostik mit dem Aufbau einer stabilen emotionalen Beziehung, die rasch tragfähig genug wird, um die psychischen Belastungen einer intensiven Kurzzeittherapie aufzufangen.

Mit der Kommunikation des individuellen Störungsmodells ist auch der Dialog über die daraus abzuleitenden Therapieziele verbunden. Hier stockt das gemeinsame Verstehen. Niemals ist zu hören: „Ja, genau das will ich!" Höchstens das etwas reserviertere „Was kann ich tun, um das zu erreichen?" und nicht selten „Was kann ich tun, um das zu wollen?" Dies bedeutet nicht, dass dem Patienten die affektive Einsicht in unsere gemeinsame Störungsdefinition fehlt. Er spürt aber, dass er sich innerlich sträubt, die Nachteile der Zielerreichung in Kauf zu nehmen und die Vorteile des Ist-Zustands aufzugeben. Wenn dem nicht so wäre, hätte es keiner Symptombildung bedurft!

Hier wird die gemeinsame Zielanalyse zu einer therapeutischen Intervention, die dem Vermitteln von Problemlösestrategien (Sulz, 1987) dient. Die **affektive Bedeutung** der jeweiligen Zielerreichung, d. h. der emotionalen Verluste oder Gefahren, versucht der Patient in unserem Gespräch zu erspüren. Die **Wahrnehmung der Gefühle**, die eintreten, wenn sich das Leben im Sinne der Zielerreichung geändert hat, ist nur möglich, wenn aus der sprachlichen Zielformulierung ein Bild bzw. eine Szene entsteht. Die auftretenden Gefühle sind nicht Selbstzweck, sondern ein notwendiges Mittel um die affektive Bedeutung herausarbeiten zu können. Bleiben PatientIn und TherapeutIn in einem sprachlich-kognitiven Dialog, so gelingt es dem Patienten nicht, die wirkliche Bedeutung des Ziels bewusst zu erfassen.

Es tritt Angst (vor Veränderung) oder Trauer (in Antizipation des Verlustes) auf. Es ist hier eine große Hilfe, eine therapeutisch eingeleitete Imagination der Zielerreichung herzustellen. Erst danach sollte wieder zur kognitiv-sprachlichen Ebene der Zielbewertung zurückgekehrt werden.

Die **vom Patienten selbst genannten Ziele** werden ebenfalls gemeinsam untersucht und bewertet. Sie werden allerdings dahingehend bewertet, ob sie Entwicklungsziele (progressive Ziele) oder „nostalgische" (regressive) Ziele sind. Die progressiven Ziele werden mit obigen parallelisiert und das Therapeutenziel durch das bedeutungsgleiche Patientenziel ausgetauscht.

Die **regressiven Ziele des Patienten** bedürfen ganz besonderer Beachtung, denn sie bestimmen den **Widerstand** gegen die therapeutischen Versuche, die progressiven Ziele zu erreichen. Es wäre falsch, den Patienten „zur Vernunft" oder zur gefügigen Anpassung an die Entwicklungsziele zu bringen. Das verbale Ausformulieren, das Bedenken und Aufzählen der Vor- und Nachteile, das Imaginieren der Zielerreichung mit dem Erleben der dabei auftretenden Gefühle, die die affektive Bedeutung des Ziels signalisieren, ist unbedingt notwendig. Hier wird die Zielanalyse zur „Ziel- und Widerstandsanalyse".

Ich schließe eine **Exploration der Bedürfnisse** an. Nach einer freien Aufzählung der Bedürfnisse gebe ich einen Bedürfnisfragebogen zum Ausfüllen (VDS27). Die regressiven Ziele lasse ich so auf die zentralen zwischenmenschlichen und selbstbezogenen Bedürfnisse zurückführen. Der Patient kann auf diese Weise die kognitive Ebene verlassen, die zwar hilft, die Fähigkeiten der willkürlichen Psyche nutzend, eine effektive therapeutische Änderung in Gang zu setzen. Aber nicht die willkürliche Psyche beherbergt die wichtigen lerngeschichtlichen Erfahrungen der Kindheit, sondern die autonome Psyche. Diese wird erreicht über das **Wahrnehmen der Bedürfnisse**. Dem Patienten sollte im Gespräch Raum gegeben und der Weg bereitet werden, wirklich zu spüren, was er braucht, nicht nur zu denken, dass er es braucht.

Es zeigen sich überwiegend zwei Arten des Widerstands:
1) der absolute Vorrang von Abhängigkeitsbedürfnissen gegenüber Autonomiebedürfnissen,
2) die Befürchtung, die Autonomiebedürfnisse nicht mehr befriedigen zu können, und wieder in Abhängigkeit zu geraten.

Mit dem Wahrnehmen und Spüren des Bedürfnisses kommt auch die Erinnerung an die **Geschichte dieses Bedürfnisses**, an das Unglück des Kindes, dem die Befriedigung dieses Bedürfnisses vorenthalten wurde oder das auf die Befriedigung verzichten musste, weil sonst sein emotionales Überleben gefährdet gewesen wäre.

Darauf müssen Patient und TherapeutIn gemeinsam **Empathie für den bedürftigen Menschen** aufbringen. Es wäre eine falsch verstandene Zielorientierung, den Istzustand abzuwerten oder dem Patienten das Recht dazu abzusprechen, Probleme zu haben. Ebenso wichtig wie die Empathie der TherapeutIn ist die **Empathie des Patienten** für das bedürftige Kind und für den bedürftig gebliebenen Erwachsenen. Wenn ihm Therapie als Entwicklung vermittelt wird, so kann auch verdeutlicht werden, dass Verständnis und Wohlwollen einen besseren Boden für Entwicklung und Wachstum bereiten als Ablehnung und Selbstkritik. Zur therapeutischen Zielorientierung gehört die **Akzeptanz des Ist-Zustandes,** die beim Patienten einer **Selbstakzeptanz** entspräche. Wir können allerdings nicht erwarten, dass der Patient schon zu Beginn der Therapie ausreichend Selbstakzeptanz aufbringt, müssen also seine fehlende Akzeptanz akzeptieren. Die TherapeutIn hat hier eine wichtige Modellfunktion, die sie erfüllt, wenn sie immer wieder Verständnis und Akzeptanz für den Istzustand deutlich ausspricht. Wir halten fest, dass Selbstakzeptanz in unserer Definition der Zielorientierung implizit enthalten ist. Widerstand können wir vorläufig als fehlende Kongruenz der Therapeutenziele und der Patientenziele definieren. Ein wesentlicher Bestandteil der Zielanalyse ist die Benennung und Würdigung der regressiven („antitherapeutischen") Ziele des Patienten. Die affektive Entscheidung gegen die Beibehaltung eines regressiven Ziels ist bereits Therapie, ebenso wie die Entscheidung für ein progressives Ziel.

Erst beides zusammen stellt die **Bereitschaft zur Entwicklung** her. Im therapeutischen Gespräch muss wiederum dem Patienten Zeit und Raum gegeben werden, sich kognitiv und affektiv die Bedeutung der Zielerreichung zu vergegenwärtigen. Seine Entscheidung hat nur dann therapeutischen Stellenwert, wenn er das Ziel gefühlhaft erspüren kann. Und seine Entscheidung ist nur dann eine Entscheidung, wenn er aus diesem Fühlen heraus die Frage „Wollen Sie das wirklich?" mit ja beantwortet. Die TherapeutIn wiederum muss sich vergegenwärtigen, dass die Zielentscheidung des Patienten im Bewusstsein der Verletzung seiner alten Überlebensregel getroffen wird, dass er also spürt, dass es um sein emotionales Überleben geht, und dass er sich bereit erklärt, ein Wagnis einzugehen, das mit einem für ihn unabwägbaren Risiko behaftet ist. Nur die Verfügbarkeit der TherapeutIn und nur das Vertrauen auf die therapeutische Beziehung helfen ihm, das Ziel zu bejahen.

2.4.2 ALLGEMEINE ZIELTAXONOMIEN

Neben der oben dargestellten idiographischen Zielanalyse, die sich ausschließlich aus dem individuellen Menschen mit seinem nur durch Symptombildung lösbaren Lebensproblem, seiner Lebenssituation und seiner Lerngeschichte ergibt, können und sollten wir allgemeine Ziele in Erwägung ziehen, die sich aus unseren Vorstellungen von Gesundheit und Wachstum ergeben oder aus therapieprozessimmanenten Teilzielen ergeben. Wir können Therapieziele in dreifacher Hinsicht erkunden:

a) inhaltliche störungsbezogene Ziele (idiographisch)
b) prozessuale Ziele (20 Schritte der Therapie)
c) vom gesunden Menschen ausgehende Ressourcenziele.

Zum Ersten waren dies die oben erarbeiteten individuellen problem- und defizitorientierten Ziele, die sich ganz von den Problemen des einzelnen Patienten ergeben.

2.4.2.1 Prozessuale Etappenziele

Zum Zweiten können wir die 20 Etappen des Therapieprozesses als Teilziele formulieren. Prozessuale Etappenziele entsprechen den 20 Schritten der Therapie (Sulz, 2005a,b,c, 2007a, 2011a):

1. Aufbau von Hoffnung und Glauben (Erwartung von Therapieerfolg)
2. Aufbau einer förderlichen Beziehung, Bedürfnisbefriedigung mit dem Ziel des Wohlbefindens und des Freisetzens von Ressourcen
3. Aufbau von Therapiemotivation
4. Herstellen tiefer emotionaler Erfahrung (Exposition)
5. Korrektur der emotional-kognitiven Bewertungen
6. Herstellen von Akzeptanz
7. Ressourcenmobilisierung
8. Herstellen einer Änderungsentscheidung
9. Fördern von Loslassen des Alten, Trauer
10. Bewältigung der Angst vor Veränderung und vor Neuem
11. Veränderung des Verhaltens und Erlebens
12. Erfahrung von Selbsteffizienz
13. Umgang mit Niederlagen
14. Automatisierung des neuen Verhaltens und Erlebens
15. Generalisierung des neuen Verhaltens und Erlebens
16. Selbstmanagement des Verhaltens und Erlebens
17. Bahnung weiterer Selbstentwicklung
18. Vorbereiten auf Abschied, Beenden der Therapie
19. Vorbereiten auf die Zeit nach der Therapie (die ersten Monate)
20. Vorbereiten auf die Zukunft

2.4.2.2 Salutogenetische ressourcenorientierte Therapieziele

Zum Dritten können wir eine Zieltaxonomie des gesunden Menschen formulieren (aus Sulz, 2014a, S. 54-56): Wir können im Sinne von Kanfer (2000) dazu zunächst ein **Modell einer gesunden Selbstregulation** (**Homöostase** und **Homödynamik**) definieren. Es beinhaltet:

- Angeborene Ausstattung & Lernerfahrungen
- Befähigung zum Beginn eines eigenständigen Lebens
- Als offenes System werden aufgrund neuer Erfahrungen laufend neue Handlungsmaximen entworfen und geprüft
- Wissensspeicher und Fähigkeitsrepertoire wächst laufend
- Veraltetes Wissen wird überschrieben, untaugliches Handlungsrepertoire ersetzt
- Sollwerte werden laufend den aktuellen Notwendigkeiten angepasst
- Dabei wird auf die nötige Stabilität zur Identitätswahrung geachtet
- Veränderung und Bewahren halten sich die Balance.

Wir können die geistige Dimension im Sinne von Viktor Frankl (1997) hinzunehmen. Für ihn ist Selbsttranszendenz ein Zeichen psychischer Gesundheit: Sich selbst vergessend der Welt zuwenden, statt immer um sich, seine Bedürfnisse und Nöte kreisend, aus sich heraus treten und die Aufmerksamkeit ganz auf Menschen, Aufgaben, die Welt lenken. Als die Antwort auf die Sinnfrage: Was erwartet mein Leben jetzt von mir?

So können wir uns nach der **impliziten Strategie der gesunden Psyche** fragen:

Strategie der Psyche – wo will sie hin?
- Die Welt erkunden, das Leben gestalten

Strategie der Beziehung – wozu dient sie?
Gegenseitig:
- Heimat, Liebe, Unterstützung, Sicherheit, Limitierung, Austausch, ...

Strategie der Entwicklung – wohin geht der Weg?
- Begabungen und Erfahrungen verbinden zu einer höheren Stufe des körperlichen, emotionalen, kognitiven, interpersonellen und spirituellen Seins
- von der Bedürfnis- zur Wertorientierung – s. u.
- von der Abhängigkeit zur Autonomie (Freiheit und Verantwortlichkeit)
- Vom egozentrischen zum sozialen Wesen
- von der Subjektivität zur Selbsttranszendenz
- von der Privatheit zur Erkenntnis, gebraucht zu sein

Wir fragen weiter: **Wie ist ein gesunder Mensch?**
Er hat die
- Fähigkeit zur Emotionsregulation
- Fähigkeit zur Selbstwahrnehmung
- Fähigkeit zur Selbststeuerung
- Fähigkeit zur sozialen Wahrnehmung
- Fähigkeit zur Kommunikation
- Fähigkeit zur Abgrenzung
- Fähigkeit zur Bindung
- Fähigkeit zum Umgang mit Beziehungen
- Fähigkeit, sich aus einer zu Ende gegangenen Bindung lösen zu können
- Fähigkeit zur Utilisierung von Ressourcen (Begabungen, Kenntnisse, Kreativität, soziales Umfeld)
- Fähigkeit zur Bewältigung krisenhafter Situationen
- Leidenskapazität
- Fähigkeit zur Selbsttranszendenz

(teilweise überlappend mit der OPD-Strukturachse (Arbeitskreis OPD 2009)

Und schließlich die Frage: **Was macht ein gesunder Mensch?**
- Er wendet sich neugierig dem Leben und der Welt zu
- Er lernt begierig, eignet sich Wissen an
- Er eignet sich Fähigkeiten an
- Er reflektiert das Geschehen in der Welt
- Er gestaltet berufliche Projekte
- Er ist musisch und künstlerisch aktiv, rezipiert Kunst und Kultur
- Er besucht die Natur
- Er ist körperlich aktiv
- Er sucht und hat fruchtbare Begegnungen
- Er beginnt und pflegt Beziehungen
- Er geht eine Partnerschaft ein und bewahrt eine dauerhafte liebevolle Beziehung
- Er gründet eine Familie und gibt seinen Kindern, was sie brauchen
- Er stellt sich bewusst der Vergänglichkeit des Lebens und dem Tod (setzt sich mit spirituellen Fragen auseinander)

Um das tun zu können, **braucht ein gesunder Mensch eine Welt**, die ihm das ermöglicht:
- Eingebunden sein in ein stabiles privates Umfeld
- Eingebunden sein in ein stabiles berufliches Umfeld
- Das Gefühl der sinnerfüllten Herausforderung im privaten und beruflichen Umfeld
- reale Chancen zur Reduktion pathogener Umweltfaktoren
- reale Chancen zur Entwicklung einer positiven Lebensperspektive

Diese Faktoren können mit dem VDS38-Ressourcen-Defizit-Rating RDR des VDS-Systems erfasst werden (Sulz, 2008a; vergl. auch Graßl, 2013; Hoy, 2014).

2.5 Der Behandlungsplan: Viele Wege führen nach Rom

Zur Therapieplanung schreibt Sulz (2015a, S. 147): *„Therapiestudien weisen immer wieder darauf hin, dass die Erwartungen des Patienten an die geplante Therapie prognostisch sehr bedeutsam sind. Bleiben sie unberücksichtigt, so kann das, was in der Therapie geschieht, sich zunehmend von den Heilserwartungen des Patienten entfernen, und der Therapeut sieht sich unüberwindbar werdenden Widerständen gegenüber. Wenn er deren Funktion ebenfalls nicht versteht, kommt es zum Therapieabbruch. Deshalb ist es wichtig, die Erwartungshaltung des Patienten ausführlich zu explorieren und einerseits ihm das mögliche Entgegenkommen im therapeutischen Angebot zu erläutern, d. h. zu klären, inwiefern es dem Therapeuten möglich ist, den Patienten dort abzuholen, wo er sich mit seiner gegenwärtigen Änderungsbereitschaft gerade befindet. Reicht die Brücke, die der Therapeut zum Patienten bilden kann, nicht aus, ist es für den Patienten besser, die Therapie nicht zu beginnen, als einen vorhersehbaren Misserfolg der Behandlung den bisherigen belastenden Erfahrungen hinzuzufügen. Informationen über das Wesen der Psychotherapie, über die Rollenverteilungen und die Aufgaben, die Patient und Therapeut jeweils zu erfüllen haben, müssen dem Patienten hier in so großem Ausmaß vermittelt werden, dass er sich für oder gegen das Unterfangen einer Psychotherapie oder das Zusammenarbeiten mit gerade diesem Psychotherapeuten entscheiden kann – sofern ihm sein Befinden noch solche Freiheiten lässt."*

2.5.1 THERAPEUTISCHE STRATEGIEN: WELCHE WEGE WIE BEGEHEN?

Wenn der Patient sich tatsächlich dazu entschlossen hat, die definierten Therapieziele wirklich erreichen zu wollen, wenn sich also in ihm der Antrieb regt, dorthin gelangen zu wollen, so entwickelt er auch genügend Kreativität und Ideenreichtum, um begehbare Wege zum Ziel zu erfinden.

Der Begriff der Zielorientierung beinhaltet eine motivationale Komponente: die Therapiemotivation ist definitorischer Bestandteil der Zielorientierung. Dies bedeutet, dass sich die Blickrichtung von der Problemorientierung (ich weiß nicht, was tun) zur Zielorientierung (ich will dorthin) geändert hat. Damit ist die Voraussetzung dafür geschaffen, dass der Mensch frei wird, die Ressourcen seiner autonomen Psyche auszuschöpfen (Kreativität, Intuition) und die Fähigkeiten seiner willkürlichen Psyche einzusetzen (Produktivität, Effizienz).

Der Weg vom Problem zum Ziel wird zum Instrument eines zweckbestimmten Handelns oder zum operanten Verhalten, das durch Hoffnung auf Erfolg und durch positive Verstärkung gesteuert wird. Natürlich wird der Patient seinen Behandlungsplan nicht ohne Zutun der TherapeutIn aufstellen. Aber er findet Antworten auf die Frage, was getan werden kann, um ein Ziel zu erreichen.

Wie dies im therapeutischen Kontext umgesetzt werden kann, weiß die TherapeutIn hinzuzufügen und vorzuschlagen. Dabei müssen spezielle Interventionstechniken im Sinne von Verhaltensexperimenten nur dann vorgeschlagen werden, wenn die eigenen Möglichkeiten des Patienten nicht ausreichen oder unökonomisch sind.

2.5.1.1 Vom SORKC-Schema ausgehende Ziele und Interventionsstrategien

Begeben wir uns zunächst jedoch wieder auf die Metaebene der theoriegeleiteten strategischen Therapieplanung. Der dritte Schritt zur effizienten Psychotherapie ist, nach der
- individuellen Bedingungsanalyse und der
- systematischen Zielanalyse, die
- **strategische Therapieplanung**.

Mit dieser zweidimensionalen Betrachtung erhalten wir eine Acht-Felder-Tafel wie in Abbildung 2.4.1.

Die vier Hauptvariablen des SORKC-Modells führen zu vier Hauptstrategien (im Beispiel von Frau A. wurden für R zwei Strategien (zusätzlich eine für das Symptom) formuliert):

1. (S) Selbstkontrolliertes Aufsuchen aller bisher vermiedenen Situationen (zum Abbau des Vermeidungsverhaltens).
2. (O) Empirische Hypothesenprüfung nach Beck (zur Falsifizierung der alten Überlebensregel).
3a. (R) Kommunikationstraining (aktives Konfliktlösen statt trennen).
3b. (Symptom) Angstexposition, um zu lernen mit der Angst umzugehen (zur Angstreduktion).
4. (C) Aktivitätenplanung: Unternehmungen ohne den Mann (zur Veränderung des Selbst- und Weltbildes).

Für jede dieser Hauptstrategien lassen sich, ausgehend von der allgemeinen kognitiven Entwicklungstheorie psychischer Störungen von kognitiver und verhaltenstherapeutischer Seite Detailstrategien vorschlagen, die wiederum durch von der einzelnen TherapeutIn und vom Patienten kreativ gefundenen Interventionen individuell praktisch umgesetzt werden können:

Tabelle 2.5.1 zeigt die Detailstrategien, die hier nur probatorischen beispielhaften Charakter haben sollen. Sie sind nicht als immanenter Bestandteil der in diesem Buch vorgestellten Theorie zu sehen. Vielmehr spiegeln sie einerseits derzeitige kognitive und verhaltenstherapeutische Praxis wieder, andererseits die Offenbarung des momentanen Standes meiner bevorzugten therapeutischen

DER BEHANDLUNGSPLAN – Dreierschritt
Störung – Ziel – Therapie allgemein

Rückseite Karte 11 — PKP-Grundkurs

Wir haben die vier Störungsbereiche S, O, R und C des SORKC-Schemas. Wir haben für jeden Störungsbereich ein Ziel formuliert. Und wir können nun überlegen, mit welcher Therapie-Intervention wir dieses Ziel erreichen können und wollen.

	STÖRUNG	ZIEL	THERAPIE
S	1. die symptomauslösende **Lebenssituation**	1. Funktionaler Umgang mit der Problemsituation	1. z. B. Stressbewältigungstraining
O	2. die **Person** (Organismus)	2. Modifikation zentraler Verstärkungen und Vermeidungen	2. z. B. empirische Hypothesenprüfung
R K	3a. die **Reaktion**skette bis zum **3b. Symptom**	3a. Verhaltensoptimierung, 3b. Symptomreduktion	3a. Kompetenztraining 3b. Symptomtherapie z. B. Exposition
C	4. die **Konsequenzen** und Effekte des Symptoms	4. Modifikation der Kontingenzen d. Verhaltens	4. z. B. Selbstbehauptungstraining

© S. Sulz 2012 PKP-Grundkurs Verhaltenstherapie www.cip-medien.com

Abbildung 2.5.1 Der Behandlungsplan – Dreierschritt Störung – Ziel Therapie allgemein (aus Sulz (2012a) Psychotherapie-Grundkurs und Praxisleitfaden, S. 35)

2.5 Der Behandlungsplan: Viele Wege führen nach Rom

Tabelle 2.5.1 Von der Störung zu Ziel und Therapie (allgemeines Modell für alle Störungen)

Die Situation	Was ist gestört?	Das Therapieziel ist …	Die Therapie wird sein …
Pathogene Lebensgestaltung	Pathogene Lebensgestaltung (Auf welche Weise wird das übrige Leben so gestaltet, dass es unbefriedigend sein oder bleiben bzw. scheitern muss?)	Mehrere erfüllende Lebensbereiche aufbauen (Beruf, Hobbys, Freundeskreis, Partnerschaft & Familie)	Planerisches Problemlösen (z. B. in Sulz, 2012a)
Pathogene Beziehungsgestaltung	Pathogene Beziehungsgestaltung (auf welche Weise wird in den aktuellen intimen und näheren Beziehungen mit den anderen Menschen so umgegangen, dass diese Beziehungen unbefriedigend werden oder scheitern müssen?)	In Beziehungen emotional offen sein, eigene Bedürfnisse äußern, sich den nötigen Freiraum schaffen, dabei die Interessen d. anderen berücksichtigen.	Training der Wahrnehmung und Kommunikation von Gefühlen und Bedürfnissen, des Führens von Konfliktgesprächen
Auslösende Lebenssituation	Auslösende Lebenssituation (Welche konkreten Ereignisse im letzten Jahr bzw. welche größeren Veränderungen im Leben der letzten zwei Jahre führten zur Symptombildung und damit zur Auslösung der psychischen Erkrankung? Welches Problem konnte nicht anders als durch Symptombildung gelöst werden? – Bei Persönlichkeitsstörungen ist hiermit diejenige, ohne fremde Hilfe nicht mehr zu bewältigende Lebenssituation gemeint, die den Leidensdruck so groß machte, dass Psychotherapie begonnen wurde)	Künftig in der symptomauslösenden Problemsituation effiziente Bewältigungsstrategien verfügbar haben, so dass die Symptombildung verzichtbar wird.	Vermittlung von Stressbewältigungsstrategien, Training sozialer Kompetenz, Vermittlung von Problemlösestrategien
Die Person	**Was ist gestört?**	**Das Therapieziel ist …**	**Die Therapie wird sein …**
Angeborene Dispositio	Angeborene Disposition körperlicher oder psychischer Art, die anfällig für die Symptombildung macht	Aufbau von Selbstakzeptanz für die eigenen Schwachstellen und Begrenzungen der Lebensgestaltung	Affektiv-Kognitive Umstrukturierung des Ideal-Selbstbildes (Reduktion der Ist-Ideal-Diskrepanz)
Lerngeschichte	Lerngeschichte (Verhalten der Eltern)	Lerngeschichtliches Verständnis der motivationalen und emotionalen Auswirkungen elterlichen Verhaltens auf das kleine Kind	Bedingungsanalytische Gespräche
Kindliches Weltbild	Kindliches Bild der Welt: Frustrierendes bzw. traumatisierendes Elternverhalten wird ungeprüft auf die Erwachsenenwelt übertragen	Lernen, dass die Menschen im heutigen Erwachsenenleben meist anders reagieren als früher die Eltern dem Kind gegenüber	Training sozialer Wahrnehmung
Kindliches Selbstbild	Kindliches Selbstbild (eigene Bedürfnisse, Erwartungen, Fertigkeiten)	Erkennen, wie sehr das heutige Selbstbild noch von kindlichen Bedürfnissen und Befürchtungen geprägt ist. Deren Einfluss vermindern.	Selbstkontrollstrategien mit gezielter Selbstbeobachtung und Selbstbewertung

Kindliche Grund-annahmen	Kindliche Grundannahmen über das Funktionieren der Welt (Erfahrungen mit den Eltern)	Herausarbeiten der kindlichen Logik als Wenn-Dann-Beziehung zwischen Selbst und Welt, z. B.: Nur wenn ich Mutters Wünsche erfülle, hat sie mich lieb.	Kognitive Gesprächsführung nach Beck: Sokratischer Dialog
Überlebensregel	Überlebensregel (Was muss ich unbedingt tun, was darf ich auf keinen Fall tun, um von der sozialen Umwelt die zum emotionalen Überleben benötigten Reaktionen zu erhalten)	Abschwächung oder Falsifikation der kindlichen Überlebensregel, so dass effizientes erwachsenes Sozialverhalten erlaubt ist.	Empirische Hypothesenprüfung nach Beck: Tu das Gegenteil dessen, was Deine Überlebensregel Dir befiehlt, und sieh, ob die vorhergesagten Folgen eintreten.
Reaktion/ Symptom	**Was ist gestört?**	**Das Therapieziel ist …**	**Die Therapie wird sein …**
Dysfunktionale Verhaltens-stereotypien	dysfunktionale Verhaltensstereotypien (habituelle Erlebens- und Reaktionstendenzen, die in der Kindheit funktionale Copingstrategien waren und jetzt im Erwachsenenalter in den meisten Situationen dysfunktional geworden sind – sie definieren die Persönlichkeit)	Reduktion der dysfunktional. Verhaltenstendenzen (z. B. selbstunsicher oder dependent oder zwanghaft oder histrionisch)	Definition der Überlebensregel, die das Verhaltensstereotyp determiniert. Training der sozialen und Emotionswahrnehmung und des Sozialverhaltens
Dauer-dilemma	Dauerdilemma (Konflikt zwischen den Geboten und Verboten der Überlebensregel und meinen zentralen Wünschen und Bedürfnissen)	Vor- und Nachteile d. alten Verhaltensstereotyps und des funktionalen Bewältigungsverhaltens abwägen, verantwortlich entscheiden	Planerisches Problemlösen als kognitive Strategie des Aufbaus von selbstverantwortlichem Verhalten
Primäre Emotion	primäre Emotion, die die natürliche Antwort auf das problematische Ereignis der Lebens-Situation S wäre (meist tabuisiert oder bedrohlich, z. B. Wut, Ärger, Trauer)	Die ursprüngliche Emotion wieder wahrnehmen, sie sich erlauben, ihre Funktion als Motivator von Copingverhalten erkennen und nutzen	Übung d. Gefühlswahrnehmung, kognitive Umstrukturierung bisheriger Verbote, Übung d. Verhaltenskette primäre Emotion – adäquates Copingverhalten
Primärer Handlungsimpuls	primärer Handlungsimpuls, der sich aus der primären Emotion ergäben würde: a) inadäquat intensiver Impuls (unzivilisiert, daher allgemein sozial abgelehnt); b) adäquates Coping (wegen emotionaler Abhängigkeit zu bedrohlich)	kognitive Kontrolle über den primären Handlungsimpuls erreichen: inadäquate Impulse ersetzen durch adäquate, effiziente Handlungskonzepte	Selbstinstruktionsübungen nach Meichenbaum, kognitive Umstrukturierung zu strenger Normen, die adäquates Coping verbieten
Antizipation der Konsequenz	Antizipation der Konsequenz dieses primären Handlungsimpulses, die eine extreme Bedrohung des Organismus bzw. der Person bedeuten würde (Ablehnung, Zurückweisung)	Erkennen, dass die dysfunktionale Überlebensregel der Kindheit eine unrealistische Bedrohung vorhersagt (die emotional nicht überlebt wird)	empirische Hypothesenprüfung nach Beck: Handeln entgegen der dysfunktionalen Überlebensregel
Gegensteuernde Gefühle	gegensteuernde Gefühle (Angst, Scham, Schuldgefühle, Ekel), die verhindern sollen, dass der primäre Handlungsimpuls in eine Handlung umgesetzt wird.	Den gegensteuernden Gefühlen (Angst, Scham, Schuldgefühl, Ekel) die verhaltenssteuernde Wirkung nehmen (Toleranzvergrößerung)	Selbstkontrollübungen (immer länger diese Gefühle aushalten lernen, ohne zu tun, wozu sie drängen)

2.5 Der Behandlungsplan: Viele Wege führen nach Rom

Reaktion/Symptom	Was ist gestört?	Das Therapieziel ist ...	Die Therapie wird sein ...
Vermeidung	Vermeidung: Unterdrückung des primären Handlungsimpulses	Das Vermeidungsverhalten bewusst beobachten u. der Selbstkontrolle zugänglich machen: Doch noch das funktionale Coping ausführen	Selbstbeobachtungs- und Selbstinstruktionsübungen
Neue verhaltenssteuernde Gefühle	Neue verhaltenssteuernde Gefühle, die unmittelbar zu diskriminativen oder reflexhaft auslösenden Stimuli des Symptomverhaltens werden (z. B. Hilflosigkeit bei Depression, Angst beim Paniksyndrom)	Symptomatische Gefühle, die zeitlich unmittelbar dem Symptom vorausgehen, als konditionierte Symptomauslöser löschen	Emotionsexposition zur Löschung der klassischen und instrumentellen Konditionierungen
Symptom	Symptom als qualitativ neues Verhalten, das einerseits eine partielle Problemlösung in der auslösenden Situation bringt, andererseits aber auch nicht die Verbote und Gebote der Überlebensregel verletzt	Ein alternatives, mit dem Symptom unverträgliches Verhalten aufbauen (evtl. als Gegenkonditionierung)	Bei Depression z. B. Trauerexposition, bei Agoraphobie Angstexposition, bei EssStörungen Anti-Diät-Training etc.
Konsequenzen	Was ist gestört?	Das Therapieziel ist ...	Die Therapie wird sein ...
Sekundäre Verhaltensweisen	Verhaltensweisen, die sekundär versuchen, die Auswirkungen des Symptoms abzumildern bzw. deren negat. Auswirkungen entgegenzusteuern	Erkennen, dass diese Art, das Symptom erträglich zu machen, für die Aufrechterhaltung des Symptoms sorgt	Durch Selbstkontrolle die das Symptom abmildernden Verhaltensweisen stoppen und ersetzen durch das primär intendierte Bewältigungsverhalten
Vermeiden aversiver Konsequenzen	Vermeiden der aversiven Konsequenzen einer „gesunden" Copingreaktion als autonomem selbstverantwortlichem Verhalten, wie das Risiko der Ablehnung, des Unmutes	Die Angst vor Ablehnung und Unmut der anderen während des ‚gesunden' Copingverhaltens aushalten können	Unterstützung und Ermunterung, Shaping, Verstärkung von Teilerfolgen
Bewahren von Verstärkungen	Bewahren von Verstärkungen (Gratifikationen aus der Abhängigkeit von wichtigen Bezugspersonen und Beziehungen)	a) weniger Verstärkung aus Abhängigkeit benötigen b) diese Verstärkung sich selbst holen können, bei wem ich sie holen will	a) Affektiv-kognitive Entscheidung zum bewussten Verzicht (z. B. auf so viel Geborgenheit) b) Aufbau neuer soz. Beziehungen, c) Selbstverstärkung
Bestätigung der Selbst- und Weltsicht	Bestätigung der alten Selbst- und Weltsicht	Lernfähigkeit aufbauen, um alte Selbst- und Weltsichten durch ständig neue Erfahrungen realitätsgerecht verändern zu können und zu wollen	Kognitives Lernset durch kognitive Gesprächsführung wie den Sokratischen Dialog herstellen
Positive Verstärkung durch die soziale Umwelt	Zusätzliche positive Verstärkung des Symptomverhaltens durch die soziale Umwelt	Erkennen, welchen Vorteil das Symptom für die soziale Umwelt bringt, um deren verstärkendes Verhalten identifizieren und löschen zu können	Familienbeobachtung, Familiengespräche zur gemeinsamen Bedingungsanalyse

Schwerpunktsetzungen, insgesamt also meine subjektive Konstruktion meines therapeutischen Selbst-Welt-Systems. Da ich mich in kontinuierlicher Entwicklung befindlich sehe, ist dieser Ansatz als Momentaufnahme im dialektischen Prozess der Assimilation und Akkommodation der Bedeutungsentwicklung im Sinne Piagets und Kegans zu verstehen.

Da die Zielanalyse bereits zu einer Selektion von fünf Detailzielen geführt hat, ist nun kein Auswahlprozess mehr erforderlich. Sie übernehmen einfach aus Tabelle 2.5.1 die Interventionen, die in der ausgewählten Zeile in der rechten Spalte stehen.

Bei der S-Variable z. B. die auslösende Lebenssituation: Es bleibt noch der Seitenblick auf diejenigen Therapieinterventionen, die nicht gemacht werden sollen, als Prüfungsschritt einer wirklich stimmigen Auswahl. Diese Prüfung ist zugleich eine Überprüfung des gesamten individuellen Störungsmodells. Betrachte ich die Detailstrategien als Teilstrecken des gesamten Weges zum Ziel, so muss ich mir vorstellen können, auf diese Weise wirklich

a) mit diesem Patienten
b) bei seiner spezifischen Lebenssituation
c) und seinem klinischen Syndrom
d) in die gewünschte Richtung
e) bis an den gewünschten Ort

gelangen zu können.

2.5.1.2 Die Gesamtstrategie als Kern der Fallkonzeption

Nach einer eventuellen Überarbeitung wird eine dem oben formulierten Gesamtziel korrespondierende Gesamtstrategie auf relativ abstraktem Niveau genannt, die einerseits eine Zusammenfassung obiger vier Hauptstrategien ist, andererseits angibt, was TherapeutIn und PatientIn tun werden. Ein Beispiel für eine Gesamtstrategie bei einem depressiven Patienten ist:

„Durch die Erfahrung von Selbsteffizienz (Durchsetzen eigener Vorstellungen am Arbeitsplatz) unabhängig werden von der äußeren Selbstwertquelle (ständige Bestätigung des Vorgesetzten)"

Bevor wir in die detaillierte Therapieplanung eintauchen, ist es also hilfreich, mit etwas Abstand auf den Patienten und seine Erkrankung zu blicken. Wir haben so viele Eindrücke gewonnen und so viele Informationen aus der Biographie und aus allen Lebensbereichen des Patienten erhalten, dass es nicht leicht fällt, die groben Konturen zu zeichnen, so dass ein kurzgefasstes charakteristisches Profil des Patienten und damit des Behandlungsfalles entstehen kann. So wenig wie möglich Details, so kurz wie möglich den Menschen, sein symptomauslösendes Lebensproblem, seine Erkrankung und deren schützende bzw. vermeidende Funktion benennen.

„Worum geht es bei diesem Patienten?"
Daraus ergibt sich automatisch ebenso kurz gefasst das globale Therapieziel und daraus wiederum die Art der Therapiemaßnahmen: **Gesamtproblem → Gesamtziel → Gesamttherapiestrategie**
In den Beispielberichten des VDS-Handbuchs (Sulz, 2015a) an den Gutachter wurden diese drei Kurzfassungen so oft wie möglich passend eingefügt, wie bei der sozialphobischen jungen Ärztin (a.a.O. S. 161):

> **Gesamtproblematik:** Viele Jahre lang ist es der Patientin gelungen, Erwartungen an fehlerlose Leistungen mit großem aber nicht überforderndem Aufwand zu erbringen. An ihrem jetzigen Arbeitsplatz ist Fehlerfreiheit nicht mehr zu leisten. Sie erwartet vernichtende Kritik und entwickelt sozialphobische Befürchtungen mit massiven Ängsten.
>
> **Gesamtziel** ist, dass die Patientin die Relation zwischen Schwierigkeit der Situation und Verfügbarkeit eigener Ressourcen und Fähigkeiten realistisch einschätzen lernt, so dass keine phobische Angst mehr auftritt.
>
> **Gesamtstrategie** ist auf der Handlungsebene der übende Umgang mit der Angst (Exposition) und auf der kognitiven Ebene die Neueinschätzung der Relation von Situationsschwierigkeit versus Personkompetenz: „Das ist zwar eine schwierige Aufgabe, aber ich kann das und werde es auch diesmal meistern."

Nicht nur zur Ausarbeitung einer Falldokumentation, wie bei Sulz (2015a) vorgeschlagen wird, sondern auch zu therapeutischen Zwecken ist es notwendig, von der abstrakten Sprache des Modells auf die konkrete Person und ihr konkretes Erleben und Verhalten zurückzukommen, wenn der Behandlungsplan aufgestellt wird. Es ist nicht nur das Problem von Gutachtern, hinter abstrakten Therapieplänen den konkreten Patienten nicht mehr wiederzuerkennen. Es ist auch das Problem von Patient und TherapeutIn, die Idee in die konkrete Tat umzusetzen. Konkrete, auf den individuellen Patienten bezogene Formulierung der geplanten Behandlung schafft die Brücke zur praktischen Umsetzung der Strategie.

2.5.1.3 Die drei Säulen der Strategisch-Behavioralen Therapie

Beim Festlegen der Prioritäten und der zeitlichen Reihenfolge der Therapiemaßnahmen ist das Drei-Säulenprinzip (Abb. 2.5.2) eine hilfreiche Strategie:
- Symptomtherapie (weswegen der Patient zur Behandlung kommt)
- Skills Training (fehlende Fertigkeiten aufbauen)
- Motiv-Optimierung (Änderungsfeindliche Motive abbauen, z. B. die dysfunktionale Überlebensregel)

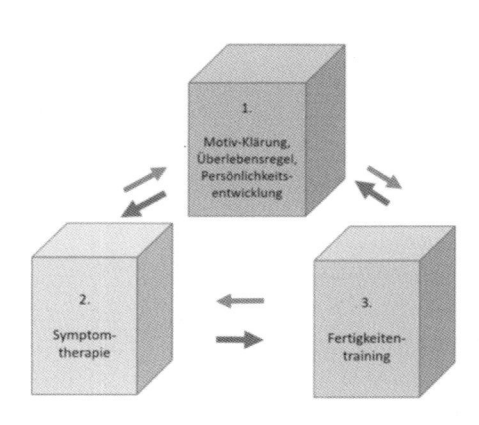

Nach Klärung der konflikthaften Motive und Formulierung der Überlebensregel (Säule 1) folgt die Arbeit am Symptom (Säule 2), dann Aufbau noch fehlender Fertigkeiten (Säule 3). Therapie-Widerstand führt zurück zu Säule 1. Und dann rasch wieder zurück zu Säule 2 und 3. So bleibt die Therapie kurz.

Abbildung 2.5.2 Die drei Säulen der Therapie und die Reihenfolge in der Kurzzeittherapie

Zuerst wird störungsspezifisch und evidenzbasiert die Symptomatik reduziert. Wenn diese Therapie stockt, wird zur zweiten Säule übergegangen und es werden fehlende Fertigkeiten aufgebaut, um alternatives Verhalten (das die Funktion des Symptoms erfüllt) zur Symptomatik aufzubauen. Wenn Fähigkeiten aufgebaut sind, aber nicht umgesetzt werden, wird zur dritten Säule gewechselt und eruiert, welche Motive den Änderungen entgegenstehen (z. B. Angst vor Verantwortung, vor Alleinsein, Bedürfnis nach Geborgenheit, eine Überlebensregel, die durchsetzendes Verhalten verbietet). Diese Motive entsprechen dem therapeutischen Widerstand. Durch Änderung der Emotionsregulation, die blockierende Gefühle produziert, können diese Motive ihre verhaltenssteuernde Wirkung verlieren. Grawe (1998) empfiehlt die umgekehrte Reihenfolge: zuerst Motivklärung und dann Änderung.

2.5.1.3.1 Säule 1: Symptomtherapie

Es wird mit der **ersten Säule,** der Symptomtherapie, begonnen (Punkt 3b in Abb. 2.5.1). Hier kann zunächst von der Reaktionskette ausgegangen werden und je Reaktion die für sie spezifische Intervention eingesetzt werden (Tab. 2.5.2).

Tabelle 2.5.2 Reaktionskette zum Symptom mit spezifischen Interventionen

Problem	Ziel	Intervention
Primäre Emotion	wahrnehmen lernen	Gefühlswahrnehmungstraining
Primärer Impuls	steuern lernen	Selbstinstruktionstraining
Erwartung der Folgen	einschätzen lernen	Situationsanalyse und Reattribuierung
Gegensteuerndes Gefühl	ignorieren lernen	Emotionsexposition
Körperhaltung, -reaktion	zielführende Körperhaltung	Rollenspiel mit Video-Feedback
Vermeidendes Verhalten	meistern lernen	Training sozialer Kompetenz
Symptombildung	damit umgehen lernen	störungsspezifische Intervention (z. B. Angst-Exposition)

Oft ist zusätzlich eine störungsspezifische Behandlung erforderlich. Im VDS-Handbuch (Sulz, 2015a) wird ausführlich auf die Behandlungspläne der jeweils geschilderten klinischen Störungen (Angst und Phobie, Zwang, Depression, Bulimie, Alkoholismus) eingegangen. Auf jeden Fall ist die Lektüre störungsspezifischer Monographien zu empfehlen – besonders den AnfängerInnen und den sehr Erfahrenen. AnfängerInnen wissen vielleicht noch nicht – sehr Erfahrene wissen manchmal nicht mehr, was der aktuelle Stand der Therapieforschung in den einzelnen Forschungsbereichen ist (vergl. Leibing et al., 2003; Margraf, 2000, 2009; Voderholzer & Hohagen, 2014). Das störungsspezifische Vorgehen wird u. a. beschrieben in Ehlert (2003), Senf und Broda (2011), Senf und KollegInnen (2013) und den Therapiebüchern I bis III (Sulz, 2002, 2011a, 2012b).

2.5.1.3.2 Säule 2: Aufbau von Fertigkeiten – Skills Training

Die **zweite Säule** ist das Fertigkeitentraining (Abb. 2.5.3), das sich auf sieben Bereiche beziehen kann (Sozialverhalten, Kognition, Emotion, Beziehung, Körper, Entwicklung, Spiritualität).

Die genannten Interventionen und Übungen sind z. B. in Sulz (2012a) beschrieben. Die umfassendste Sammlung verhaltenstherapeutischer Interventionen findet sich in Linden & Hautzinger (2015). Aber auch in Senf & Broda (2011) sowie Senf, Broda & Wilms (2013) sind sehr viele, auch integrative Interventionsmethoden beschrieben.

2.5.1.3.3 Säule 3: Motivklärung und Überlebensregel

Die **dritte Säule** ist die Motivklärung, die unmittelbar zur dysfunktionalen Überlebensregel führt: Hauptmotiv ist von Geburt an, emotional zu über-

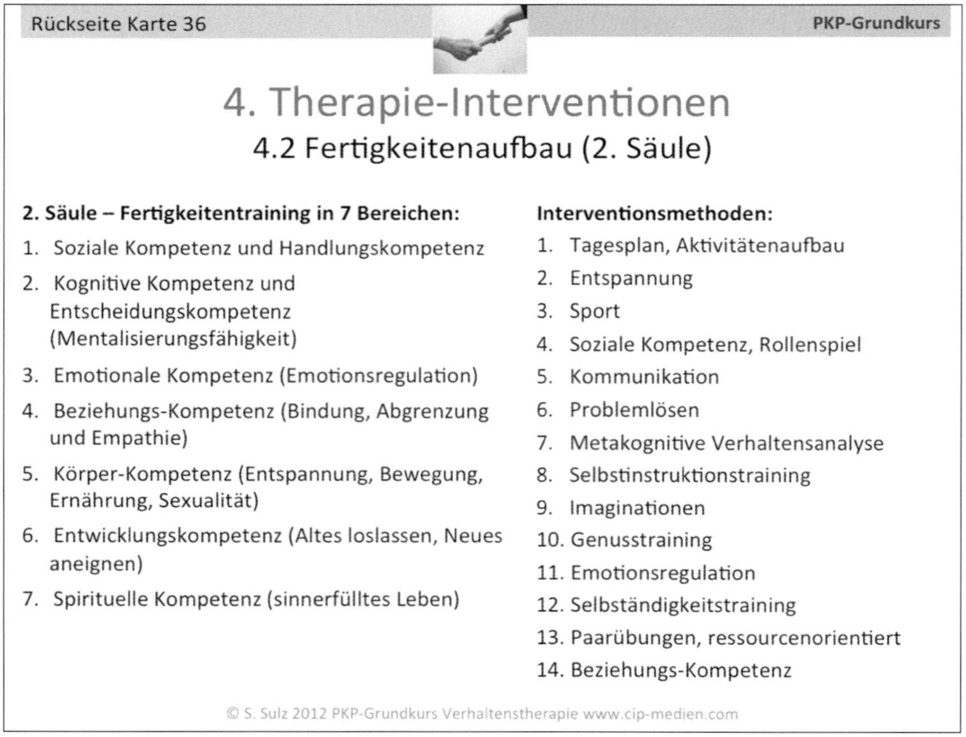

Rückseite Karte 36   **PKP-Grundkurs**

4. Therapie-Interventionen
4.2 Fertigkeitenaufbau (2. Säule)

2. Säule – Fertigkeitentraining in 7 Bereichen:
1. Soziale Kompetenz und Handlungskompetenz
2. Kognitive Kompetenz und Entscheidungskompetenz (Mentalisierungsfähigkeit)
3. Emotionale Kompetenz (Emotionsregulation)
4. Beziehungs-Kompetenz (Bindung, Abgrenzung und Empathie)
5. Körper-Kompetenz (Entspannung, Bewegung, Ernährung, Sexualität)
6. Entwicklungskompetenz (Altes loslassen, Neues aneignen)
7. Spirituelle Kompetenz (sinnerfülltes Leben)

Interventionsmethoden:
1. Tagesplan, Aktivitätenaufbau
2. Entspannung
3. Sport
4. Soziale Kompetenz, Rollenspiel
5. Kommunikation
6. Problemlösen
7. Metakognitive Verhaltensanalyse
8. Selbstinstruktionstraining
9. Imaginationen
10. Genusstraining
11. Emotionsregulation
12. Selbständigkeitstraining
13. Paarübungen, ressourcenorientiert
14. Beziehungs-Kompetenz

© S. Sulz 2012 PKP-Grundkurs Verhaltenstherapie www.cip-medien.com

Abbildung 2.5.3 Interventionen des Fertigkeitentrainings (aus Sulz (2012a): Psychotherapie-Grundkurs und Praxisleitfaden, S. 60)

leben. Diesem Motiv dient die Überlebensregel, die vorgibt, dass neue von der TherapeutIn vorgeschlagene Verhaltensweisen verboten sind. Der therapeutische Widerstand ist also in der dysfunktionalen Überlebensregel begründet. Ihre Veränderung ist deshalb eine zentrale Therapiestrategie.

2.5.1.4 Individualisierung des Therapieplans
Als Beispiel habe ich den individualisierten Behandlungsplan für Frau A. bezogen auf jeweilige Störung bei S, O, R und C und jeweiliges Ziel formuliert:

1 (S) Selbstkontrolliertes Aufsuchen aller bisher vermiedenen Situationen *(zum Abbau des Vermeidungsverhaltens und Aufbau von Selbststeuerung in den S-Bahnsituationen)*.
2 (O) Empirische Hypothesenprüfung nach Beck *(zur Falsifizierung der alten Überlebensregel, die ihr verbot, sich selbständige Bereiche ohne ihren Mann aufzubauen)*.
3a (R) Kommunikationstraining *(aktives Konfliktlösen statt Trennung vom Partner, so dass sie Ärger gleich ausspricht und klärt und nicht die Wut so lange anwachsen lässt bis ihr der Kragen platzt und sie sich trennen will)*.
3b (Symptom) Angstexposition, um zu lernen mit der Angst umzugehen *(zur Angstreduktion während die Pat. mit der S-Bahn zu ihrer Arbeitsstelle fährt)*.
4 (C) Aktivitätenplanung: Unternehmungen ohne den Mann *(zur Veränderung des Selbst- und Weltbildes, so dass sie feststellt, dass sie sich in den meisten Situationen selbst helfen kann)*.

2.5.2 PLANUNG DES ZEITLICHEN, INHALTLICHEN UND PROZESSUALEN ABLAUFS DER THERAPIE
Bisher haben wir einzelne Interventionen als Maßnahme zur Erreichung einzelner Ziele benannt.
Nun müsste (auch wenn es später doch anders wird) eine Skizze des geplanten Ablaufs der Therapie gezeichnet werden: „Ich stelle mir folgendes Vorgehen vor ...."

Hier unterscheiden wir folgende Parameter:
a) inhaltliche (welche Inhalte sollen im Therapieverlauf zum Thema werden?)
b) prozessuale (welche Prozesse sollen angestoßen werden, die die Inhalte tragen und befördern?)
c) zeitlich (wann, wie oft und wie lange erfolgen welche Maßnahmen?)

Bleiben wir wie in Tabelle 2.5.3 dargestellt, zunächst bei den inhaltlichen Aktionen und Themen im Verlauf einer Behandlung. Hier kommen bereits zu Beginn wichtige Wirkfaktoren zur Geltung, die günstige Ausgangsbedingungen schaffen:

Zu 1: Aufbau von Hoffnung und Glauben, dass mir geholfen werden kann (Erwartung von wirksamer Therapie)
Zu 2: Aufbau einer förderlichen therapeutischen Beziehung
Zu 3: Aufbau von Therapie- und Änderungsmotivation
Zu 4: Herstellen von tiefer emotionaler Erfahrung und von Akzeptanz (Problemaktualisierung im Sinne von Grawe (1998))

Diese Aufzählung impliziert keine strenge Abfolge. Vielmehr findet in einer einzigen Sitzung mehreres statt, z.B.: soziales Kompetenztraining – Emotionsregulationsinterventionen – Entschärfung der zu strengen Überlebensregel
Oder: metakognitives Training (Aufbau einer realistischen TOM) und Kommunikationstraining mit Förderung der Körperkompetenz.
Beginnen Sie beim Fertigkeitentraining nicht mit den Schwächen, sondern mit den Stärken.
So schaffen Sie schon früh die Erfahrung von Selbstwirksamkeit, die Motivation und Kraft für weitere Veränderungen gibt.

Tabelle 2.5.3 Säule 2 –Fertigkeitentraining: Zielgerichtete Aktion und inhaltliches Thema

Zielgerichtete Aktion	Inhaltliche Themen
Achtsamkeitstraining	Einleitung regelmäßiger Achtsamkeitsübungen
Symptomtherapie allgemein	Von der Reaktionskette zum Symptom ausgehende Interventionen
Symptomtherapie störungsspezifisch	Leitliniengemäße Interventionen zur Überwindung der spezifischen Symptomatik, (z. B. PKP-Karten Angst, Depression, Alkoholismus)
Ressourcenanalyse und -mobilisierung: Dinge tun, die ich kann und die mir Freude bereiten	a) Innere (Fähigkeiten) und äußere (zwischenmenschliche Beziehungen) Kraftspender hervorholen und aktivieren. b) Positive Aktivitäten c) Genusstraining
Evtl. Entspannungstraining und Stressbewältigungstraining	Progressive Muskelrelaxation nach Jacobson und kognitive Antistress-Tools als Selbstinstruktionen
Emotionsregulationstraining	Umgang mit Emotionen funktionaler werden lassen: Wahrnehmen, Ausdrücken, Teilen
Soziales Kompetenztraining	Nein sagen lernen, Fordern lernen, Fehler akzeptieren lernen, mit Kritik umgehen lernen
Metakognitives Training (Theory of Mind und Entwicklung von der impulsiven auf die souveräne Stufe)	Neueinschätzung dysfunktionaler Situationsinterpretationen (Handlungen und Gefühle anderer auf deren Bedürfnisse und Ängste zurückführen können, ebenso die eigenen)
Kommunikationstraining (Beziehungskompetenz)	Mit anderen konstruktiv sprechen und verhandeln können bezüglich Bedürfnissen, Ängsten, Gefühlen, Reaktionsweisen und deren Wirkungen
Selbstständigkeitstraining (bei Dependenz)	Unternehmungen ohne die dominante Bezugsperson planen, eigenen Freundeskreis pflegen
Körperkompetenz fördern	Empfindsame Körperwahrnehmung als Bestandteil der Emotionalität und zwischenmenschlichen Bezogenheit einerseits und Sport und Bewegung (evtl. Kampfsport) andererseits
Spirituelle Kompetenz aufbauen	Lebensziele, Lebenssinn, Erfüllendes im Leben erkunden und in Erfahrung bringen

2.6 Die Überlebensregel und die Klärung der Motive

Wir greifen das Arbeitsmodul „Überlebensregel und motivationale Klärung" auf, mit dem schon früh parallel zur Symptomtherapie begonnen werden kann (Abb. 2.6.1).

Der Patient hat sich bisher so verhalten, dass es zu einer Situation kommen musste, in der er nur noch mit dem Symptom reagieren konnte. Diesem Verhalten liegen Motive zugrunde, deren Art und Herkunft wir klären müssen. Nur dann können wir sein bisheriges Verhalten verstehen. Grawe (1998) teilt Psychotherapie in zwei Phasen ein:
1. Klärungsphase zur motivationalen Klärung des Verhaltens
2. Änderungsphase, in der neues Verhalten aufgebaut wird

Wir befinden uns in der Phase der motivationalen Klärung. Neben dem kognitiven Ziel, die Beweggründe des Verhaltens zu erkennen, erreichen wir durch dieses Verstehen meist auch ein zweites – emotional-motivationales – Ziel: Akzeptanz. Der Patient kann sich, seine Entwicklung und seine Persönlichkeit danach besser akzeptieren.

Explizite zielorientierte Änderungsmaßnahmen sind erst sinnvoll, wenn wir die impliziten Ziele bzw. Motive des Patienten ins Bewusstsein gerückt haben. Diejenigen Motive, die wesentlich zur Symptombildung beigetragen haben, können wir in einer Systemregel bzw. einem komplexen motivationalen Schema zusammenfassen.

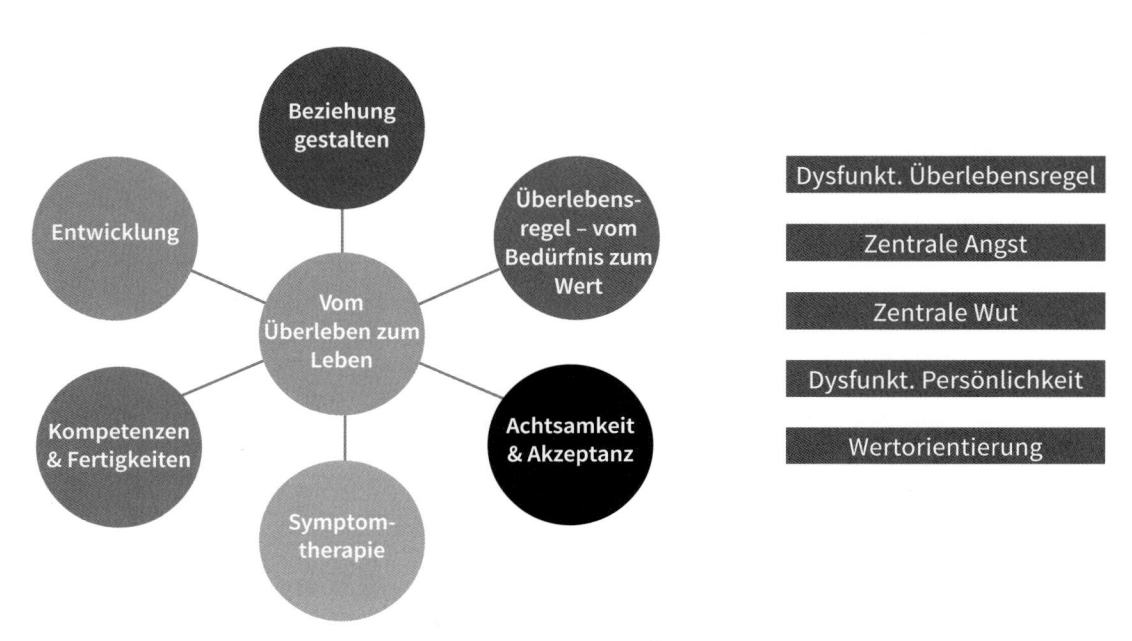

Abbildung 2.6.1 Arbeitsmodul Motivationale Klärung und Überlebensregel

Dieses besteht aus
- einem Verhaltensgebot (Nur wenn ich immer …),
- einem Verhaltensverbot (und wenn ich niemals …),
- sowie zwei Sollwerten:
  - einem Annäherungsmotiv (bewahre ich mir die Befriedigung meines Bedürfnisses nach …) und
  - einem Vermeidungsmotiv (verhindere ich das Eintreten meiner zentralen Bedrohung/Angst vor … (Annäherungsmotiv = etwas Positives erwarten, Vermeidungsmotiv = etwas Negatives erwarten)

Das ist die dysfunktionale Überlebensregel, die in der Kindheit im Versuch, mit den Eltern zurechtzukommen, entstanden ist und die heute noch in schwierigen Situationen auf den Menschen einwirkt, obgleich sie nicht an die Lebensbedingungen der heutigen Erwachsenenwelt adaptiert wurde.

Die dysfunktionale Überlebensregel als maladaptives komplexes Schema und Systemregel aus der Kindheit

Handlungen:
- Nur wenn ich immer ………..… (Verhaltensgebot)
- und wenn ich niemals ……… (Verhaltensverbot)

Sollwerte:
- bewahre ich mir die Befriedigung meines Bedürfnisses nach …………….…. (Annäherungsmotiv)
- Und verhindere ich das Eintreten meiner zentralen Bedrohung /Angst vor ………… (Vermeidungsmotiv)

Diese implizite Überlebensregel hat in der das Symptom auslösenden Situation verhindert, sich so zu verhalten, dass die Problemsituation gemeistert werden kann. Gelingt es, sie explizit zu machen, so entsteht die Möglichkeit, sie zu ändern. Sie geht aus dem inneren Arbeitsmodell (Bowlby, 1975, 1976) hervor.

Wir helfen dem Patienten, seine dysfunktionale Überlebensregel als maladaptives komplexes Schema der heutigen sozialen Welt des erwachsenen Menschen anzupassen. D. h. wir helfen ihm, den Schritt von Geboten und Verboten zu Erlaubnis zu gehen. Dadurch wird aus einer Überlebensregel eine Lebensregel, die Erlaubnis gibt, das bisher Verbotene zu tun und das bisher Gebotene zu lassen. Die bei diesem Schritt entstehende Angst wird durch Exposition aufgefangen. Es entsteht die Freiheit, sich auf neue Weise zu verhalten. Da dieses Verhalten mit großer Wahrscheinlichkeit erfolgreich sein wird, führt dies zu der so wichtigen Erfahrung von Selbstwirksamkeit – neben der empirischen „Falsifizierung" der alten Überlebensregel.

2.6.1 DIE ERSCHLIESSUNG DER ÜBERLEBENSREGEL AUS DEN HEUTIGEN MOTIVEN UND VERHALTENSWEISEN

Doch zunächst müssen wir die Überlebensregel erst einmal finden.

Hierzu gibt es drei Möglichkeiten:
a) Sie als bestmöglichen Umgang mit äußerst problematischem (frustrierendem/bedrohlichem) Elternverhalten durch biographische Anamnese erkennen (Sulz, 2009b).
b) Sie aus zentralen psychischen Komponenten mit Hilfe einer Kombination von Imagination und Fragebogen zusammensetzen (dysfunktionale Persönlichkeit, zentrales Bedürfnis, zentrale Angst, siehe Sulz, 2012c).
c) Sie erlebnisorientiert durch szenische Verdeutlichung der Überlebensnot formulieren (Hauke, 2013).

Wir wollen hier auf die ersten beiden Alternativen eingehen und folgen dem Vorgehen von Sulz und Deckert (2012a, S. 108-112). Sie können die folgende Arbeitsvorlage für Ihre anstehende Therapiesitzung nehmen und sie gemeinsam mit dem Patienten bearbeiten. Eventuell wollen Sie sich dafür zwei Sitzungen einräumen.

Sie explorieren zentrale Bedürfnisse (Grundbedürfnis), die zentrale Angst (Grundform der Angst), die dysfunktionalen Persönlichkeitszüge, die frustrierenden Kindheitsbedingungen mit den Eltern und die sich daraus ergebende Überlebensregel.

2.6.1.1 Das biographische Störungsmodell

Davor erläutern Sie das **Störungsmodell** (Abbildung 2.6.2):
- Bedrohliche Aspekte der Eltern führen zu einer zentralen Angst.
- Frustrierende Aspekte der Eltern führen zu Wut und der Überwertigkeit der frustrierten Bedürfnisse.

- Befriedigende Aspekte haben das gute Rüstzeug für das spätere Erwachsenenleben mitgegeben.

Aus diesen Erfahrungen entstand ein Weltbild sensu Beck (1979), das Informationen bewahrte, wie Eltern in welchen Situationen reagieren, sowie ein Selbstbild, das beinhaltet, was das Kind kann, was es nicht kann, was es braucht und was es zu fürchten hat. Zuerst werden situativ stets aufs Neue gerade nützlich erscheinende Verhaltensweisen im Umgang mit den Eltern erzeugt. Verhaltensweisen, die zu negativen, quasi schädlichen Erfahrungen mit den Eltern führen, werden fortan unterlassen. Wenn diese erfolgreich waren, werden sie wieder angewendet und so kommen ganz allmählich auf das Erwachsenenalter hin sich entwickelnd feste Verhaltensstereotype zustande, die zu Persönlichkeitszügen werden: Das gezeigte Verhalten sagt mehr über den Menschen aus als über die Anforderungen einer konkreten Situation. Wenn wir den Menschen bzw. den Menschen und seine soziale Umwelt als System auffassen, dann lässt sich das in einer Systemregel zusammenfassen – der Überlebensregel. Diese war in der Kindheit höchst funktional, muss aber ohne grundlegende Umformulierung im Erwachsenenalter dysfunktional werden, insbesondere dazu führen, dass in einer sehr wichtigen und schwierigen Lebenssituation dringend benötigtes wehrhaftes Verhalten nicht gezeigt werden darf, so dass schließlich nur noch die Symptombildung übrig bleibt.

2.6.1.2 Heutige Grundmotive (Bedürfnis, Angst) und Verhaltensstereotypien (Persönlichkeit)

Als Arbeitsmaterial für die Therapiesitzung können Sie entweder nachfolgende Tafeln verwenden oder die Therapiekarten von Sulz et al. (2015b).
Sie können das Gespräch so beginnen:

Wir wollen im Folgenden Ihr wichtigstes Bedürfnis, Ihre Angst und Ihre Persönlichkeit zu einer „Überlebensregel" zusammenfassen, die vielleicht erklärt, weshalb Sie depressiv geworden sind.

Füllen wir doch mal diese Tafeln (Karten) aus: Zuerst Ihre Bedürfnisse, dann Ihre Ängste und zuletzt noch Ihre Persönlichkeitszüge. Das brauchen wir alles für die Formulierung Ihrer Überlebensregel.

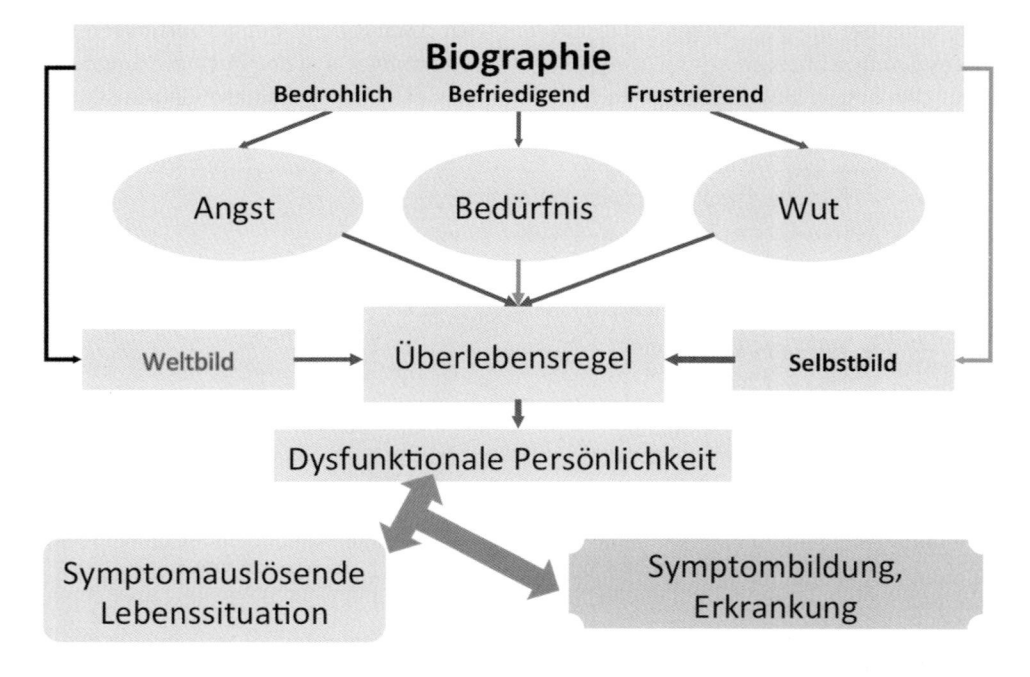

Abbildung 2.6.2 Biographie und dysfunktionale Überlebensregel (verändert aus Sulz, 2012a)

```
┌─────────────────────────────────────────────────────────────────┐
│  Karte Ü3                    Säule 3 • Motivklärung – Persönlichkeitsentwicklung │
│                              Überlebensregel erarbeiten          │
│                                                                  │
│  Meine Bedürfnisse: Ich brauche ...                              │
│  Wählen Sie in jeder Spalte das wichtigste (=1) und zweitwichtigste (=2) Bedürfnis. │
│                                                                  │
│  Zugehörigkeitsbedürfnisse:      Autonomiebedürfnisse:           │
│  • 1. ( ) Willkommensein         • 8. ( ) Selbständigkeit        │
│  • 2. ( ) Geborgenheit           • 9. ( ) Selbstbestimmung       │
│  • 3. ( ) Schutz                 • 10. ( ) Grenzen gesetzt bekommen │
│  • 4. ( ) Liebe                  • 11. ( ) Gefördert/gefordert werden │
│  • 5. ( ) Beachtung              • 12. ( ) Ein Vorbild           │
│  • 6. ( ) Verständnis            • 13. ( ) Intimität             │
│  • 7. ( ) Wertschätzung          • 14. ( ) Ein Gegenüber         │
│                                                                  │
│  Vergleichen Sie das wichtigste Zugehörigkeitsbedürfnis ( ............) │
│  mit dem wichtigsten Autonomiebedürfnis ( ............). Welches ist wichtiger? .... │
│                                                                  │
│       S. Sulz et al. PKP Säule 3 – Überlebensregel www.cip-medien.com 2012 │
└─────────────────────────────────────────────────────────────────┘
```

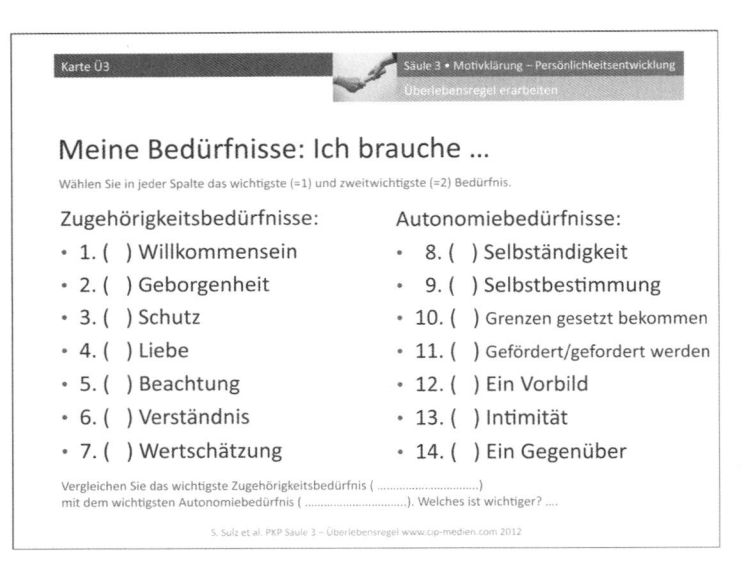

Abbildung 2.6.3 Mein Bedürfnis (Sulz, Sichort-Hebing, Jänsch 2015b, S. 135)

2.6.1.2.1 Heutige Grundbedürfnisse/zentrale Bedürfnisse

Mit Hilfe einer Imagination gelingt es uns, emotionale Antworten zu erhalten: Ich möchte Sie dazu einladen, sich bequem zu setzen, die Augen zu schließen und die von mir gesprochenen Sätze innerlich zu sprechen. Zum Beispiel: „Ich brauche Willkommensein." Ohne deren Gültigkeit gedanklich zu prüfen, wird bei einigen dieser Sätze ein zustimmenderes Gefühl auftreten als bei anderen. Ich beginne mit den ersten sieben Sätzen und ich sage jeden Satz zweimal: Spüren Sie noch etwas nach und öffnen die Augen, wenn Sie so weit sind. Nun können Sie ankreuzen, bei welchen ein Gefühl von Zustimmung entstand. Wenn Sie damit fertig sind, schreiben Sie vor das Bedürfnis, das für Sie am wichtigsten ist eine große, dicke Eins und vor das zweitwichtigste von diesen ersten sieben Bedürfnissen eine große dicke Zwei. Jetzt machen wir dasselbe mit den Bedürfnissen 8 bis 14.

Und zuletzt mit der dritten Gruppe von Bedürfnissen, die wir Homöostasebedürfnisse nennen:

```
┌─────────────────────────────────────────────────────────────────┐
│  Meine Bedürfnisse: Ich brauche ...                              │
│  Wählen Sie in jeder Spalte das wichtigste (=1) und zweitwichtigste (=2) Bedürfnis. │
│                                                                  │
│  Homöostasebedürfnisse:                                          │
│  HB1 ( ) Willkommensein                                          │
│  HB2 ( ) Geborgenheit                                            │
│  HB3 ( ) Schutz                                                  │
│  HB4 ( ) Liebe                                                   │
│  HB5 ( ) Beachtung                                               │
│  HB6 ( ) Verständnis                                             │
│  HB7 ( ) Wertschätzung                                           │
│                                                                  │
│  Vergleichen Sie das wichtigste Zugehörigkeitsbedürfnis ( ............) mit dem wichtigsten │
│  Autonomiebedürfnis ( ............) und dieses mit dem wichtigsten Homöostase- │
│  Bedürfnis ( ............). Welches ist das wichtigste von allen? ............ │
└─────────────────────────────────────────────────────────────────┘
```

Abbildung 2.6.4 Mein Homöostasebedürfnis

2.6 Die Überlebensregel und die Klärung der Motive

Zum Schluss kommt noch der Vergleich. Dazu können Sie wieder die Augen schließen.

Noch eine kleine Übung, zu der ich Sie einladen möchte:

Stellen Sie sich vor, Sie sind im Besitz Ihrer wichtigsten Bedürfnis-Befriedigung von 1 bis 7. Das ist bei Ihnen ....

Und Sie sind zudem im Besitz Ihrer wichtigsten Bedürfnis-Befriedigung von 8 bis 14.

Das ist bei Ihnen ....
....

Sie können Ihre Hände mit den Handflächen nach oben auf ihre Knie legen und sich vorstellen, in einer Hand haben Sie die eine und in der anderen Hand die andere Bedürfnis-Befriedigung. Beide gehören Ihnen. Nun kommen Sie in eine Lebenssituation, in der Sie eine von beiden hergeben müssen.

Welche geben Sie her, wenn Sie dazu gezwungen werden? ....

Welche wollen Sie spotan behalten und festhalten? ....

Das ist also Ihr wichtigstes Bedürfnis von 1 bis 14.

Nun können Sie noch einen letzten Vergleich anstellen: Prüfen Sie, ob die Befriedigung des wichtigsten Bedürfnisses von HB1 bis HB7 (das ist bei Ihnen ....) eventuell noch wichtiger ist. Oder bleibt es bei dem gerade gefundenen?

Also ist letztendlich heute als erwachsener Mensch die Befriedigung des Bedürfnisses nach ...... am wichtigsten, das Bedürfnis nach .... Ihr wichtigstes Bedürfnis von allen.

2.6.1.2.2 Heutige Grundformen der Angst / zentrale Ängste

Auch hier müssen Sie dem Patienten helfen, indem Sie ihm sagen, er könne sich mit geschlossenen Augen vorstellen, dass es mit einer wichtigen Bezugsperson zu einer Auseinandersetzung kommt, die so eskaliert, dass im nächsten Moment das geschehen könnte, wovor er am meisten Angst hat.

„Welche Angst wird spürbar, wenn Sie sich das vorstellen?

Ich lese Ihnen jetzt sechs Ängste vor:

Karte 77 — PKP-Grundkurs

Formen zentraler Angst

Kreuzen Sie jede an, die vom Gefühl her zutrifft.
( ) Vernichtung
( ) Trennung
( ) Kontrollverlust – über mich
( ) Kontrollverlust – über andere
( ) Liebesverlust
( ) Hingabe
( ) Gegenaggression

Wichtigste ist Nr. ....
Zweitwichtigste Nr. ....

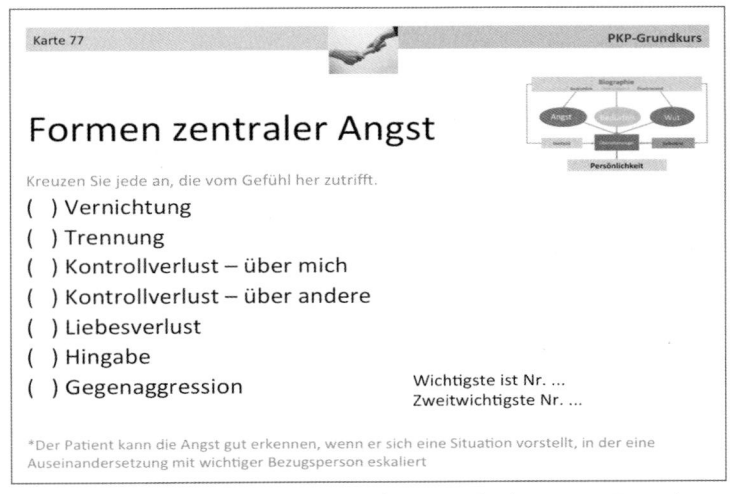

*Der Patient kann die Angst gut erkennen, wenn er sich eine Situation vorstellt, in der eine Auseinandersetzung mit wichtiger Bezugsperson eskaliert

Abbildung 2.6.5 Meine zentrale Angst (Sulz, 2012a, S. 101)

Beenden Sie nun die Imagination, spüren Sie noch etwas nach und öffnen Sie die Augen, wenn Sie so weit sind. Kreuzen Sie nun die Ängste an, die bei Ihnen in diesem Zusammenhang auftreten oder die Sie von sich kennen. Wenn Sie so weit sind, schreiben Sie vor die stärkste Angst eine große, dicke Eins und vor die zweitstärkste Angst eine große dicke Zwei. Ihre beiden wichtigsten Ängste sind also .... und .... "

Karte 78   **PKP-Grundkurs**

Meine Persönlichkeitszüge

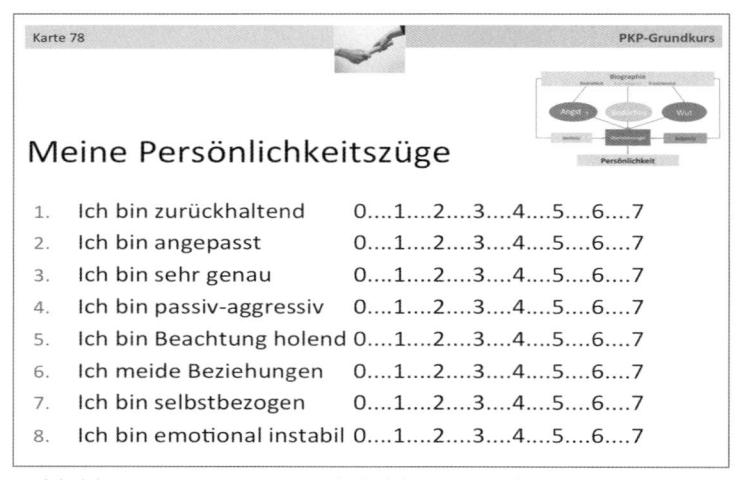

1. Ich bin zurückhaltend   0....1....2....3....4....5....6....7
2. Ich bin angepasst   0....1....2....3....4....5....6....7
3. Ich bin sehr genau   0....1....2....3....4....5....6....7
4. Ich bin passiv-aggressiv   0....1....2....3....4....5....6....7
5. Ich bin Beachtung holend   0....1....2....3....4....5....6....7
6. Ich meide Beziehungen   0....1....2....3....4....5....6....7
7. Ich bin selbstbezogen   0....1....2....3....4....5....6....7
8. Ich bin emotional instabil   0....1....2....3....4....5....6....7

Abbildung 2.6.6 Meine Persönlichkeitszüge (Sulz, 2012a, S. 102)

2.6.1.2.3 Persönlichkeit heute (dysfunktionale Persönlichkeitszüge)

Sie können den Patienten anhand folgender Liste direkt die für ihn typischsten Verhaltenstendenzen einschätzen lassen. Oder Sie geben ihm in der vorhergehenden Sitzung den VDS30-Persönlichkeitsfragebogen (ein zweites Mal) zum Ausfüllen und Selbst-Auswerten mit nach Hause. Das ist ganz einfach: Er bildet die Summe der von ihm angekreuzten Werte je Skala und teilt diese Zahl durch zehn. Persönlichkeitszüge werden dem Patienten gegenüber – relativ unpräzise, aber weniger diskriminierend – wie in Abbildung 2.6.6 bezeichnet, für unsere eigene gedankliche Ordnung verwenden wir die Begriffe, die an ICD-10 angelehnt sind:

1. Zurückhaltend = selbstunsicher
2. Angepasst = dependent
3. Ich bin sehr genau = zwanghaft, pflichtbewusst
4. Passiv-aggressiv = dagegen sein, aber nicht offen
5. Beachtung holend = histrionisch, Gefühle stark ausdrückend
6. Beziehungsmeidend = schizoid, auch Gefühle meidend
7. Selbstbezogen = narzisstisch, andere nutzen, um bewundert zu werden
8. Emotional instabil = Vorstufe zu Borderline, Verlassenheitsangst
9. Misstrauisch = paranoid

Fragen Sie:

„Sie haben zuhause den Persönlichkeitsfragebogen ausgefüllt und für jede der neun Skalen den Summenwert berechnet bzw. den Mittelwert.

Welches waren die drei Skalen mit den höchsten Werten? Welches ist also der wichtigste Persönlichkeitszug, welches der zweit- und welches der drittwichtigste?
1. ……………………………..
2. …………………………..
3. …………………………..

Entspricht das auch Ihrem Selbstbild? Welche dieser neun Eigenschaften passen Ihrem Gefühl nach am besten zu Ihnen?"

Und: „Welche passen am zweitbesten zu Ihnen?"
Man könnte es auch bei dieser Erhebung des Selbstbilds belassen, ohne den Fragebogen einzusetzen. Es ist jedoch sehr zu empfehlen, diese Persönlichkeitszüge zuvor mit unserem VDS30-Fragebogen zu erfassen und den Patienten die Summe je Skala selbst berechnen zu lassen, da seine direkten Einschätzungen keine große Gültigkeit haben.

Sie können ihn kostenlos herunterladen unter: **https://cip-medien.com/kostenlose-downloads**

Damit haben wir nahezu alles gesammelt, was benötigt wird, um die dysfunktionale Überlebensregel formulieren zu können. Wir haben jedoch die Herkunft dieser Regel aus der eigenen Kindheitsgeschichte noch nicht nachvollzogen. Das können Sie jetzt machen oder später.

2.6.1.2.4 Frustrierendes Elternverhalten, das zur Überlebensregel führte

Welche Bedürfnisse wurden von den Eltern frustriert? Welche vom Vater, welche von der Mutter? Sie können dies folgendermaßen explorieren:

a) Imagination der Kindheitsjahre (Kindergartenalter und Grundschule)
b) Inneres Nachsprechen der jeweiligen Aussage (Mir fehlte …)
c) Nach jeweils 7 Aussagen die Augen öffnen und das Ergebnis aufschreiben.
d) Zusammenfassen, was am wichtigsten war

Instruktion: *Ich lade Sie ein, sich in der Erinnerung in die Zeit zurückzuversetzen, in der Sie noch nicht in die Schule gegangen sind (falls Sie sich daran nicht erinnern können, nehmen Sie das Grundschulalter). Am einfachsten ist es, wenn Sie die Augen schließen und die Erinnerungen kommen lassen: In welcher Stadt oder welchem Dorf wohnten Sie? In welchem Haus? Sehen Sie es? Welche Wohnung? Wo sind Sie als Kind gerade in dieser Wohnung? Wo ist Ihre Mutter? Wie sah sie damals aus? Wie ist sie gekleidet? Was macht sie gerade? Lassen Sie ein Bild entstehen. Schaut sie Sie an? Wie schaut sie Sie an? Sehen Sie ihre Augen, ihren Mund, ihr Gesicht. Was sagt sie zu Ihnen? Wie spricht sie? Und was machen Sie gerad als das Kind von damals? Ist der Vater da? Oder kommt er herein? Wie kommt er herein? Wie bewegt er sich? Wie ist er gekleidet? Was macht er zuerst? Wie begrüßt er die Mutter? Wie begrüßt er Sie? Sehen Sie sein Gesicht, seine Augen. Hören Sie seine Stimme. Welche Gefühle stellen sich bei Ihnen ein? Kommen weitere Erinnerungen?*

Nun bitte ich Sie, während Sie dieses innere Bild betrachten und darin sich und Ihre Eltern sehen, die Sätze, die ich je zweimal vorspreche, innerlich zu sagen. Ich beginne: Mir fehlte Willkommensein. *Mir fehlte Willkommensein – wenn ja von wem? Von Vater? Von der Mutter? Von beiden?*

Eltern frustrieren Zugehörigkeitsbedürfnisse
Bitte Zutreffendes ankreuzen

1. ( ) **Mir fehlte Willkommensein**
    bei Vater ( ) ?   bei Mutter ( ) ?
2. ( ) **Mir fehlte Geborgenheit und Wärme**
    bei Vater ( ) ?   bei Mutter ( ) ?
3. ( ) **Mir fehlte zuverlässiger Schutz**
    bei Vater ( ) ?   bei Mutter ( ) ?
4. ( ) **Mir fehlte Liebe**
    bei Vater ( ) ?   bei Mutter ( ) ?
5. ( ) **Mir fehlte Aufmerksamkeit, Beachtung**
    bei Vater ( ) ?   bei Mutter ( ) ?
6. ( ) **Mir fehlte Verständnis**
    bei Vater ( ) ?   bei Mutter ( ) ?
7. ( ) **Mir fehlte Wertschätzung, Bewunderung, Lob**
    bei Vater ( ) ?   bei Mutter ( ) ?

!? Von diesen 7 Zugehörigkeitsbedürfnissen <u>fehlte mir</u>
   Am meisten: ....(Nr. ___)
   Am zweitmeisten: ....(Nr. ___)

Abbildung 2.6.7 Eltern frustrieren Zugehörigkeitsbedürfnisse

Spüren Sie noch etwas nach und öffnen Sie, wenn Sie so weit sind, Ihre Augen. Nun können Sie auf dieser Tafel für die ersten sieben Bedürfnisse ankreuzen, was für Sie zutrifft. Entscheiden Sie sich anschließend, welches dieser sieben Bedürfnisse am meisten gefehlt hat und welches am zweitmeisten. Lassen Sie Ihr Gefühl antworten. Ihr Verstand weiß das nicht, grübeln Sie also nicht nach.

Jetzt machen wir dasselbe mit den Bedürfnissen von acht bis vierzehn. Holen Sie sich wieder mit geschlossenen Augen das innere Bild Ihrer Kindheitssituation mit Ihren Eltern her. Wenn Sie es wieder da haben, heben Sie kurz Ihre Hand, damit ich beginnen kann.

```
Eltern frustrieren Autonomiebedürfnisse
Bitte Zutreffendes ankreuzen

 8. ( )  Mir fehlte das Selbstmachen dürfen, das Selbstkönnen dürfen
         von Vater ( ) ?   von Mutter ( ) ?
 9. ( )  Mir fehlte Selbstbestimmung, Freiraum
         von Vater ( ) ?   von Mutter ( ) ?
10. ( )  Mir fehlte es, Grenzen gesetzt zu bekommen
         von Vater ( ) ?   von Mutter ( ) ?
11. ( )  Mir fehlte Gefördert werden, Gefordert werden
         von Vater ( ) ?   von Mutter ( ) ?
12. ( )  Mir fehlte ein hilfreiches Vorbild, jemand zum Idealisieren
         Vater ( ) ?       Mutter ( ) ?
13. ( )  Mir fehlte Intimität, Hingabe, kindlicher Erotik
         Vater ( ) ?       Mutter ( ) ?
14. ( )  Wenn ich einen Gegenüber suchte, so wich aus/wies mich zurück
         Vater ( ) ?       Mutter ( ) ?

!?  Von diesen 7 Autonomiebedürfnissen fehlte mir
    Am meisten: ........................(Nr. ___)
    Am zweitmeisten: ....................(Nr. ___)
```

Abbildung 2.6.8 Eltern frustrieren Autonomiebedürfnisse

Und zuletzt kommen die sieben Homöostasebedürfnisse. Schließen Sie wieder Ihre Augen, lassen Sie das Erinnerungsbild kommen und heben Sie kurz die Hand, wenn es da ist, damit ich mit dem Vorsprechen der Sätze beginnen kann.

```
Eltern frustrieren Homöostasebedürfnisse
Bitte Zutreffendes ankreuzen

H1. ( )  Eine zu ängstliche Bezugsperson war
         von Vater ( ) ?       von Mutter ( ) ?
H2. ( )  Eine zu bedrohliche Bezugsperson war
         von Vater ( ) ?       von Mutter ( ) ?
H3. ( )  Eine zu bedrohliche Außenwelt wurde mir vermittelt
         Vater ( ) ?           Mutter ( ) ?
H4. ( )  Extrem wütend machte mich immer wieder
         Vater ( ) ?           Mutter ( ) ?
H5. ( )  Viel zu schwach als Gegenpol zum anderen Elternteil war
         Vater ( ) ?           Mutter ( ) ?
H6. ( )  zu viele Schuldgefühle machte mir immer wieder
         Vater ( ) ?           Mutter ( ) ?
H7. ( )  Missbraucht für seine eigenen Bedürfnisse hat mich
         Vater ( ) ?           Mutter ( ) ?

!?  Von diesen 7 Homöostasebedürfnissen frustrierten Eltern
    Am meisten: ........................(Nr. ___)
    Am zweitmeisten: ....................(Nr. ___)
```

Abbildung 2.6.9 Eltern frustrieren Homöostasebedürfnisse

Jetzt wollen wir das zusammenfassen. Dazu können wir die Ergebnisse der drei Tafeln in diese Übersicht eintragen:

```
VDS24 Frustrierendes Elternverhalten

Von den 7 Zugehörigkeitsbedürfnissen (1 bis 7) fehlte mir
    Am meisten: ........................................(Nr. ___)
    Am zweitmeisten: ................................(Nr. ___)

Von den 7 Autonomiebedürfnissen (8 bis 14) fehlte mir
    Am meisten: ........................................(Nr. ___)
    Am zweitmeisten: ................................(Nr. ___)

Von obigen Bedürfnissen fehlte mir
    Am meisten: ........................................(Nr. ___)
    Am zweitmeisten: ................................(Nr. ___)

Von den 7 Homöostasebedürfnissen frustrierten Eltern
    Am meisten: ........................................(Nr. ___)
    Am zweitmeisten: ................................(Nr. ___)

Von allen 21 Bedürfnissen fehlte mir
    Am meisten: ........................................(Nr. ___)
    Am zweitmeisten: ................................(Nr. ___)
```

Abbildung 2.6.10 Frustrierendes Elternverhalten

Hier noch einige therapeutische Erläuterungen zur Anwendung und Auswertung
- Wichtig ist, dass keine „Kopf-Entscheidungen" getroffen werden, sondern „Bauch-Entscheidungen", also vom Gefühl her ohne nachzudenken.
- Die Begriffe müssen nicht erklärt werden, jeder nimmt sie so wie er sie versteht.
- Es muss eine Wahl getroffen werden, nichts auslassen, trotz Unschlüssigkeit einfach ankreuzen
- Wir merken uns je Bedürfnisgruppe die zwei wichtigsten Bedürfnisse (am meisten und zweitmeisten frustrierte), das ist zuverlässiger.
- Wir wählen dann noch das wichtigste und zweitwichtigste der ersten 14 Bedürfnisse.
- Und zum Schluss wird noch bewertet, ob eventuell eines oder beide Homöostasebedürfnisse noch wichtiger waren – noch mehr frustriert wurden. Wenn nicht bleibt es bei der vorigen Wahl der beiden meist fehlenden Bedürfnisbefriedigungen.

2.6.2 ABLEITUNG DER DYSFUNKTIONALEN ÜBERLEBENSREGEL AUS DER LERNGESCHICHTE UND DEN BEZIEHUNGEN ZU VATER UND MUTTER

Auch wenn Sie in der Anamnese schon einmal darauf eingegangen sind, lassen Sie den Patienten je fünf Eigenschaften von Vater und Mutter zu der Zeit als der Patient im Kindergartenalter oder in der Grundschule war angeben. Dazu fünf eigene Eigenschaften als Kind und als Erwachsener.

Dabei wird deutlich, dass diese Eigenschaften eine Reaktion auf die Eltern zum emotionalen Überleben in der Kindheit waren und heute oft noch sind. Es ist von großem Wert, wenn der Patient erkennt, wie sehr seine Eigenschaften der Anpassung an schwierige Aspekte der Eltern dienten.

Mutter war:	Vater war:
1	1 ....
2	2 ....
3	3 ....
4	4 ....
5	5 ....

Als Kind war ich:	Heute bin ich:
1	1 ....
2	2 ....
3	3 ....
4	4 ....
5	5 ....

Abbildung 2.6.11 Eigenschaften von Mutter, Vater und Kind (Sulz & Deckert, 2012b, S. 106)

Nun wird erarbeitet, welche Verhaltensweisen als Kind geboten, nützlich oder notwendig waren, um mit den Eltern zurecht zu kommen. Und welche befriedigenden Elternverhaltensweisen dadurch erzielt werden konnten. Umgekehrt wird gesammelt, wie man sich als Kind auf keinen Fall verhalten durfte. Und wie die Eltern sonst bedrohlich oder frustrierend reagiert hätten. Diese Sammlung von Erinnerungen als biographischem Material dient als Grundlage für das nachfolgende Eruieren des daraus resultierenden kindlichen Selbst- und Weltbildes.

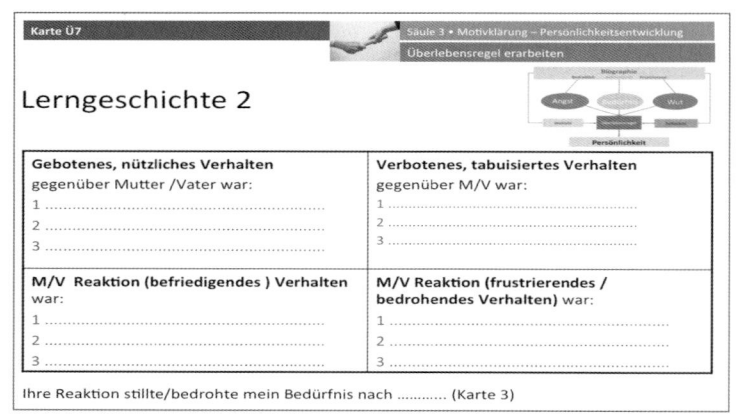

Abbildung 2.6.12 Gebotenes, nützliches versus verbotenes, tabuisiertes Verhalten in der Kindheit (Sulz & Deckert, 2012b, S. 107)

Hinzu kommt noch einmal die funktionale Betrachtung: Mein nützliches Verhalten diente der Befriedigung/Bewahrung meines Bedürfnisses nach .... bzw. der Verringerung meiner Angst vor ....

Welches Selbst- und Weltbild ist entstanden?
Das **Selbstbild** ist geprägt durch

- die vorherrschenden Bedürfnisse: Ich brauche (noch) ...
- Ängste und Bedrohungen: Ich fürchte (noch) ...
- Defizite: Ich kann (noch) nicht ...
- Fertigkeiten: Ich kann (schon) ...

Das **Weltbild** ergibt sich aus den erwarteten elterlichen Konsequenzen, die auf das eigene Verhalten folgten oder gefolgt wären.

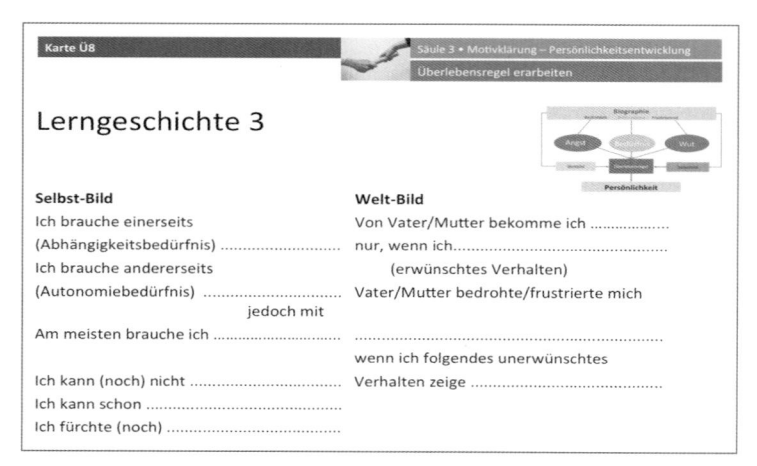

Abbildung 2.6.13 Selbstbild und Weltbild in der Kindheit (Sulz & Deckert, 2012b, S. 108)

2.6 Die Überlebensregel und die Klärung der Motive

Nach diesen Vorarbeiten kann nun endlich die Regel, die das emotionale Überleben in der Kindheit sicherte, formuliert werden:

Karte Ü9 — Säule 3 • Motivklärung – Persönlichkeitsentwicklung
Überlebensregel erarbeiten

Meine bisherige Überlebensregel

Nur wenn ich immer ....
(entsprechend meines Persönlichkeitszugs handle)

und wenn ich niemals Ärger zeige oder (Gegenteil m. Persönlichkeitszugs) ....

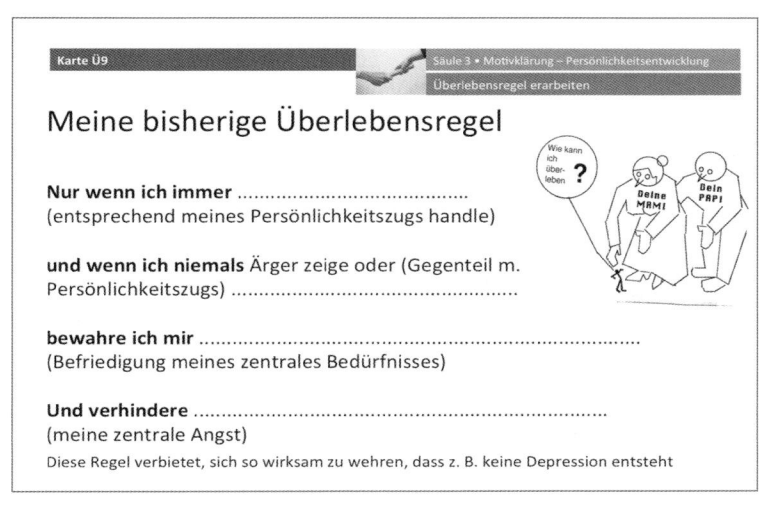

bewahre ich mir ....
(Befriedigung meines zentrales Bedürfnisses)

Und verhindere ....
(meine zentrale Angst)

Diese Regel verbietet, sich so wirksam zu wehren, dass z. B. keine Depression entsteht

Abbildung 2.6.14 Meine Überlebensregel (Sulz & Deckert, 2012b, S. 108)

Hier noch einmal zur Erinnerung:

- Der erste Teilsatz ist das Gebot: Er muss sich immer so verhalten. Wir setzen seinen wichtigsten Persönlichkeitszug ein, z. B. zurückhaltend.
- Der zweite Teilsatz ist das Verbot: Er darf sich auf keinen Fall so verhalten. Da können wir einsetzen: Mich voll Ärger wehren. Oder: Meinen eigenen Weg gehen usw.
- Der dritte Teilsatz ist das höchste Gut, das nicht aufs Spiel gesetzt werden darf, also das wichtigste Bedürfnis, z. B. Zugehörigkeit.
- Der vierte Teilsatz ist die größte Bedrohung, die auf keinen Fall eintreten darf. Wir setzen seine wichtigste Angst ein, z. B. Trennung.
- Und nun kann er den Satz langsam und deutlich vorlesen.
- Sie fragen: „Wie geht es Ihnen damit? Wenn Sie sich vergegenwärtigen, dass das die Leitlinie Ihres bisherigen Lebens war?"

Der Patient braucht insbesondere beim zweiten Teilsatz Ihre Hilfe. Bei Patienten, die zu wenig Ärger haben oder zeigen, sollten Sie immer reinschreiben lassen: „und wenn ich niemals meinen Ärger deutlich zeige und mich wirksam wehre."

Sie fügen dann noch das Verhalten hinzu, das das Gegenteil seines dysfunktionalen Persönlichkeitszugs ist.

Das Gegenteil meines dysfunktionalen Persönlichkeitszugs:

1. selbstunsicher: offen und angstfrei auf andere zugehen
2. dependent: einbringen, was ich will und was ich nicht will
3. zwanghaft: weniger pflicht- und leistungsbewusst handeln
4. passiv-aggressiv: offen sagen, dass ich dagegen bin, und streiten
5. histrionisch: mit weniger Aufmerksamkeit auskommen
6. schizoid: mir Gefühle und gefühlhafte Begegnungen erlauben
7. narzisstisch: mir selbst Wert geben – meinen inneren Wert spüren
8. emotional instabil: Verlassenheitsangst da sein lassen, ohne etwas dagegen zu tun
9. paranoid: Stück für Stück Vertrauen wagen

Abbildung 2.6.15 Entgegen meiner Überlebensregel handeln (Sulz & Deckert, 2012, S. 110)

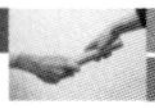

Hilfreich ist auch obige Liste von persönlichkeitsspezifischen Überlebensregeln.

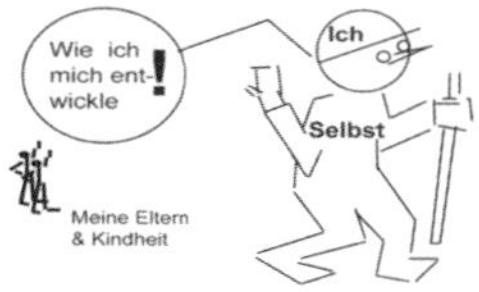

2.6.3 ENTGEGEN DER ÜBERLEBENSREGEL HANDELN

Wichtig ist die Frage:
Was fühlt der Patient, wenn er entgegen seiner Überlebensregel handeln soll? Wenn er sich vorstellt, dies wirklich zu tun?
- Sie sagen etwa: „Stellen Sie sich vor, Sie müssen sich ab jetzt zwei Wochen lang, genau das Gegenteil dessen tun, was Ihre Überlebensregel gebietet?" (Konkrete Situation, konkrete Person)
- Jetzt spürt der Patient erst die Bedeutung seiner Überlebensregel. Diese warnt drastisch und macht Angst beim Gedanken, gegen sie zu verstoßen.
- Der innere Konflikt des Patienten wird jetzt aktiviert, ähnlich wie in der Symptom auslösenden Situation. „Entweder bleibe ich so angepasst und unglücklich in meiner Beziehung, oder ich zeige deutlich was ich brauche und will – riskiere aber Liebesverlust/Trennung."

Dies können wir jetzt mit dem Patienten reflektieren (Metakognitive Betrachtung = Mentalisieren). Und danach können Sie mit ihm vereinbaren, dass er zur Tat schreitet und im Sinne der empirischen Hypothesenprüfung nach Beck (1979) das Experiment wagt. Planen Sie das ganz konkret:
- In der kommenden Woche, wann genau? ....
- In welcher Situation? ....
- Welchem Menschen gegenüber?...................
- Welches neue Verhalten?...........................

Sie können ihn das mit geschlossenen Augen mental üben lassen oder Sie machen ein kurzes Rollenspiel.
Empfehlenswert ist, das neue Verhalten wie die SpitzensportlerInnen, die auch ständig mental üben, täglich die Situation und das neue Verhalten in einem inneren Bild zu praktizieren, so dass es im Ernstfall sicher verfügbar ist.

Eine weitere Unterstützung für das Commitment ist ein **schriftlicher Vertrag** unter dem Motto **Leben statt Überleben:** Durch die Nachbesprechung hält der Patient die befürchteten Folgen für so unwahrscheinlich, dass er entgegen seiner Überlebensregel handeln will. Sie schließen mit ihm einen Vertrag, durch den er sich unterstützt fühlt.
Es sollte eine sicher in der nächsten Woche auftretende Situation mit einer benannten Bezugsperson sein. Die Situation sollte nur so schwierig sein, dass Sie sicher sind, dass der Patient es schafft.

Der Patient und Sie sollten zuversichtlich sein, dass die gemeinsam formulierte Erwartung auch eintritt. Ein Handschlag besiegelt den Vertrag.

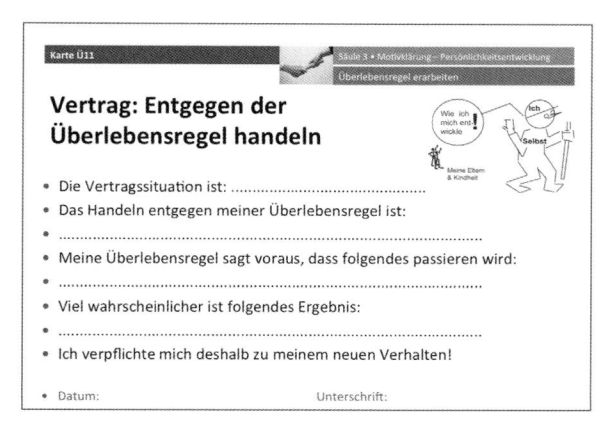

Abbildung 2.6.16 Vertrag: Entgegen meiner Überlebensregel handeln (Sulz & Deckert, 2012, S. 111)

Einmal gewagt, wird es ein Abenteuer, eine mutige Handlung, auf die Sie begeistert reagieren. Es ist ein Durchbruch, über den Sie sich gemeinsam freuen. Und auch wenn die alte Überlebensregel noch oft siegen wird, ist es Zeit, eine neue Erlaubnis gebende Lebensregel zu formulieren und als neue Verhaltensmaxime zu setzen. Das Bewusstsein konnte sich befreien von dem alten Diktat und hat die Erlaubnis bekommen, so zu handeln, dass die eigenen Interessen, Wünsche und Bedürfnisse nicht mehr zu kurz kommen. Es ist klar geworden, dass die zentrale Angst ein Fehlalarm ist, der noch eine Zeit lang ausgelöst wird, der aber nicht berücksichtigt wird, denn er wird von selbst aufhören, ohne dass getan wird, wozu er auffordert.

2.6.4 NEUE ERFAHRUNG: DIE NEUE ERLAUBNIS GEBENDE LEBENSREGEL

Nachdem der Patient einige Male gegen seine Überlebensregel verstoßen und erfahren hat, dass sein emotionales Überleben nicht auf dem Spiel stand, kann er eine neue Lebensregel formulieren.
- Kein Gebot mehr, kein Verbot mehr, sondern Erlaubnis.
- Mit der realistischen Erwartung, dass seine Bedürfnisse trotzdem befriedigt werden.
- Und dass vorhergesagten Bedrohungen sehr unwahrscheinlich sind, so dass er angstfrei handeln kann.

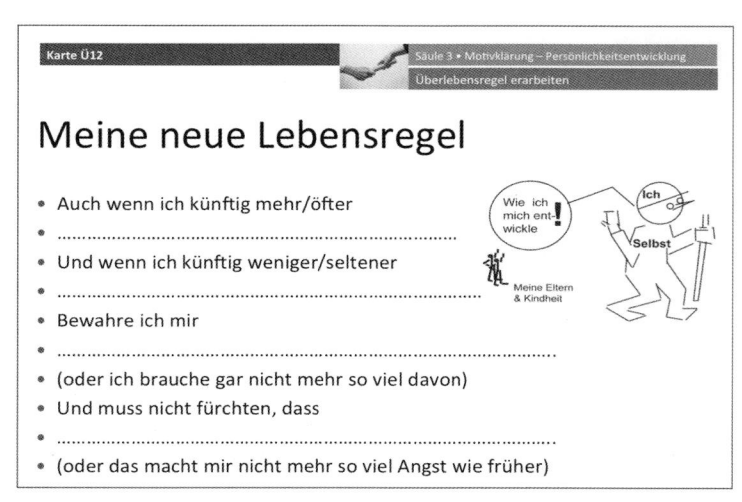

Abbildung 2.6.17 Meine neue Erlaubnis gebende Lebensregel (Sulz & Deckert, 2012, S. 112)

Wie ein neues Morgengebet sollte der Patient seine so erarbeitete Lebensmaxime täglich aussprechen – nicht nur lesen, sondern laut sprechen.

2.7 Achtsamkeit und Akzeptanz*

Das Arbeitsmodul „Achtsamkeit und Akzeptanz" ist nach der Diagnostik die erste Maßnahme in der Therapie, da alle nachfolgenden Interventionen unter dem Vorzeichen von Achtsamkeit effektiver ablaufen können (Abb. 2.7.1).

Abbildung 2.7.1 Arbeitsmodul Achtsamkeit und Akzeptanz

Heute ist Achtsamkeit ein unverzichtbarer und selbstverständlicher Teil jeder Therapie (vergl. Hauke, 2009b, 2013). Unter Achtsamkeit verstehen wir die nicht bewertende Lenkung der Aufmerksamkeit auf das Hier und Jetzt, ein akzeptierendes Gewahrsein im gegenwärtigen Moment. Wir versuchen dem Patienten nahezubringen, dass dies eine der wirksamsten Aspekte im Therapieprozess ist und er das gut lernen kann. Er kann mit dieser neuen Aufmerksamkeitslenkung viel mehr von der Behandlung profitieren und manches kann ohne Achtsamkeit nicht gelingen. Vieles bleibt im Alltag außerhalb der bewussten Aufmerksamkeit, sodass wir es nicht ändern können.

Was alles in unserer Psyche abläuft, nehmen wir im Zustand der Achtsamkeit wahr, verstehen so vieles mehr und können uns besser akzeptieren. Gefühle werden besser wahrnehmbar und steuerbar. Allerdings tritt (vorübergehend) auch Schmerzliches stärker ins Bewusstsein.

Die Grundhaltung und Übung der Achtsamkeit kommt von der buddhistischen Meditation und wurde z. B. von Jon Kabat-Zinn für die westliche Welt so übertragen, dass jeder Mensch auf sie zugreifen kann.
Er schreibt: „Sie lehrt uns, vom Aktionsmodus in den Seinsmodus zu wechseln, Zeit für uns selbst zu beanspruchen, unseren Lebenspuls zu verlangsamen, innere Ruhe und Selbstakzeptanz zu pflegen, den Geist in seiner Sprunghaftigkeit zu beobachten, die Gedanken zu beobachten und loszulassen, ohne uns in sie zu verstricken oder von ihnen fortgetrieben zu werden." (Kabat-Zinn, 2013, S. 23).

* Autorin: Aline Sulz

2.7 Achtsamkeit und Akzeptanz

Wir stoßen hier auch auf eine Brücke zur Embodimentperspektive (Einbettung psychischer Funktionen in den Körper), da Achtsamkeit dieser Perspektive entspricht.

Sie kommen als TherapeutIn nicht umhin, selbst Achtsamkeit zu praktizieren, wenn Sie sie Ihren PatientInnen lehren wollen. Beginnen Sie also jetzt mit Ihren täglichen 20-minütigen Achtsamkeitsübungen – morgens vor dem Frühstück oder abends, wenn Ihre Freizeit beginnt, oder in der Mittagspause. Wählen Sie die Vorgehensweise aus, mit der Sie sich am wohlsten fühlen.

Sie können damit beginnen, im Sitzen Ihren Körper, Ihre Atmung, Ihre Bewusstseinsprozesse zu beobachten, so sein zu lassen, wie sie sind und geschehen zu lassen, was geschieht. Oder Sie können als Body Scan Ihren Körper aufmerksam wahrnehmend durchgehen, so dass er in Ihr Bewusstsein rückt. Jedes achtsame Innehalten in Ihrem Alltag wird sich positiv auf Ihr Wohlbefinden und Ihre Erfahrungen mit Ihrer Umwelt auswirken – sei es beim Zähneputzen, Essen oder Spazierengehen.

Sie können mit den nachfolgenden Achtsamkeitsübungen beginnen – diese mit unserem Patienten anwenden – und zuvor allein für sich selbst einige Wochen lang üben. Später können Sie die von Kabat-Zinn (2013) vorgeschlagenen Übungen praktizieren.
- Erste Übung – den Körper erkunden
- Zweite Übung – Atemübung
- Dritte Übung – Sitzmeditation

Bewährt haben sich auch Achtsamkeitsglocken, die sich über Apps auf dem Handy oder Achtsamkeitsprogramme auf dem Computer einrichten lassen und in gewählten Abständen durch einen Gong oder Glocke an ein kurzes achtsames Innehalten erinnern.

Unser wichtigstes Instrument ist der Atem. Er ist uns treuer Freund und Begleiter, den wir immer in jeder Situation an unserer Seite haben. Er kann unser Ankerpunkt sein, der uns hilft, uns mit unserem Körper zu verbinden und immer wieder ins Hier und Jetzt zurück zu kommen, wenn unsere Gedanken abschweifen.

2.7.1 ERSTE ÜBUNG BODY SCAN

„Durch die Verankerung unseres Gewahrseins im Körper erkennen wir die Ganzheit dessen an, was wir sind: Ein verkörpertes Wesen, nicht bloß ein vielbeschäftigter Kopf, der über einem unbeteiligten Körper schwebt." (Gilbert, 2014, S. 276).

Bei der Übung des Body-Scans bringen wir unseren Körper ganz in das Zentrum der Aufmerksamkeit all unserer Sinne. Wir wandern mit unserer Aufmerksamkeit langsam in kleinen Schritten von den Zehen bis zum Scheitel unseres Kopfes und wenden uns mit neugierigem Interesse und liebevoller Aufmerksamkeit sämtlichen Körperteilen zu, wobei wir uns jeglichen Empfindungen und deren Veränderungen mit der Zeit gewahr werden. Durch das bewertungsfreie Scannen unseres Körpers üben wir achtsames Beobachten und Wahrnehmen und schenken gleichzeitig unserem Körper wohlwollende Güte. Sie sollten sich für einen Body-Scan mindestens 20 Minuten Zeit nehmen. Es empfiehlt sich eine liegende Haltung auf einer weichen Unterlage (z. B. auf einer Yogamatte, Sofa oder auch Bett) oder wenn Sie in liegender Haltung Probleme haben oder schnell einschlafen, können Sie den Body-Scan auch in aufrecht sitzender Haltung durchführen. Ihre Augen lassen Sie behutsam geschlossen oder leicht geöffnet.

Nehmen Sie eine entspannte Haltung ein, lassen Sie Ihre Arme neben sich auf der Unterlage ruhen, die Handflächen zeigen nach oben, die Füße fallen entspannt nach außen, das Kinn ist leicht zum Brustkorb geneigt, sodass Ihr Nacken flach auf der Unterlage liegen kann. Spüren Sie nun zunächst die Unterlage unter Ihnen, wie Ihr Körper von ihr getragen wird, die Schwerkraft, die Ihren Körper in die Unterlage sinken lässt und nehmen Sie dann drei tiefe Atemzüge. Atmen Sie dazu erst tief in den unteren Bauch ein und spüren dabei wie er sich wölbt, dann weiter in den Brustraum bis ihr Körper ganz von Luft erfüllt ist und atmen Sie dann in umgekehrter Reihenfolge wieder aus. Atmen Sie drei Mal auf diese Weise tief ein und wieder aus. Vielleicht können Sie spüren, wie die Luft beim Ausatmen wärmer ist als die Luft beim Einatmen. Spüren Sie, wie der Atem Energie beim Einatmen und Ruhe beim Ausatmen bringt. Gehen Sie dann zu einem normalen Atem über und beobachten Sie eine Weile das Heben und Senken Ihres Brustkorbs und wie der Atem durch Ihren Körper strömt. Wenden wir uns nun den großen Zehen zu. Gehen Sie mit Ihrer Aufmerksamkeit ganz in die großen Zehen. Wie fühlen sie sich an, ist da ein leichtes Kribbeln zu spüren, Wärme oder Kälte oder fühlen sie sich schwer an? Wandern Sie weiter in die zweiten Zehen, dann zu den mittleren, den vierten und zuletzt zu den kleinen Zehen. Gehen Sie dann mit Ihrer Aufmerksamkeit weiter zu den Fußballen, den Fußgewölben und schließlich zu den Fersen. Vielleicht können Sie Ihren Füßen etwas Dankbarkeit schenken dafür, dass sie Sie tagtäglich durch Ihr Leben tragen. Auf ihnen ruht Ihr ganzer Körper, sie bieten Ihnen eine feste Basis. Vielleicht können Sie sich vorstellen, wie Sie in Ihre Füße hineinatmen und aus ihnen wieder herausatmen. Wandern Sie nun weiter zu den Fußgelenken, wie fühlen die sich in diesem Moment an? Sollte Ihre Aufmerksamkeit abschweifen, werden Sie sich dessen bewusst und kehren behutsam mit Ihrer Aufmerksamkeit zu Ihrem Körper zurück. Aufkommende Gedanken lassen Sie weiterziehen wie Wolken am Himmel, ohne sie zu bewerten. Lassen Sie Ihre Aufmerksamkeit weiter in Ihre Schienbeine und Waden wandern, von dort weiter in Ihre Knie und hinauf in die Oberschenkel. Wenden wir uns nun dem Gesäß zu und spüren, wie es auf der Unterlage aufliegt. Schenken wir auch unserem Gesäß wohlwollende Dankbarkeit dafür, dass es uns ein weiches Polster bietet.

Sollten Sie in einem Körperteil eine Spannung oder gar Schmerzen feststellen, so wenden Sie sich diesem Körperteil in besonderer Weise liebevoll zu, atmen Sie in diesen Körperteil ein und aus ihm wieder heraus und umsorgen Sie ihn voller freundlicher Zugewandtheit innerlich.
Anstatt uns wie sonst über einen Körperteil, der Unwohlsein bringt, zu ärgern, wollen wir ihm nun Liebe und Zuwendung schenken.

Nehmen Sie nun Ihre Hüfte und Becken wahr. Wandern wir nun mit unserer Aufmerksamkeit weiter in den unteren Rücken, von dort die Wirbelsäule entlang Wirbel für Wirbel nach oben zu den Schulterblättern und den Schultern. Spüren Sie, wie diese auf der Unterlage aufliegen. Nun wenden wir uns dem Bauch zu, spüren noch einmal wie er sich mit dem Atem gleichmäßig hebt und senkt, und weiter hoch zum Brustkorb. Wie viele innere Organe hier versteckt sind, die ununterbrochen für Sie arbeiten ohne dass Sie sich dessen bewusst sind. Vielleicht mögen Sie Ihre Hand auf Ihr Herz legen und spüren dabei das Pochen. Gehen Sie nun mit Ihrer Aufmerksamkeit weiter über die Schlüsselbeine und die Schultern in die Oberarme. Welche Empfindungen können Sie hier wahrnehmen? Wandern Sie weiter über die Ellenbogen zu den Unterarmen, den Handgelenken in die Handinnenflächen und die einzelnen Finger. Werden Sie sich bewusst, welche Dienste unsere Hände täglich für uns tun, wie viel Kraft und Sensibilität in ihnen steckt. Richten Sie nun Ihre Aufmerksamkeit auf den Nacken, Hals und Ihr Gesicht. Welche Empfindungen tauchen hier auf? Wo gibt es vielleicht Spannungen im Bereich der Stirn, Augenpartie, Wangen, Kinn, Kiefer? Atmen Sie in Bereiche der Spannung hinein und aus ihnen wieder heraus. Nehmen Sie wahr, wie der Atem durch die Nase ein- und wieder ausströmt und sich dabei Ihre Nasenflügel leicht bewegen. Spüren Sie wie Ihr Hinterkopf auf der Unterlage aufliegt und wandern Sie mit Ihrer Aufmerksamkeit bis zum Scheitel des Kopfes.

Nehmen Sie nun noch einmal Ihren Körper als ganzen wahr, wie er bei jedem Einatmen von frischer Luft erfüllt wird und bei jedem Ausatmen sich wieder völlig leert. Der Körper verbindet sich mit dem Atem, der automatisch ein- und ausfließt. Registrieren Sie nun, wie sich Ihr Körper im Vergleich zu vorher anfühlt. Hat sich etwas verändert? Und wenn ja was? Nehmen Sie alle Empfindungen und Veränderungen mit einer akzeptierenden offenen Haltung an.

Es gibt kein Ziel, das erreicht werden muss, wir nehmen einfach nur wahr, was in und um uns in diesem Moment passiert. Bevor wir langsam zum Ende kommen, lassen Sie noch einmal mit tiefen kräftigen Atemzügen Energie in Ihren Körper strömen, machen Sie kleine Bewegungen mit ihren Füßen und Händen, drehen Sie leicht Ihren Kopf von links nach rechts und öffnen Sie nun Ihre Augen. Legen Sie eine Hand auf Ihr Herz und danken sich selbst für die wohltuende Achtsamkeitspraxis.

2.7.2 ATEMÜBUNG

Die Arbeit mit dem Atem ist das Kernelement der Achtsamkeitspraxis. Er ist ein wichtiges Hilfsmittel, um den unsteten Geist zur Ruhe zu bringen. Da der Atem uns immer begleitet, egal wo wir sind, können wir in jeder denkbaren Situation auf ihn zurückgreifen, um uns wieder mit unserem Körper zu verbinden und vom Tun-Modus in den Sein-Modus zu gelangen, in dem wir zur Ruhe kommen und einfach nur sind. Sie können Ihren Atem bewusst verändern. Wenn Sie ihn schneller werden lassen, merken Sie direkt wie Sie vielleicht unruhiger und angespannter werden. Wenn Sie ihn verlangsamen, können Sie vielleicht wahrnehmen, wie Ihr Körper dadurch mehr zur Ruhe kommt. Für uns ist es wichtig, bei der Arbeit mit dem Atem nichts zu forcieren, sondern einen Rhythmus zu finden, der sich für Sie angenehm ruhig anfühlt.

Setzen Sie sich für die Atemübung bequem mit geradem Rücken hin. Ihre Füße liegen flach auf dem Boden, Ihre Hände ruhen entspannt auf den Oberschenkeln. Versuchen Sie, eine Sitzhaltung zu finden, die sowohl bequem als auch aufrecht ist, sodass Sie entspannt und zugleich in wacher Haltung in die Atempraxis gehen. Die Augen können sanft geschlossen sein oder ihr Blick kann vor Ihnen auf dem Boden ruhen. Spüren Sie zunächst in Ihren Körper hinein und wandern mit Ihrer Aufmerksamkeit einmal durch Ihren Körper, beginnend bei den Füßen, wie sie fest auf dem Boden ruhen, weiter über die Beine hoch in ihr Gesäß, wie es auf Ihrer Sitzunterlage aufliegt, dann den Rücken hoch in die Schultern, in den Brustkorb, der sich mit dem Atem hebt und senkt, weiter den geraden Nacken hinauf zum Kopfscheitel. Stellen Sie sich vor, dass ein unsichtbarer Faden Sie am hinteren Kopfende nach oben zieht, sodass Ihre Haltung noch aufrechter wird. Wenden Sie sich nun ihrem Gesicht zu. Sollten Sie in Ihrer Gesichtspartie Spannungen wahrnehmen, versuchen Sie diese loszulassen und zu entspannen, indem Sie den Kiefer leicht fallen lassen. Vielleicht können Sie ein leichtes Lächeln auf Ihre Lippen zaubern, um Ihre Intention der freundlichen Zuwendung zu Ihrem Atem und sich selbst zu bekräftigen.

Konzentrieren Sie sich nun auf Ihren Atem, wie er bei jedem Einatmen in Ihren Körper einströmt und beim Ausatmen wieder hinausströmt. Um den Atem besser zu spüren, nehmen wir zunächst drei tiefe Atemzüge, indem Sie tief in den Bauch, dann weiter in den Brustkorb und zuletzt bis zu den Schlüsselbeinen einatmen, sodass Ihr Körper durch und durch mit Ihrem Atem gefüllt ist. Halten Sie den Atem kurz an und spüren den Empfindungen nach, die sich in Ihrem Körper zeigen. Dann lassen Sie langsam den Atem wieder ausströmen, sodass sich erst der Brustkorb wieder senkt und anschließend die Bauchdecke bis das letzte bisschen Luft Ihrem Körper entwichen ist, Sie ganz leer sind. Nehmen Sie auf diese Weise zwei weitere Atemzüge. Spüren Sie dabei genau in Ihrem Körper nach, wie die Luft sich langsam in alle Körperteile ausbreitet beim Einatmen und wie die Luft durch Ihre Nasenlöcher beim Ausatmen wieder langsam ausströmt. Vielleicht mögen Sie bewusst ein Atemgeräusch entstehen lassen, sodass Sie auch das Geräusch des Atems beobachten können. Gehen Sie nach den drei tiefen Atemzügen zu einem normalen Atem über.

Versuchen Sie zu einem Ihnen angenehmen Atemrhythmus zu kommen, indem Sie zunächst etwa drei Sekunden einatmen, kurz innehalten und dann fünf Sekunden lang ausatmen. Variieren Sie den Atem dann so, dass Sie zu einem sanften Rhythmus finden, der Sie ruhiger werden lässt. Gehen Sie dann mit Ihrer Aufmerksamkeit in den Körperbereich, wo Sie den Atem am besten spüren und verweilen eine Weile bei Ihrem Atem, lassen ihn ein- und ausströmen, ohne ihn weiter zu beeinflussen. Der Atem fließt ganz von alleine, ohne unser Zutun. Nehmen Sie wahr, welche Empfindungen der Atem im Körper auslöst. Vielleicht merken Sie, wie Sie innerlich ruhiger werden und sich Ihre innere Ruhe mit Ihrem freundlichen Gesichtsausdruck verbindet. Sie werden vielleicht feststellen, wie Ihre Gedanken hin und wieder abschweifen. Das ist normal. Unser unsteter Geist hält nicht inne, springt von einem Gedanken zum nächsten und verweilt niemals im gegenwärtigen Moment. Wenn wir merken, dass wir uns wieder in Gedanken verlieren, registrieren wir das einfach und kehren behutsam zu unserem Atem zurück.

Manchen mag es helfen, die Atemzüge zu zählen und bei jeder Unterbrechung durch Gedanken wieder bei eins anzufangen. Dabei sollte kein falscher Ehrgeiz entstehen. Hier gibt es nichts zu erreichen, nur der gegenwärtige Moment zählt, in dem wir ganz bei unserem Atem sind. Sie sind wie ein Berg, über dem Ihre Gedanken wie Wolken vorüberziehen. Manchmal türmen sich große Gedankenwolken auf und verfangen sich in der Bergspitze; lassen Sie sie einfach weiterziehen und kehren zu dem ein- und ausströmenden Atem zurück. Der Atem strömt ganz von selbst durch Ihre Nase ein, füllt Ihre Lungen und strömt dann langsam wieder aus. Nehmen Sie diesen Rhythmus einfach nur wahr. Nehmen Sie sich die Zeit, nun ganz bei sich und Ihrem Atem zu sein und schenken Sie sich dafür dankbare Anerkennung.
Bevor wir zum Ende der Atemübung kommen, lassen Sie Ihren Atem noch mal tief werden, spüren Sie die Unterlage, auf der Sie sitzen, den Kontakt der Fußsohlen zum Boden und öffnen dann langsam die Augen, wenn Sie dazu bereit sind.

2.7.3 SITZMEDITATION
In der Sitzmeditation können wir das zur Anwendung bringen, was wir im Body-Scan und in der Atemübung gelernt haben. Wir können z. B. unsere Sitzmeditation beginnen, indem wir uns zunächst für ein paar Minuten auf unseren Atem konzentrieren, damit unser Geist zur Ruhe kommt. Dies hilft uns, ganz bei uns anzukommen, uns von dem, was an diesem Tag hinter uns oder noch vor uns liegt zu lösen.

Anschließend können wir uns unserem Körper zuwenden, nachspüren, wie er sich in diesem Moment anfühlt. Und schließlich lassen wir jedes Ziel, jedes Tun wollen los und sind einfach nur, kommen zur Ruhe. Wir verweilen achtsam im jetzigen Moment.

Setzen Sie sich in einer angenehmen aufrechten Haltung, entweder auf die vordere Kante eines (Meditations-)Kissens, das linke Bein liegt vor dem rechten Bein auf dem Boden, sodass Ihre Knie nahe am Boden und Ihre Oberschenkel nach unten geneigt sind, oder wahlweise auf einen Stuhl, möglichst auf vorderer Stuhlkante, nicht angelehnt, mit aufrechtem Rücken. Ihre Hände ruhen sanft auf Ihren Knien. Wichtig ist, dass Sie so bequem für eine Weile sitzen können und dabei eine wache aufmerksame Haltung bewahren können. Atmen Sie dann einmal tief durch die Nase ein und hauchen dann durch Ihren Mund den Atem kraftvoll wieder aus. Stellen Sie sich vor, Sie würden mit dem Aushauchen sämtliche Gedanken, die Sie noch vom Tag beschäftigen oder die Sie an Bevorstehendes erinnern, für diesen Moment aus sich hinaus hauchen. Diesen Gedanken können Sie sich später wieder widmen.

Wiederholen Sie das tiefe Einatmen und Aushauchen noch ein oder zwei Mal, so wie Sie es benötigen. Diese Zeit widmen Sie ganz Ihrem achtsamen Gewahrsein des Hier und Jetzt, Gedanken zur Vergangenheit und Zukunft hauchen Sie aus sich heraus und lassen Sie weiterziehen. Gehen Sie dann sachte in einen ruhigen Atemrhythmus über. Beobachten Sie eine Weile das Ein- und Ausströmen Ihres Atems, wie der Atem ganz von selbst ohne Ihr Zutun die Bauchdecke hebt und wieder senkt, wie er Sekunde um Sekunde Ihren Körper mit Leben erfüllt. Nehmen Sie nun Ihren Körper wahr, wie er auf der Unterlage sitzt, entspannt und gleichzeitig wach. Vielleicht mögen Sie eine Hand auf Ihr Herz legen, dabei Ihre Mundwinkel zu einem leichten Lächeln formen und mit bejahender freundlicher Intention sich dem Verweilen in diesem Augenblick zuwenden. Schenken Sie sich Dankbarkeit dafür, dass Sie sich diese Zeit des Innehaltens einräumen.

Gehen Sie dann mit Ihrer Aufmerksamkeit in den Raum. Welche Geräusche nehmen Sie wahr? Gibt es vielleicht bestimmte Gerüche, oder können Sie etwas anderes im Raum spüren, wie etwa einen leichten Windhauch, der Ihre Haut berührt oder Wärme, die auf Ihren Körper trifft?

Lassen Sie Ihre Wahrnehmungen durch Ihre Sinne einfach da sein, ohne ihnen weiter nachzugehen oder ihnen besondere Aufmerksamkeit zu schenken. Dann wenden Sie sich wieder ganz sich und Ihrem Körper zu. Vielleicht bemerken Sie einen physischen Stress im Körper. Wo genau ist er zu spüren? Und in welcher Qualität zeigt er sich? Ist es ein Drücken, ein Ziehen oder eher ein Stechen? Spüren Sie in diesen Körperbereich hinein, registrieren den physischen Stress, wo und in welcher Qualität er sich zeigt und begegnen ihm mit einer liebevollen wohlwollenden Zuwendung, die ihn innerlich umsorgt und ihn da sein lässt anstatt ihn zu bekämpfen. Vielleicht empfinden Sie auch einen emotionalen Stress, ein Gefühl wie innere Anspannung oder Unruhe, Wut oder etwa Trauer. Versuchen Sie auch hier das Gefühl zu registrieren, zu benennen und nachzuspüren, wie und wo im Körper es zu spüren ist. Entdecken Sie, wie das Gefühl mit Ihrem Atem korrespondiert und auch im Körper in Form von Anspannungen oder anderen sensorischen Manifestationen Gestalt annehmen kann. Begegnen Sie dann auch diesem emotionalen Stress mit einer offenen akzeptierenden Haltung. Wenn Sie bemerken, dass Ihr unsteter Geist Sie ins Denken abdriften lässt, nehmen Sie das einfach zur Kenntnis und kehren zu Ihrem Atem zurück. Nehmen Sie Ihren Atem für eine Weile beobachtend wahr und verbinden Sie sich über Ihren Atem mit sich selbst im Hier und Jetzt.

Diese Zeit zum Meditieren gehört ganz Ihnen, Sie müssen jetzt nichts tun, seien Sie einfach da, lassen Sie jeden Drang etwas zu tun los. Ruhen Sie ganz in sich, wach und offen für das was da ist und noch kommt. Nehmen Sie sich so viel Zeit für das in-sich-Ruhen, wie Sie es benötigen, kehren Sie dabei immer zu dem Anker Ihres Atems zurück, wenn Sie bemerken, wie Sie abschweifen und Gedanken und Gefühle sich aufdrängen, und widmen sich dann wieder dem Ruhen im Hier und Jetzt.
Bevor Sie die Meditation beenden, wenden Sie sich noch einmal Ihrem Körper zu, spüren Sie den Kontakt von Ihrem Gesäß und den Füßen auf der Unterlage, öffnen Sie dann sachte Ihre Augen und führen Sie ihre Handflächen zusammen vor ihre Brust. Als Geste der Anerkennung vor sich selbst und allen lebenden Wesen auf dieser Welt.

Diese Achtsamkeits-Instruktionen können Sie im mp3-Format herunterladen: www.CIP-Medien.com/ Informatives/kostenlose-downloads)

III. ÄNDERUNGSPHASE

3. Änderungsphase der Kurzzeittherapie

Gemäß dem Prinzip der drei Säulen der Kurzzeittherapie beginnt die Änderungsphase mit der Symptomtherapie als erste der drei Säulen (Abbildung 3.1). Der Patient kommt nur wegen seiner Symptome zu uns zur Behandlung. Ohne diese würde er sich nicht für uns interessieren. Sie machen seinen Leidensdruck aus und auf sie kompetent und gründlich einzugehen ist auch ein Zeichen dafür, wie ernst wir sein Leiden nehmen.

Wir bleiben so lange bei der Symptombehandlung, bis fehlende Fertigkeiten den Änderungsprozess behindern. Nun ist es Zeit, auf die fehlenden Fertigkeiten einzugehen und dem Patienten zu helfen, sie anzuwenden, sofern er es einfach unterlassen hat, sie einzusetzen. Oder wir helfen ihm, diese aufzubauen und sie so lange zu üben, bis er sie wirklich beherrscht (wobei oft der TherapeutIn schneller die Geduld ausgeht als dem Patienten).

Emotionsregulationstraining hat dabei neben den vielen anderen Fertigkeiten eine ganz besondere Bedeutung. Denn die Emotionsregulation ist quasi die Drehscheibe im Erleben und Verhalten eines Menschen. Sie mündet direkt in das Thema der Beziehungsgestaltung ein, die ohne eine adaptive Emotionsregulation scheitern muss.

Die dritte Säule kennen wir schon von der Klärungsphase der Therapie: Die dysfunktionale Überlebensregel und die Modifikation von Motiven, die der therapeutischen Änderung entgegenstehen. Dieser therapeutische Widerstand ist leicht verständlich in der nun schon bekannten dysfunktionalen Überlebensregel zusammenzufassen. Da nun aber der Veränderungsprozess schon in Gang gekommen war und sein Stocken deutlich spürbar wird, kann das Erkennen, dass es die alte Überlebensregel ist, die verhindern will, dass Änderungen stattfinden, sehr beeindruckend sein. Ihre Transformation in eine neue Erlaubnis gebende Lebensregel wandelt den Widerstand in eine Kraft um, die die nötige Energie für die anstehenden Änderungen gibt.

Eine Besonderheit im verhaltenstherapeutischen Kontext ist trotz des inzwischen weit verbreiteten CBASP-Ansatzes von McCullough (2007) weiterhin die Heuristik der Entwicklung des Verhaltens, die stets der Konditionierung vorausgeht bzw. parallel interferierend mit dieser einhergeht. Die Entwicklungsheuristik geht davon aus, dass etwas was noch nicht entwickelt ist, auch nicht lernend verändert werden kann: Zuerst Entwicklung und dann Lernen! Und Patienten sind zu Beginn der Therapie in Bezug auf ihr symptomauslösendes Problem erst auf der impulsiven Entwicklungsstufe, damit aber nicht lernfähig. Um sie verhaltenstherapeutischen Interventionen zugänglich zu machen, müssen sie sich erst auf die souveräne Stufe entwickeln, auf der logisch gedacht werden kann und eigene Impulse gehemmt werden können. Das führt zur Fähigkeit, sich aus eigener Kraft zu helfen.

Abbildung 3.1 Die drei Säulen der Kurzzeittherapie (aus Sulz & Deckert 2012, S. 36).

3.1 Symptomtherapie bei allen Störungen – Mit meinem Symptom umgehen lernen

Das Arbeitsmodul Symptomtherapie entspricht der ersten der drei Säulen der Psychotherapie. Es ist das erste große inhaltliche Projekt von Patient und TherapeutIn (Abb. 3.1.1).

Da in der diagnostischen Phase viel Kenntnis und viel Verständnis in Bezug auf das Symptom vorhanden ist, liegt es nahe, daraus einen optimalen Umgang mit dem Symptom als ersten Schritt der Symptomtherapie zu entwickeln. Ziel ist nicht die Beseitigung des Symptoms, sondern den bestmöglichen Umgang mit ihm zu erlernen. Eine Möglichkeit hierzu bietet das Vorgehen der kognitiven Bewältigung in fünf Schritten, wie es z. B. Sulz (2012a) für die Angsttherapie und für den Umgang mit Gefühlen und Befindlichkeitssymptomen vorgeschlagen hat (Sulz, 2009b, 2009b).

Wir können Befindlichkeits- und Verhaltenssymptome unterscheiden. Verhaltenssymptome sind willkürliche, beobachtbare Verhaltensweisen wie z. B. Kontrollzwang, Alkohol trinken, Fressattacke, sozialer Rückzug. Befindlichkeitssymptome sind psychische und psychosomatische Beschwerden, körperliche Missempfindungen, Schmerzen, quälende Gefühle wie Angst und Depressivität.

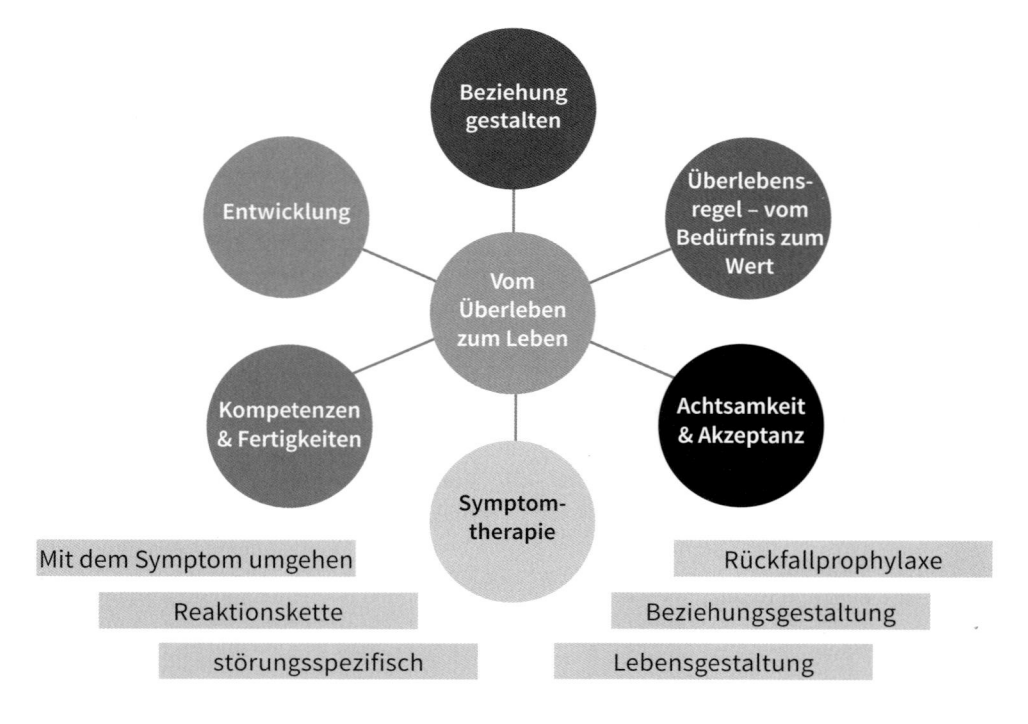

Abbildung 3.1.1 Arbeitsmodul Symptomtherapie

Wenn wir davon ausgehen, dass das Symptom fluktuiert, mal da ist, mal nicht, mal intensiver da ist, mal nur leicht ausgeprägt, dann können wir uns vornehmen, den frühesten Zeitpunkt der Wahrnehmung des Auftretens des Symptoms herauszugreifen. Das ist der erfolgversprechendste Zeitpunkt, um direkt auf das Symptom Einfluss zu nehmen. Der Patient lernt, frühe Symptomsignale wahrzunehmen, indem er beobachtet, welche Vorzeichen es gibt, welche ersten Signale wo wahrnehmbar sind, wann und wie sich das nächste dazu gesellt.

Kognitive Symptom-Konfrontation – AACES

Ich achte auf frühe Symptomsignale und lerne auf diese Weise zu erkennen, wie mein Symptom anfängt. (ACHTSAMKEIT)

Ich akzeptiere mein Symptom, lasse es da sein, lasse es an mich heran. Ich nehme es an. Es ist verständlich, dass mein Symptom jetzt da ist. (AKZEPTANZ)

Ich entscheide mich, auf meinem Weg zum Ziel zu bleiben. Ich will lernen, mich nicht mehr gegen mein Symptom zu sträuben, sondern mit ihm umzugehen. Ich will mein Symptom da sein lassen, ihm so viel Zeit und Raum einnehmen lassen, wie es einnehmen mag. (COMMITMENT)

In der Symptom-Situation spüre ich deutlich mein Symptom. Ich lasse es da sein, entspanne, atme ruhig und langsam. Ich weiß, dass ich jetzt nichts tun muss, um mein Symptom einzugrenzen oder zu hemmen. Je mehr ich es zulasse, um so freier kann es wieder gehen, wenn es Zeit ist zu gehen. Ich greife nicht ein, lasse los und entspanne. (EXPOSITION)

Nachher bestärke ich mich für meinen richtigen Umgang mit dem Symptom. Es war nicht leicht, aber ich bin dabeigeblieben. Für den Anfang war das ganz gut. Wichtig war nur, dass ich diesen neuen Umgang mit meinem Symptom probiere, nicht wie erfolgreich ich das mache. (SELBSTVERSTÄRKUNG)

Jetzt in eine Angst vor dem Symptom zu verfallen oder in ein heftiges Sträuben, intensiviert die Beschwerden und erzeugt einen Zustand des Ausgeliefertseins ebenso wie einen Kontext der Gegnerschaft. Da der Patient inzwischen weiß, welche Funktion des Schutzes und der versuchten Problemlösung sein Symptom hat, kann er sich darauf besinnen und respektieren, welche gute Absicht das Symptom verfolgt, dass seine Psyche gegenwärtig noch kein anderes Mittel gefunden hat bzw. einsetzen kann oder darf als das Symptom. Das hilft ihm, den zweiten Schritt der Symptombewältigung gelingen zu lassen: Akzeptieren, dass das Symptom da ist. Diese Akzeptanz herzustellen, ist eine sehr schwierige Aufgabe. Wie soll Schmerz und Leid, oft auch Qual, angenommen werden? Oder wie soll sogar in einem inneren Dialog das Symptom eingeladen werden, herzukommen, wenn es denn schon kommen muss? Es fällt sehr schwer, die Einladung auszusprechen, sich auszubreiten, intensiver zu werden, da zu bleiben, so lange es dableiben will und erst dann wieder zu gehen, wenn es seine Aufgabe erfüllt hat. Viele Patienten berichten, dass dies der schwierigste Teil der Symptombewältigung war und dass sein Gelingen bereits den Erfolg der Bewältigungsstrategie bedeutete – natürlich nur dann, wenn die Akzeptanz wirklich vom Gefühl herkam und nicht nur gedacht oder gesagt wurde.

Auf das affektive Akzeptieren folgt die willentliche Entscheidung, diesen Weg des Umgangs mit dem Symptom beizubehalten. Durch den Einsatz des Willens wird eine Aktivität aus der Symptombewältigung. Es herrscht kein fatalistisches Erdulden vor, sondern ein selbstgesteuertes Verhalten, ein willkürliches Handhaben. Nicht das Symptom hat mich im Griff, sondern ich gehe mit dem Symptom um. Wenn ich bisher geflohen bin vor meinem Symptom, mich abgelenkt habe, um es nicht wahrnehmen zu müssen, schnell Hilfe geholt habe, klagte und jammerte, so stelle ich mich jetzt. Nicht wenige Patienten geben an, dass für sie dieser Schritt der wichtigste war. Dass sie von da an mit dem Symptom umgehen konnten. Der Schritt vom Ausgeliefertsein zum Meistern war für sie damit vollzogen.

Auf das affektive Akzeptieren und die willentliche Entscheidung folgt die Exposition. Der Patient begibt sich in eine Haltung des zulassenden Begegnens, der bewussten Wahrnehmung, der gewollten Bejahung mit der Zuversicht, dass das Symptom nicht mehr die Lawine ist, die ihn mitreißt, sondern dass es sich um einen Vorgang handelt, auf den er Einfluss nehmen kann. Auch wenn er den Zeitpunkt des Auftretens, die entstehende Intensität und die Dauer der Beschwerden nicht festlegen kann, so hat er doch gelernt, mit dem Symptom auf eine neue Weise umzugehen, die das Erleben der Beschwerden sehr verändert. Bei manchen Beschwerden kann die Exposition durch aktives Entspannen wie z. B. die Progressive Muskelrelaxation nach Jacobson begleitet werden, insbesondere bei Schmerzen und bei psychosomatischen Beschwerden.

3.1.1 KOGNITIVE SYMPTOMBEWÄLTIGUNG

Die kognitive Symptom-Konfrontation AACES (siehe Kasten) überträgt das Expositionsprinzip aus der Angsttherapie auf andere Symptome: Achtsamkeit: frühe Symptomsignale wahrnehmen – Akzeptanz: Akzeptieren, dass ich das Symptom/die Symptome habe – Commitment: Entscheidung, sich dem Symptom zu stellen und zu lernen, mit ihm umzugehen. Selbstverstärkung: Nach der Konfrontationsübung sich anerkennende Worte sagen, z. B. „Es war gut, dass ich die Gelegenheit zum Üben nutzte."

Der letzte Schritt dieses neuen Umgangs mit dem Symptom ist die positive Beurteilung der Begegnung mit dem Symptom. Viele PatientInnen neigen dazu, nach einer gelungenen Bewältigungsübung, diese zu entwerten, wieder das alte Gefühl des Ausgeliefertseins und der Hilflosigkeit herzustellen: „Jetzt ist es mir wieder passiert! Das Symptom war schon wieder da! Ich habe es wieder nicht geschafft, es zu verhindern! Diese neue Übung wirkt ja gar nicht! Ich werde es doch nicht schaffen!" Diese Bilanz ist genau das, was die Wahrscheinlichkeit des erneuten Auftretens des Symptoms erhöht. Denn sie besagt, dass ich mein Problem nur mit Hilfe des Symptoms lösen kann, dass ich keine alternativen Mittel zur Hand habe. Deshalb achtet die TherapeutIn darauf, dass die nachträgliche Beurteilung der Bewältigungsübung positiv ist. Der Patient vergegenwärtigt sich, dass Ziel der Übung nicht Symptomreduktion oder gar -verhinderung war, sondern im Gegenteil ein Akzeptieren und Einladen des Symptoms. Wichtig war nur, diese Übung gemacht zu haben und nicht, damit irgendeine Wirkung zu erzielen. Es ist eine äußerst schwere Aufgabe, die zu erledigen eine großartige Leistung ist. Hier wird ein innerer Dialog beim Patienten in Gang gesetzt, dessen Wortlaut die TherapeutIn genau beachtet. Der Patient neigt dazu, wenn ihm ein Satz vorgeschlagen wird, diesen so zu verändern, dass möglichst wenig positives Feedback übrigbleibt. Notfalls muss die TherapeutIn hart verhandeln, bis der Patient zu einer förderlichen Selbstbewertung bereit ist.

3.1.2 UMGANG MIT DEM VERHALTENSSYMPTOM

Wenn nicht Missempfindungen, Schmerzen oder quälende Gefühle die Hauptbeschwerden darstellen, sondern willkürliche Verhaltensweisen wie z. B. Essen, Trinken, Ordnen, Kontrollieren, dann sind Maßnahmen zur Modifikation dieser Verhaltensweisen erforderlich. Bei einigen ist das Prinzip der Exposition und Reaktionsverhinderung wirksam. So geht es bei Zwängen wie Kontrollzwang oder Wiederholungszwang darum, die Zwangshandlung zu unterlassen und das dadurch entstehende Gefühl auszuhalten, es da sein zu lassen, ohne die Handlung auszuführen, die dieses Gefühl bewirken will. Die Funktion des symptomatischen Verhaltens besteht kurzfristig darin, dieses aversive Gefühl zu beenden. Die Reaktionsverhinderung mündet also in das Procedere der Emotionsexposition, das beim Befindlichkeitssymptom bereits beschrieben wurde.

Zur Durchführung einer spezifischen Symptomtherapie ist mehr Wissen über die betreffende Störung erforderlich und mehr Kenntnis wissenschaftlich untersuchter und als wirksam erwiesener Therapiemaßnahmen.

Symptomreaktionskette und Symptomtherapie

SYMPTOM-REAKTIONSKETTE	SYMPTOMTHERAPIE
PRIMÄRE EMOTION	Wahrnehmen lernen
PRIMÄRER IMPULS	steuern lernen
ANTIZIPATION DER FOLGEN	einschätzen lernen
GEGENSTEUERNDES GEFÜHL	ignorieren lernen
BEOBACHTBARES VERHALTEN	Coping lernen
SYMPTOMBILDUNG	damit umgehen lernen

(Übergeordnet: SYMPTOM AUSLÖSENDE SITUATION)

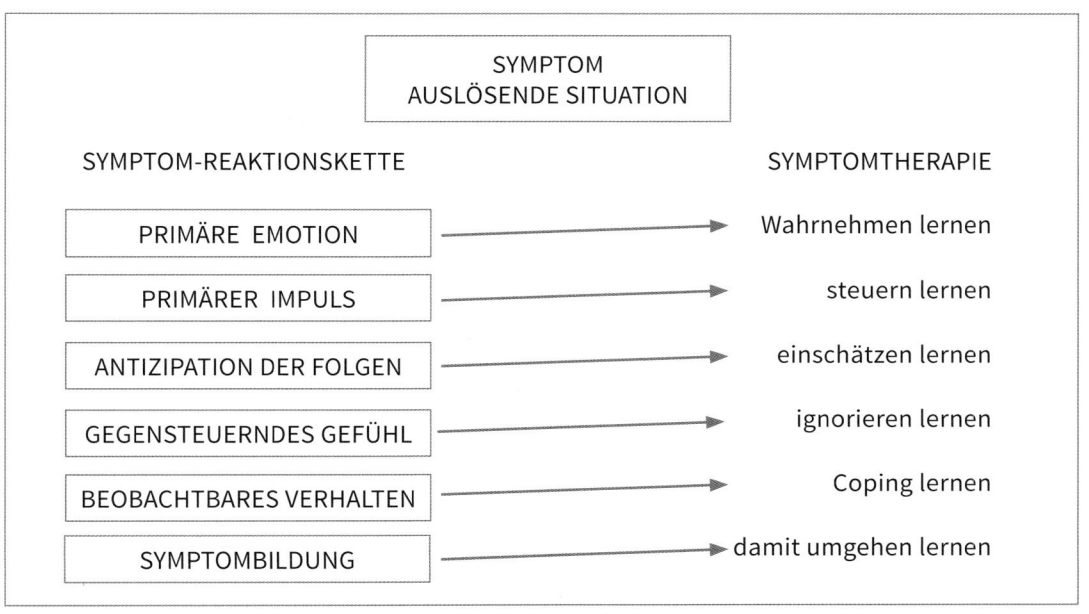

Abbildung 3.1.2 Symptomreaktionskette und Symptomtherapie

3.1.3 UMGANG MIT DER REAKTIONSKETTE ZUM SYMPTOM

Das Symptom in seinem Eingebettetsein in fallspezifisch auslösende und aufrechterhaltende Bedingungen und in seiner Funktionalität zeigt, welche Situationen nicht gemeistert werden können, um welche Beziehungen es geht und welche Bewältigungsstrategien fehlen. Betrachten wir die Reaktionskette Situation – primäre Emotion – primärer Handlungsimpuls – Antizipation bedrohlicher Folgen der Handlung – sekundäres gegensteuerndes Gefühl – Unterdrückung des primären Handlungsimpulses – sekundäres Verhalten – Symptombildung. Die Symptomtherapie kann an jedem Glied dieser Reaktionskette ansetzen: die primäre Emotion wahrnehmen lernen – den primären Handlungsimpuls bewusst verantwortlich steuern lernen – die Folgen der intendierten Handlung realistisch einschätzen lernen – das sekundäre gegensteuernde Gefühl ignorieren lernen – den primären Handlungsimpuls oder sein zivilisiertes Äquivalent als situativ adäquates Coping ausführen lernen – mit dem Symptom umgehen lernen (Abb. 3.1.2).

Das Lernen, mit dem Symptom umzugehen, kann wie oben beschrieben erfolgen oder es muss ein komplexer störungsspezifischer Ansatz herangezogen werden. Alle anderen Schritte lassen sich individuell erarbeiten.

Die Analyse und Modifikation der Reaktionskette bis zum Symptom erfolgt anlässlich einer konkreten beobachtbaren Situation (Mikroebene) oder anlässlich der Symptomauslösenden Lebenssituation (Makroebene).

3.1.3.1 Die primäre Emotion wahrnehmen lernen

Der vielleicht schwierigste Schritt der Symptomtherapie ist das Herausschälen der primären Emotion. Sobald aber die individuelle Bedeutung der Situation verstanden wird, kann die TherapeutIn extrapolieren. Welches Gefühl hätte ich an Stelle des Patienten gehabt? Der Patient kann gefragt werden, wie eine vertraute Person, die mit dieser Situation keine Schwierigkeiten hat, reagieren würde und welches Gefühl diese Person vermutlich dabei hätte. Auch wenn zunächst andere Gefühle genannt werden, sollte geprüft werden, ob Ärger und Wut gut passen würden. Enttäuschung und Traurigkeit oder Beleidigtsein sind vielleicht schon Abschwächungen, die von der eigentlichen Bedeutung der Situation wegführen.

Die primäre Emotion wahrnehmen lernen
Eine typische symptomauslösende Situation:
Worum geht es? Was ist mein Anliegen?
Wie agiert oder reagiert der/die andere? Was macht er/sie da mit mir?
Was hätte ich stattdessen gebraucht? Welches Gefühl spüre ich?
Wie hätte jemand reagiert, der gut für sich sorgen kann? Aus welchem Gefühl heraus hätte er so gehandelt?
Was ist also das erste natürliche Gefühl, die primäre Emotion? Habe ich ein Recht auf dieses Gefühl in dieser Situation?
Vergegenwärtigen Sie sich die Situation und das Verhalten des anderen: Können Sie dieses Gefühl jetzt spüren?

Die TherapeutIn lässt den Patienten die Situation nachempfinden, sodass er in der Therapiesitzung das Gefühl möglichst intensiv spüren kann (gegebenenfalls wird die Situation und das Verhalten des Gegenübers überzeichnet, damit das Gefühl deutlicher spürbar wird, z. B. „Wenn die andere Person noch rücksichtsloser und egoistischer reagiert, welches Gefühl spüren Sie dann? Wie stark ist das Gefühl jetzt?"). Ist dies gelungen, so kann nach der Berechtigung des Gefühls gefragt werden. Ist es erlaubt, ist es rechtens, in diesem Moment so zu fühlen? Und: Richte ich allein durch Fühlen schon Schaden an? Ziel ist, dass der Patient sich die Erlaubnis geben kann, dieses Gefühl zu haben. Darüber hinaus sollte er die wichtige Funktion dieses Gefühls erkennen und schätzen können. Dieses Gefühl hilft ihm, für seine Interessen einzutreten.

3.1.3.2 Den primären Handlungsimpuls bewusst verantwortlich steuern lernen

Der primäre Impuls kann situationsadäquates Coping sein oder ein unzivilisierter Impuls, der tatsächlich so nicht ausgeübt werden sollte. Große Wut kann zu dem Impuls führen, dem anderen eine Ohrfeige geben zu wollen oder ihn wegzustoßen oder gar umzubringen. Es ist unbedingt notwendig, diese unzivilisierten Impulse ins Bewusstsein gelangen zu lassen, da sie ohnehin da sind und auf das psychische Geschehen des Patienten sehr stark einwirken. Nur wenn ich sie mir bewusst mache, kann ich bewusst damit umgehen lernen. Für den Patienten ist es wichtig, dass nicht nur er solche Impulse hat, sondern nahezu alle Menschen. Dann ist für ihn der Satz „Am liebsten würde ich ihn an die Wand klatschen!" befreiend. In der Therapiesitzung sollte das Vertrauen darauf entstehen, dass das Zulassen des Impulses nicht automatisch zu seiner Ausführung führt. Der Patient macht die Erfahrung, dass er eine steuernde Instanz ist, die frei und verantwortlich entscheiden kann, welchem Impuls sie folgt und welchem nicht.

Den primären Handlungsimpuls steuern lernen
Wenn Sie dieses erste Gefühl sehr stark haben, was würden Sie dann am liebsten tun? Können Sie den Bewegungsimpuls spüren?
Wie sehr und wie lange würden Sie das am liebsten tun? Bringt dieser Impuls eine optimale Lösung?
Wenn nicht, wie können Sie mit ihm umgehen?
Können Sie sich bewusst entscheiden, dem Impuls jetzt nicht nachzugeben: „Ich werde es jetzt nicht tun!"?
Könnten Sie innerlich sagen: „Ich würde jetzt am liebsten ...!"? Könnten Sie sich zugestehen, das in der Phantasie zu tun?
Ist es sinnvoll dem anderen zu sagen: „Ich habe jetzt so sehr das Gefühl ..., dass ich am liebsten ..."?

Vielleicht muss zuerst Steuerungsfähigkeit aufgebaut werden – dann hilft ein innerer Dialog dabei, mit dem Impuls umzugehen. Eine Möglichkeit ist das Phantasieren der impulshaften Handlung, um der Wut einen Teil ihrer Wucht zu nehmen. Eine weitere Möglichkeit ist, dem anderen zu sagen, wie groß die Wut ist und was man am liebsten machen würde. Dadurch kann der andere das Ausmaß der Wut, die er hervorgerufen hat, besser erkennen. Es ist aber zu klären, welchem Menschen gegenüber das ausgesprochen werden kann: Kindern gegenüber ebenso wenig wie dem Vorgesetzten oder dem Beamten in der Schalterhalle.

3.1.3.3 Die Folgen der intendierten Handlung realistisch einschätzen lernen

Ist der primäre Impuls dagegen situationsadäquat und wird er nur durch irrationale Befürchtungen gebremst, so muss der Weg für die entsprechende Handlung freigemacht werden. Durch sokratisches Fragen können die unrealistischen Antizipationen korrigiert werden, sodass in der neuen Einschätzung des Patienten die positiven Auswirkungen seiner Handlung die negativen überwiegen. Er sollte sich auch bewusst machen können, dass ihm die positiven Folgen seines Handelns so wichtig sind, dass er bereit ist, die entstehenden Nachteile in Kauf zu nehmen.

Realistische Wirksamkeitserwartung erreichen
Wenn Sie Ihrem Impuls folgen und ihn eigentlich für berechtigt halten, welche Folgen erwarten Sie?
Was spricht für diese Auswirkungen? Was spricht gegen diese Konsequenzen? Wie wahrscheinlich sind sie wirklich?
Wie würde jemand anders ihre Wahrscheinlichkeit einschätzen? Welche Schätzung ist realistischer?
Für welche Einschätzung können Sie sich jetzt entscheiden?
Positive Wirkung meines Handelns (aus meinem Impuls heraus):
Negative Wirkung meines Handelns (aus meinem Impuls heraus):
Überwiegen jetzt die Vorteile so sehr, dass Sie bereit sind, so zu handeln?
Da es nicht ausreicht, ein einziges Mal diese Antizipation ad absurdum zu führen, sollte der Patient regelmäßig seine primäre Handlung und den insgesamt vorteilhaften, befriedigenden Ausgang der Situation imaginieren – im Sinne eines mentalen Trainings.

3.1.3.4 Das sekundäre gegensteuernde Gefühl ignorieren lernen

Das sekundäre gegensteuernde Gefühl will verhindern, dass die primäre Handlung (z. B. wehrhaftes Durchsetzen eines zentralen Anliegens) ausgeführt wird. Selbst wenn diese Handlung schon praktiziert wird, tritt es trotzdem auf, z. B. ein Schuldgefühl oder Scham. Die Gefahr, dass der Patient sein wehrhaftes Verhalten daraufhin wieder aufgibt, ist groß. Deshalb sollte der Umgang mit diesem sekundären Gefühl gesondert geübt werden. Das Motto könnte – begrenzt auf die vereinbarte Situation – heißen: „Tu, was dir Schuldgefühle macht, bis es dir keine Schuldgefühle mehr macht!" Dazu gehört, ein Verhalten zu unterlassen, zu dem dieses sekundäre Gefühl mich bewegen möchte, z. B. nachgeben, mich entschuldigen, mich verstecken, wieder gut machen etc.

Das sekundäre Gefühl löschen
Ihre Erwartung von Erfolglosigkeit oder schlimmer Folgen hat bei Ihnen bisher ein zweites – gegensteuerndes – Gefühl (...) ausgelöst, das Sie von Ihrem ersten Handlungsimpuls abgebracht hat (...).
Dieses Gefühl führte bisher zu einem Verhalten (...), das Ihnen nicht half, die Situation zu meistern. Wenn Sie dieses Verhalten nicht mehr wollen, können Sie seinen Auslöser löschen.
Das gelingt Ihnen, indem Sie diesem zweiten Gefühl (...) nicht mehr nachgeben. Lassen Sie dieses Gefühl einfach kommen, da sein, stärker werden, bis es wieder abnimmt und verschwindet, ohne dass Sie getan hätten, wozu es Sie bringen wollte.
Praktizieren Sie dies immer wieder – bis das Gefühl seltener kommt und unbedeutend wird (Gefühlsexposition).

Das Gefühl (z. B. Schuldgefühl) ist „erfolgreich", wenn das Verhalten (z. B. kleinlautes Nachgeben) ausgeführt wird, zu dem es den Menschen bewegt. Ein aversives Gefühl wird langfristig (negativ) verstärkt durch das aus ihm resultierende und es kurzfristig beendende Verhalten. Nur wenn dieses (sekundäre) Verhalten unterlassen wird, wird das sekundäre Gefühl auf Dauer gelöscht. Zunächst wird es jedoch intensiver, da es die bisherige Wirkung nicht hatte und durch „mehr desselben" wirksam sein will. Ein derartiges Vorgehen folgt dem Prinzip der Exposition. Der Patient exponiert sich dem Gefühl so lange, bis er gelernt hat, es da sein zu lassen, ohne das Verhalten zu zeigen, durch das das Gefühl beendet wird. Stattdessen: Den primären Handlungsimpuls oder sein zivilisiertes Äquivalent als situativ adäquates Coping ausführen lernen: War der primäre Handlungsimpuls situationsadäquat, so wissen wir schon, was das meisternde Verhalten in dieser Situation ist. Ein Rollenspiel kann zu dessen Ausformung beitragen und die Wahrscheinlichkeit erhöhen, dass es beim nächsten Mal erfolgt.

War der primäre Handlungsimpuls dagegen inadäquat, so muss jetzt erst ein adäquates Bewältigungsverhalten gesucht und aufgebaut werden. Bei der Auswahl eines möglichst vom Patienten gefundenen Verhaltens achtet die TherapeutIn darauf, dass das Verhalten nicht doch noch halb der Vermeidung dient. Andererseits könnte ein Copingverhalten zwar der Situation am meisten gerecht werden, aber der Patient ist nicht der Mensch, der es auf Dauer schafft, sich so zu verhalten.

3.1.3.5 Meisterndes Verhalten aufbauen

In der symptomauslösenden Situation haben Sie bisher ein Verhalten gezeigt, das nicht half.
Was wäre das optimal meisternde Verhalten? Wie genau müssten Sie sich verhalten?
Können wir das mal spielen. Ich bin Ihr Gegenüber (Rollenspiel). Können Sie sich vorstellen, beim nächsten Mal so zu handeln? Wann wird die nächste Gelegenheit sein?
Können Sie sich entscheiden, diese Gelegenheit zum Üben zu nutzen? Wenn es Ihnen den Rücken stärkt, können wir das als verbindliche Abmachung zwischen uns beiden vereinbaren. (Handschlag)

Neben der Möglichkeit, durch ein Fertigkeitentraining die situative Kompetenz des Patienten aufzubauen, sollte daran gedacht werden, vorerst ein Verhalten aus dem gegenwärtigen Repertoire des Patienten auszuwählen, damit ab sofort eine Möglichkeit besteht, die symptomauslösende Situation zu meistern. Später wird die Meisterung optimiert.

3.1.3.6 Umgang mit der symptomauslösenden Situation

Wenn soeben das Augenmerk auf das Symptom und den bestmöglichen Umgang mit diesem gerichtet war, so wird jetzt die Aufmerksamkeit auf die Situation gelenkt und ein guter Umgang mit potentiell symptomauslösenden Situationen erarbeitet. Bisher konnte in dieser Situation nur mit dem Symptom reagiert werden. Die bisherigen Analysen haben Aufschluss gegeben über die emotionale Bedeutung der anderen Person, das eigene Anliegen, den Konflikt und auch über mögliche aber verworfene Handlungsalternativen. Wenn der Patient die Reaktionsmöglichkeiten dichotom sah, nur zwei Wahlmöglichkeiten als ein Entweder-oder, so kann es sein, dass er eine dritte potentiell existierende Handlungsmöglichkeit gar nicht in Betracht gezogen hat, die besser als die beiden von ihm erwogenen ist. Vielleicht geht es aber auch um den Mut zur zweiten Reaktion. Die gemeinsame Situationsanalyse führt zu einem Plan des neuen Umgangs mit der symptomauslösenden Situation:

Welche Situation?	*–> Bedeutung der Situation für mich?*
Welche Person ist da?	*–> Bedeutung der Person für mich?*
Mein primäres Gefühl auf ihr Verhalten?	*–> Ist mein Gefühl angemessen?*
Mein primärer Handlungsimpuls?	*–> Ist mein Handlungsimpuls angemessen?*
Mein bisheriges gegensteuerndes Gefühl?	*–> Jetzt entscheide ich mich für welche Reaktion?*

Ein Beispiel: Die Situation sei, dass die Tochter ihren Vater im Elternhaus besucht. Es ist ein Wiedersehen nach sechs Monaten. Sie freut sich einerseits auf das Wiedersehen, fährt aber mit gemischten Gefühlen dorthin, weil sie weiß, wie er ihr begegnen wird. Sie wünscht sich, dass der Vater auf ihre Zuneigung positiv reagiert, dass er diese zulässt und sein sprödes abweisendes Verhalten beendet. Sie kommt an, spürt ihre freudige Erwartung, begrüßt ihn, spürt ihre Liebe zu ihm. Kaum dass er sie so wahrnimmt, gefriert seine Mimik und Gestik ein. Es kommt nur eine einsilbige unbewegte Antwort bei ihr an. Sie spürt Wut und würde am liebsten auf ihn losgehen. Ihr Gesicht verfinstert sich, ihr Stirn zeigt Zornesfalten. Normalerweise geht sie dann schnell zur Mutter, verliert die Wahrnehmung dieses Vorgangs aus dem

Bewusstsein und hat eine Stunde später heftige Kopfschmerzen, die ein bis zwei Tage anhalten.

Der neue Umgang besteht darin, die Angemessenheit der Wut zu prüfen. Dies kann bejaht werden. Danach gilt es, den aus der Wut resultierenden Handlungsimpuls wahrzunehmen und dessen Angemessenheit zu prüfen. In seiner Art und Intensität würde er vielleicht nur einen „hysterischen" Ausbruch hervorrufen, der sich in der Vergangenheit als wirkungslos erwies. Doch soll sie auch nicht das anschließend auftretende Gefühl der Ohnmacht zur Verhaltenssteuerung einsetzen, da dieses ein Vorläufer der Kopfschmerzen war. Stattdessen wird in der Therapiestunde vereinbart, dass sie ihrem Vater ihren Ärger und ihre Enttäuschung mitteilt. Und dass sie ihm auch das Gefühl mitteilt, mit dem sie zu ihm kam, ihm ihre Zuneigung zeigt und den Wunsch ausspricht, er möge den Mut haben, sie mit diesem Gefühl anzunehmen und willkommen zu heißen. Und sie wird sich nicht mehr durch seine Sprödigkeit von einer herzlichen Begrüßung abhalten lassen. Er wird vielleicht auch beim nächsten Mal nicht anders können und darf so reagieren, so wie sie ihn umarmen darf, statt wütend zu werden. Die Situation wird anders eingeschätzt als bisher. Ein neues Verhalten führt zu einem neuen Ergebnis, zu dem das Symptom nicht mehr passt.

3.1.4 SO BEGINNT DIE PRAKTISCHE UMSETZUNG

Einsicht und Wunsch bauen zwar Veränderungsmotivation auf, aber erst Entscheidungen führen Veränderungen herbei. Also muss noch der zweite Schritt mit Hilfe der TherapeutIn gemacht werden. Der Wunsch muss zum Willen werden, möglichst gleich. Wie heißt die Entscheidung? Was will ich erreichen? In welcher konkreten Situation? Welcher Person gegenüber? Wann bietet sich die nächste Gelegenheit?

Praktische Umsetzung des neuen Umgangs mit der symptomauslösenden Situation:
Die nächsten Gelegenheiten werden sein ...
Wann?   Wo (Situation)?   Mit wem?
Worum wird es gehen?   So werde ich handeln: ...

3.1.5 UMGANG MIT DEN SYMPTOMAUFRECHTERHALTENDEN BEDINGUNGEN

Die positiven Konsequenzen des Symptoms zu erkennen, entspricht einem sehr weitgehenden Verständnis der Erkrankung: „Ich weiß, wozu meine Psyche dieses Symptom entwickelt hat, was sie damit erreichen will. Und ich weiß, in welcher Weise das Symptom tatsächlich in der Lage ist, mir das Gute zu bringen oder zu bewahren. Ich weiß auch, wie wichtig das für meine Psyche ist, denn sonst hätte sie nicht den hohen Preis des Leidens bezahlt. Ich wusste das bisher nicht. Ich habe mich kennen gelernt. Ich habe mit Hilfe der TherapeutIn gelernt, mich als Erfinder und Schöpfer des Symptoms zu bestätigen, zu verstehen und zu akzeptieren. Und ich werde jetzt mit den positiven Konsequenzen, die das Symptom aufrechterhalten, bewusst umgehen." Ein neuer Umgang mit den symptomaufrechterhaltenden Konsequenzen beinhaltet das Erkennen, welche positiven Folgen in welchem Lebensbereich durch das Symptom auftreten, welche Bedeutung dies hat, was durch das Symptom vermieden wird, inwiefern dieses Vermeiden weiterhin notwendig ist, welche Änderung stattdessen gewagt werden kann und welche Bedeutung diese Änderung hat, schließlich welche Entscheidung hierzu erforderlich ist. Dabei gilt es das bisherige gegensteuernde Gefühl zu beachten, das zum Symptom führte und das neue Verhalten verhinderte:

Was waren die positivsten   -> *Welche Bedeutung haben*
Folgen meines Symptoms?   *sie für mich?*
In welchem Lebensbereich?   -> *Welche Bedeutung hat*
   dieser Lebensbereich für
   mich?
Was habe ich vermieden   -> *Muss ich es auch künftig*
durch die Symptombildung?   *vermeiden und wie?*
Welche Änderung kann ich   -> *Welche Bedeutung hat*
stattdessen wagen?   *diese Änderung für mich?*
Was war mein bisheriges   -> *Für welche neue Reaktion*
gegensteuerndes Gefühl?   *entscheide ich mich?*

Meist beschränkt sich die Funktion des Symptoms auf einen Lebensbereich oder auf eine Person, weshalb es wichtig ist, deren Bedeutung kognitiv zu erfassen und affektiv zu spüren. So kann eine Agoraphobie mit Panikattacken der Versuch sein, ein Eheproblem zu lösen. Einer Patientin ist es zu eng in der Partnerschaft geworden, ihre zentralen Bedürfnisse bleiben unbefriedigt. Ihre Psyche sieht die einzige Lösung in einer Trennung. Der Trennungsimpuls wird schließlich so stark, dass seine Realisierung unmittelbar bevorsteht. Da besinnt sich die Psyche darauf, dass sie ohne Beziehung nicht lebensfähig ist – ein unlösbarer Konflikt. In der Beziehung kann sie nicht mehr leben und außerhalb auch nicht. Trotzdem wächst der Trennungsimpuls. So muss die Notbremse per Symptombildung gezogen werden. Diesen Konflikt kann am besten das Symptom der Agoraphobie lösen. Es entscheidet den Konflikt zugunsten der Partnerschaft. Dankbar nimmt die Patientin den Schutz des Ehemannes an, geht ohne ihn nicht mehr aus dem Haus. Das Symptom bewirkt, dass sie vor dem drohenden Alleinsein beschützt wird. Durch das Symptom wurde die Erfahrung vermieden, dass sie selbständig sein kann, dass sie, wenn es sein muss, auch ohne den Partner leben könnte.

Einige Patienten können es tatsächlich nicht. Sie sollten es auch weiter vermeiden. Für sie ist der beste Weg, ihre Interaktions- und Beziehungskompetenz zu steigern, damit die Ehe wieder befriedigend wird bzw. ihnen Freiraum gibt, damit sie in der Beziehung ihre zentralen Bedürfnisse befriedigen können.

Andere Patienten können ihre Selbstständigkeit ausbauen.
„Was will und kann ich alles ohne meinen Partner machen, ohne deswegen gleich die Beziehung aufgeben zu müssen? Mein gegensteuerndes Gefühl ist die Angst, die mich von selbständigen Unternehmungen abhält. Diesem Gefühl werde ich ab jetzt nicht mehr folgen. Ich werde gegen dieses Gefühl selbständige Aktivitäten zu meinen Lebensgewohnheiten beginnen, allein in Ausstellungen gehen, mit einer Freundin ins Kino gehen, allein einen Abendkurs besuchen, allein gute Freunde in einer entfernt gelegenen Stadt übers Wochenende besuchen. Ich werde allein meine Kleidung einkaufen, werde meine eigene Meinung bilden bezüglich der Einrichtung meines Zimmers, werde versuchen, meine Ideen in der Partnerschaft durchzusetzen, bis es mir in der Ehe nicht mehr zu eng ist."

Bei einem Schmerzsyndrom ist die positive Konsequenz vielleicht das Vermeiden von massiven Auseinandersetzungen dem Vorgesetzten gegenüber, der rücksichtslos über die Anliegen eines Patienten hinweggeht. Das Symptom bewirkt zugleich dessen Bestrafung, da ihm durch die vielen Krankschreibungen die Arbeitskraft des Patienten entzogen wird. Wie wichtig ist also der innerbetriebliche Frieden? Wird es gleich die Arbeitsstelle kosten? Wie mächtig ist mein Vorgesetzter wirklich? Wie stark und einflussreich bin ich? Was kann ich wagen? Durch welches neue Verhalten kann ich sein Verhalten ändern?

3.1.6 RÜCKFALLPROPHYLAXE
Das Symptom ist abgeebbt. Der Patient ist froh, dass er es los ist. Er hätte nicht gedacht, dass es wieder verschwindet. Er traut dem Frieden noch nicht recht. Er fürchtet, dass das Symptom wiederkehrt. Er hat Angst, dass es ihn heimtückisch aus heiterem Himmel überfällt und dass er es dann nie wieder loswird. Schon geringste Anzeichen des Symptoms lassen ihn wieder das Schlimmste fürchten. Wie kann mit diesem Damoklesschwert umgegangen werden? Manche Patienten verjagen solche Gedanken und Gefühle einfach, so dass der Himmel heiterer scheint als er ist. Sie sind noch weit von einer wirksamen Rückfallprophylaxe entfernt.

Rückfallprophylaxe beschäftigt sich mit den Symptomauslösern. Das haben wir bereits getan. Es kann noch etwas konsequenter geschehen. Wir prüfen, ob der Patient selbst zur Symptombildung beigetragen hat

- durch eine pathogene Lebensgestaltung,
- durch eine pathogene Beziehungsgestaltung,
- durch fehlende Kompetenzen und Ressourcen im Umgang mit dem symptomauslösenden Ereignis.

Bleiben diese drei Entstehungsbedingungen bestehen, so kann damit gerechnet werden, dass der Patient bei einem gleichermaßen problematischen Ereignis wieder mit Symptombildung reagiert. Wirksame Rückfallprophylaxe berücksichtigt alle drei Aspekte. Da der Therapieauftrag nicht nur darin besteht, das Symptom zu reduzieren, sondern auch darin, möglichst dauerhaft zu heilen, ist eine so verstandene Rückfallprophylaxe notwendiger Bestandteil der Therapie. Eine Therapie ist unökonomisch, wenn damit gerechnet werden muss, dass es in ein bis zwei Jahren wieder zur Erkrankung kommt.

Inwiefern war also die Lebensgestaltung bisher pathogen? Welche Einseitigkeit, welche Überbetonung enthielt sie? Was war zu viel: zu viel Beruf, zu viel Familie, zu viel Karriere, zu viel Sicherheit, zu viel Äußerlichkeiten? Inwiefern verschlang dieses Zuviel Ressourcen und Energien, statt sie zu geben? Was war zu wenig in diesem Leben? Wurde alles auf eine Karte gesetzt, so dass ein kompensierendes Netzwerk fehlte? Gab es nicht wirklich Erfüllendes, Sinngebendes? War es eine Suche, ohne zu wissen, was gesucht wird?

Was machte die Beziehungsgestaltung pathogen? War es ein ständiges Investieren, ohne je etwas zurückzubekommen? War es ein Dienen in der Hoffnung auf Erhörung? War es eine Rivalität, die sich gegenseitig das Benötigte wegnahm? War es eine ereignislose Harmonie? War es ein permanentes Zudecken explosiver Reizthemen? Oder ein unenwegtes Löschen aufflammenden Feuers? Was war zu viel in der Beziehungsgestaltung, was zu wenig? Welche Beziehung hatte zu hohen Stellenwert, welche wurde darüber vernachlässigt? Gab es zu wenig wichtige Beziehungen? Ist eventuell die TherapeutIn die einzige wichtige Beziehung im Leben des Patienten?

Problematische Lebenssituationen gehören zum Leben. Nicht jeder Mensch reagiert darauf mit Symptombildung. Wir sollten also dahin kommen, dass der Patient künftige Problemsituationen wie diejenige, die sein Symptom auslöste, nicht mehr mit Symptombildung beantwortet, sondern Bewältigungsstrategien verfügbar hat, die ihn die Situation meistern lassen. Wie gehen also Menschen, die nicht erkranken, mit solchen Situationen um, was schützt sie vor Erkrankung? Gibt es beim Patienten Defizite im Repertoire interaktioneller, emotionaler und kognitiver Kompetenzen? Welche Fähigkeiten und Ressourcen müssen aufgebaut bzw. utilisierbar gemacht werden, damit sie im Ernstfall verfügbar sind? Ist es z. B. die Fähigkeit, sich zu wehren oder Kompromisse schließen zu können oder das Positive am anderen sehen zu können?

In allen drei Aspekten werden in der Therapie prophylaktische Änderungen geplant und realisiert:

Meine Lebensgestaltung war bisher pathogen
- durch zu viel ...
- durch zu wenig ...
Sie wird jetzt gesund erhaltend
- durch weniger ...
- durch mehr ...

Der Umgang mit der symptomauslösenden Situation wurde bereits diskutiert. Auch hier geht es wieder darum, nach dem Aufbau der Änderungsmotivation die Entscheidung zu treffen, die konkrete Durchführung festzulegen, die Übung in der Situation gut vorzubereiten, d. h. das Drehbuch für diese Situation zu schreiben, das gewünschte Ergebnis zu operationalisieren und die Zielerreichung zu messen – wie oft von zehn Mal das neue Verhalten gelang und wie oft es zum gewünschten Ergebnis führte. Da der Patient diese Art des Vorgehens in der Therapie schon gelernt hat, sollte er in eigener Regie vorgehen, d. h. selbst DrehbuchautorIn, Regisseur und Akteur sein. Die TherapeutIn sollte nur Gesprächspartnerin sein, demerzählt wird, was wie gemacht wurde.

Rückfallprophylaxe durch Erlaubnis des Rückfalls
Selbst wenn umfassende Maßnahmen der Prophylaxe getroffen wurden, wenn Lebens- und Beziehungsgestaltung gesund erhaltend sind, kann das Selbstvertrauen immer wieder schwinden

und Angst vor dem Rückfall entstehen. Das ist verständlich, denn die Krankheit war ein Trauma, das die alte Welt und das alte Selbst zusammenbrechen ließ. Der Umgang mit der Angst vor der Wiederkehr dieses Traumas sollte deshalb optimiert werden. Dies geschieht analog zur Behandlung von phobischer Angst. Statt sich gegen den Rückfall zu sträuben, wird er zugelassen. Und er wird als ein zeitlich begrenztes Ereignis gewertet. Dabei wird reflektiert, dass durch die Therapie eine bleibende Kompetenz aufgebaut wurde, mit Symptomen umzugehen – auch im Rückfall.

Sich auf den Rückfall emotional einstellen
Angst vor dem Rückfall beschwört diesen herauf.
Erlaubnis des Rückfalls nimmt ihm das Bedrohliche.
Erkennen des Rückfalls als vorübergehende Symptombildung hilft seine Begrenztheit zu sehen.
Immer wieder an den Rückfall denken, hilft auf ihn gefasst zu sein.
Den Ernstfall in Gedanken durchspielen mit seiner erfolgreichen Meisterung bereitet mich auf diesen vor.
Erinnerung an erfolgreiche Meisterung eines Rückfalls hilft mir das Richtige zu tun.

Wenn das Rückfallgeschehen real in Gang kommt, gilt es, ganz bewusst das Geschehen zu verfolgen, um im rechten Moment die gelernten Bewältigungsstrategien anwenden zu können.

Sich auf den Rückfall kognitiv einstellen
a) *Erkennen rückfallauslösender Situationen*
   Welche Situationen können einen Rückfall auslösen?
   Was ist das Charakteristische an diesen Situationen? Wie kann ich mit ihnen umgehen?

b) *Erkennen früher Rückfallreaktionen*
   Welche Reaktionen sind ein beginnender Rückfall? Was ist das Charakteristische an diesen Reaktionen? Wie kann ich mit ihnen umgehen?

Siehe auch Kapitel 4.1.2.3.23 Dreiundzwanzigste Stunde (Rückfallprophylaxe) sowie Kettl (2002).

3.2 Fertigkeitentraining und Kompetenzaufbau inkl. Rollenspiel *

Das Arbeitsmodul Fertigkeitentraining (Abb. 3.2.1) ist zugleich die zweite der drei Säulen der Psychotherapie. Es gliedert sich in sehr viele Teilkompetenzen, für die einzelne spezifische Interventionen zur Verfügung stehen.

Das Fertigkeitentraining ist nach der Symptomtherapie die zweite Säule der Therapie (die dritte ist die motivationale Klärung und Persönlichkeitsentwicklung).
Wenn die Symptomtherapie stagniert, weil Fertigkeiten fehlen, um in der Symptomtherapie voranzukommen, wird auf das Fertigkeitentraining zurückgegriffen. Viele Fertigkeiten haben die Patienten zwar, wenden sie aber nicht an. Auch dies ist eine Indikation für das Fertigkeitentraining. Ausgangspunkte des Fertigkeitentrainings können Problemsituationen, Problemmotive (Bedürfnisse oder Ängste, Aggressionen) oder Problemverhalten sein.

Das Einüben von kompetenten Verhaltensweisen durch ein Fertigkeitentraining ist einer der traditionellen Interventionsschwerpunkte der Verhaltenstherapie. Das zugrundeliegende Veränderungsprinzip des Lernens am Erfolg wird in seiner therapeutischen Wirkung heute als sowohl verstärkerorientierter Vorgang als auch als Prozess verstanden, durch den Kognitionen direkt um-

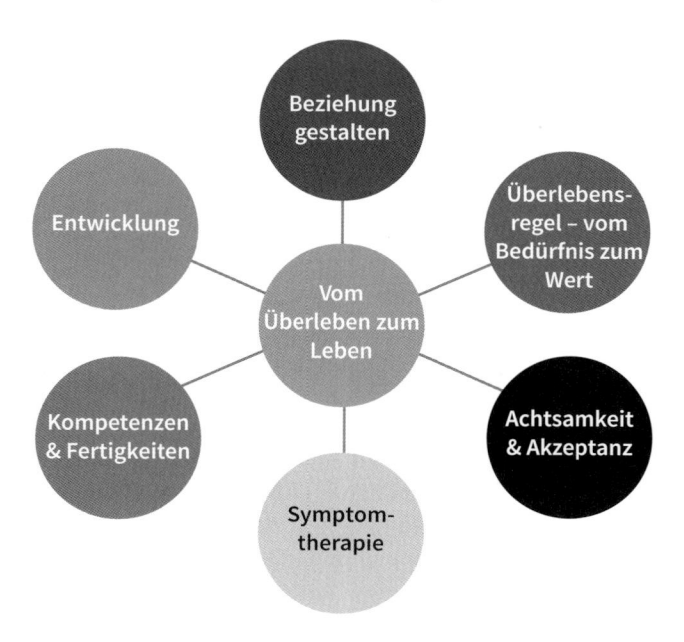

- Emotionsregulation
- Ressourcenmobilisierung
- Entspannung & Stressbewältigung
- Soziale Kompetenz
- Metakognitives Training
- Kommunikationstraining
- Selbständigkeitstraining
- Körperkompetenztraining
- Stuhl und Selbstmodus
- Ethische und spirituelle Kompetenz

Vom Überleben zum Leben:
- Beziehung gestalten
- Überlebensregel – vom Bedürfnis zum Wert
- Achtsamkeit & Akzeptanz
- Symptomtherapie
- Kompetenzen & Fertigkeiten
- Entwicklung

Abbildung 3.2.1 Arbeitsmodul Fertigkeitentraining und Kompetenzaufbau

---

* gekürzt und überarbeitet aus Sulz, 2011a

strukturiert werden. Der Erfolg der Handlung verstärkt deren Auftretenswahrscheinlichkeit und das Selbstbild ändert sich durch die Erfahrung von Selbsteffizienz und bewirkt das so wichtige Selbstwirksamkeitsgefühl. Mindestens so bedeutsam ist dabei der Vorgang des Modelllernens, wenn beim Rollenspiel die TherapeutIn das kompetente Verhalten zeigt. Das Üben ist ein Vorgang der Selbstkontrolle, denn zunächst überwiegen dabei noch die aversiven Aspekte (etwas noch nicht gut können, etwas machen müssen, was einem nicht liegt, Angst vor der negativen Reaktion der anderen Menschen etc.). Nur wenn der Patient den Wunsch, es zu können, in die Entscheidung umsetzt, es zu tun und wenn er mit der Kraft seines Willens am Üben bleibt, bis das Verhalten so gut gekonnt wird, dass es durch die eingebrachten Erfolge quasi von selbst auftritt, eine Automatisierung stattgefunden hat, ist Fertigkeitentraining erfolgreich. Das Prinzip des Überlernens ist der einzig sichere Weg, um zu verhindern, dass Übungen abgebrochen werden, bevor ein Verhalten stabil installiert ist. Tritt eine Generalisierung auf andere Situationen auf, so ist es wirklich zu einer Fertigkeit geworden.

Fertigkeitentraining und Kompetenzaufbau

Fertigkeitentraining (Skills Training) beinhaltet:
- Modell (TherapeutIn ist Vorbild)
- Rollenspiel (der Patient spielt das Verhalten)
- Lernen durch Üben (Üben in der realen Situation)
- Überlernen (nicht nur bis es einmal gekonnt wird)
- Lernpyramide (alte Übungen laufend wiederholen)
- Automatisierung (benötigt keine bewusste Selbstkontrolle mehr)
- Generalisierung (Transfer auf andere Kontexte)

3.2.1 VON DER SITUATION AUSGEHENDES TRAINING DER FERTIGKEITEN

Wird das Fertigkeitentraining von der Problemsituation aus angegangen, so ist die Situationsanalyse der Ausgangspunkt. Der Patient kann hierzu für ihn problematische Situationen sammeln. Hier kann der VDS23-Situationsfragebogen helfen. Das Gefühl des Patienten in dieser Situation verrät deren Bedeutung, vor allem wenn gesagt werden kann, welcher Aspekt der Situation dieses Gefühl auslöste. Das Verhalten des Patienten, seine Auslöser, seine Intention und seine Auswirkungen auf die Beziehung mit dem Gegenüber kann ebenso herausgearbeitet werden. Seine Nachteile haben den Änderungswunsch geschaffen und führen auch hin zu einem Änderungsziel sowie zu Lösungswegen, die das Ziel erreichen lassen. Die Phantasie des Gehens dieses Lösungswegs erzeugt beim Patienten negative Gefühle, denn aus gutem Grund hat er bisher nicht zu dieser Alternative gegriffen. Das emotionale Erfassen dieses therapeutischen Widerstands hilft, an der richtigen Stelle mit dem Üben anzusetzen:

Von der Situation zum Gefühl und zum Verhalten, das eine neue Fertigkeit ist:

- Eine typische Problemsituation ist ....
- Mein Gefühl dabei ist ....
- Dieses Gefühl wird ausgelöst durch ....
- Ich verhalte mich so ....
- Die Auswirkungen auf meine Beziehungsgestaltung sind ....
- Wozu verhielt ich mich bisher so? ....
- Welche Nachteile hätte ein neues Verhalten? ....
- Was würden Sie daran gern ändern? ....
- Wie könnten Sie dies ändern? ....
- Wer/was hindert Sie daran? ....
- Welches Gefühl entsteht? ....
- Was wollen Sie aus diesem Gefühl heraus tun? ....
- Welches Verhalten ist funktional/erfolgversprechend?
- Was brauche ich, um so zu reagieren? ....
- Wie kann ich dies herstellen? ....

3.2.2 VOM VERHALTEN AUSGEHENDES TRAINING DER FERTIGKEITEN

Wir können Alltagsverhalten in seinen Komponenten Wahrnehmung, kognitive Bewertung, Kommunikation, Verhaltenssteuerung und Handlung untersuchen und verändern oder Verhalten in außergewöhnlichen Stress- und Notsituationen (Sulz, 2011a):

Fähigkeiten der Wahrnehmung, der Bewertung, der Kommunikation, des Handelns:
- Realistische Wahrnehmung der Situation und der eigenen Person (eigene Bedürfnisse, Ängste, Gefühle, was mein Gegenüber braucht, fürchtet, fühlt, wirklich tut)
- Sozial-kognitive Einschätzung des Interaktionsprozesses
- Die Situationsadäquatheit des eigenen Fühlens und Handelns und diejenige des Gegenübers einschätzen können

Wirksamkeit eigenen Verhaltens:
- Gefühle direkt ausdrücken können
- aus einem Gefühl heraus handeln können
- dem Gegenüber klar zeigen können, was man will und was man nicht will
- sich so verhalten können, dass das Gegenüber tut, was man braucht und dass sie nicht tut, was man von ihr fürchtet

Fähigkeiten des Umgangs mit Stress- und Notsituationen:
- Art und bisherigen Wirksamkeit von Stress- und Krisenbewältigungsstrategien
- Fähigkeit, neue Stressreduktionsmöglichkeiten zu (er-)finden
- Befähigung, neue Wege aus einer Krise zu finden und zu begehen
- Leidenskapazität, um unvermeidbaren psychischen Schmerz zu tolerieren
- Bereitschaft, ein zunächst unerträglich erscheinendes Schicksal anzunehmen
- Fähigkeit, das übrig gebliebene Leben sinnvoll zu gestalten

3.2.3 VERHALTENSTHERAPEUTISCHES ROLLENSPIEL

Kernstück des Fertigkeitentrainings ist oft das Rollenspiel. Es ist hier in erster Linie das übende Rollenspiel im Gegensatz zum diagnostischen Rollenspiel gemeint. Es ist nach der kognitiven Vorbereitung der Beginn einer Interventionskette bis zur Zielerreichung.

Beschreibung: Im Rollenspiel wird das neue Verhalten ausprobiert (Verhaltensprobe) und bis zur nächsten Sitzung in der realen Situation geübt (Hausaufgabe) so lange, bis es automatisch auftritt (Automatisierung) und bis es auch in anderen Kontexten auftritt (Generalisierung) und bis das gesteckte Ziel erreicht ist (Zielerreichungsskalierung).

Vorbereitung: In der Therapiesitzung wird eine zuvor besprochene Situation mit verteilten Rollen gespielt. Meist wird vorher das Drehbuch der Situation festgelegt, so dass jeder Rollenspieler genaue Anweisungen hat, welches Verhalten er als Reaktion worauf und wie zeigen soll.

Ziel ist es, ein neues Verhalten auszuprobieren, eventuell nur die Erfahrung zu machen, wie sich das in der speziellen Situation oder genau dieser Person gegenüber anfühlt und dass es richtig, erlaubt, ungefährlich ist. Oder es einzuüben als ein Verhalten, das bisher noch nicht gekonnt wurde.

Folgendes **Vorgehen beim Rollenspiel** hat sich bewährt:
a) genaue Situations- und Verhaltensanalyse
b) Funktionsanalyse: Wozu verhielt ich mich bisher so? Welche Nachteile hätte ein neues Verhalten?
c) neues Verhalten genau festlegen
d) Drehbuch der Interaktionskette festlegen
e) TherapeutIn und ein von der TherapeutIn ausgesuchter Spieler spielen die Situation vor, die TherapeutIn in der Rolle des Patienten
f) kurze Nachbesprechung, die dazu führen soll, dass der Patient sich entscheidet, dieses Verhalten als gute Alternative zu akzeptieren und auszuprobieren

g) Patient wiederholt seine Rollenbeschreibung, was er wie und wozu macht und worauf er achten wird
h) Patient und derselbe Spieler spielen
i) TherapeutIn gibt Feedback (als Modell), danach alle Gruppenmitglieder
j) falls erforderlich: Wiederholung mit den neu vorgeschlagenen Veränderungen des Verhaltens, danach wieder Feedback (Wie gelangen die Veränderungen?)

Zwar ist in jeder Situation unterschiedliches Verhalten erforderlich, aber oft sind folgende **Verhaltensaspekte** von Bedeutung:
a) aufrechte Körperhaltung
b) stabiler Stand
c) entspannte Muskeln (Schultern, Nacken, unterer Rücken, Gesichtsmuskeln)
d) Blickkontakt halten
e) Entscheidung zum neuen Verhalten
d) genügend laut sprechen
e) deutlich sprechen
d) Die Betonung der Worte mit dem Inhalt in Übereinstimmung bringen
e) ablehnende Worte des anderen sind Stichwort für meine Stellungnahme
f) wenn der andere ausweicht oder ablenkt, immer wieder mein Anliegen oder meinen Standpunkt wiederholen, evtl. stereotyp
g) dem anderen durch Warten auf seine Antwort die Aufgabe geben, eine Lösung zu finden
h) auch wenn keine Einigung erzielt werden konnte, dem anderen danken für das Gespräch

Therapeutenverhalten:
Wie die TherapeutIn sich beim Rollenspiel verhalten soll, ist hinreichend bekannt und soll ebenfalls nur kurz beschrieben werden:
a) entängstigend, empathisch, nicht Druck machend
b) aktiv unterstützend, Mut machend, Hilfestellung gebend
c) im Demonstrations-Rollenspiel vorbildhaft (nicht zu perfekt) als Modell vorgehen
d) nach dem Rollenspiel den Patienten sehr loben (extravertiert, expressiv, begeistert)
e) anfänglich loben fürs Mitmachen beim Rollenspiel
f) später differentiell verstärken: was daran auf welche Weise gut war
g) erst nach dem Ansprechen der gelungenen Verhaltensaspekte falsches Verhalten konstruktiv rückmelden: „Beim nächsten Mal vielleicht noch etwas lauter sprechen." Falsch wäre: „Sie haben zu leise gesprochen!"
h) auf diese Weise den Gruppenmitgliedern als Modell für verstärkendes und konstruktiv kritisierendes Verhalten dienen
i) Wenn ein Gruppenmitglied negatives Feedback gibt, um Wiederholung in konstruktiver Form bitten. Darauf achten, dass zuerst das Gelungene und erst danach das weniger Gelungene zurückgemeldet wird.

Probleme beim Rollenspiel:
Immer wieder sind auch erfahrene TherapeutInnen in einer schwierigen Situation, wenn folgende Probleme auftreten:
a) Patient verweigert Rollenspiel: Ermuntern, Hilfestellung versichern, sonst jemand anderen vorziehen
b) Patient vergisst seinen/ihren Text: Souflieren, notfalls Spickzettel in die Hand geben
c) Patient erfindet anderen Text: Wenn es kein Synonym ist, den richtigen Text vorsagen und wiederholen lassen
d) Patient weicht in den geforderten nonverbalen Verhaltensaspekten vom Drehbuch ab: Regieanweisung dazwischen geben, z. B. „Laut und bestimmt sprechen!"
e) Patient kürzt die Situation erheblich ab: Bitten, die ganze Sequenz zu Ende zu spielen
f) Patient sagt mittendrin: „Nein, ich kann das nicht!" Explorieren, was der genaue Hinderungsgrund ist (Angst, Schuldgefühl, Scham, ein Verbot, Überzeugung, was trotz Vorgespräch eine Barriere bleibt). Verbot aufheben, Mut zusprechen, neuerliche Entscheidung herbeiführen, hilfreiche (innerlich gesprochene) Selbstinstruktion anbieten, z. B.: „Ich habe ein Recht, das zu verlangen!"

g) Patient übertreibt stark: Seine Interaktion auf das zuvor besprochene Maß reduzieren. (Übertreibung ist meist Vermeidung)

Hausaufgaben:

Auch wenn TherapeutInnen und Patienten das Wort Hausaufgaben nicht lieben, so gibt es sie doch im Fertigkeitentraining und beim Etablieren der im Rollenspiel geübten Verhaltensweisen. Dabei sollte Folgendes beachtet werden:
a) Genau festlegen,
- welche Situation
- wo
- mit welcher Person
- auf welche Weise (genauso wie jetzt geübt)
- mit welchem Ziel
- unter Beachtung welcher Aspekte
- wann
- wie oft geübt werden soll.
b) Protokollierung vereinbaren, Protokoll mitbringen lassen
c) Probleme, die am weiteren Üben hindern, telefonisch besprechen, um das Weiterüben zu ermöglichen
d) Selbstverstärkung für die Durchführung der Übungen vereinbaren

Diese Empfehlungen helfen der TherapeutIn, sich vor dem unangenehmen Moment zu Beginn der nächsten Therapiesitzung zu schützen, in dem der Patient sonst berichtet, dass er die vereinbarten Übungen nicht gemacht hat. Besser wäre es, wenn der Patient bereits so sehr im Modus des Selbstmanagements wäre, dass es dieser Vereinbarungen nicht bedarf. Aber im ersten Drittel der Therapie kann meist nicht von dieser Selbständigkeit ausgegangen werden. Trotzdem sollte von Anfang an darauf hingearbeitet werden, dass nicht die TherapeutIn Aufgaben gibt, sondern dass der Patient sich zu einem einwöchigen Änderungsprojekt entscheidet und mit der TherapeutIn lediglich bespricht, welche Hindernisse auftreten können. Andernfalls wird ein Lehrer-Schüler-Verhältnis etabliert, das den Widerstand gegen Fremdbestimmung wachsen lässt. Ein innerer Konflikt des Patienten wird dann externalisiert und in die therapeutische Beziehung übertragen. Dominanz oder Führungsschwäche der TherapeutIn bestimmen dann, wieviel der Patient macht (siehe das Kapitel über die therapeutische Beziehung).

Die weiteren Trainingsmodule des Fertigkeitentrainings finden sich nach dem Kapitel zur Ressourcenanalyse und -utilisierung in eigenen Kapiteln (Stressbewältigung und Entspannung, Emotionsregulation, soziale Kompetenz, Metakognitives Training, Kommunikationstraining, Selbständigkeitstraining, Körperkompetenz, Ethische und spirituelle Kompetenz) sowie in Linden & Hautzinger (2015) und in Siegl & Reinecker (2005).

3.3 Emotionsregulationstraining, Emotions-Exposition und Umgang mit Bedürfnissen

3.3.1 EMOTIONEN UND GEFÜHLE

Man kann psychische und psychosomatische Störungen generell darauf zurückführen, dass sie aus einer Emotionsregulationsstörung erwachsen. Diese zu beheben ist also ein zentrales Therapieziel. Sie hat Auswirkungen auf alle Lebensbereiche, indem sie (über die dysfunktionale Überlebensregel) daran hindert, das Richtige zu tun – sei es sozial kompetent zu sein, kompetent zu kommunizieren oder die Balance zwischen Autonomie und Beziehung zu regulieren.

Wir beginnen durch Psychoedukation dem Patienten eine **kleine Psychologie der Gefühle** zu vermitteln, über ihre natürliche Funktion und lebensnotwendige Bedeutung (ausführlich und anschaulich mit Fotos in Sulz und Sulz (2005). Sulz (2009b, S. 87) leitet das Thema so ein:

„**Gefühle** helfen dem Menschen
- die Bedeutung von Situationen für ihn zu erkennen und sie
- mobilisieren ihn dazu, das für ihn und die Situation stimmige Verhalten zu finden und zu zeigen.

Jeder Mensch hat andere zu ihm gehörige Gefühle. Wir erkennen einen Menschen u. a. an seinen bevorzugten Gefühlsreaktionen. Und Sie lernen sich erst richtig kennen, wenn Sie
- Wissen über menschliche Gefühle im Allgemeinen erwerben
- Kenntnis Ihrer eigenen Gefühle und Ihres Umgangs mit Ihren Gefühlen gewinnen."

Patienten profitieren von der Lektüre meines Buchs „Als Sisyphus seinen Stein losließ – oder: Verlieben ist verrückt" (Sulz, 2012c). Dort wird über verbotene Gefühle der Kindheit u. a. geschrieben:

„Jeder Mensch hat verbotene Gefühle. Manche sind so verboten, dass sie nie in unser Bewusstsein gelangen. Wenn Sie von sich behaupten, dass Sie noch nie in ihrem ganzen Leben Mordgelüste hatten, noch nie einen Hass verspürten, nie neiderfüllt waren und Eifersucht nicht kennen, so hat Ihre autonome Psyche gute Arbeit geleistet – weil nicht sein kann, was nicht sein darf.

Da haben es diejenigen schwerer, die diese Gefühle verspüren. Sie erschrecken, schämen sich, verachten sich oder fühlen sich schuldig, obwohl sie keinem Menschen etwas zuleide getan haben. Wer so reagiert, wenn er auf seine Gefühle stößt, hat sich diese Gefühle irgendwann einmal verboten. Das Verbot wird mit Hilfe der obengenannten gegensteuernden Gefühle (Schreck, Scham, Verachtung, Schuldgefühl) aufrechterhalten. Diese Verbote wurden in der Kindheit etabliert und ihre Überwachung automatisiert. Dadurch wurde versäumt, sie spätestens beim Übergang ins Erwachsenenalter zu überprüfen und aufzuheben bzw. abzumildern." (Sulz, 2012c, S. 152).

Mit dem Begriff „autonome Psyche" wird auf die Zweiprozesstheorie psychischer Funktionen Bezug genommen. Den bewussten Teil unserer Psyche können wir **willkürliche Psyche** nennen. Er kann willkürlich denken, entscheiden und handeln sowie prüfen, ob das was wir automatisch tun, auch situationsadäquat ist. Er greift in das Geschehen nur dann ein, wenn ein intendiertes Verhalten der Situation nicht gerecht werden würde, und korrigiert dieses darauf. Die **autonome Psyche** macht alles andere, Tag und Nacht, ohne dass dazu der willkürliche Teil eingreifen müsste und vor allem auch nicht sollte. Denn unser Bewusstsein wäre nicht in der Lage, der Komplexität der psychischen Abläufe gerecht zu werden. Die autonome Psyche steuert unser Verhalten über Bedürfnisse und Gefühle. Nur wenn sie von den falschen Voraussetzungen ausgeht, die unserer dysfunktionalen Überlebensregel zugrunde liegen, hat sie eine maladaptive Emotionsregulation installiert, die wir mit den Mitteln der willkürlichen Psyche im Rahmen der Psychotherapie ändern müssen.

Gefühle haben die Aufgabe ...
eine Situation zu verstehen (Bedeutung)
zu eine Handlung zu bewegen (Handlungsimpuls)
die Folgen eigenen Handelns zu bewerten (Selbstbewertung)
sich mit anderen Menschen auszutauschen (Kommunikation)
auf andere Menschen einzuwirken (Einflussnahme)

Gefühle bestehen aus ...
dem situativen Auslöser des Gefühls
meiner Interpretation der Bedeutung der Situation
meinem wahrgenommenen Gefühl
den begleitenden Körperreaktionen und deren Wahrnehmung (Embodiment)
dem nichtsprachlichen Ausdruck meines Gefühls
dem Aussprechen meines Gefühls
der Handlung aus meinem Gefühl heraus
den Folgen meines Gefühls und meiner Handlung

Gesunde Gefühle haben einen ...
Situationsaspekt (Ereignis, eine konkrete Situation)
Beziehungsaspekt (andere Menschen)
Kognitiven Aspekt (Bedeutung des Geschehens)
Homöostatischen Aspekt (Vergleich Anliegen und Wunscherfüllung/Erwartung)
EnergetischernAspekt (mobilisieren Energie)
Impulsaspekt (Handlungsimpuls)
Instrumentellen Aspekt (Ziel, Wirkung)
Zeitaspekt (dauern kurz)
Steigerungsaspekt (bei Blockade)

Nicht gesunde Gefühle ...
verlieren diese Bezüge.
Sie sind dadurch nicht mehr sicher eingebettet in einen zwischenmenschlichen Kontext
und können dem Menschen (psychisches oder psychosomatisches Leiden) oder den Mitmenschen (antisoziales Verhalten) schaden.

Dazu **explorieren wir zuerst die Gefühle des Patienten** (Tabelle 3.3.1).

Freude	Traurigkeit
Freude	Traurigkeit
Begeisterung	Verzweiflung
Glück	Sehnsucht
Übermut	Einsamkeit
Leidenschaft	Leere, Langeweile
Lust	Enttäuschung
Zufriedenheit	Beleidigtsein
Stolz	Mitgefühl
Selbstvertrauen	
Gelassenheit	
Überlegenheit	
Dankbarkeit	
Vertrauen	
Liebe	
Rührung	

Angst	Ärger, Wut
Angst, Furcht	Ärger, Wut, Zorn
Anspannung, Nervosität	Missmut
Verlegenheit	Ungeduld
Selbstunsicherheit	Widerwille, Trotz
Unterlegenheit	Abneigung, Hass
Scham	Verachtung
Schuldgefühl	Misstrauen
Reue	Neid
Sorge	Eifersucht
Ekel	
Schreck	

Tabelle 3.3.1 Die 43 häufigsten und für die Psychotherapie wichtigsten Gefühle (Sulz 2015a, 2009)

Welche Gefühle kennt er von sich? Welche hat er oft, welche selten oder nie? Sie können diese Exploration in der Therapiesitzung anhand dieser Tabelle durchführen. Dann kann er gleich versuchen, das Gefühl in der Erinnerung herzuholen. Ein sicherer Weg ist es, ihn den VDS32-Emotionsfragebogen bis zur nächsten Sitzung ausfüllen zu lassen und dessen Ergebnis nachzubesprechen.

Instruktion zu Tabelle 3.3.1:
Sie sehen hier die 43 häufigsten Gefühle in vier Gruppen eingeteilt: Freude-Gefühle, Trauer-Gefühle etc.
Einige sind Ihnen sehr vertraut, manche zu vertraut und einige kennen Sie kaum von sich. Wir wollen Ihr Gefühlsprofil erkunden.
Lesen Sie ein Gefühl, versuchen Sie es zu erspüren, zu erinnern.
Kreuzen Sie je Spalte die beiden wichtigsten Gefühle an, geben Sie dem wichtigsten die Nummer 1, dem zweitwichtigsten die Nummer 2.
Streichen Sie die beiden seltensten Gefühle durch.
Wir können anschließend darüber sprechen.

Der zweite Schritt ist, **über seine Gefühle zu sprechen**, beginnend mit den Freude-Gefühlen:
Der Patient sagt, (aus der Gefühlstabelle (Tab. 3.3.1) aussuchen!)
- welches sein wichtigstes Freude-Gefühl ist
- welche Ereignisse dieses Gefühl auslösen
- welches eine ganz typische Situation ist
- wie diese Situation genau abläuft
- wie er sich dabei genau fühlt

Er wird gebeten, sich diese Situation jetzt vorzustellen, während er beschreibt, was gerade geschieht und eine Körperhaltung einzunehmen, die dem Gefühl entspricht bzw. dieses ausdrückt (Embodiment).
Es werden ihm Fragen gestellt, die ihm helfen, das Gefühl jetzt zu spüren.
Wenn er es spürt: Nicht weiter fragen, sondern zuwarten, damit er beim Gefühl bleiben kann.
Er berichtet sein Empfinden und spürt sein Gefühl
Es war gut, diesem Gefühl Raum zu geben!
Anschließend über das wichtigste Angst-/Trauer-/Wutgefühl sprechen.

Im dritten Schritt **sprechen wir über fehlende Gefühle.**
Der Patient sagt, (aus der Gefühlstabelle (Tab. 3.3.1) aussuchen!)
- welches Freude-Gefühl (fast) nicht bei ihm vorkommt
- ob er sich an ein Erlebnis erinnern kann, bei dem er dieses Gefühl hatte

Er wird gebeten, sich diese Situation jetzt vorzustellen, während er beschreibt, was gerade geschieht und eine Körperhaltung einzunehmen, die dem Gefühl entspricht bzw. dieses ausdrückt (Embodiment).
Es werden ihm Fragen gestellt, die ihm helfen, das Gefühl jetzt zu spüren.
Nicht weiter fragen, sondern zuwarten, damit er beim Gefühl bleiben kann.
Er berichtet sein Empfinden und spürt sein Gefühl
Zuletzt: ob er sich vorstellen könnte, das Gefühl häufiger zuzulassen
Anschließend über das fehlende Angst-/Trauer-/Wutgefühl sprechen.

3.3.2 EMOTIONSREGULATION UND IHRE STÖRUNGEN

Von grundsätzlicher Bedeutung ist, dass der Patient **zwischen primären und sekundären Gefühlen unterscheiden** lernt. Primäre Gefühle sind die automatische, oft realitätsgerechte Antwort auf das situative Geschehen. Sie führen zu einem primären Handlungsimpuls, der eine meist gute Bewältigung der Situation ist. In der Kindheit wurde jedoch ein behauptendes oder selbstständiges Verhalten von den Eltern nicht gestattet. Das Kind musste seine Überlebensregel zu Hilfe nehmen, die ihm half, sich anzupassen und auch half, zu sekundären Gefühle zu wechseln, die von dem primären Handlungsimpuls wegführen und zu einem angepassten Verhalten verhalfen. Sulz (2009b, s. 92ff) empfiehlt folgendes Vorgehen:

Welches sind meine primären, tabuisierten Gefühle und welches meine sekundären, gegensteuernden Gefühle? Diejenigen Gefühle, die Ihre Eltern früher abgelehnt haben und die Sie heute noch ablehnen bzw. zu denen Ihnen noch heute der Mut fehlt, nennen wir primäre, tabuisierte Gefühle.

Primäre, tabuisierte Gefühle sind/waren bei mir abgelehnt – verboten – unerträglich:

1. ....
2. ....
3. ....
zu denen ich nicht den Mut hatte:
1. ....
2. ....
3. ....

Manche Gefühle setzen wir ungewollt ein, damit wir ein anderes, primäres, tabuisiertes Gefühl nicht zugleich haben können, welches wir ablehnen, oder zu dem wir nicht den Mut haben. Wer z. B. große Angst hat, hat keine Wut mehr. Er flieht statt anzugreifen. Wer sich z. B. völlig unterlegen fühlt, mag sich zwar innerlich sehr ärgern, unterlässt aber berechtigte Kritik. Gefühle, die so eingesetzt werden, werden in der Transaktionsanalyse recht treffend Ersatzgefühle genannt. Wir nennen sie sekundäre, erwünschte Gefühle.

Man kann sie auch sekundäre, gegensteuernde Gefühle nennen. Sie sollen ja dem primären früher unerwünschten Gefühl gegensteuern, damit es nicht auftritt, damit es verschwindet, und vor allem, damit wir nicht das tun, was dieses primäre Gefühl uns tun lassen würde. Da es für den Laien sehr schwer ist, seine gegensteuernden Gefühle zu identifizieren, gehen wir ganz rigoros vor: Bis das Gegenteil bewiesen ist, können Sie bei allen zu Ihnen gehörigen Gefühlen, sofern sie nicht zur Gruppe der abgelehnten Gefühle gehören, davon ausgehen, dass es erwünschte, nützliche Ersatzgefühle sind. Sie können dies prüfen, indem Sie sich fragen, ob die meisten Menschen in typischen Situationen andere Gefühle hätten, z. B. eines der von Ihnen abgelehnten, tabuisierten. Tragen Sie also alle verbleibenden Gefühle ein.

Sekundäre, in der Kindheit erwünschte oder nützliche Gefühle sind/waren bei mir:
1. ....
2. ....
3. ....
4. ....
5. ....
6. ....

Und nun die Frage, wozu diese sekundären Gefühle dienen. Welches primäre Gefühl und welche aus diesem Gefühl resultierende Handlung wird dadurch verhindert? Auch hier ist ein großes Fragezeichen am Rand angebracht:

sekundäres Gefühl	primäres Gefühl spüren	primäre Handlung ausüben
Bsp.: Ohne 1. Ohnmachtsgefühl	*würde ich zornig bleiben*	*und mich wehren*
Ohne 1 ...	würde ich ...	und ...
Ohne 2 ...	würde ich ...	und ...
Ohne 3 ...	würde ich ...	und ...
Ohne 4 ...	würde ich ...	und ...
Ohne 5 ...	würde ich ...	und ...
Ohne 6 ...	würde ich ...	und ...

Fazit: Zu meinem emotionalen Überleben in meiner Kindheit musste ich immer meine sekundären, erwünschten Gefühle
............und .... und................
............und .... und................ haben und durfte niemals meine primären, tabuisierten/ mir damals schadenden Gefühle
............und .... und................
............und .... und................ haben.

Leider ist meine Emotionsregulation noch so geblieben, als ob es um das emotionale Überleben in der Kindheit gehen würde. Deshalb muss ich jetzt einen für das Erwachsenenalter gültigen Umgang mit meinen Gefühlen lernen.

Nach dem Erinnern und Wahrnehmen kommt der Ausdruck von Gefühlen, zuerst nonverbal, dann verbal. Dies kann durch folgende Übung erreicht werden:

- **Ihr wichtigstes Gefühl der Gruppe** ....
  ist ....
- Bitte stellen Sie sich hin, spüren Sie das Gefühl
- Konzentrieren Sie sich ganz auf sich
- Nun zeigen Sie durch Ihren Gesichtsausdruck, Mimik, Gesten, geringfügige Bewegungen und Ihre Körperhaltung Ihr Gefühl
- Nehmen Sie Ihr Gefühl wahr,
- Nehmen Sie Ihren Körper wahr, nehmen Sie Gefühl im Körper wahr,
- Lassen Sie einen Ton entstehen, der dem Gefühl entspricht
- Intensivieren Sie alle Körperreaktionen, so, wie wenn das Gefühl stärker ist – noch mehr – und noch mehr

Wiederholen Sie diese Übung auch mit den wichtigsten Gefühlen der anderen Gefühlsgruppen

Der nonverbale Gefühlsausdruck hilft auch, das Gefühl deutlich ins Bewusstsein kommen zu lassen. Der **verbale Gefühlsausdruck** dient der Kommunikation und der Rückmeldung an die andere Person.
- **Welche Person** gehört dazu? ....
- In **welcher Situation**? ....
- Sagen Sie: **Ich fühle** ....
- Welcher Gedanke gehört dazu? ....
- Sagen Sie: **Ich denke,** ....
- Wer sind Sie in diesem Gefühlsmoment? ....
- Sagen Sie: **Ich bin (wie)** ....
- Welche Bedeutung hat die andere Person in diesem Moment: ....
- Sagen Sie: **Du bist (für mich)** ....

Es ist nur noch ein kleiner Schritt zu einem tieferen Verstehen des momentanen emotionalen Geschehens durch **metakognitive Reflexion** der Emotionsregulation:
- Jetzt gehen wir einen Schritt weiter. Nachdem wir Ihre Gefühle betrachtet haben,
- konzentrieren wir uns nun darauf,
- welche Reaktionen Ihren Gefühlen automatisch/reflexhaft folgen bzw.
- wie Sie bewusst mit einem Gefühl umgehen.
- Legen Sie fest, zu welchem Gefühl Sie sich diese Gedanken machen wollen

- Darauf erinnern Sie sich, wie Sie aus dem Gefühl heraus oder auf das Gefühl reagiert haben
- Und was die Auswirkung oder Folge Ihres Umgangs mit diesem Gefühl waren
- Wenn die Situation schlecht ausging, überlegen Sie, welcher Umgang besser oder klüger gewesen wäre.

Diese Übung hilft, eine realitätsbezogene Theory of Mind (TOM) aufzubauen, die immer bessere Vorhersagen der Auswirkungen eigenen Handelns ermöglicht, da sie zunehmend Gefühle und Bedürfnisse der eigenen Person und des Gegenübers berücksichtigt.

Metakognitiv bedeutet, sich Gedanken über Gedanken zu machen, aber auch über Gefühle und Bedürfnisse. Und dies nicht nur über die eigenen, sondern auch über die des Interaktionspartners. Wir tauchen mit unserem bewussten Erleben aus dem unmittelbaren impulsiven Involviert-Sein der situativen Interaktion auf, gehen reflektierend etwas in Abstand, schauen die Situation, uns selbst und den anderen von außen an und versuchen, die Beweggründe für das jeweilige Handeln zu erfassen. Diese Hypothesen fügen sich, wenn sie oft genug bestätigt werden, zu einer impliziten Theorie der psychosozialen Wirklichkeit zusammen, die in künftigen Situationen sofort verfügbar ist und zu einer immer besseren Passung führt – Theory of Mind (TOM) genannt.

Die Entwicklung, Differenzierung und Verfügbarkeit der TOM ist eines der übergeordneten Ziele der Therapie.

Sie hilft, aus der verbietenden und gebietenden dysfunktionalen Überlebensregel eine Erlaubnis gebende Lebensregel zu machen.

Bezüglich der Emotionsregulation bedeutet dies einen **neuen Umgang mit Gefühlen**:
- Ich entschließe mich, den Umgang mit folgendem Gefühl zu ändern: ....
- Mit diesem Gefühl ging ich bisher so um:............
  ....
- Dies hatte folgende negativen Auswirkungen: ...
  ....
- Stattdessen wünsche ich mir in solchen Situationen folgendes Ergebnis:.....................................

- Dies würde gelingen, wenn ich folgendes Verhalten zeigen ....
- Zu diesem Verhalten bewegt folgendes (primäres) Gefühl: ....

Dabei wird so vorgegangen:
- Die neue Theorie der Wirklichkeit (TOM) oder Erweiterung der TOM führt zu dem Entschluss, anders als bisher mit dem Gefühl umzugehen.
- Der Patient soll selbst überlegen, welcher Umgang mit dem Gefühl (bleiben Sie in der Besprechung bei einem einzigen Gefühl) gut ist
- Er erinnert noch einmal, wie er bisher mit dem Gefühl umging, welche negativen Auswirkungen auf ihn selbst und auf den anderen Menschen bzw. auf die Beziehung dies hatte.
- Und er spürt jetzt während des Gesprächs, wie es sich anfühlen würde, wenn er das von ihm gewünschte Ergebnis erzielen würde (Augen schließen und kurz imaginieren → Ressourcenorientierung herstellen).
- Er reflektiert, welches Verhalten am ehesten dazu führen würde (mentales bildhaftes Vergegenwärtigen des Verhaltens mit geschlossenen Augen).
- Und versucht, dieses erfolgversprechende Verhalten dem Gefühl zuzuordnen, das ihn dazu motiviert, z. B.
- Ärger – Nein sagen – Erreichen von Gerechtigkeit
- Enttäuschung – Fordern – Erreichen von Anerkennung

Der neue Umgang mit Gefühlen bedeutet zugleich einen neuen Umgang mit dem anderen Menschen. Patienten wünschen sich eine ganz konkrete Hilfe für Situationen, in denen sie zu heftig reagieren (panisch oder voll Wut) oder sogar mit einem Gefühl, das der Situation nicht gerecht wird (Angst statt Ärger oder umgekehrt). Folgende Übung vermittelt ein wirksames Tool.

Umgang mit Gefühlen, die situationsunangemessen oder zu stark sind:
- Ist das Gefühl in der Situation inadäquat?
- **Ich sage zu mir energisch STOP! STOP!**

- meine Wahrnehmung korrigieren: „Es hat nicht so sehr weh getan"
- meine Bewertung korrigieren: „Das war nicht absichtlich von ihm"
- Akzeptieren, dass der andere so handelt: „Das kann passieren"
- Mich akzeptieren, dass ich noch so zu reagieren neige: „Ich reagiere halt noch zu heftig und akzeptiere es."
- Mein neues Verhalten: Verhandeln oder einfach Beschreiben was war.
- Unser neues Interaktions-Ergebnis: ein für beide tragbarer Kompromiss z. B. der Andere entschuldigt sich

Eine fast unbegrenzte Anzahl sehr effektiver Skills zur Regulation intensiver Gefühle findet sich in dem neuen DBT-Handbuch von Marsha Linehan (2016a,b). Hauke & Dall´Occhio (2015) gehen beim Aufbau adaptiver Emotionsregulation konsequent von der Embodimentperspektive aus.
Entscheidend ist, dass der Patient die Bereitschaft und Fähigkeit zur Emotions-Exposition erwirbt. Diese kann für jedes Gefühl Anwendung finden, z. B. Ungeduld oder Eifersucht.

3.3.3 EMOTIONS-EXPOSITION
Emotions-Exposition ist einerseits eine Form der Problemaktualisierung von Grawe (1998) bzw. der tiefen emotionalen Erfahrung von Greenberg (Elliott et al., 2008, Auszra 2017) und entspricht andererseits dem klassischen Expositionsverfahren der Verhaltenstherapie (Wassmann, 2012). Dabei kann es sowohl um ein Gefühl gehen, das zu oft oder zu intensiv auftritt, als auch um ein Gefühl, das zu selten oder zu schwach in Erscheinung tritt.
Jedes Gefühl hat seinen spezifischen situativen Kontext. Dieser muss hergestellt werden, damit das Gefühl ins Bewusstsein treten kann.

Das kann schon geschehen, wenn ein Patient über die betreffende Situation erzählt. Während des Erinnerns und Erzählens entsteht bei ihm automatisch ein inneres Bild – eigentlich ein innerer Film – so dass er mit seinem Bewusstsein teils in diese Szene eintaucht und sie emotional wiedererlebt.

Mit dem anderen Teil seines Bewusstseins bleibt er im Gesprächskontakt mit uns. Beim Erzählen eines Traumas würde es so zu einem erneuten Erleben des Traumas kommen, was wir nicht wollen. Deshalb ist es von diesem Vorgehen ausgeschlossen. Während des Erzählens können wir nach bestimmten Situationsaspekten nachfragen, um sicher zu erkunden, ob sie zu den Emotionsauslösern gehören.

Wir können aber auch über das Erzählen hinausgehen und mit dem Patienten vereinbaren, so eine Situation noch einmal gemeinsam durchzugehen - nicht gedanklich, sondern im Erleben. Dabei sind wir weniger Zuhörer als aktiver Instruktor. Wir lenken seine Aufmerksamkeit gezielt auf Aspekte, die dazu führen, dass das Gefühl intensiver wird – so intensiv, wie es dem Geschehen entspricht. Im Wiedererleben der intensiven Emotion wird sich der Patient der emotionalen Bedeutung des Ereignisses weitgehend bewusst.

An dieser Stelle können wir die Emotions-Exposition stoppen. Während der Patient das Gefühl noch spürt, gehen wir in eine gemeinsame Reflexion der Situation, des Anliegens in dieser Situation, des evtl. scheiternden Versuchs, diesem Anliegen Gehör zu verschaffen, dem Ergebnis der Interaktion, dem evtl. unbefriedigenden Ende der Szene und der Folgen für die Beziehung zu dem betreffenden Menschen. Dann ist das Ziel die tiefe emotionale Erfahrung. Dabei würden wir davon ausgehen, dass die erlebte Emotion nicht sekundär ist, sondern die Bedeutung des Geschehens stimmig widerspiegelt.

Wenn wir aber die Situation so verstanden haben, dass die Emotion fehl am Platze oder zu heftig ist (z. B. Angst, Wut, Eifersucht oder Ungeduld) und der Bedeutung der Situation nicht entspricht und evtl. sogar daraus inadäquate Verhaltensweisen resultieren, werden wir anstreben, dieses Gefühl zu modifizieren, so dass es seine handlungsleitende Wirkung verliert und schließlich ganz abebbt oder in einer dem Kontext entsprechenden Intensität bleibt.

Eine zu große Angst konnotieren wir als Fehlalarm und gehen mit ihr um wie mit dem Fehlalarm eines Autos. Wir lassen sie da sein und warten, bis sie von selbst aufgehört hat. Für den Patienten ist es sehr hilfreich, wenn wir ihm ein strukturiertes Vorgehen empfehlen, das bereits Sulz (1987) bei phobischen Ängsten in der psychiatrischen Klinik anwandte und das fester Bestandteil der Strategischen Kurzzeittherapie SKT wurde (Sulz, 2011a): Das Vorgehen ist abgeleitet von der Angst-Exposition und kann in fünf Schritte unterteilt werden (Sulz, Sichort-Hebing & Jänsch, 2015a, b):

1. **A**chtsamkeit: frühe Signale des Gefühls wahrnehmen und mit der Aufmerksamkeit dabei bleiben.

2. **A**kzeptanz: Akzeptieren, dass das Gefühl jetzt kommt bzw. da ist. Es darf da sein.

3. **C**ommitment: Entscheiden, jetzt zu üben, sich dem Gefühl zu stellen – ohne mein bisheriges Vermeidungsverhalten, das bewirkte, dass das Gefühl chronisch wurde und chronisch blieb.

4. **E**xposition: Mit meiner Aufmerksamkeit ganz beim Wahrnehmen des Gefühls bleiben, es da sein lassen, keine Kraft gegen es aufwenden, ihm die Möglichkeit geben, stärker ins Bewusstsein zu kommen und lange da zu bleiben, bis es sich eventuell, von mir erst im Nachhinein bemerkt, allmählich wieder entfernt oder in den Hintergrund rückt.

5. **S**elbstverstärkung: Nach der Übung, die etwa 20 Minuten dauern kann, nicht klagen, dass das Gefühl wieder da war und keine Selbstvorwürfe machen, dass es noch nicht besser gelungen ist, mit ihm umzugehen. Stattdessen feststellen, dass die Gelegenheit zum Üben genutzt wurde, dass es wichtig war, zu üben und noch nicht wichtig war, dabei wirksam zu sein.

Diese fünf **AACES**-Schritte schreibt sich der Patient selbst in eigenen Worten als Selbstinstruktionen auf einen Zettel. Dabei ist wichtig, dass sie in seiner eigenen Sprache abgefasst sind, dass es keine Fachwörter der Psychotherapie oder Medizin sind. Er trägt diesen Zettel bei sich und hat ihn gleich zur Hand, wenn sich eine Gelegenheit zum Üben ergibt. Zuvor jedoch wird das Vorgehen als Trockenübung in der Therapiesitzung durchgespielt. Der Patient steht dabei z. B. in der imaginierten Situation, nimmt seinen Zettel und spricht laut die Selbstinstruktionen.

Das Vorgehen können wir uns an einem Beispiel veranschaulichen (Sulz, 2009b):
Beispielsituation: Ich bin mit dem, was ich gerade erreicht habe, sofort wieder unzufrieden und strenge mich ungeduldig an, noch mehr zu bekommen.

Gefühls-Exposition 15 Minuten lang bzw. bis das Gefühl abgeklungen ist:
1. Ich ertappe mich bei meinem Gefühl UNGEDULD (Achtsamkeit)
2. Es darf sein, dass mein Gefühl UNGEDULD da ist (Akzeptanz)
3. Ich mache nicht, was mein Gefühl UNGEDULD will (Commitment)
4. Ich beobachte, wie mein Gefühl UNGEDULD zunimmt (Exposition)
5. Es darf sein, dass mein Gefühl UNGEDULD zunimmt
6. Mein Gefühl UNGEDULD darf da sein, so lange es will
7. Und ich tu einfach nicht, was mein Gefühl UNGEDULD will
8. Wenn mein Gefühl UNGEDULD abgeklungen ist, habe ich gut geübt (Selbstverstärkung)

Bei Gefühlen, die fehlen oder viel zu schwach ins Bewusstsein treten, beginnen wir auf die gleiche Weise. Wir laden den Patienten ein, sich die gemeinsam ausgewählte Situation vorzustellen – mit geschlossenen oder auch mit geöffneten Augen. Wenn ein deutliches Bild entstanden ist und er sich in dieser Situation sieht und erlebt, helfen wir ihm, die emotionsrelevanten Aspekte möglichst plastisch zu vergegenwärtigen, indem wir auf sie hinweisen und sie uns beschreiben lassen. Dabei wird z B. bei fehlender Wut gefragt, was das Gegenüber da mit dem Patienten macht, was für ein Ton das ist, in dem sie ihn anspricht, was für eine Haltung, als wen sie den Patienten da anspricht, und wer ihr das Recht dazu gibt. So wird die Aufmerksamkeit immer wieder auf die empörenden Aspekte des Verhaltens des Gegenübers hingelenkt, ohne diese selbst als empörend zu benennen.

Im zweiten Schritt wird die Aufmerksamkeit auf seine Reaktionen gelenkt, zuerst seinen Körper. Ist da eine Anspannung? Wo? Mag er diese willkürlich stärker werden lassen? Welche Bewegung könnte aus dieser Entspannung entstehen wollen? Z. B. eine Faust machen, mit der Faust auf den Tisch hauen, die andere Person schütteln, sie treten usw. Er kann so eine Bewegung mal ausprobieren – und dabei merken, dass Ärger und Wut entsteht. Nun kann er vielleicht – zuerst ein wenig, dann stärker – Ärger, Wut oder Zorn empfinden. Er kann sich auf dieses Gefühl konzentrieren, wodurch es meist intensiver wahrgenommen wird.

Sehr oft können wir aber auch miterleben, auf welche recht wirksame Weise er so schnell wie möglich dieses tabuisierte Gefühl wieder wegmacht. Sei es ein bagatellisierender Gedanke, sei es Angst, sei es ein Rausgehen aus der Imagination. Wir können das aufgreifen und wie ForscherInnen gemeinsam seine cleveren Vermeidungsstrategien studieren und besprechen – mit Anerkennung für die Leistung der Psyche, auf diese Weise gut für sich zu sorgen. Wir befinden uns quasi nebeneinander als Team und schauen gemeinsam auf einen Dritten – der unbewusste Teil seiner Psyche, der autonom implizite Strategien anwendet, die normalerweise gar nicht bewusstwerden.
Dann holen wir aber wieder die Imagination in den Fokus und der Patient versucht noch einmal zu seiner Wut zu finden. Wenn es nicht mehr geht, dann machen wir es beim nächsten Mal.

> **Emotions-Exposition**
> - Exposition ist eine der wichtigsten und wirksamsten Interventionen der Verhaltenstherapie. Deshalb lohnt es sich, möglichst bald diese Intervention einzusetzen.
> - Das kann bei nahezu jedem Patienten geschehen, der nicht psychotisch, nicht traumatisiert oder nicht stark impulsgestört ist.
> - Fast jedes Gefühl eignet sich dazu, das immer wieder so intensiv und anhaltend auftritt, dass es den Patienten hindert, eine wichtige Situation gut zu meistern.
> - Kognitiver Rahmen ist, dass das Gefühl ein Fehlalarm ist, also unbegründet ist.
> - Ob es nun Angst, Scham, Schuldgefühl oder Eifersucht ist, stets kann die Exposition ein erster Schritt sein, der hilft mit dem Gefühl umzugehen. Zuvor wurde geklärt, woher das Gefühl kommt, dass es ein Fehlalarm ist, der aus einer falschen Interpretation der Situation resultiert.
> - Dieser Fehlalarm kann leider nicht abgeschaltet werden. Es bleibt nur übrig, ihn zu akzeptieren, da sein zu lassen, bis er von selbst verschwindet ohne zu tun, was dieser falsche Alarm bezwecken will.
> - Nur wenn es gelingt, das vom Fehlalarm angestoßene Verhalten zu unterlassen (also z. B. nicht zu fliehen, sich nicht verschämt verstecken, nicht vor Schuldgefühl nachzugeben, nicht eifersüchtig vermeintliche Untreue zu verfolgen) kann das Gefühl sich erschöpfen und allmählich verschwinden.

Weitere Möglichkeiten des praktischen Vorgehens finden sich in Sulz (2012a) und Sulz und Sulz (2005).

3.3.3.1 Wut-Exposition

Besonders wichtig ist die Wut-Exposition (Sulz, 2010d). Sie sollte bei keiner Therapie fehlen. Viele Menschen haben in Bezug auf den Umgang mit Wut keine reife Emotionsregulation entwickelt. Denn sie mussten schon sehr früh in ihrer Kindheit ihre Wut unterdrücken, um in guter Beziehung zu ihren Eltern bleiben zu können. Da ihre Emotionsregulation in diesem Alter noch nicht verfügbar war, mussten sie ihre Angst zu Hilfe nehmen. Angst löscht die Wut wie Wasser das Feuer. Die folgende Darstellung stammt aus dem Therapiebuch III (Sulz, 2011a).

Wir müssen also dahin kommen, Angst durch ein anderes Mittel im Umgang mit der Wut zu ersetzen. Und dies ist die kognitive Steuerungsfähigkeit, die durchaus nicht auf der bewussten Ebene ablaufen muss. Dies kann durch Wutexposition geschehen. Sie verläuft in zwei Schritten: erstens Wut haben und zweitens mit Wut umgehen.

3.3.3.1.1 Wut haben
Man kann die therapeutischen Interventionen so einleiten: Psychische Probleme rühren daher, dass ich oder meine Mitmenschen mich daran hindern, eine Lösung zu finden, die für mich befriedigend wäre, ohne meinen Beziehungen zu sehr zu schaden.
Wenn mich jemand an meiner Bedürfnisbefriedigung hindert, so ist das Frustration.
Wenn ich frustriert werde, reagiere ich ärgerlich.
Wenn ich sehr frustriert werde, reagiere ich wütend.
Also geht es bei psychischen Problemen oft um Wut und Aggression.

Imagination zur Wut-Exposition
Ich möchte Sie zu einer Phantasie einladen, die wenige Minuten dauert und die ganz in Ihrem Kopf und Ihrem Gefühl bleiben wird, danach folgenlos wieder verschwindet, ohne dass sie in der realen Welt irgendeinen Schaden angerichtet hätte. Eine Phantasie, wie ein Tagtraum oder einige Gedanken, eine kurze Vorstellung, kürzer als ein Werbespot im Fernsehen. Lediglich einige Erinnerungsspuren in unserem Gedächtnis hinterlassend, sonst gar nichts.

Also eine kurze Phantasie, die weder moralisch noch juristisch Folgen für Sie oder irgendeinen Menschen hat.
Stellen Sie sich vor, ein Tyrann und vielfacher Mörder hat Sie und die Menschen, die Ihnen anvertraut sind und die Sie lieben, in seiner Gewalt. Er wird Sie und die Ihrigen grausam quälen, erniedrigen, vergewaltigen, umbringen. Sie mussten diese Gewalttaten mehrmals mit eigenen Augen ansehen, ohne einschreiten zu können.
Doch jetzt haben Sie für einen kurzen Moment die einzige, nicht wiederkehrende Chance, weitere Gewalt und weiteres Morden zu verhindern. Er und sei-

ne Häscher sind so unachtsam, dass Sie eine halbe Stunde lang gefahrlos die Möglichkeit haben, ihn unschädlich zu machen und dadurch das Leben der Ihnen wichtigen Menschen zu retten und auch Ihr eigenes Leben. Reine Notwehr.

Ich lade Sie ein, diese Phantasie fortzusetzen. Sie sind voll Empörung über diesen grausamen Menschen. Während Sie spüren, dass Sie jetzt gegen Ihn vorgehen können, spüren Sie Ihre Kraft und Ihre Fähigkeit, jetzt das Notwendige zu tun. Das zu tun, was Sie einfach tun müssen. Und Sie spüren Ihren Zorn und Ihre Wut darüber, was er Ihnen und den anderen Menschen bis jetzt angetan hat.
Vielleicht spüren Sie diese Wut im Bauch.
Versuchen Sie jetzt, diese Wut in Ihrem Bauch entstehen zu lassen. Vielleicht will diese Wut sich Raum schaffen.
Nach oben in den Brustkorb steigen, in Nacken und Schulter,
in die Oberarme, Arme, Hände.
Während Sie die Wut auf diesen Unmenschen spüren, wissen Sie, dass es jetzt sein muss,
und Sie erkennen, dass er gar kein Mensch ist, sondern ein Fabelwesen, ein Monster oder ein Drache. Es ist nicht die heutige Zeit, sondern vor tausend Jahren, es ist nicht die heutige Welt, sondern eine Phantasiewelt.
Doch Ihre Wut auf dieses Untier ist spürbar da.
Sie sind es den Ihnen anvertrauten Menschen schuldig, Ihre Wut will aktiv werden,
Sie müssen einfach handeln, welche Bewegung will entstehen?
Was wollen Ihre Arme und Hände tun? Stellen Sie sich vor, dass sie es tun.
Vielleicht haben Sie eine Waffe. Welche Waffe haben Sie?
Und jetzt spüren Sie Ihre Wut – die Sie ganz erfüllt. Und Sie greifen ihn an und nutzen den kurzen Moment. Mit aller Konzentration, mit aller Kraft, mit aller Wucht. Und Sie schaffen es.
Sie haben ihn kampfunfähig gemacht. Die Ihrigen und Sie sind gerettet.
Nehmen Sie jetzt wahr, wie Sie sich fühlen. Was für ein Gefühl ist in Ihnen?
Welches weitere Gefühl?

Ist es Wut und Zorn? Ist es Trauer?
Ist es Scham?
Ist es Schuldgefühl? Ist es Genugtuung? Ist es Erleichterung? Ist es Kraft?
Bleiben Sie ganz für sich und nehmen Sie sich wahr. Erlauben Sie sich diese Gefühle, erlauben Sie sich diese Erfahrung. Und machen Sie sich bewust, dass das Phantasie war.
Und keine Wirklichkeit.
Und dass dies Ihre Gefühle waren und keine wirklichen Handlungen.
Dass Sie sehr, sehr starke Gefühle haben können und dass diese in Ihrer Psyche bleiben können – ohne dass ein Schaden in Ihrer wirklichen Welt entsteht.
Dass Sie sich auf sich verlassen können. Dass Sie wissen, dass Sie ein erwachsener Mensch sind, der sich selbst steuern kann.
Dass Sie sich selbst entschließen können, Gefühle wahrzunehmen und diese in Ihrer Psyche zu belassen. Und dass Sie nur dann handeln, wenn Sie sich dafür entschieden haben, dass unterdrückte Gefühle Ihren wichtigen Beziehungen und Ihnen schaden.
Dass dagegen zugelassene Gefühle bewusst von Ihnen gehandhabt werden können, so dass ein konstruktiver Kompromiss zwischen Ihren Interessen und den Interessen Ihrer Bezugsperson möglich wird.
Und gehen Sie mit dieser Erlaubnis, Gefühl und Impuls und Phantasie zu haben, in Ihre nächsten Begegnungen.
(Ende der Imaginationsübung)

„Bekommen Sie Angst, dass aus dieser Wahrnehmungsübung unkontrollierbarer Ernst werden könnte? Wie kommen Sie auf diese Idee? Sind Sie sich Ihrer Kontrolle und Selbstbeherrschung so unsicher? Wie kommen Sie dazu, dass auf Sie so wenig Verlass ist? Sind Sie etwa wegen körperlicher Gewaltanwendung vorbestraft? Wenn nicht, so tragen Sie seit Ihrer Kindheit ein falsches Selbstbild mit sich herum, das Sie dazu gebracht hat, Gefühlen wie Ärger und Wut aus dem Weg zu gehen. Und wenn Sie von Kindesbeinen an Ihre natürliche Aggression unterdrückt haben, so haben Sie dieser Seite Ihrer Vitalität keine Chance gegeben, sich zu zivilisieren, vom Handgreiflichen zum Sprachlichen überzugehen. Wer aber wegen

Unzivilisiertseins in einen dunklen Kerker eingesperrt bleibt, kann ebensowenig zivil werden wie ein Hund, der im Zwinger eingeschlossen wird. Der erste Schritt zur Zivilisierung Ihrer Aggression ist also das Öffnen der Kerkertür. Und dies ist ein spannender Moment.
Wird es Mord und Totschlag geben oder friedliche Versöhnung? Wird die Welt meine Wut aushalten können, oder sind die Menschen um mich herum so zerbrechlich, dass ich an ihnen nicht wiedergutzumachenden Schaden anrichte? Ich werde also neben meinem Selbstbild auch mein Weltbild ändern dürfen: Die Welt hält mehr aus, als ich bisher dachte. Sie ist nicht aus Porzellan. Und sie ist nicht so nachtragend, wie ich dachte. Ein Gewitter macht gute Luft. Meine Beziehungen werden besser. Und ich fühle mich klarer, ehrlicher und freier.
Nach einigen Patzern, bei denen ich mich im Ton erheblich vergriffen habe – und mich gebührend entschuldigt – werden meine Verteidigungen und Angriffe zunehmend situationsadäquat. Es bleibt in mir danach kein Vorbehalt gegen die andere Person. Ich kann sie wieder mehr mögen und akzeptieren. Es ist keine chronisch unterdrückte Wut mehr da, die einen Schatten auf unsere Beziehung wirft. Ich werde durch die Befreiung von meiner Wut fähig zur Liebe. Und diese ist nicht mehr das zaghaft brennende Lichtlein, das beim leisesten Hauch erlischt. Es ist eine kräftige Flamme, die auch einem vorübergehenden kräftigen Wind standhält – notwendige Auseinandersetzungen liefern ihr sogar mehr Sauerstoff, so dass sie leuchtender brennt. Mit dieser Zuversicht können wir unseren Mitmenschen unsere neue Konfliktfreude zumuten und bei unseren Kindern Streitlust zur Tugend werden lassen." (aus Sulz, 2011a).

3.3.3.1.2 Mit Wut umgehen
Erste Aufgabe der Wutexposition ist es also, die Erlaubnis zu geben,
- Gefühle zu haben,
- Gefühle wahrzunehmen,
- Handlungsimpulse, die aus meinen Gefühlen resultieren, wahrzunehmen
- Handlungen zu phantasieren, die aus meinem Gefühl heraus entstehen wollen

- solche Phantasien als Möglichkeit der Katharsis einzusetzen, um auf diese Weise Wut zu entsorgen, statt sie zu unterdrücken und in Symptome oder in gestörte Persönlichkeitszüge zu transformieren.

Zweite Aufgabe der Wutexposition ist es, die neue Erfahrung zu vermitteln,
- dass ein intensives Gefühl im psychischen Innenraum bleiben kann, ohne in die Welt hinaus zu müssen und dort unkontrollierbaren Schaden anzurichten
- dass also Gefühl nicht gleich Handlung ist,
- dass eine phantasierte Handlung in meiner Psyche bleibt,
- dass also Phantasie nicht gleich Realität ist,
- dass ich ein erwachsener Mensch bin und dass ich im Gegensatz zu einem zwei- oder dreijährigen Kind Selbstkontrolle und Selbststeuerung besitze,
- dass ich also einen steuernden Willen habe, durch den ich frei entscheiden kann, was ich tue und was ich nicht tue,
- dass ich mich auf meine Selbststeuerung und auf meine Willenskraft verlassen kann,
- dass die TherapeutIn sich auf mich und meine Selbststeuerung verlässt und verlassen kann.

Dritte Aufgabe der Wutexposition ist es, mich erkennen zu lassen, wie ich bisher mit meiner Wut umgegangen bin und wie ich weiterhin verhindere, obige Erlaubnis und obige Erfahrungen einzusetzen, d.h., welche Vermeidungsstrategien ich unentwegt anwende:

affektiv:
- gar kein Gefühl wahrnehmen
- ein Ersatzgefühl wahrnehmen (Enttäuschung, Traurigkeit, Verständnis, Angst) kognitiv:
- lediglich Vorwürfe machen, sich beklagen
- den Schaden, den der andere anrichtete, gedanklich minimieren
- die böse Absicht des anderen verleugnen
- in erklärende abstrakte Denkmodelle flüchten
- entschuldigende Gedanken erfinden

körperlich:
- sich ganz schwach und müde fühlen
- Muskelverspannungen entwickeln
- Kopfweh oder ein anderes Schmerzsyndrom entwickeln
- körperlich krank und hilfsbedürftig werden

handelnd:
- bewegungslos werden
- weggehen
- die Wut an einem anderen auslassen
- erst dann jähzornig herausplatzen, wenn mir der Kragen platzt
- verbissen Leistung und Pflichterfüllung bringen
- passiver Widerstand durch Dienst nach Vorschrift

Vierte Aufgabe der Wutexposition ist es, jedes Mal in der Therapiestunde den Patienten daran zu hindern, Wut zu vermeiden:
- durch Wahrnehmen von Körpersignalen des Patienten, die Wut zeigen
- durch Wahrnehmen von Körperreaktionen, die Vermeidung von Wut bezwecken
- durch Fragen, welches Gefühl gerade da ist,
- durch Auffordern, sich auf die Gefühlswahrnehmung zu konzentrieren
- durch Stoppen der Flucht in gedankliche Erörterungen
- durch Hinführen auf Bewusstseinsinhalte, die das Wütend-Machende in den Vordergrund rücken
- durch Entlarven von persönlichkeitsimmanenten Habits als Wutvermeidung
- durch Zurückholen zur Wut, wenn er in ein anderes Gefühl abgedriftet ist, und
- durch Druck machen.

Fünfte Aufgabe der Wutexposition ist es, neue Umgangsweisen mit der Wut zu vermitteln.

A. Funktionaler Umgang mit der Wut:
- Wut bewusst wahrnehmen
- Prüfen, ob Wut jetzt angemessen ist. Wenn ja:
- Meine Wut ganz zulassen
- Prüfen, ob die Intensität meiner Wut dem Anlass entspricht. Wenn ja:
- Meine Wut aussprechen
- Spüren, was ich aus meiner Wut heraus tun möchte
- Prüfen, ob meine Wut-Handlung angemessen ist. Wenn ja:
- Sagen, was ich aus meiner Wut heraus tun möchte.
- Hören, was der andere antwortet. Wenn es noch stimmig/notwendig ist:
- Aus meiner Wut heraus handeln

Therapeutisches Vorgehen: Imagination, Wahrnehmungsübung, Rollenspiel, Embodiment

Ein Beispiel ist folgendes Experiment:
Lernen Sie, auf Ihren Ärger und auf Ihre Wut zu achten und sie frühzeitig in den verschiedensten Situationen wahrzunehmen. Lassen Sie dann die Wut ganz in Ihrem psychischen Innenraum zu, ohne sie wegzudrücken. Machen Sie die Erfahrung, dass dies ein ganz privates Ereignis ist und Sie entscheiden können, wie Sie mit Ihrer Wut verfahren. Bei sich behalten, zeigen oder als Motor für wehrhaftes Verhalten nutzen. Sie sind Herr Ihrer Gefühle, indem Sie sie sowohl zulassen als auch im Zaum halten können.

B. Durch interaktive Kompetenz in sozialen Situationen so erfolgreich sein, dass es weniger Anlass zu Wut gibt

Vorhersehbare Situationen:
- Antizipation einer wichtigen Situation
- Mein Anliegen kognitiv klar formulieren
- Das Anliegen der anderen als Vermutung formulieren
- Mir vom anderen Feedback geben lassen, ob meine Vermutung stimmt
- Den richtigen Punkt zwischen Paranoia und Gutgläubigkeit finden
- Mich entscheiden, wie kompromissbereit ich sein kann und will, ohne dass es mir anschliessend schlecht geht
- Verhandeln, bis das Ergebnis innerhalb meiner Toleranzgrenze liegt
- Wenn das nicht möglich ist, Entscheidung vertagen statt klein beizugeben oder stur die Verhandlung scheitern zu lassen

Therapeutisches Vorgehen: Imagination, Wahrnehmungsübung, Rollenspiel Situationen absichtlich aufsuchen, um das Gelernte zu üben, Embodiment.

Unvorhersehbare Situationen:
Schlagfertigkeit = Tit for Tat
- Kooperativ in die Begegnung gehen
- Unkooperatives Verhalten des anderen sofort ansprechen
- Wenn dies nicht zurückgenommen wird, sich kräftig wehren, so dass Unkooperativsein für den anderen schmerzliche Konsequenzen hat (Schlagfertigkeit),
- Nicht nachtragend sein (wir sind jetzt quitt)
- Wieder zu einem kooperativen Interaktionsangebot zurückkehren
- Auf kooperatives Verhalten des anderen positiv eingehen, so dass kooperatives Verhalten für den anderen angenehme Konsequenzen hat

Therapeutisches Vorgehen: Imagination, Wahrnehmungsübung, Rollenspiel, aufmerksam die vielen kleinen Gelegenheiten erkennen und nutzen, um das Gelernte zu üben, Embodiment.

Zum Schluss noch einige Überlegungen:

Es sei noch einmal darauf hingewiesen, dass es nicht reicht, eine einzige Therapiesitzung der Wut-Exposition zu widmen. Der Patient hat dann Wut-Exposition kennen gelernt, aber er kann immer noch nicht mit Wut umgehen. Bei einer 45-stündigen Therapie muss das Thema Wut anfangs in einem sehr großen Teil der Sitzungen im Vordergrund stehen. Erst danach ist der Weg frei für tiefer liegende Gefühle wie Trauer, Scham, Liebe.

Ich möchte darauf hinweisen, dass im Unterschied zu Interventionen der humanistischen Therapien hier keinerlei Katharsis durch Ausagieren, z. B. mit Tennisschlägern oder anderen Geräten stattfindet. Wir bleiben völlig im psychischen Innenraum, wir führen also ausschließlich Konditionierung von verdeckten Reaktionen durch. Weder in der Therapie noch in den künftigen Interaktionen mit anderen Menschen wird offenes aggressives Verhalten gebahnt. Vielmehr geht es um die Bahnung von bewusster, kognitiv gesteuerter Verarbeitung von Wut mit dem Ziel konstruktiver Verhandlungen, die den Patienten befähigen, für seine Anliegen frühzeitig und kompetent einzutreten, so dass er für beide Seiten gute Kompromisse aushandeln kann. Seine bewusst wahrgenommene Wut ist ihm ein zuverlässiger Helfer, als Maßstab der noch fehlenden Befriedigung seiner Interessen.

Indiziert ist dieses Vorgehen sowohl bei aggressionsgehemmten als auch bei impulsgestörten ausagierenden Menschen. Beide vermeiden Wut. Erstere vermeiden die Wahrnehmung von Wut, um zu keinen aggressiven Handlungen zu kommen. Letztere vermeiden, dass Wut längere Zeit in ihrer Psyche bleibt, indem sie sich sofort durch Handeln abreagieren. Sie haben ebenso wie die anderen eine Wutintoleranz oder gar eine Wutphobie. Bei ersteren liegt der Widerstand zu Beginn, d. h. dem Zulassen der Wahrnehmung, bei ihnen gilt es demnach dafür zu sorgen, dass die Wut Eingang ins Bewusstsein findet, bei letzteren besteht der Widerstand in der Vermeidung von länger anhaltenden Gefühlen, bei ihnen müssen wir durch Reaktionsverhinderung dafür sorgen, dass das Gefühl im Innenraum der Psyche bleibt, damit neue Weichen gestellt werden können.

3.3.3.2 Trauerexposition

Die Trauerexposition soll anhand eines Fallbeispiels erläutert werden: Eine 22-jährige Frau, Mutter eines 2-jährigen Kindes, verliert durch einen tragischen Unfall ihren Ehemann, mit dem sie seit Vollendung ihres 18. Lebensjahres zusammenlebte. Sie war damals direkt aus dem Elternhaus in die gemeinsame Wohnung gezogen, die ihr ihre Eltern zur Hochzeit geschenkt hatten. Bis zur Pubertät hatte sie eine sehr nahe Beziehung zu ihren Eltern, litt während der Jugendzeit unter deren Bevormundungen und war froh, durch die frühe Hochzeit dieser Unfreiheit zu entkommen. Ihr Ehemann hat das Familienschiff mit sicherer Hand gelenkt. Zwei Monate nach seinem Tod – die Patientin war eine Woche lang in heftigem Aufruhr, dann war alles vorbei – begann eine Depression. Unsere Gespräche ergaben, dass sie nicht wirklich getrauert hatte, sondern dies weitgehend vermied. Sie betrat die gemeinsame Wohnung nicht mehr, lebte mit dem Kind bei ihren Eltern. Wenn sie etwas brauchte, musste es ihre Mutter aus ihrer Wohnung holen. Das Grab ihres Mannes hatte sie seit der Beerdigung nicht mehr besucht. In ihrer Depression war sie durch die depressiven Gedanken so eingefangen, dass ihr nie eine Erinnerung an ihren Mann und seinen Tod kam. Darüber hinaus litt sie unter diffusen Ängsten, insbesondere die Zukunft betreffend.

Depression als Trauervermeidung.
Und Trauerexposition als Depressionstherapie?

Trauerexposition bedeutet Verhindern der Trauervermeidung, sowohl internal als auch external.
Wir vereinbarten eine Exposition in fünf Stufen:
1. Erzählen vom gemeinsamen Leben mit ihrem Mann
2. Mit dem Fotoalbum szenische Erinnerungen auffrischen
3. Das Grab besuchen
4. Mit Videos den Ehemann wieder erleben
5. In ihrer Wohnung einen Tag lang bleiben

Obgleich sie die Freiheit hatte, in ihren Erzählungen Art und Inhalt selbst zu wählen, überkam sie bald eine große Angst. Angst, das Leben nicht allein zu schaffen. Angst, allein zu sein. Angst, zu sterben. Aus ihren Reaktionen wurde deutlich, dass sie nicht trauern konnte. Denn ihr Selbst- und Weltbild sagte ihr, dass sie ohne ihren Mann nicht leben könne. Also war ihre Angst die nahe liegendste Reaktion, wenn er tot war. „Wenn sein Tod mein Weiterleben gefährdet, muss ich Angst um mein Leben haben", so wie ein Rehkitz, dessen Mutter neben ihm stirbt, Angst hat und nicht Trauer.
Trauer kann also nur stattfinden, wenn ich mein eigenes Überleben erfahre, während ich den mir wichtigen Menschen verloren habe.
Ihr eigenes Überleben und Leben wahrzunehmen, war demnach Voraussetzung zum Zugang zur Trauer. Der verhaltenstherapeutische Aufbau positiver Aktivitäten erschien mir die geeignetste Intervention neben der Erfahrung stützender Beziehungen in ihrem Umfeld und der zuverlässigen Stütze durch die therapeutische Beziehung.
Als sie sich auf die Trauer einzulassen begann, entstand Wut – auf das Schicksal, auf ihren Mann, dass er diesen Unfall hatte und er sie durch seinen Tod im Stich ließ. Kaum nahm sie ihre Wut wahr, bekam sie Schuldgefühle, die Wut versickerte rasch, und ihre Depression intensivierte sich. Erst als ich ihr ein psychologisches Modell der typischen Stufen des Trauerprozesses anbot, durch das sie eine Erlaubnis zu diesem Gefühl erhielt, konnte sie sich wieder in ihre Wut und den Trauerprozess hineinbegeben.
Ich konnte verstehen, dass sie den Trauerprozess nicht regulär durchlaufen konnte, solange ihr Selbst- und Weltbild verboten hatte, wütend zu sein. Es wurde deutlich, dass sie auch in der zweiten Stufe des Trauerprozesses blockiert war. Ihre Lebensgeschichte hatte ihr ein absolutes Verbot aggressiver Tendenzen auferlegt – durch eine starre Überlebensregel. Ich nutzte die Trauerexposition, das Wutverbot auch für andere Situationen aufzuheben. Sie bekam die Aufgabe, zwischen den Sitzungen ihre Selbstbeobachtungen zu protokollieren, welche Situationen sie ärgerlich machen und wie sie mit dem Ärger umging, und Begründungen zu formulieren, warum es in der betreffenden Situation richtig und hilfreich ist, diesen Ärger zu spüren und auszudrücken.
Jetzt war es an der Zeit, das Grab zu besuchen. Hier konnte sie den Schmerz über die Tatsache des Verlustes spüren. Und ich konnte erleben, wie sehr sie es brauchte, in diesem Moment nicht allein zu sein – die stützende Beziehung als tragfähiger Boden, auf dem sie dieser Begegnung standhalten konnte.
Da sie mir ständig berichtete, was in ihr vorging, konnte ich ihr helfen, internales Vermeiden zu stoppen und beim Gefühl zu bleiben. Nach etwa 30 Minuten kam es zu einem heftigen Ansturm intensiver Gefühle mit der Erinnerung des Sterbens ihres leiblichen Vaters, als sie vier Jahre alt war. Der Schmerz bezog sich jetzt völlig auf ihren Vater und sie war ganz im Erleben des vierjährigen Kindes, das damals die Trauer nicht bewältigen konnte, weil ihre Mutter sofort einen Nervenzusam-

menbruch bekam und drei Monate in der Klinik war, während sie bei einer Tante untergebracht wurde, die froh war, dass sich das Mädchen so gut zusammenreißen konnte. Das behutsam stützende Durchgehen dieser Erinnerung löste schließlich ihr verkrampftes Schluchzen. Ich konnte beobachten, wie nach einer Stunde das Aufgewühlte sich zu setzen begann, sie ruhiger wurde und auch berichtete, dass der Schmerz nachließ.

Jetzt konnte das Trauern beginnen, das Loslassen des Verlorenen. Das Weinen wurde stiller. Nicht mehr das Schluchzen, sondern die Tränen fingen meine Aufmerksamkeit ein. Es war, als ob das Schiff mit ihrem verstorbenen Mann hatte losfahren dürfen, das bisher festgehalten wurde, weil ohne es und ihn ein Leben nicht vorstellbar war. Und ich war der Begleiter, der zurückblieb, während das Schiff immer kleiner wurde, bis es schließlich am Horizont verschwand. Anschließend ging ich nicht weg, sondern sie. Ich blieb, bis sie aufstand und sich vom Ufer entfernte. D. h., ich war verfügbar, bis der emotionale Prozess der Trauer abgeschlossen war, bis sie wegging vom Ort des Trauerns und des Abschieds und bis sie auch von mir und der Therapie wegging.

Fassen wir zusammen:
A. Die Trauerexposition
B. Beachtenswertes während der Exposition

Zu A:
Die Exposition erfolgt konsequent analog der Angstexposition. Vorbereitung: Auswahl der Situation
Festlegung des Ablaufs, der Rollen, des Zeitpunktes der Beendigung, Definition von vermeidendem Verhalten
Definition von exponierendem Verhalten
Durchführung: Eigene Entscheidung des Patienten, jetzt in die Situation zu gehen und drinzubleiben
Gefühlskreis:
1. Aufmerksamkeit auf den Verlust richten
2. Körperreaktionen wahrnehmen, aussprechen
3. Gefühl wahrnehmen, aussprechen
4. Gedanken wahrnehmen, aussprechen
Und wieder bei 1 beginnen usw.

Vermeidungen erkennen, als solche ansprechen, stoppen, zurück zum Gefühlskreis.
Abschluss: Abgeschlossen wird, wenn nach dem Gefühlssturm wieder Gefühlsruhe eingetreten ist

Zu B:
Wer Angst um sein Leben hat, kann nicht trauern.
Therapie: Schaffen eines sicheren Gefühls des eigenen Weiterlebens
Markante Trauerphasen sind:
Verleugnen der Realität des Verlustes
Wut auf die Tatsache des Verlustes und auf die Person, die „mich im Stich ließ"
Schmerz und Verzweiflung
Trauer und Loslassen
Wendung zum Weiterleben
Schreiten in das weitere Leben

Verbotene Wut blockiert den Trauerprozess
Therapie: Erlaubnis zur Wut
Vermeiden des emotionalen Schmerzes (z. B. weil er in seiner erwarteten Intensität nicht auszuhalten wäre oder weil er nicht mehr aufhören würde) blockiert den Trauerprozess
Therapie: Ermutigen, Fähigkeit der Bewältigung zusprechen
„Ohne helfende Beziehung schaffe ich das nicht!"
Therapie: Begleitung, Unterstützung
Irrationaler Glaube: Festhalten kann den Verlust verhindern, Loslassen ist unwiderruflich."
Therapie: Annehmen des Verlustes als eigener Willensakt
Abschluss: Die TherapeutIn bleibt zurück, Patient lässt sie zurück (als neue Trennungserfahrung)

Ein Beispiel:
Ablösung: Die Mutter verabschiedet ihren erwachsenen Sohn. Die erwachsen werdenden Kinder abzugeben, ist oft wie eine zweite Geburt (Sulz, 2012c). Das Loslassen ist mit einem großen Schmerz verbunden. Der Unterschied liegt darin, dass die erwachsenen Kinder in die Welt hinaus geboren werden, aus der sie nur sporadisch zurückkehren. Es geht also um einen Verlust, der betrauert werden muss. Zahllose Konflikte zwischen Jugendlichen und ihren Eltern beruhen darauf,

dass Eltern noch nicht bereit sind für diese Geburt. Bevor die Trauer beginnen kann, muss also das Loslassen erfolgen.

Dies kann in diesem Beispiel durch folgende Formulierungen symbolisiert werden: Unsere emotionale Beziehung und deine Entwicklung

- *Geben ist nur das, was hilfreich ist.*
- *Mehr geben ist ein Nehmen und hemmt deine Entwicklung. Ich habe dir alles gegeben, was ich dir geben kann.*
- *Ich kann dir jetzt nichts mehr geben.*
- *Ich werde dich ab jetzt nicht mehr unterstützen können.*
- *Dein beruflicher Werdegang ist jetzt ganz allein deine Sache. Und auch die Wäsche, das Geld bleiben deine Sache.*
- *Du kannst mich gerne besuchen, wie dies unter Erwachsenen üblich ist. Doch meine Aufgabe als Mutter ist jetzt abgeschlossen.*
- *Und du bist bei mir jederzeit willkommen.*

Dieses Loslassen kann den Prozess der Trauer einleiten, die therapeutisch wie oben beschrieben begleitet werden kann.

3.3.4 ALTER UND NEUER UMGANG MIT BEDÜRFNISSEN

Man könnte dieses Thema kurz fassen und einfach feststellen, dass die dysfunktionale Überlebensregel
a) verhindert hat, dass wichtige Bedürfnisse befriedigt wurden
b) zu dysfunktionalen Arten des Umgangs mit Bedürfnissen geführt hat.

Und dass die neue Erlaubnis gebende Überlebensregel den Weg frei macht, um sein Bedürfnis
a) wahrzunehmen
b) motiviert zu sein, das zu tun, was das Bedürfnis befriedigt
c) bzw. die für die Befriedigung zuständen Bezugspersonen zu bitten.

Zuerst explorieren wir aber, wie der bisherige Umgang mit zentralen Bedürfnissen war. Dies kann mit dem VDS27-Fragebogen erfasst werden oder im freien Gespräch (Sulz, 2009b, S. 280ff).

3.3.4.1 Mein unbefriedigtes zentrales Bedürfnis
Meine wichtigsten Zugehörigkeitsbedürfnisse sind:
a) ....
b) ....
Meine wichtigsten Autonomiebedürfnisse sind:
c) ....
d) ....
Meine beiden wichtigsten Homöostasebedürfnisse sind:
e) .... und
f) ....

Welches Bedürfnis ist unbefriedigt und Sie leiden immer wieder darunter? ....

Entscheiden Sie nun:
( ) Dieses Bedürfnis ist und bleibt sehr wichtig. Ich sorge künftig mehr für seine Befriedigung.
( ) Dieses Bedürfnis hat mein Leben zu sehr beeinflusst. Es diente dem emotionalen Überleben in meiner Kindheit. Jetzt bin ich erwachsen und kann dieses Bedürfnis allmählich zu einem von vielen werden lassen. Ich würde mich freier und lebenstüchtiger fühlen, wenn ich es nicht mehr so sehr bräuchte.

Wie Sie diese Entscheidung auch getroffen haben, zunächst gilt es zu akzeptieren, dass Sie dieses Bedürfnis noch in so großem Ausmaß haben. Geben Sie sich das, was sie brauchen! Zuerst akzeptieren und dann erst verändern!

Imaginationsübung 1:
Nehmen Sie sich täglich 10 Minuten Zeit, um mit geschlossenen Augen sich selbst, Ihren Körper, Ihr momentanes Gefühl und vor allem Ihr wichtigstes Bedürfnis, nach einer kleinen Pause Ihr zweitwichtigstes Bedürfnis zu erspüren: „Ich brauche ....
....„

Imaginationsübung 2:
Nehmen Sie sich täglich 10 Minuten Zeit, um sich mit geschlossenen Augen eine Situation vorzustellen, in der Sie als erwachsener Mensch in der Gegenwart oder Zukunft Ihr wichtigstes, zentrales Bedürfnis befriedigt erleben. Schreiben Sie an-

schließend die Situation genau auf, auch wie Sie und die anderen sich verhalten. Und wie gut es sich anfühlt – psychisch und körperlich. Nach einer kurzen Pause machen Sie dasselbe mit Ihrem zweitwichtigsten Bedürfnis.
Halten Sie fest, was Sie gerade erlebt haben und was das für Sie bedeutet:
....
....

3.3.4.2 Lernen, mit meinem zentralen Bedürfnis umzugehen

3.3.4.2.1 Mein wichtigstes Zugehörigkeitsbedürfnis
Mein wichtigstes Zugehörigkeitsbedürfnis ist ....
....
Und so ging ich bisher damit um:
Kreuzen Sie das Zutreffende an: (X)
1. ( ) Ich warte und hoffe, dass jemand mein Bedürfnis spürt und mir gibt, was ich brauche
2. ( ) Ich gehe zum andern hin und hole mir, was ich brauche
3. ( ) Ich bringe den andern dazu, dass er mir gern gibt, was ich brauche
4. ( ) Ich zeige mit so viel Gefühl, wie sehr ich das brauche, dass der andere das Gefühl bekommt, mir einfach mein Bedürfnis befriedigen zu müssen
5. ( ) Ich tue nichts, sage nicht, lasse mir nichts anmerken
6. ( ) Ich gebe anderen, was ich selbst brauchen würde
7. ( ) Ich vergesse einfach mein Bedürfnis, spüre es nicht mehr
8. ( ) ....
   ....

Zusammenfassung:
Meine typischste Art, mit meinem Zugehörigkeitsbedürfnis umzugehen ist:
Nr. ....
....
Meine zweittypischste Art, mit meinem Zugehörigkeitsbedürfnis umzugehen ist:
Nr. ....
....
....

Und so **reagieren** meine wichtigen Bezugspersonen auf **meine Art des Umgangs mit** meinem Zugehörigkeitsbedürfnis:

a ( ) Er/sie zeigt Verständnis für mich
b ( ) Er/sie geht bereitwillig auf mein Anliegen ein, lässt mich
c ( ) Er/sie versteht nicht, was ich brauche
d ( ) Er/sie lehnt ab, weist mich ab
e ( ) Er/sie rivalisiert, will es auch, will mehr als ich
f ( ) Er/sie will was dafür haben, wenn er/sie es mir lässt bzw. gibt
g ( ) Er/sie reagiert überhaupt nicht, egal was ich tue oder sage

Zusammenfassung: Setzen Sie den Buchstaben (a bis g) ein, der zutrifft:
Die typischste Art meiner wichtigen Bezugspersonen, auf meinen Umgang mit meinem Zugehörigkeitsbedürfnis zu reagieren, ist:
....
....

Die zweittypischste Art meiner wichtigen Bezugspersonen, auf meinen Umgang mit meinem Zugehörigkeitsbedürfnis zu reagieren, ist:
....
....

Zuletzt reagiere ich wiederum darauf so bzw. **so endet die betreffende Situation dann meist**:
....
....
....

Fazit:
( ) Ich bin mit diesem Ergebnis zufrieden, es kann so bleiben
( ) Ich bin mit diesem Ergebnis unzufrieden, ich möchte anders mit meinem Bedürfnis umgehen

3.3.4.2.2 Mein wichtigstes Autonomiebedürfnis
Und so ging ich bisher mit meinem zentralen Autonomiebedürfnis .... um:
Zutreffendes bitte ankreuzen: (X)
1. ( ) Ich ziehe mich in mich zurück
2. ( ) Ich mache einfach, was ich will und brauche

3. ( ) Ich sage klipp und klar, was ich will und was ich nicht will
4. ( ) Ich suche mir einen anderen Menschen, der mir mein Bedürfnis bereitwilliger zugesteht
5. ( ) Ich bespreche mein Bedürfnis mit dem anderen und wir versuchen eine Lösung zu finden, die für beide o.k. ist
6. ( ) Ich lasse mir das nicht anmerken
7. ( ) Ich vergesse einfach mein Bedürfnis, spüre es nicht mehr

Zusammenfassung:
Meine typischste Art, mit meinem Autonomiebedürfnis umzugehen ist:
Nr. ....
....

Meine zweittypischste Art, mit meinem Autonomiebedürfnis umzugehen ist:
Nr. ....
....

Und so **reagieren** meine wichtigen Bezugspersonen auf **meine Art des Umgangs mit** meinem Autonomiebedürfnis:

a ( ) Er/sie zeigt Verständnis für mich
b ( ) Er/sie geht bereitwillig auf mein Anliegen ein, lässt mich
c ( ) Er/sie versteht nicht, was ich brauche
d ( ) Er/sie lehnt ab, weist mich ab
e ( ) Er/sie rivalisiert, will es auch, will mehr als ich
f ( ) Er/sie will was dafür haben, wenn er/sie es mir lässt bzw. gibt
g ( ) Er/sie reagiert überhaupt nicht, egal was ich tue oder sage

Zusammenfassung: Setzen Sie den Buchstaben (a bis g) ein, der zutrifft:

Die typischste Art meiner wichtigen Bezugspersonen, auf meinen Umgang mit meinem Autonomiebedürfnis zu reagieren, ist:
....
....
....

Die zweittypischste Art meiner wichtigen Bezugspersonen, auf meinen Umgang mit meinem Autonomiebedürfnis zu reagieren, ist:
....
Zuletzt reagiere ich wiederum darauf so bzw. **so endet die betreffende Situation dann meist**:
....
....
....

Fazit:
( ) Ich bin mit diesem Ergebnis zufrieden, es kann so bleiben
( ) Ich bin mit diesem Ergebnis unzufrieden, ich möchte anders mit meinem Bedürfnis umgehen

3.3.4.2.3 Mein wichtigstes Homöostasebedürfnis
Und so ging ich bisher mit meinem zentralen Homöostasebedürfnis .... um:
Zutreffendes bitte ankreuzen: (X)

1. ( ) Ich kann mich rasch anvertrauen und gute Beziehungen eingehen
2. ( ) Ich bin sehr vorsichtig bei der Auswahl meiner engen Bezugspersonen
3. ( ) Außerhalb meiner vertrauten Umgebung fühle ich mich eher unwohl und bin froh wieder zuhause zu sein
4. ( ) Ich gehe Auseinandersetzungen aus dem Weg, dann muss ich mich nicht ärgern
5. ( ) Ich bespreche mein Bedürfnis mit dem anderen und wir versuchen eine Lösung zu finden, die für beide o.k. ist
6. ( ) Ich achte darauf, dass ich nichts tue, was mir ein schlechtes Gewissen macht
7. ( ) Ich lasse mir nicht anmerken, was ich brauche, bleibe eher für mich
8. ( ) Ich brauche und fürchte so wenig von anderen, dass ich frei im Umgang mit ihnen bin

Zusammenfassung:
Meine typischste Art, mit meinem Homöostasebedürfnis umzugehen ist:
Nr. ....
....

Meine zweittypischste Art, mit meinem Homöostasebedürfnis umzugehen ist:
Nr. ....

Und so **reagieren** meine wichtigen Bezugspersonen auf **meine Art des Umgangs mit** meinem Homöostasebedürfnis:
- a ( ) Er/sie zeigt Verständnis für mich
- b ( ) Er/sie geht bereitwillig auf mein Anliegen ein, lässt mich
- c ( ) Er/sie versteht nicht, was ich brauche
- d ( ) Er/sie lehnt ab, weist mich ab
- e ( ) Er/sie rivalisierst, will es auch, will mehr als ich
- f ( ) Er/sie will was dafür haben, wenn er/sie es mir lässt bzw. gibt
- g ( ) Er/sie reagiert überhaupt nicht, egal was ich tue oder sage

Zusammenfassung: Setzen Sie den Buchstaben (a bis g) ein, der zutrifft:
Die typischste Art meiner wichtigen Bezugspersonen, auf meinen Umgang mit meinem Homöostasebedürfnis zu reagieren, ist:
....
....

Die zweittypischste Art meiner wichtigen Bezugspersonen, auf meinen Umgang mit meinem Homöostasebedürfnis zu reagieren, ist:
....
....

Zuletzt reagiere ich wiederum darauf so bzw. **so endet die betreffende Situation dann meist**:
....
....

Fazit:
- ( ) Ich bin mit diesem Ergebnis zufrieden, es kann so bleiben
- ( ) Ich bin mit diesem Ergebnis unzufrieden, ich möchte anders mit meinem Bedürfnis umgehen

3.3.4.2.4 Mein neuer Umgang mit meinem Bedürfnis
Mein Zugehörigkeits-/Autonomie-/Homnöostasebedürfnis ist: ....
Eine typische Situation ist:
....

Mein primäres Gefühl ist: ....
Ich teile mein Gefühl mit: ....
Mein hilfreicher Gedanke ist: ....
Ich sage: ....
Mein Handlungsimpuls ist: ....
Ich handle so: ....
Der andere reagiert so: ....
Ist das Ergebnis schon gut?
Das Ergebnis ist gut, wenn mein Verhalten konkret enthält: ....
Das Ergebnis ist gut, wenn sein Verhalten konkret enthält: ....
Das Ergebnis ist noch nicht gut, wenn mein Verhalten enthält: ....
Das Ergebnis ist noch nicht gut, wenn sein Verhalten enthält: ....

Ich übe weiter!
Ergebnis:
Ich reagiere so: ....
Der andere reagiert so: ....

Ist das Ergebnis jetzt gut?
- ( ) Das Ergebnis ist schon gut
- ( ) Deshalb werde ich das Verhalten beibehalten. Das nächste Mal am ....
- ( ) Das Ergebnis ist noch nicht so gut, es fehlt noch ....
- ( ) Deshalb werde ich weiter üben. Das nächste Mal am ....
- ( ) Nach ....-mal Üben ist es mir zur Gewohnheit geworden
- ( ) Und das Ergebnis ist meist befriedigend. **Ich bin am Ziel!**

Falls das Ziel nicht erreichbar ist:
Falls ich auf das Verhalten des anderen nicht ausreichend einwirken kann, überlege ich mir, ein anderes eigenes Verhalten oder eine andere Situation oder eine andere Person zu wählen.

Weitere praktische Anleitungen zum konkreten Vorgehen in der Arbeit mit Gefühlen sind zu finden bei Linehan (2016a,b), Sender (2013), Miethge (2002), Auszra et al. (2017), Sulz (2005c, 2009c).

3.4 Entwicklung als Therapie*

In das Arbeitsmodul „Entwicklung" münden die anderen Interventionen ein. Entwicklung ist umgekehrt in jedem Arbeitsmodul implizit enthalten. Beim Training metakognitiver Kompetenz wird sogar explizit der Entwicklungsschritt von der impulsiven auf die souveräne und von der souveränen zur zwischenmenschlichen beschrieben, so dass hier nur noch einmal kurz auf das Prinzip der Entwicklung und ihren Stellenwert in der Therapie eingegangen werden muss (Abb. 3.4.1).

3.4.1 ENTWICKLUNGSSTUFEN

Auf der Basis von Piagets (1978, 1995) Stufen der kognitiven Entwicklung können wir – mit McCullough (2000, 2007) davon ausgehend, dass wir bei erwachsenen Menschen nur partielle Entwicklung vorfinden – einzelne Entwicklungsstufen beschreiben (Nomenklatur übernommen von Kegan (1986)):

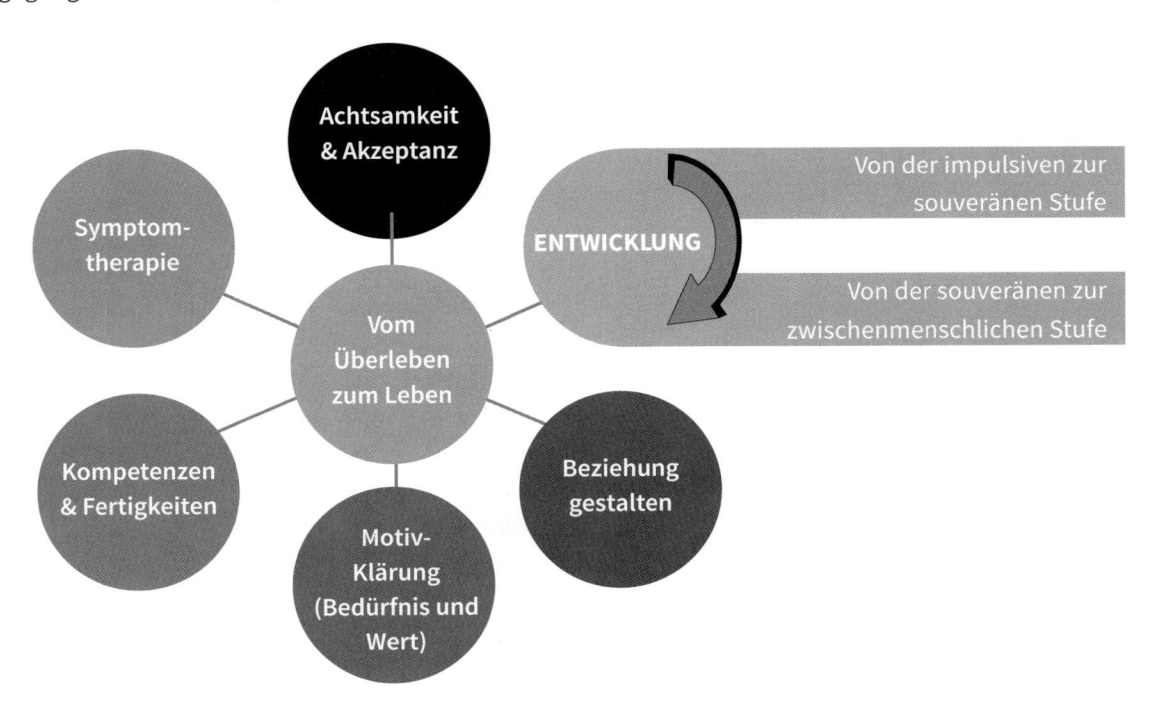

Abbildung 3.4.1 Arbeitsmodul Entwicklung

---

* verändert und erweitert aus Sulz, 2011a, S. 237-248 und Sulz, 2010e. Dieses Kapitel ist identisch mit dem Kapitel „Entwicklung als Therapie" des Buchs: Sulz S. K. D. (2017e). Gute Verhaltenstherapie lernen und beherrschen – Band 2: Verhaltenstherapie-Praxis: Alles was Sie für eine gute Therapie brauchen. München: CIP-Medien

Piaget	Kegan	Thema	Gehirn
sensumotorisch	einverleibend	Empfindung, Bewegung	Limb. System
vor-operativ (symbolisches, intuitives Denken)	impulsiv	Wahrnehmung, Impuls	Limb. System
konkret-operativ (kausal denkend)	souverän	Bedürfnis, Wunsch	Cortex
formal operativ (abstrakt denkend)	zwischenmenschlich	Beziehung	Miteinander von Cortex und limb. System

Bei den ersten Entwicklungsstufen ist unmittelbar einsichtig, dass sie in hohem Maße körperlich bestimmt sind. Hier ist die Einbettung psychischer Funktionen in den Körper (Embodiment) noch unmittelbar evident. Erleben und Verhalten sind stets körperlich-psychisch.

Therapeutisch steht die Betrachtung der **impulsiven Stufe** im Vordergrund. Das ist die zweite Stufe, in der reflexhaft aus Bedürfnissen oder äußeren Anreizen heraus gehandelt wird, ohne dass dieses impulsive Handeln willentlich gesteuert werden kann. Deshalb werden zwar die unbefriedigenden Folgen eigenen Verhaltens beklagt, aber sie werden weder als Verursachung erlittener Frustrationen erkannt, noch kann reflektiert werden, welches Verhalten zu dem erwünschten Ergebnis führen würde. Denn kausales Denken ist noch nicht verfügbar. Der aufrechte Gang und die Möglichkeit des Weggehens wird einerseits von spontaner Bedürfnisbefriedigung, andererseits von Verlustangst begleitet, wenn die Bezugsperson sich zu weit entfernt. Wut führt zum Impuls wegzugehen. Es wird eine Bezugsperson benötigt, die Schutz gibt und der Impulsivität Grenzen setzt.

Die **einverleibende Stufe** ist die Stufe davor. Wer hier ist, hat noch keinen Zugang zu den impulsiven Errungenschaften des Stützapparats (Bewegung als Greifen, Wegwerfen, Hingehen, Weggehen). Die Interaktion mit der Umwelt geschieht noch durch Wahrnehmung und Beantworten von Wahrnehmung: Hören und gehört werden, Sehen und gesehen werden, Fühlen und gefühlt werden. Es gibt noch keine Bewegungslust, noch kein Laufen und Rennen. Haut und Schleimhäute haben neben den Sinnesorganen noch große kommunikative Bedeutung. Lust entsteht durch sinnliches Genießen. Selbsthilfe ist nicht möglich. Flucht und Angriff gehören nicht zum Verhaltensrepertoire. Zentrale Angst ist Vernichtungsangst. Zentrales Bedürfnis ist Willkommensein und das Recht auf einen eigenen Platz im Leben. Wenn Patienten auf dieser Stufe sind, benötigen sie den Anreiz und die Unterstützung, sich auf die impulsive Stufe zu begeben, auf der sie weniger darauf angewiesen sind, dass eine Bezugsperson ihre Bedürfnisse wahrnimmt und auch bereit ist, diese zu befriedigen.

Die **souveräne Stufe** ist Piagets konkret-logische Stufe, in der kausales Denken bezüglich konkreter Situationen möglich ist. Das ist die große kognitive Errungenschaft. Die Herkunft und die Folgen von Verhaltensweisen werden logisch erschlossen und das künftige Verhalten kann darauf eingerichtet werden. Dadurch entsteht die Fähigkeit, sich selbst zu helfen und bei Gelingen die Erfahrung von Selbstwirksamkeit zu machen. Angst vor Kontrollverlust ist damit vergesellschaftet. Das zentrale Bedürfnis ist es, die Situation oder andere Menschen zu steuern. Dabei ist die Fähigkeit vorhanden, sich selbst zu steuern, indem eigen Impulse aufgeschoben werden können: Warten auf den günstigsten Moment erhöht die Chance auf größtmöglichen Gewinn. Unsere therapeutische Aufgabe besteht meist darin, dem Patienten zu helfen, sich von der impulsiven auf diese souveräne Stufe zu entwickeln. Auf dieser Stufe bleibt er allerdings noch egozentrisch und kann deshalb Beziehungen noch nicht langfristig pflegen.

Wenn in der Therapie genügend Zeit bleibt und der Patient sich wirklich lange genug auf der souveränen Stufe tummelte, ist der Schritt auf die **zwischenmenschliche Stufe** ein wertvoller Fortschritt. Denn dieser führt zur Fähigkeit des abstrakt-logischen Denkens (Piaget, 1978, 1995) und damit zur Fähigkeit des Perspektivenwechsels, der zur reifen Empathie und zum Mitfühlen (compassion) benötigt wird (im Gegensatz zur frühen Spiegelneuron-Empathie). Der Patient kann sich nun in die Bezugsperson einfühlen. Fühlen, was sie fühlt und ihr Bedürfnis erspüren. Das gibt ihm die Möglichkeit das Wohlbefinden der anderen Person in den Vordergrund zu rücken und eigene Bedürfnisse hintanzustellen, wenn sie für die Beziehung abträglich sind. Der so entstandene Verzicht ist kein Verzicht, da die Beziehung wichtig geworden ist. Darin liegt auch die therapeutische Gefahr: Patienten, die zur Dependenz neigen, sind zu schnell bereit, auf Eigenes zu verzichten und ihnen fehlt dann das Gegengewicht der Selbstbehauptung.

Die Entwicklungsstufen lassen sich charakterisieren durch stufenspezifische Bedürfnisse, Ängste, Wuttendenzen, Ressourcen, Gefühle, Konflikte und Beziehungen:

Zentrales Bedürfnis:	Ich brauche jetzt …
Zentrale Angst:	Ich fürchte jetzt …
Zentrale Wut:	Meine Wut ist jetzt …
Zentrale Ressource:	Ich kann jetzt …
Zentrale Gefühle:	Ich fühle jetzt …
Zentraler Konflikt:	Mein Konflikt ist jetzt …
Zentrale Beziehungsform:	Meine Beziehung ist jetzt …
Zentrale Selbstaussage:	Ich bin jetzt …

Auf jeder Stufe finden wir ein anderes Selbst vor und andere Beziehungen. Also stellt jede Stufe eine andere Welt dar. Es ist, als ob der Mensch von Stufe zu Stufe eine jeweils andere Welt betreten und während des Betretens sich verwandeln würde.

Diese idealtypische Zeichnung dient dazu, sich eine plastische Vorstellung der Stufe zu machen. Der Übergang dauert jedoch seine Zeit, sodass keine Steilwände zwischen den Stufen existieren, sondern schiefe Ebenen. Entwicklung braucht Zeit. Und die Übergänge bedürfen eigener Betrachtung (Kegan, 1986). Eine hilfreiche Differenzierung ist die Betrachtung von Stufendefiziten und -errungenschaften (Sulz & Theßen, 1999). Im Vergleich zweier benachbarter Stufen fällt auf, dass auf den unteren Stufen etwas noch nicht gekonnt wird, etwas noch gebraucht wird und etwas noch bedrohlich ist, was auf der nächst höheren Stufe kein Thema mehr darstellt, denn das Können ist schon da, die Bedürftigkeit ist verschwunden und die Gefahr ist nicht mehr vorhanden:

Defizite und Errungenschaften auf einer Entwicklungsstufe

Errungenschaft:
Ich kann …
Ich brauche nicht mehr …
Ich fürchte nicht mehr …

Defizit:
Ich kann noch nicht …
Ich brauche …
Ich fürchte …

So kann der impulsive Mensch seine Impulse noch nicht hemmen, das Verhalten anderer Menschen noch nicht steuern, braucht noch Schutz und fürchtet noch Trennung. Der souveräne Mensch kann dagegen seine Impulse hemmen und kann den anderen Menschen steuern. Er hat Kontrolle. Deshalb braucht er nicht mehr zuverlässigen Schutz und muss Trennung nicht mehr fürchten. Dagegen muss er fürchten, seine neue Errungenschaft zu verlieren: Er hat Angst vor Kontrollverlust.

Der Entwicklungsschritt zur nächst höheren Stufe impliziert, dass die Defizite der gegenwärtigen Stufe behoben werden, z. B. dass Schutz nicht mehr das vorherrschende Bedürfnis ist, Trennung nicht mehr die größte Gefahr, wenn die impulsive Stufe verlassen wird. Wer diese Bedürftigkeit und dieses Bedrohtsein beibehält, z. B. aufgrund unsicherer Bindung zur Mutter oder aufgrund traumatischer Erfahrungen, kann sich nicht auf die souveräne Stufe entwickeln:

Mein Entwicklungsschritt
Um von meiner Entwicklungsstufe (………………)
auf die nächst höhere Stufe (………………) zu kommen, muss ich lernen:
    zu können: ………………………………………
    nicht mehr zu brauchen: ………………………
    nicht mehr zu fürchten: ………………………

Bildlich betrachtet ist jede Stufe durch einen Sockel des Könnens, der Fähigkeiten bzw. Errungenschaften und eine Senke des Defizits, der Schwächen gekennzeichnet (Abb. 3.4.2). Um auf die nächst höhere Stufe gelangen zu können, muss zuerst die Senke aufgefüllt werden. Das heißt, stufenspezifische Bedürftigkeit zu verlieren und Bedrohung nicht mehr zu empfinden.

Therapie kann darin bestehen, einem Menschen zu helfen, sich von der übergroßen Bedürftigkeit bezüglich seines übergroßen Bedürfnisses zu befreien (z. B. Schutz) und sich weniger bedroht zu fühlen durch seine zentrale Angst (z. B. Trennung). Gelingt dies, so ist die Barriere behoben, die den fälligen Entwicklungsschritt z. B. von der impulsiven auf die souveräne Stufe blockierte. Zuvor sollte jedoch eine Entwicklungsdiagnostik erfolgen (Sulz & Theßen, 1999).

Entwicklungsdiagnostik setzt eine Zuordnung eines bestimmten Könnens und eines bestimmten Defizits zu einer Entwicklungsstufe voraus.

Die Entwicklungsdiagnostik wird dadurch verkompliziert, dass ein Mensch z. B. auf der impulsiven Stufe sein kann, jedoch so viel Bestrafung für impulsives Verhalten erfährt, dass er es aus Angst vor Strafe unterdrückt. Er befindet sich im gehemmten Modus der impulsiven Entwicklungsstufe. Solche Menschen schildern sich oft als rücksichtsvoll und verständnisvoll, sodass wir eher an die zwischenmenschliche Stufe denken. Oder sie schildern sich als einverleibend, ohne noch die Defizite der einverleibenden Stufe zu haben.

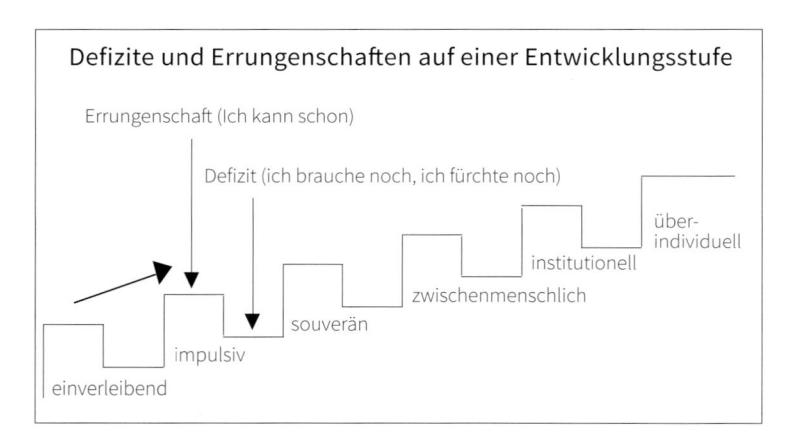

Abbildung 3.4.2 Entwicklungsstufen mit Errungenschaften und Defiziten

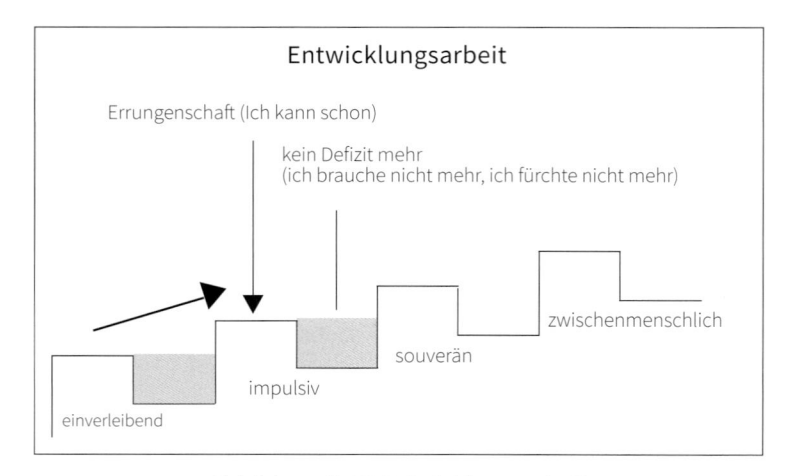

Abbildung 3.4.3 Entwicklungsarbeit

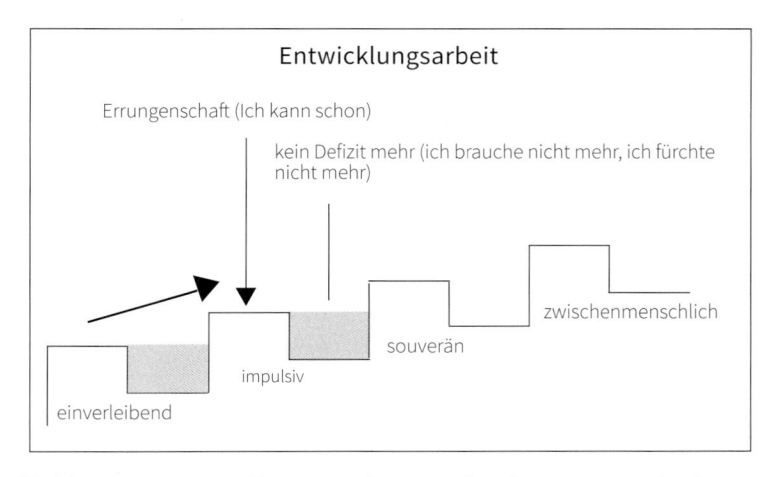

Abbildung 3.4.4 Entwicklung aus dem impulsgehemmten Modus heraus

3.4.1.1 Eine phänomenologische Heuristik zur Erkennung der impulsiven Stufe bzw. des impulsiven Modus

Auf der Suche nach einer wirklich verständlichen Beschreibung der beiden Entwicklungsstufen bzw. Selbstmodi können wir nachfolgend beschriebene Heuristik anwenden, so dass Patienten sofort in ihren impulsiven Anteilen erkannt werden können. Für das therapeutische Gespräch ist es hilfreich von den prägnanten Unterschieden in der Phänomenologie auszugehen. Diese Heuristik gründet auf unserem neurobiologischen und entwicklungspsychologischen Wissen.

3.4.1.1.1 Neurobiologische und entwicklungspsychologische Wissensbasis

Jeder Mensch hat zwei psychische Systeme: impulsiv (emotional) und souverän (kognitiv). Neurobiologisch existieren zwei psychische Systeme:
1. das emotionale-implizit-autonome System (limbisches System)
2. das kognitive-explizit-willkürliche System (Cortex, insbesondere Präfrontaler Cortex PFC)

Ersteres ist ab Geburt funktionsfähig entspricht der einverleibenden und impulsiven Stufe nach Kegans Neo-Piaget'scher Stufeneinteilung. Zweites ist erst ab fünf Jahren funktionsfähig (kausal-logisches Denken, Theory of Mind, Mentalisierung).

Das entspricht der dritten Entwicklungsstufe: souverän, auf der bewusste willkürliche Entscheidungen getroffen, Ziele formuliert und Pläne verfolgt werden können.

Damit können wir also mehrere Entwicklungsstufen erkennen.

Die vierte Entwicklungsstufe (zwischenmenschlich) setzt die flüssige Kooperation dieser beiden Systeme voraus (emotional plus kognitiv) und auch abstrakt-logisches Denken mit der Fähigkeit zum Perspektivenwechsel. Dadurch ist erst reife Empathie und Mitgefühl möglich, das Voraussetzung für stabile Langzeitbeziehungen ist. Das gelingt zunehmend ab 6 bis 12 Jahren, also nicht sofort mit der Verfügbarkeit des PFC mit fünf Jahren. Unter sehr schwierigen Bedingungen regredieren wir auf die impulsive Stufe und können nicht mehr ausreichend kausal denken, um Problemlösungen zu finden. Stattdessen entwickeln wir ein psychisches oder psychosomatisches Symptom. Patienten, die sich in ihrer Not hilfesuchend an uns wenden, befinden sich bezüglich des Problemkontexts auf der impulsiven Stufe. Damit sie die Ursache und Entstehung ihres Symptoms verstehen können, müssen wir ihnen helfen, auf die souveräne Stufe zu gelangen.

Eine Entwicklungsstufe kann auch als Modus des Erlebens und Verhaltens oder als Selbstmodus betrachtet werden. Denn im Sinne des Attraktorkonzepts von Grawe (1998) gibt es gemeinsam auftretende Bündel des Erlebens und Verhaltens, die mit geschultem Blick gut zu identifizieren sind.

3.4.1.1.2 Unterscheidung von impulsivem Modus und souveränem Modus bzw. impulsiver und souveräner Entwicklungsstufe (Selbstaussagen des Patienten im therapeutischen Gespräch)
Hier findet keine Berücksichtigung von einverleibendem Modus = erste Entwicklungsstufe (Vernichtungsangst, Perzeption (Sinne) statt Motorik-Bewegung im Sinne von Hin- und Weggehen bzw. zupacken und wegwerfen) und von zwischenmenschlichem Modus = vierte Entwicklungsstufe (Liebesverlustangst, Beziehung geht vor Selbst) statt. Denn klinisch bedeutsam ist zu Beginn einer Psychotherapie nur die Erkennung des impulsiven Modus im Kontrast zum souveränen Modus (Tab. 3.4.1).

Tabelle 3.4.1 Unterscheidung impulsiver Modus und souveräner Modus mit Beispielen

Nr.	impulsiv	Beispiel für impulsives Erleben und Handeln	souverän
1	Ungeduldig, ich möchte es gleich haben	Kann nicht warten, kann es nur schwer aushalten, bis ich dran komme.	Kann warten
2	Reagiert aus dem Affekt heraus und aus dem Bedürfnis heraus	Das ärgert mich, da mach ich jetzt nicht mehr mit. Ich brauche jetzt unbedingt etwas zu trinken.	Reagiert zielorientiert, weiß, was er will
3	Affekt übernimmt die Regie, er wird so stark, dass er das Handeln bestimmt	Also jetzt muss ich einfach etwas sagen, ich halte das sonst nicht mehr aus.	Der Wille ist Instrument der bewussten Selbststeuerung, er behält die Zügel in der Hand
4	Es wird im Moment nur das eigene Anliegen gesehen. Wie das für den anderen ist, spielt keine Rolle	Wenn du jetzt alles nimmst, reicht es für die anderen nicht. Antwort: Ich habe aber jetzt einen so großen Appetit darauf.	Die Folgen eigenen Handelns, d. h. die Auswirkungen auf ihn, werden berücksichtigt
5	Der Affekt lässt erst nach, wenn er seine Funktion erfüllt hat, wenn also die Frustration beseitigt bzw. das Bedürfnis befriedigt ist	Wenn andere auf meine affektiven Signale nicht eingehen, bleibt das Gefühl so lange stark, bis endlich doch jemand mir gibt, was ich brauche und will.	Der Affekt wird nicht so stark, dass er das Handeln bestimmt. Er bleibt so gering, dass er die Handlungsregulation nicht stört und diese effektiv bleibt
6	Wird nicht erreicht, was gebraucht wird, treten andere Gefühle ein, die den anderen dazu bewegen können, trotzdem noch das Gewünschte zu geben, z. B. Traurig sein führt zu Trost. Beleidigt sein zu Nachgiebigkeit des anderen. Hilflosigkeit führt zu Hilfsbereitschaft des anderen. Oder es erfolgt ein finaler Anlauf mit einem großen Wutausbruch, der den anderen erschreckt und kompromissbereit macht.	Ich bin so traurig, dass ich das nicht haben kann. Reaktion des anderen: Trösten und einen Weg finden, dass das Bedürfnis doch gleich befriedigt werden kann, z. B. doch noch irgendwoher eine Süßigkeit gezaubert wird. Oder beleidigt schmollen: Du hast mir weniger gegeben. Antwort: Also dann kriegst Du noch ein zweites Mal. Oder: Ich kann das nicht allein. Antwort: Ich mach das für Dich. Oder: Wutausbruch, weil die Gefühle so stark geworden sind, dass sie im psychischen Innenraum keinen Platz mehr haben	Wird das Ziel nicht erreicht, dass der andere in meinem Sinne handelt, entsteht Zorn und Unmut und die Zügel werden straffer gezogen, damit der andere sich doch meinem Willen beugt (Machtkampf). Oder man wird manipulativer, versucht den anderen rumzukriegen.

3.4 Entwicklung als Therapie

Nr.	impulsiv	Beispiel für impulsives Erleben und Handeln	souverän
7	Der andere ist für mich und meine Bedürfnisbefriedigung zuständig und verantwortlich. Er hat, was ich brauche oder kann es mir verschaffen. Ich selbst kann das nicht. Deshalb ist er schuld, wenn ich frustriert bin.	Ja, mein Mann ist für meine Bedürfnisse da. Gibt er mir nicht, was ich brauche, reagiere ich frustriert – mit Ärger, Unzufriedenheit, Missmut, Empörung, Beleidigtsein, Traurigsein usw. Ich zeige das nicht absichtlich, sondern diese Gefühle stellen sich einfach ein	Ich bin verantwortlich dafür, dass das geschieht, was ich will. Ich bin selbständig. Ich packe zu und nehme Aktionen und Projekte in die Hand.
8	Mein Denken ist nicht logisch, sondern wird ganz bestimmt von den sichtbaren Phänomenen. Ich stelle durch Denken keine Zusammenhänge her, keine logischen Schlussfolgerungen. Deshalb bedenke ich auch nicht die Folgen meines Handelns und bin oft völlig überrascht, bestürzt, entsetzt, weshalb der andere so und so handelt, wo ich doch nur …	Ich weiß nicht und ich verstehe nicht, weshalb meine Frau heute zuhause bleiben will. (Sie hatte einen anstrengenden Arbeitstag hinter sich) Ich verstehe nicht, dass mein Mann jetzt keine Lust mehr hat, mit mir ins Kino zu gehen. (Sie hat ihn beleidigt und verletzt mit ihrem Wutausbruch, bei dem sie ihm wahllos Schimpfwörter an den Kopf warf)	Mein Denken ist logisch, ich erkenne Ursache und Wirkung, allerdings noch nicht auf abstrakter Ebene, sondern auf der konkret vorgefundenen Welt meiner realen Wahrnehmung.
9	Ich bin nicht nur ein Emotions- und Bedürfnismensch, ich bin auch ein Beziehungsmensch. Ich brauche einen Menschen, der meine Bedürfnisse rasch genug und vollständig genug befriedigt. Also bleibe ich mit ihm in Kontakt und passe auf, dass er in der Nähe bzw. verfügbar bleibt.	Ganz automatisch bleibe ich immer in der Nähe und im Kontakt mit meinen Bezugspersonen, die mir Geborgenheit und Sicherheit vermitteln. Längere Zeit von ihr/ihnen entfernt von ihnen fühle ich mich unwohl.	Ich bin ein Denk- und Handlungsmensch.
10	Ich bleibe trotzdem egozentrisch. Die Gefühle und Bedürfnisse des anderen sind nicht im Mittelpunkt meiner Aufmerksamkeit und meines Bemühens.	Es stimmt schon, dass ich aus mir heraus erlebe und handle und nicht so gut aufpasse, wie es dem anderen damit geht. Das ist ja das Schöne an der Beziehung, dass man so ungezwungen sein kann, tun und lassen, wonach mir ist	Ich bleibe egozentrisch, auch wenn ich erkenne, was der andere braucht. Ich gebe es ihm dann, wenn ich dadurch bekomme, was ich will. (Bin also noch nicht empathisch mitfühlend, fürsorglich, beziehungspflegend)
11	Kann nicht verstehen, dass der andere nicht so denkt und fühlt wie man selbst	Ich finde, so jemand müsste man sofort rauswerfen. Ich verstehe nicht, dass mein Mann ihn verteidigt. Dazu gibt es doch überhaupt keinen Anlass.	Ist sich bewusst, dass der andere Bedürfnisse und Sichtweisen hat
12	Hält es nicht aus, wenn der andere eine deutlich andere Sichtweise hat als man selbst	Meine Frau und ich sind da ganz unterschiedlicher Auffassung. Wenn wir so viel haben und andere nichts haben, müssen wir doch einfach teilen. Mir macht das so sehr zu schaffen, dass sie mir nicht zustimmt, dass ich mich in der Beziehung mit ihr nicht mehr so wohl fühle.	Anerkennt die andere Sichtweise und kalkuliert sie in die eigene Handlungs- bzw. Kommunikationsstrategie ein

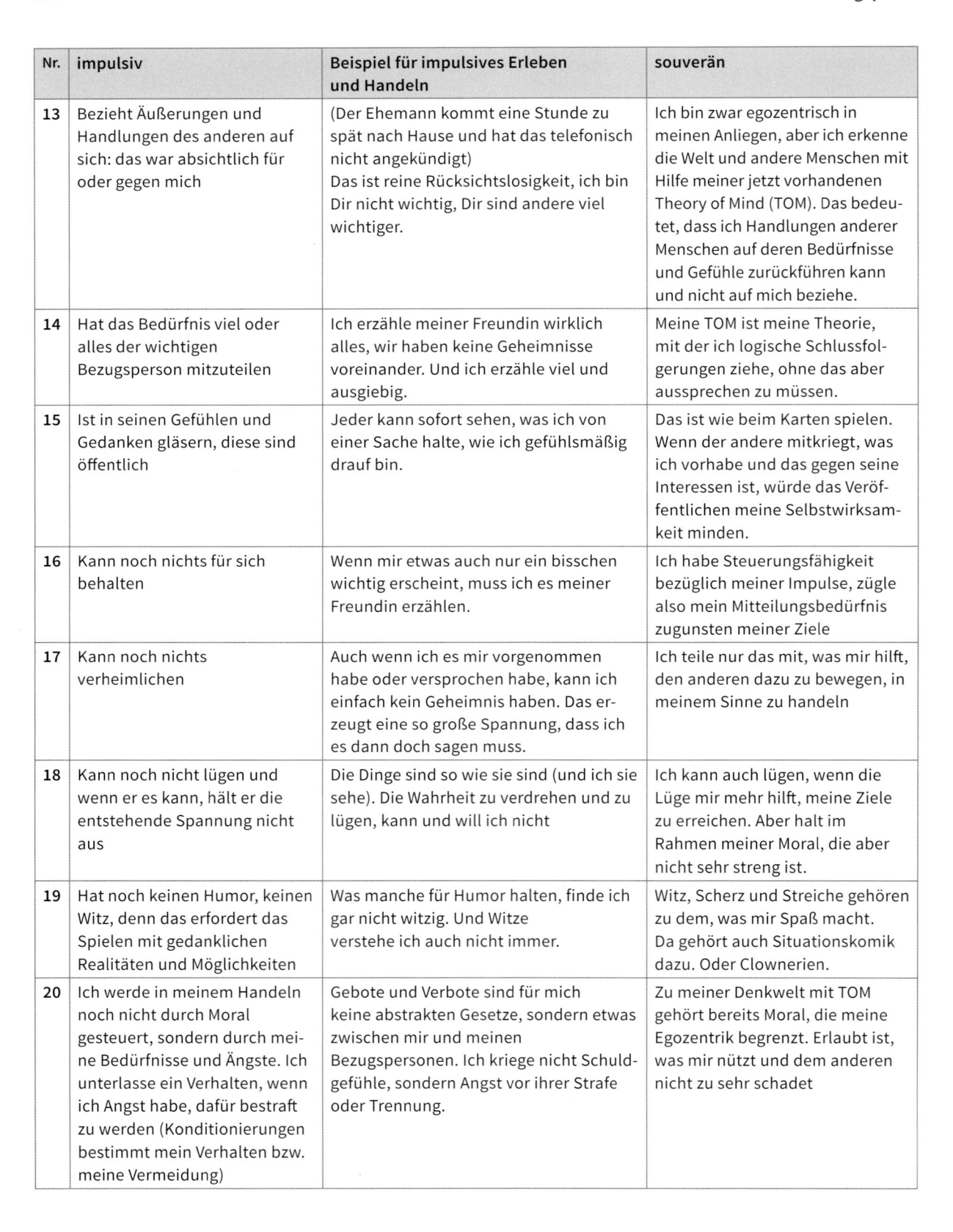

Nr.	impulsiv	Beispiel für impulsives Erleben und Handeln	souverän
13	Bezieht Äußerungen und Handlungen des anderen auf sich: das war absichtlich für oder gegen mich	(Der Ehemann kommt eine Stunde zu spät nach Hause und hat das telefonisch nicht angekündigt) Das ist reine Rücksichtslosigkeit, ich bin Dir nicht wichtig, Dir sind andere viel wichtiger.	Ich bin zwar egozentrisch in meinen Anliegen, aber ich erkenne die Welt und andere Menschen mit Hilfe meiner jetzt vorhandenen Theory of Mind (TOM). Das bedeutet, dass ich Handlungen anderer Menschen auf deren Bedürfnisse und Gefühle zurückführen kann und nicht auf mich beziehe.
14	Hat das Bedürfnis viel oder alles der wichtigen Bezugsperson mitzuteilen	Ich erzähle meiner Freundin wirklich alles, wir haben keine Geheimnisse voreinander. Und ich erzähle viel und ausgiebig.	Meine TOM ist meine Theorie, mit der ich logische Schlussfolgerungen ziehe, ohne das aber aussprechen zu müssen.
15	Ist in seinen Gefühlen und Gedanken gläsern, diese sind öffentlich	Jeder kann sofort sehen, was ich von einer Sache halte, wie ich gefühlsmäßig drauf bin.	Das ist wie beim Karten spielen. Wenn der andere mitkriegt, was ich vorhabe und das gegen seine Interessen ist, würde das Veröffentlichen meine Selbstwirksamkeit minden.
16	Kann noch nichts für sich behalten	Wenn mir etwas auch nur ein bisschen wichtig erscheint, muss ich es meiner Freundin erzählen.	Ich habe Steuerungsfähigkeit bezüglich meiner Impulse, zügle also mein Mitteilungsbedürfnis zugunsten meiner Ziele
17	Kann noch nichts verheimlichen	Auch wenn ich es mir vorgenommen habe oder versprochen habe, kann ich einfach kein Geheimnis haben. Das erzeugt eine so große Spannung, dass ich es dann doch sagen muss.	Ich teile nur das mit, was mir hilft, den anderen dazu zu bewegen, in meinem Sinne zu handeln
18	Kann noch nicht lügen und wenn er es kann, hält er die entstehende Spannung nicht aus	Die Dinge sind so wie sie sind (und ich sie sehe). Die Wahrheit zu verdrehen und zu lügen, kann und will ich nicht	Ich kann auch lügen, wenn die Lüge mir mehr hilft, meine Ziele zu erreichen. Aber halt im Rahmen meiner Moral, die aber nicht sehr streng ist.
19	Hat noch keinen Humor, keinen Witz, denn das erfordert das Spielen mit gedanklichen Realitäten und Möglichkeiten	Was manche für Humor halten, finde ich gar nicht witzig. Und Witze verstehe ich auch nicht immer.	Witz, Scherz und Streiche gehören zu dem, was mir Spaß macht. Da gehört auch Situationskomik dazu. Oder Clownerien.
20	Ich werde in meinem Handeln noch nicht durch Moral gesteuert, sondern durch meine Bedürfnisse und Ängste. Ich unterlasse ein Verhalten, wenn ich Angst habe, dafür bestraft zu werden (Konditionierungen bestimmt mein Verhalten bzw. meine Vermeidung)	Gebote und Verbote sind für mich keine abstrakten Gesetze, sondern etwas zwischen mir und meinen Bezugspersonen. Ich kriege nicht Schuldgefühle, sondern Angst vor ihrer Strafe oder Trennung.	Zu meiner Denkwelt mit TOM gehört bereits Moral, die meine Egozentrik begrenzt. Erlaubt ist, was mir nützt und dem anderen nicht zu sehr schadet

3.4 Entwicklung als Therapie

Nr.	impulsiv	Beispiel für impulsives Erleben und Handeln	souverän
21	Ich kann die Ursache meines Problems nicht logisch reflektierend finden	(Seine Frau wertet ihn an Wochenenden zunehmend unerträglich oft ab. Er lässt sich das wehrlos gefallen. Seine tiefe Verletztheit dringt nicht nach außen. Schließlich wird er depressiv.) Es gibt in meinem Leben keinen Grund für Depression. Uns geht es doch gut. Und meine Frau ist halt so. Das hat nichts damit zu tun.	Ich kann das
22	Ich kann deshalb auch nicht die Lösung meines Problems logisch erschließen	(Die Lösung wäre, dass er sich erlaubt, auf seine Frau wütend zu sein und sich wirksam zu wehren). Ich weiß nicht, was ich gegen die Depression machen soll. Das muss doch der Arzt wissen. Ich kann meine Frau nicht ändern.	Ich kann das
23	Ich kann mir nicht selbst helfen	Ich weiß nicht, was man da tun kann. Man müsste meiner Frau sagen, dass sie damit aufhören soll – ich kann das nicht.	Ich kann mir selbst helfen
24	Ich bin auf die Hilfe anderer angewiesen	Jemand anderes müsste kommen und helfen. Auf meinen Bruder hört sie, aber der unterstützt mich auch nicht.	Ich brauche das nicht
25	Denken besteht aus Momentaufnahmen. Erzählung besteht aus einer Aneinanderreihung von Momenten.	Zu dem Vortrag von Herrn T. sind aber sehr viele Leute gekommen. Sie haben ihm alle aufmerksam zugehört. Und am Schluss gibt es natürlich viel Applaus. Und danach gingen viele zu ihm und haben Fragen gestellt.	Denken erkennt Zeitverläufe mit Ursache und Wirkung
26	Er kann die Abfolge der Momentaufnahmen noch nicht aufeinander beziehen Er kann noch nicht reflektieren, dass der eine Moment durch den vorausgehenden ausgelöst wurde Er kann die kausale Verknüpfung beider Momente nicht gedanklich erfassen: „Weil Y die Frage von X nicht beantworten konnte, half ihm Z bei der Antwort."	Was fehlt in der Beschreibung? Zu dem Vortrag von Herrn T. sind sehr viele Leute gekommen, weil das Thema hoch aktuell ist. Sie haben ihm alle aufmerksam zugehört, weil der das so spannend dargestellt hat. Und am Schluss gibt es natürlich viel Applaus, weil die Zuhörer so begeistert waren und er ihnen aus dem Herzen gesprochen hat. Und danach gingen viele zu ihm und haben Fragen gestellt, weil ihr Interesse und Engagement durch seinen Vortrag so groß geworden ist.	Nacheinander ablaufende Ereignisse werden als Kausalkette aufeinander bezogen (siehe links)
27	Wenn er eine Geschichte erzählt, ist das eine Aneinanderreihung von Momentaufnahmen. „Zuerst hat X eine Frage gestellt. Und dann hat Y gesagt, dass … Und dann hat Z gesagt, Und dann …"	Ich komme zurzeit nicht aus dem Bett. Heute war ein Freund da, und er hat mir viel geholfen. Er hat mir zugehört und viele Fragen gestellt. Er war interessiert. Er hat mir dann Ratschläge gegeben.	Nacheinander ablaufende Ereignisse werden in ihrem Sinn- und Kausalzusammenhang berichtet

Nr.	impulsiv	Beispiel für impulsives Erleben und Handeln	souverän
28	Was ich denke oder sehe, ist Realität. (Äquivalenzmodus nach Fonagy, nicht mentalisierender Modus)	(Freunde sind in Wirklichkeit besorgt und sehr bemüht, laden ihn ein, doch er lehnt stets ab) Sie rufen nur aus Pflichtgefühl an. Ich langweile sie. Sie sind nicht gern mit mir zusammen. Das ist keine echte Sorge.	Äußere Realität und (inneres) Denken wird unterschieden. Ich prüfe, ob meine Wahrnehmung und meine Interpretation zutreffen
29	Es gibt im Erleben überwiegend nur Gegenwart. Es wird nicht planend und gestaltend in die Zukunft gedacht. Deshalb bin ich oft und auch sehr überrascht, wenn etwas geschieht, das ich nicht erwartet habe.	(nach einer nicht angesagten schönen Begegnung mit Freunden) Ja, das war schön. Ich hätte nie gedacht, dass Ihr mich besucht. (Es kommt nicht die Überlegung, wie man solche Treffen häufiger werden lassen kann)	Ich denke voraus, überlege die zukünftigen Folgen meines Verhaltens
30	Ich brauche Geborgenheit, Wärme, Schutz, Sicherheit, Zuverlässigkeit. Diese Bedürfnisse sind zwar bewusstseinsfähig, es wird aber nicht an sie gedacht. Ganz automatisch und unreflektiert wird zu Menschen gegangen, die z. B. Geborgenheit geben. Wenn sie fehlt, wird eher gehofft, dass der andere kommt.	Ich bin abends gern mit meinem Mann in unserem Haus. Das ist wie ein warmes Nest. ... Ja, da fühle ich mich richtig geborgen, da fehlt mir gar nichts. Da bin ich auch geschützt und sicher. Ich kann mich auf ihn verlassen. (Wie fühlen Sie sich, wenn er nicht da ist?) Ohne ihn fühle ich mich ungeborgen und ungeschützt.	Ich brauche Selbstwirksamkeit (Kontrolle, Einfluss, selbst etwas machen können, selbst bestimmen können)
31	Ich fürchte Alleinsein, Verlassen werden, Trennung	Wenn es Streit gibt oder wenn ich etwas gemacht habe, was ihn sehr ärgert, bekomme ich gleich Angst, dass er mich verlässt.	Ich fürchte Kontrollverlust
32	Meine Wut ist Trennungswut	Wenn ich ganz große Wut auf ihn habe, würde ich ihn am liebsten verlassen.	Meine Wut ist, völlige Macht über Dich haben
33	Ich kann hingehen und ich kann weggehen	Ich kann zu ihm gehen, auf ihn zugehen, wenn ich mich auf ihn freue. Ich kann rausgehen, weggehen, wenn ich mich zu sehr über ihn ärgere.	Ich kann meine Impulse steuern, mich bremsen
34	Ich kann nehmen und ich kann hergeben	Wenn ich etwas von ihm brauche, kann ich mir das von ihm holen und nehmen. Wenn ich quasi satt davon bin, überdrüssig bin, kann ich es wieder loslassen und hergeben. Ich kriege es ja wieder, wenn ich es erneut brauche.	Ich kann etwas bewirken
35	Identität: Ich bin Bedürfnis, Gefühl	Ich bin ganz dabei, zu spüren, was ich brauche. Oder mir zu holen, was ich brauche und erst wenn ich es habe, festzustellen, das war jetzt genau das, was ich gebraucht habe. In einem Moment entsteht bei mir ein Gefühl (ich weiß nicht warum) und ich spreche und handle aus diesem Gefühl heraus. Da mache ich mir nicht unnötige Gedanken.	Ich bin klug (TOM), bin Wille, bin Kontrolle

3.4 Entwicklung als Therapie

Nr.	impulsiv	Beispiel für impulsives Erleben und Handeln	souverän
36	Ich habe noch keine gedankliche Theorie (TOM), wie andere Menschen denken, fühlen, was sich brauchen und wie ihr Verhalten dadurch bestimmt wird: Ich kann noch nicht in andere hineinschauen.	Ich kann mich nicht gut in andere hineinversetzen. Ich weiß nicht, weshalb und wozu sie etwas sagen oder tun. Genausowenig weiß ich das von mir selbst. Ich weiß nicht, wie sie zu mir stehen und was sie als nächstes vorhaben. Ich fühle mich deshalb am wohlsten mit Menschen, die genau so denken und fühlen wie ich.	Ich habe eine Theory of Mind (TOM), mit der ich Verhalten anderer und mein Verhalten auf Bedürfnisse und Gefühle zurückführen kann. Ich kann in andere hineinschauen, so dass ich ihre Bedürfnisse kenne und sie berücksichtigen kann
37	Deshalb sind Interpretationen der Motive anderer oft falsch (rein selbstbezogen): Du hast mir das nicht gegeben, weil Dir etwas anderes wichtiger war.	Andere wehren sich dagegen, wenn ich sage, dass sie so spät kamen, weil ich ihnen nicht so wichtig bin. Aber das ist sicher so, wie ich es sehe. Das kann gar nicht anders sein.	Meine TOM hilft mir, das Verhalten anderer richtig zu interpretieren (welche Bedürfnisse sie bewegen, welche Absichten sie verfolgen)
38	Deshalb wird auch nur die Auswirkung des Verhaltens der anderen auf die eigene Person gelten gelassen: Das hat mir so gefehlt.	Wenn sie weiß, wie sehr ich mich nach unserem Treffen gesehnt habe und mich auf einen langen Nachmittag freute, dann hätte sie es doch leicht schaffen können, diese Arbeit auf morgen zu verschieben.	Ich bedenke mit Hilfe meiner TOM, z. B. dass der andere in so einer schlechten Verfassung war, dass er nichts geben konnte
39	Es gibt noch keine Vorstellung, welches eigene Verhalten das frustrierende Verhalten des anderen in ein befriedigendes Verhalten umwandeln könnte	Ich weiß einfach nicht, was ich tun kann, damit sie mich nicht immer so warten lässt. Ich habe es doch schon so oft gesagt, wie schlimm das für mich ist (statt z. B. den anderen zu ganz konkreten Abmachungen zu motivieren und zugleich dafür zu sorgen, dass ihn bei mir etwas erwartet, worauf er sich freuen kann).	Ich entfalte Ideen, wie ich dafür sorgen kann, dass der andere sich nicht mehr frustrierend, sondern meine Bedürfnisse befriedigend verhält
40	Ich kann mich nicht selbst beruhigen, brauche jemand, der meine Gefühle aufnimmt und mich beruhigt	Angst und Stress bleibt bei mir so lange sehr stark, bis mein Mann kommt und mich beruhigt und mir das Problem abnimmt	Ich kann mich selbst beruhigen, indem ich mir überlege, wie man ein Problem lösen kann und dann eine Lösung eines Problems herbeiführe
41	Verlustangst bremst impulsives Verhalten	Oft würde ich aus Wut am liebsten richtig toben und ihn verletzen. Dann kommt aber schnell die Angst, ihn zu verlieren und meine Wut ist fast weg.	Steuerungsfähigkeit bremst impulsive Verhalten
42	Das führt zum Steckenbleiben im Konflikt zwischen Angst und Bedürfnis/Trieb	Meine Wut kommt aber immer wieder, weil er so rücksichtslos ist. Ich wehre mich aber nicht, da ist ja sofort die Angst da.	Der Konflikt zwischen Angst Bedürfnis wird gelöst durch realitätsgerechten Aufschub der Bedürfnisbefriedigung.
43	Ich kann den Konflikt nicht lösen, das muss meine Bezugsperson machen. Indem sie z. B. entängstigt/beruhigt: Du musst nicht fürchten, dass ich weggehe, wenn Du Dir das nimmst.	Da bin ich richtig gefangen, gelähmt. Nur wenn mein Mann einige Stunden später zu mir kommt und mich tröstet und beruhigt und sagt, dass er mich versteht und mir doch noch gibt, was ich brauche, wird es besser.	Ich hole mir meine Bedürfnisbefriedigung dann, wenn ich nicht negative Folgen fürchten muss. Ich kann warten.

Nr.	impulsiv	Beispiel für impulsives Erleben und Handeln	souverän
44	Gefühle führen zu Gedanken und Handlungen	Ich spüre Angst, denke, er verlässt mich und handle nachgiebig	Denken führt zu Gefühlen und Handlungen
45	Impulsives Verhalten wird durch Verstärkung aufrechterhalten (d. h. es war oft erfolgreich)	Bei mir ist es ganz anders. Ich werde sehr wütend und heize meinem Mann richtig ein. Er gibt dann nach. Er beschwert sich später über mein Verhalten, aber ich kann das nicht ändern.	Verstärkung souveränen Verhaltens erfolgt durch das Gefühl der Selbstwirksamkeit
46	Die Bezugsperson verstärkt impulsives Verhalten durch ihre beruhigende/befriedigende Antwort.	Nachdem ich richtig getobt habe, fängt mich mein Mann auf, nimmt mich in den Arm und gibt mir, was ich wollte.	Wenn die Bezugspersonen auf das souveräne Verhalten hin bedürfnisbefriedigend reagieren, verstärken sie Souveränität
47	Das Selbstbild ist: Ich bin allein (ohne Dich) nicht lebensfähig	Ich brauche einfach jemand, der sich um mich kümmert. Allein würde ich das nie schaffen.	Das Selbstbild ist: Ich schaffe es zur Not auch allein (ohne Dich)

Ein Erwachsener ist nie rund um die Uhr im impulsiven Modus, sondern nur situativ.
Das wird in schwierigen Situationen mit schwierigen und wichtigen Menschen geschehen (oder mit sehr schönen Situationen).

Das ist die Regression von einem reiferen Modus in den kindlichen Modus der Impulsivität.
Hier wird auch noch nicht berücksichtigt, dass es neben den impulsiv ausagierenden Menschen auch solche auf dem gleichen Entwicklungsniveau gibt, deren Angst permanent so groß ist, dass sie ständig ihre Impulse hemmen, also impulsgehemmte Menschen sind.

Oder Menschen, die ihre Gefühle nur selten oder sehr schwach oder manche gar nicht haben. Sie würden wir nicht als impulsiv bezeichnen. Aber sie sind auf keinen Fall schon auf der souveränen Stufe und erst recht nicht auf der zwischenmenschlichen. Der impulsive Modus führt zur Symptombildung oder zu einer dysfunktionalen Persönlichkeitsakzentuierung bzw. -störung.

Der souveräne Modus führt zu Selbstwirksamkeit und Kompetenz im Umgang mit anderen.

Der zwischenmenschliche Modus führt zu langfristig tragfähigen Beziehungen. Eine Möglichkeit neben den phänomenologischen Beobachtungen des Patienten ist die VDS38-RDR-Checkliste der Ressourcen und Defizite, bei der Menschen im impulsiven Modus keine der Fähigkeiten entwickelt haben, souveräne etwa die Hälfte und erst auf der zwischenmenschlichen Stufe sind alle Fähigkeiten vorhanden (Tabelle 3.4.2).

Wir sehen, dass der impulsive Modus der mäßig integrierten Struktur des OPD-Systems entspricht (OPD und VDS38-RDR sind sich sehr ähnlich, nur dass RDR bisher noch zu keiner Entwicklungsstufen/Strukturnieveau-Diagnose gelangt, was man jetzt ändern kann).
Die einverleibende Stufe entspricht der gering integrierten Stufe.

Das Konzept der Souveränität ist in der Psychoanalyse so nicht vorhanden und deshalb berücksichtigen sie diese Stufe nicht (auch Fonagy nicht – sie wird einfach weggelassen), im Gegensatz zur Verhaltenstherapie, die sich hauptsächlich mit dieser beschäftigt.

3.4 Entwicklung als Therapie

Tabelle 3.4.2 Unterscheidung impulsive und souveräne Entwicklungsstufe mit Beispielen

VDS38 RDR*	impulsiv	Beispiel für impulsives Erleben und Handeln	souverän
48 Funktionalität der Emotionsregulation (ein Gefühl wahrnehmen, benennen, seine Ursache erkennen, seine Situationsadäquatheit prüfen, die Gefühlsintensität modulieren können, aus dem Gefühl heraus verhandeln oder handeln können, ein Gefühl da sein lassen können, ohne gleich handeln zu müssen)	Nicht entwickelt	Tobend: Ich bin doch nicht wütend, das ist einfach alles Scheiße hier. Dass Du an mir vorbeigehst und sie herzlich begrüßt, macht mir doch nichts aus. Auch wenn ich verdeckt stand, hättest Du mich zuerst begrüßen müssen. Da gelten keine Ausreden, Dein Verhalten ist so empörend. Ich will nicht mit Dir darüber diskutieren, ob ich überreagiert habe. Ich rede mit Dir auch nicht darüber, wie man es anders machen könnte. Wenn ich sehr zornig bin, muss ich gleich rausplatzen.	entwickelte Emotionsregulation
49 Fähigkeit zur Selbstwahrnehmung Introspektion = innere Prozesse wie Gefühle und Intentionen wahrnehmen können, Selbstreflexion = innere Prozesse gedanklich betrachten und beurteilen können, Identität = sich als zeitlich konstant bleibendes Wesen kennen	Nicht entwickelt	Ich merke in vielen Situationen nicht, was sich in mir abspielt. Andere sagen, was sie vermuten, aber da ist nichts. Wenn ich feststelle, dass ich niedergeschlagen bin und mein Mann sagt, das sei seit dem Streit mit meiner Kollegin so, dann kann ich das nicht nachvollziehen oder seiner Vermutung folgen, dass sie mir sehr wichtig ist und mich deshalb ihre Kritik deprimierte. Ich könnte nicht sagen, wer ich bin, was mich ausmacht und welche bleibenden Eigenschaften ich habe.	entwickelt Selbstwahrnehmung
50 Fähigkeit zur Selbststeuerung (Impulssteuerung, Antizipation der Wirkung von Impulsen, Selbstwertregulation, verlieren können, Ambivalenzfähigkeit, Ausdauer, Flexibilität)	Nicht entwickelt	Ich sei impulsiv, oft zu laut, könne nicht aufhören, obwohl ich so oft schlechte Erfahrungen damit mache, sagt meine beste Freundin. Ich solle mir doch vorher überlegen, was ich da mit dem anderen Menschen mache. Ich brauche sehr oft die Bestätigung, dass ich wertvoll bin. Ich kann das Selbstwert-Gefühl nicht lange in mir bewahren. Ich freue mich dann aber riesig, bin voll Glück, wenn andere mich wertschätzen. Ich kann nicht verlieren, das wurmt mich. Ich halte es nicht aus, wenn ich an einem Freund, den ich bisher sehr schätzte und mochte, eine Eigenschaft entdecke, die ich nicht mag. Ich beende dann die Freundschaft. Ich habe keine Ausdauer, gebe schnell auf, wenn es zu anstrengend wird. Ich beharre auf dem was ich wünsche und kann keine Kompromisse machen. Meine Freundin sagt, ich sei da richtig stur, verbohrt und verbissen.	entwickelte Selbststeuerung

VDS38 RDR*	impulsiv	Beispiel für impulsives Erleben und Handeln	souverän
51 Fähigkeit zur sozialen Wahrnehmung (Gefühle des anderen wahrnehmen, empathisch sein können, Nähe und Distanz angemessen einhalten können)	Nicht entwickelt	Naja, es kann schon sein, dass er traurig und verletzt war. Aber dazu hat er doch keinen Grund. Manche Leute mögen es nicht so sehr, wenn ich schnell vertraut und bin und über intime Dinge spreche.	Nicht entwickelt**
52 Fähigkeit zur Kommunikation (Wahrnehmungen, Gefühle und Bedürfnisse mitteilen können)	Nicht entwickelt	Ich kann nicht aussprechen, was ich fühle. Das Gefühl ist so stark, da kann ich nichts sagen. Ich kann auch nicht sagen, was ich brauche oder mir wünsche. Wenn er mich liebt, muss er das doch spüren.	Nicht entwickelt**
53 Fähigkeit zur Abgrenzung (den Anderen als Person mit eigenen Wünschen und Zielen (an-) erkennen und sich vor Übergriffen wirksam schützen können, streiten können)	Nicht entwickelt	Meine Freundin sagt, dass er mich übergeht oder übervorteilt, aber ich kann ihm das nicht sagen. Wenn ich es ihm sage, macht er trotzdem so weiter.	entwickelt
54 Fähigkeit zum Umgang mit Beziehungen (als abgegrenztes Individuum einen Ausgleich zwischen eigenen und anderen Interessen herstellen können, z. B. durch Vereinbarungen und Regeln)	Nicht entwickelt	Ich nehme mir was ich will. Er wird schon selbst für sich sorgen. Oder: Ich nehme mir nur das Nötigste, auch wenn ich viel mehr haben wollte. Das ist bei uns immer so, dass ich ihm alles lasse. Ich kann mit Regeln nichts anfangen. Das muss nach dem Gefühl gehen, das man gerade hat.	Nicht entwickelt**
55 Fähigkeit, sich aus einer zu Ende gegangenen Bindung lösen zu können	Nicht entwickelt	Ich kriege so große Angst vor dem Alleinsein, dass ich nicht von ihm weggehen kann	entwickelt
56 Fähigkeit zur Utilisierung von Ressourcen (Begabungen, Kenntnisse, Kreativität, soziales Umfeld)	Nicht entwickelt	Ich mache vieles gern, so lange es mir Spaß macht. Dann wechsle ich zum nächsten. Auch wenn ich etwas sehr gut kann und Leute sagen, ich sei begabt, bleibe ich nicht dran.	entwickelt
57 Fähigkeit zur Bewältigung krisenhafter Situationen (wirksame Bewältigungsstrategien, neue Bewältigungsstrategien erfinden können)	Nicht entwickelt	Wenn z. B. mit meinem Kind etwas geschieht und man noch nicht weiß, ob es wieder gut wird, bleibe ich panisch, verzweifelt, kopflos und finde keine Gedanken und Wege, die helfen könnten.	entwickelt
58 Leidenskapazität (Unvermeidbar Schmerzliches ertragen können, Unabänderliches akzeptieren können)	Nicht entwickelt	Ich halte Schmerz, Unglück, Trauer nicht lange aus. Ich gehe zugrunde, wenn etwas so Schlimmes nicht zu ändern ist.	Nicht entwickelt**

*VDS38 RDR Ressourcen- und Defizitrating Fähigkeiten und Umweltressourcen. In: VDS Verhaltensdiagnosik und Therapieplanungsmappe Verhaltensdiagnostik VDS. 2. Auflage. München: CIP-Medien 2013

Kostenlos herunterladen unter www.CIP-Medien.com/Informatives/kostenlose-Downloads

** erst auf der zwischenmenschlichen Stufe entwickelt

3.4.2 THERAPIE ALS ENTWICKLUNGSFÖRDERUNG

Den Entwicklungsschritt von einer auf die nächsthöhere Stufe gehen wir in vier Etappen: Zuerst muss bei der Entwicklungsarbeit die eventuell vorhandene übermäßige Hemmung aufgehoben werden, sodass impulsives Handeln wieder stattfinden kann. Als Zweites muss genügend Zeit gegeben werden, um die impulsiven Erlebens- und Verhaltensmuster etablieren und praktizieren zu können. Erst wenn diese automatisiert sind, kann davon ausgegangen werden, dass die impulsive Stufe gelebt wurde. Wenn dann ein weiterer Entwicklungsanreiz oder eine weitere Entwicklungsnotwendigkeit besteht, kann der oben beschriebene dritte Schritt erfolgen – die Behebung der Defizite der impulsiven Stufe.

Der vierte Schritt besteht in der Förderung der Entwicklung der Errungenschaften der souveränen Stufe
- durch dosierte Frustration der Bedürfnisse der alten Stufe,
- durch Förderung der Fähigkeiten der neuen Stufe und
- durch in der Nähe bleiben, sodass der Entwicklungsschritt keinen Beziehungsverlust impliziert.

Ein weiteres Hindernis einer zuverlässigen Entwicklungsdiagnostik ist die Tatsache, dass Menschen sich bezüglich ihrer Errungenschaften weiterentwickeln, ohne die Defizite der vorausgegangenen Stufe zu beheben. Sie haben auf früheren Stufen Defizite, die als Entwicklungssenken oder -löcher (Sulz & Theßen, 1999) betrachtet werden können.

Wer auf der souveränen Stufe ist, kann sowohl Defizite auf der einverleibenden als auch auf der impulsiven Stufe aufweisen. Was ist, wenn jemand z. B. auf der einverleibenden Stufe weder Errungenschaften noch Defizite hat, hingegen auf der impulsiven Stufe beides besteht? Dann ist er in seinem Erleben und Verhalten auf der impulsiven Stufe. Er hat sich die Errungenschaften der einverleibenden Stufe nicht bewahren können. Ein weiteres Beispiel zeigt Abbildung 3.4.5.

Doch damit nicht genug. Es gibt Menschen, die sich zwar nicht weiterentwickelt haben, die aber im Rahmen ihrer Überlebensstrategie die Errungenschaften der höheren Stufen durch operantes Konditionieren erlernen. So kann jemand auf der impulsiven Stufe im gehemmten Modus sein und hat sich die Fertigkeiten der institutionellen Stufe

---

Entwicklungsaufgabe

In diesem Beispiel sind auf der einverleibenden Stufe weder Stärken noch Schwächen vorhanden. Auf der impulsiven Stufe gibt es Stärken, hingegen keine Schwächen. Und auf der souveränen Stufe bestehen Stärken und Schwächen.
Entwicklungsaufgabe ist:
a) die Errungenschaft der einverleibenden Stufe zu entwickeln (!),
b) auf der impulsiven Stufe verweilen bis ein Anreiz entsteht, souverän zu werden,
c) den Schritt zur souveränen Stufe zu gehen

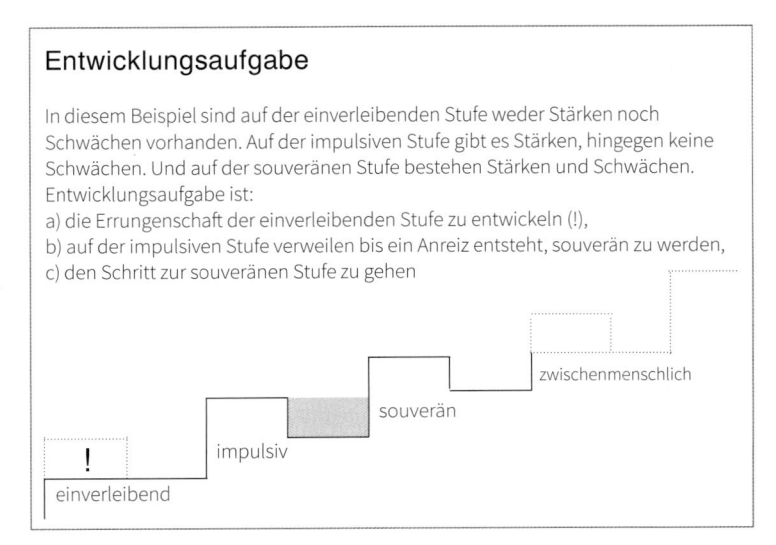

Abbildung 3.4.5 Auffüllen von Entwicklungslöchern

antrainiert, um mit Hilfe zwanghafter Ordnungs- und Regelungsversuche mit der Welt und den anderen Menschen zurecht zu kommen. Ein anderer ist auf der einverleibenden Stufe und hat sich die zwischenmenschlichen Fähigkeiten des freundlichen Eingehens auf die Wünsche des anderen durch Lernen am Erfolg erworben. Er kann auf diese Weise als dependente Persönlichkeit emotional in seiner wichtigen Beziehung überleben. Diagnostisch behelfen kann man sich dadurch, dass z. B. die gelernten Fähigkeiten der höheren Stufe zur Erreichung von homöostatischen Zielen der niedrigeren Stufe eingesetzt werden. Ein dependenter Mensch ist nicht wegen seines sozialen Bedürfnisses (Beziehungsaufbau) prosozial, sondern wegen seines egozentrischen Bedürfnisses nach emotionaler Versorgung (jemand haben, um nicht allein zu sein). Er instrumentalisiert die Beziehung zur Befriedigung egozentrischer Bedürfnisse – ein Vorgang, der gerade beim dependenten Menschen nicht leicht als solches zu erkennen ist. Aus der tiefenpsychologischen Perspektive läge der Unterschied darin, dass beim dependenten Menschen das prosoziale Verhalten lediglich Abwehrfunktion hat. Dagegen meint der Mensch, der wirklich auf der zwischenmenschlichen Stufe angekommen ist, mit seinem Verhalten wirklich die Beziehung. Die Erfassung der zentralen Bedürfnisse und der zentralen Ängste hilft, die homöostatischen Ziele zu benennen. Diese können den Entwicklungsstufen zugeordnet werden:

- einverleibend: braucht Willkommensein, Geborgenheit und fürchtet Vernichtung
- impulsiv: braucht Schutz, Zuverlässigkeit und fürchtet Trennung
- souverän: braucht Einfluss und Kontrolle, fürchtet Kontrollverlust
- zwischenmenschlich: braucht Liebe und fürchtet Liebesverlust
- institutionell: braucht Regeln und fürchtet Chaos und Aggression

Damit sind wir bei der Verknüpfung von Entwicklungs- und Persönlichkeitsdiagnostik angekommen. Sulz und Theßen (1999) korrelierten die VDS-Persönlichkeitsskalen (Sulz et al., 1998) mit den Entwicklungsskalen (Sulz, 1995, 2009b). Danach sind schizoide Menschen auf der einverleibenden Stufe, emotional instabile und dependente zwischen der einverleibenden und der impulsiven Stufe, narzisstische, selbstunsichere und zwanghafte Menschen auf der impulsiven Stufe und passiv-aggressive und histrionische Personen zwischen der impulsiven und der souveränen Stufe.

Die defizitorientierte Betrachtung kann sich auf die ersten drei Stufen einverleibend, impulsiv und souverän beschränken. Fast alle wesentlichen klinischen Erscheinungen psychischer und psychosomatischer Störungen und ihre Störungsbedingungen liegen in diesem Bereich der Entwicklung. Störungsdiagnostik befasst sich also schwerpunktmäßig mit diesen drei Stufen.

Die ressourcenorientierte Analyse geht dagegen auf die späteren Stufen ein. Sowohl entwickelte als auch lediglich gelernte Fähigkeiten dieser Stufen helfen beim Aufbau funktionalen Erlebens und Handelns. Trotzdem muss eine ressourcenorientierte Therapie auch erst einmal bei den untersten Stufen beginnen: Aufbau der Fähigkeiten und Utilisierung der Ressourcen der einverleibenden Stufe als basale Intervention im Sinne eines Genusstrainings ist eine häufige Vorgehensweise nicht nur bei Depressionen. Auf der impulsiven Stufe wird die Lust und Freude am spielerischen und sportlichen Bewegen einerseits und die Fähigkeit, sich Gewünschtes selbst zu nehmen und Unerwünschtes wegzustoßen bzw. von diesem wegzugehen aufgebaut.

Schrittfolge bei der Entwicklungsarbeit:
- Zuerst die gegenwärtige Stufe konsolidieren und
- dann erst zur nächsten weitergehen.

Konkret:
- (Entwicklungsarbeit auf der untersten Stufe mit vorhandenen Defiziten bzw. fehlenden Stärken)
- Zuerst Stärken aufbauen und
- Defizite abbauen,
- erst danach folgt der Schritt zur nächst höheren Stufe.

Es wird deutlich, dass Entwicklungsdiagnostik ein sehr komplexer Vorgang ist und nicht allein mit quantifizierender Messung durchgeführt werden kann. Andererseits ist erkennbar, dass Implikationen für die Therapie aus ihr hervorgehen, die zum Teil zu einer überraschenden Veränderung der Zieltaxonomie führen. So ist es nicht mehr so beliebig, in welcher Reihenfolge welche Ziele verfolgt werden. Und es gibt Ziele, die gestrichen werden müssen. Natürlich wird so mancher unüberwindliche therapeutische Widerstand durch die Entwicklungsperspektive verständlich.

Ein Mensch, der sich am Beginn der impulsiven Stufe befindet, kann nicht forciert zur Selbständigkeit hin therapiert werden. Er braucht zuerst auf der impulsiven Stufe die Erfahrung von Zuverlässigkeit und die Erfahrung des Beherrschens der impulsiven Fähigkeiten. Eine Frau kann eventuell sich aus einer sehr unbefriedigenden Partnerschaft nur durch den frühen impulsiven Akt der Trennung befreien. Wäre sie auf der souveränen Stufe, hätte sie als Alternative das gekonnte Umgehen mit dem Partner, sodass sich dieser künftig befriedigend verhält. Eine Paartherapie, die letztere (reifere) Lösung anstrebt und den Entwicklungsstand der Frau nicht berücksichtigt, muss scheitern.

Die konkrete Entwicklungsarbeit vollzieht sich durch den bewussten Umgang mit Situationen, Personen und den eigenen Motiven, Emotionen, Kognitionen und Handlungen:

Entwicklungs-Situation: ....
....

A) Wahrnehmung:
   Ich bin ....
   Du bist ....
B) Kommunikation:
   Ich brauche ....
   Ich fürchte ....
   Ich hasse ....
   Ich wünsche mir von dir ....
C) Verhaltenssteuerung:
   Ich werde nicht mehr ....
D) Interaktion:
   Ich werde ab jetzt ....
E) Evaluation:
   Mein Verhalten führte zu ....

Die Berücksichtigung und Differenzierung der Funktionsbereiche Wahrnehmung, Kommunikation, Verhaltenssteuerung und Interaktion gibt die Möglichkeit, die intra- und interpersonellen Aspekte gleichermaßen einzubeziehen. Ich nehme mich und den anderen wahr. Ich teile dem anderen mein Bedürfnis, meine Angst bzw. meinen Ärger mit. Ich steuere mein Verhalten im Sinne der Selbstregulation, indem ich meine bisherigen Handlungsimpulse hemme und das frühere Verhalten nicht mehr ausführe. Dazu muss ich den Automatismus der bisherigen Gewohnheit ins Bewusstsein heben und mich bei dem alten Verhalten möglichst gleich zu Beginn ertappen. Dann trete ich auf die neue Weise in Interaktion mit der anderen Person. Diesen Vorgang und sein Ergebnis, d.h. die Wirkung meines Verhaltens beachte und bewerte ich bewusst, erkenne den Erfolg des neuen Verhaltens und verstärke mich dafür. Was ist der Unterschied zum Selbstmanagement? Im situativen Ablauf besteht kein Unterschied, lediglich in der Therapiestrategie: Wozu ich welche Intervention plane und durchführe und zuvor schon, welches Verhalten Zielverhalten wird und welche Intervention zum Einsatz kommt.

3.4.3 PRAKTISCHES VORGEHEN BEI DEN BEIDEN ENTWICKLUNGSSCHRITTEN IMPULSIV NACH SOUVERÄN UND SOUVERÄN NACH ZWISCHENMENSCHLICH

3.4.3.1 Entwicklung von der impulsiven zur souveränen Stufe (Mentalisierungsfähigkeit)

Dieses Vorgehen ist identisch mit dem Metakognitiven Training, so dass Textwiederholungen vorliegen. Während das Metakognitive Training das begrenzte Teilziel der verbesserten Reflexionsfähigkeit (Mentalisierungsfähigkeit) hat, wird hier das umfassendere Ziel der Weiterentwicklung des ganzen Menschen angestrebt.

Wir gehen in mehreren Schritten vor:
1. Analyse des bisherigen Vorgehens
2. Planung und Praktisches Vorgehen: Verhalten und Ziel
3. Nachher: Metakognitive Reflexion

Zu 1: Analyse des bisherigen Verhaltens

A Vorgehen:
Die TherapeutIn **stellt 8 Fragen** (ausgehend von einer frustrierenden Situation)
1. Beschreiben Sie, was in der Situation geschah!
2. Berichten Sie, was die andere Person sagte/machte!
3. Welche Bedeutung hat deren Verhalten für Sie?
4. Berichten Sie, was Sie in der Situation getan/gesagt haben!
6. Beschreiben Sie, wie die Situation ausging, wozu führte Ihr Verhalten?
6. Beschreiben Sie, welches Ergebnis Sie stattdessen gebraucht hätten?
7. Warum haben Sie das nicht bekommen?
8. Welches alternative Verhalten wäre aussichtsreich?

B Beachten Sie dabei:
1. Lassen Sie sich die Situation so beschreiben, dass Sie sie sich plastisch vorstellen können.
2. Durch Nachfragen verändert sich oft, was wirklich gesagt wurde.
3. Erst dann fragen Sie, was das mit dem Patienten machte und macht (was daran frustrierend war)
4. Die berichteten eigenen Verhaltensweisen des Patienten zeigen, auf welche Weise er nicht wirksam war oder nicht situationsadäquat.
5. Lassen Sie sich den Ablauf zu Ende erzählen, wie es wirklich ausging.
6. Und dann erst, welches Bedürfnis da war und was er/sie eigentlich stattdessen gebraucht hätte, sich gewünscht hätte.
7. Jetzt die Frage, warum es wohl schiefging. Helfen Sie mit Ideen aus, wenn der Patient keine Ursache findet (sokratisches Fragen oder direkt Ihre Vermutung aussprechen)
8. Am schwierigsten ist es für den Patienten, sich ein wirksames kompetentes Verhalten vorzustellen, denn dieses wird ja durch seine Überlebensregel verboten

Wir halten fest: S-R-K Analyse
S: Situation war ....
R: Meine Reaktion war ....
K: Die Konsequenzen waren ....
Mit diesem Ergebnis bin ich **unzufrieden**.
Ich hätte **stattdessen** gebraucht: ....

Zu 2: Planung und Praktisches Vorgehen: Verhalten und Ziel
Es handelte sich um obige Situation:...................

Vorher:
Was will ich in dieser Situation erreichen (Ziel)?
....
Ist dieses Ziel erreichbar (möglich in meiner Umwelt) bzw. realistisch (meinen Fähigkeiten entsprechend)? JA / NEIN
Wenn NEIN, bitte umformulieren: ....
Welche (neue) Einschätzung der Situation hilft mir, mein Ziel zu erreichen?
....
Welches neue Verhalten trägt dazu bei, dass ich mein Ziel erreiche?
....

Nachher: (Zielerreichung)
Was habe ich mit meinem neuen Verhalten in dieser Situation wirklich erreicht?
....
Vergleichen Sie: Haben Sie erreicht, was Sie wollten?
....

Zu 3: Nachher: Metakognitive Reflexion (Mentalisierung)
Es handelte sich um folgende Situation:................
Ich hatte mich für folgendes neue Verhalten entschieden:..
Ich erreichte dadurch mein Ziel: ....
1. Wie trug meine richtige Einschätzung dazu bei, dass ich mein Ziel erreichte?
   ....
2. Wie trug mein neues Verhalten dazu bei, dass ich mein Ziel erreichte?
   ....

3. Was lerne ich aus dieser Erfahrung?
   ....
4. Wie kann das auf künftige Situationen übertragen? ....

3.4.3.2 Entwicklung von der souveränen zur zwischenmenschlichen Stufe (Empathie)
Hier gehen wir in folgenden Schritten vor:
1. Entwicklung von Empathiefähigkeit 1
   Wie der Patient über seine Gefühle sprechen kann
2. Entwicklung von Empathiefähigkeit 2
   Fragen, was die Bezugsperson fühlt (wenn der Pat. offensichtlich kein Verständnis für seine Bezugsperson hat)

Zu 1: Entwicklung von Empathiefähigkeit 1
Wie der Patient über seine Gefühle sprechen kann
Die TherapeutIn achtet darauf, dass der Patient so mit dem Gegenüber spricht, **dass dieser seine** Gefühle und Bedürfnisse und Beweggründe auch verstehen kann.

A Vorgehen:
1. Pat. berichtet über eine emotional belastende Situation z. B. Abwertung durch Partner
2. Th. fragt nach dem Gefühl in der Situation, z. B. „verletzt"/„wütend"
3. Th. fragt, was zu diesem Gefühl führte (**Kontext der Emotion**), z. B. „dass er es so kalt und arrogant gesagt hat, ohne mich anzuschauen."
4. Th. fasst zusammen, z. B. „Die arrogante Art seiner Abwertung hat Sie so verletzt"
5. Th. fragt, welche Reaktion er stattdessen gebraucht hätte, z. B. „Ich brauche von ihm, dass er mich wertschätzt."
6. Th. fragt nach dem jetzigen **Gefühl**, wo er es nicht bekommen hat, z. B. „Das macht mich sehr traurig und tut so weh."
7. Th.: z. B. „Ich kann gut **verstehen**, dass seine Abwertung Sie verletzt hat und Sie traurig sind, dass Sie keine Wertschätzung bekommen haben."

Die TherapeutIn achtet darauf, dass der Patient so mit dem Gegenüber spricht, **dass dieser seine** Gefühle und Bedürfnisse und Beweggründe auch verstehen kann.

B Beachten Sie bei der Übung bitte:
1. Laden Sie den Patienten ein, sich während des Berichtens die emotional belastende Situation bildlich vorzustellen und sich in der Situation zu sehen.
2. Th. fragt konkret: Was für ein **Gefühl** als Reaktion auf die Frustration ist da?
3. Versuchen Sie herauszufinden, welcher Moment und welcher Aspekt dieses Gefühl ausgelöst hat
4. Sprechen Sie dann den „kausalen" Zusammenhang aus: **Kontext X hat Emotion Y bei Ihnen ausgelöst** (reflektierte Affektivität)
5. Fragen Sie dann nach dem **Bedürfnis**, was er/sie gebraucht hätte und lassen Sie ihn spüren, wie das sich anfühlt, es nicht bekommen zu haben.
6. Fragen Sie nach diesem **Gefühl** als Reaktion auf das Fehlen des Ersehnten.
7. Zum Schluss bekunden Sie Ihre Empathie und Ihr Verstehen.

Zu 2: Entwicklung von Empathiefähigkeit 2
Fragen, was die Bezugsperson fühlt …
Die TherapeutIn lenkt bei der gemeinsamen Betrachtung von Situationen die Aufmerksamkeit des Patienten durch Fragen immer wieder darauf, was die Bezugsperson

- gefühlt,
- gedacht,
- gebraucht
- gefürchtet

haben könnte.

Und inwiefern eigenes Verhalten darauf Einfluss nahm oder nehmen könnte.

Wenn der Pat. offensichtlich kein Verständnis für seine Bezugsperson hat.
A Vorgehen: Fragen, was die Bezugsperson fühlt
....
Situation: Pat. erzählt: ....
z. B. Ich habe meiner Frau gesagt, dass ich ab jetzt jeden Tag eine Stunde später nach Hause komme, weil ich ins Fitnesscenter gehe.

TherapeutIn fragt, was die Bezugsperson
gefühlt haben könnte.
Pat. antwortet:……………………………………
Pat: z. B. sie hat sich mit den Kindern im Stich gelassen gefühlt
gedacht haben könnte.
Pat. antwortet:……………………………………
Pat: z. B. dass mir die Familie nicht mehr wichtig ist
gebraucht haben könnte.
Pat. antwortet:……………………………………
Pat: z. B. dass ich berücksichtige, ob sie mich abends mal früher braucht
gefürchtet haben könnte.
Pat. antwortet:……………………………………
Pat: z. B. dass der nächste Schritt die Trennung ist

B Beachten Sie: Fragen, was die Bezugsperson fühlt …
Situation: Pat. erzählt, seine Perspektive quasi verteidigend
Der Patient ist mit seinen eigenen Gefühlen und Bedürfnissen so beschäftigt, dass er keinen Sinn dafür hat, wie es der Bezugsperson dabei gegangen ist. Also stellen Sie diese Fragen. Unterbrechen Sie ihn, wenn er über anderes spricht.

TherapeutIn fragt, was die Bezugsperson
 - **gefühlt** haben könnte.
Die erste Antwort des Patienten ist meist eine Fehlinterpretation, so dass Sie helfen müssen und ihm die eventuelle Bedeutung für den anderen nennen, z. B. was würde sie fühlen, wenn für sie Ihre berechtigte Kritik zu plötzlich und heftig kam?
 - **gedacht** haben könnte.
Auch bei den möglichen Gedanken des Gegenübers müssen Sie meist helfen und selbst einen möglichen Gedanken vorschlagen.
 - **gebraucht** haben könnte.
Obwohl das Bedürfnis der Bezugsperson meist naheliegend ist, merkt man, dass der Patient sich sträubt, sich das bewusst zu machen. Wieder müssen Sie evtl. einen Vorschlag machen.
 - **gefürchtet** haben könnte.
Sie fassen die Bedeutung der Situation für das Gegenüber zusammen und fragen, welche Furcht da wohl aufkommt.

Fazit: auf der zwischenmenschlichen Stufe angekommen – der zwischenmenschliche Selbstmodus

Das zwischenmenschliche Selbst
ist Beziehung
kann empathisch und mitfühlend sein
kann die Perspektive des anderen einnehmen
(kann auf sich selbst mit den Augen des anderen blicken und dabei erleben, was er sich vorstellt, was der andere über ihn denkt und fühlt, als Quelle für seine eigenen möglicherweise traurigen Gefühle)
kann gut für den anderen und die Beziehung sorgen
kann eigene Interessen zurückstellen
kann tiefgehende und feste (beste) Freundschaft pflegen
Meine Gefühle werden dadurch bestimmt, wie gut es dir mit mir und mir mit unserer Beziehung geht

In enger Verbindung mit den Entwicklungsstufen steht das Konzept des **Selbstmodus** (Sulz et al., 2013). Es entspricht dem state of mind, wie ihn Mardi Horowitz (siehe Hartkamp, 2013) beschrieben hat und auch dem Modus-Konzept der Schematherapie (Faßbinder & Schweiger, 2013) sowie dem Ego State (Fritzsche, 2013). Jede Entwicklungsstufe entspricht einem Selbstmodus, der wie ein Attraktor (Grawe, 1998) wirkt, so dass es schwer ist, ihn zu verlassen.

Auf jeder Entwicklungsstufe bin ich in einem neuen (primären) Entwicklungsmodus
- Befinde ich mich in meiner Entwicklung auf der impulsiven Stufe, so bin ich im **impulsiven Entwicklungs-Modus**
- Bin ich schon auf der souveränen Stufe, so bin ich im **souveränen Entwicklungs-Modus**
- Und auf der zwischenmenschlichen Stufe bin ich im **zwischenmenschlichen Entwicklungs-Modus.**

Ein Entwicklungsmodus ist ein **primärer Selbstmodus**, der als solcher entstehen und bestehen kann, wenn es keine massiven Störungen der emotionalen Entwicklung des Kindes gibt.

3.4 Entwicklung als Therapie

Wir können ihn so kennzeichnen:
- Freier Zugang zu Bedürfnissen und Gefühlen
- **Nebeneinander** von schon **entwickeltem** Können und **noch nicht entwickelten Fähigkeiten**
- **Braucht** eine verfügbare fördernde und fordernde Umwelt (Bezugspersonen als **einbindende Kultur**) zum gefahrlosen Erproben neuer Fähigkeiten
- Das bedeutet konstante **Befriedigung zentraler Bedürfnisse** (Bindung, Selbstwert, Autonomie) und **Minimierung zentraler Ängste** (u. a. Trennung, Liebesverlust), die der Entwicklungsstufe entsprechen
- Aber auch **milde Frustration** von Wünschen, die der Entwicklungsstufe nicht mehr entsprechen oder deren Erfüllung den **Anreiz zur Weiterentwicklung** nehmen (Verwöhnen).

Ein **sekundärer Selbstmodus** ist dagegen
- ein **Überlebensmodus** – hilft emotional zu überleben;
- permanente **stereotype** Erlebens- und Verhaltenstendenz;
- wird zum **dysfunktionaler** Persönlichkeitsaspekt
- hält sich streng an dysfunktionale **Überlebensregel**
- lieber ein **Symptom** als die Ü-Regel verletzen

Der **tertiäre Selbstmodus** entspricht dem reifsten Entwicklungsstand und ist in seinen Entscheidungen frei, hat Wahlmöglichkeiten, kann impulsiv (z. B. wütend, begeistert) oder souverän (klug berechnend, kompetent) oder zwischenmenschlich (empathisch) sein (Abbildung 3.4.6)

Im Kapitel über Stuhlübungen und Selbstmodus wird das therapeutische Vorgehen beschrieben (siehe auch Sulz & Hoenes, 2014 und Hoenes et al., 2014).

Ausführliche Darstellungen des entwicklungspsychologischen Ansatzes finden sich bei Sulz (2012b und 2010e) und Sulz & Höfling (2010). Ergänzende Beschreibungen des Vorgehens finden Sie in Kapitel 4.1.2.3.18.

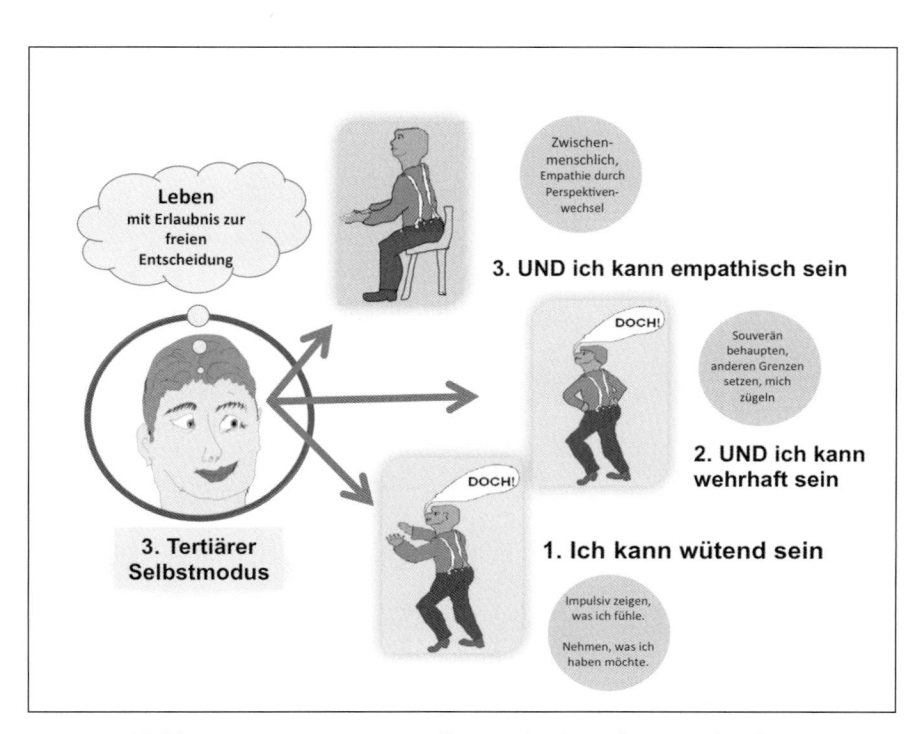

Abbildung 3.4.6 Der tertiäre Selbstmodus kann frei entscheiden.

IV. 12 + 12 STUNDEN GUTE KURZZEITTHERAPIE

4. Wie Kurzzeittherapie in 12 plus 12 Stunden stattfinden kann

Wir haben nun alles zusammengetragen und gründlich betrachtet, was für eine gute Kurzzeittherapie benötigt wird. Jetzt wäre es interessant, sich auch noch vorstellen zu können, wie diese 12 plus 12 Stunden ablaufen könnten. Sie wird hier als Strategische Kurzzeittherapie SKT beschrieben, aufbauend auf dem SKT-Konzept von Sulz (1994) - in der erweiterten Fassung von 2011 (Sulz 2011a) und auf den Erkenntnisstand von 2017 aktualisiert. Natürlich nicht als normative Vorgabe mit der Warnung, dass ein Abweichen von dieser Route zu einem schlechteren Therapieergebnis führen wird. Vielmehr als eine von hunderten von ganz persönlichen und originellen Varianten der Anwendung psychotherapeutischer Kunst, die natürlich den Kontakt zum stabilen Fundament der Psychotherapie-Wissenschaft hält.

Dennoch entsteht aus obigen Betrachtungen eine logische Abfolge von Therapieinhalten und Therapieprozessen, die hier beschrieben werden soll. Diese Logik entstammt nicht dem zielorientierten Denken der TherapeutIn, sondern die Therapieschritte entfalten sich aus der Interaktion von Patient und TherapeutIn von selbst, so dass sie nur beschritten bzw. aufgegriffen werden müssen – als etwas was sich schon eingestellt hat, schon da ist und darauf wartet, angegangen zu werden. Eingestreut in diese Schrittfolge sind die wissenschaftlich nachgewiesenen Wirkfaktoren der Psychotherapie, so dass sie ausreichend Wirkung entfalten können. Ebenso sind die großen Therapie-Widerstände in die Prozessabfolge eingebunden, so dass sie überwindbar werden bzw. ihre vitale Energie in Änderungskraft umgewandelt werden kann.

Konsequent aufgegriffen hat dieses Kurzzeittherapie-Konzept unser Ansatz der *Psychiatrischen – Psychosomatischen – Psychologischen Kurz-Psychotherapie PKP*.

Diese ist aus der Strategischen Kurzzeittherapie SKT hervorgegangen. Sie ist im Gegensatz zu dieser aber nicht störungsübergreifend sondern störungsspezifisch. Das Konzept sollte so einfach und klar wie möglich sein, so praktikabel wie möglich und so ansprechend wie möglich. Dabei kam ein Set von Therapiekarten heraus, das zwar auch eine logischen Abfolge hat, aber frei mit eigenen Schwerpunktsetzungen eingesetzt werden kann. Da ab 1. April 2017 nicht nur ÄrztInnen Sprechstunden abhalten, sondern auch Psychologische PsychotherapeutInnen, ist das PKP-Konzept ideal: Die Therapiekarten sind Sprechstundenkarten, mit denen in einer 25-Minutensitzung ein praktisches Thema effektiv bearbeitet werden kann – was in der nächsten Sprechstunde einfach fortsetzbar ist – mit den nächsten Karten.

Wer noch mehr ins Praktische gehende Anregungen oder Arbeitsmaterialien haben möchte, findet im „Praxismanual Strategien der Veränderung von Erleben und Verhalten (Sulz 2009b)" ein umfangreiche Sammlung – auch als Kopiervorlagen: 33 Arbeitsblätter zu den 12 plus 12 Therapiestunden sowie wiederum daraus abgeleitet und abgestimmt 31 Experimente. Mit diesen wird die Kurzzeittherapie für den Patienten ein sehr aktives halbes Jahr, in dem er selbst vieles selbständig in die Hand nimmt und reichlich Möglichkeit findet für das zentrale neue Erleben: Selbstwirksamkeit. Sowohl der Umgang mit sich selbst als auch der Umgang mit Beziehungen wird zunehmend erfolgreicher und befriedigender.

4.1 Die Durchführung einer guten Kurzzeittherapie in 12 plus 12 Stunden – Vorbemerkung

4.1.1. DIE THERAPIEVERLAUFSSTADIEN – INHALTLICH UND PROZESSUAL

1. Erstgespräch: Der Mensch, seine Beschwerden
2. Symptome, Syndrome, Diagnosen
3. Anamnese: Biographie und Familie
4. Überlebensregel, Enwicklung, Persönlichkeit und Beziehung
5. Fallkonzeption
6. Symptomtherapie
7. Ressourcenanalyse & Ressourcenmobilisierung
8. Metakognitionstherapie: Entwicklung kausalen Denkens
9. Tiefe emotionale Erfahrung – Gefühle wahrnehmen
10. Widerstandsanalyse
11. Neuer Umgang mit mir und mit anderen
12. Angst vor Veränderungen
13. Neuer Umgang mit Bedürfnis, Angst, Wut, Trauer
14. Niederlagen machen „wehrhaft"
15. Umgang mit dysfunktionalen Persönlichkeitszügen
16. Entwicklung zur zwischenmenschlichen Stufe – Empathie
17. Persönliche Werte – vom bedürfnis- zum wertorientierten Menschen
18. primärer, sekundärer und tertiärer Selbstmodus
19. Das neue Selbst und die neue Welt
20. Neue Beziehung
21. Automatisierung, Generalisierung, Selbstmanagement
22. Nach dem Überleben kommt das Leben
23. Rückfallprophylaxe
24. Abschied und Neubeginn

Bevor wir die einzelnen Therapiesitzungen vom Erstgespräch bis zur Abschlusssitzung beschreiben, sei hier teils als Wiederholung ein Überblick über die gesamte Therapie gegeben. Anfangs ist die Behandlung wie ein Wald, bei dem immer wieder das Bedürfnis aufkommt, zu erkennen, wo wir uns gerade befinden, woher wir kommen, was noch auf uns zukommt und wohin es gehen wird.

Der Verlauf der Therapie wird von Kanfer et al. (2012) in sieben Phasen eingeteilt (7-Phasenmodell):
1. Eingangsphase: Schaffung günstiger Ausgangsbedingungen,
2. Aufbau von Änderungsmotivation und vorläufige Auswahl von Änderungsbereichen,
3. Verhaltensanalyse und funktionales Bedingungsmodell,
4. Vereinbaren therapeutischer Ziele,
5. Planung, Auswahl und Durchführung spezieller Methoden,
6. Evaluation therapeutischer Fortschritte,
7. Endphase: Erfolgsoptimierung und Abschluss der Therapie.

Diese Einteilung ergibt im Wesentlichen einen Ablauf der Therapieinhalte. Was macht eine TherapeutIn erklärtermaßen in welcher Reihenfolge? Wenn man den inhaltlichen vom prozessualen Ablauf der Therapie unterscheidet und konsequent bei den Therapieinhalten bleibt, so ergibt sich ein geringfügig verändertes inhaltliches **Ablaufmodell**:
1. Diagnostik
2. Indikationsstellung
3. Verhaltens-, Bedingungs- und Funktionsanalyse
4. Zielanalyse
5. Therapieplanung
6. Therapiedurchführung
7. Therapieabschluss und Evaluation des Therapieergebnisses

Den **Therapieprozessverlauf**, der thematisch deutlich vom inhaltlichen Therapieverlauf zu unterscheiden ist, haben z. B. Jacobson und Christensen (1992) in drei Prozessphasen eingeteilt:
1. Klärungsphase
2. Akzeptanzphase
3. Änderungsphase

Grawe (1998, 2004) unterscheidet zwei Phasen:
1. Klärungsphase
2. Änderungsphase

Wir können nun diesen zwei groben Prozessphasen die in Kapitel „Therapieprozess" beschriebenen zwanzig Prozessschritte zuordnen und so zu einem **prozessualen Ablaufmodell** kommen (Sulz, 2005c, 2007, 2011):

A DIE THERAPIE BEFINDET SICH IN DER KLÄRUNGS- UND MOTIVIERUNGSPHASE (1 – 10)

A1 Startphase (1 – 3)
1. Aufbau von Hoffnung und Glauben (Erwartung von Therapieerfolg)
2. Aufbau einer förderlichen Beziehung, Bedürfnisbefriedigung mit dem Ziel des Wohlbefindens und des Freisetzens von Ressourcen
3. Aufbau von Therapiemotivation

A2 Aufbauphase (4 – 10)
4. Herstellen tiefer emotionaler Erfahrung (Exposition)
5. Korrektur der emotional-kognitiven Bewertungen
6. Herstellen von Akzeptanz
7. Ressourcenmobilisierung
8. Herstellen einer Änderungsentscheidung
9. Fördern von Loslassen des Alten, Trauer
10. Bewältigung der Angst vor Veränderung und vor Neuem

B DIE THERAPIE BEFINDET SICH IN DER ÄNDERUNGS- UND STABILISIERUNGSPHASE (11 – 20)

B1 Änderungsphase (11 – 13)
11. Veränderung des Verhaltens und Erlebens
12. Erfahrung von Selbsteffizienz
13. Umgang mit Niederlagen

B2 Stabilisierung (14 – 17)
14. Automatisierung des neuen Verhaltens und Erlebens
15. Generalisierung des neuen Verhaltens und Erlebens
16. Selbstmanagement des Verhaltens und Erlebens
17. Bahnung weiterer Selbstentwicklung

B3 Abschluss (18 – 20)
18. Vorbereiten auf Abschied, Beenden der Therapie
19. Vorbereiten auf die Zeit nach der Therapie (die ersten Monate)
20. Vorbereiten auf die Zukunft

Wir erhalten so ein prozessuales Ablaufmodell der Therapie. Die TherapeutIn kann zunächst den Prozessverlauf hinsichtlich der Phasen und der einzelnen Schritte einschätzen, z. B. nach jeweils fünf weiteren Sitzungen reflektieren, wo die Therapie inzwischen angekommen ist und wo sie noch nicht ist (Hier hilft der QMT07-Fragebogen zum Rating des Therapieprozessverlaufs. Parallel kann der Patient dieselben Fragen beantworten (QMP07), so dass ein Vergleich möglich ist.)

Therapieprotokoll
Aufzeichnungen während der Therapiestunden sind bei manchen TherapeutInnen verpönt. Sie stören allerdings den Patienten kaum. Ständiges Mitschreiben würde tatsächlich den Dialog stören. Aber das kurze zwischenzeitliche Niederschreiben eines wichtigen Aspekts dann, wenn eine Sequenz intensiver interaktioneller Intervention (z. B. Exposition oder Rollenspiel) gerade beendet ist, gibt auch dem Patienten die Möglichkeit, aus dem Modus des unmittelbaren, affektiven Erlebens in den Modus der metakognitiven Reflexion über das gerade Geschehene zu wechseln. Dieser Wechsel ist für das therapeutische Arbeiten unverzichtbar. Der Patient kann gleichzeitig seine eigenen Notizen machen. Sonst wird Therapie zu einem Agieren, das zwar willkommene kathartische Effekte erzielt. Diese Katharsis ist aber ein Ventil, das den Status quo erträglich macht und dadurch die Motivation zur Änderung und Entwicklung verhindert.

4.1.2 DURCHFÜHRUNG ALS KURZZEITTHERAPIE – DIE ZEIT SPIELT EINE ROLLE

Bis jetzt wissen wir, welche Interventionen geplant sind, um welches Ziel zu erreichen. Wir wissen noch nichts über die Reihenfolge ihrer Anwendung und über die Zahl der Therapiestunden, die jeweils benötigt wird. Natürlich wird man zum Beispiel einen Bildhauer nicht fragen, welche Zeit er für die nächste Skulptur einplant und welchen Zeitaufwand er für die abgrenzbaren Detailabschnitte seiner Arbeit kalkuliert. Und natürlich können wir Psychotherapie, insbesondere, wenn sie als Entwicklung gesehen wird, ebenso als freies kreatives Schaffen betrachten (Sulz, 2014c, 2015c). Doch gerade die Betrachtung der biologischen und psychischen Entwicklung des Menschen zeigt uns, dass Entwicklung ihre Zeit braucht. Zu wenig ist genauso schlecht, wie zu viel. Die zu lange Schwangerschaft, das zu lange Stillen, das zu lange Behüten, das zu lange Binden an äußere Normen sind entwicklungsschädigend. Es gibt nicht wenige Therapien, in denen der Patient, zum Beispiel auch durch zwei Therapiestunden pro Woche, zu lange „bebrütet" wird und durch Regression die Progression gefährdet wird. Es ist also nicht nur eine Frage der Anzahl der von der Krankenkasse bezahlten Therapiestunden, wieviel Zeit für bestimmte Teilabschnitte der Therapie aufgewendet wird.

Mit Ausnahme von mehrstündigen Expositionstrainings bedürfen häufige und lange Therapiegespräche der besonderen Begründung. Die gemeinsam mit der TherapeutIn verbrachte Zeit ist ein Herausholen aus der natürlichen Umwelt und aus dem sozialen Kräftefeld in einen Schonraum, der zwar dem Patienten ein gefahrloses Explorieren seiner Psyche erlaubt und ihm den Mut zu Neueinschätzungen der Welt und zu Entscheidungen gibt. Aber um diese Entscheidungen in die Tat umsetzen zu können, braucht er ausreichend Zeit zwischen den Therapiesitzungen. Es sind auch nicht weitere wöchentliche Stunden zu diesem Thema erforderlich. Kurze, fünf- bis zehnminütige Berichterstattungen reichen aus, damit die TherapeutIn erkennen kann, dass der Patient „in eigener Regie" die vereinbarten Schritte unternimmt.

Manche TherapeutInnen verhalten sich so wie Eltern, die ihrem Kind das Fahrradfahren beibringen und überbehütend zu lange festhalten, so dass die Versuche des Kindes, ein eigenes Gleichgewicht herzustellen ständig von ihnen gestört werden. Eine falsch verstandene Grundhaltung der Entwicklung macht Therapiestunden zu Plauderstunden, die gerade keine Entwicklung ermöglichen, sondern die TherapeutIn die falsche Rückmeldung geben: „Die Stunden bei Ihnen tun mir ja so gut. Ich fühle mich so von Ihnen verstanden. Das hält dann immer mindestens drei Tage an." Im Klartext berichtet der Patient, dass die TherapeutIn ihm Linderung verschafft, ohne dass unbequeme Änderungen erforderlich werden. Da sind schnell 40 bis 80 Therapiestunden verbraucht. Das Therapieergebnis ist dann, dass es dem Patienten mit Therapie und TherapeutIn gut, ohne TherapeutIn und ohne Therapie schlecht geht.

Ein Plädoyer für die Kurzzeittherapie stützt sich weniger auf Zeitknappheit oder die Frage der Finanzierung. Vielmehr ist mit ihr eine therapeutische Grundhaltung verbunden, die mit der Zeit sorgfältig umgeht. Dies bedeutet, dass Entwicklung nicht in den Therapiestunden, sondern zwischen den Therapiestunden geschieht.

In den Therapiestunden werden lediglich Anstöße zur Entwicklung gegeben und Blockaden und Barrieren beiseite geräumt. Dies geschieht in einer aktiven und konfrontierenden Weise. Die einzelnen Therapiestunden müssen gut vorbereitet werden und sie müssen eine definierte Teiletappe des strategischen Wegs zum Ziel sein. Eine Therapiestunde muss an die vorhergehende Stunde anschließen, auf sie aufbauen und die nächste Stunde vorbereiten. Im Gegensatz dazu steht die zufällige Aneinanderreihung von Gesprächen, deren Inhalt und Ablauf von den Berichten des Patienten bestimmt ist und bei denen die TherapeutIn nur eine reagierende Rolle spielt, also eine konzeptionelle Gestaltung ausbleibt. Sowohl die verhaltenstherapeutische Selbstkontrolltherapie von Roth und Rehm (1986) als auch die kognitiv-psychodynamische Interpersonale Psychotherapie (IPT) von Klerman und Mitarbeitern (1984) waren gut strukturierte Kurzzeitbehandlungen der Depression.

Die konzeptionelle Einbettung jeder Therapiestunde in das Gesamtkonzept und die systematische Nutzung der Zeit zwischen den Therapiestunden durch zielorientierte Aktivitäten des Patienten führen dazu, dass sich jede Therapiestunde in drei Abschnitte gliedert:

1) Besprechung der zwischenzeitlichen Aktivitäten und Erfahrungen
2) Das neue, heutige Thema
3) Nachbesprechung und Vereinbarung der Aktivitäten bis zur nächsten Therapiesitzung

Abschnitt 1 und 3 sind Arbeitsbesprechungen, die dem Patienten helfen, **dass** er neue Wege in seiner Lebens- und Beziehungsgestaltung geht und dass er auf diesen Wegen fortschreitet, d. h. dass er wirksame Änderungen herbeiführt. Ohne die regelmäßig zu erwartende ernsthafte Beschäftigung der TherapeutIn mit den Unternehmungen zwischen den Therapiesitzungen würden diese rasch unterbleiben. Kurzzeittherapie ist aber darauf angewiesen, dass der Patient das in der Therapiestunde Erarbeitete gleich versucht in seinem Leben umzusetzen. Seine dabei gemachten Erfahrungen sind eine empirische Prüfung (Bestätigung oder Falsifizierung) der subjektiven affektiv-kognitiven Neukonstruktionen in der Therapie.

Oder mit einem Bild ausgedrückt: Patientin und TherapeutIn sind Architekten, die in der Therapiesitzung die Pläne für das zu bauende Gebäude zeichnen. Der Patient ist zwischen den Therapiesitzungen der Baumeister. Erst seine praktischen Versuche, die Mauern des Gebäudes zu errichten, zeigen die Verwendbarkeit der Architektenpläne. Und er ist auch bald Bewohner des neuen Gebäudes, d. h. des neuen Selbst-Welt-Systems und erprobt dessen Bewohnbarkeit, d. h. er erprobt die neue Überlebensform. Allerdings wird die Kurzzeittherapie beendet sein, bevor sich gezeigt hat, dass aus der Überlebensform eine Lebensform geworden ist, d. h. die permanente Bedrohung gewichen ist und innere und äußere Lebensqualität entstanden ist.

Eine aus der affektiv-kognitiven Entwicklungstheorie psychischer Störungen abgeleitete strategische Kurzzeittherapie hat mit variabler Zahl der Therapiestunden etwa die folgende Themenabfolge:

Erste Stunde: Erstgespräch: Der Mensch, seine Beschwerden, die Auslöser, Verstärker
Zweite Stunde: Befunderhebung, Diagnostik: Symptome, Syndrome, Diagnosen
Dritte Stunde: Anamnese: Biographie und Familie
Vierte Stunde: Organismus-Variable O: Schemaanalyse (Überlebensregel), Entwicklungs-, Persönlichkeits- und Beziehungsdiagnostik
Fünfte Stunde: Fallkonzeption (Verhaltens- und Zielanalyse, Therapieplan)
Sechste Stunde: Symptomtherapie (Achtsamkeit, Akzeptanz, Bereitschaft, Exposition)
Siebte Stunde: Ressourcenanalyse & Ressourcenmobilisierung
Achte Stunde: Metakognitionstherapie. Von der dysfunktionalen Überlebensregel zur Erlaubnis gebenden Lebensregel
Neunte Stunde: Emotionstherapie 1: Tiefe emotionale Erfahrung – Gefühle wahrnehmen
Zehnte Stunde: Widerstandsanalyse (regressive Ziele, das Dilemma, Loslassen)
Elfte Stunde: Neue Fertigkeiten ausprobieren im Umgang mit mir und mit anderen
Zwölfte Stunde: Angst vor Veränderungen – ich stelle mich der Angst und den Gefahren
Dreizehnte Stunde: Emotionstherapie 2 – neuer Umgang mit Bedürfnis, Angst, Wut, Trauer
Vierzehnte Stunde: Niederlagen machen „wehrhaft"
Fünfzehnte Stunde: Umgang mit dysfunktionalen Persönlichkeitszügen
Sechzehnte Stunde: Entwicklung zur zwischenmenschlichen Stufe – Empathie
Siebzehnte Stunde: Persönliche Werte – vom bedürfnis- zum wertorientierten Menschen
Achtzehnte Stunde: primärer, sekundärer und tertiärer Selbstmodus
Neunzehnte Stunde: Das neue Selbst und die neue Welt
Zwanzigste Stunde: Neue Beziehungen
Einundzwanzigste Stunde: Automatisierung, Generalisierung, Selbstmanagement

Zweiundzwanzigste Stunde:
   Nach dem Überleben kommt das Leben
Dreiundzwanzigste Stunde: Rückfallprophylaxe
Vierundzwanzigste Stunde: Abschied und Neubeginn

Auch die Reihenfolge der Themen kann variieren. So beginnt zum Beispiel eine Angsttherapie möglichst früh mit dem „Lernen mit der Angst umzugehen". Eine Depressionstherapie wird die durch neue Aktivitäten gemachten „neuen Erfahrungen" relativ früh ermöglichen. Und bei einer Zwangsbehandlung wird alles viermal so lange dauern.

Wenn es Ihre erste oder eine Ihrer ersten Therapien ist, brauchen Sie für alles doppelt so lang und Sie sollten sich die Zeit nehmen. Machen Sie aus einer 50-Minuten-Sitzung eine Doppelstunde oder bestellen Sie den Patienten zweimal wöchentlich ein. Ihr großer Zeitbedarf als AnfängerIn kann aber eventuell nicht in vollem Umfang der Krankenkasse angelastet werden, weil sonst mitten in der Behandlung das Geld ausgeht. Auch wenn Sie allmählich geübter sind, werden Sie bei vielen Patienten den Umfang einer Langzeittherapie in Anspruch nehmen müssen. Wir konnten allerdings in zwei noch nicht veröffentlichten empirischen Studien feststellen, dass bei vielen Patienten eine Kurzzeittherapie ausreicht, weil diese ihnen so viel mitgibt, dass sie danach ihre eigenen Kompetenzen effektiv nutzen können – mit dem Gefühl, es jetzt selbst zu schaffen.

Die Themen wurden in diesem Buch ausführlich untersucht und diskutiert. Wir haben also die Therapie während der Lektüre schon einmal von der strategischen Seite der Hintergrundbetrachtungen her ablaufen sehen. In der praktischen Durchführung begegnen sich jedoch zwei Menschen mit ihrer je eigenen Persönlichkeit und Biographie und in ihrem jeweiligen momentanen Lebenskontext. Eine TherapeutIn, die sich gerade in Scheidung befindet, ist eine völlig andere als jene, die soeben geheiratet hat. Also werden zwei grundverschiedene Therapien resultieren. Vielleicht befinden sich beide in einem solchen Ausnahmezustand, dass sie ihre Therapie besser unter vorübergehender Supervision durchführen sollten.

4.1.2.1 Die TherapeutIn

TherapeutInnen, die eine Kurzzeittherapie durchführen wollen, müssen für ihre eigene Person obige Themen gründlich geklärt haben. Die **Selbsterfahrung** in der Verhaltenstherapieweiterbildung leistet dies nur im Ausnahmefall. Also bleibt die Selbstanalyse und die Selbstmodifikation, genauer: die **Selbstentwicklung**.

Ich bevorzuge diesen Ausdruck vor Kanfers Begriff des Selbstmanagements (Kanfer et al., 2012), der im Wesentlichen dasselbe meint. Allerdings führt der Begriff „Selbstmanagement" leicht zu der Illusion, dass dieser Vorgang Sache der willkürlichen Psyche sei, d. h. dass es darum gehe, so viel wie möglich bewusst intendierten Verhaltens herzustellen, um eine weitgehend bewusste Steuerungsmöglichkeit über die eigenen Reaktionen zu haben. Der Begriff „**Selbstentwicklung**" geht dagegen von einer dem Menschen innewohnenden natürlichen Tendenz zur Weiterentwicklung auch im Erwachsenenalter aus, d. h. das ganze Leben hindurch. Zudem gesteht es der autonomen Psyche des Menschen zu, diese Entwicklung zu vollziehen, während die willkürliche Psyche, lediglich entwicklungshemmende Unternehmungen und Barrieren reduzieren und entwicklungsfördernde Unternehmungen realisieren soll, d. h. lediglich eine Moderatorfunktion haben kann. Mein Buch „Als Sisyphus seinen Stein losließ. Oder: Verlieben ist verrückt" (Sulz, 2012c) kann ein Türöffner oder gar Eintritt in die Selbsterfahrung sein, ohne die keine Therapie begonnen werden sollte.

Wenn wir nach diesen Überlegungen vom **autonomen Menschen** sprechen, so erhält der Begriff „autonom" eine doppelte Bedeutung. Der autonome Mensch hat sich einerseits von den Abhängigkeiten seiner Kindheit befreit. Wenn dies gelungen ist, so versucht seine autonome Psyche andererseits auch nicht mehr, diesen alten Abhängigkeiten gerecht zu werden. Bis dahin hatte sie stets versucht eine „abhängige" Homöostase anzustellen (der Welt muss genüge getan werden) – auf

Kosten der individuellen Homöostase (dem Selbst muss genüge getan werden). Frei von diesen Abhängigkeiten kann sich nun eine „autonome" Homöostase einstellen, die sich im Sinne Kegans (1986) in der Bezogenheit auf die soziale Welt zu einer „überindividuellen" Homöostase entwickeln kann. Die autonome Psyche ist jetzt im doppelten Sinne autonom. Sie ist frei – für Beziehungen.

Da kaum eine TherapeutIn diese überindividuelle Entwicklungsstufe ganz erreicht hat, ist es für jede Psychotherapie sehr wichtig, dass er seinen Entwicklungsstand kennt und weiß, welchen Einfluss dieser auf Patienten verschiedener Entwicklungsstufen haben wird und welche spezifischen Therapieprobleme jeweils zu erwarten sind. Er wird einem Patienten kaum weiterhelfen können, als er selbst ist. Dabei kann es durchaus reichen, wenn ich selbst in Entwicklung bin (und nicht stagniere) und dem Patienten dazu verhelfe, einer zu werden, der dabei ist (und hoffentlich dabeibleibt) sich zu entwickeln.

4.1.2.2 Der Patient, die Patientin

Die **TherapeutInnenwahl** unserer PatientInnen findet auf die gleiche Weise statt wie die Partnerwahl. Hier wie dort wählen manche gar nicht, sondern werden geschickt und ausgewählt. Wenn nicht gerade ein schweres akutes Syndrom den Patienten an den erstbesten therapeutischen Helfer fesselt, ist dies bereits ein Diagnostikum, das freilich nur aus der „Vogelperspektive" wahrgenommen werden könnte. Die meisten PsychotherapeutInnen machen sich keine Gedanken über die vom Patienten angestellten Vergleiche. Würden sie das tun, dann wüssten sie eher, was der Patient eigentlich von ihnen erwartet. Sie würden allerdings auch nicht so naiv in die Verliebtheitsphase der Therapie hineinschlittern. Es lohnt sich deshalb, sich die Frage zu stellen, wem von den primären Bezugspersonen der Kindheit die TherapeutIn am ehesten ähnelt bzw. zu welchem von beiden er am ehesten der Antityp ist (der ideale Vater oder die ideale Mutter). Dieser Wahlmodus darf nicht mit Übertragung verwechselt werden, denn es geht um die reale Person der Therapeutin, um ihre Persönlichkeit. Eine Übertragung oder Übertragungsneurose im Sinne der Psychoanalyse entsteht erst dann, wenn emotionale Reaktionen des Patienten nicht auf die vorhandenen, sondern auf die projektiv wahrgenommenen Eigenschaften oder Handlungstendenzen der TherapeutIn hin erfolgen. Insofern müssen wir das „Auserwählte" vom „Übertragenen" unterscheiden. Mit beiden muss völlig anders umgegangen werden. Die Übertragung bedarf der Akkommodation des Patienten, das Auserwählte bedarf der Akkommodation der TherapeutIn.

Insofern ist sowohl die Frage zu stellen:
„Welche Bedeutung hat mein Persönlichkeitstyp für meinen Patienten und dessen Therapie?",
als auch die Frage:
„Welche Bedeutung hat meine Biographie für mein Verständnis des Patienten und für seine Biographie?"
Auch eine dritte Frage sollte gestellt werden:
„Welche Bedeutung hat dieser Patient mit seiner Biographie für die TherapeutIn und ihre Biographie?"

Mit der TherapeutInnenwahl betreibt der Patient bereits eine diagnostisch wichtige, subjektive Konstruktion, eine direkte Objektivierung seiner Subjektivität, einen Schritt zur Self-fulfilling prophecy. Oder einen Reparaturversuch, der, wenn die TherapeutIn die daraus entstehende therapeutische Aufgabe nicht erkennt und löst, wie andere bisherige Reparaturversuche scheitern wird und damit erneut eine Self-fulfilling prophecy heraufbeschwört oder, anders ausgedrückt, zum Wiederholungszwang wird.

Bereits im **Erstgespräch** sollten die Wahrnehmungen der TherapeutIn auf diese Aspekte gerichtet sein. Diese sind nicht kognitiv erschließbar, nur affektiv spürbar. Beziehung ist nie kognitiv – sie ist stets emotional. Insofern ist **Beziehung** das sich zwischen zwei Menschen einstellende emotionale **interaktionelle Verhaltensstereotyp**. Wenn wir der autonomen Psyche eines Menschen die Fähigkeit zusprechen, unter Umgehung der bewussten

Wahrnehmungen der willkürlichen Psyche das persönliche Verhaltensstereotyp des Gegenübers ganzheitlich zu erfassen und darüber hinaus auch Vorhersagen über dessen interaktionelles Verhaltensstereotyp (dessen Beziehungsmodi) zu machen, so nähern wir uns einer Erklärung der Treffsicherheit der Partnerwahl und der Therapeutenwahl. In Bezug auf die Partnerwahl kennen wir genügend eindrückliche, dramatische Fallbeispiele, die diese Fähigkeit begründen. Auch bezüglich der TherapeutInnenwahl sollten wir solange davon ausgehen, bis das Gegenteil bewiesen wurde.

4.1.2.3 Die Therapiestunden

Hinweis: Um nicht ständig zurückblättern zu müssen, werden bei der Beschreibung der einzelnen Stunden Textpassagen der bisherigen Kapitel in Ausschnitten wiederholt.

4.1.2.3.1 Erste Stunde: Erstgespräch: Der Mensch, seine Beschwerden, die Auslöser, Verstärker

1. Stunde

Die erste Begegnung zwischen Patient und TherapeutIn dient dem gegenseitigen Kennenlernen. Dem Patienten wird durch eine kaum strukturierte Gesprächsführung ausreichend Raum gegeben, sich und seine Beschwerden auf seine Weise darzustellen und von sich aus Beiträge zum Inhalt und zur Art des Gesprächs zu bringen.
Die Fremd- und Selbstwahrnehmung der TherapeutIn liefert dieser eine Fülle von Informationen, die zu Hypothesen über den Patienten führen. Diese Hypothesen bilden den Inhalt der zweiten Hälfte des Erstgesprächs – neben dem Versuch, die Auslösesituation und die Symptombildung zu verstehen (Sulz, 2011).
Bis zur zweiten Stunde füllt der Patient zuhause Fragebögen aus, die für die Diagnostik und Evaluation unverzichtbar sind (vgl. Sulz, 2015a, 2008):
- *VDS90 Symptomfragebogen*
- *VDS30 Persönlichkeitsfragebogen*
- *VDS1 Lebens- und Krankheitsgeschichte (23 Seiten, deshalb mehrere Abende Zeit dafür nehmen).*

Er wird auch gebeten, Tagebuch-Aufzeichnungen bezüglich seines Symptoms und dessen situativen Bedingungen zu machen:
Wann genau? ....
....
Wo? ....
....
In welcher konkreten Situation? ....
....
In Anwesenheit welcher Menschen? ....
....
trat das Symptom wie intensiv auf? ....
....

Als tabellarisches Selbstbeobachtungsprotokoll sieht das so aus:

	Datum, Uhrzeit	Ort	Situation	Personen	Symptom
Mo					
Di					
Mi					
Do					
Fr					
Sa					
So					

4.1.2.3.2 Zweite Stunde: Befunderhebung, Diagnostik: Symptome, Syndrome, Diagnosen

2. Stunde

In der zweiten Stunde zeigt sich der Patient oft von einer anderen Seite, so dass wiederum Fremd- und Selbstwahrnehmung der TherapeutIn wichtige ergänzende Informationen bringen.
Der psychische Befund wird in dieser Stunde mit Hilfe des halbstandardisierten Interviews
→ *VDS14-Befund*
vervollständigt, wobei nur auf diejenigen Syndrome eingegangen wird, bezüglich derer der Patient im Erstgespräch Beschwerden genannt hat und

bei denen er im zur zweiten Stunde mitgebrachten VDS90-Symptomfragebogen etwas angekreuzt hat.
Der VDS14-Befund ist eine übersichtliche Erinnerungshilfe, welche Symptome bei welchem psychopathologischen oder Somatisierungs-Syndrom zu erwarten sind und wie gefragt werden kann, um das Vorhandensein eines bestimmten Symptoms zu explorieren. Ein einfaches „ja" des Patienten auf die Frage reicht nicht aus. Er wird gebeten, das Symptom näher zu beschreiben, bis der Untersucher sich überzeugen kann, dass das betreffende Symptom wirklich vorhanden ist.

In psychiatrischer Tradition wird nach der Befunderhebung auf Symptomebene eine vorläufige **Syndromdiagnose** gestellt, zum Beispiel depressives Syndrom oder Angstsyndrom. Diese beschreibt in einem ersten Schritt zusammenfassend den klinischen Aspekt der Störung des Patienten. Erst danach erfolgt im zweiten Schritt die klassifikatorische Diagnose nach ICD-10 (Dilling et al., 1999).
Dazu können die als kostenlose Downloads (https://cip-medien.com/shop/verhaltensdiagnostik-und-fallkonzeption/) verfügbaren
→ *VDS14-ICD-Entscheidungsbäume*
zur diagnostischen Klassifikation und Differentialdiagnose selektiv herangezogen werden.

Sie haben sich die ausgefüllten Fragebögen vom im Warteraum sitzenden Patienten schon vor Beginn der Therapiesitzung geben lassen und können einen Blick darauf werfen, bevor Sie mit dem Gespräch beginnen – damit Sie dann nicht statt mit dem Patienten zu sprechen, dauernd in die Fragebögen schauen.
Manche PsychotherapeutInnen neigen dazu, dem Symptom zu wenig Bedeutung beizumessen. Ja, oft wird sogar zur Symptomorientierung abwertend Stellung genommen. Symptomorientiert wird mit oberflächlich, unwirksam gleichgesetzt und einer kausalen, wirklich wirksamen Therapie gegenübergestellt. In den Betrachtungen der kausalen Kette spielt dann bald das Symptom keine Rolle mehr, d. h. dass vom Symptom abstrahiert und auch nur noch der Mensch, der irgendeine psychische Störung entwickelte, gesehen wird. Dies bedeutet, dass die Ursache des Symptoms und die Pathogenese gar nicht mehr interessiert. Es wird von der Hypothese ausgegangen, dass ohnehin jeder Mensch jedes beliebige Symptom entwickeln kann. Hier ist zweierlei zu entgegnen. Zum einen würde uns der Patient gar nicht gegenübersitzen, wenn er nicht ein Symptom entwickelt hätte. Zum anderen wird über dieser Einstellung versäumt, nach der individuellen **Funktion des Symptoms** zu fragen. Zwei verschiedene Symptome sind wie zwei Schlüssel zu zwei verschiedenen Schlössern, wer sie nicht als solche versteht, kann auch die Tür zum Verständnis des Patienten nicht aufschließen. Auch die Beobachtung, dass ein und dasselbe Symptom bei zwei verschiedenen Menschen unterschiedliche Funktion haben kann, widerlegt nicht die spezifische Schlüsselfunktion des einzelnen Symptoms bei einem Menschen.

Indikationsstellung: Nur, wenn Sie den Patienten von einer anderen Stelle überwiesen bekommen haben, die bereits Diagnostik und Indikationsstellung betrieben hat, dürfen Sie diesen Schritt weglassen. Es geht darum, zu überlegen, ob verhaltenstherapeutische oder tiefenpsychologische Behandlung indiziert ist. Da SKT einen sehr großen psychodynamischen Anteil hat, gibt es wenige Patienten, die Sie zur tiefenpsychologisch fundierten Psychotherapie schicken müssen. Es sind vornehmlich diejenigen, die mit dem verhaltenstherapeutischen Setting voraussichtlich nicht zurechtkommen werden. Davon ausgehend, dass Therapie aus einer motivklärenden und einer Änderungsphase besteht, wollen diese Patienten nicht mit Ihnen konkrete Verhaltensänderungen erarbeiten und üben. Sie wollen, dass Sie ihnen nur helfen, den Konflikt hinter ihrem symptomauslösenden Problem zu erkennen, wie er sich aus den Kindheitsbeziehungen ergeben hat und wie es möglich ist, sich in heutige Beziehungen emotional auf eine neue Weise zu begeben. Nichts davon planen und nichts davon üben. Es gibt keine Diagnose, die es Ihnen abverlangt, den Patienten in ein tiefenpsychologisches Setting zu schicken (und umgekehrt).

Wir können darüber hinaus sagen, dass das Symptom der **Beziehungsstifter** zwischen Patientin und TherapeutIn ist. Der Patient geht zur TherapeutIn eine Beziehung nur ein, weil er sich daraus Symptomlinderung erhofft. Eine durch die Krankenkasse bezahlte Psychotherapie hat als erste Aufgabe die Behandlung des aktuellen Krankheitsgeschehens. Eine persönliche Disposition mit den zugrundeliegenden habituellen emotionalen, kognitiven und Handlungstendenzen ist in diesem Sinne keine Krankheit. Sie zu behandeln liegt im Interesse der Krankenkasse nur dann, wenn sonst die Gesundung nicht anhalten würde.

Statt der halbstandardisierten Befunderhebung können Sie auch auf die Arbeitsblätter des Praxismanuals zurückgreifen, indem der Patient selbständig (zuhause und ergänzend in der Therapiesitzung mit Ihrer Unterstützung im Dialog) seine Beschwerden, seine Symptome und sein Syndrom festhält und feststellt:

SKT01: Leiden Beschwerden Symptome
SKT02: Welche Symptome habe ich?
SKT03: Wie und wozu mein Symptom entstand

(SKT steht für Strategische Kurzzeittherapie)

Achten Sie darauf, dass Sie entweder mit dem Praxismanual und seinen SKT-Arbeitsblättern (bzw. einer Auswahl) arbeiten (der patientenorientierte Weg) oder mit VDS-Fragebögen und Interviewleitfäden (der wissenschaftliche Weg), aber dem Patienten nicht beides zumuten. Wenn Sie sich entschlossen haben, mit den SKT-Arbeitsblättern zu arbeiten, kann sich der Patient das Praxismanual kaufen. Sonst haben Sie ständig Kopierarbeiten vor sich.

Damit der Patient nicht zu lange warten muss, bis er selbst etwas tun kann, können Sie die nächsten beiden SKT-Arbeitsblätter nach Hause mitgeben:

SKT04: Mit meinem Symptom umgehen lernen
SKT05: Was ich gleich ändern kann und will – mein erster Projektvertrag

Mit dem Arbeitsblatt SKT04 (mit meinem Symptom umgehen lernen) kann der Patient die Erfahrung machen, dass die Symptome beeinflussbar sind, so dass Hoffnung und die Erwartung von therapeutischer Wirksamkeit entstehen kann.

Wenn es Ihnen gelingt, den Patienten für das SKT05-Projekt (Was ich gleich ändern kann und will) zu gewinnen, haben Sie ihn schon auf eine Bahn gebracht, die ihm erste wichtige Selbstwirksamkeitserfahrungen einbringt.

Wenn die Erkrankung den Patienten noch sehr einschränkt, warten Sie eher noch mit den ersten Veränderungsprojekten.

4.1.2.3.3 Dritte Stunde: Anamnese: Biographie und Familie

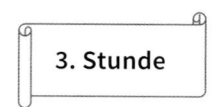

3. Stunde

Psychoedukative Variante: Der Patient hat schon zur zweiten Sitzung den Anamnesefragebogen VDS1 (https://cip-medien.com/kostenlose-downloads/) mitgebracht oder diesen alternativ im „Praxismanual-Strategien der Veränderung von Erleben und Verhalten" (S. 350-377) ausgefüllt, so dass Sie ihn bis zu dieser Sitzung sorgfältig durchlesen konnten. Nun werden mit ihm die wichtigen Aspekte seiner Biographie durchgesprochen. Insbesondere werden die affektiven Bedeutungen der Erlebnisse seiner Lebensgeschichte erfragt und die emotionalen Beziehungen zu den Bezugspersonen. Ziel dieser Nachexploration ist es, die notwendigen Informationen zu sammeln, um ein erstes hypothetisches, individuelles Störungsmodell skizzieren zu können. Dabei werden gezielte Fragen bezüglich aller oben ausführlich diskutierten Bestimmungsstücke der affektiv-kognitiven Entwicklungstheorie gestellt. Es kann hilfreich sein, mit dem Patienten gemeinsam den

→ *VDS24-Fragebogen*

Frustrierendes Elternverhalten (alternativ SKT07 a-c) auf folgende Weise durchzugehen: Ich möchte Sie einladen, sich an Ihre Kindheitsjahre mit Ihren Eltern zu erinnern. Das geht am besten, wenn Sie die Augen schließen und ein inneres Bild z.B. der

Wohnung, in der Sie damals gelebt haben herholen. Sehen Sie dort Mutter und Vater, wie sie damals waren und sich selbst als kleines Kind. Ich lese Ihnen nun Sätze vor, die beinhalten, was Sie eventuell bei Mutter und Vater vermisst haben. Wenn Sie danach die Augen wieder geöffnet haben, können Sie mir sagen, was in welchem Ausmaß zutraf.

Falls keine Zeit mehr für das Erheben von zentralem Bedürfnis, zentraler Angst und zentraler Wut ist, wird dem Patienten bis zum nächsten Mal der
→ *VDS27-Bedürfnis-Fragebogen (alternativ SKT09)*
→ *VDS28-Angst-Fragebogen (alternativ SKT11a)*
→ *VDS29-Wut-Fragebogen (alternative SKT11b)*
zum Ausfüllen mit nach Hause gegeben.

Er soll diese ebenfalls erst nach der in der Instruktion vorgeschlagenen Imagination ausfüllen. Auf diese Weise wird das implizite System eine emotionale Antwort geben können, während reines Fragebogenausfüllen nur zu dem führt, was das explizite System weiß oder sich kognitiv zusammenreimt.

4.1.2.3.4 Vierte Stunde: Organismus-Variable O: Schemaanalyse (Überlebensregel), Entwicklungs-, Persönlichkeits- und Beziehungsdiagnostik

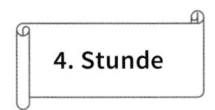

4. Stunde

Schemaanalyse: Die dysfunktionale Überlebensregel

Ziel dieser Therapiestunde ist es, die Organismus-Variable O für den konkreten Behandlungsfall zu definieren. Dabei werden Hypothesen zum Entwicklungsstand und zur Persönlichkeit des Patienten durch weiteres Erfragen von Erleben und Verhalten in typischen Alltagssituationen und in Problemsituationen gebildet. Gemeinsam mit der siebten Stunde entspricht dies einer vertikalen Verhaltensanalyse nach Caspar und Grawe (1982) und ist deren Plananalyse nicht unähnlich. Die schließlich formulierte Überlebensregel als maladaptives kognitiv-affektives Schema weist einerseits auf die Entwicklungsstufe des Patienten hin und andererseits auf sein dysfunktionales Verhaltensstereotyp im Sinne eines dysfunktionalen Persönlichkeitsaspekts (Persönlichkeitstypus).

Diese Überlebensregel ist zugleich die innere Weichenstellung zur Symptombildung. Sie gebietet ein Verharren in den alten dysfunktionalen Verhaltensstereotypien, die jedoch zur Lösung des aktuellen Lebensproblems untauglich sind. Wenn bestätigt werden kann, dass die gefundene Überlebensregel tatsächlich das in der symptomauslösenden Situation entscheidende Verbot bewirkt, so spricht dies für ihre Wirksamkeit in der psychosozialen Homöostase des Patienten.

Die Überlebensregel lässt sich gemeinsam mit dem Patienten gut erarbeiten. Zuvor ist es sinnvoll, ihn nach fünf Eigenschaften als Kind und fünf Eigenschaften als Erwachsener vor der Erkrankung zu fragen. Oft sind die neuen erwachsenen Eigenschaften keine eigentliche Weiterentwicklung, sondern Elaborationen der kindlichen Bewältigungsstrategien, so dass die Überlebensregel für beide gilt.

Sie können das PKP-Überlebensregel-Modul oder das Arbeitsblatt SKT16 des Praxismanuals als Leitfaden nehmen:
- *Meine Überlebensregel im PKP-Handbuch Psychotherapie-Grundkurs Seite 98-105*

oder
- *Praxismanual SKT16: Meine Entwicklungs- und Lebensregel finden S. 124 ff.*

oder Sie können auch
- *die erlebnisorientierte Vorgehensweise nach Hauke (2013, S. 152)*

übernehmen.

Entwicklungsdiagnostik

Was in der kognitiven Entwicklungstheorie die Überlebensregel ist, ist in der Tiefenpsychologie der unbewusste Konflikt. Allerdings gehen wir davon aus, dass das Dilemma des Patienten in der symptomauslösenden Situation bewusstseinsfähig ist und wir greifen auch nicht auf ein umfassendes psychoanalytisches Theoriengebäude zurück. Die affektiv-kognitive Entwicklungstheorie legt nahe, dass sich in der symptomauslösenden Situation zeigt, auf welcher Entwicklungsstufe der Patient verharrt. Zur Problemlösung müssten ihm die Errungenschaften der nächst höheren Entwicklungsstufe verfügbar sein. Eine einfache Hilfe zur Entwicklungsdiagnose sind folgende Vorgaben

(für schwierige Situationen mit wichtigen Menschen! – in einfachen Alltagssituationen ist der Patient ebenso wie wir selbst auf einer höheren Entwicklungsstufe):
- Ich bin (noch) ..... (in dieser schwierigen, für mich kaum lösbaren Situation)
- Ich brauche (noch) ..... (welches der 21 zentralen Bedürfnisse?)
- Ich kann schon .... (z. B. spüren, was ich will und was ich nicht will)
- Ich brauche nicht mehr .... (z. B. an die Hand genommen werden)
- Ich kann noch nicht .... (z. B. sagen, was ich nicht will)
- Ich fürchte (noch) ... (welche der sieben zentralen Ängste?)
- Mein Dilemma bzw. mein Konflikt ist:
  - Alternative 1: Entweder ich handle so: ....
  - (mit dem Vorteil, dass .... und dem Nachteil, dass ....)
  - Alternative 2: oder ich handle so: ....
  - (mit dem Vorteil, dass .... und dem Nachteil, dass ....)
  - Meine Überlebensregel verlangt von mir Alternative Nr. ...

Mit großer Wahrscheinlichkeit hat der Patient sich so beschrieben, dass er sich emotional auf der impulsiven oder gar einverleibenden Stufe befindet, also ohne die Fähigkeit, logisch denkend selbst zu einer wirksamen Problemlösung zu kommen.

Wenn wir das eigentliche adäquate Verhalten zur Problemlösung dem tatsächlich in der symptomauslösenden Situation ausgeübten Verhalten gegenüberstellen und dabei den Konflikt und die Befürchtungen vor den Folgen des adäquaten Problemlösens einbeziehen, können wir erkennen, **welche Entwicklungsstufe** noch nicht erreicht wurde.

Dies ist für die Zielformulierung von zentraler Bedeutung, da die Therapie darauf abzielen sollte, dem Patienten zu einer affektiv-kognitiven Umstrukturierung seines Selbst- und Weltbildes zu verhelfen, das ihm das adäquate Verhalten zur Problemlösung erlaubt. Dieses für das akute Problem erforderliche Verhalten ist erst auf der nächst höheren Entwicklungsstufe verfügbar. Wir versuchen deshalb herauszuarbeiten, welche Barrieren diesen Entwicklungsschritt bisher verhindert haben. Die drei Aussagen „Ich brauche noch ...", „Ich kann noch nicht ..." und „Ich fürchte ..." geben die Antwort auf die Frage nach den entwicklungshemmenden Barrieren. Wer zum Beispiel Geborgenheit für unverzichtbar hält und noch nicht allein sein Leben in die Hand nehmen kann, fürchtet Verlassen-werden, wenn er vitale eigene Interessen gegen den Ehepartner durchsetzen sollte. Er gibt nach, kann diese Verletzung seiner vitalen Interessen aber nur mit Hilfe einer Symptombildung ertragen. Nun ist der Schritt auf die nächste Stufe dran. Das ist in der Regel die souveräne Stufe, in der kausales Denken möglich ist und damit die Vorhersage der Folgen eigenen Verhaltens, aber auch das Erkennen der Ziele, die andere mit deren Verhalten erreichen wollen.

Eine zusätzliche Hilfe können die Anleitungen im Psychotherapie-Leitfaden sein: *Kognitive Entwicklung im PKP-Handbuch Psychotherapie-Grundkurs Seite S. 73-78.*

Persönlichkeitsdiagnostik

Neben der Bestimmung des Entwicklungsstandes bzw. der Übergangsphase, mit der die symptomauslösende Situation gleichgesetzt werden kann, ist eine Persönlichkeitsdiagnostik hilfreich. Der VDS30-Persönlichkeitsfragebogen ist ja bereits ausgewertet und das Profil kann betrachtet werden. Die durch sie gefundenen dysfunktionalen Verhaltensstereotypien lassen sich ebenfalls auf eine dysfunktionale Überlebensregel zurückführen, die die wesentliche Entwicklungsbarriere darstellt. Wir können durch sie verstehen, warum und wozu die Lebens- und Beziehungsgestaltung pathogen wurde.

Wenn beim VDS30-Persönlichkeitsfragbogen sehr oft der Wert 2 oder 3 angekreuzt wurde, sollten Sie den betreffenden Persönlichkeitsaspekt mit dem → *VDS30-Int Persönlichkeitsstörungs-Interview* nachexplorieren (https://cip-medien.com/kostenlose-downloads/). Dabei lassen Sie sich zu allen mit mindestens 2 angekreuzten Items dieser Skala eine Erläuterung und eine Beispielsituation geben. Das halbstandardisierte Interview ermöglicht Ihnen zusätzlich zu Ihren Beobachtungen im Quer-

und Längsschnitt in relativ kurzer Zeit die Diagnose einer eventuell vorliegenden Persönlichkeitsstörung – die ja Ihre Beziehungsgestaltung und Ihre Therapiestrategie sehr beeinflusst.

Bereits hier können erste Veränderungen bezüglich dysfunktionaler Persönlichkeitsaspekte eingeleitet werden. Wählen Sie gemeinsam mit dem Patienten ein Item des wichtigsten VDS30-Persönlichkeitszugs aus, welches ein Verhalten benennt, das er sehr gern ändern möchte und dessen Änderung bereits jetzt machbar ist, z. B. statt ja zu sagen, obwohl ich nein fühle, jetzt zu sagen, dass ich mir das noch überlegen möchte und später die Antwort gebe.

Experimentierbuch (im Praxismanual S. 299f):
Welche konkrete Situation? ....
....
Welche Person ist da? ....
....
Mein Anliegen (Hoffnung/Furcht):
Ich hoffe .... (zentrales Bedürfnis)
Ich fürchte .... (zentrale Angst)
Ihr Anliegen/Wunsch: ....
Mein bisheriges Handeln entsprechend meiner bisherigen Persönlichkeit:
....
Mein neues Handeln entgegen meiner bisherigen Persönlichkeit:
....

Bis zur nächsten Sitzung erhält der Patient als Vorbereitung auf das nächste Thema die Aufgabe, seine gegenwärtigen Beziehungen auf je einer DIN-A-4-Seite zu beschreiben und dazu je eine konkrete Situation zu beschreiben, die typisch für die Beziehung ist.

Beziehungsdiagnostik
Die oben beschriebenen Persönlichkeits- und Entwicklungstypen geben ein grobes Raster für die Beziehungsdiagnostik. Sie entspricht nicht notwendigerweise der Entwicklungs- und Persönlichkeitsdiagnostik, da sich in der psychosozialen Homöostase des Familiensystems ein eigenes Gleichgewicht einstellen kann, das sich vom Entwicklungsniveau der individuellen Homöostase unterscheidet – und zwar nach oben und nach unten verschoben. Hat sich in der Partnerschaft ein höheres Entwicklungsniveau eingestellt als beim Individuum, so liegt in Bezug auf das Individuum eine Pseudoentwicklung vor, denn als Einzelperson ohne PartnerIn könnte dieses Niveau nicht eingehalten werden. Meist finden sich jedoch Menschen, die das gleiche Entwicklungsniveau haben, allerdings meist komplementäre Rollen einnehmen, etwa in der Ausgestaltung einer Kollusion (Willi, 1981). Wir lassen uns vom Patienten die gewöhnlichen und außergewöhnlichen Interaktionen in seinen zentralen Beziehungen ausführlich schildern und versuchen, allmählich eine eigene Phantasie dieser Beziehung zu entfalten. Die so gebildete Hypothese des Niveaus der Beziehungsgestaltung prüfen wir durch Fragen nach weiteren Beispielen und Gegenbeispielen. Die Interaktionsregel, die das emotionale Überleben in der Beziehung und zugleich das Überleben der Beziehung gewährleisten soll, definiert zugleich die Störung der Beziehung und weist uns auf das Ziel der Behandlung hin. Es gibt kaum einen Patienten, der seine zentralen Beziehungen zu seiner Zufriedenheit gestalten kann. Diese Aussage trifft zu, wenn wir auch die beruflichen Beziehungen als zentral bezeichnen, etwa zum Vorgesetzten, zu den ständigen MitarbeiterInnen oder zu den Untergebenen.

Mit einer Imaginationsübung „Emotionales Erleben wichtiger Beziehungen"
→ *SKT24: Emotionales Erleben wichtiger Beziehungen* kann die Bedeutung der wichtigen Beziehungen erarbeitet werden. Nachdem Sie sich mit dem Patienten geeinigt haben, welche sehr wichtige Bezugsperson und zugleich Problemperson Gegenstand dieser imaginativen Beziehungsklärung sein soll, bitten Sie den Patienten, die Augen zu schließen und instruieren ihn dann so (hier wird als Beispiel „mein Mann" eingesetzt):
„Laden Sie Ihren Mann ein, jetzt zu Ihnen in diese Imagination zu kommen. Sie sehen ihn noch weit entfernt, so dass Sie ihn gerade noch an seinen Konturen und Bewegungen erkennen können. Er kommt in der Geschwindigkeit näher, die für Sie stimmig ist. Allmählich sehen Sie sein Gesicht, erkennen seinen Blick, seine Augen, wie er Sie anschaut. Lassen Sie ihn in der Entfernung zum Stehen kommen, die für Sie passend ist. Er steht

Ihnen gegenüber. Wie fühlt sich das an? Benennen Sie das innerlich:
- Ich fühle in mir ………………………………………..

Ergänzen Sie auch die weiteren Satzanfänge, die ich jetzt ausspreche:
- Ich brauche von dir …………………………………
- Ich fürchte von dir …………………………………
- Ich will von dir nicht ………………………………
- Ich mag an dir nicht …………………………………
- Ich mag an dir ………………………………………
- Du bist für mich ……………………………………

Verabschieden Sie sich nun von Ihrem Mann und lassen ihn wieder zurückgehen. Schauen Sie ihm noch etwas nach und öffnen dann die Augen. Jetzt können Sie diese Sätze aufschreiben." (Praxismanual S.182).

Eine gemeinsame Rekonstruktion der subjektiven Wirklichkeit der Beziehungen erarbeitet die Subjektivität dieser Wirklichkeit. Aus der Schilderung des Patienten rekonstruiert die TherapeutIn für sich die Beziehungswirklichkeit des Patienten. Der Vergleich ihrer Rekonstruktion mit der ursprünglichen Konstruktion des Patienten ergibt die Subjektivität des Patienten, zum Beispiel, dass der Chef absichtlich einen strengen Vorgesetzten eingesetzt hat, nur um den Patienten zu schikanieren. Oder die Überzeugung, dass die Ehepartnerin ganz gut ohne den Patienten auskommt und er ihr nur im Wege steht. Die in dieser Therapiesitzung durchgeführte Beziehungsdiagnostik ist zugleich ein Versuch, die subjektive Beziehungswirklichkeit zur Beziehungshypothese umzudefinieren und empirische Überprüfungen dieser Hypothese bzw. Grundannahme nach Beck (1979) in operationalisierter Form zu formulieren, zum Beispiel: „Wenn ich meinem Mann sage, dass ich nicht mehr bereit bin, seine abwertenden Äußerungen hinzunehmen und mir diese für die Zukunft verbitte, wird seine Reaktion entweder sein, dass er mich verlässt (Hypothese) oder er ist verwirrt über meine Entschiedenheit und wird sich darauf besinnen, dass er mich doch braucht (ein erster Schritt zur Falsifizierung der Hypothese)". Aus dieser Hypothese wurde ja die dysfunktionale Überlebensregel, die verbietet, genau das zu tun.

Die empirische Hypothesenprüfung verändert nicht nur das Selbst- und Weltbild des Patienten und damit die subjektive Beziehungswirklichkeit, sondern schafft auch eine wirklichere Beziehung. Also wird der Patient eingeladen, bis zur nächsten Stunde mit der empirischen Prüfung seiner Beziehungs-Hypothese zu beginnen und in einer genau festgelegten Situation genau das zu sagen und zu tun, was die Überlebensregel verbietet.

4.1.2.3.5 Fünfte Stunde: Fallkonzeption (Verhaltens- und Zielanalyse, Therapieplan)

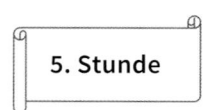

> **5. Stunde**

Vermutlich hatten TherapeutIn und PatientIn bereits nach der dritten Stunde ein ihn überzeugendes individuelles Störungsmodell gefunden. Dem Patienten wurde dieses bereits durch die Art der Fragen nahegelegt. Insofern ist er auf das bedingungsanalytische Gespräch in der vierten Stunde vorbereitet. Ein guter Interviewleitfaden zur Verhaltensanalyse ist das

→ **VDS21 Verhaltensanalyse Interview (alternativ SKT03)**

In dieser Stunde muss noch einmal überprüft werden, wann das jetzige Syndrom wirklich begann. Es interessiert zwar, ob das Symptom eine zu diesem Zeitpunkt völlig neuartige Schöpfung des Patienten ist, oder ob es in abgeschwächter Form vor fünf oder zehn Jahren schon einmal vorübergehend auftrat. Auch wenn es früher schon aufgetreten ist, wird aber nun wichtig, den Zeitpunkt der jetzigen klinischen Syndrombildung gemeinsam festzulegen. Dabei sind die anfänglichen Nennungen des Patienten mehrfach zu hinterfragen. Es scheint nämlich, dass es für einige Patienten unbewusst von großer Bedeutung ist, die zeitlichen Zusammenhänge zu „verschleiern", da sie kausale Zusammenhänge implizieren. Die kausalen Zusammenhänge verraten aber die Funktion des Symptoms und gefährden diese dadurch. Deshalb hat das alleinige Erarbeiten der zeitlichen Abfolge bereits einen therapeutischen Stellenwert, selbst wenn die TherapeutIn sich mit dem Aussprechen der kausalen und funktionalen Zusammenhänge noch zurückhält.

→ **VDS21** beginnt mit der Frage zum **genauen Beginn der Symptomatik:**
- **Wann begann** das Symptom? Jetzt ist das Symptom da, seit wie vielen Monaten und Jahren? ....
- Wann war es sicher noch nicht da? .... (Monat, Jahr)

Der zweite Schritt ist die Beleuchtung des **auslösenden Aspekts** der jetzigen Lebenssituation. Zunächst wird noch einmal gemeinsam die pathogene Lebensgestaltung und die pathogene Beziehungsgestaltung betrachtet. Dann wird das Hinführen beider zur „Sollbruchstelle" der Symptombildung klar herausgearbeitet. Wie reagierte der Patient in dieser Situation? Und noch wichtiger: was unterließ er zu tun? Welche **Konsequenzen** hätte er befürchtet, wenn er das Unterlassene getan hätte? Welche Veränderung hat er vermieden und was ist der Vorteil der Nichtveränderung? So erfolgt die Erkundung der **Situation S**:
- *Was war die damalige Lebenssituation?*
- *Wer die damals wichtigste Bezugsperson?*
- *Wer die problematischste Beziehung/Person?*
- *Was der wichtigste Lebensinhalt?*
- *Was das größte Lebensproblem?*
- *Und das größte Beziehungsproblem?*
- *Was war die damals wichtigste anstehende oder gerade getroffene Entscheidung?*
- *Worin bestand der wichtigste Konflikt?*
- *Auslösendes Lebensereignis: Welches Ereignis in dieser Lebenssituation hat schließlich zur Symptomauslösung geführt?*

Und es geht weiter mit den symptomaufrechterhaltenden **Konsequenzen C**:
1. *Was änderte sich in Ihrem Leben durch das Symptom?*
2. *Welche Veränderungen ergaben sich in folgenden Lebensbereichen: …*
3. *Wie wäre Ihr Leben weitergegangen, wenn das Symptom nicht aufgetreten wäre?*
4. *Was hätte sich wie geändert?*
5. *Was hat sich durch das Symptom geändert und hätte sich ohne es nicht geändert?*
6. *Was hätte jemand, der sich der auslösenden Situation gewachsen fühlt, getan, anstatt ein Symptom zu entwickeln (z. B. mehr für sich kämpfen)?*
7. *Was wären die Folgen eines solchen Verhaltens gewesen, wenn Sie so gehandelt hätten? (unter Berücksichtigung von zentraler Angst und zentralen Bedürfnissen)*
8. *Inwiefern war das Symptom also Hilfe, Schutz, Problemlösung und das Leiden der Preis, den Sie dafür zahlen mussten (Vermeidung aversiver Konsequenzen durch das Symptom – negative Verstärkung des Symptoms, primärer Krankheitsgewinn)?*

Dritter Punkt ist die **Reaktion R**, d. h. die Analyse der Reaktionskette zum Symptom:
Eine typische beobachtbare **Situation** (die z. B. extrem frustrierend ist) …
1. *Die primäre **Emotion** als Antwort auf diese Situation wäre eigentlich (z. B. Wut)*
2. *Der primäre Handlungs-**Impuls**, der aus dieser Emotion resultieren würde (z. B. Angriff)*
3. *Der **Gedanke**: Bedenken der Folgen dieses Handelns (z. B. Dann werde ich abgelehnt)*
4. *Ein gegensteuerndes **sekundäres Gefühl** folgt daraus (z. B. Schuldgefühl, Ohnmacht)*
5. *Im **Körper** die psychovegetative Begleitreaktion dieses Gefühls (z. B. Schwächegefühl)*
6. *Mein beobachtbares **Verhalten** (Was habe ich wirklich getan? z. B. tun, was mein Gegenüber will)*
7. ***Symptom**bildung (z. B. Niedergeschlagenheit: depressives Syndrom)*

Die Reaktionskette führt zu einem grundlegenden Verständnis des Prozesses der Symptombildung. Sie kann folgendermaßen mit dem Patienten erarbeitet werden:

Instruktion und Vorgehen:
Die symptomauslösende Situation birgt eine große Frustration, die häufig Wut auslöst (primäre Emotion – es können aber auch andere primäre Emotionen auftreten).

Da Wut verboten ist, werden stattdessen sekundäre Gefühle bewusst, die zum Nachgeben führen und zur Symptombildung. Sie können durch folgende Fragen evtl. erreichen, dass der Patient das wütend machende erkennt:

Szenisches Wiedererleben der Situation:
Wie geht der andere da mit mir um?
Was wird frustriert, was verletzt?
Wie fühlt sich diese Frustration an, wie die Verletzung?
Welches Gefühl entsteht in mir?
Gab es vielleicht noch ein kurz aufflammendes Gefühl kurz zuvor? (Wut)
Mit welchem Gefühl hätte ein sehr spontaner Mensch reagiert?
Habe ich dieses Gefühl auch – kurz aufblitzend – gehabt?
Vielleicht so kurz, dass ich es erst jetzt deutlicher nachempfinden kann?
Und wenn ich dieses (primäre) Gefühl zulasse, welcher (primäre) Handlungsimpuls entsteht? Was würde ich aus diesem Gefühl heraus am liebsten tun?
Wenn ich mir vorstelle, ich täte es tatsächlich, was wären die Folgen – für mich – für die Beziehung? (Antizipation der Folgen/Erwartung bedrohlicher Folgen)

Fallkonzeption: horizontale Verhaltensanalyse SORKC

Die Therapeutin trägt nach dem Verhaltensanalyse-Interview, halb sokratisch erfragend, halb ihr bisheriges Verständnis ausdrückend, ihr hypothetisches Modell vor und füllt **gemeinsam** mit dem Patienten das **SORKC-Schema** auf Makro- und Mikroebene aus (Abbildung 4.1.1a).

	STÖRUNG	bei diesem konkreten Fall:
S	1. die symptomauslösende **Lebens**situation	1. ...
O	2. die **Person** (Organismus)	2. ...
R	3. die **Reaktion**skette bis zum Symptom	3. ...
K C	4. die **Consequenzen** und Effekte des Symptoms	4. ...

Abbildung 4.1.1a SORKC-Schema meines Patienten (Makroebene) (Sulz, 2012a, S. 32)

Die **Organismus-Variable O** kann noch leer bleiben. Vorteil ist, dass der Patient seine Erkrankung auf äußere Faktoren zurückführen kann und erkennen kann, dass er nicht selbst schuld daran ist. Erst wenn er ein biographisches Verständnis für seinen Werdegang und die Entwicklung seiner Persönlichkeit hat, kann er – mit Empathie für das damalige Kind – verstehen, dass er eine Vulnerabilität aus seiner schwierigen Kindheit mitgebracht hat, die die Symptombildung begünstigte. Diese Erkenntnis muss an diesem Punkt nicht mehr sein Selbstwertgefühl mindern.

Die Organismus-Variable O, die man heute besser als Person-Variable bezeichnen sollte, umfasst alle psychischen und somatischen Eigenschaften des Patienten, seine Gewohnheiten ebenso wie seine Einstellungen, Werthaltungen, Erinne-

---

Karte 7 PKP-Grundkurs

Merkmale der Person, die dazu führen, dass sie ein Symptom bildet anstatt sich zu wehren (Organismusvariable O)

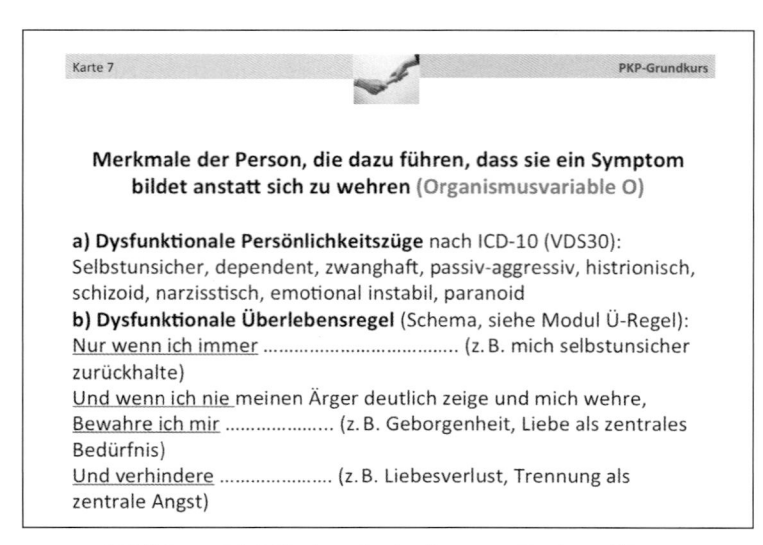

a) Dysfunktionale Persönlichkeitszüge nach ICD-10 (VDS30):
Selbstunsicher, dependent, zwanghaft, passiv-aggressiv, histrionisch, schizoid, narzisstisch, emotional instabil, paranoid
b) Dysfunktionale Überlebensregel (Schema, siehe Modul Ü-Regel):
<u>Nur wenn ich immer</u> .... (z. B. mich selbstunsicher zurückhalte)
<u>Und wenn ich nie</u> meinen Ärger deutlich zeige und mich wehre,
<u>Bewahre ich mir</u> .... (z. B. Geborgenheit, Liebe als zentrales Bedürfnis)
<u>Und verhindere</u> .... (z. B. Liebesverlust, Trennung als zentrale Angst)

Abbildung 4.1.2 Merkmale der Person, die dazu führen, dass sie ein Symptom bildet statt sich zu wehren (Sulz, 2012a, S. 31)

rungen und Erfahrungen samt seiner komplexen Lerngeschichte von den ersten Konditionierungen im Mutterleib an bis zum Eintritt in die symptomauslösende Situation. Die Überlebensregel nach Sulz, z. B. „Nur wenn ich immer perfekte Leistungen erbringe, bin ich ein akzeptabler Mensch" ist der häufigste Mitauslöser der Symptomatik:

S → O → R
Situation → Organismus → Reaktion
(Symptom)

Wenn wir alle obigen Variablen berücksichtigen, erhalten wir das SORKC-Schema:

S → O → R —K→ C
Situation → Organismus → Reaktion (Symptom) — Kontingenz → Konsequenz

Dabei wird klar ausgesprochen, wo sich die Sichtweisen von Patientin und TherapeutIn nicht treffen, so dass kein Überstülpen eines Schemas erfolgt. Trotzdem verleiht die TherapeutIn ihrer Überzeugung Ausdruck, dass sie das erarbeitete Störungsmodell für eine vorläufige Arbeitsgrundlage der weiteren Betrachtungen ansieht und als solche verwenden möchte. Schließlich bittet sie den Patienten, noch einmal in eigenen Worten seine momentane Sichtweise einerseits und das erarbeitete Störungsmodell andererseits zu formulieren. Ein Beispiel soll dies verständlich machen: Der Patient soll über die Stunde hinaus bei jedem Vorkommen des Symptoms die Funktion des Symptoms mit Hilfe des SORKC-Schemas bedenken. Abends soll er sich das SORKC-Störungsmodell durchlesen und vergegenwärtigen (Abbildung 4.1.1b).

Zielanalyse

In den bisherigen Stunden sind die Therapieziele bezüglich der Änderung der Störungsbedingungen, der notwendigen Weiterentwicklung der Persönlichkeit und der Beziehungen schon deutlich geworden.

Wir gehen im Dreierschritt voran:
Problem → Ziel → Weg oder Verhalten → Ziel → Therapie

Dabei können wir ganz frei eine Liste von uns wichtig erscheinenden Zielen erstellen. Am Anfang ist das nicht leicht.

Ganz sicher kommen wir zu wichtigen Zielen, wenn wir diese aus der Problem- und Störungsdefinition der Verhaltensanalyse direkt ableiten,

	Rückseite Karte 8	PKP-Grundkurs
	Das SORKC-Schema als Zusammenfassung der Verhaltensanalyse des Symptoms	
	Wenn wir alle obigen Variablen berücksichtigen, erhalten wir das SORKC-Schema: S —> O —> R —K> C Situation —> Organismus —> Reaktion — Kontingenz —> Konsequenz	

	Makroebene	Ein Beispiel-Fall:
S	1. Die symptomauslösende Lebens-**Situation**	1. Ehemann betrügt die Pat., lässt sie allein, ignoriert sie, wertet sie ab
O	2. Der **Organismus** (Person)	2. dependente Persönlichkeit mit Überlebensregel: Nur wenn ich immer nachgebe und nie kämpfe, bewahre ich Geborgenheit und verhindere Trennung
R	3. Die **Reaktions**kette bis zum Symptom	3. Zuerst Wut, dann Kampfimpuls, dann Angst vor Trennung, dann Ohnmacht, Kraftlosigkeit, dann stilles Dulden, dann Symptombildung: Depression
K C	4. Die **Konsequenzen** und Effekte des Symptoms	4. Die Depression führt dazu, dass die Pat. sich nicht wehren kann, die Geborgenheit der Partnerschaft bewahren kann, folglich auch keine Trennung fürchten muss

Abbildung 4.1.1b Das SORKC-Schema als Zusammenfassung der Verhaltensanalyse des Symptoms (Sulz, 2012, Psychotherapie-Grundkurs und Praxisleitfaden, S. 32)

indem wir für jedes Glied des S-O-R-K-C-Schemas ein Ziel formulieren. Wir fragen: Was sollte
- bezüglich der symptomauslösenden Situation
- bezüglich der Person (Organismusvariable)
- bezüglich der Reaktionen und des Symptoms und
- bezüglich der Konsequenzen des Symptoms geändert werden?

Diese Ziele halten wir schriftlich fest (Abbildung 4.1.1c):

Ein weiterer Schwerpunkt dieser siebten Therapiesitzung liegt auf der Operationalisierung der Ziele. Wie im Problemlöseprozess (vgl. Sulz, 2011) werden zunächst im Sinne eines „Brainstorming" alle Ziele gesammelt, die dem Patienten überhaupt einfallen, auch Lebensziele. Die TherapeutIn fügt einige hinzu, bietet Umformulierungen an, die näher am Verständnis des Problems liegen, aber zugleich das affektive Anliegen des Patienten ausdrücken.

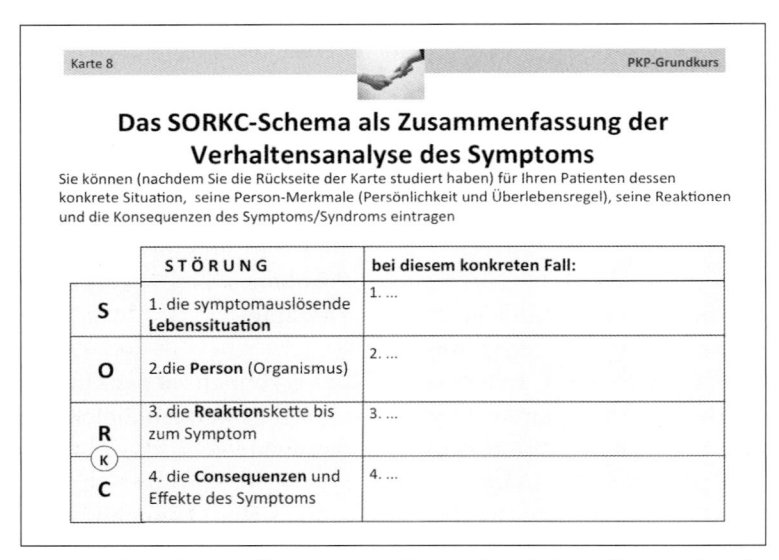

Karte 8		PKP-Grundkurs
Das SORKC-Schema als Zusammenfassung der Verhaltensanalyse des Symptoms		
Sie können (nachdem Sie die Rückseite der Karte studiert haben) für Ihren Patienten dessen konkrete Situation, seine Person-Merkmale (Persönlichkeit und Überlebensregel), seine Reaktionen und die Konsequenzen des Symptoms/Syndroms eintragen		
STÖRUNG		bei diesem konkreten Fall:
S	1. die symptomauslösende **Lebenssituation**	1. ...
O	2. die **Person** (Organismus)	2. ...
R	3. die **Reaktion**skette bis zum Symptom	3. ...
K C	4. die **Consequenzen** und Effekte des Symptoms	4. ...

Abbildung 4.1.1c SORKC-Ziele (Sulz, 2012, PKP-Handbuch Grundkurs Zielanalyse S. 34)

Schließlich wird der Patient gebeten, für jedes Ziel die Vor- und Nachteile zu nennen. Wieder fügt die TherapeutIn diejenigen hinzu, die ihrem Verständnis nach vergessen wurden, aber wichtig sind. Der Patient soll nun versuchen, sich die Zielerreichung mit den jeweiligen Vor- und Nachteilen vorzustellen, eventuell als **Imagination und Embodiment** mit geschlossenen Augen, und die Gefühle erspüren, die dabei auftreten. Dabei wird so mancher Vorteil zum Nachteil oder er wird bedeutungslos. Die Gefühle, die bei den Nachteilen entstehen, werden in der nächsten Therapiestunde wichtige Indikatoren für Art und Ausmaß der gegen das Therapieziel gerichteten Motivation, d. h. Indikatoren für den Widerstand des Patienten gegen eine gezielte Veränderung des Ist-Zustandes ergeben. Einige vom Patienten genannte Ziele (bzw. die von der TherapeutIn hinzugefügten „Abhängigkeits-" Ziele) werden als **regressive Ziele** benannt. Sie werden in der nächsten Stunde zum Thema gemacht.

Wer die therapeutische Intervention des planerischen Problemlösens kennt, weiß, dass diese Zielanalyse pure Therapie ist. Dabei kommt dem **Entscheidungsprozess** des Patienten eine große Bedeutung zu. Kann er sich für die progressiven Ziele wirklich „von Herzen" entscheiden? Kann er auf die regressiven Ziele, wenn auch schweren Herzens, verzichten?

Wenn die bisherigen Betrachtungen nicht in reinen Kognitionen steckenbleiben, sondern die affektive Bedeutung der Zielentscheidungen erspürt und gefühlt werden konnten, so ist damit die Prognose der Therapie schon offengelegt.

Es folgt ein Brainstorming der möglichen Lösungswege zu jedem verbliebenen Ziel und wieder wird versucht, durch Imagination und Embodiment die affektive Bedeutung der einzelnen Lösungswege bewusst zu machen, ihre Vor- und Nachteile zu antizipieren und sich für einige zu entscheiden und das Streichen der anderen zu begründen.

Aufgabe der TherapeutIn ist die einer Wegbegleiterin auf einem schwierigen Pfad, die dem Patienten hilft, den nächsten kognitiven, den nächsten affektiven Schritt zu tun samt Embodiment (entsprechende Körperhaltung und -bewegung) und darauf zu achten, dass dabei „fest aufgetreten" wird. Das bedeutet, dass die Entscheidung zu diesem Schritt zwar schwerfallen mag, dass sie aber wirklich und ganz getan wird und nicht wieder gleich relativiert oder halb zurückgenommen wird. Der Patient wird nicht zu diesen Schritten ermuntert. Die TherapeutIn ist in diesem Moment nicht zielorientiert. Sie hilft dem Patienten lediglich, seine Aufmerksamkeit auf das jeweils Wichtige zu lenken, auch auf das, was ihn abhält, sein Ziel erreichen zu wollen oder diesen ausgewählten Weg wirklich gehen zu wollen. Je mehr der Problemlöseprozess mit Ziel- und Wegfindung und -entscheidung von der TherapeutIn forciert wird, umso mehr Widerstand wird sie an dieser Stelle in die kommende Therapie selbst „einbauen".

Die Therapie kann nur diejenigen Ziele erreichen, für die der Patient sich selbst entschieden hat. Natürlich hat die TherapeutIn ihre eigenen Zielvorstellungen miteingebracht, so dass das Ergebnis bereits der gemeinsame Nenner von Patient und Therapeutin ist.

Der Behandlungsplan

Aus der Verhaltensanalyse und der Zielanalyse im Rahmen des SORKC-Schemas entsteht der Behandlungsplan, den Sie jetzt als Entscheidung für Ihr Vorgehen schriftlich fassen (siehe Abbildung 4.1.1d).

Entscheidung

Ist dies eine gemeinsame Entscheidung oder werden Sie Schwerarbeit vor sich haben, weil Ihr Patient das eigentlich so nicht will, sich aber nicht traut, es Ihnen zu sagen? Statt gemeinsam den Karren zu ziehen, sitzt der Patient plötzlich im Karren und Sie ziehen allein.

Es mag zu aufwendig erscheinen in einem Problemlöseprozess, der eigentlich schon am Ende der vorigen Stunde abgehandelt erschien, eine weitere Therapiestunde hinzuzufügen. Sie dient dazu, die in den ersten fünf Stunden bei vielen Patienten überwiegend kognitiven Bedeutungen ihres

Rückseite Karte 12 PKP-Grundkurs

DER BEHANDLUNGSPLAN – Dreierschritt
Störung – Ziel – Therapie fallspezifisch – Beispiel

Wir können uns am Beispielfall unsere Fallkonzeption klar machen, wenn wir alle drei Spalten individuell ausfüllen:

	STÖRUNG	ZIEL	THERAPIE
S	1. Ehemann betrügt die Pat., lässt sie allein, ignoriert sie, wertet sie ab.	1. Die Pat. soll lernen, sich wirksam gegen diese Verhaltensweisen ihres Mannes zu wehren.	1. Selbstbehauptungstraining mit Rollenspielen
O	2. Dependente Überlebensregel: Nur wenn ich immer nachgebe und nie kämpfe, bewahre ich Geborgenheit und verhindere Trennung.	2. Sie soll das Gegenteil dessen tun, was die Überlebensregel befiehlt, um sie zu falsifizieren, also die Erfahrung zu machen, dass deren Vorhersagen nicht zutreffen.	2. Überlebensregel: Empirische Hypothesen-Prüfung nach Beck. Mit Rollenspiel vorbereiten.
R	3a. Zuerst Wut, dann Kampfimpuls, dann Angst vor Trennung, dann Ohnmacht, Kraftlosigkeit, dann stilles Dulden, dann 3b. Symptombildung: Depression	3a. Sie soll Ärger wahrnehmen, ausdrücken und klar aussprechen. 3b. Sie soll lernen, mit der depressiven Symptomatik umzugehen.	3a. Übungen zur Emotionswahrnehmung und zur Kommunikation 3b. Symptomverständnis, Aktivitätenaufbau
K C	4. Die Depression führt dazu, dass die Pat. sich nicht wehren kann, die Geborgenheit der Partnerschaft bewahren kann, folglich auch keine Trennung fürchten muss.	4. Sie soll öfter allein etwas unternehmen, Selbständigkeit aufbauen.	4. Selbständigkeitstraining (Unternehmungen mit Freundin, ohne den Mann)

Abbildung 4.1.1d Therapieplan Beispiel (aus Sulz, Grundkurs S. 36)

Selbst- und Weltbildes, ihrer Überlebensregel und ihrer Dilemmas und ihrer Symptombildung durch deren affektive Bedeutungen zu ergänzen. Im Idealfall werden beide zu affektiv-kognitiven Bedeutungen integriert. Dies setzt voraus, dass der Patient im Kontext der therapeutischen Betrachtungen Ambivalenztoleranz aufbringen kann, also einen Entwicklungsschritt in Hinsicht auf die Bedeutungsentwicklung tun kann. Deshalb liegt auch in dieser Therapiestunde der Schwerpunkt auf dem Vergegenwärtigen der affektiven und „embodied" Bedeutung der Entscheidung für das Therapieziel und für den Lösungsweg. Es ist der Vorteil des kognitiven Ansatzes, die zur Kindheit gegenteiligen Vorzeichen zu schaffen. In der Kindheit fehlte, mangels kognitiver Reifung des Kindes, der kognitive Rahmen, der eine weniger bedrohliche Betrachtung der affektiven Bedeutungen ermöglicht hätte und durch den erst eine Integration von kognitiver und affektiver Bedeutung zur affektiv-kognitiven Struktur möglich gewesen wäre, die zugleich im Körper eingebettet ist.

Noch einmal werden die Ziele und Lösungswege mit ihren Vor- und Nachteilen klar formuliert. Die Bedenken und Ängste der anderen Person (sekundärer Selbstmodus – sie steht im Raum, nimmt nicht charakteristische Körperhaltung ein) werden wieder „gehört" und wieder „verstanden". Die Entscheidungen werden nun so formuliert, dass die Person angesichts der zuverlässigen Zusammenarbeit mit ihren beiden anderen Gesprächspartnern bereit sein kann, diese Entscheidungen mitzutragen. Die Entscheidung für den therapeutischen Weg soll eine Konzeption skizzieren, die sich am „schwächsten Glied" orientiert, so dass dessen Mühe, mitzukommen und dessen Fehlschläge nicht zu neuen Insuffizienzerfahrungen führen. Vielmehr ist jeder seiner Schritte als ein Zeichen wachsender Selbsteffizienz zu bewerten.

Erst wenn auch diese unentwickelte Person, das noch in Entwicklung befindliche Kind, sich entschieden hat, ist eine Entscheidung für den therapeutischen Weg gefallen. Hier kann auch eine Stuhlübung helfen, bei der der Patient zwei Stühle zur Wahl hat – für die unentwickelte kindliche Seite und für die erwachsene Seite, die die Änderungen gleich anpacken will. Je nachdem, als wer er sich gerade fühlt, setzt er sich auf den entsprechenden Stuhl und spricht zur anderen Seite und nimmt die zu dieser gehörenden Körperhaltung ein. Dieser Dialog zeigt, ob und unter welchen Bedingungen die kindliche Seite für die Entscheidung zu gewinnen ist.

Ergebnis wird sein, dass dieser Weg die **Therapie als Entwicklung dieses Kindes** definiert – ganz ähnlich der Heuristik des „inneren Kindes" (Bradshaw, 1994). Beim Patienten ergibt sich nach einer so getroffenen Entscheidung eine deutliche Änderung seines Gefühls- und Körperzustands, oft einer Mischung aus befreitem, frohem Aufatmen und aufgeregtem Empfinden.

Der Vertrag
Die **Entscheidung** hat als Commitment Vertragscharakter und ist verbindlich für alle drei Seiten. Insbesondere haben auch die Zugeständnisse gegenüber der dritten Person bzw. gegenüber dem sich entwickelnden Kind vertragliche Verbindlichkeit, die immer wieder hervorgehoben werden muss. Am besten ist es, diese Zugeständnisse schriftlich festzuhalten, denn sie bestimmen das Ausmaß der Angst vor Veränderung (Tabelle 4.1.1).

Hier kann auch der Zeitpunkt für DEN **Therapievertrag** sein, in dem auch Formales festgehalten wird wie rechtzeitiges Absagen von Therapiestunden und Ausfallhonorar.

Zwischen den Sitzungen kann der Patient das Audioprotokoll von wichtigen Therapiestunden anhören, liest die vertraglichen Vereinbarungen durch und erklärt sich selbst gegenüber, dass er eine Entscheidung gefällt hat und zu dieser Entscheidung stehen wird. Dabei nimmt er die zielorientierte Körperhaltung ein.

Tabelle 4.1.1: Meine Entwicklungs-Arbeit in der Zeit vom .... bis zum ....

Mein Gesamt-Ziel (z. B. das Gegenteil des Gebots meiner Überlebensregel):
Mein konkretes Nah-Ziel (künftig auf welche Weise zu behandeln?):
In welcher häufigen und wichtigen Situation, die von mir bewusst herstellbar ist?
Wie oft pro Tag werde ich obige Situation herstellen (3-5 x oder 2 x oder 1 x (mindestens!)? Wann am jeweiligen Tag (Uhrzeit)? Bei welcher Gelegenheit, wo? Wie genau werde ich die Situation herstellen?
Wie werde ich verhindern, dass ich kneife (meiner Vermeidung entgegensteuern)? Welche Belohnung gebe ich mir für das TUN? Welche (sehr unangenehme) Ersatzleistung erbringe ich für das NICHT-TUN (z. B. für jeden Tag ohne Übung 50 € an die mir unangenehmste Partei spenden)?
Mit wem schließe ich einen entsprechenden Vertrag ab (Gruppenmitglied, Freund/Freundin, TherapeutIn)? Wann und wie oft gebe ich ihm/ihr Zwischenmeldung (telefonisch, schriftlich, persönlich)? Hiermit versichere ich, dass ich obige Entwicklungs-Arbeit wie angegeben durchführen werde und dass ich mich an die darin festgelegten Abmachungen halten werde. Datum: Unterschrift:

4.1.2.3.6 *Sechste Stunde:* *Symptomtherapie (Achtsamkeit, Akzeptanz, Bereitschaft, Exposition)*

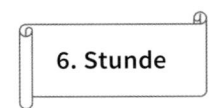

6. Stunde

Achtsamkeit
Heute gilt Achtsamkeit als ein unverzichtbarer und selbstverständlicher Teil jeder Therapie (vergl. Hauke, 2013). Dem Patienten wird erläutert, dass dies eine der wirksamsten Aspekte im Therapieprozess ist und er das gut lernen kann. Er kann mit dieser neuen Aufmerksamkeitslenkung viel mehr von der Behandlung profitieren und manches kann ohne Achtsamkeit nicht gelingen. Vieles bleibt im Alltag außerhalb der bewussten Aufmerksamkeit, sodass wir es nicht ändern können. Was alles in unserer Psyche abläuft, nehmen

wir im Zustand der Achtsamkeit wahr, verstehen so vieles mehr und können uns besser akzeptieren. Gefühle werden besser wahrnehmbar und steuerbar. Allerdings tritt (vorübergehend) auch Schmerzliches stärker ins Bewusstsein. Die Grundhaltung und Übung der Achtsamkeit kommt von der buddhistischen Meditation und wurde z. B. von Jon Kabat-Zinn für die westliche Welt so übertragen, dass jeder Mensch auf sie zugreifen kann.

Sie können entweder die Achtsamkeitsübungen im Kapitel 2.7 nehmen oder diese folgenden Übungen.

Body Scan Übung
Aus Burkhard (2008, S. 42-44)
Herzlich willkommen zur ersten Achtsamkeitsübung. Nehmen Sie eine Haltung ein, die Sie frei und ungehindert atmen lässt. Schließen Sie die Augen, wenn das für Sie angenehm ist. Falls Sie die Augen lieber geöffnet halten, kein Problem, fixieren Sie dann einen Punkt vor sich auf dem Boden. Diese Übung ist Grundlage für die gesamte Achtsamkeitspraxis, denn unseren Atem und unsere fünf Sinne haben wir immer dabei.

Aber genau so wenig, wie wir unserem Atem normalerweise Beachtung schenken, so wenig sind uns auch unsere fünf Sinne bewusst.

Sie müssen wissen, dass die Wahrnehmung des Atems oder unserer fünf Sinne Anker sind, wenn wir uns in unseren Gedanken und Gefühlen verstrickt haben. Diese Einübung ist eine harte Arbeit. Bemerken können Sie immer, wenn Sie mit den Gedanken und den Gefühlen weg sind, dass nach einer Weile eine Stimme in Ihnen auftaucht, die Sie auffordert, zum Atem oder den fünf Sinnen zurückzukehren. Dann haben Sie schon eine große Etappe geschafft, denn dann beginnen Sie, achtsam zu werden.

Es ist gar nicht so störend, wenn Sie manchmal bei Übungen in Tagträumen versinken. Wichtig ist allein der Zeitpunkt, an dem Sie bemerken, dass die Achtsamkeit für eine Weile weg war. Bremsen Sie dabei Ihren Ehrgeiz, wichtig ist die Qualität der Übung, nicht die Quantität. Versuchen Sie sich nun von dem bisherigen Tagesgeschehen etwas abzukoppeln und hier im Raum anzukommen.

Beobachten Sie nun zunächst Ihren Atem und stellen Sie einfach fest, ob die Atemzüge kurz oder lang sind, flach oder tief. Beeinflussen Sie Ihren Atem dabei nicht.

Wenn Sie bemerken, dass Sie Schwierigkeiten haben, sich auf den Atem zu konzentrieren, dann zählen Sie Ihre Atemzüge eine Weile mit. Ich atme ein, ich atme aus, eins, ich atme ein, ich atme aus, zwei und so weiter. Falls störende Gedanken dazwischen kommen, fangen Sie mit dem Zählen der Atemzüge wieder von vorne an. Lassen Sie sich nicht entmutigen, wenn Sie nur vier oder fünf Atemzüge ohne störende Gedanken klarkommen, das ist am Anfang völlig normal, in wenigen Jahren kommen Sie dann mühelos bis zehn. War nur ein Scherz.

Lassen Sie nun langsam den Atem aus dem Zentrum Ihres Gewahrseins entschwinden und wenden Sie sich dem Hören zu. Welche Geräusche nehmen Sie wahr. Wie unterscheiden sich die Geräusche hier im Raum von Geräuschen, die von außerhalb des Gebäudes an Ihr Ohr dringen?

Vielleicht lauschen Sie ein wenig in Ihren Körper hinein, was gibt es da wahrzunehmen? Hören Sie eventuell die Aktivitäten des Darms, der noch mit einer Mahlzeit beschäftigt ist, oder Darmaktivitäten die mit Ihrer Aufgeregtheit zusammenhängen? Nehmen Sie vielleicht die Geräusche Ihrer eigenen Atmung oder das Pochen Ihres Herzens wahr? Sobald Sie auch hier bemerken, dass Sie mit Ihrem Denken und Fühlen nicht mehr beim Hören sind, bringen Sie sich achtsam dahin wieder zurück.

Machen Sie das bei jeder Übung mit den fünf Sinnen.

Wenden Sie sich nun Ihrem Geruchssinn zu. Was riechen Sie hier in diesem Raum? Ein Parfum, einen anderen Körper, Gerüche die vom Essen kommen, vom Raum selbst, vielleicht vom Teppichboden oder der Einrichtung. Nehmen Sie alle Geruchseindrücke, derer Sie habhaft werden können in sich auf. Wenn Sie nichts riechen, kein Problem, dann riechen Sie eben nichts.

Was fühlen Sie im Moment? Wie stehen die Füße auf dem Boden auf, wie sitzen Sie, nehmen Sie Ihre Oberschenkel wahr, die vielleicht teilweise auf dem Stuhl aufliegen, ihr Gesäß. Spüren Sie, wie Ihre Arme auf den Stuhllehnen aufliegen oder auf den Beinen.

Achten Sie auf Ihre Wirbelsäule, wie fühlt sich diese an? Sitzen Sie eher zusammengesunken oder richten Sie sich nun in diesem Moment auf und spüren Wirbel für Wirbel, den gesamten Rückenbereich. Wie fühlt sich Ihr Kopf an. Ruht er ruhig auf dem Atlas, dem großen Halswirbel oder ist er eher unruhig, weil Sie noch mit so vielem beschäftigt sind?

Was schmecken Sie jetzt in diesem Moment? Spüren Sie den Bereich des Mundes, der Lippen, der Zunge, was nehmen die Geschmackspapillen der Zunge wahr, was vermelden die Lippen? Wichtig ist es insbesondere beim Essen, den Geschmackssinn einzusetzen.

Sie werden denken, aber wieso denn, das tue ich doch immer. Meistens ist es aber so, dass man den ersten Bissen schmeckt, aber dann in Gedanken abschweift und leider vom restlichen Essen nichts mehr wahrnimmt. Achtsamkeit beim Essen bedeutet, den ganzen Vorgang des Essens in sich aufzunehmen. Vom Griff zum Löffel über das Hinführen der Nahrung zum Mund und weiter zum ganzen Vorgang des Kauens, Schmeckens und Schluckens.

Konzentrieren Sie sich nun auf Ihren fünften Sinn, das Sehen. Sie können, wenn Sie die Augen geöffnet haben, den Fleck vor Ihnen, den Sie fixieren wollten, nun bewusst sehen, aber auch die Umgebung dieses Punktes. Lassen Sie Ihren Blick ganz interessiert in der näheren Umgebung umherwandern und nehmen Sie alle Eindrücke in sich auf. Wenn Sie die Augen geschlossen halten, was sehen Sie dann? Ist es Schwärze, die vor Ihrem Blick auftaucht oder Farben, weil Ihre Augen doch nicht ganz geschlossen sind oder tauchen andere Bilder auf, die Ihre Aufmerksamkeit für einen Moment in Anspruch nehmen und dann wieder verschwinden? Kehren Sie nun zum Ausgangspunkt unserer Übung, dem Atem noch für wenige Atemzüge zurück. Sie haben nun eine ganz kurze Bestandsaufnahme Ihres Körpers gemacht. Registrieren Sie die Ruhe, die nun vielleicht in Ihnen ist oder die Aufregung, weil Sie noch nicht zur Ruhe gekommen sind oder die Übung vielleicht nicht mögen.

Nehmen Sie alles mit einer annehmenden Haltung an und bedenken Sie, dass es bei Übungen der Achtsamkeit nichts zu erreichen gibt. So wie es im Moment ist, ist es richtig. Öffnen Sie nun die Augen wieder, falls Sie diese geschlossen hatten, und seien Sie wieder präsent für den Tag.

Atemübung
Aus Burkhard (2008, S. 46-48)
Nehmen Sie eine angemessene und würdevolle Sitzhaltung ein. Machen Sie zunächst eine kurze Bestandsaufnahme der körperlichen Befindlichkeit. Fangen Sie bei den Füßen an, gehen Sie dann über die Beine, Hüfte, Beckenbereich zum Rücken, danach zum Bauch und Brustbereich, sowie zu den Armen, zum Schluss spüren Sie dann in Schulterblätter, Nacken, Gesicht und den gesamten Kopfbereich. Einfach wahrnehmen, ob es Schmerzen, Verspannungen oder unangenehme Empfindungen gibt. Diese Empfindungen einfach nur registrieren und innerlich benennen. Sollten Sie Zahnschmerzen verspüren, oder Rückenschmerzen oder Schmerzen in anderen Bereichen des Körpers, können Sie versuchen, in diese Stelle hineinzuatmen, ohne aber eine Veränderung zu erwarten. Es geht bei dieser Bestandsaufnahme immer darum, seinen Körper besser kennen zu lernen.

Wenn man sich zur Meditation niedergesetzt hat, wendet man sich in aller Regel dem Meditationsobjekt zu. Bei dieser Übung geht es um das primäre Meditationsobjekt, den Atem. Der Atem steht uns ständig zur Verfügung, ohne dass wir ihn im Normalfall registrieren. Der Atem steht uns von der Geburt bis zum Tod als ständiger Begleiter zur Verfügung. In der Regel stellen wir keine Verbindung zwischen dem Atem und unseren Gefühlen fest.

Beschäftigt man sich jedoch mit starken Emotionen wie Zorn, Hass, oder auch Liebeskummer, Verliebtheit, wird einem sicherlich sofort klar, dass sich unser Atem verändert. Ebenfalls, wenn wir stark angespannt oder in einer heftigen Auseinandersetzung sind, verändert sich unser Atem. Im Normalfall jedoch ist der Atem hinsichtlich unserer Gefühlswelt völlig neutral und das macht ihn

zu einem hervorragenden Meditationsobjekt.
Um unseren Geist und unseren Körper besser kennen zu lernen, ist der Atem bestens geeignet, denn er ist ein Bindeglied zwischen Gedanken und unseren körperlichen Reaktionen darauf. Schnelle und heftige Atemzüge zeigen uns genauso wie gleichmäßige und ruhige Atemzüge unsere innere Verfassung ganz deutlich. Emotionale Zustände zu erkennen ist in der Regel schwierig und daher benutzt man in der Achtsamkeitsmeditation den Atem und die körperlichen Reaktionen um die Gefühle und körperlichen Reaktionen besser wahrnehmen und klarer sehen zu können.

Zu Beginn der Meditationspraxis setzt man sich einfach nur hin und beobachtet die Atemzüge ohne sie jedoch zu beeinflussen. Man registriert lediglich das Kommen und Gehen des Atems und die Pausen dazwischen. Einfach nur die Atemzüge in der Art beobachten, ob sie kurz oder lang sind, sanft oder heftig. Was auch immer der Atem macht, er stellt kein Problem dar, er ist in Ordnung so wie er ist. Dabei lernen wir mit einer gewissen Gelassenheit den Atem erst einmal kennen. Jeder Atemzug ist dazu geeignet Bestandteil der Meditation zu werden.
Nun wird man am Anfang sicherlich denken, dass dieses Beobachten ja wohl nicht so schwer sein kann, aber das ist keinesfalls so. Unser Geist ist es nicht gewohnt, dass er sich auf ein einziges Objekt konzentrieren soll. Er ist es gewohnt, an alle möglichen Sachen zu denken, dabei Gedankensprünge zu vollziehen und von diesem zu jenem zu hüpfen. Der Geist verliert sich dabei in Gedankenketten, springt von der Vergangenheit in die Gegenwart und weiter in die Zukunft und ehe man sich versieht ist man mit Tagträumen beschäftigt. Zu Beginn unserer Meditationspraxis ist das fast immer der Fall.
Wichtig dabei ist jedoch, dass man sofort, wenn man das Abschweifen registriert, zum Atem zurückkehrt und das ist eine schwierigere Übung, als man sich vorstellt. Die Kenntnisnahme der umherwandernden Gedanken ist eine Übung für die nächsten Monate. Denn genau hier an diesem Punkt beginnt eine Veränderung, indem wir uns selbst besser kennen lernen. In der Regel macht man sich nicht viele Gedanken über den Atem und das Umher springen unserer Gedanken und Gefühle. Aber um zu verstehen, was und wer wir sind, dieses Verständnis für die eigene Person und ihre Konditionierungen, ist der wesentliche Bestandteil der Meditation.
Am Anfang geht es immer darum, sich in der Atemachtsamkeit zu üben. Es ist dabei wie beim Sport, nur die Übung macht den Meister. Es geht wirklich nicht darum, die Gedanken völlig zu unterdrücken, es geht darum zu bemerken, wann sie entstehen und wie sie sich verselbständigen.
Tiefere Einsichten kann man jedoch nur dann gewinnen, wenn man sich auf ein Thema konzentrieren kann. Dabei ist es völlig natürlich, dass man sich am Anfang der Meditationspraxis über seinen unruhigen Geist aufregt. Aber diese Achtsamkeit darauf und das Bemerken der Unfähigkeit zur Konzentration sind der erste Schritt zur Geistesgegenwart.
Zu wissen, dass man sich schlecht oder nur schwer konzentrieren kann, ist ein erstes Verstehen und das ist außerordentlich wertvoll.
Die ersten Wochen wird man mit diesem Hin- und Herpendeln zwischen Atem und Abschweifen beschäftigt sein. Der unmittelbare Profit besteht darin, dass man sich dessen bewusst ist und mit der Zeit einfach ruhiger wird.

Hilfreich ist es am Anfang immer, wenn man sich auf das Heben und Senken der Brust beim Atmen konzentriert oder das Heben und Senken der Bauchdecke. Auch das Benennen der Atemzüge kann helfen, beim Atem zu bleiben. Also einfach mit „Ein" und „Aus" etikettieren. Das hilft eine Zeit, aber dann wird es dem Geist wieder zu langweilig und er beginnt umherzuschwirren. Diesen Vorgang kann man dann mit „denken, denken" etikettieren und zum Atem zurückkehren. Mit Geräuschen kann man es ebenso tun.

Führen Sie nun die erste Atemmeditation durch, indem Sie die Atemzüge zählen oder benennen, machen Sie dies für drei Minuten.

Sitzmeditation
Aus Burkhard (2008, S. 52-55)
Es folgt nun eine angeleitete Sitzmeditation. Versuchen Sie in der nun folgenden Zeit, jedem Moment, jedem Augenblick Ihre volle Aufmerksamkeit zu schenken.

Beginnen Sie die Übung damit, dass Sie sich in eine aufrechte Sitzposition begeben. Nehmen Sie eine Haltung ein, die stabil, aufgerichtet und auch ein wenig würdevoll ist. Gleichzeitig können Sie entspannt und locker sein. Es ist dabei unwichtig, ob Sie auf dem Stuhl sitzen oder auf dem Bettrand, wichtig ist, dass Sie bei der Sitzhaltung keine Schmerzen empfinden. Gönnen Sie sich zunächst einige Sekunden Zeit, um in der Ihnen genehmen Sitzposition anzukommen.

Wandern Sie dann zunächst mit Ihrer Aufmerksamkeit durch den ganzen Körper, von den Füßen bis hinauf zur höchsten Stelle Ihres Kopfes. Einfach nur wahrnehmen, wie Sie sitzen. Spüren Sie den Kontakt der Füße mit dem Boden, nehmen Sie Ihre Beine wahr, Ihre Oberschenkel, den Kontakt des Gesäßes mit der Sitzfläche. Nehmen Sie die Neigung des Beckens wahr.

Ihre Wirbelsäule kann sich locker über dem Becken aufrichten, Wirbel für Wirbel, wie Perlen an einer Schnur. Sie können sich dabei vorstellen, wie sich ein unsichtbarer Faden vom Hinterkopf nach oben zur Decke zieht und dabei den Kopf in seiner Position hält. Die Schulterblätter können entspannt nach hinten unten sinken. Die Arme und Hände hängen ebenfalls locker nach unten.

Fühlen Sie, wie die Oberarme durch ihr eigenes Gewicht herunterhängen. Spüren Sie den sanften Kontakt der Hände, entweder miteinander oder mit den Oberschenkeln oder den Knien. Der Kopf ruht ganz locker und entspannt auf der Wirbelsäule, der Unterkiefer ist gelöst und auch die Augen dürfen weich und entspannt sein.

Richten Sie Ihren Blick jetzt nach innen. Wie fühlt sich Ihr Körper von innen heraus an? Was für Empfindungen nehmen Sie wahr? Vielleicht bemerken Sie noch unnötige Spannungen im Körper, die Sie nun vielleicht loslassen können.

Versuchen Sie die Empfindungen wahrzunehmen, die durch die Atembewegungen hervorgerufen werden. Falls Sie die Atembewegungen nicht spüren, atmen Sie ein Mal tief ein und aus, um festzustellen, wo Sie Ihren Atem am besten spüren können. Entweder als kühlen Luftstrom im Bereich der Nasenöffnung, als Heben und Senken im Bauchbereich oder Brustkorbbereich.

Lassen Sie sich Zeit, die verschiedenen Bereiche zu erkunden. Fühlen Sie, wie der Atem in Ihren Körper einströmt und aus ihm auch wieder ausströmt. Verweilen Sie dann an der Stelle in Ihrem Körper, wo Sie den Atem am besten spüren können und lassen Sie dann den Atem fließen. Die Atmung geschieht ganz alleine, ohne unser Zutun. Spüren Sie die Einatmung, die Ausatmung, das ständige Ein und Aus. Begleiten Sie das Kommen und Gehen des Atems mit Ihrer Achtsamkeit, ohne jedoch den Atem zu beeinflussen.

Wenn Sie bemerken, dass Sie mit Ihren Gedanken abschweifen, bringen Sie sich sanft wieder zur Atmung zurück. Fühlen Sie einfach, wie unterschiedlich und einzigartig jede Atembewegung ist. Der Atem kann flach oder tief, schnell oder langsam, flüssig oder stockend sein. Aber egal wie er ist, er ist immer richtig. Der Atem bringt zum Ausdruck, wie die Realität in diesem Moment ist. Versuchen Sie den eigenen Rhythmus des Atems wahrzunehmen ohne ihn verändern zu wollen. Lassen Sie ihn so sein wie er ist und nehmen Sie die natürlichen Veränderungen aufmerksam wahr.

Verbinden Sie sich immer wieder mit dem nächsten Atemzug, spüren Sie die Einatmung, die Ausatmung und auch die Pause dazwischen. Einfach nur wahrnehmen.

Nach einigen Atemzügen werden Sie vielleicht bemerken, dass Sie in Gedanken abschweifen oder dass Sie ihre Sitzhaltung verändern wollen. Das ist ein ganz normaler Vorgang. Unser Geist ist ständig auf der Suche nach Ablenkung und er entwickelt ständig neue Gedanken und Vorstellungen, mit denen er sich beschäftigen will.

Gedanken und Vorstellungen sind dabei keine Fehler oder Störung der Meditation, sondern einfach weitere Objekte unserer Wahrnehmung. Sobald Sie das Abschweifen bemerken, stellen Sie es einfach nur fest und kehren dann zum nächsten Atemzug zurück und lassen sich wieder auf das Ein und Aus des Atems ein. Weg von den Gedanken, hin zum Heben und Senken der Bauchdecke oder des Brustkorbs. Zur Empfindung der nächsten Ein- und Ausatmung.

Konzentrieren Sie sich auf die ganze Länge der Einatmung und der vollen Länge der Ausatmung und dazwischen liegende Pause. Es ist wichtig, dass Sie bei dieser Übung keinen übertriebenen Ehrgeiz entwickeln. Wir alle besitzen die Fähigkeit, einen Atemzug vollständig zu fühlen und mehr ist nicht erforderlich. Mit der Zeit werden Sie immer schneller bemerken, wenn Sie mit Ihren Gedanken abschweifen und dabei die Ihnen eigene Methode entwickeln, wie Sie wieder zur Atmung zurückkehren können.

Sie können, wenn Ihnen das hilft, die Atemzüge zählen, Sie können die Atemzüge benennen mit „Einatmung" und „Ausatmung". Versuchen Sie dabei die Qualität der Aufmerksamkeit immer wieder zu erneuern. Machen Sie sich aber immer klar, dass es nichts zu erreichen gibt. Es gibt kein Ziel, keinen Zeitdruck, nur der gegenwärtige Moment zählt.

Es kann durchaus sein, dass nach einiger Zeit verschiedene Gefühle und Stimmungen auftreten, wie zum Beispiel Langeweile und Schläfrigkeit. Ein Gefühl von Ruhe und Freude aber auch Unruhe und Ungeduld. Wenn dies gerade der Fall ist, schauen Sie, ob es möglich ist, diese Zustände auch körperlich wahrzunehmen. Wie fühlt sich der jeweilige Zustand in Ihrem Körper an? Was für Empfindungen nehmen Sie wahr, wenn Sie Gefühle von Schläfrigkeit oder Ungeduld oder Langeweile haben?

Bewahren Sie einfach eine offene und akzeptierende Haltung. Egal um welche Empfindungen es sich auch handeln mag. Es ist hilfreich, die jeweilige Erfahrung einfach zu registrieren, sie zu benennen und dann ohne weitere Gedanken darüber zu verlieren, zur Übung zurück zu kehren.

Vielleicht können Sie mit der Zeit still und gelassen bleiben, wie ein Fels oder Berg und sich einfach anschauen, wie die verschiedenen Gedanken und Gefühle kommen und gehen. So wie das Wetter, das sich ja auch ständig verändert. Versuchen Sie einfach wieder da zu sein, im gegenwärtigen Moment, aufmerksam für alle Gedanken und Gefühle. Auch sie sind wie Wolken, die am Himmel ihres Gewahrseins auftauchen, eine Zeitlang dort verweilen und dann weiterziehen. Die mal ein Gewitter oder einen Regenschauer bringen, aber immer vorübergehen.

Gönnen Sie sich nun noch ein paar Sekunden Zeit oder auch mehr, um sich selbst ein Gefühl der Anerkennung zu geben. Anerkennung dafür, dass Sie sich die Zeit für sich genommen haben um sich selbst Aufmerksamkeit zu schenken. Eine Zeit, in der Sie versucht haben, sich bewusst in den Zustand des Nichtstuns, des einfachen Daseins versetzt zu haben. Sie können gerne mehrmals am Tag versuchen, die Atmung auf diese Weise wahrzunehmen um sich selbst für kurze Zeit Achtsamkeit zu schenken, ohne in bewertende Gedanken zu kommen. Die Übung ist damit beendet.

Symptomtherapie

Da der Patient nur zu uns zur Therapie kommt, weil er sein Symptom loswerden will, gehen wir jetzt sorgfältig darauf ein. Zum einen, damit er es besser versteht, wie wir es ja oben schon betrachtet haben, und zum anderen, damit er erfährt, dass es schon bald leichte Besserungen gibt, es also veränderbar ist. Das macht Zuversicht und gibt Kraft und Mut für die vielen therapeutischen Aktivitäten, die anstehen. Wir können wieder den Arbeitsblättern des Praxismanuals folgen. Falls Sie diese noch nicht für die Befunderhebung und Syndromdiagnose herangezogen haben, können Sie – durchaus auch als Wiederholung für den Patienten – seine Beschwerden und Symptome erfassen:
→ *SKT02: Welche Symptome habe ich? (bis zur Syndromdiagnose)*

Wundern Sie sich nicht, wenn einige Symptome dazu kommen und andere weggefallen sind.

→ *SKT03: Wie und wozu mein Symptom entstand* (Machen Sie ruhig noch einmal eine Verhaltensanalyse des Symptoms, denn Ihr Patient hat diese längst wieder ins Unbewusste geschoben). Sie können jetzt ein plausibles Modell seiner Störung etablieren.

Der darauffolgende Schritt wird vielleicht zum Meilenstein:
→ *SKT04: Mit meinem Symptom umgehen lernen*

Ob es sich um ein Befindlichkeitssymptom wie Schlafstörung oder Kopfschmerz oder Schwindel oder Angst oder ob es sich um ein Verhaltenssymptom bzw. Symptom-Verhalten handelt, in beiden Fällen können Sie den ersten Schritt zur Bewältigung des Symptoms gehen. Dabei geht es um die bekanntesten fünf Expositionsschritte AACES
- Achtsamkeit (frühes Wahrnehmen des Signals bzw. Symptoms)
- Akzeptanz (Akzeptieren, dass das Symptom noch kommt bzw. ich es noch habe)
- Commitment (Entscheidung, in der auslösenden Situation zu bleiben)
- Exposition (das Symptom bewusst wahrnehmen, ohne etwas dagegen zu tun)
- Selbstverstärkung (Anerkennen, dass ich die Gelegenheit zum Üben genutzt habe und es noch nicht wichtig war, wie gut ich geübt habe) (siehe Kapitel 3.1 Symptomtherapie).

Ob es sich dabei um eine mehr kognitive Symptombewältigung oder eine überwiegend behaviorale Methode handelt, sei dahingestellt.

Zuerst geht es darum zu verstehen, wie meine Überlebensregel die Entstehung meines Symptoms bewirkt und dann mit den einzelnen Prozess-Gliedern umgehen lernen:
- Primäre Emotion wahrnehmen und zulassen
- Primären Impuls akzeptieren und erlauben, wenn er situationsadäquat ist
- Antizipation negativer Folgen, die die Überlebensregel vorhersagt, als Übertreibung entlarven
- Sekundäres gegensteuerndes Gefühl da sein lassen, ohne zu tun, was es will
- Bisheriges vermeidendes Verhalten durch ein wirksames Verhalten ersetzen
- Symptom (wie oben beschrieben 5-schrittige Symptom-Konfrontation).

Wie bei jedem dieser Schritte therapeutisch vorgegangen wird, ist im PKP-Handbuch „Grundkurs Psychotherapie" beschrieben:

→ Grundkurs Psychotherapie Seite 40 – 59 (Karte 16 – 35) (die beste praktische Umsetzung für die Erarbeitung der Reaktionskette).

4.1.2.3.7 Siebte Stunde: Ressourcenanalyse & Ressourcenmobilisierung (z. B. Aktivitäten etc.)

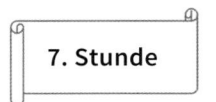

7. Stunde

Ressourcenanalyse
Zur Ressourcenanalyse können Sie dem Patienten den VDS26-Fragebogen zur Erfassung von Ressourcen zum Ausfüllen nach Hause mitgeben und dann ausführlich explorieren. Oder Sie können folgendermaßen vorgehen:

Sie geben ihm drei Arbeitsblätter zur Erfassung von
a) äußeren und
b) inneren und
c) zwischenmenschlichen
Kraftquellen mit folgenden Anweisungen:

Ich möchte Sie einladen, einen Blick auf die Kraftquellen in Ihrem gegenwärtigen Leben zu werfen. Sie sehen hier drei Arbeitsblätter mit Ellipsen, in die Sie Ihre Kraftquellen eintragen können.

Beginnen wir mit a) äußeren Kraftquellen (Hobbys, Lieblingsbeschäftigungen):

- Welche Möglichkeiten finden Sie in Ihrer Lebenswelt vor, um etwas zu unternehmen, was Kraft, Freude, Selbstbewusstsein, Entspannung, Abwechslung oder Erholung gibt?
- Was machen Sie immer noch?
- Was haben Sie bis vor kurzem noch gemacht?
- Was haben Sie früher gemacht und könnten es wieder anfangen?
- Was wird angeboten und Sie könnten es leicht ausprobieren?
- Was würden Sie sehr gerne mal machen?

Kraftquellen in meiner jetzigen Lebenswelt
( ) äußere   ( ) innere   ( ) zwischenmenschliche

```
         _____
       /                          \
      /    _____      \
     /    /                  \      \
    /    /    _____     \      \
   |    |    /   ICH     \     |      |
   |    |   | extrem     |    |      |
    \    \   \ wichtig  /    /      /
     \    \   ‾‾‾‾‾‾‾‾‾‾    /      /
      \    \   sehr wichtig /      /
       \    ‾‾‾‾‾‾‾‾‾‾‾‾‾‾‾      /
        \         wichtig       /
         ‾‾‾‾‾‾‾‾‾‾‾‾‾‾‾‾‾‾‾‾‾‾
```

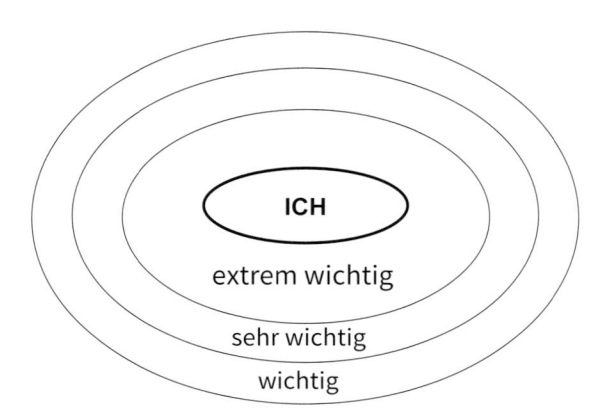

Abb. 4.1.3 Sammeln von Kraftquellen und Ressourcen

Lassen Sie sich Zeit. Nach der Nachbesprechung kommen die innern Kraftquellen:

- Eventuell ist Ihnen das Bewusstsein für Ihre eigenen Stärken verloren gegangen
- Rücken wir diese mal ins Licht:
- Was ist ihr größte, wichtigste Stärke?
- Was ist auch eine sehr wichtige Eigenschaft / Fähigkeit?
- Und was ist zudem wichtig genug, um hier genannt zu werden?
- Eigenschaften, die Ihnen bisher geholfen haben, mit denen Sie zufrieden sind, die andere mögen oder schätzen.

Und zuletzt können Sie sich auf Ihre c) zwischenmenschlichen Kraftquellen (konkrete Menschen) konzentrieren: Tragen Sie diejenigen Menschen ein, die Kraft geben.

Prüfen Sie bei einer bestimmten Person, ob sie in Ihrem innersten Kreis (Ellipse) oder sehr nah ist oder gut befreundet oder ob die Beziehung wichtig oder locker ist und tragen Sie den Namen an der passenden Stelle ein.
(Mit einem Seitenblick auf die Stoffsammlung des VDS26 können Sie zusätzlich noch einiges erfragen).

Ressourcenmobilisierung: Neue Aktivitäten und Lebensgewohnheiten
Jetzt sollte etwas geschehen, was nicht schon beim daran Denken unangenehme Gefühle macht. Etwas was Selbstwirksamkeit erfahrbar macht: „Ich mach etwas und ich kann etwas. Und das hat mit dem Problem, das zur Symptombildung führte, nichts zu tun." Natürlich kann eine Bequemlichkeit im Weg stehen, aber auch wenn keine großen Aktionen gestartet werden, auch kleine sind ein erster Schritt. So viel eben das Verhandeln mit der geschwächten Seite des Patienten möglich macht. Wobei es von Anfang an gut wäre, dass es keine Verhandlung zwischen Patient und TherapeutIn ist, sondern mit zwei Stühlen zwischen dem „Müden" und dem Unternehmungslustigen. Zum praktischen Vorgehen können wir das Praxismanual (S. 32-34) heranziehen:

→ *SKT05: Was ich gleich ändern kann und will – mein erster Projektvertrag*
a) Sport und Bewegung täglich 30 Minuten (Gehen, Joggen, Radeln, Schwimmen)
b) Entspannung und Achtsamkeitsübungen 30 Minuten
c) Geselligkeit zweimal wöchentlich Treffen mit Freunden
d) Entwicklungsarbeit (was wir in der Therapiesitzung als jeweilige Projektarbeit vereinbaren).

Nur solche Zeitdauern und Häufigkeiten vereinbaren, bei denen Sie sicher sind, dass der Patient sie auch schaffen kann und will. Sparen Sie sich den Frust nicht gemachter Hausaufgaben.

Genusstraining
Wohltuende visuelle, akustische, olfaktorische, gustatorische und kinästhetische Wahrnehmung üben (verstärkende Stimuli in allen Sinnesmodalitäten sammeln und exponieren).

Genusstraining 1

Sammeln
von genussvollen Sinneseindrücken (je 5):

Augenweiden: ....
....

Himmlische Klänge: ....
....

Bezaubernde Düfte: ....
....

Wohlmunder Geschmack: ....
....

Schmeichelnde Berührungen: ....
....

Bewusst und konzentriert wahrnehmen – Was? Wie? Was löst es in mir aus? Wie geht es mir damit?
Die Erinnerung daran absichtlich bewahren – gut merken und erinnerndes Nachspüren des Angenehmen.
Immer mehr Situationen zu diesem konzentrierten Sinneserleben nutzen.

Genusstraining 2

Üben
von genussvollem Sinneserleben: Augenweiden – himmlische KLänge – bezaubernde Düfte – wohlmunder Geschmack – schmeichelnde Berührungen

Situation: .... Uhrzeit: ......

Genießender Sinn: ....

Wahrnehmungen: ....

Gefühl danach: ....

Immer öfter das Bewusstsein weg von Grübeln zur Wahrnehmung des Momentanen lenken.

Der Mensch wendet sich intuitiv stets der intensivsten Wahrnehmung zu. Ist das Schmerz und Leid, so konzentriert er sich darauf – bis es ihm gelungen ist, sich davon zu befreien.
Bei chronisch gewordenem Leid führt seine Aufmerksamkeitslenkung zum Gegenteil. Sie ist einerseits nutzlos. Zum anderen hält sie davon ab, die Ressourcenseite des Lebens wahrzunehmen und zu nutzen.
Deshalb müssen wir gegen die reflexhafte Fokussierung des Leids und des Leidens gezielt Kraft aufwenden. Das kann nicht von selbst geschehen. Wir merken, dass der Patient ständig Energie aufwenden möchte, um sich wieder dem zuzuwenden, was nicht in Ordnung ist und in Ordnung gebracht werden muss. Und diese Energie empfinden wir als therapeutischen Widerstand.

Deshalb müssen wir ihn ermuntern, anleiten und begleiten, damit er „wider seine momentane Natur" sich dem Genuss zuwendet – wir deklarieren das als Pause.

Genusstraining 3

Erinnern
von genussvollem Sinneserleben: Augenweiden – himmlische KLänge – bezaubernde Düfte – wohlmunder Geschmack – schmeichelnde Berührungen

Situation: .... Uhrzeit: ......

Genießender Sinn: ....

Erinnern: ....

Gefühl danach: ....

Aktivitätenaufbau und Tagesplanung

Wenn Ihr Patient unter einer Depression leidet, ist hier der Zeitpunkt für die Vereinbarung zum Aufbau positiver Aktivitäten und zur Tagesplanung:

Positive Aktivitäten sind Aktivitäten, die verstärkend wirken. Sie werden in der Depressionstherapie zur Stimmungsverbesserung eingesetzt. Bei allen

anderen Störungen ist es aber auch sehr wertvoll, dass der Patient seine Tage planend strukturiert und ausreichend soziale Kontakte einplant. Er bekommt wieder das Gefühl, dass er sein Leben selbst gestaltet. Er stellt wieder ein Aktivitätsniveau her, das ihm seine Funktionsfähigkeit zeigt. Er plant soziale Kontakte, die für ihn unterstützend wirken und ihm soziale Verstärkung geben. Die Schritte sind:
- Erstellen einer individuellen Liste von Aktivitäten, die Spaß machen oder Erfolg bringen
- Planen der Aktivitäten des nächsten Tages
- Protokollieren einer Aktivität sofort nach Durchführung
- Planen von Treffen mit Freunden
- Planen von weiteren Freizeitaktivitäten

→ Grundkurs Fertigkeiten: Aktivitätenaufbau Seite 61 (Karte 37) oder
→ PKP-Handbuch/PKP-Karten Depression Karten Seite 51-55 / Karten 15-19

4.1.2.3.8 Achte Stunde: Metakognitionstherapie. Von der dysfunktionalen Überlebensregel zur Erlaubnis gebenden Lebensregel

8. Stunde

Sie haben mit dem Patienten seine Überlebensregel erarbeitet und inzwischen viele Beispiele von ihm berichtet bekommen, bei denen er – obwohl er es nicht wollte – entsprechend seiner Überlebensregel gehandelt hat. Seine Psyche ging den Weg des geringsten Widerstands bzw. der weniger unangenehmen Gefühle. Wie hätte er sich gefühlt, wenn er dieser Regel entgegengehandelt hätte? Erkunden Sie das:
- Sie sagen etwa: „Stellen Sie sich vor, Sie müssen sich ab jetzt zwei Wochen lang, genau das Gegenteil dessen tun, was Ihre Überlebensregel gebietet."
- Jetzt spürt der Patient erst die Bedeutung seiner Überlebensregel. Diese warnt drastisch und macht Angst beim Gedanken, gegen sie zu verstoßen.
- Der innere Konflikt des Patienten wird jetzt aktiviert, ähnlich wie in der Symptom auslösenden Situation. „Entweder bleibe ich so angepasst und unglücklich in meiner Beziehung, oder ich zeige deutlich, was ich brauche und will – riskiere aber Liebesverlust/Trennung".
- Dies können wir jetzt mit dem Patienten reflektieren (Metakognitive Betrachtung = Mentalisieren).
- Durch die Nachbesprechung hält der Patient die befürchteten Folgen für so unwahrscheinlich, dass er entgegen seiner Überlebensregel handeln will. Sie schließen mit ihm einen Vertrag, durch den er sich unterstützt fühlt.
- Es sollte eine sicher in der nächsten Woche auftretende Situation mit einer benannten Bezugsperson sein. Die Situation sollte nur so schwierig sein, dass Sie sicher sind, dass der Patient es schafft.
- Der Patient und Sie sollten zuversichtlich sein, dass die gemeinsam formulierte Erwartung auch eintritt.
- Ein Handschlag besiegelt den Vertrag.

4.1.2.3.9 Neunte Stunde: Emotionstherapie 1: Tiefe emotionale Erfahrung – Gefühle wahrnehmen

9. Stunde

Sie haben mit dem Patienten vereinbart, dass Sie heute mit ihm eine belastende Situation mit einer wichtigen Bezugsperson hinsichtlich des emotionalen Hintergrunds und der damit zusammenhängenden Gefühle betrachten. Sie beide achten zu jedem Zeitpunkt des Gesprächs darauf, wann, nach welchem Gedanken oder welcher Erinnerung welches Gefühl auftritt und geben diesem Gefühl Raum. Er kann mit Ihrer behutsamen und einfühlsamen Unterstützung das Gefühl da sein lassen, intensiver werden lassen. Sie sprechen das Gefühl aus, benennen den Auslöser, so dass er den Zusammenhang metakognitiv erfassen kann, während er aber ganz beim Gefühl bleibt. Keine ablenkenden Gedanken, Erinnerungen oder Assoziationen – der Fokus bleibt beim Gefühl und bei dem, was aus diesem Gefühl heraus entsteht oder erinnert wird. Sie müssen den Patienten immer wieder zurückholen, sonst ist die Emotionsarbeit nach wenigen Minuten vorbei. Ein sicheres Vorgehen ist das Emotion Tracking, eine vereinfachte Form des von Albert Pesso (2008) entwickelten Microtracking:

Emotion Tracking – verborgenen Gefühlen auf der Spur
Eng angelehnt an Pessos Microtracking (Pesso, 2008; Bachg, 2005; Schrenker, 2008) können wir nicht-bewussten Gefühlen und dem sie auslösenden Beziehungs-Kontext auf die Spur kommen.

Ähnlich dem Achtsamkeitsansatz versuchen wir, den Patienten mit seiner Aufmerksamkeit auf seine Bewusstseinsprozesse im Hier und Jetzt zu lenken – das ist der Moment unseres therapeutischen Gesprächs. Und auch unsere Aufmerksamkeit ist darauf gerichtet. Welches Gefühl, welcher Gedanke, welcher Körperprozess (vegetativ oder motorisch), welche Imagination, welche Erinnerung, welche Wahrnehmung erfolgt genau jetzt in der Gegenwart?

Der Patient muss dabei meist erst lernen, ein Gefühl als Gefühl, einen Gedanken als Gedanke und eine Erinnerung als inneres Bild der Vergangenheit zu identifizieren. Während der Achtsamkeitsansatz von da an in einer distanzierenden Beobachtung ohne Reflexion über Herkunft und Zusammenhänge z. B. von Gefühlen bleibt, wird beim Emotion Tracking der Patient nach dieser differenzierenden Zuordnung von Kognitionen, Emotionen, Wahrnehmungen, Erinnerungen und Phantasien zu einem Erkennen der Zusammenhänge geführt. So übt er laufend metakognitiv zu denken und seine Theory of Mind zu entwickeln (Mentalisieren (Fonagy et al., 2008; vergl. Sulz et al., 2012)):

Das Gefühl Enttäuschung trat auf, als die Erinnerung an eine Situation kam, in der die Sehnsucht nach der Begegnung mit dem Vater durch dessen Absage frustriert wurde. Oft ist das Gefühl da und der Patient hat es sich noch nicht bewusst gemacht. Die TherapeutIn spricht das von ihr beobachtete Gefühl aus. Im Gegensatz zur klientenzentrierten Gesprächstherapie wird nicht nur das Gefühl von der TherapeutIn ausgesprochen, sondern stets auch, während oder nach welcher Äußerung des Patienten es auftritt. Also was es vermutlich ausgelöst hat (metakognitives Verständnis). Es ist erstaunlich, wie prompt der Patient zuerst nonverbal und dann verbal zustimmt, wenn die TherapeutIn das richtige Gefühl erkannt hat.

Pesso hat eine weitere sehr wirksame Intervention in diesen Prozess aufgenommen: Der Gedanke „Ich habe schon wieder versagt" ist nur ein Gedanke und keine Realität. Er ist eine von außen übernommene selbstsuggestive Botschaft und gar kein eigenes Produkt. Vielleicht hat früher jemand so zum Patienten gesprochen: „Du hast schon wieder versagt!" Also kann dieser Satz probatorisch wieder nach außen verlagert werden, als ob gerade jemand diese Worte zum Patienten sagen würde. Das können Sie jetzt tun. Sprechen Sie diesen Satz in Du-Form und fragen den Patienten, wie das ist, wenn die Aussage von außen kommt. Auf diese Weise wird eine sehr elegante Art der kognitiven Umstrukturierung bewirkt, weil der Patient einen von jemand anderem ausgesprochenen Satz jetzt prüfen kann, ob er seinen Inhalt annehmen oder sich dagegen wehren möchte. Und ein solcher (dysfunktionaler) Gedanke, den er gerade noch innerlich zu sich selbst gesagt hat, wird nun in eine Interaktion mit jemand anderem zurückverlagert, so dass Beziehung beginnt. Später kann darauf zurückgekommen werden: Wer sagt(e) da was zu mir? Was macht(e) der dadurch mit mir? Welche Beziehung ist/war das?

Der Körper als Schnittstelle zwischen Gefühl und Handlung hilft oft weiter: Da der Patient oft motorisch unruhig wird, während er sich mit einem emotional bewegenden Thema beschäftigt, kommt es immer wieder zu Bewegungen mit Händen, Füßen oder anderen Körperteilen. Nicht selten sind das Ansätze zu komplexen interaktiven Handlungen wie: auf die Person zugehen, um die es gerade geht, oder fliehen oder schlagen, treten, die Hand geben, streicheln, festhalten, umarmen, wegstoßen usw. Lenken Sie die Aufmerksamkeit auf diese Bewegungen und fragen, was die Hand macht, was für eine Bewegung daraus entstehen möchte. Sie können auch bitten, eine rudimentäre Bewegung intensiver werden zu lassen, bis eine Handlung daraus entsteht.

Der Körper hilft bereits von Beginn des Emotion Tracking an: Das Gesicht des Patienten ist der Ort, an dem Sie das momentane Gefühl des Patienten erkennen. Natürlich hilft es, die emotionale Bedeutung dessen, was der Patient gerade sagt, empathisch zu erspüren. Doch Empathie allein reicht nicht, Sie müssen Ihre Fähigkeit, Gefühle am Gesicht ablesen zu können, schulen. Erst dann kommen Sie in den im wörtlichen Sinne Genuss einer laufenden unmittelbaren Verstärkung durch die Bestätigung des Patienten. Auch für den Patienten ist das gesehen und erkannt Werden mit seinem Gefühl eine so positive Erfahrung, dass ihm die Erleichterung am Gesicht abzulesen ist.

Dieser Teil des Emotion Tracking ist die bisher weitreichendste Art, somatische Marker (Damasio, 1995, 2000, 2003) im Sinne der Hirnforschung in der Psychotherapie einzusetzen. NLP (Neurolinguistisches Programmieren, das der Hypnotherapie entstammt) und die Ericksonsche Hypnotherapie arbeiten zwar schon lange damit, aber nicht mit dieser Konsequenz, Systematik und diesem zentralen Stellenwert.

Diese emotionale Arbeit vertieft zugleich die Fähigkeit des Patienten, sein Bewusstsein auf die Gegenwart und die real ablaufenden Prozesse zu lenken, und seine Fähigkeit, kognitiv Zusammenhänge zu erkennen. Der Begriff der Einsicht, von der wir wissen, dass sie nur partiell hilft, um therapeutische Veränderungen zu erzielen, trifft diese Erweiterung des kognitiven Horizonts des Patienten nicht ganz, weil dies meist globaler, abstrakter und rationaler erfolgt. Deshalb ist es besser, den Begriff der Einsicht durch Greenbergs (2000, Elliott et al., 2008) Begriff der „tiefen emotionalen Erfahrung" zu ersetzen, der beides vereinigt: Emotionales Erleben und Metakognitives Verstehen. Hier wird auf einer Mikroebene die Reaktionssequenz von Kognition und die von dieser ausgelösten Emotion gelenkt und auf den aus dieser resultierenden Handlungsimpuls. Zugleich wird aber auch der psychosoziale Kontext ins Bewusstsein gerückt. Denn der Gedanke oder die Erinnerung führt zu den Lebenssituationen und wichtigen Beziehungen des Patienten, zu den Ereignissen, die den Kontext für die jetzt ablaufenden Gefühle und Gedanken bilden. Dieser Kontext kann von Ihnen weiter exploriert werden, so dass Sie und der Patient immer mehr die gegenwärtigen Reaktionen des Patienten verstehen.

Wenn das Emotion Tracking in der Klärungsphase der Therapie als bottom-up-Verhaltens- und Bedingungsanalyse eingesetzt wurde, können wir gemeinsam mit dem Patienten das bedingungsanalytische Gespräch weiter führen, wie wir es gewohnt sind. Wir bleiben dann in einer problem- und defizitorientierten Analyse, die zu diesem Zeitpunkt stimmig ist.

Wie es war: Wir können den Patienten in seine Kindheitsbeziehungen führen, so dass er die lerngeschichtliche Herkunft seiner gegenwärtigen emotionalen Not und Beziehungsprobleme erkunden kann. Der Patient geht in seiner Phantasie und Erinnerung zurück und erlebt sich wieder als das Kind der damaligen Zeit. Nun wird das Drama dieser Kindheit imaginativ inszeniert und vom Patienten intensiv gespürt (auch körperlich).

Wie es hätte sein sollen: In einem weiteren Schritt wird eine neue Bühne eröffnet, in der eine hypothetische und synthetische Kindheit imaginiert wird mit idealen familiären (und gesellschaftlichen) Bedingungen, mit idealen Eltern, so dass der Patient aus seinem Gefühl heraus entwickeln kann, was er wirklich gebraucht hätte und wie sich da angefühlt hätte, das auch zu bekommen (auch körperlich). Diese Erfahrung ist beglückend, so dass diese Arbeit nicht nur Klärung ist, sondern bereits eine eindeutig ressourcenorientierte Methode ist, die ein neues Gedächtnis samt intensiven somatischen Markern schafft, das als dauerhafte Ressource verfügbar bleibt und künftiges Verhalten konkurrierend zum biografischen Gedächtnis mit beeinflusst.

Die Ideale-Eltern-Übung
Statt einer ausführlichen Anamnese und Exploration kann eine kurze Imaginations-Übung gemacht werden: Die Ideale-Eltern-Übung (Perquin & Howe, 2008).

Es wird nur kurz darüber gesprochen, inwiefern die realen Eltern sich enttäuschend, bedrohlich oder empörend verhalten haben. So haben wir einige Information über die zentralen Beziehungen der realen Kindheit. Wir wollen nach der Erfassung der Geschichte mit den insuffizienten, frustrierenden Eltern den Gegenpol spürbar werden lassen, in dessen Licht das Versagen der Eltern betrachtet werden kann – als Referenzwert für eine individuell befriedigende Kindheit. Und weil eine Vision als Ressource etabliert werden kann, die künftig positive Begegnungen erwarten lässt, wodurch diese auch häufiger eintreten.

Die Frage ist „Was habe ich davon, wenn ich weiß, was ich damals wirklich gebraucht hätte? Ich kann es ja nicht nachholen?"

Und die Antwort: Erstens geht es nicht um kognitives Wissen. Zweitens ist wissenschaftlich nachgewiesen, dass nicht nur reale Erfahrungen (wie unsere reale Geschichte) auf unser Verhalten wirken, sondern im Sinne des mentalen Trainings auch erfundene, neu kreierte.

Das Vorgehen besteht darin, wie denn im Kontrast diejenigen Eltern gewesen wären, die der Patient als Kind in einem bestimmten Alter oder hinsichtlich eines extrem frustrierenden Aspekts der Kindheit wirklich gebraucht hätte.

Auch wenn es nur eine kurze Übung von 15 Minuten ist, kommt es doch zu einem sehr schönen Erlebnis.

Ideale-Eltern-Übung (verändert nach Perquin & Howe, 2008)

Wenn der gut vorbereitete Patient einwilligt, fragt die TherapeutIn nach den gewünschten oder ersehnten Attributen, der idealen Mutter,

spricht der Patient seine Wünsche aus, z. B. „Sie hätte immer Zeit haben müssen für mich!"

wiederholt die TherapeutIn jede gewünschte Eigenschaft oder Handlungsweise, z. B. können wir die ideale Mutter sagen lassen „Wenn ich damals da gewesen wäre, als die Mutter die du gebraucht hättest, als du 4 Jahre alt warst, hätte ich immer Zeit für dich gehabt!"

Ist durch die Schilderung ein lebendiges Bild z. B. der idealen Mutter entstanden, so schlägt die TherapeutIn vor, ein Objekt (in der Einzeltherapie) auszuwählen, das die ideale Mutter repräsentiert.

Diese wird vom Patienten genau dort und genau so positioniert, dass sie die wunscherfüllende Vision in Szene setzt.

Von jetzt an spricht die TherapeutIn – während der Blick des Patienten auf das Objekt gerichtet bleibt – die wunscherfüllenden Sätze aus „… hätte ich mich gefreut, wenn du vom Kindergarten heimkommst."

Zögerlichen Patienten hilft die TherapeutIn mit Ideen aus, die dem Wunsch des Kindes von damals (je nach Alter sehr verschieden) entsprechen, z. B. Hand halten, den Arm um die Schulter legen, den Kopf an ihren Brustkorb legen können usw.

Am zunehmenden Wohlgefühl, das auch ohne mikroskopisches Emotion Tracking von weitem erkennbar ist, erkennt die TherapeutIn, dass eine Situation inszeniert wird, die immer mehr bedürfnisbefriedigend wird.

Irgendwann merkt der Patient, dass der ideale Vater fehlt und dieser wird hinzugenommen.

Meist wird er spontan zur idealen Mutter so positioniert, dass ein sich liebendes Paar dort steht oder sitzt, die, ohne sich als Paar vom Kind trennen zu lassen, dieses zu sich holen und ihm das geben, was es braucht.

So entsteht eine Art Skulptur als Schlussbild, mit in allen Belangen befriedigenden und dadurch beglückenden Aspekten.

Die TherapeutIn fordert den Patienten auf, sich dieses Bild gut einzuprägen mit allen Sinnen, szenisch, körperlich, emotional.

4.1.2.3.10 Zehnte Stunde: Widerstandsanalyse (regressive Ziele, das Dilemma, Loslassen)

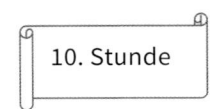

> 10. Stunde

Regressive Ziele

Obwohl der Patient bereits bei der Zielanalyse die Nachteile der Zielerreichung und die Nachteile des ausgewählten Lösungsweges bedacht und auch emotional vergegenwärtigt hat, ist es notwendig, noch einmal all das gründlich zu analysieren, was ihn in seinem bisherigen Leben davon abgehalten hat, den anstehenden Entwicklungsschritt zu tun. Denn dieser wäre ja schon als Kind – vor Jahrzehnten – zeitgemäß gewesen.

Also beginnt noch einmal eine biographische Rückschau, ein Erinnern an das Kind von zum Beispiel vier Jahren, seine damalige Lebenssituation. Die TherapeutIn versucht, den Patienten ganz in die Empathie zu diesem Kind hineinzubewegen, dessen Bedürfnisse, dessen Frustration, seine Gefühle, seine wehrhaften Handlungsimpulse, seine Ängste und Schuldgefühle und schließlich seine damalige Kapitulation. Als Kind war der Befreiungsdruck vielleicht ebenso groß wie heute. Aber damals war die Abhängigkeit real. Diese eindeutige Chancenlosigkeit, zusammen mit dem kindlichen Lebensplan, auf alle Fälle einigermaßen heil durch die Kindheit zu kommen, erklärt, weshalb damals Resignation auftrat und nicht Symptombildung. Die autonome Psyche des Kindes entschied damals, dass die für seine Kindheit lebensnotwendige elterliche Versorgung nur durch ein einigermaßen gedeihliches Klima zu gewährleisten ist.

Die Aussage „Ich brauchte damals von meinen Eltern doch noch ..." beschreibt das kindliche Selbstbild. Der Patient kann nun nachspüren, wieviel davon er auch heute noch braucht (ganz gleich, welche Ziele er sich in der letzten Stunde gesetzt hatte). Gemeinsam mit der TherapeutIn sammelt er nun all das, was er am liebsten behalten würde und ohne das er sich noch nicht vorstellen kann, leben zu können. Diese Güter und Gratifikationen der Abhängigkeit müssen möglichst deutlich herausgearbeitet werden, ihre affektive Bedeutung ganz ausführlich erspürt und das Wohltuende an ihnen noch einmal gekostet werden (auch körperlich). Und PatientIn und TherapeutIn müssen beide akzeptieren, dass diese Bedürfnisse jetzt noch so stark da sind.

Im Dilemma: Der Konflikt

Daraufhin schwenkt der Scheinwerfer der Aufmerksamkeit auf die Ziele, die in der Zielanalyse erarbeitet wurden. Dadurch wird der Patient sich seines Dilemmas bewusst. Er kann versuchen, diesen doppelten Annäherungs-Vermeidungs-Konflikt (Miller, 1944) aufleben zu lassen, nicht mehr aus der Perspektive dessen, der ihm ohnmächtig ausgeliefert ist, hin und her gerissen, entscheidungsunfähig. Sondern aus der Perspektive dessen, der sich auf den Weg machen möchte. Ein wichtiges Kriterium des Entwicklungszustandes eines Menschen ist seine Fähigkeit, bewusst Ambivalenz wahrzunehmen. Und ein weiteres Kriterium ist die Fähigkeit, diese zusätzlich emotional zu ertragen, d. h. sie solange mit den zugehörigen Gefühlen im Bewusstsein zu lassen, bis ein bewusster konstruktiver Lösungsweg gefunden wurde. Die Therapiestunde zeigt deutlich den Entwicklungsstand des Patienten in dieser Hinsicht. Ist seine Ambivalenztoleranz zu niedrig, so wird er sich sträuben, sein Dilemma in seiner ganzen affektiven Bedeutung, selbst im schützenden Rahmen dieser kognitiven Gesprächsführung, ausgiebig genug wahrzunehmen.

Er wird entweder vorschnell auf Zielvorschläge der Therapeutin eingehen oder die affektive Bedeutung von sich fernhalten und nur zu kognitiven Abwägungen kommen.

Gelang es dem Patienten, die affektive Bedeutung der angestrebten therapeutischen Entwicklung in vollem Ausmaß zu thematisieren, so wird noch einmal versucht, Empathie und Akzeptanz für das bisherige Sträuben gegen Veränderung herzustellen. Diese Seite im Patienten ist nicht der Gegner der Therapeutin (der Widerständler) und auch nicht der Gegner des Patienten (die unfähige

Seite), sondern ein liebens- und schätzenswerter Mensch, der es sich nicht leicht gemacht hat und der die äußerst schwierigen Lebensbedingungen der Kindheit und Jugend auf bestmögliche Weise gemeistert hat: TherapeutIn und Patient versuchen, von Anfang an, den Widerstand als die dritte Person in der Therapiesitzung miteinzubeziehen, bei allen Entscheidungen zu berücksichtigen und, wie bei der Hypnotherapie, Verhandlungen mit ihr zu führen.

Wir haben also die TherapeutIn als erste Person. Ihr sitzen eigentlich zwei Personen gegenüber. Das ist die am Symptom leidende änderungswillige Seite des Patienten als zweite Person, und als dritte Person diejenige Seite, die sich weigert, Veränderungen zuzulassen, die gegen die Überlebensregel verstoßen und stattdessen das Symptom als kreative Alternative erschaffen hat. Die beiden Seiten des Patienten, die zunächst Gegenspieler sind, können wir auch Selbstmodus nennen (Hoenes et al., 2014; Sulz & Hoenes, 2014). Angesichts der widrigen Bedingungen der Kindheit und des weiteren Lebens konnte der Mensch nicht in einem primären Selbstmodus bleiben, der sich auf seine primären Emotionen (z. B. Ärger) verlässt. Er musste diese unterdrücken und stattdessen sekundäre Gefühle ins Erleben bringen (z. B. Ohnmachtsgefühl, Unterlegenheit) und wurde so ein sekundärer Selbstmodus, der sich an die Überlebensregel hält – z. B. ein selbstunsicherer Mensch geworden ist. Wenn der primäre Selbstmodus mit seiner primären Emotion der Wut gefährlich intensiv zu einer primären Handlungstendenz (z. B. sich wirksam wehren) neigt, muss der sekundäre Selbstmodus per Symptom die Notbremse ziehen, um das emotionale Überleben zu sichern. Er tut damit sein Bestes und ihm gebührt Wertschätzung und Akzeptanz.

Bis zur nächsten Stunde soll der Patient versuchen, das Audioprotokoll dieser Stunde abzuhören, sich dabei emotional sein Dilemma zu vergegenwärtigen und eine empathische und akzeptierende Haltung zu dieser „dritten Person" bzw. zu seinem sekundären Selbstmodus zu finden.

Loslassen und Abschied nehmen, um frei zu werden für Neues

Wir haben feststellen müssen, dass es mit einer Entscheidung nicht getan ist, auch wenn sie die eigentliche Weichenstellung darstellt. Die Entscheidung bedeutet Abschied von vielem, was zu den guten Seiten der Kindheit gehörte und was im Erwachsenenalter bewahrt oder bekommen werden sollte.

Als Bild können wir uns folgende Situation vorstellen. Der Patient befindet sich am alten Ufer seines bisherigen Lebens und seiner bisherigen inneren und äußeren Welt. Er hat sich entschlossen, dieses hinter sich zu lassen und mit einem Schiff in ein neues Leben und eine neue Welt zu fahren. Er hat auch schon konkrete Vorstellungen und Erwartungen bezüglich der neuen Welt und des neuen Lebens.

Manches muss er zurücklassen, weil es zur alten Welt gehört und nicht mitgenommen werden kann. Manches will und muss er zurücklassen, weil es ihn hindert, im neuen Leben und in der neuen Welt wirklich etwas anderes herzustellen und zu errichten. Er muss keine Menschen zurücklassen, höchstens die Bedeutung, die diese bisher für ihn hatten. Dies kann mit einer Imaginationsübung („Bootsübung") ins unmittelbare Erleben gebracht werden. Der Patient stellt sich vor, er trage am Ufer all das zusammen, was er mitnehmen kann und will. Und etwas zurück liegt oder steht all das, was er zurücklassen muss. Dies kann mit Gegenständen symbolisch dargestellt werden oder rein imaginativ. Er verabschiedet sich einzeln von den zurückgelassenen Bestandteilen seiner alten Welt und seines alten Lebens.

Jetzt, nachdem die Entscheidung gefallen ist, das Schiff oder Boot gerade dabei ist, sich vom alten Ufer zu lösen, müssen die Taue, die es festgehalten haben, losgebunden und losgelassen werden. Während sich das Schiff/Boot vom Ufer entfernt, ist der Blick zurück ein Abschied nehmen – für immer. Die Endgültigkeit des Abschieds bezieht sich nur auf genau dieses Ufer – das alte Entwicklungsgleichgewicht des Selbst und der Welt. Dies wird im Erleben oft damit verwechselt, nie wieder an einem Ufer landen zu können, nie wieder festen Boden unter den Füßen zu bekommen.

Abschied – loslassen – trauern, diese Schrittabfolge ist nur möglich, wenn ich weiß, dass ich überleben werde, dass ich lebensfähig bin – dass ich den Verlust dessen, wovon ich mich verabschiede, verkraften werde. Das setzt so viele Beck'sche empirische Hypothesenprüfungen voraus, dass das Bollwerk der Überlebensregel schon eingestürzt ist. Nur dann kann Überlebensangst in Trauer übergehen.

Manchmal merken wir, dass eine Therapiesitzung nicht ausreicht, damit der Patient wirklich so weit kommt, dass er sich ohne Angst verabschieden kann, um sich Trauer und Abschied zu stellen. Dann wird die Boots-Übung erst in der darauffolgenden Stunde durchgeführt. Die Instruktion für die Imaginationsübung findet sich im
→ **SKT26-Arbeitsblatt „Loslassen, um frei zu werden für Entwicklung** im Praxismanual S. 189ff

Aufgrund der Entwicklungsschritte in der bisherigen Therapie sollte der Patient jetzt im Besitz diese Gewissheit sein – andernfalls wird Angst statt Trauer erlebt. In der Therapiestunde kann die Imagination des Schiffes, mit dem der Patient sich vom Ufer entfernt und von dem aus er das Ufer entschwinden sieht, immer kleiner, immer ferner werden, bis es am Horizont verschwunden ist, diesen Vorgang affektiv erlebbar machen. Ohne solches affektive Vergegenwärtigen ist der Abschied kein Abschied und es wird doch weiter emotional am Alten festgehalten. Kognitive Umstrukturierungen bleiben „im Kopf", ohne Bedeutung für die künftige Lebensgestaltung. Ohne Loslassen ist Trauer nicht abschließbar, wird sie immer wiederkehren, um wie die Schallplatte mit dem Kratzer an der gleichen Stelle hängen zu bleiben. Das Trauern wird dem Patienten dadurch erleichtert, dass er sich möglichst intensiv an das Gute, Wohltuende, Wertvolle, bisher so sehr Gewünschte und scheinbar Gebrauchte erinnert. Das Weinen um das Verlorene löst auch die bisher festgehaltenen Gefühle und schafft mit den wieder verfügbaren Gefühlen den Zugang zu den zugehörigen Handlungsimpulsen, die von nun an erlaubt sind und zum aktiven Verhaltensrepertoire gehören dürfen. Der Patient hat im Umgang mit der Welt neue Wahlmöglichkeiten (Wippich & Sulz, 1986).

Wenn die Imagination nicht zu Trauer führt, sondern Angst bestehen bleibt oder wenn in der Imagination einfach alles mitgenommen wird, was am alten Ufer zurückbleiben sollte, oder das Schiff zurück in den alten Hafen kehrt, ist der Patient noch nicht so weit. Die therapeutische Arbeit besteht dann darin, die notwendigen Bedingungen herzustellen, die ihm einen Abschied ohne Angst ermöglichen.

Bis zur nächsten Sitzung sollte der Patient das Audioprotokoll dieser Sitzung anhören und versuchen diese Schritte in seinen Gefühlen so zu reaktivieren, so dass jeden Tag Abschied, Loslassen und Trauern stattfindet.

4.1.2.3.11 **Elfte Stunde:** *Neue Fertigkeiten ausprobieren im Umgang mit mir und mit anderen*

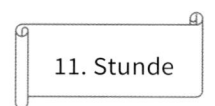

11. Stunde

Nachdem wir die erste Säule der Therapie – die Symptomtherapie – aufgebaut haben, können wir nun die zweite Säule – das **Fertigkeitentraining** – errichten. Wir haben ja schon etwas Vorarbeit geleistet (Achtsamkeit, Entspannung, Bewegung, Geselligkeit). Jetzt wenden wir uns diesem Thema systematisch zu. Es geht um soziale, kommunikative, kognitive und emotionale Kompetenz. Wem zu intensive Gefühle im Weg stehen beim Versuch, befriedigende Beziehungen zu gestalten, muss mit der Emotionsregulation beginnen. Wer überzeugt ist, dass das neue Verhalten nicht sein darf, muss zuerst seine dysfunktionalen Kognitionen prüfen.

Soziale Kompetenz
Ideal ist es, wenn gleich zu sozialen Situationen gegangen werden kann, die im Rollenspiel analysiert und dann modifiziert werden und wenn dabei auch gleich die Emotionen und Kognitionen so verändert werden, dass das neue Verhalten erlaubt, ungefährlich, unbedenklich und erfolgversprechend erscheint. Nehmen Sie als erstes Übungsbeispiel nicht gerade die symptomauslö-

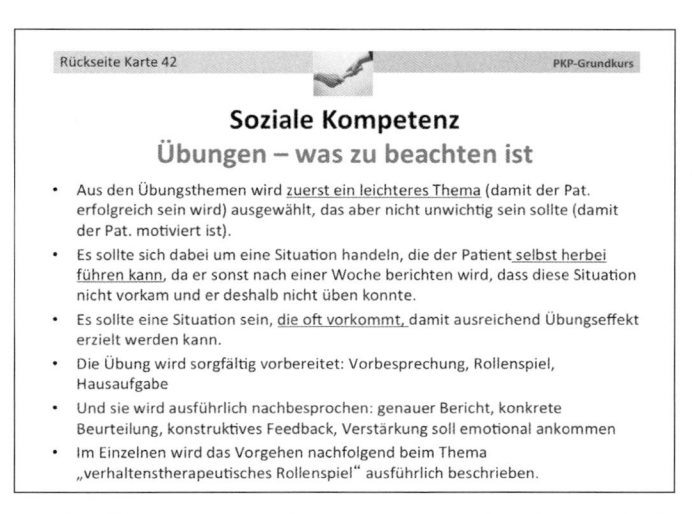

4.1 Die Durchführung einer guten Kurzzeittherapie in 12 plus 12 Stunden

> **Rückseite Karte 42**   PKP-Grundkurs
>
> ### Soziale Kompetenz
> ### Übungen – was zu beachten ist
>
> - Aus den Übungsthemen wird <u>zuerst ein leichteres Thema</u> (damit der Pat. erfolgreich sein wird) ausgewählt, das aber nicht unwichtig sein sollte (damit der Pat. motiviert ist).
> - Es sollte sich dabei um eine Situation handeln, die der Patient <u>selbst herbei führen kann</u>, da er sonst nach einer Woche berichten wird, dass diese Situation nicht vorkam und er deshalb nicht üben konnte.
> - Es sollte eine Situation sein, <u>die oft vorkommt,</u> damit ausreichend Übungseffekt erzielt werden kann.
> - Die Übung wird sorgfältig vorbereitet: Vorbesprechung, Rollenspiel, Hausaufgabe
> - Und sie wird ausführlich nachbesprochen: genauer Bericht, konkrete Beurteilung, konstruktives Feedback, Verstärkung soll emotional ankommen
> - Im Einzelnen wird das Vorgehen nachfolgend beim Thema „verhaltenstherapeutisches Rollenspiel" ausführlich beschrieben.

Abbildung 4.1.4 Was bei Übungen zu sozialer Kompetenz zu beachten ist (Sulz 2012a, Karte 42)

sende Situation, denn diese ist das Top-Item. Einigen Sie sich mit dem Patienten darauf, eine oft wiederkehrende eher leichtere Situation zu üben. Sie können zuerst einen Blick auf die Selbstunsicherheits-Skala des VDS30 werfen. Hat der Patient dort eine höhere Punktzahl, z. B. 10 Punkte oder mehr? Wenn ja, können Sie mit einem einfachen Training sozialer Kompetenz beginnen. Dazu können Sie ihm die Situationsliste von Karte 41 des Grundkurses geben (S. 65 PKP-Handbuch Grundkurs) und eines auswählen. Ihr Patient könnte diesen Situationen Rangordnungen von 1 bis 13 geben, wobei 1 die schwierigste Situation ist.

Was z. B. in München leicht und oft geübt werden kann, ist eine Person darum zu bitten, bei der Benutzung des Fahrkartenautomaten zu helfen. Nun kann der Patient die Fähigkeiten bestimmen, die bei dieser Übung relevant sind (Abb. 4.1.4). Das sind bei dieser Situation die ersten sieben Fähigkeiten (Kontakt, in die Augen schauen, ansprechen, feste Stimme, aufrechte Körperhaltung, Auskunft einholen, eigenen Wunsch aussprechen). Also für den Anfang ein lohnenswertes Unterfangen! Sie legen das Projekt schriftlich fest und besprechen, was bei der Übung zu beachten ist. Sie haben sich schon auf diese Sitzung vorbereitet, indem Sie sich im verhal-

> **Karte 44**   PKP-Grundkurs
>
> ### Soziale Kompetenz – Rollenspiel
>
> Kompetenzproblem: ....
> Problemsituation: ....
> Kompetenzziel: ....
> Verhalten des anderen: ....
> Mein neues kompetentes Verhalten: ....
>
> Worauf ist zu achten? ....
> Rollenspiel (Therapeut spielt zuerst das kompetente Verhalten vor – ohne reale Person gegenüber; dann spielt er die andere Person):
> ....
> Was war gut am Verhalten des Patienten? ....
> Was probieren wir gleich noch mal aus, um es zu optimieren?
> ....
> Wann übt der Patient diese Situation? ....
> Wie oft? ....
>
> Protokoll: 0 = nicht gemacht, 1 = gemacht, 2 = gut gemacht

Abbildung 4.1.5 Soziale Kompetenz – Rollenspiel (Sulz 2012a, Karte 44)

tenstherapeutischen Rollenspiel fit gemacht haben. Der Aufbau von neuem Verhalten als Alternative zum Symptomverhalten hat natürlich nur teilweise eine mit dem Symptom identische Funktion. Er ist ein alternativer Versuch der Problemlösung und der Konfliktbewältigung, hat hierdurch also eine gleichsinnige Funktion. Er hat aber andererseits die genau gegenteilige Funktion. Im Sinne der empirischen Hypothesenprüfung nach Beck dient er dazu, die alte verbietende und gebietende dysfunktionale Überlebensregel zu falsifizieren, d. h. empirische Belege für eine neue Erlaubnis gebende „funktionale" Lebensregel zu sammeln.

Da eine einzige nicht bestätigte Vorhersage der alten Überlebensregel lediglich eine Ausnahme von der weiterhin gültigen Regel bedeutet, bedarf es einer größeren Zahl von neuen empirischen Erfahrungen. Gerade bei mittelschwer bis schwer depressiven PatientInnen diktiert die depressive Stimmung eine rigide Beibehaltung der alten Informationsverarbeitung, so dass kognitive Umstrukturierungen im Kognitiven hängen bleiben und wenig affektive Überzeugungskraft haben. Sie erreichen die alten affektiven Bedeutungsstrukturen überhaupt nicht. Statt punktueller kognitiver Dialoge zwischen Patient und TherapeutIn kann hier nur die Macht der wiederholten Verhaltens-Verstärkungs-Sequenzen über die direkte affektiv-motivationale Wirkung eine Änderung initiieren: Üben, Wiederholen, Üben, Wiederholen bis zur Automatisierung des neuen Verhaltens! Nicht zu früh damit aufhören – jeden Tag, jede Woche, monatelang. Sonst sind schnell die alten Denk- und Verhaltensmuster wieder da.

Erst die Summe der beiden Ansätze
- des verhaltenstherapeutischen Umgangs mit Kognitionen und Affekten und
- des kognitiven Umgangs mit Erlebnissen und Erfahrungen

optimiert in vielen Fällen die Therapie.

Emotionale Kompetenz

Für den Patienten ist eine kleine Einführung in die Emotionspsychologie hilfreich. Dies kann mit dem Bilderbuch von Sulz und Sulz (2005) erfolgen oder mit der Lektüre des Sisyphusbuchs (Sulz, 2012c). Eine umfassende Emotionsarbeit erfolgt mit den beiden Arbeitsblättern des Praxismanuals (Sulz 2009b)

→ *SKT13: Meine Gefühle – wie ich bisher mit ihnen umging (S.87-100)*
→ *SKT30: Lernen mit Gefühlen umzugehen (S. 204-230)*

Karte 61			PKP-Grundkurs
Meine Gefühle			
Freude	**Traurigkeit**	**Angst**	**Ärger, Wut**
Freude	Traurigkeit	Angst, Furcht	Ärger, Wut, Zorn
Begeisterung	Verzweiflung	Anspannung, Nervosität	Missmut
Glück	Sehnsucht	Verlegenheit	Ungeduld
Übermut	Einsamkeit	Selbstunsicherheit	Widerwille, Trotz
Leidenschaft	Leere, Langeweile	Unterlegenheit	Abneigung, Hass
Lust	Enttäuschung	Scham	Verachtung
Zufriedenheit	Beleidigtsein	Schuldgefühl	Misstrauen
Stolz	Mitgefühl	Reue	Neid
Selbstvertrauen		Sorge	Eifersucht
Gelassenheit		Ekel	
Überlegenheit		Schreck	
Dankbarkeit			
Vertrauen	Kreuzen Sie die beiden wichtigsten Gefühle jeder Spalte an – die Gefühle, die Sie oft bzw. intensiv haben		
Liebe			
Rührung			
Kreuzen Sie alle Gefühle an, die Sie immer wieder haben!			

Abbildung 4.1.6 Meine Gefühle (Sulz 2012a, Karte 61)

Hier sei die kurze Einführung aus dem Grundkurs (S. 85-90) gekürzt wiedergegeben. Wir beginnen mit einer Sammlung: Welche Gefühle habe ich?

Danach kommt eine kleine Psychologie der Gefühle (siehe Kapitel 3.3):

Wiederum muss auf die besondere Bedeutung des Expositionsverfahrens hingewiesen werden. Wegen seiner unmittelbaren und umfassenden Wirkung sollte es nicht nur in der Angsttherapie eingesetzt werden.

Jede bisher massiv vermiedene Emotion eignet sich zum Gegenstand eines Expositionsverfahrens, allerdings ist fast nur bei Phobien und Zwängen die In vivo-Exposition praktisch durchführbar. Deshalb ist die in sensu Emotions-Exposition im therapeutischen Gespräch ein gangbarer Weg. Analog zur Exposition in imago wird der Patient, nachdem mit ihm Einvernehmen hergestellt wurde, diese Intervention jetzt durchzuführen, an Erinnerungen, Gedanken und Vorstellungen herangeführt, die ihm den Zugang zur affektiven Bedeutung einer Situation ermöglichen. Wenn er angibt, dass er das entsprechende Gefühl, zum Beispiel Trauer, deutlich spürt, gibt die TherapeutIn ständig Instruktionen, die den Patienten an diesem Gefühl halten.

Im Gegensatz zur Angstexposition in Imago ist ein ständiger Dialog empfehlenswert. Der Patient äußert sich bei jedem obigen Schritt. Die TherapeutIn kann auf diese Weise die Intensität der Gefühle und deren Zeitdauer besser beeinflussen. Sie kann den Patienten von seinen unentwegten kognitiven Vermeidungen stets wieder zum Gefühl zurückführen. Obgleich es ein Konfrontationsverfahren ist, besteht keine interpersonelle Konfrontation. Vielmehr ist die TherapeutIn behutsam empathisch und unterstützend, so dass der Patient sie an seiner Seite spürt, wenn er sich ins Niemandsland seiner Gefühle vorwagt. Die TherapeutIn ist wie eine GeburtshelferIn, die zur Geburt des Gefühls verhilft. Diese emotionale Arbeit verhilft zu einer differenzierteren Wahrnehmung der Welt, sowie des Selbst, und erweitert das Repertoire der Handlungsmöglichkeiten des Patienten. Je mehr Gefühle wieder frei zur Verfügung stehen, um so vielfältiger kann die soziale Umwelt erlebt und bewertet werden und umso vielfältiger kann die Verhaltenssteuerung Verhaltensweisen mobilisieren, die lange Zeit zum passiven Verhaltensrepertoire eines Menschen

---

Karte 65   PKP-Grundkurs

**Wenn ein Gefühl mein Handeln völlig bestimmt:
Gefühls-Exposition**

Gefühl: ....
Beispielsituation: ....
Gefühls-Exposition 15 Minuten lang (Wecker stellen):

1. Ich ertappe mich bei meinem Gefühl ....
2. Es darf sein, dass mein Gefühl .... da ist
3. Ich mache nicht, was mein Gefühl .... will
4. Ich beobachte, wie mein Gefühl .... zunimmt
5. Es darf sein, dass mein Gefühl .... zunimmt
6. Mein Gefühl .... darf da sein, so lange es will
7. Und ich tu' einfach nicht, was mein Gefühl .... will
8. Wenn mein Gefühl .... abgeklungen ist, habe ich gut geübt

Abbildung 4.1.7 Gefühlsexposition (Sulz 2012a, Karte 65)

| Karte 64 | PKP-Grundkurs |

Rollenspiel: Funktionaler Umgang mit Gefühlen

1. Das Gefühl ……………………………… bewusst wahrnehmen
2. Prüfen, ob das Gefühl jetzt angemessen ist. ( ) JA   ( ) NEIN
3. Wenn ja, mein Gefühl ganz zulassen
4. Prüfen, ob die Intensität meines Gefühls dem Anlass entspricht. ( ) JA   ( ) NEIN
5. Wenn ja: Mein Gefühl aussprechen: ………………………………
6. Spüren, was ich aus meinem Gefühl heraus tun möchte …………………
7. Prüfen, ob meine Gefühls-Handlung angemessen ist. ( ) JA ( ) NEIN
8. Wenn ja: Sagen, was ich aus meinem Gefühl heraus tun möchte.
„Aus diesem Gefühl heraus würde ich am liebsten ……………………………………."
9. Hören, was der Andere antwortet. ……………………………………
10. Verhandeln.
11. Wenn es noch stimmig/notwendig ist: Aus meinem Gefühl heraus situationsadäquat handeln.
    ………………………………
12. Prüfen, ob meine Handlung wirksam war. ( ) JA   ( ) NEIN
13. Prüfen, ob meine Handlung unerwünschte Nebenwirkungen hatte und überlegen, wie diese reduziert werden können. ( ) JA ( ) NEIN

© S. Sulz 2012 PKP-Grundkurs Verhaltenstherapie www.cip-medien.com

Abbildung 4.1.8 Rollenspiel: Funktionaler Umgang mit Gefühlen (Sulz 2012a, Karte 64)

gehört hatten. Die Wahrnehmung wird treffender und das Verhalten situationsgerechter.

Ein adäquater Umgang mit der Welt im Sinne einer Handlung, die der psychosozialen Homöostase dient, bleibt aus, wenn die zur Verhaltenssteuerung erforderlichen Gefühle blockiert sind. Wer adäquates Sozialverhalten und eine reife Beziehungsgestaltung entwickeln will, muss auch die Emotionalität entwickeln. Ein Sozialtraining, das nur auf Kognitionen und „Performance" des Verhaltens achtet, mag eine gute, rational gesteuerte Verhaltenstechnologie aufbauen - eine „kühle" Homöostase, die der souveränen oder institutionellen Phase Kegans entspricht. Eine „durchblutete", gefühlvolle Beziehung ist dadurch jedoch nicht möglich.

Kognitive Kompetenz – von emotionaler Impulsivität zu gedanklicher Souveränität (zugleich Entwicklung Schritt 1)
Bitte lesen Sie zuerst Kapitel 3.4.

Wir berufen uns heute weniger auf Beck und sein Konzept der dysfunktionalen Gedanken, die durch kognitive Umstrukturierung in funktionales Denken verwandelt werden, auch wenn wir die Korrektur falscher Interpretationen einer Reattribuierung zuführen. Bedeutsamer ist, dass assoziatives Denken des impliziten Systems der Psyche in kausales Denken des expliziten Systems im Sinne von Piaget überführt wird. Dadurch kann ein metakognitives Verständnis emotionaler und sozialer Prozesse entstehen, das zu einer realitätsbezogeneren Theory of Mind (Theorie des Mentalen) führt. Wir lehnen uns deshalb an McCulloughs (2000, 2007) BASP-Vorgehen an bzw. wir vermischen diesen mit dem Entwicklungsansatz der Strategischen Kurzzeittherapie (Sulz, 1994). Das praktische Vorgehen ist im Grundkurs (Sulz 2012a) auf Seite 73 – 77 beschrieben und wir übernehmen daraus die Schritte:

a) Problem-Analyse
b) Situations-Analyse

c) Reaktions-Analyse
d) Konsequenz-Analyse
e) Wirksamkeitsanalyse des neuen Verhaltens.

Konkretes Verhalten in Situationen und die Erfahrungen mit diesem sind wichtig. Am wichtigsten ist für uns aber, wie der Patient seine Erfahrungen affektiv und kognitiv in seinem Gedächtnis speichert. Wir gehen mit ihm obige extensive Analysen durch, damit er gezwungen ist, die Zusammenhänge kausal zu reflektieren und so zu einer realitätsbezogeneren Theory of Mind zu kommen, die ihm künftig wirksame Verhaltensweisen anbietet und ihm in Interaktion Selbstwirksamkeitserfahrung ermöglicht (Abbildung 4.1.9). Das konkrete Vorgehen wird ausführlich in Kapitel 3.4.3.1 beschrieben.

Kommunikative Kompetenz – Beziehungen gestalten durch Empathie und Abgrenzung
(aus Sulz, 2012a, S. 69-71)

Während es bei der allgemeinen sozialen Kompetenz darum geht, eigene Anliegen im Gespräch mit dem Gegenüber zur Geltung zu bringen und durchzusetzen, Selbst-Interessen erfolgreich zu behaupten, Selbstbehauptung zu beherrschen, auch Menschen gegenüber, zu denen keine Beziehung besteht, ist die **kommunikative Kompetenz** eher dadurch gekennzeichnet, dass der Kommunikationsprozess als solches so abläuft, dass beide Gesprächspartner ihre Anliegen vorbringen können, dass gegenseitig auf diese eingegangen wird, dass ein faires und gleichberechtigtes Verhandeln erfolgt, sich beide Seiten gleichermaßen gesehen und gewürdigt fühlen und dass so die Chance steigt, dass ein Ergebnis erzielt wird, das beiden Seiten so gerecht wird, dass keiner sich übergangen oder benachteiligt fühlen muss. Positives und Negatives, Schmerzliches und Erfreuliches, Kritisches und Wertschätzendes werden ausgesprochen, so dass eine Offenheit entsteht, die eine Vertrauensbasis schafft für die Tragfähigkeit von gemeinsam ausgehandelten Lösungen.

Dieser Kommunikationsprozess findet in einer privaten oder beruflichen Beziehung statt, die durch rücksichtsloses Durchsetzen nicht beschädigt werden kann.

Rückseite Karte 53   PKP-Grundkurs

Metakognitives Denken

Im Rahmen der Therapie ist vor allem die Kausalverknüpfung des Patientenverhaltens wichtig. Wenn er erkennt, welche unerwünschten Wirkungen (auf andere Menschen und dadurch auf sich selbst) sein bisheriges Verhalten hat, kann er sich zu einem neuen Verhalten entscheiden, das erwünschte Wirkungen hat:

Nur wenn ich dem Anderen **sage, was ich will,** gebe ich ihm die Chance, meinen Willen sicher zu berücksichtigen.

Nur wenn ich dem Anderen **sage, was ich nicht will,** gebe ich ihm die Chance, zu unterlassen, was mich stört, ärgert oder verletzt.

Gedankliches Fazit ist:
Ich kann durch mein Verhalten die Umwelt beeinflussen.
Ich kann durch mein Verhalten zu einem erwünschten Ergebnis in meiner Umwelt gelangen.
Ich kann durch mein Verhalten so auf meine Umwelt einwirken, dass aversive Gefühle ausbleiben.
Ich kann durch mein Verhalten mein bisheriges Scheitern beenden
(negative Verstärkung, Hoffnung, Zuversicht).

© S. Sulz 2012 PKP-Grundkurs Verhaltenstherapie www.cip-medien.com

Abbildung 4.1.9 Metakognitives Denken (Sulz 2012a, Karte 53)

Praktische Anwendung:
1. Eigene Gefühle in der Begegnung mit dem anderen wahrnehmen
   Ich fühle mich ………………........................
2. Den Auslöser der eigenen Gefühle erkennen
   weil er/sie ……………………..........……
3. Eigene Bedürfnisse an den anderen spüren
   Ich brauche von ihm/ihr ……………………….
4. Eigene Erwartungen an das Verhalten des anderen kennen
   Ich erwarte, dass er/sie ……………………….....
5. Gefühle, Bedürfnisse, Erwartungen aussprechen und erläutern
   „Ich fühle ………., wenn du …………….…..…"
6. Aufmerksam zuhören, was der andere sagt
   Aha, er sagt, dass ………………….....……
7. Auf das eingehen, was der andere sagt. Es aussprechen, damit er das merkt.
   ……………………………….......……
8. Die Gefühlsbotschaft des anderen entziffern und aussprechen, so dass er meine Wahrnehmung korrigieren kann
   „Du hast das Gefühl ……………………..….…"
9. Versuchen, den anderen, sein Anliegen und seine Bedürfnisse zu verstehen
   Ich verstehe, dass das für ihn/sie …..…..…....
10. Dem anderen sagen, was ich glaube, verstanden zu haben
    „Ich verstehe, dass das für dich ………………"
11. In wohlwollender Haltung bleiben, auch wenn keine Übereinstimmung besteht „Obwohl ……
    …………………………………………"
12. Das Fehlen von Übereinstimmung akzeptieren, aushalten und benennen
    „Es ist leider momentan nicht zu ändern, dass
    ……………………………………………"
13. Übereinstimmung deutlich aussprechen
    „Wir stimmen darin überein, dass ………..…"
14. Nähe und Distanz für beide Seiten stimmig regulieren können: Ich habe das Gefühl, dass er jetzt Zeit und Abstand braucht, um das für sich erst mal emotional klar zu kriegen – die Bedrohung und meine Rolle dabei. Deshalb lasse ich es erst mal dabei und gehe in mein Zimmer zurück. „Reden wir morgen noch mal drüber."

Wenn kein Kompromiss gefunden wird:
Oft ist es nicht möglich, in einem einzigen Gespräch Einigkeit zu erzielen, wenn die Bedürfnisse und Wünsche sehr weit auseinander liegen.
Statt frustriert, verärgert, resigniert oder deprimiert auseinander zu gehen, ist ein wertschätzendes Resümee sehr wichtig.
Das Gespräch lief ja bisher recht gut. Beiden gelang es, die eigenen Bedürfnisse, Gefühle und Erwartungen klar zu äußern. Beide konnten zuhören und akzeptieren, wenn der andere seine gegenteilige Position darstellte.
Und jetzt merken beide, dass es in diesem Gespräch nicht möglich sein wird, Übereinstimmung zu erzielen.
Statt wieder in heftige Gefühlsausdrücke, Vorwürfe und Verletzungen zu münden, wird wertgeschätzt, wie das Gespräch verlief, worin Einigkeit besteht, wo die Erwartungen nicht so weit auseinander sind – als gute Basis für weitere Gespräche.
Und es wird akzeptiert, dass noch Dissens besteht, der keinem angelastet werden kann, und über den weiter verhandelt werden muss.
Ja, dass es wichtig ist, sich Zeit zu geben. Wir werden es schaffen, wenn wir auf diese gute Weise weiter miteinander sprechen.
Der Termin für das nächste Gespräch wird verbindlich vereinbart.

Die neuen Erfahrungen: Selbstwirksamkeit
Jeder Schritt der Zielerreichung ist ein Handeln entgegen der Überlebensregel der alten Entwicklungsstufe. Jedes Ausbleiben zum Beispiel von Verlassen werden, Verstoßen werden, nicht mehr geliebt werden, Kontrollverlust oder Identitätsverlust widerlegt die Vorhersage der Überlebensregel. Trotzdem bringt die Angst den Patienten wieder in die alte Perspektive, er denkt wieder wie bisher, zum Beispiel „diesmal hat er mein ungebührliches Verhalten noch durchgehen lassen, er hatte einen guten Tag. Ich bin gerade noch einmal davongekommen." Deshalb ist es sehr wichtig, mit dem Patienten die Erfahrungen der vergangenen Woche ausgiebig nachzubesprechen und hellhörig zu beachten, wie seine Formulierungen Rückfälle in das alte Selbst- und Weltbild sind. Er wird

gebeten, diese Aussage zu wiederholen und selbst zu prüfen, welchem Selbst- und Weltbild sie entsprechen. Dann wird er gebeten, die Perspektive der neuen Selbst- und Weltsicht anzunehmen und aus dieser Sichtweise das Gesagte zu wiederholen. Hier können auch die von Brunner (1994) gemachten Vorschläge zur sprachlichen Neufassung behilflich sein.

Die Mühsal der Verhaltenstherapie besteht oft darin, dass die PatientInnen ihre neuen Erfahrungen in ihr altes Selbst- und Weltbild assimilieren und dadurch dauerhafte Verhaltensmodifikationen verhindern. In dieser Therapiestunde wird deshalb der notwendige zweite Bestandteil der therapeutischen Intervention durch Verhaltensänderung erarbeitet: Während das symptomatische Verhalten dazu diente, das alte Selbst- und Weltbild zu bestätigen (Assimilation im Sinne von Piaget bzw. Konsistenz im Sinne von Grawe), dient das therapeutisch initiierte alternative Verhalten dazu, das alte Selbst- und Weltbild zu falsifizieren und zu verändern (Akkommodation). Dies bedeutet, dass jedes Verhalten einen doppelten Effekt hat:

a) direkt motivational über seinen instrumentell erreichten Anteil (Verstärkung)
b) affektiv-kognitiv im Sinne einer Informationsverarbeitung durch Bestätigung oder Falsifizierung von affektiv-kognitiven Bedeutungsstrukturen (Assimilation in bzw. Akkommodation des Selbst- und Weltbildes).

Erst wenn wir diesem zweiten Aspekt ausreichend Beachtung schenken, werden aus neuem Verhalten und Erleben auch neue Erfahrungen. Es sei denn, ein neues Verhalten hat zu einem überwältigend neuen Erleben geführt, wie zum Beispiel die Angstexposition und die Trauerexposition. Die neuen, überaus beeindruckenden Erlebnisse sind nicht mehr in das alte Selbst- und Weltbild assimilierbar. Sie sprengen die alte subjektive Konstruktion des Selbst und der Welt. Die in Abbildung 4.1.10 wiedergegebene Stressbewältigungsstrategie berücksichtigt beide Aspekte und ist in der Praxis sehr hilfreich, weil sie zudem den emotionalen Zugang zur Stressbewältigung mit einbezieht.

Doch auch Expositionserfahrungen bedürfen einer metakognitiv-sprachlichen Nachbearbeitung. Eine Explikation der neuen subjektiven Konstruktion des Selbst- und Weltsystems erleichtert der willkürlichen Psyche künftige Eingriffe in die psychische Homöostase im Sinne einer Selbstkontrolle. Nicht wenige Patienten machen sonst eine zweifache Erfahrung: Einerseits wissen sie nun, dass sie der erlebten spezifischen Belastung standhalten können, andererseits hat doch die TherapeutIn als Regisseurin oder gar als steuernde Hand einer Marionette sie durch die Szene geleitet. Weder die nötige Attribuierung von Selbsteffizienz, noch diejenige von Selbstverantwortung resultiert daraus. Ein ständiges Explorieren sowohl der kognitiven, als auch der affektiven Bedeutungen verhilft zu deren Integration in ein neues stabiles affektiv-kognitives Bedeutungssystem als Theory of Mind oder Metakognition, das weniger anfällig für Rückfälle ist und einen großen Schritt in der Entwicklung von Mentalisierungsfähigkeit ausmacht.

4.1.2.3.12 Zwölfte Stunde: Angst vor Veränderungen – ich stelle mich der Angst und den Gefahren

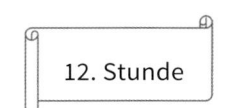

| 12. Stunde |

Ist der Abschied abgeschlossen, wendet sich der Blick und das Gefühl ab von der Stelle des Horizonts, an der das alte Ufer verschwunden ist. Die Aufmerksamkeit richtet sich auf den eigenen Zustand der Veränderung – das alte Selbst und die alte Welt sind verloren, das neue Selbst formt sich und die neue Welt kommt bald in Sicht: eine Überfahrt, ein Übergang zum neuen Selbst-Welt-Gleichgewicht. Die Aufregung wird zur Angst, die im therapeutischen Kontext zur bewältigbaren Furcht wird. Hier ist von therapeutischer Seite aus eine Mischung von Unterstützung (für die dritte Person, das sich entwickelnde Kind) und Überlassen von Selbstverantwortung (für den erwachsenen Menschen) notwendig. Während der Patient bisher nur schwer Empathie für das Kind aufbringen konnte, nimmt er nun ganz dessen Perspektive ein und tut sich schwer, den erwachsenen Menschen

SPANNUNGSAUFBAU

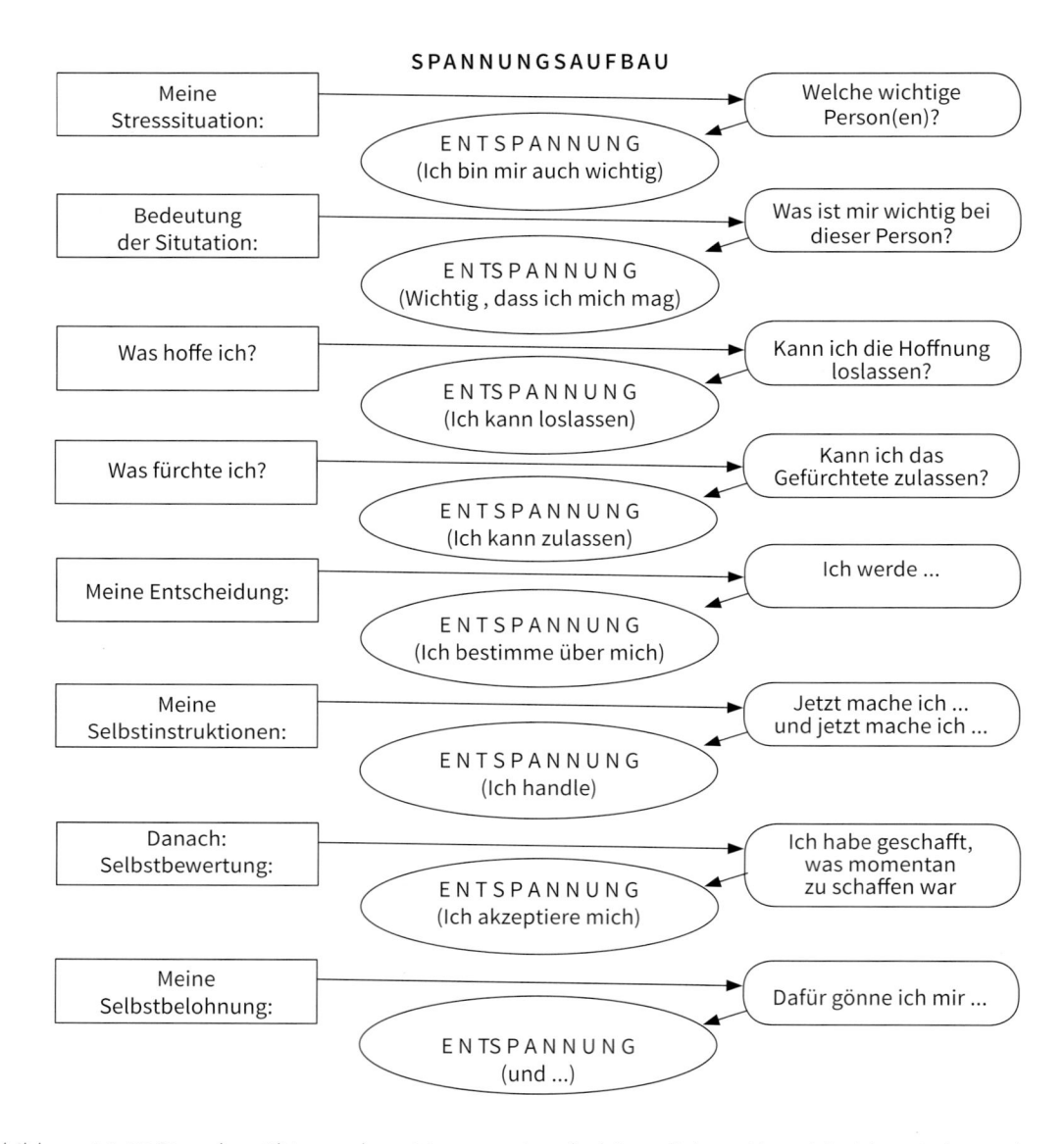

Meine Stresssituation:		Welche wichtige Person(en)?
	ENTSPANNUNG (Ich bin mir auch wichtig)	
Bedeutung der Situation:		Was ist mir wichtig bei dieser Person?
	ENTSPANNUNG (Wichtig, dass ich mich mag)	
Was hoffe ich?		Kann ich die Hoffnung loslassen?
	ENTSPANNUNG (Ich kann loslassen)	
Was fürchte ich?		Kann ich das Gefürchtete zulassen?
	ENTSPANNUNG (Ich kann zulassen)	
Meine Entscheidung:		Ich werde ...
	ENTSPANNUNG (Ich bestimme über mich)	
Meine Selbstinstruktionen:		Jetzt mache ich ... und jetzt mache ich ...
	ENTSPANNUNG (Ich handle)	
Danach: Selbstbewertung:		Ich habe geschafft, was momentan zu schaffen war
	ENTSPANNUNG (Ich akzeptiere mich)	
Meine Selbstbelohnung:		Dafür gönne ich mir ...
	ENTSPANNUNG (und ...)	

Abbildung 4.1.10 Stressbewältigung: kognitiv – emotional – körperlich und handelnd (aus Sulz 2012b, S. 344)

in sich zu spüren. Er will diese Position am liebsten an die TherapeutIn delegieren. Der metakognitive Ansatz hilft hier, die erforderliche Struktur der Wahrnehmung und des Denkens präsent werden zu lassen, damit der Patient seine erwachsenen Ressourcen einsetzen kann. Er relativiert im Sinne eines **Entkatastrophisierens** die Gefahren und Bedrohungen seiner jetzigen Veränderungsschritte. Die realistischerweise verbleibenden Risiken nimmt er bewusst in Kauf, wobei er seine eigenen Fähigkeiten diese zu bewältigen, als ausreichend einschätzt. Nachher darf der Patient nicht das Gefühl haben, dass der Schutz der TherapeutIn die Angst genommen hat, bzw. dass es ohne deren Begleitung sehr bedrohlich gewesen wäre. Bis dahin wurde eine affektive und kognitive Neueinschätzung (Lazarus, 1975) der Konsequenzen der Zielerreichung bzw. des Beschreitens des ausgewählten Weges zum Ziel erlangt.

Der nächste Schritt erfolgt analog zur **Exposition** bei der Phobiebehandlung. Er steht unter dem Vorzeichen des „Lernens mit der Angst umzugehen" (Margraf & Schneider, 1990). Das weitere Vorgehen entspricht auch hier wieder der kognitiven Angstbewältigung, in der von Sulz (2011) vorgeschlagenen Durchführungsform:

Die Situation (beispielhaft): Ich versuche, auf dem Weg des prompten Aussprechens von Gefühlen mein Ziel einer offenen Kommunikation zu erreichen.

Mein Vorgehen (AACES):
a) Ich achte auf frühe Angstsignale und lerne auf diese Weise erkennen, wie bei mir eine Angstreaktion anfängt (Achtsamkeit).
b) Ich akzeptiere die Angst, lasse sie da sein, lasse sie an mich heran. Es ist verständlich, dass anfangs noch Angst da ist (Akzeptanz).
c) Ich **entscheide mich, auf meinem Weg** zum Ziel zu **bleiben**. Ich will lernen, in meinen Entscheidungen nicht mehr der Angst zu folgen. Sondern ich will lernen, mit der Angst umzugehen (Commitment).
d) **In der Situation** (Expostition) Selbstinstruktion nach Meichenbaum (1991):
Nachdem er mir wieder nicht zugehört hat, obwohl ich ihn um seine Aufmerksamkeit gebeten hatte, sage ich ihm jetzt, dass mich das ärgert …
e) **Nachher** (Selbstbewertung):
Es war nicht leicht, aber ich bin dabeigeblieben. Für den Anfang war das ganz gut. Wichtig war nur, dass ich es mache, nicht wie ich es mache.

Mit dem Patienten wird in der Therapiesitzung eine „Trockenübung" gemacht, die aus drei Abschnitten besteht:
1) Aufbau einer funktionalen affektiv-kognitiven Einstellung zur Situation und zum eigenen Vorhaben (a-c).
2) Rollenspiel der Situation inklusive Selbstinstruktion (d).
3) „Abbuchen" der Situationsbewältigung auf der „Haben-Seite" (e).

Versäumt der Patient den letzten Punkt, so vermeidet er einerseits Selbstverantwortung, andererseits die notwendige Selbstverstärkung, die zum Aufbau des neuen Coping-Verhaltens erforderlich ist. Nach dieser ausführlichen Vorbesprechung kann der Patient die ersten Situationen aufsuchen, in denen er versucht, der Welt auf neue Weise zu begegnen. Es reicht, ein bis zwei Verhaltensexperimente zu vereinbaren, zum Beispiel „Nein sagen, wenn ich nicht will" oder „Aussprechen, wenn mich etwas ärgert".

Der Patient erinnert sich eher an sein Vorhaben, wenn er eine „Strichliste" führt, in der er jedes Mal festhalten kann, wenn er es geschafft hat, nein zu sagen, zum Beispiel durch ein „N" bzw. wenn er seinen Ärger aussprechen konnte, zum Beispiel durch ein „Ä". Diese Strichliste könnte so aussehen:

14.11.17	N, N, Ä
15.11.17	Ä, N
16.11.17	N, N.

Wenn er darüber hinaus das Audioprotokoll dieser Stunde anhört, bleibt er auf diese Weise beim Thema.

4.1.2.3.13 **Dreizehnte Stunde:** *Emotionstherapie 2 – neuer Umgang mit Bedürfnis, Angst, Wut, Trauer*

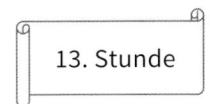

13. Stunde

Neuer Umgang mit meinem zentralen Bedürfnis
Geht der Änderungswunsch von einem nicht zu befriedigenden Bedürfnis aus, so wird dieses analysiert. Wiederum anhand einer konkreten Situation, in der dieses Bedürfnis stark ist, wird das Gefühl in dieser Situation und dessen Auslöser identifiziert. Die Auswirkungen des bisherigen Umgangs mit dem Bedürfnis auf die Beziehung mit dem Gegenüber sind ebenso zu berücksichtigen wie das eigene Unbefriedigtbleiben. Änderungsmöglichkeiten und deren Gefahren gilt es klärend zu betrachten, um schließlich zur Entscheidung eines neuen Umgangs mit dem Bedürfnis zu gelangen:

Mein wichtiges Bedürfnis ist............................
So ging ich bisher damit um.............................
Eine typische Beispielsituation ist......................
Mein Gefühl dabei ist......................................
Dieses Gefühl wird ausgelöst durch
Die Auswirkungen auf meine Beziehungsgestaltung sind..
Wozu verhielt ich mich bisher so? Welche Nachteile hätte ein neues Verhalten?.................................
Was würde ich daran gerne ändern?....................
Wie könnte ich dies ändern?.............................
Wer/was hindert mich daran?............................
Welches Gefühl entsteht?.................................
Was wollen Sie aus diesem Gefühl heraus tun?.....
Welches Verhalten ist funktional/erfolgversprechend?
Was brauche ich, um so zu reagieren?.................
Wie kann ich dies herstellen?

Neuer Umgang mit meiner zentralen Angst
Der Umgang mit der zentralen Angst ist von größter Bedeutung für Verlauf und Ergebnis der Behandlung. Hier sei eine Möglichkeit der Gesprächsführung beispielhaft beschrieben:
Nachdem der Patient den Fragebogen zentrale Angst (VDS28) ausgefüllt hat oder nachdem er das Arbeitsblatt SKT11 im Praxismanual zur Strategischen Kurzzeittherapie (Seite 102 bis 105) bearbeitet hat, kann eine Therapiestunde diesem Thema gewidmet werden. Folgende Fragen sind ein Leitfaden für das therapeutische Vorgehen, das stattdessen z. B. auch klientenzentriert oder gestalttherapeutisch sein kann.

Welche Angst ist Ihre wichtigste Angst?
- Welches ist Ihre zweitwichtigste Angst?
- Können Sie mir etwas mehr über Ihre wichtigste Angst sagen?
- Welchem Ihnen sehr wichtigen Menschen gegenüber haben Sie diese Angst?
- Oder was geschah zwischen Ihnen und diesem wichtigen Menschen, so dass in der Folge diese Angst auftrat?
- Können Sie mir bitte eine Beispielsituation schildern (eine sehr wichtige oder eine, die nicht zu weit zurückliegt)? Worum ging es in dieser Situation?
- Hat er/sie etwas gemacht/getan, was diese Angst auslöste? Haben Sie etwas getan, was diese Angst zur Folge hatte?
- Ist denn das, wovor Sie Angst haben, schon mal eingetreten? Oder war Ihnen schon mal so, als ob es eingetreten wäre?

Imagination
- Gehen wir zurück zu der Beispielsituation: Können Sie sich diese Situation einmal vorstellen, möglichst so, wie Sie sie mir geschildert haben.
- (Nennen Sie als TherapeutIn mit Pausen die bedrohlichen Aspekte der Situation) Können Sie die Angst jetzt spüren?
- Was geht in Ihnen vor, in Ihrem Körper, Ihren Gefühlen, Ihren Gedanken?
- Was wäre denn die Folge, wenn das Gefürchtete eintreten würde – z. B. wenn der andere tatsächlich das Gefürchtete tun würde?
- Welche Auswirkungen hätte dies für Sie, für Ihr Leben? Wie würde Ihr Leben danach weitergehen?
- Was wäre mit Ihrer Beziehung zu diesem wichtigen Menschen? Für wie realistisch halten Sie diese Angst?

(Ende der Imagination)

Wie gehen Sie mit dieser Angst um?
- Was machen Sie alles, damit diese Angst erst gar nicht auftreten muss?
- Was investieren Sie z. B. alles in eine Beziehung, damit diese Bedrohung nicht eintritt? Oder: Wie beugen Sie in einer Beziehung vor, damit das Gefürchtete nicht geschehen kann?

- Vermutlich machen Sie sehr viel in sehr verschiedenen Situationen, um diese Bedrohung zu vermeiden. Fällt Ihnen noch einiges dazu ein?

Fassen wir zusammen:
- Sie haben folgende zentrale Angst:
- Auslöser dieser Angst ist:
- Sie gehen oft mit Ihrer Angst so um:
- und zwar besonders in folgender Situation:
- Außerdem gehen Sie oft mit Ihrer Angst so um:
- und zwar besonders in folgender Situation: . ...
....

Es wäre doch interessant, herauszufinden, wie viel in Ihrem Alltag dazu dient, diese vermeintliche Katastrophe zu verhindern. Wollen Sie in der nächsten Woche beobachten, was Sie wie wem gegenüber machen, um diese Bedrohung zu verhindern? Sie brauchen es nicht zu ändern, nur sehr bewusst wahrzunehmen. Wenn Sie wollen, können Sie Ihre Beobachtungen notieren und beim nächsten Mal mitbringen.

Wie können Sie besser mit Ihrer Angst umgehen?
- Was wäre für Sie ein günstigerer Umgang mit Ihrer Angst? Was würden Sie genau sagen und machen?
- In welcher Situation? Welchem Menschen gegenüber?
- Können wir das einmal im Rollenspiel ausprobieren? Ich spiele Ihr Gegenüber ...
- Sind Sie interessiert daran, das in der kommenden Woche einmal auszuprobieren? Ohne den Anspruch zu haben, dass das neue Verhalten gleich Erfolg hat, nur um zu sehen, ob es Ihnen möglich ist. Wollen Sie es tun?
- Können Sie jetzt entscheiden, es zu tun?
- Wie werden Sie vorgehen? In welcher Situation? Wem gegenüber? Wann vermutlich? War das jetzt Ihre Entscheidung?
- Das freut mich, ich glaube, dass es Ihnen gelingen wird.

Neuer Umgang mit meiner Wut
Bitte lesen Sie zuerst Kapitel 3.3.3.1 (Wut-Exposition). Viele TherapeutInnen scheuen die therapeutische Arbeit mit Wut, so dass nicht selten eine Therapie zu Ende geht, ohne dass der Patient einen neuen Umgang mit seiner Wut erwerben konnte.
Schritte der Wut-Therapie sind:
1. Aufgabe: Erlaubnis zur Wut geben
2. Aufgabe: Erfahrung, dass ein intensives Gefühl im Innenraum bleiben kann
3. Aufgabe: Erkennen, welche Vermeidungsarten ablaufen
4. Aufgabe: Patienten an der Vermeidung von Wut hindern
5. Aufgabe:
   a) Interaktive Kompetenz: funktionaler Umgang mit Wut
   b) weniger Wut durch interaktive Kompetenz – vorhersehbare Situationen
   c) weniger Wut durch interaktive Kompetenz – unvorhersehbare Situationen

Wut-Exposition (Imaginationsübung)
Wir müssen dahin kommen, Angst durch ein anderes Mittel im Umgang mit der Wut zu ersetzen. Und dies ist die kognitive Steuerungsfähigkeit. Dies kann durch Wut-Exposition geschehen. Diese verläuft in zwei Schritten: erstens Wut haben und zweitens mit Wut umgehen.

Wut haben
Man kann die therapeutischen Interventionen so einleiten: Psychische Probleme rühren daher, dass ich oder meine Mitmenschen mich daran hindern, eine Lösung zu finden, die für mich befriedigend wäre, ohne meinen Beziehungen zu sehr zu schaden.
Wenn mich jemand an meiner Bedürfnisbefriedigung hindert, so ist das Frustration. Wenn ich frustriert werde, reagiere ich ärgerlich.
Wenn ich sehr frustriert werde, reagiere ich wütend.
Also geht es bei psychischen Problemen oft um Wut und Aggression.

Ich möchte Sie zu einer Phantasie einladen, die wenige Minuten dauert und die ganz in Ihrem Kopf und Ihrem Gefühl bleiben wird, danach folgenlos wieder verschwindet, ohne dass sie in der realen Welt irgendeinen Schaden angerichtet hätte. Eine Phantasie, wie ein Tagtraum oder einige Gedanken, eine kurze Vorstellung, kürzer als ein Werbespot im Fernsehen. Lediglich einige Erinnerungsspuren in unserem Gedächtnis hinterlassend, sonst gar nichts.
Also eine kurze Phantasie, die weder moralisch noch juristisch Folgen für Sie oder irgendeinen Menschen hat.

Stellen Sie sich vor, ein Tyrann und vielfacher Mörder hat Sie und die Menschen, die Ihnen anvertraut sind und die Sie lieben, in seiner Gewalt. Er wird Sie und die Ihrigen grausam quälen, erniedrigen, vergewaltigen, umbringen. Sie mussten diese Gewalttaten mehrmals mit eigenen Augen ansehen, ohne einschreiten zu können.

Doch jetzt haben Sie für einen kurzen Moment die einzige, nicht wiederkehrende Chance, weitere Gewalt und weiteres Morden zu verhindern. Er und seine Häscher sind so unachtsam, dass Sie eine halbe Stunde lang gefahrlos die Möglichkeit haben, ihn unschädlich zu machen und dadurch das Leben der Ihnen wichtigen Menschen zu retten und auch Ihr eigenes Leben. Reine Notwehr.

Ich lade Sie ein, diese Phantasie fortzusetzen. Sie sind voll Empörung über diesen grausamen Menschen. Während Sie spüren, dass Sie jetzt gegen Ihn vorgehen können, spüren Sie Ihre Kraft und Ihre Fähigkeit, jetzt das Notwendige zu tun. Das zu tun, was Sie einfach tun müssen. Und Sie spüren Ihre Wut darüber, was er Ihnen und den anderen Menschen bis jetzt angetan hat.
Vielleicht spüren Sie diese Wut im Bauch.
Versuchen Sie jetzt, diese Wut in Ihren Bauch entstehen zu lassen. Vielleicht will diese Wut sich Raum schaffen,
nach oben in den Brustkorb steigen, in Nacken und Schulter,
in die Oberarme, Arme, Hände.

Während Sie die Wut auf diesen Unmenschen spüren, wissen Sie, dass es jetzt sein muss,
und Sie erkennen, dass er gar kein Mensch ist, sondern ein Fabelwesen, ein Monster oder ein Drache. Es ist nicht die heutige Zeit, sondern vor tausend Jahren, es ist nicht die heutige Welt, sondern eine Phantasiewelt.
Doch Ihre Wut auf dieses Untier ist spürbar da.
Sie sind es den Ihnen anvertrauten Menschen schuldig, Ihre Wut will aktiv werden,
Sie müssen einfach handeln, welche Bewegung will entstehen?
Was wollen Ihre Arme und Hände tun? Stellen Sie sich vor, dass sie es tun.
Vielleicht haben Sie eine Waffe. Welche Waffe haben Sie?
Und jetzt spüren Sie Ihre Wut – die Sie ganz erfüllt. Und Sie greifen ihn an und nutzen den kurzen Moment. Mit aller Konzentration, mit aller Kraft, mit aller Wucht. Und Sie schaffen es.
Sie haben ihn kampfunfähig gemacht. Die Ihrigen und Sie sind gerettet.
Nehmen Sie jetzt war, wie Sie sich fühlen. Was für ein Gefühl ist in Ihnen?
Welches weitere Gefühl?

Ist es Wut? Ist es Trauer?
Ist es Scham?
Ist es Schuldgefühl? Ist es Genugtuung? Ist es Erleichterung? Ist es Kraft?

Bleiben Sie ganz für sich und nehmen Sie sich wahr.
Erlauben Sie sich diese Gefühle, erlauben Sie sich diese Erfahrung. Und machen Sie sich bewusst, dass das Ihre Phantasie war.
Und keine Wirklichkeit.
Und dass dies Ihre Gefühle waren und keine wirklichen Handlungen.
Dass Sie sehr, sehr starke Gefühle haben können und dass diese in Ihrer Psyche bleiben können – ohne dass ein Schaden in Ihrer wirklichen Welt entsteht.
Dass Sie sich auf sich verlassen können. Dass Sie wissen, dass Sie ein erwachsener Mensch sind, der sich selbst steuern kann.

Dass Sie sich selbst entschließen können, Gefühle wahrzunehmen und diese in Ihrer Psyche zu belassen.
Und dass Sie nur dann handeln, wenn Sie sich dafür entschieden haben. Dass unterdrückte Gefühle Ihren wichtigen Beziehungen und Ihnen mehr schaden.
Dass dagegen zugelassene Gefühle bewusst von Ihnen gehandhabt werden können, so dass ein konstruktiver Kompromiss zwischen Ihren Interessen und den Interessen Ihrer Bezugsperson möglich wird.
Und gehen Sie mit dieser Erlaubnis, Gefühl und Impuls und Phantasie zu haben, in Ihre nächsten Begegnungen.
(Ende der Imaginationsübung)
Das Vorgehen wird in Kapitel 3.3.3.1 ausführlich beschrieben.

Neuer Umgang mit Trauer – Trauerexposition
Bitte lesen Sie zuerst Kapitel 3.3.3.2 (Trauer-Exposition).
(Aus Sulz & Deckert 2012, Karte 44 – 49)
Trauer-Exposition Schritte˙:
a) Erinnern an das Wertvolle, Geliebte, das ich verlor
b) Spüren, wie sehr ich es brauche
c) Vergegenwärtigen des Moments des Verlustes
d) Wahrnehmen des Schmerzes, der Verzweiflung und der Trauer
e) Das Gefühl da lassen, bis es von selbst verschwunden ist

a) Erinnern an das Wertvolle, Geliebte, das ich verlor → täglich Erinnern und dann ankreuzen: (X)

Wenn ich einen Menschen verlor:
Ich werde täglich ...
( ) Erinnern an das Leben mit ihm. Was?
( ) Erinnern an alle Situationen mit ihm. Welche?
( ) Erinnern an mein Erleben dieser Situationen. Wie?
( ) Erinnern an sein Wesen, seine Eigenschaften. Welche?
( ) Erinnern an die Störungen in unserer Beziehung.
( ) Fotoalben, Tagebücher, Filme, Orte, gemeinsame Bekannte aufstöbern, um Erinnerungen lebendig werden zu lassen
( ) Ein Foto aufstellen

Trauern heißt sich vergegenwärtigen und Erinnern an das Verlorene.
Das ist der Anfang des Trauerprozesses.
Wer sich nicht bewusst mit dem was wertvoll war, was geliebt wurde, befasst, gelangt nicht in den Prozess des Trauerns hinein.
Beim Verlust eines Menschen wird das erinnert, was geliebt wurde. Das was man an diesem Menschen nicht mochte, muss nicht betrauert werden. Alle Erinnerungen an schöne gemeinsame Stunden werden hervorgekramt und angeschaut (entweder innere Bilder oder Fotos, Videos, Erzählungen von Zeitgenossen)

b) Erinnern an das Wertvolle, Geliebte, das ich verlor → Spüren, wie sehr ich es brauche
Meine tägliche Exposition des Verlorenen:
Das Gute, Geliebte erinnernd spüren. Was ist es? Gemeinschaft, Sicherheit, Geborgenheit
Erspüren, wie sehr ich es brauche. Ich brauche einen Menschen
Die Befriedigung, die Erfüllung, die es mir gab, erinnern: Es war so schön, wohltuend, erfüllend, Kraft gebend
Sein Fehlen spüren. Es fehlt mir so sehr, als Halt, Stütze
Bei dem entstehenden Gefühl der Trauer so lange bleiben, bis es von selbst wieder geht – dauerte 30 Minuten

Man möchte das festhalten, was man gerade verloren hat. Um zu spüren, wie wertvoll es/sie/ihn war, wie sehr ich es/sie/ihn brauche und nicht einfach ersetzen kann, wird die Erinnerung hergeholt, als ich noch im Besitz des Verlorenen war. Wie gut es/sie/ihn mir getan hat, wie wichtig es/sie/ihn mir war, wie notwendig.
Hausaufgabe: Täglich eine halbe Stunde Erinnern – Abschied nehmen – Trauern einrichten, Festlegen des Orts, der Uhrzeit und welche Erinnerungshilfe benutzt wird

c) Vergegenwärtigen des Moments des Verlustes

Meine tägliche Exposition des Verlust-Momentes:

Die Tage vor dem Verlust erinnernd vergegenwärtigen

Er lag auf der Intensivstation, ich erfuhr, dass es zu Ende geht*

Den Tag des Verlustes erinnern

Ich fuhr schon früh morgens in die Klinik, setzte mich ans Bett.*

Den Moment des Verlustes erspüren

Er wachte auf, blickte mich müde an, schlief dann für immer ein.*

Die Bedeutung dieses Momentes erfassen

Er ist tot und ich lebe. Ohne hin. Nie wieder habe ich ihn.*

*Schreiben Sie oder sprechen Sie

Aus dem Spüren der Bedeutung heraus erfolgt der Schritt zur Vergegenwärtigung des Moments, in dem ich es/sie/ihn verlor.

Tod des Menschen, Abreise, was auch immer.

Dies ist der schmerzlichste Moment – weggerissen, was meins war, was bei mir bleiben sollte, was ich nie hergegeben hätte. Das Bewusstsein, es/sie/ihn nie mehr zu bekommen.

d) Wahrnehmen von Schmerz, Verzweiflung und Trauer

Meine tägliche Trauer-Exposition

Bewusst den Schmerz spüren: Es tut unendlich weh*

Bewusst die Verzweiflung spüren: Kaum auszuhalten*

Alle Gefühle zulassen, die jetzt kommen wollen: Schmerz*

Immer wieder zur Bedeutung des Verlustes zurückkehren: Ich habe ihn verloren – endgültig. Er ist tot.

Immer wieder zum Schmerz zurückkehren: Wie ein Stich

Und die Trauer spüren: Noch mehr Schmerz als Trauer.

Das Gefühl der Trauer da sein lassen, bis es von selbst geht.

Beim Erleben des Moments des Verlusts wird der Schmerz deutlich spürbar. Viele Menschen wählen unbewusst die Depression, damit sie diesen Schmerz nicht spüren müssen.

Es ist wichtig, sie stützend zu begleiten, damit sie sich sicher genug fühlen, sich dem Schmerz zu stellen. Allein kann man das nicht. Man muss sich in einer Begleitung fühlen, die Halt und Trost geben kann.

Diese warmherzige Begleitung der TherapeutIn ist notwendig.

Hausaufgabe: Jemand einbeziehen, der Begleitung ist, da ist, ohne zu versuchen, die schmerzlichen Gefühle wegzumachen – Geschwister, Freundin/Freund etc.

e) Das Gefühl da lassen, bis es von selbst verschwunden ist

Trauer braucht Raum und Zeit. Sie ist ein natürlicher Heilungsprozess der Seele.

Jeder Schmerz, jedes Gefühl der Trauer zeigt, dass die Seele gerade heilt.

Trauer spüren

Trauer da sein lassen

Trauer anwachsen lassen

Trauer das Bewusstsein ganz erfüllen lassen

Trauer dann gehen lassen , wenn sie gehen will

Trauer wieder kommen lassen, wenn sie wieder kommen will

Unsere Psyche versucht automatisch, so ein unermessliches Gefühl wie den Trennungsschmerz rasch zu beseitigen. Sie hat dazu alle möglichen Strategien verfügbar: Die große Vernunft, sich um andere kümmern müssen, ablenken, überaktiv sein, sich schnell neu verlieben.

Nur wenn es gelingt, den Schmerz und die Trauer da sein zu lassen, bis sie von selbst versiegen, wird ein Fortschritt im Trauern stattfinden. Sonst wird der Prozess immer wieder aufgeschoben.

Wir finden auch das Gegenteil: Dass die Psyche die Trauer immer wieder im Lauf eines Tages herholt, um sie in kleinen bewältigbaren Dosierungen abzuarbeiten. Das ist gut so.

Fassen wir zusammen:
A. Die Trauerexposition
B. Beachtenswertes während der Exposition

Zu A:
Die Exposition erfolgt konsequent analog der Angstexposition.
Vorbereitung: Auswahl der Situation, Festlegung des Ablaufs, der Rollen, des Zeitpunktes der Beendigung, Definition von vermeidendem Verhalten
Definition von exponierendem Verhalten
Durchführung: Eigene Entscheidung des Patienten, jetzt in die Situation zu gehen und drinzubleiben

Gefühlskreis:
1. Aufmerksamkeit auf den Verlust richten
2. Körperreaktionen wahrnehmen, aussprechen
3. Gefühl wahrnehmen, aussprechen
4. Gedanken wahrnehmen, aussprechen
Und wieder bei 1 beginnen usw.
Vermeidungen erkennen, als solche ansprechen, stoppen, zurück zum Gefühlskreis
Abschluss: Abgeschlossen wird, wenn nach dem Gefühlssturm wieder Gefühlsruhe eingetreten ist

Zu B:
1. Wer Angst um sein Leben hat, kann nicht trauern.
Therapie: Schaffen eines sicheren Gefühls des eigenen Weiterlebens
2. Markante Trauerphasen sind:
    a) Verleugnen der Realität des Verlustes
    b) Wut auf die Tatsache des Verlustes und auf die Person, die „mich im Stich ließ"
    c) Schmerz und Verzweiflung
    d) Trauer und Loslassen
    e) Wendung zum Weiterleben
    f) Schreiten in das weitere Leben
3. Verbotene Wut blockiert den Trauerprozess
Therapie: Erlaubnis zur Wut
4. Vermeiden des emotionalen Schmerzes (z. B. weil er in seiner erwarteten Intensität nicht auszuhalten wäre oder weil er nicht mehr aufhören würde) blockiert den Trauerprozess.
Therapie: Ermutigen, Fähigkeit der Bewältigung zusprechen
5. „Ohne helfende Beziehung schaffe ich das nicht!" Therapie: Begleitung, Unterstützung
6. Irrationaler Glaube: Festhalten kann den Verlust verhindern, Loslassen ist unwiderruflich." Therapie: Annehmen des Verlustes als eigener Willensakt
7. Abschluss: Die TherapeutIn bleibt zurück, Patient lässt ihn zurück (als neue Trennungserfahrung)
Dieses Vorgehen wird ausführlich in Kapitel 3.3.3.2 beschrieben.

4.1.2.3.14 Vierzehnte Stunde: Niederlagen machen „wehrhaft"

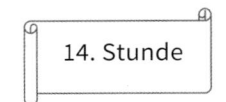

14. Stunde

Niederlagen sind nicht vorprogrammierbar. Deshalb kann diese Therapiestunde die dreizehnte, vierzehnte oder auch erst die 21. Stunde sein. Die Logik des Therapieablaufs führt dazu, dieses Thema an dieser Stelle zu besprechen. Niederlage ist nicht der Rückfall, sondern das Eintreten der befürchteten Folgen eines neuen Verhaltens. Etwa das Zerbrechen einer Freundschaft durch mein neues wehrhaftes Verhalten, das öffentliche Versagen bei einer prinzipiell lösbaren Aufgabe oder das „Prügel beziehen", das völlige Unterliegen in einer heftigen Auseinandersetzung.

Nicht nur die Erfolge des neuen Verhaltens sind wichtige Erfahrungen, sondern auch die Misserfolge. Vielleicht können die Misserfolge sogar mehr dabei helfen, die Angst vor Veränderung zu nehmen. Denn sie zeigen, dass die befürchtete Katastrophe keine Katastrophe ist. So baute die verlorene Freundschaft vielleicht nur darauf auf, dass der andere sich Beifall holte und bestimmte, was gemacht wurde. Das öffentliche Versagen bringt vielleicht die Erfahrung, dass die Öffentlichkeit nicht gnadenlos verurteilt ist, sondern nachsichtig ist. Und die „Prügel" in dem Streit waren nur ein momentaner Schmerz, das Selbstwertgefühl erholt sich schnell und beim nächsten Mal werden einige Fehler nicht mehr passieren. Wer sich wehrt, gerät in einen Schlagabtausch, in dem er nicht nur Schläge austeilt, sondern auch einsteckt. Zur

Wehrhaftigkeit gehört, dass ich die Schläge, die der andere mir versetzt, einstecken kann. Zum Kämpfen gehört, dass ich mich nicht darauf konzentriere, wie weh mir ein Schlag getan hat, sondern wie ich kontere und zurückschlage (nicht handgreiflich, sondern mit Worten). Deshalb sind Übungen mit Boxhandschuhen oder Batakas-Schaumstoff-Schlägern sehr hilfreich. Diese Seite wird zu oft in der Therapie vernachlässigt. Die Konfliktvermeidung der TherapeutIn kann dazu führen, dass der Patient in dieser Hinsicht davon abgehalten wird, neue Erfahrungen zu sammeln, die sein altes Selbst- und Weltbild revidieren helfen. Er bleibt bei der alten Regel: „Verhalte dich so, dass du nie versagst. Packe eine Aufgabe nur an, wenn sicher ist, dass du sie schaffst. Gehe in einen Streit nur, wenn du weißt, dass du siegen wirst."

Je mehr es gelingt, ein Selbsteffizienzgefühl über Wehrhaftigkeit aufzubauen und über die Courage sich emotional auf die Begegnung mit dem anderen Menschen einzulassen, umso mehr wird Selbstvertrauen entstehen, das nicht durch ständige äußere Bestätigungen „aufgemöbelt" werden muss. Eine Sache kann so wichtig sein, dass ich für sie auch dann kämpfe, wenn ich der Schwächere bin. Die Niederlage ist dann zwar bitter, aber ich fühle mich besser, als wenn ich gekniffen und kampflos aufgegeben hätte.

Die Selbstwertprobleme vieler Menschen bestehen sehr häufig in der Wahrnehmung eigener Wehrlosigkeit aufgrund angstgeleiteter übermäßiger Aggressionshemmung. Die Insuffizienzgefühle wegen gescheiterter Bemühungen um Großartigkeit sind nicht selten das Resultat des misslungenen Versuchs, fehlende Wehrhaftigkeit durch narzisstische Grandiosität zu kompensieren. Das narzisstische Streben wird umso entbehrlicher, je mehr der Patient Wehrhaftigkeit und Durchsetzungsfähigkeit aufgebaut hat. Hierzu muss aber auch die Angst vor „Prügel" und Niederlagen im Kampf abgebaut werden (Wehrlosigkeit). Diese darf nicht mit der Angst vor der narzisstischen Niederlage verwechselt werden (Wertlosigkeit). Wer konsequent Niederlagen vermeidet, verbannt sie aus seinem Alltag. Er kann nicht lernen, mit ihnen umzugehen. Kommen sie doch, so sind sie die große Katastrophe. In der Therapie ist es wichtig, dass nicht nur die TherapeutIn über die Niederlage hinwegtröstet, sondern dass der Patient diese als einmalig, begrenzt und nur zum Teil selbst verursacht attribuieren lernt. Ohne Schuldzuweisung wird eine gemeinsame Fehleranalyse zu einem Entwurf der künftigen Meisterung dieser Situation führen. Dadurch wird einer künftigen Vermeidung dieser Situationen vorgebaut und eine Motivation erzeugt, es beim nächsten Mal schaffen zu wollen. Übung: Die TherapeutIn kämpft mit dem Patienten mit Batakas-Schlägern. Sie wiederholt dies in den nächsten Sitzungen, bis der Patient berichten kann, dass es ihm Spaß macht.

Bis zur nächsten Sitzung erhält er die Aufgabe, praktische Möglichkeiten zum Einsatz von Spielen, bei denen es ums Gewinnen und Verlieren geht, und von Kampfspielen oder Kampfsport zu erkunden wie Aikido.

*4.1.2.3.15 **Fünfzehnte Stunde:** Umgang mit dysfunktionalen Persönlichkeitszügen*

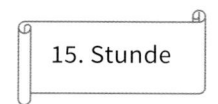

15. Stunde

Wir nähern uns einer systemtheoretischen Betrachtung, indem wir die klinischen Persönlichkeitstypen auf ihre dysfunktionale Überlebensregel zurückführen. Die dysfunktionalen Überlebensregeln der hier beschriebenen Persönlichkeitstypen (d. h. der dysfunktionalen Verhaltensstereotypen) seien hier noch einmal im Überblick formuliert. Eine Änderung des psychischen Systems setzt ökonomisch bei der Änderung der dieses System steuernden Regeln an:

Schizoid
Nur wenn ich immer emotions- und beziehungsfrei, rational distanziert und wach bin
und niemals emotionale Nähe entstehen lasse, niemals den anderen brauche,
bewahre ich mir meine Existenzberechtigung und die Hoffnung auf Willkommensein
und verhindere ich, dass meine Gefühle mich und die Welt vernichten.

Emotional instabil
Nur wenn ich immer ganz und gar in gute, emotional intensive Beziehungen gehe
und niemals vertraue, sondern geringste Anzeichen von Verletzung als Anlass zur Trennung nehme,
bewahre ich mir die Hoffnung auf die eines Tages durch und durch gute Beziehung
und verhindere ich, allein und verlassen, innerlich leer zu sein.

Narzisstisch
Nur wenn ich immer großartig, „Spitze" bin und es schaffe, dass die Welt dies bestätigt und bewundert,
und niemals zweitrangig oder gar durchschnittlich bin
bewahre ich mir Aufmerksamkeit und Wertschätzung und die Hoffnung auf Liebe
und verhindere ich, dass ich zu einem Nichts werde, ignoriert verkümmere und erlösche.

Dependent
Nur wenn ich immer gemäß den Wünschen meiner Bezugsperson denke, fühle und handle
und niemals eigene Bedürfnisse zulasse, die mit den ihren nicht vereinbar sind,
bewahre ich mir den Schutz, die Wärme und die Geborgenheit
und verhindere ich, verlassen zu werden.

Zwanghaft
Nur wenn ich immer den Effekt meines Verhaltens auf perfekte Normerfüllung überprüfe
und niemals ungenau, unordentlich, unsauber, nachlässig bin,
bewahre ich Kontrolle über die Auswirkungen meines Handelns
und verhindere ich nicht wiedergutzumachenden Schaden durch meine aggressiven Impulse.

Selbstunsicher
Nur wenn ich immer darauf achte, nichts Falsches zu sagen, lieber nichts sage
und niemals eigene Wünsche äußere, Forderungen anderer niemals ablehne, niemals den Unmut anderer provoziere,
bewahre ich mir die Chance auf Zugehörigkeit und Akzeptanz
und verhindere ich Ablehnung und Zurückweisung.

Histrionisch
Nur wenn ich immer meine Gefühle und Ausdrucksweisen übersteigere
und niemals ungeschminkte Realität vermittle, niemals dem anderen das Aktionsfeld und die Initiative überlasse,
bewahre ich mir genügend große Aufmerksamkeit, Attraktion und dadurch Steuerung des anderen
und verhindere ich Enttäuschung, Missbrauch und Ausgeliefertsein.

Passiv-Aggressiv
Nur wenn ich immer in innerer Opposition zu Autoritäten bin
und niemals offen aggressiv bin, gerade so viel nachgebe wie nötig,
bewahre ich mir sowohl Selbstbestimmung als auch die Chance auf Wohlwollen
und verhindere ich offene Auseinandersetzung und Ablehnung.

Diese Überlebensregeln machen verständlich, welche Verhaltens- und Erlebensweisen ein Mensch vermeidet und welche er vorrangig zeigen wird. Sie macht auch die Funktion dieser Verhaltens- und Erlebensweisen deutlich.

Die Frage nach dem Wozu meiner Persönlichkeitszüge führt zurück zu meiner Überlebens-Homöostase. Diese heute so nachteiligen Persönlichkeitszüge habe ich in der Kindheit gebraucht, um meine schwierigen Familienverhältnisse auszugleichen. Heute, nachdem ich meine Primärfamilie hinter mir gelassen habe, sind mir diese Eigenschaften ein Klotz am Bein, eine Behinderung meiner erwachsenen Lebens- und Beziehungsgestaltung. Je weniger von diesen Eigenschaften heute noch übriggeblieben sind, umso eher lässt es sich auch zukünftig mit ihnen leben. Je mehr sie aber meine Persönlichkeit bestimmen, umso mehr Misserfolgserlebnisse bescheren sie mir laufend, und umso mehr versperren sie mir eine befriedigende Zukunft.

Also ist Änderung angesagt. Dass eine Änderung der Persönlichkeit ein extrem umfangreiches, arbeits- und zeitaufwendiges Unterfangen ist, könnten wir uns eigentlich vorstellen. Dass die Erfolgsaussichten für einen Menschen, der nicht durch eine Krankheit oder eine Lebenskrise erschüttert wird, sehr gering sind, sollten wir auch wissen. Bleibt uns die Wahl: Am sichersten ist es, auf Änderungen zu verzichten.

Wollen Sie trotzdem praktische Schritte zur Persönlichkeitsveränderung tun? Es kann sich lohnen, das Praxis-Manual zur Veränderung des Erlebens und Verhaltens (Sulz, 2009b) zu besorgen und nach dessen Leitfaden vorzugehen. Man kann an einer zentralen Stelle beginnen: zentrales Bedürfnis, zentrale Angst, zentrale Wut, Umgang mit diesen Motiven, Ersetzen der gebietenden und verbietenden Überlebensregel durch eine erlaubende Lebensregel und schließlich Punkt für Punkt die ganz konkreten Verhalten-in-Situationen ändern, die den dysfunktionalen Persönlichkeitszug ausmachen. Das geht nicht ohne Verbesserung der Emotionsregulation, viel Selbstwirksamkeitserfahrung und eine immer besser elaborierte Theory of Mind bis hin zu Empathiefähigkeit.

Praktische Schritte
Hier kann eine Aktivierung verhaltenssteuernder sekundärer und unterdrückter primärer Gefühle erfolgen.
Resultat kann sein, dass das primäre Gefühl hilft, den Mut zu bisher vermiedenen Verhaltensweisen zu finden.
Interventionsschritte sind: den Patienten
- sich in der konkreten Situation imaginieren lassen (und deren Bedeutung)
- das Verhalten des Gegenübers und dessen Bedeutung spüren
- sein Gefühl spüren lassen (Welches Gefühl wäre das natürlichste?)
- Den Zusammenhang
  Bedürfnis – Situation – Gefühl
  erkennen, verstehen und spüren lassen
- Die Auswirkungen verstehen, erkennen lassen
- Heutige Bewältigungsmöglichkeit erkennen lassen.

Wichtig ist stets, dass eine Aktivierung schmerzlicher Gefühle mit einer positiven Beziehungserfahrung (in der Therapiebeziehung) einhergeht und mit einer Bewältigungserfahrung abschließt!

Nachdem eine Änderungs-Entscheidung fiel, kann diese z. B. auf folgende Weise festgehalten werden (Tabelle 4.1.2).

Tabelle 4.1.2 Änderung eines konkreten Verhaltens, das charakteristisch für den dysfunktionalen Persönlichkeitszug .... ist

Welche Situation?	Bedeutung d. Situation für mich ......
Welche Person ist da?	Bedeutung d. Situation für mich:
Welche Person ist da?	Bedeutung d. Person für mich:
Mein Anliegen (Hoffnung /Furcht):	Bedeutung meines Anliegens für sie
Ihr Anliegen/Wunsch:	Bedeutung ihres Anliegens für mich:
Mein Handeln entgegen meiner bisherigen Persönlichkeit:	Die Bedeutung meines Handelns für die andere Person wird sein:

Tabelle 4.1.3 Üben bis das neue Verhalten automatisch erfolgt

Ich übe den neuen Umgang mit meiner Persönlichkeit .... am:	Die Situation ist:
Ich handle so:	Der andere reagiert so:
( ) Das Ergebnis ist schon gut	( ) Deshalb werde ich das Verhalten beibehalten. Das nächste Mal am ....

( ) Das Ergebnis ist noch nicht so gut, es fehlt noch	( ) Deshalb werde ich weiter üben. Das nächste Mal am ....
Nach ....-mal Üben ist es mir zur Gewohnheit geworden	Und das Ergebnis ist meist befriedigend. Ich bin am Ziel!

Solche Änderugspläne bleiben jedoch oft so wirksam wie die guten Vorsätze zu Neujahr. Deshalb muss die TherapeutIn hartnäckig am Ball bleiben, den Änderungswillen stärken und den Fortschritt gemeinsam mit dem Patienten verfolgen (Tabelle 4.1.3).

Falls das Ziel nicht erreichbar ist:
Falls ich auf das Verhalten des anderen nicht ausreichend einwirken kann,
- überlege ich mir,
- ein anderes eigenes Verhalten oder
- eine andere Situation oder
- eine andere Person zu wählen.

4.2.2.3.16 Sechzehnte Stunde: Entwicklung zur zwischenmenschlichen Stufe – Empathie

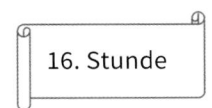

16. Stunde

Bitte lesen Sie vorher Kapitel 3.4.3.
Der Schritt von der souveränen auf die zwischenmenschliche Stufe ist die Entwicklung vom konkreten zum abstrakten logischen Denken und zu interindividuellen Gefühlen. Dies entspricht dem zweiten Abschnitt des SBT-Moduls Entwicklung (Sulz, 2010e, S. 214ff) und dem ersten Teil von McCulloughs (2007) IDE (Interpersonal Discrimination Exercise).

Was der Patient auf der konkret operativen (souveränen) Stufe noch nicht kann, ist:
- Das Denken ist noch egozentrisch
- Der andere Mensch ist noch ein Objekt, das der Bedürfnisbefriedigung dient
- Es wird zwar festgestellt, dass die Bezugsperson anders denkt und fühlt, aber ihre Bedürfnisse interessieren noch nicht
- Es besteht noch keine Empathiefähigkeit
- Es besteht noch kein Anliegen, den anderen zu verstehen und dass es dem anderen gut geht.

Jetzt ist das Ziel die Entwicklung von Empathiefähigkeit und abstrakt formal logischem Denken. Piaget (1995) weist darauf hin, dass Empathiefähigkeit zwei Aspekte hat:

1. **das Bedürfnis und die Fähigkeit, den anderen Menschen zu verstehen und**
2. **das Bedürfnis und die Fähigkeit, vom anderen Menschen verstanden zu werden.**

Hierzu ist sprachliche Kommunikation erforderlich. Während des Sprechens wird synchron die Perspektive des Zuhörers eingenommen. Nach Piaget ist hierzu formal-operatives Denken (Abstraktionsfähigkeit) erforderlich.

Die kurzfristigen sozialen Erfolge mit Hilfe des konkret operativen Denkens reichen nicht aus für eine dauerhaft befriedigende Beziehungsgestaltung. Das abhängige Ausgeliefertsein der impulsiven Stufe wurde zwar beendet durch die Steuerungsfähigkeit und Selbstwirksamkeitserfahrung der konkret operativen (souveränen) Stufe. Eigenes Verhalten wirkt so auf andere Menschen ein, dass diese sich wie gewünscht verhalten. Damit sind aber noch keine dauerhaft guten Beziehungen zu gestalten. Um dies zu schaffen, muss der Schritt auf die nächsthöhere Stufe (zwischenmenschlich – formal-operativ) geschafft werden: Es entsteht Empathiefähigkeit. Eigenes Verhalten dient nun nicht nur dazu, eigene Wünsche zu erfüllen, sondern auch dazu, dass sich die Bezugsperson in und nach der Begegnung wohl fühlt.
Um dies zu erreichen muss der Patient bei seinem souveränen Denken gestört werden, ein Anreiz zum Perspektivenwechsel gegeben werden und eine sichere Begleitung auf dem neuen Weg empathisch zwischenmenschlichen Denkens angeboten werden.

Die TherapeutIn achtet darauf, dass der Patient so mit dem Gegenüber spricht, so dass dieser seine Gefühle und Bedürfnisse und Beweggründe auch verstehen kann. Und sie achtet darauf, dass der Patient so zuhört oder nachfragt, dass er die Gefühle, Bedürfnisse und Motive des anderen verstehen kann.

In welchem Übungsfeld geschieht das?
- in berichteten Situationen mit wichtigen Bezugspersonen
- in der Patient-Therapeut-Interaktion.

Das Vorgehen bei der Entwicklung der Empathiefähigkeit wird hier noch einmal verkürzt dargestellt: Es handelt sich um zwei Schritte:

1. **seine Gefühle aussprechen**
2. **in Gefühlen des anderen einfühlen (evtl. mitfühlen)**

Zu 1: Entwicklung von Empathiefähigkeit 1
Wie der Patient über seine Gefühle sprechen kann

Vorgehen:
1. Pat. berichtet über eine emotional belastende Situation z. B. Abwertung durch PartnerIn
2. Th. fragt nach dem Gefühl in der Situation, z. B. „verletzt" / „wütend"
3. Th. fragt, was zu diesem Gefühl führte (Kontext der Emotion), z. B. „dass er es so kalt und arrogant gesagt hat, ohne mich anzuschauen."
4. Th. fasst zusammen, z. B. „Die arrogante Art seiner Abwertung hat Sie so verletzt"
5. Th. fragt, welche Reaktion er stattdessen gebraucht hätte, z. B. „Ich brauche von ihm, dass er mich wertschätzt."
6. Th. fragt nach dem jetzigen Gefühl, wo er es nicht bekommen hat, z. B. „Das macht mich sehr traurig und tut so weh."
7. Th.: z. B. „Ich kann gut verstehen, dass seine Abwertung Sie verletzt hat und Sie traurig sind, dass Sie keine Wertschätzung bekommen haben."

Zu 2: Entwicklung von Empathiefähigkeit 2
Fragen, was die Bezugsperson fühlt …
Die TherapeutIn lenkt bei der gemeinsamen Betrachtung von Situationen die Aufmerksamkeit des Patienten durch Fragen immer wieder darauf, was die Bezugsperson
- **gefühlt,**
- **gedacht,**
- **gebraucht**
- **gefürchtet** haben könnte.

Und inwiefern eigenes Verhalten darauf Einfluss nahm oder nehmen könnte.

Wenn der Pat. offensichtlich kein Verständnis für seine Bezugsperson hat:

Vorgehen:
Fragen, was die Bezugsperson fühlt …
Situation: Pat. erzählt:…………………..........……
z. B. Ich habe meiner Frau gesagt, dass ich ab jetzt jeden Tag eine Stunde später nach Hause komme, weil ich ins Fitnesscenter gehe.
TherapeutIn fragt, was die Bezugsperson
  gefühlt haben könnte.
Pat. antwortet:…………….........................……
Pat: z. B. sie hat sich mit den Kindern im Stich gelassen gefühlt
  gedacht haben könnte.
Pat. antwortet: ……………….......................……
Pat: z. B. dass mir die Familie nicht mehr wichtig ist
  gebraucht haben könnte.
Pat. antwortet: ……………..........................……
Pat: z. B. dass ich berücksichtige, ob sie mich abends mal früher braucht
  gefürchtet haben könnte.
Pat. antwortet: ……………..........................……
Pat: z. B. dass der nächste Schritt die Trennung ist

Fazit: auf der zwischenmenschlichen Stufe angekommen – der zwischenmenschliche Selbstmodus

Das zwischenmenschliche Selbst
ist Beziehung
kann empathisch sein
kann die Perspektive des anderen einnehmen
(kann auf sich selbst mit den Augen des anderen blicken und dabei erleben, was er sich vorstellt, was der andere über ihn denkt und fühlt, als Quelle für seine eigenen möglicherweise traurigen Gefühle)
kann gut für den anderen und die Beziehung sorgen
kann eigene Interessen zurückstellen
kann tiefgehende und feste (beste) Freundschaft pflegen
Meine Gefühle werden dadurch bestimmt, wie gut es dir mit mir und mir mit unserer Beziehung geht

4.1.2.3.17 Siebzehnte Stunde: Persönliche Werte – vom bedürfnis- zum wertorientierten Menschen

17. Stunde

Bedürfnisse sind angeborene oder früh entstandene Motive, die Überleben dadurch sichern, dass das Lebensnotwendige so lange gesucht wird, bis es gefunden wird und genommen werden kann, gesteuert durch unser emotionales Gehirn (autonome Psyche, implizites System, limbisches System). Zu ihrer Befriedigung brauchen wir unser Bewusstsein und unseren Realitätssinn nur insofern, als wir den besten Weg gehen und die wirksamsten Instrumente einsetzen, um letztlich Bedürfnisbefriedigung zu erhalten.

Werte sind eher wie Leitsterne am Himmel. Sie zeigen uns die Richtung, wir werden sie aber nicht erreichen, werden nie ankommen. Wir sind zufrieden und mit uns im Reinen, wenn es uns gelungen ist, so zu handeln, wie es ein Wert vorgibt. Während ein Bedürfnis nach der Befriedigung eine Weile lang verschwindet, bleibt der Wert als Wegweiser da. Wir befassen uns bewusst damit. Die resultierende Genugtuung ist sicher wieder eine Angelegenheit unseres emotionalen Systems, aber zur Wertorientierung benötigt dieses das Reflektieren und Werten des kognitiven Gehirns durch Prozesse, die im Präfrontalen Cortex ablaufen und in ständiger Verbindung zum limbischen Systems sind.

Zum Zeitpunkt der Geburt und während der Kindergarten- und Vorschuljahre gibt es noch keine Wertorientierung. D. h., dass Patienten, die sich bezüglich des symptomauslösenden psychosozialen Problems ohnehin auf der impulsiven Stufe befinden, für diesen Problembereich noch über keine Wertorientierung verfügen. In anderen Lebenskontexten sind sie natürlich zu einer erwachsenen Reife gekommen, die sich auch einer Wertorientierung bedient. Diese Werte können zur Problemlösung herangezogen werden, passen aber eventuell nicht für diesen Lebensbereich und das spezifische Beziehungsproblem. Als therapiehinderlich zeigt sich aber auch eine sehr einseitige Wertestruktur, in der z. B. Zwischenmenschlichkeit gar nicht vorkommt oder umgekehrt Leistung und Lebenstüchtigkeit keinen Wert hat.

Bevor jedoch die Werte angegangen werden, sollten die Bedürfnisse auf einer intensiven Erlebensebene ins Bewusstsein geholt werden. Auch wenn ein Ziel ist, vom (rein) bedürfnisorientierten Menschen zum wertorientierten Menschen zu werden, ist damit nicht gemeint, dass nur noch Werte das Erleben und Handeln bestimmen sollten. Vielmehr soll die Fähigkeit aufgebaut werden, sich Werte anzueignen und als Orientierungsgeber in der Lebens- und Beziehungsgestaltung verfügbar zu haben.

Ein Wertekreis (Abbildung 4.1.6) dient der Veranschaulichung der Wertorientierung eines Patienten mit den beiden Dimensionen Verändern versus Bewahren und Selbstbezogenheit versus Selbsttranszendenz.

Werte, die nicht helfen, das Verhalten in schwierigen Situationen zu steuern, sind nicht bedeutsam. Wenn jemand losgelöst von seinen Werten handelt, müssen wir uns nicht um deren Inhalte kümmern. Also sind wie bei Bedürfnis, Angst und Wut auch hier die Fragen nach dem Umgang mit Werten unverzichtbar (Sulz, 2008 – VDS33 (https://cip-medien.com/kostenlose-downloads/)):

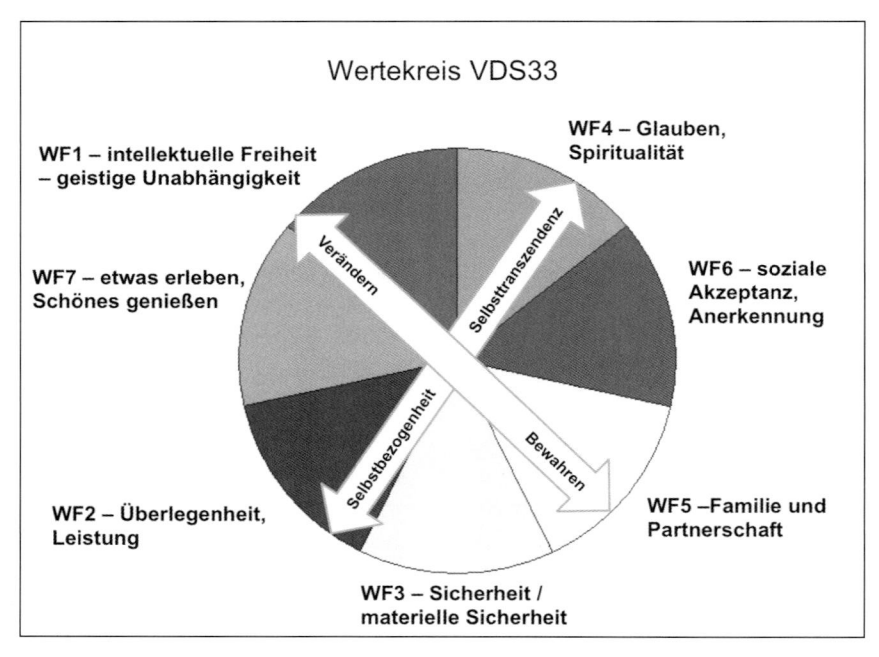

```
                    Wertekreis VDS33

         WF1 – intellektuelle Freiheit        WF4 – Glauben,
         – geistige Unabhängigkeit            Spiritualität

    WF7 – etwas erleben,                          WF6 – soziale
    Schönes genießen                              Akzeptanz,
                                                  Anerkennung


         WF2 – Überlegenheit,                 WF5 – Familie und
         Leistung                             Partnerschaft

                    WF3 – Sicherheit /
                    materielle Sicherheit
```

Abbildung 4.1.11 Wertorientierung

- Ich halte mich lieber an meine Wünsche und Interessen als an Werte.
- Meine Werte sind mir bewusst, aber ich orientiere mein Verhalten nicht oder kaum an ihnen und dies ist für mich stimmig (Ich bin halt so).
- Mir wird ein Wert erst dann bewusst, wenn ich in seiner Verwirklichung gescheitert bin. Mein Schamgefühl oder mein abgesunkenes Selbstwertgefühl bewirken nicht, dass ich mich das nächste Mal an meinen Werten orientiere.
- Obwohl mir meine Werte bewusst sind und ich nach ihnen handeln will, schaffe ich es immer wieder nicht, worunter ich dann leide.
- Meine Werte stürzen mich oft in Konflikte, da ich manche Situationen besser bewältigen könnte, wenn ich nicht an sie gebunden wäre.
- Meine Werte sind mir oft bewusst und ich achte so oft es geht, sie zu verwirklichen und dies gelingt mir oft.
- Meine Werte sind mir nicht oft bewusst, ich orientiere mein Verhalten trotzdem automatisch an ihnen.
- Wenn es mir gelang, einen zentralen Wert zu verwirklichen, so fühle ich Genugtuung, Freude, oder Stolz.
- Meine Werte helfen mir, indem sie mir Orientierung und Sinn geben und mich vor Verhaltensweisen schützen, die meinem Selbstwertgefühl schaden würden.
- Ich kämpfe oft intensiv darum, meine zentralen Werte zu verwirklichen.
- Wenn es mir gelang, einen zentralen Wert zu verwirklichen, kann ich mich kaum oder nur kurz darüber freuen.
- Wenn ich es nicht schaffe, einen zentralen Wert zu verwirklichen, quälen mich Gefühle des Selbstwertmangels (Ich fühle mich viel weniger wert oder unwert).
- Ich gerate in eine Selbstwertkrise, wenn ich in der Verwirklichung eines zentralen Wertes scheiterte. Ich habe dann tagelang das Gefühl, nichts wert zu sein oder nichts zu sein.
- Mein Leben ist gescheitert, wenn es mir nicht gelingt, meine zentralen Werte zu verwirklichen.

Hauke (2009a, 2013) schlägt ein erlebnisorientiertes Arbeiten an den Werten des Patienten vor. Gegenstände symbolisieren die Werte, so dass eine Wertelandschaft entsteht, zu der emotional Stellung bezogen werden kann. Für ihn sind Werte ressourcenorientierte Haltungsziele. Sie helfen den Stress zu senken. In der Therapie gilt es den Wertepool des Patienten zu erweitern, ihn stufenweise zu neuen Werten heranzuführen. Die bei Werterfüllung entstehenden positiven Gefühle ins Bewusstsein rufen, so dass sie verstärkend wirken und helfen, sich häufiger an diesem Wert zu orientieren.

So kann auch auf die emotionale Bedeutung des Fehlens mancher Werte, der Überbetonung anderer Werte und der Veränderung der Wertorientierung eingegangen werden (Tabelle 4.1.4).

Tabelle 4.1.4 Bisheriger Umgang mit Werten

1. Mein WERTEKONFLIKT ist: ……………… ………………	2. Eine typische Situation mit einer wichtigen Person ist: ………………
3. Bedeutung hat die Situation und der Person für mich ist: ………………	4. Wie geht der andere mit mir um? ………………
5. Mein primäres Gefühl in der Situation war: ……………… ………………	6. Mein erster Handlungsimpuls war: ……………… ………………
7. Ich fürchtete als Folge: ……………… ………………	8. Mein sekundäres Gefühl war deshalb: ………………
9. Ich unterdrückte deshalb folgende Reaktion: ……………… ………………	10. Ich handelte stattdessen bisher immer so: ……………… (entgegen meiner Wertorientierung)

Hauke (2013) empfiehlt für einen Konflikt zwischen zwei Werten ein Konfliktszenario in Form einer Wippe oder Balkenwaage zu erstellen. Der Patient betritt wörtlich beide Wertedomänen, erlebt diese und wird dazu hingeführt, dass es nicht um ein Entweder-Oder (wie seine dysfunktionale Überlebensregel vorgibt), sondern um ein Sowohl-als-Auch geht.

4.1.2.3.18 Achtzehnte Stunde: primärer, sekundärer und tertiärer Selbstmodus

18. Stunde

Zuerst stellt sich die Frage, was das Selbst ist? Wir verzichten auf die Zweiteilung von William James (1890) in I und Me. Es umfasst also auch das Ich der Psychoanalyse. Das Selbst ist ein Synonym für Psyche,
- alle psychischen Prozesse und Strukturen betreffend.
- So wie dieser Mensch ist und wahrnimmt, denkt, fühlt, handelt, wie sein Körperempfinden und -ausdruck ist.
- Zudem die Erinnerungen und Motive, Werte, Normen und die unbewussten homöostatischen Regelungen, die diesen Funktionen übergeordnet sind bzw. in deren Dienst sie stehen.

Nun können wir die zweite Frage stellen: Was ist ein **Selbstmodus**? Es ist
- ein umgrenzter wiederkehrender Zustand der Psyche
- mit stereotypen Erlebens- uns Verhaltensweisen
- hat strategische homöostatische Funktionalität
- ist erkennbar an einem Prozess- und Struktur-Cluster
- ist nur mit großem Energieaufwand zu verlassen
- ein Moduswechsel beinhaltet eine qualitative Änderung von Selbst und Objekt
- ein sekundärer Selbstmodus neigt dazu, allmählich dysfunktional zu werden.

Das Konzept des Selbstmodus (Sulz et al., 2013) entspricht dem state of mind von Mardi Horowitz (siehe Hartkamp, 2013), Youngs Modus-Konzept (Faßbinder & Schweiger, 2013) und dem Ego State (Fritzsche, 2013). Ein Selbstmodus hat die Anziehungskraft eines Attraktors (Haken & Schiepek, 2005; Grawe, 1998), wodurch verständlich wird, dass ein Moduswechsel viel Energie kostet.

Und schon folgt die dritte Frage: Was ist ein primärer und was ein sekundärer Selbstmodus?

Ein **primärer Selbstmodus** ist
- Ein Zustand der Psyche
- nach bisher ungestörter Entwicklung
- der der Umwelt so begegnet
- wie es der bisher entwickelten Funktionsfähigkeit seiner Psyche entspricht
- ohne dysfunktionale Verarbeitungsprozesse
- die aufgrund von Trauma, Gewalt, oder permanente Frustration entstehen.

Ein **sekundärer Selbstmodus** ist
- ein Zustand der Psyche
- nach gestörter kindlicher Entwicklung,
- der der Umwelt so begegnet
- dass das emotionale Überleben des Kindes ermöglicht wird.
- Er entsteht aus dem primären Selbstmodus
- aufgrund von Trauma, Gewalt, oder das Kind überfordernder permanenter Frustration.

Welche Formen kann ein sekundärer Selbstmodus annehmen? So individuell wie Kinderschicksale sind, so individuell ist der sekundäre Selbstmodus eines Menschen. Dennoch gibt es häufige Erlebens- und Verhaltensprofile wie die dysfunktionalen Persönlichkeitszüge (selbstunsicher, dependent, zwanghaft, passiv-aggressiv, histrionisch, schizoid, narzisstisch, emotional instabil oder paranoid). Man kann sich vorstellen, dass die Überlebensregel wie ein Attraktor wirkt analog einem starken Magneten, der die zugehörigen Eigenschaften und Verhaltensgewohnheiten um sich schart und festhält. Nur wenn es gelingt, diese Attraktorkraft zu verringern, kann ein Selbstmodus verlassen werden.

Zwei Stühle im Therapieraum können **zwei Seiten des Patienten** repräsentieren. Es wird festgelegt, welcher Selbstanteil bzw. welcher **Selbstmodus** (Sulz & Hoenes, 2014) des Patienten zu welchem Stuhl gehört. Je nachdem, was der Patient gerade denkt und fühlt, setzt er sich auf den zugehörigen Stuhl. Kaum kommen Gedanken und Gefühle der anderen Seite, setzt sich der Patient auf den anderen Stuhl. Dies geschieht mehrfach während der Stuhlübung. Wenn beim Patienten deutlich wird, dass es zwei gegnerische Selbstanteile bzw. Selbstmodi gibt, wobei z. B. der eine auf keinen Fall Schwäche zeigen will und immer alles im Griff haben muss, während der andere sich hilfsbedürftig fühlt und dies auch einer Bezugsperson mitteilen möchte, verstanden werden möchte, können zwei Stühle der Ort sein, auf dem der Patient mal als der eine, mal als der andere Selbstmodus sitzt und als dieser denkt und fühlt. Beide können ins Gespräch kommen, wodurch meist eine Annäherung und eventuell ein Kontrakt entsteht, in dem vereinbart wird, dass dem schwächeren Selbstmodus mehr Präsenz im Bewusstsein und mehr Auftreten nach außen zugestanden wird. Es kann auch sein, dass die eine Seite kindlich ist, viel Unterstützung und Schutz braucht und dass die erwachsene Seite durch diese Übung mehr Empathie und Verständnis entwickelt und bereit ist, sich fürsorglich um dieses innere Kind zu kümmern, damit es größer und stärker werden kann.

„Eine vereinfachte Art des Arbeitens mit Selbstmodi ist, dem Patienten folgendes Denkmodell zu vermitteln:

„Um in der Kindheit emotional zu überleben, mussten Sie ein ganz anderes Kind werden als das, das Sie eigentlich waren. Sie mussten sich streng an Ihre Überlebensregel halten, die Ihnen viel geholfen hat. Dadurch wurde ein natürlicher Teil Ihres Selbst nicht bewusst gelebt, er wurde aus Ihrem Bewusstsein fern gehalten. Folge war, dass er sich nicht weiter entwickeln konnte, bedürftig und ängstlich blieb, angesichts dessen was ihm widerfuhr, aber auch mit viel Wut. Er konnte sich deshalb nicht weiter entwickeln, nicht erwachsen werden. Ursache ist, dass Sie den Kontakt mit ihm verloren haben, weil Sie so sehr auf die durch Ihre Überlebensregel vorgegebene Weise um Ihr emotionales Überleben kämpfen mussten. Nun manchmal schafft es dieser Selbstzustand ins Bewusstsein zu gelangen, manchmal so sehr, dass Sie ganz erfüllt sind von ihm, ganz so ein Mensch sind. Dann schaffen Sie es eventuell nicht mehr die/der andere zu bleiben.
Es ist als ob zwei Seelen in Ihrer Brust wohnen oder als ob Sie zu verschiedenen Zeiten zwei verschiedene Menschen wären.

Wer von beiden da meist eingesperrt bleibt und nicht ans Tageslicht kommen darf, ist bei jedem Menschen verschieden. Wir können uns aber gemeinsam versuchen, ein Bild von diesem Teil Ihrer Persönlichkeit zu machen. Sie haben mir erzählt, dass Sie bei der letzten Besprechung mit Ihrem Chef von einer Minute auf die andere Sie ein ganz anderer Mensch wurden, sich klein, unfähig, verlassen gefühlt haben, selbst schuld, dass das nicht klappte, was der Chef Ihnen vorwarf. Und dass nichts mehr übrig blieb von dem tüchtigen, leistungsorientierten Menschen, der Sie sonst sind.

Sie könnten jetzt mal versuchen, sich ganz in diesen Selbstzustand hinein zu versetzen und ihn zu Wort kommen lassen – alles was dieser Teil fühlt, denkt, machen will, aussprechen. Um die beiden Selbstzustände besser unterscheiden zu können, können wir zwei Stühle nehmen, die wir so hinstellen, dass die beiden ein Gespräch miteinander führen können. Auf welchem Stuhl sitzt dieser sich klein und unfähig fühlende Teil? Ah ja, dann können Sie sich nun auf diesen Stuhl setzen, sobald Sie sich in ihn hineinversetzt haben. Geht das? (Nun spricht der Patient aus, wie klein er sich fühlt, wie insuffizient und wie er dringend jemand bräuchte, der ihm jetzt hilft, weil er es nicht allein schafft). Die Therapeutin/der Therapeut erfragt weitere Aspekte dieses Selbstmodus, damit er möglichst plastisch und lebhaft erlebt werden kann. Sie/er kann noch fragen „Wie können wir diesen Selbstzustand nennen?" Sie/er sollte darauf achten, dass es keine abwertende oder feindselige Benennung ist. Der Patient könnte sagen „der hilfsbedürftige Hans" oder „der kleine Hans", so dass seine Bedeutung in die Nähe des Konstrukts des inneren Kindes kommt. Danach fordert der Therapeut den Patienten auf, aufzustehen, einige Schritte im Raum herum zu gehen und sich auf den anderen Stuhl zu setzen, sobald er sich wieder als der Andere fühlen kann, z. B. „der fleißige, lebenstüchtige Hans". Er fragt den Patienten, was er denn am liebsten zum kleinen Hans sagen würde. Da können Sätze entstehen wie „Wenn es dich nur nicht gäbe – ohne dich käme ich bestens zurecht!" „Hab dich nicht so, es gibt doch keinen Grund so zaghaft und ängstlich zu sein!" Nach diesen spontanen ersten Äußerungen fragt der Therapeut, ob er auch ein bisschen verstehen kann, wie es dem kleinen Hans geht. Und wie es kam, dass dieser sich so wenig fähig fühlt. Und ob er auch mit ihm fühlen kann. Und ihm das jetzt sagen. Zwischendurch muss er sich meist wieder auf den anderen Stuhl setzen, weil Gefühle hochkommen, die zum kleinen Hans gehören. Wenn es zu einem Pro und Contra auswächst, wird nach jedem Argument nach dem Gefühl gefragt, aus dem heraus dieser Streitgedanke ausgesprochen wurde. Oder der Therapeut bittet, den Stuhl zu wechseln und zu spüren, wie es der anderen Seite geht, wenn so etwas zu ihr gesagt wird (nicht welchen Gedanke sie hat, sondern welches Gefühl)."

Nun schiebt die TherapeutIn den zweiten Teil des Modellkonzepts nach:

„Sie beide sind ja wie siamesische Zwillinge, keiner kann den anderen zuhause lassen oder allein aus dem Haus gehen lassen. Sie sind ein Lebensteam und müssen sich absprechen, was Sie bisher nicht gemacht haben. Erst jetzt hier kam es zu einem Dialog. Nur wenn Sie diesen Dialog beibehalten, sind Sie ein Team und keine Gegner mehr. Der große Hans nimmt Rücksicht auf den kleinen Hans, wie ein großer Bruder auf den kleinen. Er akzeptiert, dass er noch so viel braucht und gibt ihm, was er braucht, z. B. Sicherheit, Unterstützung, Verständnis und Wertschätzung. Er macht ihm Mut und sagt ihm, dass er ja dabei ist, dass er schon vieles kann und dass er sich auf ihn verlassen kann. Dass er ihm hilft, dass er sich gut entwickeln kann, erfahren kann, was er schon alles kann und was er nicht kann, er – der große Hans – halt übernimmt. „Zu zweit sind wir ein gutes Team, das sich nicht fürchten muss, und vieles sehr gut schafft."

Dieses Zusammenwachsen zu einem Team lässt sich im Rollenspiel-Dialog zwischen den beiden Selbstmodi inszenieren und affektiv erlebbar machen. Zum Schluss wird vereinbart, diese Teamarbeit im Alltag herzustellen. In den folgenden Therapiestunden wird immer wieder die Stuhlarbeit zu Hilfe genommen, wenn es gilt, besseren Zugang zu einem Selbstmodus zu bekommen und wenn Verhandlungen zwischen den beiden Modi notwendig sind.

Das Konzept der Selbstmodi kann oft als Heuristik dienen, um ein gemeinsames Denkmodell zu erhalten, mit dem PatientIn und TherapeutIn ihre Reflexionen voranbringen können. Therapeutische Widerstände können einem Selbstmodus zugeschrieben werden und dieser kann mit der Stuhlarbeit sagen, was er fürchtet und braucht, um kooperativ sein zu können und therapeutische Änderungen mitzumachen." (Hoenes et al., 2014, S. 212ff; vergl. Sulz & Hoenes, 2014)

Entwicklungs- und Selbstmodusansatz überlappen sich: Die Entwicklungsstufen entsprechen natürlichen (primären) Selbstmodi, die sich mit dem Schritt auf die nächste Stufe aufs Neue einstellen (Abbildung 4.1.12a bis d).

Auf der zwischenmenschlichen Stufe angekommen hat ein Mensch die Qualitäten aller drei Stufen und Modi zur Verfügung. Er kann situationsentsprechend auf drei verschiedene Weisen handeln (Abbildung 4.1.12b).

Abbildung 4.1.12a
Entwicklung und stufenspezifische Selbstmodi: vom impulsiven über den souveränen zum zwischenmenschlichen Selbstmodus

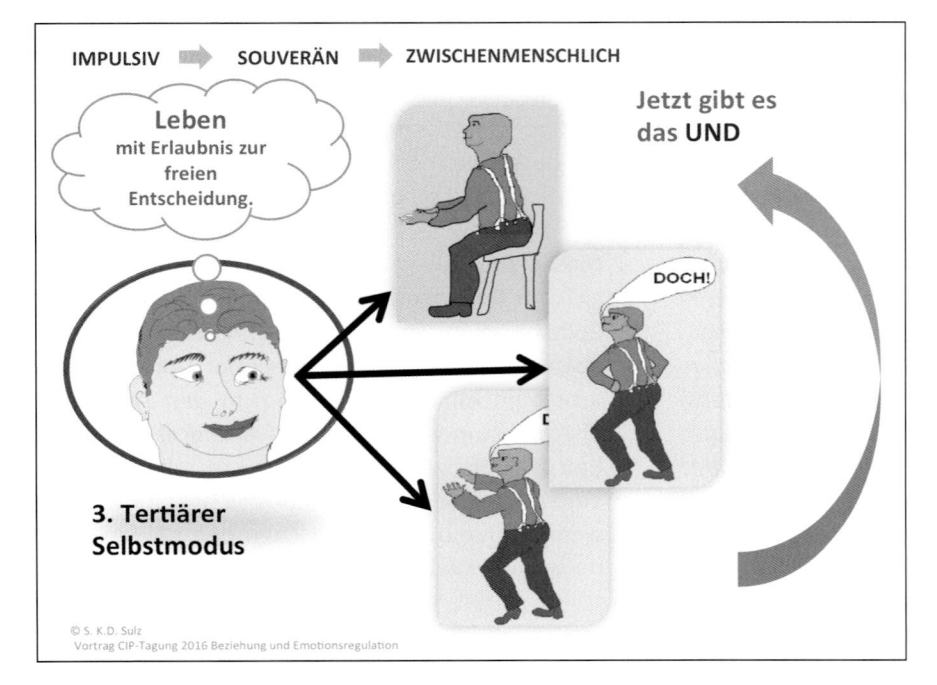

Abbildung 4.1.12b
Die dreifache Kompetenz des tertiären Selbstmodus

Bevor diese Entwicklungsschritte stattfinden können, muss allerdings oft die Entwicklungsbarriere behoben werden, die z. B. eine dysfunktionale Persönlichkeit bildet: Auf der impulsiven Entwicklungsstufe wird statt souverän und wehrhaft zu werden, z. B. ein selbstunsichere oder dependente oder zwanghafte Persönlichkeit entwickelt. Dieser Persönlichkeitszug hat sich aus dem primären impulsiven Selbstmodus als sekundäre umfassende Flucht und Vermeidung herausgebildet, weil es zu gefährlich gewesen wäre, weiterhin impulsiv den primären Bezugspersonen zu begegnen. Der Entwicklungsstand ist zwar weiterhin der impulsive, aber impulsives Verhalten ist nicht mehr beobachtbar. Es ist wie eine Flucht in einen Keller oder unter eine Treppe. Wer da unten bleibt, kann sich nicht weiterentwickeln. Deshalb kann man so einen Persönlichkeitszug auch sekundärer Selbstmodus nennen (Abbildung 4.1.12c).

Die Therapie am sekundären Selbstmodus eines dysfunktionalen Persönlichkeitszugs kann deshalb auch mit Hilfe des Entwicklungs- und des Selbstmodusansatzes erfolgen. Entscheidender erster Schritt ist es, den Mut aufzubringen, unter der Treppe hervorzukommen und sich den Gefahren zu stellen, die ärgerliche Reaktionen anderer darstellen. Das geht am einfachsten mit Wut-Exposition: wieder so wütend sein können, wie es der Frustration oder dem vorausgegangenen Angriff des Gegenübers entspricht (Abbildung 4.1.12d).

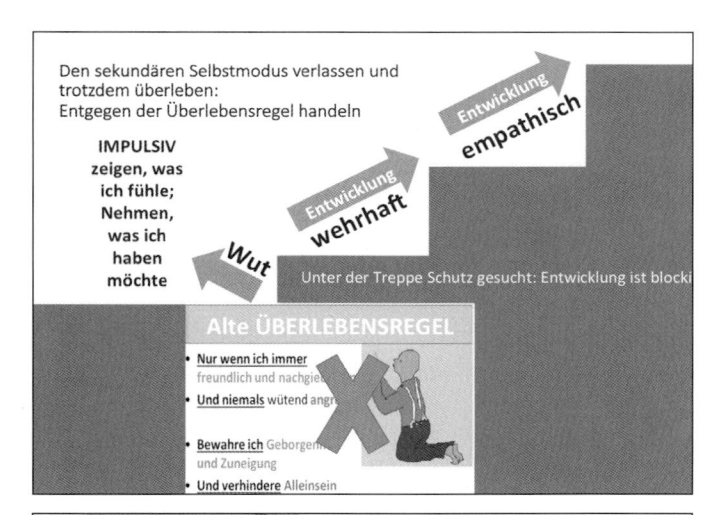

Abbildung 4.1.12c
Wieder impulsiv sein
und sich dann entwickeln

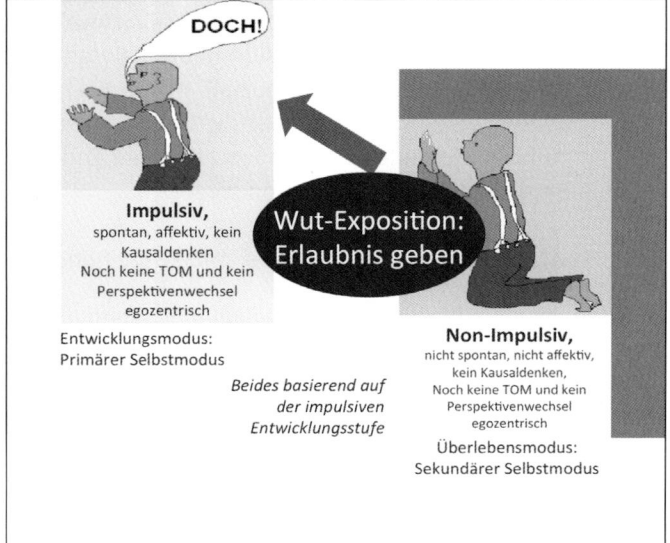

Abbildung 4.1.12d
Durch Wutexposition
vom sekundären
zum primären
Selbstmodus

*4.1.2.3.19 **Neunzehnte Stunde:** Das neue Selbst und die neue Welt*

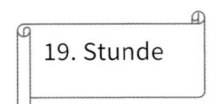

> 19. Stunde

Die Verhaltensexperimente der vergangenen Woche brachten eine Falsifizierung der alten dysfunktionalen Überlebensregel und damit die Möglichkeit, das alte Selbst- und Weltbild an die neuen Erfahrungen zu akkommodieren und weiter zu entwickeln. Im metakognitiven Gespräch wird auf die veränderte Selbstwahrnehmung und das neue Selbstgefühl eingegangen und die Art der Veränderung gemeinsam betrachtet. Die Unterschiede werden herausgearbeitet und Implikationen der neuen Sichtweisen gesucht. Diese metakognitiven Analysen dienen der Festigung und Verankerung des neuen Entwicklungsstandes und Optimierung der Theory of Mind. Dabei wird die neue Lebensregel explizit formuliert und die Errungenschaften des neuen Entwicklungsniveaus der Persönlichkeit und der Beziehungsgestaltung festgehalten. Schließlich wird die nunmehr vorhandene Fähigkeit, aus dem bisher symptomauslösenden Dilemma künftig durch inzwischen etablierte Bewältigungsmuster herausfinden zu können, konstatiert.

Auch hier ist entscheidend, ob und wie deutlich die affektive Komponente des Selbstbildes – das Selbstgefühl – die neue Entwicklungsstufe erreicht hat. Patienten berichten oft, dass in schwierigen Situationen das neue Selbstgefühl wieder verschwindet und dadurch auch die alten Verhaltensmuster wieder auftreten, zum Beispiel ein schlechtes Gewissen bekommen, nur weil ich eine andere Meinung habe. Die immer wieder auftretenden Selbstzweifel erfordern die Verankerung des neuen Selbstgefühls in den kognitiven Strukturen des Patienten. Er kann dadurch Selbstinstruktionen zu seiner Stabilisierung nutzen und mit Hilfe von Selbstkontrollstrategien die neuen Verhaltensweisen an Stelle der früheren Verhaltensmuster etablieren. Umgekehrt werden die neuen Fertigkeiten und ihre positiven Auswirkungen dem neuen Selbst und dessen stabilen, bleibenden Eigenschaften zugeschrieben.

Zum neuen Selbst gehört der freie Zugang zur Wahrnehmung der eigenen Bedürfnisse, die neben einer auf einer humanen Ethik basierenden Wertorientierung und den Erfordernissen der sozialen Beziehungen handlungsleitend sind. Zur Verhaltenssteuerung des neuen Selbst können nun auch die bisher blockierten Gefühle dienen. Vor den relevanten Veränderungsschritten kann beim Patienten eine große Orientierungslosigkeit wie beim Betreten eines völlig fremden Landes entstehen - ja und noch schlimmer, denn nicht nur diese Welt ist fremd, sondern auch das neue Selbst. Werde ich die anderen Menschen, die ich jetzt liebe, noch lieben können? Werden mich diese Menschen noch lieben, wenn ich gar nicht mehr derjenige bin, den sie sich als PartnerIn oder FreundIn ausgesucht haben? Es scheint, dass die Entwicklungsstadien mehrfach durchlaufen werden, bis das neue Selbst und die neue Welt konsolidiert sind. Erst die neuen Erfahrungen lassen glaubhaft erscheinen, dass die Bedürftigkeiten des alten Entwicklungsniveaus nicht mehr so drängend sind, dass dieses neue Selbst einfach nicht mehr so viel Geborgenheit, Schutz oder auch Liebe braucht. Die Welt, von der ich nicht mehr so viel brauche, erlebe ich weniger frustrierend, sie löst weniger Wut aus. Einerseits kann ich mehr Wut zulassen, sie übersteigt andererseits aber auch nicht mehr das meiner Umwelt zumutbare Ausmaß. Ich muss also weniger Aggression neutralisieren bzw. unterdrücken. Die psychosoziale Homöostase hat jetzt ihren Sollwert optimiert, während früher ein zu hoch eingestellter Homöostat für nie endende Bemühungen und Strapazen sorgte.

*4.1.2.3.20 **Zwanzigste Stunde:** Neue Beziehungen*

> 20. Stunde

Das Entwicklungsniveau der Beziehungsgestaltung kann in einer Paartherapie durch eine Zweierübung, in der Einzeltherapie durch eine Imaginationsübung, die bereits bei der Analyse der bisherigen Beziehungen eingesetzt wurde (siehe dort die genaue Beschreibung des Vorgehens), festgestellt werden. Die Bedeutung der Beziehung, die Bedürfnisse, die der Partner befriedigen soll, die Ängste, die mit dem Partner und der Beziehung verbunden sind und die stereotypen Erlebens- und Verhaltensweisen weisen auf den gegenwärtigen Stand der affektiv-kognitiven Entwicklung hin: Dabei sollen, völlig in der Wahrnehmung des anderen, und seiner Gefühle, sowie in der Wahrnehmung der eigenen Gefühle, folgende Sätze ergänzt werden (Imagination des Partners):

Ich fühle in mir ...	(z. B. Unsicherheit oder Minderwertigkeit).
Ich brauche von dir ...	(z. B. Schutz oder Anerkennung).
Ich fürchte von dir ...	(z. B. Einengung oder Verachtung).
Ich will von dir nicht ...	(z. B. Bemächtigung oder Herabsetzung).
Ich mag an dir nicht ...	(z. B. Unzuverlässigkeit oder Gönnerhaftigkeit).
Ich mag an dir ...	(z. B. Gelassenheit oder Großzügigkeit).
Du bist für mich ...	(z. B. Ruhepol oder bewundertes Idol).

Wenn der Patient es geschafft hat, sein früheres Entwicklungsniveau zu verlassen, so können obige Aussagen diese Entwicklung widerspiegeln. Die alten Bedürfnisse und Ängste sollten jetzt nicht mehr im Vordergrund stehen. In einer Paarsitzung erfahren wir auch das Entwicklungsniveau des Partners und können beurteilen, ob eine große Diskrepanz zwischen beiden besteht. Auch wenn verschiedene Entwicklungsniveaus bei den Partnern vorhanden sind, können sich diese nach dem Prinzip des Austauschs gut arrangieren: „Wenn du mir gibst, was ich brauche, gebe ich dir, was du brauchst." Ist das Entwicklungsgefälle zwischen beiden Partnern allerdings zu hoch, so hat die Beziehung nur dann Aussicht auf Bestand, wenn der „zurückgebliebene" Partner ebenfalls eine Weiterentwicklung beginnt.

Asynchrone Entwicklungen führen zu großen Spannungen, wenn, unabhängig vom Niveau des einzelnen der Niveautyp (Zusammengehörigkeit versus Autonomie) der beiden Partner verschieden ist. Sind beide auf einem Zusammengehörigkeitsniveau (z. B. der eine Partner impulsiv, der andere zwischenmenschlich), ist die Beziehung relativ nah und intim, es herrschen vorwiegend zentripetale Kräfte.

Sind beide auf einem Differenzierungs- oder Autonomieniveau (z. B. der eine souverän und der andere institutionell), so kann daraus, wenn die zentrifugalen Kräfte nicht zu groß sind, eine zwar distanziertere, aber dennoch den Bedürfnissen beider gerecht werdende Beziehungsgestaltung resultieren.

Oft verhilft eine Paartherapie, die an eine Kurzzeittherapie anschließen kann, zu einer Verminderung des Entwicklungsgefälles. Ihr Ziel sollte nicht die Synchronisierung des Entwicklungsniveaus sein. Denn die, durch die Entwicklung des einen Partners entstehende Spannung in der Beziehung ist stets auch Anreiz für Weiterentwicklung für den anderen. Bei extrem großem Entwicklungsgefälle ist eine psychotherapeutische Behandlung des Partners notwendig, um eine lebendige Beziehung aufrecht erhalten zu können. Allerdings kann auch die Entscheidung zu einer Beendigung der alten Beziehung das Ergebnis der Therapie sein. Die Beziehung ist bedeutungslos geworden, weil zum Beispiel Geborgenheit und Schutz keine zentrale Aufgabe der Partnerschaft mehr sind. Der Partner verliert an Attraktivität. Wenn nicht eine völlig zerrüttete Beziehung bestand, die zur Erkrankung führte, und wenn nicht der Partner ganz und gar unfähig oder unwillig ist, sich weiter zu entwickeln, rate ich von zu hastigen Trennungsentscheidungen ab. Der Schutz der TherapeutIn und der Therapie kann zu einer Selbstüberschätzung bzw. blindem Vertrauen darauf führen, dass die TherapeutIn das Schlimmste schon verhüten werde. Hinzu kommt, dass Angst- und Depressionspatienten ohnehin die Trennung als bevorzugte (wenn sie sich obenauf fühlen) oder befürchtete Problemlösung (wenn sie sich

„ganz unten" fühlen) sehen. Von therapeutischer Seite hat deshalb das „in der Nähe bleiben" Kegans (1986) auch bei diesem Entwicklungsschritt Priorität. Dies bedeutet, dass keine Trennung vom bisherigen Partner erfolgen muss. Es wird lediglich die alte Art der Beziehungsgestaltung aufgekündigt. Durch neue Verhandlungen und neue Begegnungen kann eine neue Beziehung begonnen werden – ohne eine Trennung vom Partner. Diese Verhandlungen und Begegnungen gehören noch zur Kurzzeittherapie. Erst durch die Fähigkeit zu diesen Schritten ist die Fähigkeit zu neuen Beziehungen aufgebaut worden.

4.1.2.3.21 Einundzwanzigste Stunde: Automatisierung, Generalisierung, Selbstmanagement

21. Stunde

Niemand will das: Etwas was mir keine sofortige Freude bereitet, unendlich oft üben, bis es automatisch geschieht, ohne dass ich es mir vornehme, ohne dass ich in der Situation daran denken muss, ohne dass ich mich dafür entscheiden muss und ohne dass ich mich überwinden muss, es zu tun.
Deshalb haben Psychotherapien auch zu oft sehr bescheidene Erfolge aufzuweisen. Die TherapeutIn will keine strenge Lehrerin sein, der Patient kein braver Schüler. Also müssen sie eine andere Rollenverteilung finden, die diese extrem große Barriere überwinden hilft. Nicht mehr darüber reden und zum nächsten Thema übergehen ist allerdings die schlechteste Lösung.
Es geht darum, zuerst den Änderungswillen herzuzaubern, der die fälligen Änderungsschritte beflügelt. Das Ziel muss so attraktiv und erstrebenswert sein und die gemeinsame Arbeit mit der TherapeutIn so wertvoll, dass Widerstände minimiert werden können.

Und dann geht es los:

Wie bei einem spannenden Experiment werden alle Fortschritte begeistert attribuiert.
Ich bin schon so weit … und es ist nur noch so weit ….
Ich bin gut dabei und es ist ein gutes Gefühl, wirklich voranzukommen.
Aber auch die Situationen, in denen es nicht gelingt, werden genau studiert, um aus den gefundenen Fehlern zu lernen und diese Erkenntnis beim nächsten Mal einzusetzen.
Stolz auf das Geleistete und voll Zuversicht bezüglich der nächsten Teiletappe.
Verdruss und Druck verschwinden und Freude und freie Entscheidung treten an ihre Stelle.

4.1.2.3.22 Zweiundzwanzigste Stunde: Nach dem Überleben kommt das Leben

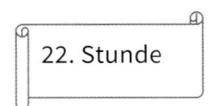

22. Stunde

Es ist geschafft. Das Überleben ist gesichert. Die Begegnungen mit anderen Menschen erfolgen nicht mehr unter dem Vorzeichen in Frage gestellter Daseinsberechtigung, der Bindung des Partners, des Kampfes um Liebe und Anerkennung, der Versuche, den anderen zu kontrollieren, dem beschwörenden Verhindern von Gegenaggression und dem Ausweichen der Hingabe.

Dadurch wird sehr viel psychische Energie frei. Spielerische Kreativität, Interesse und Neugier für die Welt ersetzen die frühere angestrengte Wachsamkeit und ängstliche Vermeidungshaltung. Andere Menschen gewinnen nicht mehr dadurch Attraktivität, dass sie potentielle Bedürfnisbefriediger (zum Beispiel Selbstwertspender) sind, sondern weil sie als Person interessant sind, weil die Begegnung mit ihnen eine Bereicherung des eigenen Horizonts ist. Weder Harmonie, noch Problemfreiheit bestimmen das Leben. Weder durchgängige Zufriedenheit, noch immerwährendes Glück sind die emotionalen Dauerzustände eines Lebens, das aber doch mehr ist als nur Überleben. Der frühere Überlebenskampf war ein fortwährendes Bestreben, ein homöostatisches Gleichgewicht der autonomen Psyche herzustellen, ein sisyphusartiges Bemühen, das nie zum Erfolg führte. Jetzt ist der Sollwert dieses Regelsystems korrigiert. Er ist tatsächlich erreichbar geworden. Er stellt sich immer wieder ein. Die Abweichungen, d. h. das Ungleichgewicht, nehmen nicht mehr Zeit in Anspruch als die Gleichgewichtszustände. Die Homöostase pendelt um eine Mitte, wie eine Kugel in einer Schale, deren Boden den stabilen Schwerpunkt bildet.

Darf ich so sein und bleiben, wie ich jetzt bin? Dürfen meine Bezugspersonen so sein und bleiben, wie sie jetzt sind? Darf mein Leben so sein und bleiben, wie es jetzt ist? Um diese Fragen geht es in der Therapiestunde. Pläne für eine aktive Lebensgestaltung werden darauf untersucht, ob sie vielleicht noch Überlebensstrategien sind. Die gegenwärtigen Abhängigkeits- und Autonomiebedürfnisse werden auf ihre Ausgewogenheit geprüft. Die gegenwärtig vorherrschenden Verhaltensmuster werden bedingungs- und funktionsanalytisch betrachtet. Dabei fällt auf, dass einige Verhaltensweisen noch genauso häufig auftreten wie früher, dass sie aber jetzt eine ganz andere Funktion haben. Musizieren dient zum Beispiel nicht mehr der Spannungsabfuhr und Aggressionsneutralisierung, sondern ist kreatives Spiel und Selbstausdruck geworden. Sexualität diente vielleicht bisher der Befriedigung von Geborgenheitsbedürfnissen, während sie jetzt hingebungsvolle Begegnung ist.

Der Leitspruch des griechischen Schriftstellers Nikos Kazantzakis (1883 – 1957) lautete „Ich hoffe nichts, ich fürchte nichts, ich bin frei". So manchem schnürt es die Kehle zu, wenn er sich vorstellt, diesem Leitgedanken gemäß leben zu sollen. Richtig verstanden ist er tatsächlich eine Herausforderung zur persönlichen Weiterentwicklung. Wir müssen ihn für unsere Therapie präzisieren: „Ich erhoffe nicht die Befriedigung meiner kindlichen Bedürfnisse. Ich fürchte nicht die Frustration dieser kindlichen Bedürfnisse und auch nicht die aggressive feindselige Reaktion meiner sozialen Umwelt. Ich bin frei von kindlichen Bedürfnissen und Ängsten. Ich bin frei für gleichberechtigte Beziehungen zwischen erwachsenen, abgegrenzten Individuen."

Mit dem Patienten wird durch Imagination die affektive Bedeutung dieser Lebenseinstellung erarbeitet. Welche Aussage macht noch Angst, welche erzeugt Widerstand?

In der Verhaltenstherapie wurde in letzter Zeit immer wieder psychische Gesundheit mit Genussfähigkeit gleichgesetzt. Insofern war der Aufbau von genießendem Verhalten eine wichtige Intervention. Bei den meisten Menschen, die nicht depressiv sind, geht es nicht um den Aufbau von Genussfähigkeit, denn diese Fähigkeit ist vorhanden. Vielmehr geht es um die Fähigkeit, sich die Erlaubnis zum Genuss zu geben. Hierzu muss ein Verbot aufgehoben werden. Und dies setzt die Fähigkeit voraus, die Verantwortung für seine Entscheidungen und Handlungen zu übernehmen. Durch Überzeichnen des Risikos, das getragen werden muss bzw. der negativen Konsequenzen des eigenen Verhaltens (die Katastrophe ausmalen), können beim Patienten affektive Bewertungen, zum Beispiel schlechtes Gewissen oder Angst vor Ablehnung evoziert werden.

Dies zeigt, wie frei oder unfrei er in obiger Hinsicht bereits ist.

4.2.2.3.23 Dreiundzwanzigste Stunde: Rückfallprophylaxe

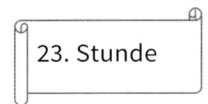

23. Stunde

Das Umgehen mit dem Rückfall ist ein unverzichtbares Therapiethema. Wir beachten dabei drei Kriterien der Rückfallprophylaxe: Die Symptomauslösung geschieht
1. nach einer pathogenen Lebensgestaltung
2. nach einer pathogenen Beziehungsgestaltung
3. in einer problematischen Lebenssituation

Rückfallprophylaxe berücksichtigt alle drei situativen Aspekte.

Erkennen rückfallauslösender Situationen

Die ganze Therapie hindurch sollten Informationen über die symptomauslösenden äußeren und inneren Situationen gesammelt werden.

Das sind reaktionsauslösende Stimuli im Sinne der Verhaltenstheorie und mit ihnen kann zunächst durch Stimuluskontrolle umgegangen werden. Gelingt es, den Stimulus zu verhindern oder abzuschwächen, wird das Rückfallrisiko geringer. Es sollte bezüglich jeder Situation vereinbart werden, wie mit ihr umgegangen wird.

Das ist aber erst der zweite Schritt nach dem Entdecken der Situation im gegenwärtigen Blickfeld (d. h. sie kommt auf mich zu und ich bin evtl. unvorbereitet).

Welche Situationen können einen Rückfall auslösen? Was ist das Charakteristische an diesen Situationen? Wie kann ich mit ihnen umgehen?

Erkennen früher Rückfall-Reaktionen

Nicht nur die Situationen führen zum Rückfall, sondern auch die Reaktionen im Vorfeld des Rückfalls. Ein bekanntes Beispiel aus der Alkoholismustherapie ist das ganz zufällige Vorbeigehen an der früheren Stammkneipe oder an einen Ort gehen, wo ziemlich sicher ein früherer Trinkkumpan ist. Nachher taucht die Frage auf, wieso habe ich das gemacht? Das war mir nicht bewusst.

Welche Reaktionen sind ein beginnender Rückfall? Was ist das Charakteristische an diesen Reaktionen? Wie kann ich mit ihnen umgehen?

Rückfallprophylaxe durch Lebensgestaltung – wie, wann, wo?

Schon vor Beginn der Symptome krankte auch das Leben, indem es zu wenig hergab, für das, was ein Mensch braucht, um sich psychisch wohl zu fühlen. Das müssen wir jetzt aufstöbern.
- War ich auf eine Sache (Arbeit, Ehrenamt, Verein) so fixiert, dass ich nichts anderes in mein Leben rein ließ?
- War ich ein Stubenhocker, ein Geselligkeitsmuffel, ein Mauerblümchen und ging nicht raus zu den Menschen?
- Was als war zu wenig, zu selten, was war zu viel, zu häufig?
- Was sollte ich also mehr, häufiger und was weniger, seltener tun?

Meine Lebensgestaltung ist pathogen
- durch zu viel ....
- und durch zu wenig ....

Sie wird gesund erhaltend
- durch weniger ....
- und durch mehr ....

Die nächsten Gelegenheiten werden sein:
- Wann? ....
- Wo (Situation)? ....
- Mit wem? ....
- Worum wird es gehen?...............................
- So werde ich handeln: ....

Rückfallprophylaxe durch Beziehungsgestaltung – wie, wann, wo?

Das Beziehungsleben muss anders werden als vor Beginn der Symptomatik. Also müssen wir feststellen, was da nicht in Ordnung war.
- Gab es eine funktionierende Partnerschaft?
- Gab es einen stützenden Freundeskreis?
- War ein familiäres Netzwerk vorhanden?
- Waren die Beziehungen zu den eigenen Kindern gut?
- Waren die Beziehungen zu KollegInnen gut?
- Wenn nein, was war problematisch?
- Was war zu wenig, zu selten, was zu viel, zu häufig?
- Was muss also mehr, häufiger, was weniger, seltener werden?

Meine Beziehungsgestaltung ist pathogen
- durch zu viel ....
- und durch zu wenig ....

Sie wird gesund erhaltend
- durch weniger ....
- und durch mehr ....

Die nächsten Gelegenheiten werden sein:
- Wann? ....
- Wo (Situation)? ....
- Mit wem? ....
- Worum wird es gehen?...............................
- So werde ich handeln: ....

4.1.2.3.24 Vierundzwanzigste Stunde: Abschied und Neubeginn

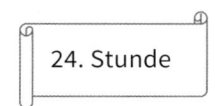

24. Stunde

A) Lösung aus der therapeutischen Beziehung, Abschied

Inwiefern das Therapieende etwas mit persönlichem Abschied und Trauer zu tun hat, hängt von der zwischenmenschlichen Beziehung ab, die im Laufe der Therapie entstanden ist. Auf alle Fälle ist von Seiten des Patienten eine emotionale Bindung entstanden, deren hilfreiche Auflösung eine wichtige, unabdingbare Aufgabe der TherapeutIn zum Ende der Therapie hin ist.
Es besteht eine extreme Einseitigkeit der Beziehung:
- Die TherapeutIn hat viele PatientInnen.
- Ihr bedeutet dieser eine Patient emotional nicht so viel.
- Dieser Patient ist für sie nicht so wichtig.
- Sie hat kein persönliches Anliegen an den Patienten.
- Sie braucht den Patienten nicht dringend.
- Sie setzt keine Hoffnung in den Patienten, ihm aus einer Not zu befreien.
- Sie offenbart sich dem Patienten nicht.
- Sie gibt dem Patienten nicht sein Innerstes preis, das zuvor niemand erfuhr.

Gerade deshalb muss sich die TherapeutIn bewusstmachen, dass all dies beim Patienten ablief. „Noch nie ist ein Mensch so exklusiv mit so ungeteilter Aufmerksamkeit auf mich eingegangen, ist mit so viel Interesse meinen Ausführungen gefolgt. Noch nie hab ich mich so angenommen und verstanden gefühlt." „Die behutsame und gefühlvolle Begleitung durch die Momente schmerzhaften Erlebens, das Herausfordern meiner Begabungen und Fähigkeiten, das Fördern meiner Versuche, Neuland zu betreten, das Hinführen zum Erfolg, zur Wahrnehmung meines Könnens und meines Wertseins, von anderen Menschen geliebt zu werden, ist die positivste Erfahrung meines Lebens."

Abschied, Trauer, Trennung geschieht
a) durch Spüren der emotionalen Bedeutung der therapeutischen Beziehung
b) durch Trauern um den Verlust, der mit dem Ende der Therapie und dem Ende dieser Beziehung verbunden ist
c) durch die Entscheidung, die Bindung loszulassen
d) durch das Bewahren von Verbundenheit und prinzipieller Verfügbarkeit in Krisenzeiten
e) durch ein bewegendes Ritual des Abschiednehmens
f) durch ständiges Ertappen bei den vielen Versuchen, die damit verknüpften Gefühle zu vermeiden
- all dies sowohl von Seiten des Patienten als auch von Seiten der TherapeutIn. Auch, wenn von Anfang an klar war, dass die Therapiebeziehung befristet ist, haben die Gefühle eine tiefe Bindung geschaffen, die es jetzt zu lösen gilt.

Im Einzelnen:
Abschied, Trauer, Trennung geschieht
a) durch Spüren der emotionalen Bedeutung der therapeutischen Beziehung
  Die Aufgabe, dem Moment des Abschiednehmens gerecht zu werden, ist für die TherapeutIn viel schwerer als für den Patienten. Für diesen ist es evident. Die TherapeutIn muss sich vieles vergegenwärtigen und sich nochmals mit viel Empathie in die Position des Patienten hineinversetzen, um über seine sehr begrenzte Perspektive hinaus die Beziehung als Ganzes erfassen zu können. Vielleicht entdeckt sie zwar spät aber doch auch bei sich eine emotionale Bindung, deren Lösung traurig macht. Erst danach sollte sie daran gehen, das Spüren der emotionalen Bedeutung der therapeutischen Beziehung beim Patienten zum Thema der Therapiestunde zu machen.
b) durch Trauern um den Verlust, der mit dem Ende der Therapie und dem Ende dieser Beziehung verbunden ist
  Das Gefühl der Traurigkeit oder des Schmerzes belegt die vorhandene Bindung. Ihr Fehlen kann Hinweis auf einen dysfunktionalen oder

gar pathologischen Umgang mit Trennung sein, der der therapeutischen Bearbeitung bedarf. Unterbleibt diese, so wird ein Einbruch oder Rückfall einige Wochen nach der Therapie wahrscheinlicher, wenn die Vermeidung der bewussten Verarbeitung dieses Prozesses nicht länger aufrechterhalten werden kann. Ähnlich bei Hinterbliebenen, die bis zur Beerdigung und zur Regelung der Erbangelegenheiten gut funktionieren (währenddessen die Trauer vermeiden) und danach zusammenbrechen.

c) durch die Entscheidung, die Bindung loszulassen

Diese Entscheidung macht aus dem Patienten den aktiven Teil, der den anderen verlässt, statt wie eventuell in der Biographie vorausgegangen, wider Willen verlassen oder weggeschickt worden zu sein. Deshalb sollte im gegebenen Rahmen auch der Patient entscheiden, wann er das letzte Mal kommen will, weder das Stundenkontingent der Krankenkasse noch die TherapeutIn sollten dieses Limit und diesen Countdown setzen.

d) durch das Bewahren von Verbundenheit und prinzipieller Verfügbarkeit in Krisenzeiten

Die therapeutische Beziehung hat Modellfunktion für andere Beziehungen. Deshalb sollte das Geschehen auf der Beziehungsebene nicht wie eine emotionale Prostitution wirken, was leicht passiert, wenn mit dem Ablauf der Bezahlung die Beziehung weggezaubert ist. Hier sollte eine menschliche Begegnung und eine menschliche Beziehung stattgefunden haben, bei der Verbundenheit nicht mit dem Glockenschlag der Uhr abreißt. Es ist zu fordern, dass die TherapeutIn dem Patienten verbunden bleibt, ihm signalisiert, dass sie in Krisenzeiten für ihn da sei. Dazu gehören Boostersitzungen und Katamnesesitzungen nach drei und sechs Monaten und kurze Telefonate nach einem und nach zwei Jahren. Wenn der Patient das Wertvolle der Beziehung mitnehmen soll, so sollte die Beziehung an dieser wichtigen Stelle keine technologische Künstlichkeit aufweisen.

e) durch ein bewegendes Ritual des Abschiednehmens

Ein bewegendes Abschiedsritual hilft TherapeutIn und PatientIn, diesem Moment gerecht zu werden. Es gibt dem Patienten Raum für die anstehenden Gefühle, die jetzt einfach da sind, wenn die TherapeutIn sie nicht nonverbal verbietet. Viele TherapeutInnen mogeln sich am liebsten um diesen Augenblick herum – mit Hilfe ihrer eigenen emotionalen Vermeidungen, indem sie sich ihre Professionalität bewusstmachen oder sich über den Abschiedsstrauß freuen oder über die gelungene Therapie. Die Schwierigkeit besteht in der Ungleichheit der Gefühlsintensitäten. Die TherapeutIn will nicht heucheln, also vermeidet sie lieber. Doch dies ist eine der wichtigen Bewährungsproben ihrer therapeutischen Beziehungsfähigkeit – sich jetzt emotional zu stellen und mitzutrauern.

f) durch ständiges Ertappen bei den vielen Versuchen, die damit verknüpften Gefühle zu vermeiden

Zugleich achtet die TherapeutIn darauf, wie der Patient eventuell versucht, sich von dem schmerzlichen Trennungsgefühl zu entfernen, benennt die Vermeidungen und holt den Patienten zurück zu diesen Gefühlen. Und sie achtet darauf, wie ihre eigenen Vermeidungen es dem Patienten schwerer machen, bei seinen Gefühlen zu bleiben.

B) Die Therapie ist beendet – die Selbstentwicklung beginnt.

Die letzten vier Stunden dienen dem Abschließen der Therapie. Der Patient bereitet sich auf die therapeutenlose Zeit vor. Er erspürt die emotionale Bindung, die er zur TherapeutIn aufgebaut hatte und er vergegenwärtigt sich das emotional Positive an dieser zwischenmenschlichen Beziehung, die jetzt beendet werden wird. Gefühle des Abschiednehmens und Trauerns werden bewusst wahrgenommen und ausgedrückt. Was werde ich nicht mehr haben? Was wird mir fehlen? Was werde ich mitnehmen? Es folgen Zusammenfassungen des gewonnenen Verständnisses der Störung, der Symptombildung, der funktionalen Zusammenhänge. Es wird eine Zielerreichungsskalierung durchgeführt, dabei das Erreichte ebenso gewürdigt, wie das nicht Erreichte. Die Therapie wird als erster bewusster Schritt eines lebenslangen Prozesses der Selbstentwicklung definiert. Das Selbstmanagement (Kanfer et al., 2012) dieser Entwicklung wird ausführlicher besprochen und bereits erprobt. In den letzten zehn Stunden der Therapie ist die TherapeutIn nicht mehr der Ideenlieferant, Motor, Lehrmeister oder Fels in der Brandung gewesen.

Die Idealisierung der TherapeutIn musste frühzeitig einer Selbstaufwertung des Patienten weichen (Schindler, 1991), damit der Patient das Therapieresultat zum Aufbau eines Selbsteffizienzgefühls nutzen kann. Er sollte durch selbst initiierte Projekte schon die Erfahrung gemacht haben, dass es auch ohne TherapeutIn geht.

Die selbstkontrollierte Anwendung von Entspannung, von Stressbewältigungsstrategien, von planerischem Problemlösen, von Interaktions- und Beziehungsanalysen wurde und wird ebenso erarbeitet, wie der Umgang mit Rückfällen. Schriftliche Ausarbeitungen helfen dem Patienten, sich im Bedarfsfall diese Strategien rasch verfügbar zu machen. Dieser Bedarfsfall kann in fünf Monaten oder in fünf Jahren auftreten. Es wird auch versucht, zu antizipieren, welche problematischen Lebenssituationen in der Zukunft am wahrscheinlichsten einen Rückfall herbeiführen könnten und was die beste Alternative zur Symptombildung wäre. Anhand von Kegans Lebensphasenbeschreibung wird der gegenwärtige Entwicklungsstandort bestimmt und die nächsten Entwicklungsschritte besprochen. Was habe ich bereits hinter mir gelassen, was konnte ich bereits loslassen (z. B. Geborgenheit)? Woran muss ich (mich) noch festhalten (z. B. Anerkennung)? Was kann ich noch nicht (fordern)? Was kann ich mir noch nicht einmal vorstellen (z. B. Hingabe)? Es wird versucht, die Meilensteine für den künftigen Weg der Selbstentwicklung zu setzen. Welchem Etappenziel entspricht der erste Meilenstein, welchem der zweite usw. Welche konkreten Vorhaben (z. B. Ärger wahrnehmen und ausdrücken) sind der Weg, die erste Etappe? Wenn möglich, finden die letzten zehn Stunden vierzehntäglich statt, um der Eigenregie des Patienten Raum zu geben. Die letzten beiden Sitzungen können in vierwöchentlichem Abstand erfolgen.

Wenn die Stunden ausreichen, ist ein noch allmählicheres Ausschleichen bei einigen PatientInnen sinnvoll, zum Beispiel von zunächst monatlichem, dann vierteljährlichem und schließlich halbjährlichem Abstand der Sitzungen.

Die Frage einer anschließenden **Paartherapie** wird abgeklärt. Wer eine Einzeltherapie hatte, kann nun von einer sich über zwei Jahre erstreckenden **Selbsterfahrungsgruppe** profitieren, wobei die Gruppenmitglieder ein wertvolles Korrektiv zu den entwicklungsbedingten Begrenztheiten in der Selbst- und Weltsicht sind. Der Besuch einer **Selbsthilfegruppe**, die als Selbst-Entwicklungsgruppe Feedback für die individuellen Versuche der Selbstentwicklung gibt, ist für diejenigen, die noch eine weite Strecke der Selbstentwicklung vor sich haben, sehr hilfreich. Dabei lohnt sich auch einmal im Monat eine weite Fahrt in die nächste große Stadt. Zusätzlich vereinbarte wöchentliche Telefonate mit einem Mitglied der Selbsthilfegruppe geben weiter Anreize für eine kontinuierliche Weiterentwicklung. Auch ohne Paartherapie ist die Einbeziehung des Lebenspartners in den Entwicklungsprozess im Sinne einer systemischen Entwicklung ein ökonomischerer Weg als ein Alleingang, der ständig auf den Widerstand des Partners stößt. Die Empfehlung des regelmäßigen, mindestens wöchentlichen Schreibens eines Tagebuches rundet die flankierenden Maßnahmen zur Aufrechterhaltung des Entwicklungsprozesses ab.

Die knappe Darstellung des strategischen Ablaufs einer Kurzzeittherapie zeigte, wie beim Patienten eine Entwicklung in Gang gesetzt werden kann, die nach der Therapie ihre Fortsetzung findet. Dieser strategische Therapieablauf, der eine konsequente Umsetzung einer affektiv-kognitiven Entwicklungstheorie ist, wird in der Verhaltenstherapie überlagert durch störungsspezifische Ziele und Therapieinterventionen. Ohne diese spezifischen Therapieinhalte ist oben skizzierte strategische Durchführung einer Kurzzeittherapie ein elaborierter Therapieansatz zur Behandlung von Persönlichkeitsstörungen. Insgesamt macht die hier dargestellte Entwicklungstheorie psychischer Störungen deutlich, dass Eltern zwei grundlegende Fehler machen.

Erstens gehen sie irrtümlicherweise davon aus, dass Kinder im Vorschulalter gleiche affektive und kognitive Verarbeitungsprozesse haben wie Erwachsene. Sie können die qualitativ andere Art der Informationsverarbeitung der Kinder nicht erkennen und scheitern mit ihrem Versuch der Empathie. Dies führt zum zweiten grundlegenden Fehlverhalten der Eltern – sie reagieren zu sehr mit Aggressivität und Feindseligkeit gegenüber dem Kind, dessen Bedürfnisse sie nicht mitempfinden und das wie ein Akku durch diese Aggression aufgeladen wird und diese nicht mehr aus sich herauskriegt.

Da es noch keine Ambivalenztoleranz hat, kann es seine Eltern entweder nur lieben oder nur hassen. In der realen Abhängigkeit von den Eltern muss es für sein Überleben die Liebe zu diesen bewahren und seine Aggression unterdrücken und schließlich völlig aus dem Bewusstsein entfernen. Um dies zu schaffen, entwickelt es Verhaltensstereotypien, die im Erwachsenenalter dysfunktional und Ausdruck einer kindlichen Überlebensregel sind, die eine Weiterentwicklung der Persönlichkeit verhindert und schließlich zur Symptombildung führt. Solche Menschen haben eine Disbalance zwischen Abhängigkeits- und Autonomiebedürfnissen. Sie haben nur noch ein beschränktes Repertoire an Emotionen.

Wegen der zentralen Bedeutung der Emotionen für die Verhaltenssteuerung bleiben nur noch wenige stereotype Verhaltensweisen übrig, die zu den bekannten klinischen Persönlichkeitstypen führen. Die bewussten Kognitionen des Menschen spielen dabei eine untergeordnete Rolle. Um dies deutlich zu machen, wurden in diesem Buch die beiden Konstrukte der willkürlichen Psyche (alles was wir bewusst intendiert tun oder bewusst wahrnehmen) und der autonomen Psyche (die von unserem Bewusstsein im Normalfall nicht beeinflusste Regulation unserer gesamten psychischen Abläufe) eingeführt. Sowohl die Lernpsychologie, als auch die kognitiven Ansätze von George Kelly (1955, personal constructs) und Aaron T. Beck (Wright & Beck, 1986, Grundannahmen, Kognitive Schemata), untersuchen einerseits die affektiven (Lernpsychologie) und andererseits die kognitiven Strukturen dieser autonomen Psyche. Ein immer wieder falsch verstandener kognitiver Ansatz meint jedoch, dass die bewussten Kognitionen der willkürlichen Psyche die Geschicke des Menschen leiten. Diesem Irrtum soll das Konstrukt der autonomen Psyche entgegenstehen.

Die kognitiven Entwicklungstheorien Piagets (1995, Kohlbergs (1974) und Kegans (1986) sind die Basis der hier dargestellten affektiv-kognitiven Entwicklungstheorie psychischer Störungen. Sie zeigen, dass die kognitive Entwicklung des Kindes eine realitätsgerechte Verarbeitung von chronisch oder intensiv frustrierendem oder traumatisierendem Elternverhalten nicht ermöglicht. Es resultiert eine verzerrte Selbst- und Weltsicht, die bis ins Erwachsenenalter hinein unkorrigierbar bleibt, zum Beispiel die Überzeugung, dass meine Aggressivität gefährlich ist, dass sie die Menschen zerstören würde. Deshalb muss diese Aggressivität durch extreme Zwanghaftigkeit neutralisiert werden.

Außerdem zeigen diese Theorien, dass die affektive Entwicklung des Kindes, im Vergleich zur kognitiven, verzögert abläuft. Traumatisierendes Elternverhalten führt dazu, dass das Kind seine Emotionen und Impulse mit Hilfe von Angst unterdrücken muss. Dadurch kommt die affektive Entwicklung zum Stillstand. Denn die Verknüpfung von Affekten mit zugehörigen Kognitionen wird unmöglich.

Die Affekte und Impulse können nicht „zivilisiert" werden, bleiben dadurch bedrohlich. Sie können nicht in eine ganzheitliche affektiv-kognitive Bedeutungsstruktur eingegliedert werden und sind deshalb einer bewussten kognitiven Steuerung nicht zugänglich. Wichtige Bestandteile einer Psychotherapie bestehen deshalb darin, die psychosoziale Homöostase des Menschen, die bisher durch den dysfunktionalen „Sollwert" einer kindlichen Überlebensregel blockiert war, wieder zu befähigen, ein gesundes Fließgleichgewicht herzustellen. Hierzu ist die Balancierung von Abhängigkeits- und Autonomiebedürfnissen notwendig (motivationale Therapiestrategie). Außerdem muss der Zugang zu den blockierten Gefühlen ermöglicht werden (affektive Therapiestrategie). Diese müssen mit zugehörigen Kognitionen zu affektiv-kognitiven Bedeutungen verknüpft werden (affektiv-kognitive Therapiestrategie). Schließlich muss die kindliche Selbst- und Weltsicht und die Grundannahme über das Funktionieren der Welt korrigiert und die dysfunktionale Überlebensregel falsifiziert werden (kognitive Therapiestrategie). Letztendlich ist der Abbau der dysfunktionalen Verhaltensstereotypien erforderlich (Handlungs-Therapiestrategie).

Sind diese Blockierungen der psychosozialen Entwicklung behoben, so kann der Übergang zur nächsten Entwicklungsstufe ermöglicht werden. Die dabei erforderlichen Therapieschritte wurden in der Beschreibung einer 25-stündigen Kurzzeittherapie dargestellt (Widerstand, Entscheidung, Loslassen, Veränderung, neue Erfahrungen, Entwicklung, Niederlagen, neues Selbst- und Weltbild, neue Beziehungen, Leben, Selbstentwicklung). Dieser strategische Therapieablauf kann einerseits als zu reflektierender Hintergrundprozess jeglicher Psychotherapie verstanden werden. In der Verhaltenstherapie laufen dann im Vordergrund die verhaltensmodifizierenden Interventionen ab. Andererseits kann diese Durchführung, vor allem bei Persönlichkeitsstörungen, als ein affektiv-kognitiver Ansatz zur Veränderung des Erlebens und Verhaltens angewandt werden.

Das Vorgehen ist direktiv mit ständigen kognitiven Klärungen und Konfrontation mit den „pathologischen bzw. pathogenen" Gefühlen der Angst und des Schuldgefühls, sowie der unterdrückten „primären bzw. gesunden" Gefühle. Die emotionale Haltung der TherapeutIn wechselt zwischen deutlich ausgedrückter Empathie und Herausforderung bzw. Konfrontation (vgl. Linehan, 2016a,b). Das Vorgehen ist eine Übertragung des ursprünglich bei Angst, Zwang und Trauer angewandten Expositionsverfahrens auf Emotionen allgemein: Emotionsexposition, gefolgt von der konsequenten Verknüpfung des Gefühls mit Kognitionen zur affektiv-kognitiven Bedeutung (Woolfolk & Allen, 2013). Dies schafft die Voraussetzung für die empirische Hypothesenprüfung nach Beck: permanentes Handeln entgegen der alten Überlebensregel, um diese zu falsifizieren und zu beweisen, dass überleben auch anders möglich ist.

Die Therapieerfolge der systemischen Therapie und der Hypnotherapie weisen darauf hin, dass der hier skizzierte Veränderungsprozess nicht durch bewusste Einsicht in die Zusammenhänge und auch nicht durch bewusste Entscheidungen erfolgen muss. Diese Therapieansätze umgehen die willkürliche Psyche des Menschen, da sie davon ausgehen, dass diese ohnehin nur den therapeutischen Widerstand mobilisieren würde. Entweder arbeiten sie mit suggestiven Methoden, die direkt auf die autonome Psyche einwirken, zum Beispiel mit Parabeln, Geschichten, gezielten Sätzen, deren Botschaft dem Verständnis der bewussten, willkürlichen Psyche entgeht bzw. sie versetzen den Patienten in einen Trancezustand oder in Hypnose. Oder ihre Strategie ist, die willkürliche Psyche durch verwirrende Aussagen in einen kognitiven Irrgarten zu schicken, aus dem sie so lange nicht mehr herausfindet, bis die autonome Psyche „die Arbeit" erledigt hat und zu einem neuen homöostatischen Gleichgewicht gefunden hat.

Trotzdem können wir davon ausgehen, dass die oben skizzierten Veränderungsschritte auch bei diesen Therapien ablaufen, und es wäre gut, wenn die TherapeutIn sich nicht nur Therapietechnologie aneignen würde, sondern wüsste, was sie in Bewegung setzt, welcher Art diese Bewegungen sind, in welche Richtung und wie weit sie gehen. Die hier beschriebene affektiv-kognitive Entwicklungstheorie erklärt als Störungs- und Therapietheorie auch die Interventionen der systemischen und der Hypnotherapie. Auch die Vorgehensweise der klientenzentrierten Gesprächstherapie, der Gestalttherapie und der Transaktionsanalyse lassen sich im Rahmen dieser Theorie abbilden.

4.2 PKP: Evidenzbasierte störungsspezifische Kurzzeittherapie von Depression, Sucht, Angst und Zwangsstörungen

PKP ist die Abkürzung von Psychiatrisch-Psychosomatisch-Psychologische Kurz-Psychotherapie. Die Kürze steht im ambulanten Bereich für die 12 plus 12 Kurzzeittherapie-Sitzungen.

PKP verfolgt eine systematische Therapiestrategie mit Hilfe von aneinander gereihten Therapiekarten als Fortsetzungsserie von kurzen psychotherapeutischen Interventionen. Im stationären Bereich und in der ambulanten Sprechstunde von 20 bis 25 Minuten Dauer steht PKP für systematische Psychotherapie in einer kurzen Sitzung. D. h. es ist möglich auch ohne 50 Minuten zur Verfügung zu haben, effektive Therapieinterventionen einzusetzen. Die Systematik der Therapiekarten (die auch im Ringbuch abgebildet sein können) ermöglicht es, dies umzusetzen.

Zunächst wurde das PKP-Prinzip auf die häufigste psychische Erkrankung – die Depression – angewandt. Sulz & Deckert (2012) veröffentlichten sowohl ein Therapiekarten-Set mit 90 Karten als auch ein A4-Ringbuch als Anleitung zum therapeutischen Vorgehen bei der Psychiatrisch-Psychologischen Kurz-Psychotherapie PKP. PKP wurde einerseits für die psychiatrische Sprechstunde bzw. das Patientengespräch auf der Depressionsstation der Klinik (25 Minuten) formatiert, andererseits ist es für 50-minütige Therapiesitzungen im Richtlinienverfahren Verhaltenstherapie eingerichtet.

Das Kurzzeittherapie-Konzept der PKP: Konzeptuelle Basis ist das 3-Säulen-Modell der Strategischen Kurzzeittherapie (Sulz 2012a): 1. Symptomtherapie), 2. Fertigkeitentraining, 3. Motivklärung und Überlebensregel.

Auf internationalen Klassifikationen, Leitlinien und anerkannten evidenzbasierten Methoden wird aufgebaut. Befunderhebung und weitere Diagnostik sind enthalten.

Die erste (und wichtigste) Säule ist die **Symptomtherapie**: Der Start ist das gemeinsame psychoedukative Erarbeiten eines Grundwissens über die depressive Erkrankung des Patienten. Dieses sorgt dafür, dass der Patient nicht nur einfach depressiv ist, sondern dass er seine Depression betrachtet, reflektiert (im Sinne von Fonagy mentalisiert). Er geht auf eine Metaebene und es finden Metakognitionen statt (Gedanken über Gedanken) und bereits diese kurz dauernde Distanzierung lässt das depressive Leiden vorübergehend weniger intensiv werden.

Die zweite Säule unterstützt den Aufbau von **Fertigkeiten** auf kognitiver, emotionaler und Handlungsebene mit vier Fertigkeiten-Modulen: Freude-, Angst-, Wut- und Trauerexposition. Jedes Modul enthält eine Auswahl bewährter antidepressiver Interventionen, z. B.

Freude-Exposition: a) Genusstraining, b) Aufbau positiver Aktivitäten, c) Entspannungstraining, d) Verwöhnen lassen, e) Bewegung und Sport.

Es folgt Angst-Exposition: a) Selbstbehauptungstraining, b) Kommunikationstraining, c) Selbständigkeitstraining, d) Lust-statt-Pflicht-Training.

Ärger-Exposition: a) Wahrnehmen von Ärger und Wut, b) Zulassen von intensivem/r Ärger/Wut, c)

Diskriminieren von Gefühl und Handeln, d) Aussprechen von Ärger und Wut, e) Prüfen der Adäquatheit von Ärger/Wut, f) Konstruktiv Verhandeln.

Trauer-Exposition: a) Erinnern an das/die/den Wertvolle, Geliebte, das ich verlor, b) Spüren, wie sehr ich es/sie/ihn brauche, c) Vergegenwärtigen des Moments des Verlustes, d) Wahrnehmen des Schmerzes, der Verzweiflung und der Trauer, e) Das Gefühl da lassen, bis es von selbst verschwunden ist.

Die Therapiekarten der 3. Säule (Motivklärung und Überlebensregel) lösen die der Therapie entgegen stehenden Motive des Patienten auf und stärken seine Veränderungsmotive. Es wird die dysfunktionale Überlebensregel anhand der Lerngeschichte erarbeitet und endet mit der neuen Erfahrung des Patenten „Leben statt Überleben": durch das geübte Leben verliert das Symptom seine Funktion. Die 3. Säule ist für alle psychischen Störungen gleich.

Ein sich über mehrere Jahre erstreckende Studie diente der Evaluation des PKP-Kurzzeittherapie-Konzepts für depressive Erkrankungen als Feldforschung (naturalistisches Studiendesign). Auf einem gemeinsamen Forschungskolloquium der Katholischen Universität Eichstätt-Ingolstadt und der CIP-Akademie berichtete Thomas Kaufmayer (2017) über das Ergebnis der ersten Studienphase:

105 Patienten erhielten in 50-minütigen Sitzungen PKP-Kurzzeitherapie im Umfang von 24 wöchentlichen Sitzungen (6 Monate), danach erhielten sie 6 Monate lang noch 6 monatliche Sitzungen (Erhaltungstherapie). Nach weiteren 6 Monaten fand eine Katamnese statt. Zum Vergleich diente eine Wartelistenkontrollgruppe von 87 Patienten mit ebenfalls leichter bis mittelgradiger Depression. Die Wirksamkeit zeigte sich in hohen Effektstärken bezüglich der Veränderung der Symptomatik (BDI II, GAF, VDS90-Fragebogen, VDS14-Interview).

Manuel Peters (2017) berichtete über die Ergebnisse der zweiten Studienphase, bei der PKP als Kurzzeittherapie (76 Patienten) mit PKP als Langzeittherapie (93 Patienten) verglichen wurde. Dabei zeigte sich, dass die Kurzzeittherapie ebenso wirksam war wie die Langheittherapie. Nach der 24. Sitzung kam es nicht mehr zu wesentlicher weiterer Symptomreduktion. Die Symptomtherapie hatte nach der 24. Stunde das Therapieziel erreicht.

Der chronische Alkoholismus als zweithäufigste psychische Erkrankung sollte unbedingt auch ambulant von niedergelassenen PsychotherapeutInnen frühzeitig behandelt werden. Die Hemmung, sich auf eine Therapie bei einer schon bekannten und vertrauten PsychotherapeutIn einzulassen, ist viel geringer als gegenüber einer stationären Behandlung in einer fernen Klinikeinrichtung. Dazu dient die PKP der Alkoholkrankheit (Sulz, Antoni, Hagleitner und Spaan 2012a,b), die seit 10 Jahren in der Suchtambulanz des Centrums für Psychosomatische Medizin in München angewandt wird und inzwischen in mehreren Suchtkliniken und Suchtabteilungen etabliert ist. Sie baut auf den gegenwärtigen evidenzbasierten Interventionen der Suchtbehandlung auf, wird sowohl im Einzel- als auch im Gruppensetting eingesetzt.

Die Arbeitsmodule (verteilt auf 116 Therapiekarten bzw. im A4-Ringbuch) sind:
1. Symptomverständnis und -therapie
2. Motivationsanalyse und Motivationsaufbau
3. Bedingungsanalyse der Sucht: Entstehung und Aufrechterhaltung
4. Hilfs- und Ressourcenanalyse
5. Reaktionskette zum Symptom / Rückfall und Überlebensregel
6. Zurückgewinnen bisheriger Beziehungen und Ordnen der Lebensbezüge
7. Symptomtherapie
8. Emotionsregulation
9. Rückfallprophylaxe

Die PKP Angst & Zwang (Sulz, Sichort-Hebing & Jänsch, 2015) beinhaltet die evidenzbasierten Interventionen der Verhaltenstherapie von Angst- und Zwangsstörungen in Form von Therapiekarten. Ihre Eignung sowohl für ambulante als auch für stationäre Einzel-und Gruppentherapie hat dazu beigetragen, dass sie inzwischen vielfältige Anwendung findet.

Deren Arbeitsmodule berücksichtigen störungsspezifisch die wichtigsten Angstörungen (Agoraphobie, Panikstörung, soziale Phobie, spezifische Phobie, Generalisierte Angststörung, Zwangsgedanken, Zwangshandlungen) und deren evidenzbasierte Behandlung (Expositionsverfahren, metakognitive Therapie). Hinzu kommen Strategien, die sich aus dem strategisch-behavioralen Ansatz ergeben wie primäre Emotion wahrnehmen, primären Handlungsimpuls steuern lernen, realistische Einschätzung der Folgen eigenen Handelns, sekundäre vermeidende Gefühle löschen, meisterndes Verhalten aufbauen.

Hier einige Karten der insgesamt 123 Therapiekarten (alternativ als A4-Ringbuch):

Karte 7: Agoraphobie
Karte 8: Panikstörung
Karte 9: Soziale Phobie
Karte 10: spezifische Phobie
Karte 11: Generalisierte Angststörung GAS
Karte 12: Entstehung der GAS
Karte 13: Zwangshandlungen
Karte 14: Zwangsgedanken
Karte 15: Verhaltensanalyt. Interview Zwang
Karte 16: Funktion von Angst & Phobie u. Zwang
Karte 17: Erwartung von Therapieerfolg
Karte 18: Mit Angst umgehen lernen – Exposition
Karte 19: Vorbereitung und Angstprotokoll
Karte 20: Psychoedukation u. Hierarchie
Karte 21: Vorgehen bei der Exposition
Karte 22: Prinzip der Exposition
Karte 23: Besonderheiten Panik-Therapie
Karte 24: Besonderheiten Soziale Phobie-Therapie
Karte 25: Besonderheiten General. Angststörung
Karte 26: Besonderheiten verschiedene Zwänge
Karte 27: Umgang mit Zwangsgedanken
Karte 28: Exposition bei Zwangsgedanken
Karte 29: Festlegung der Hierarchie
Karte 30: Verhaltensanalyse Makro-Situation
Karte 31: Auslösende Lebensbedingungen
Karte 32: Auslösendes Lebensereignis
Karte 33: Einfluss der Überlebensregel
Karte 34: Achtsamkeitsübung
Karte 35: Die Reaktionskette
Karte 36: Der Satz der Überlebensregel
Karte 37: vom Überleben zum Leben
Karte 38: Erlaubnis gebende Lebensregel
Karte 39: Therapie entlang der Reaktionskette
Karte 40: Meine eigene Reaktionskette
Karte 41: 1. Primäre Emotion wahrnehmen
Karte 42: 2. Primären Impuls steuern
Karte 43: 3. realistische Wirksamkeitserwartung
Karte 44: 4. das sekundäre Gefühl löschen
Karte 45: 5. meisterndes Verhalten aufbauen
Karte 46: Was hält das Symptom aufrecht 1?
Karte 47: Was hält das Symptom aufrecht 2?
Karte 48: Was hält das Symptom aufrecht 3?
Karte 49: Medikation

4.3. Das Praxismanual zur Kurzzeittherapie – Strategien der Veränderung von Erleben und Verhalten

Bereits im Vorwort wurde darauf hingewiesen, dass es zwei Präferenzen des therapeutischen Arbeitens gibt:

a) Die erlebnis- und beziehungsorientierte Variante
b) Die psychoedukative Variante mit Papier und Stift bzw. Flipchart.

Bei beiden Varianten arbeiten Sie sowohl szenisch mit Rollenspiel und Stuhlarbeit, sowie Imaginationen und Körperbewusstsein (z. B. zierorientierte Körperhaltung einnehmen).
Für die erlebnis- und beziehungsorientierte Variante gibt dieses Buch alle Informationen, die notwendig sind, um gute Kurzzeittherapie zu machen. Es wird ja vorausgesetzt, dass Sie eine abgeschlossene Verhaltenstherapieausbildung haben und damit einen soliden Grundstock der Therapiepraxis.
Für die psychoedukative Variante gibt es ein Praxismanual (Sulz: Praxismanual – Strategien der Veränderung des Erlebens und Verhaltens. München: CIP-Medien), das Arbeitsmaterial für alle Therapiesitzungen zur Verfügung stellt.

Dieses besteht aus zwei Teilen (SKT = Strategische Kurzzeittherapie):

Teil 1: 22 SKT-Arbeitsblätter (248 Seiten)
Teil 2: 31 SKT-Experimente (100 Seiten)

Die zweiundzwanzig SKT-Arbeitsblätter (Tabelle 4.3.1) bilden die in diesem Buch beschriebenen Therapie-Inhalte und Therapie-Prozesse so ab, dass mit dem Patienten ganz konkret gearbeitet werden kann. Und zwar so:

a) Erinnern oder Imaginieren
b) Emotionen erleben
c) Schreiben
d) Reflektieren
e) Weiteres Vorgehen planen
f) Neue Verhaltensweisen erproben
g) Erfolgreiches Verhalten beibehalten, erfolgloses Verhalten ändern

Das weitere Vorgehen wird im zweiten Teil des Praxismanuals – dem Experimentierbuch (Tabelle 4.3.2) – noch weiter konkretisiert, so dass jede Woche ein neues Experiment gestartet wird, das alte Hypothesen prüft und veränderbar macht und die Erlaubnis entstehen lässt, auf neue Weise zu fühlen, zu denken und zu handeln.

Tabelle 4.3.1: SKT-Arbeitsblätter im Praxis-Manual (Sulz, 2009b, S. 252)

SKT-Arbeitsblatt-Nr.	Thema des SKT-Arbeitsblattes	Seite	Experiment	Woche
1	Meine Beschwerden	9		
2	Welche Symptome sind vorhanden?	11		
3 (& Anhang)	Wie und wozu das Symptom entstand	21&349ff	I	1. Woche
4	Mit meinem Symptom umgehen lernen	27	II	2. Woche
5	Was ich gleich ändern kann und will	32	III	3. Woche
6	Wie war Ihr Vater, wie Ihre Mutter, wie Sie als Kind?	35	IV	4. Woche
7a	Frustrierendes Elternverhalten	39	V	4. Woche
7b	Bedrohliches Elternverhalten	46		
7c	Befriedigendes Elternverhalten	49		
8	Häufige Gefühle in der Kindheit	54	VI	4. Woche
9	Meine zentralen Bedürfnisse	61	VII	5. Woche
10	Elternverhalten, Kindgefühle, Erwachsenenbedürfnisse	68		
11	Meine zentrale Angst	72	VIII	6. Woche
11b	Meine zentrale Wut	76		6. Woche
12	Zentrales Bedürfnis und zentrale Angst	84	IX	
13	Mein bisheriger Umgang mit Gefühlen	87	X	7. Woche
14	Lerngeschichte Mutter-Kind und Vater-Kind	101	XI	8. Woche
15	Relative Bedeutung von Vater und Mutter	106	XII	8. Woche
16a	Meine Überlebensregel finden	109		
16b	Meine Entwicklungs- und Lebensregel finden	117		
17	Mein Entwicklungsvertrag - tu das Gegenteil!	124	XIII	9. Woche
18	Meine Persönlichkeit	129	XIV	10. Woche
19	Überlebensregeln verschiedener Persönlichkeiten	141		
20	Meine Lebens- und Krankheitsgeschichte	146	XV	11. Woche
21	Neue Lebensgewohnheiten	153	XVI	12. Woche
22	Meine Entwicklungsstufe	159	XVII	13. Woche
23	Überlebensregeln verschiedener Entwicklungsstufen	177	XVIII	13. Woche
24	Emotionales Erleben wichtiger Beziehungen	181	XIX, XX	14. Woche
25	Meine Ziele	184	XXI, XXII	15. Woche
26	Loslassen, Abschied nehmen, Trauern	189	XXIII	16. Woche
27	Angst vor Veränderung	192	XXIV	16. Woche
28a	Angstbewältigung	195	XXV	17. Woche
28b	Streßbewältigung	197	XXVI	17. Woche
29	Emotionsexposition: Ich stelle mich meinen Gefühlen	200	XXVII	18. Woche
30	Emotionales Lernen: Lernen mit Gefühlen umzugehen	204	XXVIII	19. Woche
31	Erst Niederlagen machen wehrhaft	231	XXIX	20. Woche
32	Konflikt und Integration	234	XXX, XXXI	21.+22. Woche
33	Mein neues Selbst und meine neue Welt	245	XXXII-XXXIV	ab 23. Woche

4.3. Das Praxismanual zur Kurzzeittherapie – Strategien der Veränderung von Erleben und Verhalten

Tabelle 4.3.2: Experimente zur Strategischen Selbstentwicklung (Experimentierbuch) (Sulz, 2009b, S. 254)

Experiment -Nr.	Thema des Experimentes (dahinter das SKT- Arbeitsblatt, auf das sich das Experiment bezieht)	in der wievielten Woche?	auf Seite
I	Symptomauslösende, symptomaufrechterhaltenden Bedingungen SKT03	1. Woche	263
II	Mit meinem Symptom umgehen lernen SKT04	2. Woche	266
III	Was ich gleich ändern kann und will – mein erster Projektvertrag SKT05	3. Woche	273
IV	Beginnen wir mit Ihren Eltern, wie waren sie? SKT06	4. Woche	275
V	Frustrierendes, bedrohliches, befriedigendes Elternverhalten SKT07a,b,c	4. Woche	275
VI	Häufige Gefühle in der Kindheit SKT08	4. Woche	276
VII	Meine zentralen Bedürfnisse SKT09	5. Woche	279
VIII	Meine zentrale Angst SKT11	6. Woche	286
IX	Mein zentrales Bedürfnis und meine zentrale Angst SKT12	6. Woche	289
X	Meine Gefühle – wie ich bisher mit ihnen umging SKT13	7. Woche	291
XI	Lerngeschichte Mutter – Kind und Vater – Kind SKT14	8. Woche	293
XII	Relative Bedeutung von Vater und Mutter in der Kindheit SKT15	8. Woche	293
XIII	Mein Entwicklungsvertrag: Entgegen der Überlebensregel handeln SKT17	9. Woche	296
XIV	Meine Persönlichkeit SKT18	10. Woche	299
XV	Meine Lebens- und Krankheitsgeschichte SKT20	11. Woche	303
XVI	Neue Lebensgewohnheiten SKT21	12. Woche	306
XVII	Meine Entwicklungsstufe SKT22	13. Woche	308
XVIII	Überlebensregeln verschiedener Entwicklungsstufen SKT23	13. Woche	309
XIX	Emotionales Erleben wichtiger Beziehungen SKT24	14. Woche	311
XX	Beziehungen – mein neuer Umgang damit SKT24	14. Woche	312
XXI	Meine progressiven und regressiven Ziele SKT25	15. Woche	318
XXII	Zwischenbilanz - Meine persönlichen Ziele SKT06-SKT20	15. Woche	319
XXIII	Loslassen, um frei zu werden für Entwicklung SKT26	16. Woche	323
XXIV	Angst vor dem Neuen, Ungewissen SKT27	16. Woche	324
XXV	Angstbewältigung SKT28a	17. Woche	326
XXVI	Angstbewältigung und Streßbewältigung SKT28b	17. Woche	326
XXVII	Emotionsexposition – sich dem Gefühl stellen SKT29	18. Woche	329
XXVIII	Lernen, mit meinen Gefühlen umzugehen SKT30	19. Woche	331
XXIX	Erst Niederlagen machen wehrhaft SKT31	20. Woche	335
XXX	Mein persönlicher Konflikt und die Integration SKT32	21. Woche	337
XXXI	Mein Entwicklungskonflikt und die Integration SKT32	22. Woche	339
XXXII	Vom bedürfnisorientierten zum wertorientierten Menschen --	23. Woche	341
XXXIII	Mein neues kreatives Experiment --	24. Woche	346
XXXIV	Ich beginne ein experimentierfreudiges Jahr --	25. Woche	348

Nummerierung der Experimente von I bis XXXIV (1 bis 34)

Die Experimente nehmen überwiegend Bezug auf die SKT-Arbeitsblätter und führen deren Thema weiter. Sie sind darüber hinaus 25 Experimentierwochen zugeordnet.

V. ZUSAMMENFASSUNG

V. Zusammenfassung

Gute Kurzzeittherapie ist ganz anders als gute Langzeittherapie, bei der mehr Zeit und Raum für Entwicklung und die Beobachtung und Begleitung von Entwicklung vorhanden ist, bei der man mehr zuwarten kann, ob sich das eine oder andere ergibt. Entwicklung findet erst nach einer Kurzzeittherapie statt. Diese stellt nur die Weichen und hilft den ersten Schritt zu tun. TherapeutInnen sind oft zu fürsorglich und trauen ihren Patienten nicht zu, nach einer Kurzzeittherapie allein zurechtzukommen. Kurzzeittherapie hilft dem Patienten auf die Beine, damit er wieder stehen und selbst gehen kann. Seine Schürfwunden kann er selbst versorgen und die Schmerzen lassen allmählich nach, ohne dass wir so lange bei ihm bleiben müssen.

Damit eine Kurzzeittherapie gut wird, bedarf es viel mehr Konzeptualisierung und auch mehr Diagnostik als bei einer Langzeittherapie, bedarf es eines Expertentums (Sachse 2015). Die Zeit tickt schneller und schnell hat man etwas übersehen oder versäumt. Ich muss den Menschen, den ich zwölf plus zwölf Stunden begleite, gleich zu Beginn verstanden haben – seine Innenwelt, eingebettet in den Körper, seine top-down-Selbstregulation und Homöostase mit seiner Überlebensregel ebenso wie die selbstorganisierten bottom-up-Prozesse und Strukturen, die sich bei ihm durch Selbstorganisation der Elemente und Teile ohne Direktive einer übergeordneten Instanz ergeben. Und seine Außenwelt. Sowohl die von ihm konstruierte als auch die realen Personen, die mit ihm laufend in Beziehung sind.

Das störungsübergreifende Konzept der Strategischen Kurzzeittherapie SKT (Sulz 2012a) wurde daraufhin entwickelt und wird immer weiterentwickelt. Die Ausdehnung auf die Langzeittherapie als Strategisch-Behaviorale Therapie SBT (Sulz & Hauke 2010) brachte wichtige Modifikationen, die für die heutige Kurzzeittherapie, sei es als SKT oder als Psychiatrisch-Psychologische Kurz-Psychotherapie PKP (Sulz & Deckert 2012a,b, Sulz, Antoni, Hagleiter & Spaan 2012a,b, Sulz, Sichort-Hebing & Jänsch 2015a,b) eine fruchtbare Bereicherung sind.

PKP ist die störungsspezifische Variante der Strategischen Kurzzeittherapie mit systematischer Komposition evidenzbasierter bewährter Interventionen für den jeweiligen Störungsbereich. Die PKP-Therapiekarten erlauben ein sehr zeitökonomisches Vorgehen, so dass an der reinen Symptomtherapie nur eine halbe Sitzung lang gearbeitet wird und viel Zeit für Hintergrundthemen und Ressourcenmobilisierung bleibt.

Ein Therapiekonzept braucht eine Therapietheorie und diese baut auf einer Störungstheorie auf, welche wiederum ein allgemeines Verständnis der menschlichen Psyche voraussetzt.

Bereits vor dreißig Jahren begann die Arbeit an einer Entwicklungstheorie, die unter lernpsychologischen, motivationspsychologischen, emotionspsychologischen, persönlichkeitspsychologischen, tiefenpsychologischen, familien- und sozialpsychologischen und neurowissenschaftlichen Gesichtspunkten individuelle Dispositionen, Vulnerabilitäten und Symptombildungen erklärt. Diese Theorie ist als eine affektiv-kognitive Entwicklungstheorie eine Erweiterung des kognitiv-verhaltenstherapeutischen Ansatzes, der in der Praxis der Verhaltenstherapie längst realisiert wurde. Andererseits entspricht sie psychodynamischem Gedankengut bezüglich des Menschenverständnisses. Die empirische Forschung erbringt inzwischen zunehmend Belege für die wissenschaftliche Fundierung der in diesem Buch systematisierten heuristischen Modelle praktizierter Psychotherapie.

Dieses Buch sollte ein relativ kurzes Buch sein. Deshalb hat es die zugrundeliegende Theorie und den aktuellen Stand wissenschaftlicher Erkenntnisse kaum dargestellt. Dazu liegt ab Herbst 2017 ein eigenes Buch vor, nämlich der erste Band von „Gute Verhaltenstherapie lernen und beherrschen" (S. K. D. Sulz): Verhaltenstherapie-Wissen: So gelangen Sie zu einem tiefen Verständnis des Menschen und seiner Symptome (CIP-Medien-Verlag). Natürlich kann auch dieses Buch nur diejenigen Theorien und empirischen Forschungsergebnisse zusammenfassen und berichten, die für die heutige Verhaltenstherapie grundlegend geworden sind und die das theoretische und wissenschaftliche Fundament des strategisch-behavioralen Ansatzes und der dritten Welle der Verhaltenstherapie sind. Praktizierende PsychotherapeutInnen sollten aber den Kontakt zur Psychotherapie-Wissenschaft nicht verlieren, sondern über deren jeweils neuesten Stand gut informiert sein (Sulz 2014, 2015), um dem akademischen Wesen ihres Berufs gerecht zu werden.

Niedergelassene TherapeutInnen, die den ganzen Tag Einzel-, Paar-, Familien- und Gruppentherapien durchführen, können selbst zur empirisch-wissenschaftlichen Fundierung wenig beitragen.

Meine Arbeitsgruppe und ich haben allerdings einige empirische Feldstudien zur Strategischen Kurzzeittherapie (SKT) und zur Psychiatrisch-Psychologischen Kurz-Psychotherapie (PKP) und zur Strategisch-Behavioralen Therapie SBT durchgeführt (Hebing 2012, Graßl 2013, Hoy 2014, Schönwald 2015, Richter-Benedikt 2015, Sedlacek 2015,) und die soeben abgeschlossene zweiphasige Studie zur PKP-Kurzzeittherapie der Depression (Kaufmayer 2017, Peters 2017). Als Praktiker bleibt uns überwiegend die Möglichkeit, unsere klinischen Wahrnehmungen mit dem bisherigen theoretisch-wissenschaftlichen Erkenntnisstand zu einem klinischen Theoriemodell zusammenzufügen und diese Theorie so zu explizieren, dass ihre Aussagen von Wissenschaftlern überprüft werden können. Ob nun der Wahrheitsgehalt dieser Theorie für die therapeutische Praxis bedeutsamer ist oder ihr heuristischer Wert, wird sicher nicht einhellig gesehen werden. Mein Anliegen ist zuvorderst das letztere, wenngleich meine Hoffnung wäre, dass die empirische Forschung nicht unentwegt aus ihren selbst gewonnenen Erkenntnissen schöpfen würde, wodurch neben einer klinischen Alltagstherapie eine Wissenschaftstherapie existiert (Wissenschaft aus dem Labor bringt Therapie aus dem Labor). In die Wissenschaft muss klinische Wahrnehmung und Erfahrung Eingang finden.

Als Scientist Practitioner im Sinne Fred Kanfers (Kanfer 1990, Sachse et al., 2014, Sulz 2014, 2015) sehe ich meine Aufgabe in der Überwindung des „scientist-practioner gap" im Sinne eines Brückenbaus. Das wäre der Brückenpfeiler auf einer Seite des Flusses. Er benötigt aber den gleichzeitigen Bau des Brückenpfeilers auf der anderen Flussseite. Da müssen aber erst die Berührungsängste der Wissenschaftler überwunden werden, indem sie z. B. lesen und zitieren, was von Klinikern in non-impact-Journalen geschrieben wird. Es ist für einen Wissenschaftler sicher keine Herabsetzung, wenn er erfahrene TherapeutInnen Therapie machen lässt und als Wissenschaftler diese TherapeutInnen und ihre Therapie beforscht. Dass dies bisher in der Verhaltenstherapie unterlassen wurde, hat verhindert, dass mehr gegenseitige Befruchtung von Therapie und Wissenschaft erfolgen konnte. So haben sich zwei konträre Selbst- und Weltsichten aufrechterhalten: Wissenschaftler verwechseln Wissenschaft mit Therapie und verwechseln Wissenschaftler mit TherapeutInnen. TherapeutInnen negieren die Praxisrelevanz wissenschaftlicher Forschung und die therapeutische Kompetenz von WissenschaftlerInnen. Hier steht eine Entwicklung und Integration an. Die Widerstände, die dieser Entwicklung entgegenstehen, unterscheiden sich nur wenig von den in diesem Buch diskutierten therapeutischen Widerständen. Im Gegensatz zum individuellen Schicksal verlasse ich mich allerdings auf die Zuverlässigkeit des dialektischen Prinzips, das auch die Geschichte der Psychotherapie kennzeichnet. Lediglich außerhalb der Psychotherapie liegende Machtstrukturen vermögen die historische Dialektik um Jahrzehnte anzuhalten, allerdings nicht zu verhindern (Woolfolk, 1998, 2016). Schon mit dem Differenzierungsschritt keimt die Tendenz zur Integration auf, so, wie die Tendenz eines Pendels zur Gegenrichtung mit jedem Millimeter des Pendelausschlags wächst.

VI. ANHÄNGE

ANHANG 1
SELBSTMODUS UND ENTWICKLUNGSMODUS

Vom selbstunsicheren zum impulsiven und souveränen Selbstmodus

Sekundärer Überlebensmodus
(z. B. selbstunsicher)
1. Ich fürchte……………………………
2. Ich brauche……………………………
3. Ich passe mich an……………………
4. Ich vermeide…………………………

Neu Erlaubnis gebende Lebensregel
1. Auch wenn ich seltener …………………………
2. Und wenn ich öfter ………………………………
3. Bewahre ich mir dennoch ………………………
4. Und muss nicht fürchten, dass ………………

Impulsiver Entwicklungsmodus
1. Ich brauche …………………………
2. Ich fühle……………………………
3. Ich wage……………………………
4. Ich sage……………………………
5. Ich mache…………………………

Souveräner Entwicklungsmodus
1. Ich kann ……………………………………
2. Ich kann ……………………………………
3. Ich will ………………………………………
4. Ich will ………………………………………
5. Ich will nicht ………………………………
6. Ich will nicht ………………………………

Zwischenmenschl. Entwicklungsmodus
1. Ich verstehe Dich ………………………
2. Ich fühle mit Dir ………………………
3. Ich gebe Dir ……………………………
4. Ich kriege von Dir ……………………
5. Unsere Beziehung ist …………………

ANHANG 2
ZUSAMMENFASSUNG WICHTIGER BIOGRAPHISCHER FAKTOREN

Zusammenfassung wichtiger biographischer Faktoren aus VDS1 und VDS4
(nur schildern, was bedeutsame Auswirkungen hatte)

Wichtige biographische Faktoren zusammengefasst aus VDS1 oder VDS4	in der Biographie dieses Patienten (keine Bewertungen, sondern Ereignisse/Umstände konkret schildern)	Welche Auswirkungen hatte das? (Trauma, Defizit, Konflikt, Ressource)
Vater war …		
Mutter war …		
Elternbeziehung war …		
Geschwister waren …		
Trennungen in der frühen Kindheit waren …		
Bindungsaufbau war …		
Kindergartenalter war …		
Erstes Schuljahr war …		
Grundschule war …		
Haupt-/Realschule/Gymnasium war …		
Freunde/Kameraden waren …		
Pubertätszeit war …		
Jugendalter war …		
Sexualitätsentwicklung war …		
Erste Paarbeziehungen waren …		
Lehre, Studium war …		
Berufseinstieg war …		
Berufsleben ist …		
Partnerschaft ist …		
Freizeit ist …		

ANHANG 3
VDS-Z VERHALTENSDIAGNOSTISCHE FALLKONZEPTION MIT ZIELANALYSE UND THERAPIEPLAN

Zusammenfassende Übersicht über die Ergebnisse der VDS-Fragebögen und -Interviews

Sie wählen für jeden Patienten eine kleine Auswahl der VDS-Fragebögen aus, um ein tiefes Verständnis des Menschen und seiner Symptomatik zu gewinnen. Diese Vorlage soll Ihnen helfen, den Überblick zu bewahren und eine anschauliche Darstellung der Fallkonzeption zu erhalten. Vielleicht werden Sie anfänglich noch eine größere Zahl von Fragebögen einsetzen, dafür ist der erste Teil gedacht. Im ersten Teil finden Sie eine sehr kurz gefasste Zusammenschau, die ein prägnanteres, leichter erfassbares Bild ergibt. Dazu übertragen Sie die Fragebogenergebnisse in diese Vorlage. Zuerst sind das oft die errechneten Skalen-Mittelwerte, dann schreiben Sie noch dazu, wie Sie diese interpretieren (siehe Auswertungsanleitungen).

Patient Vorname: .... Nachname: .... Alter: .... Heutiges Datum: ....

VDS14-Befund: Im Vordergrund steht ein ....-Syndrom. Dies führte zur
Hauptdiagnose, die zur jetzigen Behandlung führte: .... ICD10-Nr. F.............
Zweitdiagnose: .... ICD10-Nr. F.............
Drittdiagnose: .... ICD10-Nr. F.............

VDS90-Symptomliste: bestätigt obige Syndromdiagnose. Die höchsten Punktwerte traten auf bei
Syndrom .... ( ), Syndrom .... ( )
und bei Syndrom .... ( ). Außerdem fiel noch auf Syndrom .... ( )

VDS30-Persönlichkeit:
selbstunsicher – dependent – zwanghaft – passiv-aggressiv – histrionisch – schizoid – narzisstisch – emotional labil
Die höchsten Werte traten auf
bei Persönlichkeitszug .... ( ) und bei Persönlichkeitszug .... ( )

VDS27 zentrale Bedürfnisse:
Zugehörigkeitsbedürfnisse: Willkommensein, Geborgenheit, Schutz/Sicherheit, Liebe, Beachtung, Verständnis, Wertschätzung
Selbst-/Autonomiebedürfnisse: (Selbstständigkeit, Selbstbestimmung, Grenzen erhalten, Gefördert/gefordert werden, Vorbild, Intimität, ein Gegenüber)
Die beiden wichtigsten Bedürfnisse waren .... und ....
Der dysfunktionale Umgang mit diesen Bedürfnissen bestand darin: ....

VDS28 zentrale Ängste:
(Vernichtungsangst, Trennungsangst, Angst v. Kontrollverlust über andere, Angst Kontrollverlust über mich, Angst vor Liebesverlust, Angst vor Gegenaggression, Angst vor Hingabe)
Die beiden größten Ängste waren .... und ....
Der dysfunktionale Umgang mit diesen Ängsten bestand darin: ....

VDS29 zentrale Wut:
(Vernichtungswut, Trennungswut, Bemächtigungswut, explosive Wut, Liebesentzug, Gegenaggression, Hörig machen)
Die beiden größten Wutformen waren ……………………………… und ………………………………
Der dysfunktionale Umgang mit diesen Wutformen bestand darin: ……………………………………………

VDS35 Daraus resultiert die Überlebensregel:

Nur wenn ich immer	………………………………	(Persönlichkeitszüge mit den höchsten Werten)
Und wenn ich niemals	………………………………	(Ärger zeige und das Gegenteil dieses Persönlichkeitszuges mache)
bewahre ich mir	………………………………	(die beiden wichtigsten Bedürfnisse)
und verhindere	………………………………	(die beiden größten Ängste)

VDS21a Verhaltensanalyse: Die Symptom auslösende Lebenssituation
Genauer Beginn der Symptomatik: ………………
Problematische Lebenssituation unmittelbar vor Beginn der Symptomatik: ……………………………………
Problematische Beziehung unmittelbar vor Beginn der Symptomatik: ……………………………………
Symptom auslösendes Ereignis: ……………………………………………………………………

VDS21b Reaktionskette zum Symptom:
Die Überlebensregel verhinderte, dass in der das Symptom auslösenden Lebenssituation (Makroebene der Verhaltensanalyse) ein meisterndes Verhalten gezeigt werden konnte, so dass die Symptombildung nicht notwendig gewesen wäre. Denn sie führte in der Reaktionskette zum Symptom zur Antizipation bedrohlicher Folgen meisternden Verhaltens, so dass dieses unterlassen wurde und stattdessen das Symptom auftrat. Zu einer schlüssigen Reaktionskette kommen wir, wenn wir herausfinden, was an der Situation so frustrierend war, dass großer Ärger und Selbstbehauptungstendenz automatisch resultiert wäre.

Eine typische beobachtbare Situation (die z.B. extrem frustrierend ist) ……………………………………

    1. Die primäre Emotion als Antwort auf diese Situation wäre eigentlich (z.B. Wut) ……………………
    2. Der primäre Handlungs-Impuls, der aus dieser Emotion resultieren würde (z.B. Angriff) ……………
    3. Der Gedanke: Bedenken der Folgen dieses Handelns (z.B. Dann werde ich abgelehnt) ……………
    4. Ein gegensteuerndes sekundäres Gefühl folgt daraus (z.B. Schuldgefühl, Ohnmacht) ……………
    5. Im Körper die psychovegetative Begleitreaktion dieses Gefühls (z.B. Schwächegefühl) ……………
    6. Mein beobachtbares Verhalten (Was habe ich wirklich getan? z.B. tun, was mein Gegenüber will) ……
    7. Symptombildung (z.B. Niedergeschlagenheit : depressives Syndrom) ……………………………

VDS21c Kurzfristige Konsequenzen des Symptoms:
Mit Hilfe des Symptoms konnte also bewahrt werden: ……………………… (zentrale Bedürfnisse)
und mit Hilfe des Symptoms konnte verhindert werden: ……………………… (zentrale Ängste)

Langfristige Konsequenzen der Symptombildung erklären nicht die Symptomentstehung, zeigen nur wie hoch der Preis dafür ist, mit Hilfe der dysfunktionalen Überlebensregel seine wichtigen Beziehungen zu schonen.

Damit haben wir für den individuellen Patienten ein schlüssiges Modell seiner Symptombildung, das wir als vorläufige Hypothese und Heuristik verwenden können, bis neue Erkenntnisse eine Modifikation notwendig machen.

Um diese Fallkonzeption zu erstellen, benötigen wir mindestens folgende Fragebögen:
VDS90 Symptomliste, VDS30 Persönlichkeit, VDS27 Bedürfnisse, VDS28 Ängste und VDS21 Verhaltensanalyse mit Reaktionskette. Je weniger Fragebögen wir verwenden, ums so spekulativer ist unser Erklärungsmodell und unsere Fallkonzeption. Die Fragebogenergebnisse evaluieren und modifizieren wir durch unsere zusätzlichen Gespräche über deren Themen, so dass ein reliables Gesamtverständnis resultiert.

Mein vorläufiges Fallverständnis: (Sie können obiges noch einmal in eigenen Worten zusammen fassen)
....
....
....
....
....

Diese Verhaltensdiagnostik ist die Basis für die Fallkonzeption, zu der noch Zielanalyse und Therapieplan hinzukommen.

Plausibles Modell der Symptomentstehung für Patienten

Nachfolgendes Denkmodell der Entstehung von psychischen und psychosomatischen Symptomen bietet eine gemeinsame heuristische Grundlage für TherapeutIn und PatientIn, die sowohl die Relevanz der VDS-Fragebögen zeigt als auch immer wieder eine Orientierung für die Schwerpunktsetzung in der beginnenden oder laufenden Psychotherapie gibt.

Die Wechselwirkung zwischen den Eltern mit ihrem Elternverhalten und dem Kind mit seinen angeborenen Eigenschaften und seinem Temperament führt neben Befriedigungen auch zu Frustrationen und Bedrohungen, die bestimmte Bedürfnisse bleibend in den Vordergrund rücken lassen, z.B. das Bedürfnis nach Geborgenheit oder das Bedürfnis nach Beachtung. Sie führt auch dazu, dass ein Mensch dauerhaft auf die Vermeidung spezifischer Bedrohungen bzw. Ängste achtet und so ein individuelles Profil an Vermeidungshandlungen aufbaut. Ein weiteres wichtiges Ergebnis seiner Kindheit ist dann die Hemmung seiner aggressiven Tendenzen den Mitgliedern seiner sozialen Gemeinschaft gegenüber. Der Inhalt der Wuttendenzen ist charakteristisch für einen Menschen und ist ebenfalls Ergebnis der Wechselwirkung zwischen Eltern und Kind bzw. zwischen ihm und anderen wichtigen Bezugspersonen (z.B. Bruder, Schwester, Großeltern). Die Dauerblockade der Wut- und Angriffstendenz ist eine wichtige Aufgabe der Selbstregulation. Viele Menschen gehen dabei so weit, dass sie selbstunsicher und ängstlich werden. Die psychische Homöostase (ein Regelkreis, der versucht, alles ins Gleichgewicht zu bekommen) kann als Regelwerk verstanden werden und die wichtigste Regel ist die, die das Überleben sichert. Die Abläufe sind vorbewusst, d.h. die willkürliche (bewusste) Psyche weiß von diesen Zusammenhängen nichts.

Meist geht es in Beziehungen nur um das emotionale Überleben, d.h. um das Verhindern von psychischen Schädigungen. Eine in der Kindheit optimal auf die soziale Umwelt zugeschnittene Überlebensregel wird, wenn sie nicht verändert wird, im Erwachsenenleben aber untauglich (dysfunktional). Patienten haben dysfunktionale Überlebensregeln, die dafür sorgen, dass ihr Erleben und Verhalten nicht zu den gewünschten Ergebnissen führt, d.h. dem betreffenden Menschen zum Nachteil gereichen. Zudem verhindern sie auch, dass die Beziehungen ihres Erwachsenenlebens stützend und befriedigend für beide Seiten bleiben. Damit haben wir es in unseren Betrachtungen zunächst mit den Persönlichkeitszügen zu tun, die Erfolge verhindern. Die Überlebensregel und die durch die Persönlichkeit festgelegten unteroptimalen Erlebens- und Verhaltensstereotypien schränken das aktive Verhaltensrepertoire eines Menschen zum Teil erheblich ein. Dadurch ist er schwierigen Problemen weniger oder nicht gewachsen. Die auslösende Lebenssituation kann z.B. nur durch Symbombildung beantwortet werden. Erlebens- und Verhaltensweisen, die zur Meisterung des Problems geführt hätten, sind verboten. Sie würden die Überlebensregel verletzen und das emotionale Überleben gefährden. Welche Lebenssituation zur Symbombildung führt, ist somit auch durch die Persönlichkeit des betroffenen Menschen festgelegt. Eine therapeutische Veränderung dieser Persönlichkeitszüge und Verhaltensweisen hat deshalb einen hohen Stellenwert in der psychotherapeutischen Zieldefinition und Behandlungsplanung.

Patienten-Profil
Wieder können wir unsere bisherigen Erkenntnisse zusammenfassen und so ein Profil des Patienten zeichnen:

Patient Vorname: .... Nachname: .... Alter: ....
Beruf: ....…..... Arbeitsplatz: ....
PartnerIn: ....…................. dessen/deren Beruf: ....
Kinder: m/w (Alter:), m/w (Alter:), m/w (Alter:)
Syndrom: ....…..
Die wichtigsten Symptome: ....
Komorbidität(en): ....…......
Genauer Zeitpunkt des Beginns der Erkrankung: ...., also vor .... Monaten
Zustand zu Beginn der Therapie: ....…..
Lebenssituation vor Erkrankung: ....
Beziehungsgestaltung vor der Erkrankung: ....
Symptomauslösendes Ereignis: ....
Wichtige Punkte der Biographie: ....
Wie versuchte er/sie vor Symptombeginn das symptomauslösende Problem zu meistern und
    scheiterte damit? ....
Was wäre eine erfolgreiche Meisterung der Problemsituation gewesen?
....
Was vermied er/sie durch Symptombildung (negative Verstärkung)?
....
Inwiefern verhinderte eine dysfunktionale Überlebensregel erfolgreiches Meistern?
....

Zusammenfassung weiterer VDS-Fragebögen

VDS22 Fremdanamnese (wer machte die Angaben? ....)

Ergänzungen
- zur Symptomauslösung ....
- zur Symptomatik ....
- zur Persönlichkeit ....
- zu Bedürfnissen und Ängsten ....
- zur aktuellen Lebenssituation ....
- zur gegenwärtigen Partnerschaft ....
- zu den Eltern ....
- zu den Geschwistern ....
- zur Biographie incl. belastenden life events ....
- zu Freunden ....
- zur Freizeitgestaltung ....
- zum Beruf ....
- zur Leistungsorientierung ....
- (nur mündlich: zur Sexualität) ....

VDS23 Schwierige Situationen
A Die unangenehmste und unbefriedigendste Situation von allen ist
....
B Die zweitunangenehmste/unbefriedigendste Situation ist:
....
C Die drittunangenehmste/unbefriedigendste Situation ist:
....

VDS24 Frustrierendes Elternverhalten (V=Vater, M=Mutter)
Zugehörigkeitsbedürfnisse: Willkommensein, Geborgenheit, Schutz/Sicherheit, Liebe, Beachtung, Verständnis, Wertschätzung
Selbst-/Autonomiebedürfnisse: Selbstständigkeit, Selbstbestimmung, Grenzen erhalten, Gefördert/gefordert werden, Vorbild, Intimität, ein Gegenüber
Homöostasebedürfnisse: angstfreie Bezugsperson, unbedrohliche Bezugsp., unbedrohliche Außenwelt, unaggressive Bezugsp., gleich starke Eltern, Schuldfreiheit, Missbrauchsfreiheit

Frustrierte Zugehörigkeitsbedürfnisse   1. .... (V?/M?) 2. .... (V?/M?)
Frustrierte Autonomiebedürfnisse   1. .... (V?/M?) 2. .... (V?/M?)
Frustrierte Homöostasebedürfnisse   1. .... (V?/M?) 2. .... (V?/M?)

VDS26 Ressourcenanalyse
Wichtige Ressourcen des Patienten sind:
1. ....   2. ....   3. ....

VDS31 Entwicklungsstufen
(Einverleibend – impulsiv – souverän – zwischenmenschlich)
Der Patient befindet sich auf den beiden Stufen .... und ....

VDS32 Emotionsanalyse
Mit welchen Gefühlen wird dysfunktional umgegangen? ....
Auf welche Weise? ....

VDS33 Werteanalyse
Die wichtigsten Werte sind
1. ....   2. ....   3. ....

VDS34 Innere Normen
Die wichtigsten inneren Normen sind
1. ....   2. ....   3. ....

VDS36 Beziehungsanalyse
Dysfunktionale Interaktionsmuster sind
1. ....   2. ....   3. ....

VDS38 RDR Ressourcen-Defizite-Ziele
Überwiegend oder absolut dysfunktional sind folgende Fähigkeiten
1. ....   2. ....   3. ....
Überwiegend oder absolut dysfunktional sind folgende Umweltressourcen
1. ....   2. ....   3. ....

VDS48 Beziehung – Emotion – Körper
Es fällt noch schwer zu erkennen, verstehen, akzeptieren von:
( ) Mutter, ( ) Vater, ( ) andere wichtige Bezugspersonen
( ) sich selbst, ( ) seine Gefühle, ( ) seinen Körper
( ) Herkunft eigener Verhaltensmuster aus der Kindheitsgeschichte

Aus dieser Zusammenfassung weiterer VDS-Fragebögen ergibt sich folgende **Ergänzung des Fallverständnisses** (nur sehr wichtige Ergänzungen, ohne die das Bild des Patienten einseitig oder falsch wäre):
....
....
....

Zielanalyse

Ressourcenorientierte Zieltaxonomie „der gesunde Mensch" (aus VDS38 RDR)
Sie können ankreuzen, welches Ziel für Ihren Patienten vorrangige Bedeutung hat:

Wie ist ein gesunder Mensch? Er hat (und mein Patient sollte das erwerben) die …

( ) Fähigkeit zur Emotionsregulation
( ) Fähigkeit zur Selbstwahrnehmung
( ) Fähigkeit zur Selbststeuerung
( ) Fähigkeit zur sozialen Wahrnehmung
( ) Fähigkeit zur Kommunikation
( ) Fähigkeit zur Abgrenzung
( ) Fähigkeit zur Bindung
( ) Fähigkeit zum Umgang mit Beziehungen
( ) Fähigkeit zur Selbsttranszendenz
( ) Fähigkeit, sich aus einer zu Ende gegangenen Bindung lösen zu können
( ) Fähigkeit zur Utilisierung von Ressourcen (Begabungen, Kenntnisse, Kreativität, soziales Umfeld)
( ) Fähigkeit zur Bewältigung krisenhafter Situationen
( ) Leidenskapazität

Was braucht ein gesunder Mensch? (Und mein Patient sollte das erhalten)

( ) Eingebundensein in ein stabiles privates Umfeld
( ) Eingebundensein in ein stabiles berufliches Umfeld
( ) Das Gefühl der sinnerfüllten Herausforderung im privaten und beruflichen Umfeld
( ) reale Chancen zur Reduktion pathogener Umweltfaktoren
( ) reale Chancen zur Entwicklung einer positiven Lebensperspektive

Was macht ein gesunder Mensch? (Und mein Patient sollte das angehen)

- ( ) Er wendet sich neugierig dem Leben und der Welt zu
- ( ) Er lernt begierig, eignet sich Wissen an
- ( ) Er eignet sich Fähigkeiten an
- ( ) Er reflektiert das Geschehen in der Welt
- ( ) Er gestaltet berufliche Projekte
- ( ) Er ist musisch und künstlerisch aktiv, rezipiert Kunst und Kultur
- ( ) Er besucht die Natur
- ( ) Er ist sportlich aktiv
- ( ) Er sucht und hat fruchtbare Begegnungen
- ( ) Er beginnt und pflegt Beziehungen
- ( ) Er geht eine Partnerschaft ein und bewahrt eine dauerhafte liebevolle Beziehung
- ( ) Er gründet eine Familie und gibt seinen Kindern, was sie brauchen
- ( ) Er stellt sich bewusst der Vergänglichkeit des Lebens und dem Tod (setzt sich mit spirituellen Fragen auseinander)

Zielauswahl aus den Fragebögen des Verhaltensdiagnostiksystems VDS

Welches sind die 6 vorrangigsten Zielbereiche?

Vergeben Sie Ränge von 1 (am wichtigsten) bis 6 (am sechstwichtigsten)

( ) Psychische/psychosomatische Symptomatik **VDS14-Befund und VDS90**
( ) Auslösende und aufrechterhaltende Bedingungen der Symptomatik **VDS21**
( ) Schwierige bzw. unbefriedigende Situationen **VDS23**
( ) Elternverhalten in der Kindheit (frustrierend, bedrohlich etc.) VDS24
( ) Ressourcenutilisierung **VDS26**
( ) Zentrale Bedürfnisse und der Umgang mit ihnen **VDS27**
( ) Zentrale Angst und der Umgang mit ihr **VDS28**
( ) Zentrale Wut/Angriffstendenz und der Umgang mit ihr **VDS29**
( ) Dysfunktionale Persönlichkeitszüge **VDS30**
( ) Entwicklungsstufe **VDS31**
( ) Emotionsregulation **VDS32**
( ) Wertorientierung **VDS33**
( ) Innere Normen und Umgang mit ihnen **VDS34**
( ) Dysfunktionale Überlebensregel **VDS35**
( ) Umgang mit Beziehungen **VDS36**
( ) Konflikte und Umgang mit ihnen **VDS37**
( ) Fähigkeiten und Umweltressourcen (RDR Ressourcen & Defizite) **VDS38**
( ) Beziehung – Emotion – Körper **VDS48**
( ) ....*
( ) ....*
( ) ....*

Oft ist das selbst formulierte Ziel doch den obigen Zielbereichen zuzuordnen. Denn es geht ja nur um den Zielbereich und nicht um die genaue Zielformulierung, diese erfolgt anschließend.

Noch einmal: Ich will erreichen, dass …
1. ....*
2. ....*
3. ....*
4. ....*
5. ....*
6. ....*

Therapieplanung: Interventionen, die sich aus dem Fallverständnis ergeben
Welches sind die wichtigsten Interventionen?
Vergeben Sie Ränge von 1 bis 6 (bei insgesamt 18 Interventionsmöglichkeiten).

Situation S:
( ) Zur Lösung des Problems der Symptom auslösenden Situation: ....
( ) Zur Bewältigung des Symptom auslösenden Ereignisses: ....

Organismus O:

( ) Zur emotionalen Verarbeitung der Vorgeschichte (frustrierend/traumatisch): ....
( ) Zum neuen Umgang mit zentralen Verstärkern/Bedürfnissen: ....
( ) Zum neuen Umgang mit zentralen Vermeidungen/Ängsten: ....
( ) Zum neuen Umgang mit Ärger/Wut: ....
( ) Zur Modifikation der Persönlichkeit: ....
( ) Zur empirischen Prüfung der Überlebensregel: ....
( ) Zur Utilisierung der Ressourcen: ....

Reaktionen R:

In folgender Situation: ....

( ) Um die primäre Emotion zulassen, Adäquatheit prüfen, ausdrücken zu können: ....
....

( ) Um den primären Handlungsimpuls zulassen, adäquaten Handlungsentwurf bilden zu können: ....
....

( ) Zur Neueinschätzung der Erwartungen bezüglich der Folgen meines Handelns: ....
....

( ) Um dem gegensteuernden Gefühl nicht zu folgen (löschen): ....
....

( ) Um das vermeidende Verhalten durch meisterndes Verhalten zu ersetzen: ....
....

( ) Um mit dem Symptom umgehen zu lernen: ....
....

Konsequenz C:

( ) Um die negative Verstärkung des Symptoms zu löschen: ....

( ) Um die positive Verstärkung des Symptoms zu löschen: ....

( ) Dem Symptom die Funktion nehmen: ....
....

ANHANG 4
THERAPIEVERTRAG

Therapeutische Einrichtung/Praxis: ....

THERAPIEVERTRAG

zwischen Frau/Herrn _____ (PatientIn)
und Frau/ Herrn _____ (TherapeutIn)

Die Unterzeichnenden erklären verbindlich, dass sie sich an folgende Verhaltensweisen halten:
- Regelmäßige wöchentliche Therapiesitzungen (bei Absagen später als 2 Tage vor dem Termin fallen 80 € Ausfallkosten an).
- Der geplante Umfang der Therapie beträgt ___ Sitzungen á 50 Minuten.
- Eine Verlängerung ist ( ) möglich/ ( ) nicht möglich *(bitte beachten Sie die Einschränkungen bei den Krankenversicherungen)*.
- Zu Beginn und am Ende der Therapie erfolgen gründliche diagnostische Maßnahmen, zum großen Teil durch Fragebögen. Therapie ohne vorausgehende Diagnostik ist nicht verantwortlich.
- Von den Therapiesitzungen werden Audio- und Videoaufnahmen angefertigt. Die Aufnahmen dienen der Nachbearbeitung der Therapiesitzungen und Planung der weiteren Therapie.
- Es wird empfohlen, die Audio-Aufzeichnung der Therapiesitzungen vor der nächsten Therapiesitzung anzuhören. Da steckt meist noch sehr viel Wichtiges drin, was nicht in Erinnerung geblieben ist.
- Die TherapeutIn kann die Aufzeichnungen zur Team-Supervision mit FachkollegInnen verwenden, um auf diese Weise wichtige Anregungen für die Therapie einzuholen.
- TherapeutIn und PatientIn beginnen pünktlich mit der Therapiesitzung.

Die **Einzeltherapie** wird durch eine **Gruppentherapie** ergänzt, deren Beginn zwischen TherapeutIn und PatientIn abgesprochen wird. Sie dient dazu, das in der Einzeltherapie Gelernte im geschützten Kreis der Gruppe zu erproben, dort Verständnis, Unterstützung und Rückmeldung zu erhalten. Gruppentherapie erhöht die Wirkung der Einzeltherapie erheblich.

( ) Die Gruppe findet auf Selbstzahlerbasis statt (derzeit 40 € für 3 x 45 Minuten). Sie findet
( ) 14-täglich   ( ) jede ___.te Woche statt.
   Es wird eine Teilnahme von 15 bzw. ……. Gruppensitzungen vereinbart, eine Verlängerung ist möglich.
( ) Für die Gruppe wird eine Kostenübernahme durch die Krankenkasse beantragt.
   Der/die PatientIn arbeitet täglich an vereinbarten Therapiethemen: ( ) 30 Minuten bzw. ( ) 60 Minuten
   Er/sie führt darüber Protokoll.

Um die Wirkung der Therapie qualifiziert zu erfassen, werden am Ende der Therapie erneut Fragebögen ausgefüllt. Ein halbes Jahr nach der letzten regulären Therapiesitzung findet eine sogenannte Katamnesesitzung statt, in der noch einmal der zwischenzeitliche Verlauf besprochen und der weitere Umgang mit den in der Therapie erarbeiteten Themen durchgegangen wird. Die Katamnesesitzung ist eine wichtige Weichenstellung für die Zeit nach der Therapie.
Wiederum ein halbes Jahr später findet ein Katamnese-Telefongespräch statt, in dem besprochen wird, wie es zwischenzeitlich gelaufen ist und inwiefern der Umgang mit den therapeutischen Themen noch weiter optimiert werden kann. Dies entspricht einer letzten Würdigung des Therapieergebnisses, auch im Sinne einer sogenannten Evaluation.
Beide Seiten bestätigen, dass eine umfassende Information* über die geplante Therapie erfolgte und die Zustimmung zur Therapie auf der Basis dieser Information erfolgt.

München, den _____

_____   _____
(TherapeutIn)   (PatientIn)

* Informationsblatt Psychotherapie (Patient und Therapeut erhalten je ein unterzeichnetes Exemplar)

LITERATURVERZEICHNIS

Alexander, F. (1950). Psychosomatic medicine. Its principles and application. London: Allen & Unwin.
Arbeitskreis OPD (1998): Operationalisierte Psychodynamische Diagnostik: Grundlagen und Manual. 2. Auflage. Bern: Huber.
Allen, J.G. (2008). Mentalizing as a Conceptual Bridge from Psychodynamic to Cognitive-Behavioral Therapy. European Psychotherapy, 8, 103-122.
Allen, J. G. (2010). Mentalisierung als konzeptionelle Brücke zwischen psychodynamischen und kognitiven Verhaltenstherapien. In J. Holmes (Hrsg.), Psychoanalytische Therapie – Neue Paradigmen und alte Weisheit (S. 93-114). München: CIP-Medien.
Arbeitskreis OPD und Cierpka M. (2014). OPD 2 - Operationalisierte Psychodynamische Diagnostik. Das Manual für Diagnostik und Therapieplanung. 3. Auflage. Bern: Huber.
Auszra, L., Herrmann, I. R. & Greenberg, L. S. (2017). Emotionsfokussierte Therapie. Ein Praxismanual. Göttingen: Hogrefe.
Bachg, M. (2005). Microtracking in Pesso Boyden System Psychomotor: Brückenglied zwischen verbaler und körper-orientierter Psychotherapie. In S. Sulz, L. Schenker & C. Schricker (Hrsg.), Die Psychotherapie entdeckt den Körper – oder Keine Psychotherapie ohne Körperarbeit? (S. 375 – 394). München: CIP-Medien.
Bandura, A. (1977). Social learning theory. New York: Prentic Hall.
Beck, A. T. (1979). Wahrnehmung der Wirklichkeit und Neurose. München: Pfeiffer.
Beck, A. T. (2004). Kognitive Therapie der Depression (3. Aufl.). Weinheim: Beltz.
Beck, A. T., Freeman, A. et al. (1993). Kognitive Therapie der Persönlichkeitsstörungen. Weinheim: PVU.
Becker, P. (1995). Seelische Gesundheit und Verhaltenskontrolle. Eine integrative Persönlichkeitstheorie und ihre klinische Anwendung. Göttingen: Hogrefe
Bender, W., Stadler, C. (2011). Psychodrama-Therapie: Grundlagen, Methodik und Anwendungsgebiete. Stuttgart: Schattauer.
Benjamin, L.S. (2001). Interpersonelle Diagnose und Therapie von Persönlichkeitsstörungen. München: CIP-Medien
Betz, A. M. & Fisher, W. W. (2011). Functional Analysis: History and Methods. In W. W. Fisher, C. C. Piazza & H. S. Roane (Hrsg.), Handbook of Applied Behavior Analysis (pp.206-228). New York: Guilford.
Birbaumer, N. (Hrsg.) (1973). Neuropsychologie der Angst. München: Urban & Schwarzenberg.
Bischof, N. (1995). Struktur und Bedeutung. Eine Einführung in die Systemtheorie. Bern: Huber.
Bischof, N. (2001). Das Rätsel Ödipus. Die biologischen Wurzeln des Urkonflikts zwischen Intimität und Autonomie (5. Aufl.). München: Piper.
Bischof, N. (2008). Psychologie: ein Grundkurs für Anspruchsvolle. Stuttgart: Kohlhammer.
Bowlby, J. (1975). Bindung. Frankfurt: Fischer
Bowlby, J. (1976). Trennung. Frankfurt: Fischer
Bradshaw, J. (1994). Das Kind in uns: wie finde ich zu mir selbst. München: Knaur.
Brunner, G. (2002). Entschärfen negativer Selbstaussagen. In S. Sulz (Hrsg.), Das Therapiebuch. München: CIP-Medien, S. 152-159.
Burkhard, A. (2006). Achtsamkeit. Ein Meditationsbuch für Therapeuten und Klienten. München: CIP-Medien.
Burkhard, A. (2008). Achtsamkeit II – bewusst leben. München: CIP-Medien.
Butollo, W. (1997). Therapiemanual zur Therapie der Posttraumatischen Belastungsstörung. München: CIP-Medien
Carver, C. S. (2004). Self-Regulation of Action and Affect. In R. F. Baumeister & K. D. Vohs (eds.), Handbook of Self- Regulation. Research, Theory, and Applications (pp. 13-39). New York: Guilford.
Carver, C. S. & Scheier, M. F. (1998). On the Self-Regulation of Behavior. Cambridge: Cambridge University Press.
Caspar, F. (2005). Psychotherapiemotivation des Patienten, Therapeut-PatientBeziehung im Psychotherapieprozess und Entscheidungsprozesse des Therapeuten. In Leibing E., Hiller W., Sulz S. K. D. (Hrsg.): Lehrbuch der Psychotherapie Band 3: Verhaltenstherapie. München: CIP-Medien, Seite 67-84
Caspar, F. & Grawe, K. (1982). Vertikale Verhaltensanalyse (VVA). Analyse des Interaktionsverhaltens als Grundlage für die Problemdefinition und Therapieplanung. Forschungsbericht aus dem psychologischen Institut der Universität Bern.

Catania, A. C. (2011). Basic Operant Contingencies: Main Effects and Side Effects. In W. W. Fisher, C. C. Piazza & H. S. Roane (Hrsg.), Handbook of Applied Behavior Analysis (p.34-54). New York: Guilford.

Damasio, A. R. (1990). Synchronous activation in multiple cortical regions: a mechanism for recall. Seminars in the Neurosciences, 2, 287-296.

Damasio, A. R. (1995). Descartes' Irrtum – Fühlen, Denken und das menschliche Gehirn. München: List.

Damasio, A. R. (2000). Ich fühle, also bin ich. Die Entschlüsselung des Bewusstseins. München: List.

Damasio, A. R. (2003). Der Spinoza-Effekt. Wie Gefühle unser Leben bestimmen. München: List.

Davanloo, H. (1995). Der Schlüssel zum Unbewußten. Die intensive psychodynamische Kurztherapie. München: Pfeiffer.

Dilling, H., Mombour, W., Schmidt, M. H. & Schulte-Markwort, E. (1999). Internationale Klassifikation psychischer Störungen ICD-10 Kapitel V(F). Forschungskriterien (2. Aufl.). Bern: Huber.

Ehlert, U. (2003). Verhaltensmedizin. Berlin: Springer.

Elliott, R., Watson, J. C., Goldman, R. N. & Greenberg, L. S. (2008). Praxishandbuch der Emotions-Fokussierten Therapie. München: CIP-Medien.

Ellis, A. (1962). Reason and emotion in psychotherapy. New York: Lyle Stuart.

Erikson, E. (1965). Kindheit und Gesellschaft. Stuttgart: Klett-Cotta.

Epstein, S. (1980). The stability of behavior, II. Implications for psychological research. Amer. Psychologist, 35, 790–806.

Epstein, S. (1983). A research paradigm for the study of personality and emotions. In M. M. Page (Ed.), Personality--Current Theory & Research: 1982 Nebraska Symposium on Motivation (S. 91-154). Lincoln: University of Nebraska Press.

Epstein, S. (2003). Cognitive-experiential self-theory of personality. In T. Millon & M. J. Lerner (Eds), Comprehensive Handbook of Psychology, Volume 5: Personality and Social Psychology (pp. 159-184). Hoboken, NJ: Wiley & Sons.

Epstein, S., Lipson, A., Holstein, C. & Huh, E. (1992). Irrational reactions to negative outcomes: Evidence for two conceptual systems. JPSP, 62, 328-339.

Faßbinder & Schweiger, U. (2013). Das schematherapeutische Modusmodell. Psychotherapie, 18 (2), 123-143.

Fisher, W. W., Piazza, C. C. & Roane, H. S. (Hrsg.) (2011). Handbook of Applied Behavior Analysis. New York: Guilford.

Flavell, J. H. (2011). Social Cognitive Development: Frontiers and Possible Futures. New York: Cambrigde University Press.

Fonagy, P. (1997). Attachment and theory of mind: Overlapping constructs? Association for Child Psychology and Psychiatry, Occasional Papers, 14, 31-40.

Fonagy, P. & Bateman, A. (2008). Attachment, Mentalization and Borderline Personality. European Psychotherapy, 8, 35-48.

Fonagy, P., Gergely, G., Jurist, E. L. & Target, M. (2008). Affektregulierung, Mentalisierung und die Entwicklung des Selbst (3. Aufl.). Suttgart: Klett-Cotta.

Fonagy, P., Steele, H., Moran, G., Steele, M. & Higgitt, A. (1991). The capacity for understanding mental states: The reflective self in parent and child and its significance for security of attachment. Infant Mental Health Journal, 13, 200-217.

Förstl, H. (2007). Theory of Mind. Berlin: Springer.

Frank, R. (2007). Therapieziel Wohlbefinden. Berlin: Springer.

Franke, A. (2006). Modelle von Gesundheit und Krankheit. Bern: Huber.

Frankl, V. (1997). Der Wille zum Sinn. München: Piper.

Fritzsche, K. (2013). Einführung in die Ego State Therapie. Psychotherapie, 18 (2), 74-91.

Fuchs, T. (2012). Die verkörperte Psyche: ein Paradigma für Psychiatrie und Psychotherapie. Psychotherapie 17, 15-28.

Fürstenau, P. (1994). Entwicklungsförderung durch Theapie. Grundlagen psychoanalytisch-systemischer Psychotherapie. 2. Aufl. München: Pfeiffer.

Fürstenau, P. (1998). Esoterische Psychoanalyse, Exoterische Psychoanalyse und die Rolle des Therapeuten in der lösungsorientierten psychoanalytisch-systemischen kurz- und mittelfristigen Psychotherapie. München: CIP-Medien, 85-100.

Fürstenau, P. (1998). Lösungsorientierte psychoanalytische Kurz-Psychotherapie. In Sulz S. K. D. (Hrsg.): Neue Kurz-Psychotherapien. München: CIP-Medien.

Gendlin, E. T. (1998). Focusing-orientierte Psychotherapie. Ein Handbuch der erlebensbezogenen Methode. München: Pfeiffer.

Gilbert, P. (2010). Compassion Focused Therapy: Distinctive Features. London: Routledge.

Gilbert, P. (2014). The origins and nature of compassion focused therapy. British Journal of Clinical Psychology, 53, 6-41.

Gottwik, G. (1998). Die Intensive Psychodynamische Kurztherapie. In Sulz, S. K. D. (Hrsg.): Neue Kurz-Psychotherapien. München: CIP-Medien

Gräff, U. (1998). Lebensgeschichte und Persönlichkeit. Eine empirische Untersuchung des Anamnesefragebogens und der Persönlichkeitsskalen des Verhaltensdiagnostiksystems VDS. Med. Dissertation LMU München.

Graßl, S. (2013). Analyse Impliziter und Expliziter Prozessfaktoren. München: CIP-Medien.

Grawe, K. (1998). Psychologische Therapie. Göttingen: Hogrefe.

Grawe, K. (2004). Neuropsychotherapie. Göttingen: Hogrefe.

Grawe, K, Caspar F, Ambühl H. (1990). Differentielle Psychotherapieforschung: Vier Therapieformen im Vergleich: Prozessvergleich. Zeitschrift für Klinische Psychologie, 1990, 19, 316-337.

Greenberg, L. (2000). Von der Kognition zur Emotion in der Psychotherapie. In S. Sulz & G. Lenz (Hrsg.), Von der Kognition zur Emotion. Psychotherapie mit Gefühlen (S. 77 – 110). München: CIP-Medien.

Greenberg, L. (Hrsg.) (2007). EFT. Emotion Focused Therapy. European Psychotherapy, 7, 19-39.

Haken, H. & Schiepek, G. (2005). Synergetik in der Psychologie. Selbstorganisation verstehen und gestalten. Göttingen: Hogrefe.

Haley, J. (1977). Direktive Familientherapie. Strategien für die Lösung von Problemen. München: Pfeiffer.

Hamacher-Erbguth, A. (2013). Konzentrative Bewegungstherapie (KBT). Themenheft. European Psychotherapy 2013 (deutsche Ausgabe).

Hartkamp, N. (2013). States of Mind – mentale Zustände Mentale Zustände und ihre Steuerung im psychotherapeutischen Prozess. Psychotherapie, 18 (2), 65-73.

Hauke, G. (2009a). Vom bedürfnis- zum wertorientierten Menschen. In S. Sulz & G. Hauke (Hrsg.), Strategisch-Behaviorale Therapie SBT. Theorie und Praxis eines innovativen Ansatzes (S. 58-92). München: CIP-Medien.

Hauke, G. (2013). Strategisch-Behaviorale Therapie (SBT). Emotionale Überlebensstrategien – Werte – Embodiment. Berlin: Springer.

Hauke, G. (2016). Embodiment in Psychotherapy. Themenheft der European Psychotherapy. Volume 13

Hauke, G.& Dall'Occhio, M. (2015). Emotionale Aktivierungstherapie. Embodimenttechniken im Emotionalen Feld. Stuttgart: Schattauer.

Hauke G., Spreemann J. (2012). Wie der Körper bei der Arbeit mit Emotionen hilft. Embodiment in der Strategisch-Behavioralen Therapie (SBT). Psychotherapie 17, 268-278.

Hayes, S. C. (1998). ACT Therapie: Akzeptanz und Veränderung – ein funktionaler Ansatz behavioraler Kurzzeittherapie. In Sulz S. K. D. (Hrsg.): Neue Kurz-Psychotherapien. München: CIP Medien.

Hayes, S. C., Strosahl, K. D. & Wilson, K. G. (2007). Akzeptanz- und Commitment-Therapie. Ein erlebnisorientierter Ansatz der Verhaltensänderung (2. Aufl.). München: CIP-Medien.

Hebing, M. (2012). Evaluation und Prädiktion therapeutischer Veränderung im Rahmen der Strategisch-Behavioralen Therapie (SBT). München: CIP-Medien.

Heckhausen, H., Gollwitzer, P. M. & Weinert, F. E. (Hrsg.). (1987). Jenseits des Rubikon. Der Wille in den Humanwissenschaften. Berlin: Springer.

Heckhausen, J. & Heckhausen, H. (2010). Motivation und Handeln (4. Aufl.). Berlin: Springer.

Hoenes, A., Richter-Benedikt, A. J., Sichort-Hebing, M., Gräff-Rudolph, U. & Sulz, S. K. D. (2014). Das Selbstmoduskonzept in der Strategisch-Behavioralen Therapie - vom dysfunktionalen sekundären Selbstmodus zum reifen tertiären Selbstmodus. Psychotherapie in Psychiatrie, Psychotherapeutischer Medizin und Klinischer Psychologie, 19(2), 190-215.

Holland, J, Skinner, F. (1971). Analyse des Verhaltens. München: Urban & Schwarzenberg.

Horowitz, LM, Rosenberg SE, Baer BA, Ureno G, Villasenor VS (1994). Inventory of Interpersonal Problems: Psychometric properties and clinical Applications. Journal ofConsulting and Clinical Psychology, 88, 622-628.

Hoy, V. U. (2014). Evaluation des strategisch-behavioralen Therapiemoduls „Entwicklung als Therapie" sowie deren Implikation für die Gesundheitspädagogik. Möglichkeiten der Spezifikation des Konzepts der Strategischen Kurzzeittherapie (SKT) auf Einzelfälle zur Optimierung individueller Therapieprozesse und -ergebnisse. München: CIP-Medien.

Hoyer, J., Jacobi, F., Leibing E. (2005). Gesprächsführung in der Verhaltenstherapie. In Leibing, E., Hiller, W., Sulz, S. K. D. (Hrsg.): Lehrbuch der Psychotherapie Band 3: Verhaltenstherapie. München: CIP-Medien, Seite 85-102.

Jacob, G., Lieb K.., Berger M. (2009). Schwierige Gesprächssituationen in Psychiatrie und Psychotherapie. München: Urban & Fischer.

Jacobson, N. S. & Christensen, A (1992). Behavioral Couple Therapy: A new beginning. Behavior Therapy, 23, 493-506.

Jacobson, N. S. & Christensen, A. (1996). Integrative Couple Therapy. Promoting Acceptance and Change. New York: Norton.

James, W. (1890). The principles of psychology. New York: Henry Holt.

Kabat-Zinn, J. (2013). Gesund durch Meditation: Das große Buch der Selbstheilung mit MBSR. München: Knaur.

Kahng, S., Ingvarsson, E. T., Quigg, A. M., Seckinger, K. E. & Teichman, H. M. (2011). Defining and Measuring Behavior. In W. W. Fisher, C. C. Piazza, H. S. Roane (Hrsg.), Handbook of Applied Behavior Analysis (pp. 113-131). New York: Guilford.

Kanfer, F. H.; Philips J. S. (1970). Learning Foundations of Behavior Therapy. New York: Wiley.

Kanfer, F. H. (1977). Selbstmanagement-Methoden. In F. H. Kanfer & A. P. Goldstein (Hrsg.), Möglichkeiten der Verhaltensänderung (S. 350-406). München: Urban & Schwarzenberg.

Kanfer, F. H. (1990). The scientist-practioner connection: A bridge in need of constant attention. Professional Psychology: Research and Practice, 21, 264–270.

Kanfer, F. H. (1998). Selbstmanagementtherapie: Eine Zusammenstellung von grundlegenden Komponenten für Einzelklienten. In: Sulz SKD (Hrsg.): Kurz-Psychotherapien: Wege in der Zukunft der Psychotherapie: München: CIP-Medien, 133-142.

Kanfer, F. H. (2000). Self-Management Therapy: Orchestration of basic components for individual clients. European Psychotherapy, 1, 10-14.

Kanfer, F. H. (2014). Past, Presence and Future of selfmanagement therapy. Interview with Serge Sulz 2002. European Psychotherapy, 12, 86–94.

Kanfer, F. H. & Karoly, P. (1972). Self-Control: A behavioristic excursion into the lions' den. Behavior Therapy, 3, 398-416.

Kanfer, F. H. & Saslow, G. (1974). Verhaltenstheoretische Diagnostik. In D. Schulte (Hrsg.), Diagnostik in der Verhaltenstherapie. München: Urban und Schwarzenberg.

Kanfer, F. H. Reinecker, H. & Schmelzer, D. (2012). Selbstmanagement-Therapie (5. Aufl.). Berlin: Springer.

Kapfhammer, H.P. (2002). Neurobiologie der Posttraumatischen Belastungsstörung. Psychotherapie, 2, 247-259.

Kapfhammer, H. P. (2001). Trauma und Dissoziation – eine neurobiologische Perspektive. Psychotherapie, 6 (1), 114-129.

Kaufmayer, T. (2017). Evaluation of treatment success and predicting factors of therapeutic changes in outpatient short time psychotherapy. WPA Congress Nov 2017 Berlin.

Kegan, R. (1986). Die Entwicklungsstufen des Selbst - Fortschritte und Krisen im menschlichen Leben. München: Kindt.

Kelly, G. (1955). The Psychology of Personal Constructs. Vol. I & II. New York: Norton.

Kelley, M. E., LaRue, R. H., Roane, H. S., & Gadaire, D. M. (2011). Indirect Behavioral Assessments: Intrviews and Rating Scales. In W. W. Fisher, C. C. Piazza, & H. S. Roane (Eds.), Handbook of Applied Behavior Analysis. (pp. 182–190). New York: Guilford.

Kernberg, O. (1980). Objektbeziehungstheorie und Praxis der Psychoanalyse. Stuttgart: Klett-Cotta.

Kernberg, O. (1988). Innere Welt und äußere Realität. Anwendungen der Objektbeziehungstheorie. München: Verlag Internationale Psychoanalyse.

Kettl, G. J. (1998). Rückfallprophylaxe. In: Sulz SKD (Hrsg.): Das Therapiebuch. München: CIP-Medien, 107-116

Kiesler, D. J. (1983). The interpersonal circle: A tayxonomy for complementarity in human transactions. Psychological Review, 90, 185-214.

Klerman, G., Weissman, M., Rounsaville, B. & Chevron, E. (1984). Interpersonal Psychotherapy of Depression. New York: Basic Books.

Kohlberg, L. (Hrsg.) (1984). The psychology of moral development. The nature and validity of moral stages (Vol. 2: Essays on moral development). New York: Harper & Row.

Kohlenberg, R. J., Tsai M. (1991). Functional Analytic Psychotherapy. Creating Intense and Curative Therapeutic Relationships. New York: Plenum Press.

Kohlenberg, R. J., Tsai M., Parker C. R., Bollling M. Y., Kanter J. W. (2000). Focusing on the client-therapist interaction. Functional Psychotherapy: A behavioral approach. European Psychotherapy 1, 21-31.

Kowarowsky, G. (2005). Der schwierige Patient. Kommunikation und Patienteninteraktion im Alltag. Stuttgart: Kohlhammer.

Lachauer, R.(1998). Differentialindikation von Kurz- und Langzeittherapie aus tiefenpsychologischer Sicht. In Sulz, S. K. D. (Hrsg.): Neue Kurz-Psychotherapien. München: CIP-Medien.

Lattal, K. M. (2013). Pavlovian Conditioning. In G. J. Madden, W. V. Dube, T. D. Hackenberg, G. P. Hanley & K. A. Lattal (Hrsg.), APA Handbook of Behavior Analysis Volume 1. Methods and Principles (S. 283-306). Washington DC: American Psychological Association.

Lazarus, A. (1978). Multimodale Verhaltenstherapie. Frankfurt: Fachbuchhandlung für Psychologie.

Lazarus, R. S. (1966). Psychological stress and the coping process. New York: McCraw-Hill.

Lazarus, R. S. (1975). The self-regulation of emotion. In L. Levi (Hrsg.), Emotions: their parameters and measurement (S. 195-205). New York: Raven Press.

Lazarus, R. S. (1991). Emotion and adaptation. New York: Oxford University Press.

Leibetseder M., Greimel K. V. (2005). Verhaltenserklärung. In Leibing E., Hiller W., Sulz S. K. D. (Hrsg.): Lehrbuch der Psychotherapie Band 3: Verhaltenstherapie. München: CIP-Medien, Seite 9-18.

Leibing, E., Hiller, W. & Sulz, S. K. D. (2003). Lehrbuch der Psychotherapie Band 3 (3. Auflage). München: CIP-Medien.

Lewinsohn, P. M. (1974). A Behavioral Approach to Depression. In: Friedman RJ, Katz MM (Hrsg.): The Psy- chology of Depression. New York: Wiley, 194-209.

Lewinsohn, P. M. (2010). Control your depression. New York: Simon & Schuster.

Liberman, R. P. (1973). Designing new psychosocial treatments for schizophrenia. Psychiatry 1993, 238-249 Liebermann M: Encounter Groups. First Facts. New York.

Linden, M. (1996). Die Rolle der Verhaltenstherapie im ambulanten kassenärztlichen Bereich. In; Hennig, H., Fikentscher, E., Bahrke, U., Rosendahl, W. (Hrsg.): Kurzzeittherapie in Theorie und Praxis. Lengerich: Pabst.

Linden, M. & Hautzinger, M. (2011). Verhaltenstherapiemanual (7. Auflage). Berlin: Springer.

Linden, M. & Hautzinger, M. (2015). Verhaltenstherapiemanual (8. Aufl.). Berlin: Springer.

Linehan, M. (1996). Dialektisch-Behaviorale Therapie der Borderline-Persönlichkeitsstörung. München: CIP-Medien.

Linehan, M. (2016a). Handbuch der Dialektisch-Behavioralen Therapie zur Behandlung aller psychischen Störungen. Band 1: DBT Skills Training Manual 2. Edition. München: CIP-Medien.

Linehan, M. (2016b). Handbuch der Dialektisch-Behavioralen Therapie zur Behandlung aller psychischen Störungen. Band 2: DBT Arbeitsbuch mit Handouts und Arbeitsblättern für TherapeutInnen und PatientInnen. München: CIP-Medien.

Lohmer, M. (1998). Die Kurzzeittherapien – ein Überblick. In Sulz, S. K. D. (Hrsg.): Neue Kurz-Psychotherapien. München: CIP-Medien.

Luborsky, L. (1988). Einführung in die analytische Psychotherapie. Ein Lehrbuch. Berlin: Springer.

Lutz, W., Tholen, S. & Kosfelder, J. (2004a). Modelle und Konzepte zur empirischen Unterstützung der Evaluation des Psychotherapiebedarfs und der Therapieverlängerung. Verhaltenstherapie und Verhaltensmedizin, 25 (3), 503-527.

Lutz, W., Tholen, S. & Kosfelder, J. (2004b). Ungünstige Behandlungsverläufe in der Psychotherapie – auch ein Beitrag zur Wiederentdeckung des Individuums in der Psychotherapieforschung. Verhaltenstherapie und Verhaltensmedizin, 25 (3), 438-459.

Mace, F. C., Pratt, J. L., Zangrillo, A. N. & Steege, M. W. (2011). Schedules of Reinforcement. In W. W. Fisher, C. C. Piazza & H. S. Roane (Hrsg.), Handbook of Applied Behavior Analysis (p.55-75). New York: Guilford.

Madden, G. J., Dube, W. V., Hackenberg, T. D., Hanley, G. P. & Lattal, K. A. (Hrsg.) (2013). APA Handbook of Behavior Analysis Volume 1. Methods and Principles. Washington DC: American Psychological Association.

Mahoney, M. (1979). Kognitive Verhaltenstherapie. München: Pfeiffer.

Malan, D. H. (1972). Psychoanalytische Kurztherapie. Eine kritische Untersuchung. Hamburg: Rowohlt.

Margraf, J., Brengelmann, J. C. (Hrsg.) (1992). Die therapeutische Beziehung in der Verhaltenstherapie. München: G. Röttger Verlag.

Margraf, J. (2000). Lehrbuch der Verhaltenstherapie. Band 2: Störungen – Glossar (2. Aufl.). Berlin: Springer.

Margraf, J. (2009). Lehrbuch der Verhaltenstherapie. Band 1: Grundlagen – Diagnostik – Verfahren – Rahmenbedingungen (3. Aufl.). Berlin: Springer.

Margraf, J. & Schneider, S. (2013). Panik. Angstanfälle und ihre Behandlung (2. Aufl.). Berlin: Springer.

McCullough, J. (2000). Treatment for Chronic Depression. Cognitive Behavioral Analysis System of Psychotherapy (CBASP). New York: Guilford.

McCullough, J. (2007). Therapie von Chronischer Depression mit dem Cognitive Behavioral Analysis System of Psychotherapy (CBASP) – Trainingsmanual. München: CIP-Medien.

McIlvane, W. J. (2013). Simple and Complexe Discrimination Learning. In G. J. Madden, W. V. Dube, T. D. Hackenberg, G. P. Hanley & K. A. Lattal (Hrsg.), APA Handbook of Behavior Analysis Volume 2. Translating Principles Into Practice (p.129-164). Washington DC: American Psychological Association.

Meichenbaum, D. (1979). Kognitive Verhaltensmodifikation. München: Urban & Schwarzenberg.

Meichenbaum, D. (1991). Intervention bei Streß. Bern: Huber.

Miethge, W. (2002). Heilsame Gefühle – Trainingsbuch für die Arbeit mit Emotionen. München: CIP-Medien.

Miller, N. (1944). Experimental studies of conflict. In H. J. McV (ed.), Personality and the behavioral disorders (pp.431-465). New York: Ronald Press.

Miltenberger, R. G. & Weil, T. M. (2013). Observation and Measurement in Behavior Analysis. In G. J. Madden, W. V. Dube, T. D. Hackenberg, G. P. Hanley & K. A. Lattal (Hrsg), APA Handbook of Behavior Analysis Volume 1. Methods and Principles (p.127-150). Washington DC: American Psychological Association.

Mischel, W. (1972). Toward a cognitive social learning reconceptualization of personality. Psychological Review, 79, 433-453.

Mischel, W. (2004). Toward an integrative science of the person (Prefatory Chapter). Annual Review of Psychology, 55, 1-22.

Mischel, W. (2015). Der Marshmallow-Test. München: Siedler-Verlag.

Mischel, W. & Shoda, Y. (1995). A cognitive affective system theory of personality: reconceptualizing situations, dispositions, dynamics, and invariance in personality structure. Psychol. Rev., 102, 246–68.

Mischel, W., Shoda, Y. & Rodriguez, M. L. (1989). Delay of gratification in children. Science, 244, 933–938.

Munsch S., Schneider S., Margraf J. (2003). Panikstörung und Agoraphobie. In Leibing E., Hiller W., Sulz S. K. D. (Hrsg.): Lehrbuch der Psychotherapie Band 3: Verhaltenstherapie. München: CIP-Medien S. 231-240.

Norcross, J. C. (Ed.) (2002). Psychotherapy relationships that work (2nd ed.). New York: New York: Oxford University Press.

Orlinsky DE, Grawe, Parks B. (1994). Process and Outcome in Psychotherapy. In Bergin AE, Garfield SL (Hrsg.) Handbook of psychotherapy and behavior change. New York: Wiley, 270-376.

Orlinsky, D. E. (2013). Die psychotherapeutische Beziehung, das persönliche Leben und die moderne Kultur. In H. Znoj (Hg.), Die Kunst und Wissenschaft in der Psychotherapie. Unter Mitarbeit von Berger T (S. 219–234). Göttingen: Hogrefe.

Orlinsky, D. E., Ronnestad, M. H. & Willutzki, U. (2004). Fifty Years of Psychotherapy Process-Outcome Research: Continuity and Change. In M. J. Lambert (Hrsg.), Bergin and Garfield's Handbook of Psychotherapy and Behavior Change (5. Aufl.) (S. 307–389). New York: Wiley.

Orlinsky, D. E., Ronnestadt, M. H. & Willutzki, U. (2013b). 50 Jahre Prozess-Outcome-Forschung: Kontinuität und Wandel. In A. E. Bergin & S. L. Garfield (Hrsg.), Handbuch der Psychotherapie und Verhaltensmodifikation (6. Aufl.). Tübingen: dgvt-Verlag.

Orlinsky, D. E. & Howard, K. I. (1986). A generic model of psychotherapy. Journal of Integrative & Eclectic Psychotherapy. 6(1), 6–27.

Perquin, L. & Howe, L. (2008). Die Übung der idealen Eltern. In A. Pesso & L. Perquin (Hrsg.), Die Bühnen des Bewusstseins (S. 137 -150). München: CIP-Medien.

Pesso, A. (1969). Movement in Psychotherapy. Psychomotor technique and training. New York: University Press.

Pesso, A. (2008a). Werden wer wir wirklich sind. In A. Pesso & L. Perquin (Hrsg.), Die Bühnen des Bewusstseins. Oder: Werden, wer wir wirklich sind (S. 43 – 60). München: CIP-Medien.

Pesso, A. (2008b). Die Bühnen des Bewusstseins. In A. Pesso & L. Perquin (Hrsg.), Die Bühnen des Bewusstseins. Oder: Werden, wer wir wirklich sind (S. 61 -72). München: CIP-Medien.

Pesso, A. & Perquin L. (Hrsg.) (2008). Die Bühnen des Bewusstseins. Oder: Werden, wer wir wirklich sind. München: CIP-Medien.

Pesso, A. & Pesso-Boyden, D. (1994). Introduction to Pesso Boyden System Psychomotor. Franklin: PS Press.

Peters, M. (2017). Comparison of Short Term and Long Term Therapy in Depression Treatment. WPA Congress Nov 2017 Berlin.

Piaget, J. (1978). Das Weltbild des Kindes. München: dtv.
Piaget, J. (1995). Intelligenz und Affektivität in der Entwicklung des Kindes. Frankfurt: Suhrkamp.
Piaget, J. & Inhelder, B. (1980). Von der Logik des Kindes zur Logik des Heranwachsenden. Essay über die Ausformung der formal-operativen Strukturen. Stuttgart: Klett-Cotta.
Piaget, J. & Inhelder, B. (1981). Die Psychologie des Kindes. Frankfurt: Fischer.
Premack, D., & Woodruff, G. (1978). Does the chimpanzee have a theory of mind? Behavioral and Brain Sciences, 1, 515–526.
Rabinowitz, J., Lukoff, I.: Clinical decision making of short- versus long-term treatment. Research on Social Work Practice 1995; 5: 62-79.
Ramseyer, F., Tschacher, W. (2011). Nonverbal synchrony in psychotherapy: Coordinated body movements reflects relationship quality and outcome. J. Cons. Clin. Psychology 79, 284-295.
Richter, G., Richter J., Bollow, K. (2000). Cognitive dysfunctions and depressivity. Complexity as a problem in psychological depression research. European Psychotherapy, 1, 53-70.
Richter-Benedikt, A. J. (2015). Strategische Jugendlichentherapie SJT. Konzeption und Evaluation im Einzel- und Gruppensetting in der Psychotherapie mit Jugendlcihen. München: CIP-Medien.
Rogers, C. R. (1961). On Becoming a Person. Boston: Houghton Mifflin.
Rogers, C. R. (1989). The Carl Rogers Reader. Edited by Kirschenbaum, H. & Henderson, V. L. Boston: Houghton Mifflin.
Roth, D. & Rehm, L. (1986). Therapiemanual zur Selbstkontrolltherapie der Depression in Gruppen. In S. Sulz (Hrsg.), Verständnis und Therapie der Depression (S. 165-202). München: Ernst Reinhardt.
Sachse, R. (2015). Psychotherapeuten sollten zu Experten ausgebildet werden. In S. Sulz (Hrsg.), Von der Psychotherapie-Wissenschaft zur Kunst der Psychotherapie (S. 90-139). München: CIP-Medien.
Sachse, R., Fasbender, J. & Hammelstein, P. (2014). Wie Psychotherapie-Ausbildung sein sollte. Eine psychologische Analyse didaktischer Erfordernisse. In S. Sulz (Hrsg.), Psychotherapie ist mehr als Wissenschaft. Ist hervorragendes Expertentum durch die Reform gefährdet? (S. 15–37). München: CIP-Medien.
Sachse, R., Hammelstein, P. & Breil, J. (2014). Empirische Grundlegung von Psychotherapie. Grundlegende Paradigmen. In S. Sulz (Hrsg.), Psychotherapie ist mehr als Wissenschaft (S. 38-61). München: CIP-Medien.
Sachse, R, Schlebusch, P. (Hrsg. 2006). Perspektiven Klärungsorientier Psychotherapie. Lengerich: Pabst.
Sachse, R. & Sachse, M. (2016). Grundlagen klärungsorientierter Psychotherapie. Göttingen: Hogrefe.
Sampson H, Weis J. (1986). Testing hypotheses: the approach of the Mount Zion Psychotherapy Research Group. In Greenberg LS, Pinsof W (Eds.): The psychotherapeutic process: a research handbook. New York: Guilford.
Schindler, L. (1991). Die empirische Analyse der therapeutischen Beziehung. Beiträge zur Prozeßforschung in der Verhaltenstherapie. Berlin: Springer.
Schmelzer, D. (2005). Rahmenbedingungen der Psychotherapie, Behandlungssetting, Einleitung und Beendigung der Behandlung. In Leibing E., Hiller W., Sulz S. K. D. (Hrsg.): Lehrbuch der Psychotherapie Band 3: Verhaltenstherapie. München: CIP-Medien, Seite 49-68.
Scholz, W. (2002). Die therapeutische Beziehung. In Sulz SKD (Hrsg.): Das Therapiebuch. München: CIP-Medien, 77-91.
Schönwald, S. (2015). Biographische Determinanten der Disposition zu psychischer Erkrankung – Evaluation des VDS 1-Fragebogens zur Lebens- und Krankheitsgeschichte. München: CIP-Medien.
Schramm, E. (1998). Interpersonelle Psychotherapie der Depression IPT. In Sulz S. K. D. (Hrsg.): Neue Kurz-Psychotherapien. München: CIP-Medien.
Schrenker, L. (2008). Pesso-Therapie. Das Wissen zur Heilung liegt in uns. Stuttgart: Klett-Cotta.
Schulte, D. (1996). Therapieplanung. Göttingen: Hogrefe.
Sedlacek, F. (2015). Strategische Jugendlichentherapie (SJT) bei internalisierenden Störungen und Schulverweigerung: Eine Evaluationsstudie. München: CIP-Medien.
Sender, I. (2013). Ratgeber Borderline-Syndrom. Wissenswertes für Betroffene und Angehörige. München: CIP-Medien.
Senf, W. & Broda, M. (2011). Praxis der Psychotherapie (5. Aufl.). Stuttgart: Thieme.
Senf, W., Broda, M. & Wilms, B. (2013). Techniken der Psychotherapie. Ein methodenübergreifendes Kompendium. Stuttgart: Thieme.

Siegl, J. & Reinecker, H. (2005). Verhaltenstherapeutische Interventionen. In E. Leibing, W. Hiller & S. Sulz (Hrsg.), Lehrbuch der Psychotherapie Band 3: Verhaltenstherapie (S. 123-156). München: CIP-Medien.

Sifneos, P. (1979). Short-term Dynamic Psychotherapy: Evaluation and Technique. New York: Plenum Press.

Skinner, B. F. (1974). Die Funktion der Verstärkung in der Verhaltenswissenschaft. München: Kindler.

Strupp, H. H, Binder J. L. (1991). Kurzzeittherapie. Stuttgart: Klett-Cotta.

Slipp, S. (1973). The symbiotic survival pattern: A relational theory of schizophrenia. Family Process 12, 377-398.

Sulz, S. K. D. (1986a). Selbstkontrolltherapie. In S. Sulz (Hrsg.), Verständnis und Therapie der Depression (S. 150-164). München: Ernst Reinhardt.

Sulz, S. K. D. (Hrsg.) (1986b). Verständnis und Therapie der Depression. München: Ernst Reinhardt.

Sulz, S. K. D. (1987). Psychotherapie in der Psychiatrie. Stuttgart: Thieme.

Sulz, S. K. D. (1990). Probleme der Antragsbegutachtung. Praxis der Klinischen Verhaltensmedizin und Rehabilitation, 12, 258-261

Sulz, S. K. D. (1992). Das Verhaltensdiagnostiksystem VDS: Von der Anamnese zum Therapieplan (2. Auflage). München: CIP-Medien.

Sulz, S. K. D. (1993a). Verhaltenstherapie. In H.-J. Möller (Ed.), Therapie in der Psychiatrie Stuttgart: Enke, S. 63-72.

Sulz, S. K. D. (1993b). Verhaltenstherapie bei endogener Depression. In H.-J. Möller (Ed.), Therapie in der Psychiatrie Stuttgart: Enke, S. 339-350.

Sulz, S. K. D. (1994). Strategische Kurzzeittherapie. München: CIP-Medien.

Sulz, S. K. D. (1995). Praxismanual zur Strategischen Kurzzeittherapie (1. Aufl.). München: CIP-Medien.

Sulz, S. K. D. (1998a). Differentialindikation von Kurz- und Langzeittherapie in der Verhaltenstherapie. In S. Sulz (Hrsg.), Kurz-Psychotherapien. Wege in die Zukunft der Psychotherapie (S. 25-42). München: CIP-Medien.

Sulz, S. K. D. (1998b). Strategische Kurzzeittherapie – Ein Weg zur Entwicklung des Selbst und der Beziehungen. In S. Sulz (Hrsg.), Kurz-Psychotherapien: Wege in die Zukunft der Psychotherapie (S. 165-172). München: CIP-Medien.

Sulz, S. K. D. (1998c). Praxis der Strategischen Kurz-Psychotherapie - wirksame Schritte zur Symptomreduktion, Persönlichkeitsentwicklung und zur funktionalen Beziehungsgestaltung. In Sulz, S. K. D. (Hrsg.): Neue Kurz-Psychotherapien. München: CIP-Medien

Sulz, S. K. D. (2000). Emotion, Kognition und Verhalten – zur homöostatischen Funktion der Emotionen und zu ihrer Bedeutung bei der Symptombildung. In S. Sulz & G. Lenz (Hrsg.) Von der Kognition zur Emotion. Psychotherapie mit Gefühlen (S. 5-76). München: CIP-Medien.

Sulz, S. K. D. (2002a). Neuropsychologie und Hirnforschung als Herausforderung für die Psychotherapie. Psychotherapie, 7, 18-33.

Sulz, S. K. D. (2002b). Entspannung durch Progressive Muskelrelaxation. In S. Sulz (Hrsg.), Das Therapiebuch. Kognitiv-Behaviorale Psychotherapie (S. 236-247). München: CIP-Medien.

Sulz, S. K. D. (2002c). Der Tanz auf dem Dachfirst. Narzisstische Persönlichkeit aus der Sicht der kognitiv-behavioralen Psychotherapie. Existenzanalyse, 19(2-3), 42-48.

Sulz, S. K. D. (Hrsg.) (2002d). Das Therapiebuch. Kognitiv-Behaviorale Psychotherapie. München: CIP-Medien.

Sulz, S. K. D. (2002f). Das Individuum in der Familie. In S. Sulz & H.-P. Heekerens (Hrsg.), Familien in Therapie. Grundlagen und Anwendung kognitiv-behavioraler Familientherapie (S. 77-106). München: CIP-Medien.

Sulz, S. K. D. (2004a). Biopsychologische Grundlagen: Von zellulären und Systemprozessen zu psychischen Reaktionen. Psychotherapie, 9, 136-145.

Sulz, S. K. D. (2004b). Strategische Paar-Entwicklung. In S. Sulz (Hrsg.), Paartherapien (2. Aufl.) (S. 129-187). München: CIP-Medien.

Sulz, S. K. D. (Hrsg.) (2004c). Paartherapien (2. Aufl.). München: CIP-Medien.

Sulz, S. K. D. (2005a). Fallkonzeption des Individuums und der Familie. In Leibing E., Hiller W., Sulz S. K. D.(Hrsg.): Lehrbuch der Psychotherapie Band 3: Verhaltenstherapie. München: CIP-Medien, Seite 25-48.

Sulz, S. K. D. (2005b). Prozessuale und inhaltliche Therapiestrategien. In Leibing, Hiller & Sulz (Hrsg.): Lehrbuch der Psychotherapie. Band 3: Verhaltenstherapie. München: CIP-Medien, S. 103-122.

Sulz, S. K. D. (2005c). Internes Qualitätsmanagement in psychotherapeutischer Praxis und Ambulanz. München: CIP-Medien.

Sulz, S. K. D. (2005d). Gehirn, Emotion und Körper. In S. Sulz, L. Schrenker & C. Schricker (Hrsg.), Die Psychotherapie entdeckt den Körper- oder: Keine Psychotherapie ohne Körperarbeit? (S. 3-23). München: CIP-Medien.

Sulz, S. K. D. (2006a). From the Symptom as Strategy to Strategic Brief Therapy: Self-regulation and Self-organization as Fundamental Therapeutic Principles. Eurpean Psychotherapy, 6, 55-95.

Sulz, S. K. D. (2006b). Strategic Brief Therapy: A Step-by-Step Manual for the Reduction of Symptoms, the Development of Personality, and the Establishmen of Effective Interpersonal Skills. European Psychotherapy, 6, 95-119.

Sulz, S. K. D. (2007a). Supervision, Intervision und Intravision in Ambulanz, Klinik und Praxis. Konzeption und Durchführung im Rahmen kognitiv-behavioraler und integrativer Psychotherapie. München: CIP-Medien.

Sulz, S. K. D. (2007b). Verhaltenstherapeuten entdecken den Körper. In: G. Marlock & H. Weiss (Hrsg.), Handbuch der Körperpsychotherapie (S. 915-922). Stuttgart: Schattauer.

Sulz, S. K. D. (2007c). Entwicklung als Therapie – von Piagets Entwicklungstheorie zu McCulloughs CBASP und zur Strategischen Kurzzeittherapie. Psychotherapie in Psychiatrie, Psychotherapeutischer Medizin und Klinischer Psychologie, 12(1), 60-76.

Sulz, S. K. D. (2007d). Die Schematherapie Jeffrey Youngs - ein integrativer Therapieansatz zur Behandlung von Persönlichkeitsstörungen. Psychotherapie in Psychiatrie, Psychotherapeutischer Medizin und Klinischer Psychologie, 12(2), 183-195.

Sulz SKD (2007e). Von Piaget zu McCulloughs CBASP – die Entwicklung sozialer Kompetenz und Empathie. In Sulz SKD und Höfling S. (Hrsg.): … und er entwickelt sich doch! Entwicklung durch Psychotherapie. München: CIP-Medien 225-234.

Sulz, S. K. D. (2008a). VDS Verhaltensdiagnostik-Materialmappe. Das komplette Verhaltensdiagnostiksystem VDS als Kopiervorlage – Fragebögen und Interviewleitfäden mit Auswertungsanleitungen. München: CIP-Medien.

Sulz, S. K. D. (2008b). Qualitätsmanagement VDS QM-R in psychotherapeutischer Praxis und Ambulanz. Lose-Blatt-Sammlung nach GBÄ-Richtlinien. München: CIP-Medien.

Sulz, S. K. D. (2009a). Von der Strategie des Symptoms zur Strategie der Therapie: Selbstregulation und -organisation als Therapieprinzip. In S. Sulz & G. Hauke (Hrsg.), Strategisch-Behaviorale Therapie SBT – Theorie und Praxis eines innovativen Psychotherapieansatzes (S. 1-37). München: CIP-Medien.

Sulz, S. K. D. (2009b). Praxismanual zur Strategischen Entwicklung des Selbst und der Beziehungen. Experimentierbuch mit einem 25-Wochenprogramm und 34 Experimenten. München: CIP-Medien.

Sulz, S. K. D. (2009c). Das Verhaltensdiagnostiksystem VDS – eine umfassende Systematik vom Erstgespräch bis zur Katamnese. Verhaltenstherapie und Verhaltensmedizin, 30(1), 89-108.

Sulz, S. K. D. (Hrsg.) (2009d). Wer rettet Paare und Familien aus ihrer Not? Paar- und Familientherapie als Hauptstrategie in der Behandlung psychischer Störungen. München: CIP-Medien.

Sulz, S. K. D. (2010a). Hysterie I: histrionische Persönlichkeitsstörung. Eine psychotherapeutische Herausforderung. Nervenarzt, 81, 879-888.

Sulz, S. K. D. (2010b). Mentalization and metacognition as paradigms for development and therapy in Strategic Behavioral Therapy. European Psychotherapy, 9, 191-208.

Sulz, S. K. D. (2010c). Verhaltenstherapie mit Leib und Seele. In A. Künzler, C. Böttcher, R. Hartmann & M.-H. Nussbaum (Hrsg.), Körperzentrierte Psychotherapie im Dialog (S. 321-334). Berlin: Springer.

Sulz, S. K. D. (2010d). Wut ist eine vitale Kraft, die durch Wutexposition in der Psychotherapie nutzbar wird. München: CIP-Medien.

Sulz, S. K. D. (2010e). Strategische Entwicklung – Therapiemodul der Strategisch-Behavioralen Therapie (SBT). In S. Sulz & S. Höfling (Hrsg.), … und er entwickelt sich doch! Entwicklung durch Therapie (S. 191-224). München: CIP-Medien.

Sulz, S. K. D. (2010f). Piagets Theorie der affektiven Entwicklung des Menschen – Entwicklung affektiver, kognitiver und Interaktionsschemata. In S. Sulz & S. Höfling (Hrsg.), … und er entwickelt sich doch! Entwicklung durch Therapie (S. 117-132). München: CIP-Medien.

Sulz, S. K. D. (2011a). Therapiebuch III – Von der Strategie des Symptoms zur Strategie der Therapie. München: CIP-Medien.

Sulz, S. K. D. (2011b). Einführung in das Verhaltensdiagnostiksystem VDS - Diagnostik für die Psychotherapie. Psychotherapie in Psychiatrie, Psychotherapeutischer Medizin und Klinischer Psychologie, 16(1), 79-91.

Sulz, S. K. D. (2012a). Psychotherapie-Grundkurs und Praxisleitfaden: Therapiedurchführung in Klinik und Praxis. PKP-Handbuch. München: CIP-Medien.

Sulz, S. K. D. (2012b). Therapiebuch II – Strategische Kurzzeittherapie. Ebook (unveränderte ebook-Version von Sulz (1994). Strategische Kurzzeittherapie. München: CIP-Medien.). München: CIP-Medien.

Sulz, S. K. D. (2012c). Als Sisyphus seinen Stein losließ oder: Verlieben ist verrückt! Ein psychologisches Lesebuch über menschliche Überlebensformen und individuelle Entwicklungschancen (6. Auflage). München: CIP-Medien.

Sulz, S. K. D. (2012d). Entwicklungspsychologische Grundlagen der Verhaltenstherapie. In A. Batra, R. Wassmann & G. Buchkremer (Hrsg.), Verhaltenstherapie. Grundlagen – Methoden – Anwendungsgebiete (S. 46-49). Stuttgart: Thieme.

Sulz, S. K. D. (2012e). Therapie-Protokoll-Heft zur Dokumentation von verhaltenstherapeutischen Behandlungen. München: CIP-Medien.

Sulz, S. K. D. (2014a). Störungs-, Therapie- und Gesundheitstheorie der Strategischen Therapien (SKT, SBT, SJT, PKP). Von der Strategie des Symptoms zur Strategie der Therapie. In S. Sulz (Hrsg.), Strategische Therapien: SKT, SBT, SJT, PKP – Forschung – Entwicklung – Praxis (S. 27-63). München: CIP-Medien.

Sulz, S. K. D. (2014b). Wissenschaftliche Untersuchungen der Konstrukte, Konzepte und Interventionen des Strategischen Therapieansatzes (SKT, SBT, PKP und SJT). Psychotherapie in Psychiatrie, Psychotherapeutischer Medizin und Klinischer Psychologie, 19(2), 339-363.

Sulz, S. K. D. (Hrsg.) (2014c). Psychotherapie ist mehr als Wissenschaft. Ist hervorragendes Expertentum durch die Reform gefährdet? München: CIP-Medien.

Sulz, S. K. D. (2014d). Wissenschaftsdiskussion vor Reformdiskussion: Psychotherapie ist mehr als Wissenschaft. In S. Sulz S. K. D. (Hrsg.), Psychotherapie ist mehr als Wissenschaft. Ist hervorragendes Expertentum durch die Reform gefährdet? München: CIP-Medien.

Sulz, S. K. D. (2015a). Verhaltensdiagnostik und Fallkonzeption. Verhaltensanalyse – Zielanalyse – Therapieplan- Bericht an den Gutachter (6. Aufl.). München: CIP-Medien.

Sulz, S. K. D. (2015b). Vom psychodynamischen zum kognitiv-behavioralen Verständnis von Funktion und Strategie der Hysterie: Nur auf der Bühne lässt es sich überleben. Psychotherapie, 20 (1), 181-200.

Sulz, S. K. D. (Hrsg.) (2015c). Von der Psychotherapie-Wissenschaft zur Kunst der Psychotherapie. München: CIP-Medien.

Sulz, S. K. D. (2017a). Depression: Ratgeber und Manual für Betroffene, Angehörige und alle beruflichen Helfer. München: CIP-Medien.

Sulz S. K. D. (2017b). Durch Emotionsexposition zu Selbstwirksamkeit. Psychotherapie 22, S. 148-166

Sulz, S. K. D. (2017c). Verhaltensdiagnostik und Fallkonzeption. Verhaltensanalyse – Zielanalyse – Therapieplan- Bericht an den Gutachter (7. Aufl.). München: CIP-Medien.

Sulz S. K. D. (2017d). Gute Verhaltenstherapie lernen und beherrschen – Band 1: Verhaltenstherapie-Wissen: So gelangen Sie zu einem tiefen Verständnis des Menschen und seiner Symptome. München: CIP-Medien

Sulz S. K. D. (2017e). Gute Verhaltenstherapie lernen und beherrschen – Band 2: Verhaltenstherapie-Praxis: Alles was Sie für eine gute Therapie brauchen. München: CIP-Medien

Sulz, S. K. D., Antoni, J., Hagleitner, R. & Spaan, L. (2012a). Psychotherapiekarten für die Praxis. Alkoholabhängigkeit. PKP-Handbuch. München: CIP-Medien.

Sulz, S. K. D., Antoni, J., Hagleitner, R. & Spaan, L. (2012b). Psychotherapiekarten für die Praxis. Alkoholabhängigkeit. Therapiekarten. München: CIP-Medien.

Sulz, S. K. D. & Becker, S. (2008). Diagnose der Emotions- und Beziehungsentwicklung. Weiterentwicklung der VDS31-Entwicklungsskalen und Erprobung eines standardisierten Interviews. Psychotherapie in Psychiatrie, Psychotherapeutischer Medizin und Klinischer Psychologie, 13(1), 28-36.

Sulz, S. K. D., Beste, E., Kerber, A.-C., Rupp, E., Scheuerer, R. & Schmidt, A. (2009). Neue Beiträge zur Standarddiagnostik in Psychotherapie und Psychiatrie – Validität und Reliabilität der VDS90-Symptomliste und VDS30-Persönlichkeitsskalen. Psychotherapie in Psychiatrie, Psychotherapeutischer Medizin und Klinischer Psychologie, 14(2), 215-232.

Sulz, S. K. D., Bischoff, C., Hebing, M. & Richter-Benedikt, A. (2011e). VDS23-Situationsanalyse – schwierige Situationen, die zur Symptombildung führen und Fokus therapeutischer Veränderung sind. Psychotherapie in Psychiatrie, Psychotherapeutischer Medizin und Klinischer Psychologie, 16(1), 104-111.

Sulz, S. K. D. & Deckert, B. (2012a). Psychotherapiekarten für die Praxis. Depression. PKP-Handbuch. München: CIP-Medien.

Sulz, S. K. D. & Deckert, B. (2012b). Psychotherapiekarten für die Praxis. Depression. PKP-Therapiekarten. München: CIP-Medien.

Sulz, S. K. D., Gahr, S., Manhart, C., Hebing, M. & Richter-Benedikt, A. (2011f). VDS36-Interaktionsanalyse zur Beziehungsdiagnostik in kognitiv-behavioralen Therapien. Psychotherapie in Psychiatrie, Psychotherapeutischer Medizin und Klinischer Psychologie, 16(1), 129-141.

Sulz, S. K. D., & Gigerenzer, G. (1982a). Psychiatrische Diagnose und nosologische Theorie: Untersuchungen zum individuellen Diagnoseschema des Arztes. Arch. Psychiatr. Nervenkr. (Archiv für Psychiatrie und Nervenkrankheiten), 232, 39-51.

Sulz, S. K. D., & Gigerenzer, G. (1982b). Über die Beeinflussung psychiatrischer Diagnoseschemata durch implizite nosologische Theorien. Arch. Psychiatr. Nervenkr. (Archiv für Psychiatrie und Nervenkrankheiten), 232, 5-14.

Sulz, S. K. D., Gräff-Rudolph, U., Hoenes, A., Richter-Benedikt, A. J. & Sichort-Hebing, M. (2013). Spieler, Gegenspieler und der neue Regisseur: Primärer versus sekundärer Selbstmodus und die Entwicklung des tertiären Selbstmodus in der Therapie. Psychotherapie, 18 (2), 38-64.

Sulz, S. K. D., Gräff-Rudolph, U. & Jakob, C. (1998). Persönlichkeit und Persönlichkeitsstörung. Eine empirische Untersuchung der VDS-Persönlichkeitsskalen. Psychotherapie in Psychiatrie, Psychotherapeutischer Medizin und Klinischer Psychologie, 3(1), 46-56.

Sulz, S. K. D. & Grethe, C. (2005). Die VDS90-Symptomliste – eine Alternative zur SCL90-R für die ambulante Psychotherapie-Praxis und das interne Qualitätsmanagement? Psychotherapie in Psychiatrie, Psychotherapeutischer Medizin und Klinischer Psychologie, 10(1), 38-48.

Sulz, S. K. D., Hagleitner, R. & Antoni, J. (2013b). Alkoholabhängigkeit: Psychiatrische Kurz-Psychotherapie. DNP – Der Neurologe & Psychiater, 15 (3), 50-56.

Sulz, S. K. D., Hagspiel, S., Gerner, S., Hebing, M. & Hauke, G. (2011a). Lebens- und Krankheitsgeschichte: Der VDS1 Fragebogen in der klinischen und wissenschaftlichen Anwendung am Beispiel der Kindheit von Patienten mit Depression und Angstkrankheiten. Psychotherapie in Psychiatrie, Psychotherapeutischer Medizin und Klinischer Psychologie, 16(1), 93-102.

Sulz, S. K. D. & Hauke, G. (Hrsg.) (2009). Strategisch-Behaviorale Therapie SBT. Theorie und Praxis eines innovativen Ansatzes. München: CIP-Medien.

Sulz, S. K. D. & Heekerens, H.-P. (Hrsg.) (2002g). Familien in Therapie. Grundlagen und Anwendung kognitiv-behavioraler Familientherapie. München: CIP-Medien.

Sulz, S. K. D. & Hoenes, A. (2014). „Ich liebe Dich" – „Ich mich auch" – Strategische Psychotherapie des narzisstischen Selbstmodus. Psychotherapie, 19 (1), 107-124.

Sulz, S. K. D. & Höfling, S. (Hrsg) (2010). ... und er entwickelt sich doch! Entwicklung durch Therapie. München: CIP-Medien.

Sulz, S. K. D. & Lenz, G. (Hrsg.) (2000). Von der Kognition zur Emotion. Psychotherapie mit Gefühlen. München: CIP-Medien.

Sulz, S. K. D. & Maier, N. (2009). Ressourcen- versus defizitorientierte Persönlichkeitsdiagnostik – Implikationen für die Therapie von Persönlichkeitsstörungen? Psychotherapie in Psychiatrie, Psychotherapeutischer Medizin und Klinischer Psychologie, 14(1), 38-49.

Sulz, S. K. D. & Maßun, M. (2008). Angst als steuerndes Prinzip in Beziehungen. Ergebnis einer qualitativen Analyse von Interviews. Psychotherapie in Psychiatrie, Psychotherapeutischer Medizin und Klinischer Psychologie, 13(1), 37-44.

Sulz, S. K. D. & Müller, S. (2000). Bedürfnisse, Angst und Wut als Komponenten der Persönlichkeit. Psychotherapie in Psychiatrie, Psychotherapeutischer Medizin und Klinischer Psychologie, 5(1), 22-37.

Sulz, S. K. D., Richter-Benedikt, A. J. & Hebing, M. (2012). Mentalisierung und Metakognition als Entwicklungs- und Therapieparadigma in der Strategisch-Behavioralen Therapie. In S. Sulz & W. Milch (Hrsg.), Mentalisierungs- und Bindungsentwicklung in psychodynamischen und behavioralen Therapien (S. 133-150). München: CIP-Medien.

Sulz, S. K. D. & Sauer, S. (2003). Diagnose und Differenzialdiagnose von Persönlichkeitsstörungen. Psychotherapie in Psychiatrie, Psychotherapeutischer Medizin und Klinischer Psychologie, 8(1), 45-59.

Sulz, S. K. D. & Schmalhofer, R. M. (2010). Emotionsdiagnostik in der Psychotherapie – die Messung des Emotionserlebens und der Emotionsregulation mit der VDS32-Emotionsanalyse. Psychotherapie in Psychiatrie, Psychotherapeutischer Medizin und Klinischer Psychologie, 15(2), 184-192.

Sulz, S. K. D., Schrenker, L. & Schricker, C. (Hrsg.) (2005). Die Psychotherapie entdeckt den Körper- oder: Keine Psychotherapie ohne Körperarbeit? München: CIP-Medien.

Sulz, S. K. D., Sichort-Hebing, M. & Jänsch, P. (2015a). Psychotherapiekarten für die Praxis Angst & Zwang. PKP-Handbuch. München: CIP-Medien.

Sulz, S. K. D., Sichort-Hebing, M. & Jänsch, P. (2015b). Psychotherapiekarten für die Praxis Angst & Zwang. Therapiekarten. München: CIP-Medien.

Sulz, S. K. D. & Sulz, J. (2005). Emotionen: Gefühle erkennen, verstehen und handhaben. München: CIP-Medien.

Sulz, S. K. D. & Theßen, L. (1999). Entwicklung und Persönlichkeit. Die VDS-Entwicklungsskalen zur Diagnose der emotionalen und Beziehungsentwicklung. Psychotherapie in Psychiatrie, Psychotherapeutischer Medizin und Klinischer Psychologie, 4(1), 32-45.

Sulz, S. K. D. & Tins, A. (2000). Qualitative Analysis of Satisfaction and Frustration of Basic Needs in Childhood – an Empirical Study. European Psychotherapy, 1, 81-98.

Tausch, R. & Tausch, A. M. (1979). Gesprächspsychotherapie. Einfühlsame hilfreiche Gruppen- und Einzelgespräche in Psychotherapie und alltäglichem Leben (7., voell. neu gest. Aufl.). Goettingen: Hogrefe.

Tillett, R. Psychotherapy assessment and treatment selection. Brit. J. Psychiat. 1996;168: 10-15.

Tress, W (Hrsg. 2001): Die Strukturale Analyse sozialen Verhaltens – SASB. München: CIP-Medien.

Tschacher, W., Storch M. (2012). Die Bedeutung von Embodiment für Psychologie und Psychotherapie. Psychotherapie 17, 259-267.

Tschacher, W., Pfamatter M. (2016). Embodiment in psychotherapy – A necessary complement to the canon of common factors? European Psychotherapy 13, 9-25.

Tscheulin, D. & Harms R.: (2001). MakeMapWins – ein Programm zur Auswertung von L. S. Benjamins Strukturaler Analyse Sozialen Verhaltens SASB. Copyright University of Utah 2001. Bezugsquelle: CIP-Medien-Verlag München

Ullrich, R. & Ullrich de Muynck, R. (1979a). Der Unsicherheitsfragebogen. Testmappe U. Anleitung für den Therapeuten. Teil II. München: Pfeiffer.

Ullrich, R. & Ullrich de Muynck, R. (1979b). Das Situationsbewertungssystem. Testmappe SB/EMI-S. Anleitung für den Therapeuten. Teil III. München: Pfeiffer.

Ullrich, R. & Ullrich de Muynck, R. (1980). Diagnose und Therapie sozialer Störungen. Das Assertiveness-Training-Programm ATP Einübung von Selbstvertrauen und sozialer Kompetenz. München. Pfeiffer.

Ullrich, R. & de Muynck, R. (1997). ATP: Einübung von Selbstvertrauen, Grundwerk. Stuttgart: Klett-Cotta.

Ullrich, R. & de Muynck, R. (2003). ATP3: Einübung von Selbstvertrauen und kommunikative Problemlösung – Anwendung in Freundeskreis, Arbeit und Familie. Stuttgart: Klett-Cotta.

Ullrich, R. & de Muynck, R. (2006). ATP2: Einübung von Selbstvertrauen, Grundkurs. Stuttgart: Klett-Cotta.

Voderholzer, U. & Hohagen, F. (2014). Therapie psychischer Krankheiten (10. Aufl.). München: Elsevier.

Volkart, Z. (1991). Patient's nonverbal reactions after therapeutic interventions: a pilot study based on the control mastery theory of the psychotherapeutic process. European Psychotherapy 2000, 1, 71-80 Vopel K: Interaktionsspiele. Teil 1 bis 6. 6. Aufl. Hamburg: iskopress.

Wassmann, R. (2012). Konfrontationsverfahren. In A. Batra, R. Wassmann & G. Buchkremer (Hrsg.), Verhaltenstherapie. Grundlagen, Methoden, Anwendungsgebiete (S. 104-109). Stuttgart: Thieme.

Watzlawick, P. (1986). Die erfundene Wirklichkeit. Wie wissen wir, was wir zu wissen glauben. München: Piper.

Watzlawick, P., Beavin J.H., Jackson D.D. (1969). Menschliche Kommunikation. Formen, Störungen, Paradoxien. Bern: Huber.

Watzlawick, P., Weakland, J. H. & Fisch, R. (1974). Lösungen. Zur Theorie und Praxis menschlichen Wandels (2. Aufl.). Bern: Huber.

Weiss, J., Sampson H. & The Mount Zion Psychotherapy Research Group (1986): the psychoanalytic process: Theory clinical observation, and research. New York: Guilford.

Willi, J. (1981). Die Zweierbeziehung. Spannungsursachen/ Störungsmuster/ Klärungsprozesse/ Lösungsmodelle. Hamburg: Rowohlt.

Wippich, J. & Sulz, S. K. D. (1986). Neurolinguistisches Programmieren und die Psychotherapie Milton H. Ericksons. In S. Sulz (Hrsg.), Verständnis und Therapie der Depression (S. 355-392). München: Ernst Reinhardt.
Woolfolk, R. L. (1998). The Cure of Souls. Sience, Values, and Psychotherapy. San Francisco: Jossey-Bass.
Woolfolk, R. (2016). Vom gesellschaftlichen und kulturellen Wert der Psychotherapie. Abschied von der reinen Labor-Psychotherapie und Synapsen-Psychiatrie. München: CIP-Medien.
Woolfolk, R. & Allen, L. A. (2013). Wirksame Behandlung von somatoformen Störungen und Somatisierungsstörungen. München: CIP-Medien.
Wright, J. & Beck, A. (1986). Kognitive Therapie der Depression. In S. Sulz (Hrsg.), Verständnis und Therapie der Depression (S. 124-148). München: Ernst Reinhardt.
Wunderlich, G. (2002). Grenzen der Psychotherapie. Behandlungsziele und -erfolge realistisch einschätzen. Stuttgart: Kohlhammer.
Yates, A. J (1970). Behavior therapy: New York: Wiley.
Zarbock, G. (2011). Praxisbuch Verhaltenstherapie: Grundlagen und Anwendungen biografisch-systemischser Verhaltenstherapie (Erstauflage 2008). Lengerich: Pabst.
Zimmer, D. (1983). Die Therapeut-Klient-Beziehung in der Verhaltenstherapie. In D. Zimmer (Hrsg.), Die therapeutische Beziehung (S. 82-97). Weinheim: Edition Psychologie.
Zimmer, D. (2011). Therapeut-Patient-Beziehung. In Linden, M.; Hautzinger, M. (Hrsg.): Verhaltenstherapiemanual. 7. Auflage. Berlin: Springer, S. 39-44.
Zimmer, D. (2013). Gesprächsführung und Beziehungsaufbau in der Verhaltenstherapie. In A. Batra, R. Wassmann & G. Buchkremer (Hrsg.), Verhaltenstherapie. Grundlagen, Methoden, Anwendungsgebiete (S. 73-79). Stuttgart: Thieme.
Zimmer, D. & Zimmer, F. T. (1992). Die therapeutische Beziehung in der Verhaltenstherapie: Konzepte und Gestaltungsmöglichkeiten. In J. Margraf & J. C. Brengelmann (Hrsg.), Die therapeutische Beziehung in der Verhaltenstherapie. München: G. Röttger.

Stichwortverzeichnis

3-Säulen-Modell 280
7-Phasenmodell 208
12 Sitzungen 17
20 Schritte des Therapieprozesses 78

A

AACES 149, 170
Abgrenzung 114
Abhängigkeit 58, 90, 240
Ablehnung 27
Abschied 43, 81, 208, 241
Abschied und Neubeginn 275, 276
abstrakt-logisches Denken 73
Achtsamkeit 65, 138, 227
Achtsamkeitsglocken 139
Achtsamkeitsstrategie 41
Achtsamkeitsübungen 54, 124, 139
affektive Mentalisierung 67
affektive Therapiestrategie 41
affektiv-kognitive Entwicklungstheorie 25, 36, 40, 290
affektiv-kognitive Therapiestrategie 41
Affektmodulierung 68
Affektspiegelung 67
Aggressionshemmung 24, 27
Aggressionspotential 24, 27
Agoraphobie 22, 282
Aikido 258
Akkommodation 39, 40, 120, 249
Aktionsmodus 138
Aktivitätenaufbau 116, 235
Akutbehandlung 17
Akzeptanz 11, 54, 79, 138, 149, 209
Akzeptanzphase 209
Akzeptanzstrategie 41
Akzeptieren negativer Gefühle 68
Alkoholismus, Alkoholkrankheit 13 122, 281
Alleinsein 192
Als-ob-Modus 68
Ambivalenz 54
Ambivalenztoleranz 240
Anamnese 56, 86, 93, 208

Änderungsentscheidung 80, 209
Änderungsorientierung 50
Änderungsphase 68, 125, 147, 209
Änderungswillen 272
Änderungswunsch 48, 251
Angriffstendenzen 46
Angst 13, 45, 55, 122
Angstbewältigung 43
Angstexposition 22, 116
Angsthierarchie 22
Angstkonditionierungen 46
Angsttherapie 22, 79
Angst vor Ablehnung 47, 273
Angst vor Kontrollverlust 60
Angst vor Veränderung 43, 80, 208, 209, 249
Annäherungsmotiv 126
Annäherungs-Vermeidungs-Konflikt 240
Anorexia nervosa 22
Antidot 68, 69
Antizipation negativer Folgen 233
Antragstellung 17
Äquivalenzmodus 192
Arbeitsblätter 207
Arbeitsfähigkeit 35
Arbeitsmodule 43
Arbeitsmodul Entwicklung 183
Arbeitsmodul Fertigkeitentraining 159
Arbeitsmodul Symptomtherapie 148
Ärger 41
Ärger-Exposition 280
Assertiveness-Training-Programm 19
Assimilation 39, 40, 120, 249
Atemübung 139, 141, 229
Attraktor 37, 265
Audioprotokoll 226, 241, 251
Aufbauphase 209
Aufmerksamkeit 42
Aufmerksamkeitslenkung 138
Aufstellen familiärer Bezugspersonen 39
Auslösung der Erkrankung 99
Außenwelt 289

Automatisierung 81, 160, 209
autonom 212
autonome Psyche 12, 37, 88, 103, 164, 273
Autonomiebedürfnisse 37

B
Batakas-Schaumstoff-Schläger 258
Beachtung 37
Bedeutungsentwicklung 120
Bedingungsanalyse 96
Bedingungsanalyse der Sucht 281
Bedürfnis 57, 60, 96, 189
Bedürfnisfaktoren 88
Bedürfnis Grenzen gesetzt zu bekommen 63
Beenden der Therapie 81
Befindlichkeitssymptome 148
Befund 86
Behandlungsplan 88, 225
Belastende Faktoren im Erwachsenenalter 20
Belastende Faktoren in der Kindheit und Jugend 20
belastendes Lebensereignis 19
Belohnungssystem 89
Bericht an den Gutachter 17
Berufsethik 52
Bestrafung 89, 96
Bewältigungsstrategien 97
Bewegungen 67
Bewunderung 62
Beziehung 11, 85
Beziehungsanalyse 49
Beziehungsentwicklung 62
Beziehungsfähigkeit 58
Beziehungsfallen 68
Beziehungsgestaltung 24, 25, 58
Beziehungsmuster 58
Beziehungstest 58, 96
Beziehungsverlust 197
Bindung 78, 114
biographische Analyse 44
Black Box 55, 93
blockierte Gefühle 270
Body Scan 139, 228
Boots-Übung 242
Borderline 130
bottom-up 37
Boxhandschuhe 258
Brückenidee des Mentalisierungskonzepts 75

Bühne 238
Bulimia nervosa 22, 122

C
CBASP 44, 147
Chronifizierung 35
clinical relevant behavior CRB 52
Columbo-Methode 74
Commitment 149, 226
Common Factors 57
Control-Mastery-Theorie 78
Coping 154
Counceling 56

D
DBT Dialektisch-behaviorale Therapie 19, 22, 44
Defizienz der Impulskontrolle 27
Defizit 47, 186
Defizite der gegenwärtigen Stufe 185
Defizitorientierte Differentialindikation von Kurz- und- Langzeittherapie 24
dependent 130, 259
dependente Persönlichkeit 198
Depression 13, 122, 280
Depressionsbehandlung 22
Depressionsstation 280
Detailziele 105
Dezentrierung 66
Diagnostische Maßnahmen 85, 86
diagnostisches Rollenspiel 161
Dialektisch-behaviorale Therapie (DBT) 19, 22, 44
Differenzierungsbedürfnisse 63
Dilemma 240
Disposition und Vulnerabilität 95, 289
Doppelbindungsbotschaft 60
Dreifache Gesprächsführung 65
Drei-Säulenprinzip 121
DRIBS, DRIBS-Muster 66, 69
dritte Welle der Verhaltenstherapie 12, 290
dysfunktionale Persönlichkeitszüge 53, 59, 130, 258
Dysfunktionaler Repetitiver Interaktions- und Beziehungs-Stereotyp DRIBS 66, 69
dysfunktionaler Umgang mit Entwicklung 53
dysfunktionaler Umgang mit Gefühlen 51
dysfunktionaler Umgang mit Wut 51
dysfunktionaler Umgang mit Bedürfnissen 51
dysfunktionale Überlebensregel 59, 121, 126

dysfunktionale Überlebensstrategie 54

E

EEG 56
EFT 71
Ego State 265
egozentrisch 189
einbindende Kultur 203
Einfluss 192
einverleibender Modus 188
einverleibende Stufe 32, 184 Elektromyogramm 56
Eltern-Kind-Interaktionen 26
Elternverhaltensweisen 43
Embodied Cognitive Science 38 Embodiment 37, 67, 184
emotionale Bedeutung 275
emotionale Erfahrung 236
emotional-implizit-autonomes System 187
Emotionales Erleben wichtiger Beziehungen 219
emotional instabil 198, 130, 259
Emotionen 90
Emotionsanalyse 88
Emotionsexposition 41, 169
Emotionsmodulierung 65
Emotionsregulationsstörung 114, 164
Emotionstheorie 72
Emotionstherapie 236, 251
Emotionswahrnehmung 65
Emotion Tracking 69, 237
emotive Gesprächsführung 66
Empathie 42, 62, 66, 100
Empathiefähigkeit 38, 201
Empirische Hypothesenprüfung nach Beck 116, 136, 244
Entkatastrophisieren 250
Entscheidung 160, 225
Entspannungstraining 124, 234
Entweder-Oder-Entscheidungen 54
Entwicklung 37, 100, 261, 289
Entwicklung als Kriterium der Differentialindikation von Kurz- und Langzeittherapie 31
Entwicklungsanalyse 88
Entwicklungsanreiz 197
Entwicklungsarbeit 186, 187
Entwicklungsbarriere 269
Entwicklungsdefizit 11, 53
Entwicklungserrungenschaften 53
Entwicklungs-Modus 202
Entwicklungsniveau 41

Entwicklungsnotwendigkeit 197
Entwicklungspsychologie 33
Entwicklungsstufen 34, 41, 183, 198
Entwicklungstheorie der Psychoanalyse 53
Entwicklung von der impulsiven zur souveränen Stufe 199
Entwicklung von der souveränen zur zwischenmenschlichen Stufe 201
Entwicklung von Empathiefähigkeit 261
Erkennen rückfallauslösender Situationen 274
Erlaubnis gebende Lebensregel 53, 137
Ermuntern 69
Erotik 63
Errungenschaften der souveränen Stufe 197
Erstgespräch 208
Erwartungsinduktion 78
Erwartung von Therapieerfolg 123, 209
evidenzbasierte Behandlung 282
Evidenzbasierung 36
Experimente 207
Experimentierbuch 219, 283, 285
Expertentum 289
explizit 88
Exploration 56
Exposition 43, 79, 149, 209
Expositionsverfahren in vivo 38
Externalisieren dysfunkt. Gedanken 69

F

Fähigkeit des Abstrahierens 38
Fähigkeit, sich aus einer zu Ende gegangenen Bindung lösen zu können 196
Fähigkeit zum Perspektivenwechsel 38
Fähigkeit zum Umgang mit Beziehungen 196
Fähigkeit zur Abgrenzung 196
Fähigkeit zur Bewältigung krisenhafter Situationen 196
Fähigkeit zur Kommunikation 196
Fähigkeit zur sozialen Wahrnehmung 196
Falldokumentation 121
Fallkonzeption 11, 95, 208
Fallverständnis 12, 44
Falsifizierung der alten dysfunktionalen Überlebensregel 270
Familie 114, 219
Feedback 67
Fehlalarm 170
Fehlwahrnehmungen 58

Feldstudien 290
Fertigkeiten 41, 50, 280
Fertigkeitentraining 122, 159, 242
Fließgleichgewicht 37
Focusing 71
Fordern-Können 22
Förderung 64
formal operativ 184, 261
Frausein 63
Freiraum 63
Fremdanamnese 86, 89
Freude 41
Freude-Exposition 280
Freundschaft 257
Frustration 97
frustrierendes Elternverhalten 45, 89, 96, 131, 216
Funktionalität 37
Funktion des Symptoms 42
Funktionsanalyse 44, 95, 100

G
Geborgenheit 26, 37, 192
Gebote 26
gefordert werden 42
gefördert werden 42
Gefühle Aufgabe 165
Gefühle in der Kindheit 43
Gefühle wahrnehmen 29
Gefühlsausdruck 65
Gefühlsrepertoire 27
Gegenspieler 241
Gegenüber 42, 64
Gegenübertragung 42, 58, 96
gemocht werden 42
Generalisierte Angststörung 282
Generalisierung 81, 160, 209
Genussfähigkeit 273
Genusstraining 234, 235
Gesamtproblem 120
Gesamtstrategie 110, 120
Gesamtziel 110
Geschichte des Patienten, 59
Geschlechtlichkeit 63
Geselligkeit 234
Gesprächsführungen 85
Gesprächstherapie 56
Gestalttherapie 79

Gesundheit 273
Gewissen 273
Glauben 78, 209
Glück 61, 272
Grenzen gesetzt bekommen 42
Grundannahmen 45
Grundbedürfnisse 88, 126, 128
Grundformen der Angst 126, 129
Grundmotive 127
Gruppensetting 281
Gruppentherapie 17
Gutachterpflicht 11

H
Handlungsimpuls 46
Handlungsregulation 188
Handlungs-Therapie-Strategie 41
Hass 46, 164
Hauptstrategien 116
Hausaufgaben 161, 163
Hautreflex 56
Herausforderung 64
Heuristik 187
Hier und Jetzt 237
Hilflosigkeit 188
Hingabe 63
Hingabe versus Identität 90
histrionisch 130, 198, 259
Hoffnung 78, 209
Homöostase 37, 51, 213
homöostatische Ziele 198
humanistische Therapieformen 50
Humor 190
Hypnose 78
Hypnotherapie 238, 279

I
ICD-10-Diagnose 88
Ideale-Eltern-Übung 70, 238
Idealisierung der TherapeutIn 277
IDE (Interpersonal Discrimination Exercise) 261
Identität 192, 195
Identitätsbildung 64
Identitätsverlust 248
Imagination 224, 252, 273
Imagination der idealen Eltern 70
Imagination des Partners 271

Imaginationsübung 241, 253
Imagination zur Wut-Exposition 172
implizit 88
implizite Ziele 125
implizite Überlebensregel 90, 126
Impulshemmung 27
impulsiv 72, 198
impulsiver Entwicklungs-Modus 202
impulsive Stufe 32, 184
Impuls versus Steuerung 90
Indikationsstellung 85, 215
Individualisierung des Therapieplans 123
inhaltliches Ablaufmodell 208
Innenwelt 289
inneres Bild 67, 237
Instrumentalität 37
instrumentelles Annäherungsverhalten 60
interaktionelle Kompetenz 47, 57
interaktionellen Schemata 57
intermittierende Verstärkung 53
Interpersonal Discrimination Exercise 261
Interpersonale Psychotherapie (IPT) 18, 79, 210
Interventionen 122
Intimität 63
Introspektion 195
Intuition 12
In vivo-Exposition 245

J
Joggen 234

K
Kampfsport 258
Katharsis 209
kausale Reflexionen 72
kausales Denken 73, 100
Klärung 85
Klärungsorientierte Psychotherapie 82
Klärungsphase 65, 85, 125, 209
Klient 56
klientenzentrierte Gesprächstherapie 57, 78
klinisch relevantes Verhalten 52
Kognitionsanalyse 88
kognitive-explizit-willkürliche System 187
Kognitive Gesprächsführung 72
kognitive Kompetenz 246
kognitive Wende 38

kognitives System 88
kognitive Symptom-Konfrontation 150
Kognitive Therapie 41, 79
kognitive Verzerrungen 72
Kommunikation 114
Kommunikationstraining 116, 124
kommunikative Kompetenz 247
Kompetenzen 41, 50
Kompromiss 248
konditioniertes Verhalten 45
Konflikt 59, 236, 240
Konfliktaktualisierungen 58
Konfliktanalyse 88, 90
Konfliktverhalten 28
Konfrontationsverfahren 245
konkret-logisches Denken 100
konkret-operative Stufe 72, 184, 261
Konsequenzen des Symptoms 102
Konstruktion von Wirklichkeit 38
Konstruktivismus 25, 37
kontingente Verknüpfung 96
Kontrollverlust 27, 192, 248
Kontrollzwang 148
Konzentrative Bewegungstherapie 39
Körper 122, 237
Körperausdruck 67
Körperbewusstsein 283
Körpergedächtnis 38
Körperhaltung 243
Körperkompetenz 123, 124
körperliche Reaktion 98
körperliche Signale 67
Körperprozess 237
KörpertherapeutIn 38
korrigierende Beziehungserfahrungen 58
Krankenkassen 56
Krankheitsgeschichte 86
Kreativität 115, 272
Kriterien der Differentialindikation 19
Kultur 114
Kunst 114
Kurz-Psychotherapie 13
Kybernetik 37

L
Laborstudie 36
Langzeittherapie 17

Leben 272
Lebensgeschichte 43
Lebensgestaltung 24, 25, 273
Lebensregel 126
Leben statt Überleben 281
Leidenskapazität 31, 114, 196
Leitlinien 90
Lernen am Erfolg 159
Lerngeschichte 24, 26, 86
Lernpsychologie 45, 55
Liebe 41, 270
limbisches System 37
Loslassen 43, 209, 241
Low Back Pain 47
Lügen 190
Lust 46

M

Machtkampf 188
Makroebene 44, 86, 95, 99, 151
maladaptives komplexes Schema 126
Mannsein 63
MBT-Ausbildung 71
Meditation 138
Meisterndes Verhalten 154
Mentalisieren 236
Mentalisierung 66
Mentalisierungsfähigkeit 68
Metakognition 65, 66, 73
Metakognitionstherapie 208, 236
metakognitive Fähigkeit 68
metakognitive Gesprächsführung 73
metakognitive Reflexion 209
metakognitives Training 124, 199
Microtracking 237
Mikroebene 86, 95, 98, 151
Mikrotracking 67
Missbrauch 19
Misserfolge 257
Missinterpretationen 58
Misstrauisch 130
Mitgefühl 66
Modelllernen 160
Modus-Konzept 265
Moduswechsel 265
Moral 190
motivationales System 88

motivationale Therapiestrategie 41
Motivationsanalyse 88
Motivklärung 41, 49, 54, 122, 281
Motiv-Optimierung 121
Musizieren 273
Mutter 42

N

Nähe und Distanz 248 narzisstisch 53, 130, 198, 259
Natur 114
negative Verstärkung 44, 53
Nein-sagen-Können 22
Neue Beziehungen 270
Neueinschätzung 250
Neuer Umgang mit meinem zentralen Bedürfnis 251
Neuer Umgang mit meiner Wut 253
Neuer Umgang mit meiner Angst 252
Neuer Umgang mit Trauer 255
Neugier 272
Neurobiologie 38
Neurolinguistisches Programmieren 238
Nicht-Akzeptanz 85
Nicht gesunde Gefühle ... 165
Niederlagen 43, 81, 208, 257
NLP (Neurolinguistisches Programmieren 238
nonverbaler Gefühlsausdruck 168
Normen 49, 59
Notbremse 241
Notfallreaktion der autonomen Psyche 39
nützliche Verhaltensweisen 43

O

Offenheit 57
Ordnungsmuster 37
Ordnungsparameter 37
Organismus-Variable O 96, 217, 222

P

Paartherapie 199, 270, 271
Palo-Alto-Schule 37
Panikstörung 282
paranoid 130
Partnerschaft 199, 219
Partnerwahl 42
passiv-aggressiv 130, 198, 259
pathogene Beziehungsgestaltung 101, 273
pathogene Lebensgestaltung 101, 273

Patient 56, 213
Patient-Therapeut-Beziehung 41, 54, 58
PBSP® 71
persönliches Konstrukt 88
Persönlichkeit 45
Persönlichkeitsanalyse 88, 89
Persönlichkeitsstörung 22, 27
Perspektivenwechsel 72, 74
Pessotherapie 39
Phänomenologie 187
Phasen der Beziehungsentwicklung 63
Phobie 55, 122
Piagets Theorie der kognitiven Entwicklung 72
PKP 13, 280, 289
PKP Angst & Zwang 281
PKP der Alkoholkrankheit 281 PKP-Handbuch 233
PKP der Depression 290 Plananalyse 217
Polarisierung 47
präfrontaler Cortex 38
prä-logisch 72
Praxismanual 13, 283
Praxismanual-Arbeitsmodule 13
Praxis-Manual zur Veränderung des Erlebens und Verhaltens 260
primäre Emotion 99, 151, 166, 221, 233, 241
primärer Impuls 99, 152, 233, 241
primärer Selbstmodus 202, 266
Primärpersönlichkeit 19
Problemaktualisierung 11, 72, 169
problematische Lebenssituation 273
Problemlösen 277
Problemorientierung 115
Problempatient 57
Process-Experiencing-Approach 78
Professionalität 64
Prognose 91
Projektive Identifizierung 69
Prozess 78
Prozess-Pyramide 82
prozessuale Etappenziele 113
prozessuales Ablaufmodell 209
Psychiatrische = Psychosomatische = Psychologische Kurz-Psychotherapie PKP 207, 280, 290
Psychoanalyse 58
Psychodrama 39
Psychoedukation 13
psychopharmakologische Therapie 91

psychosomatische Beschwerden 148
psychosozialer Kontext 93
psychotherapeutische Kunst 207
Psychotherapie-Praxis 13
Psychotherapie-Richtlinien 11, 17
Psychotherapie-Wissenschaft 13, 207, 290

Q
QM-Checkliste 20
QMP03-Bel Fallspezifische Belastungen 20
QMT06-Bez Therapiebeziehung 64
QMT07-Fragebogen 209
QMT11-Verlauf Therapieverlaufsspezifische Faktoren 21

R
Rating des Therapieprozessverlaufs 209
Reaktionskette 99
Reaktionskette zum Symptom 40, 99, 121, 221
Reflexionsfähigkeit 199
regelgeleitetes Verhalten 45
regressive Ziele 111, 224
Rehabilitationsmaßnahmen 91
Reinszenierungen 58
Reizexpositionsverfahren bei Phobien 87
Rekonstruktion der kindlichen Entwicklung 42
repräsentationaler Akteur 68
Ressourcen 28, 43, 59, 89, 98
Ressourcenanalyse 88, 89, 124, 233
Ressourcenmobilisierung 52, 79, 208, 209, 234
Ressourcenorientierte Differentialindikation von Kurz- und Langzeittherapie 28, 29
Richtlinien-Verhaltenstherapie 95
Rollenspiel 160, 161, 242, 283
Rollenzuweisungen 47
Rubikon 48, 80
Rückfallprophylaxe 82, 156, 208, 273
Rückfallrisiko 274
rule-governed 23

S
Salutogenetische ressourcenorientierte Therapieziele 113
Säulen der Kurzzeittherapie 49, 147
Säulen der Strategisch-Behavioralen Therapie 121
SBT-Modul Entwicklung 261
Scham 41, 164
Schemaanalyse 54, 85

Schemata 96
Schematherapie 44
Scherz 190
schizoid 130, 198, 258
Schmerzen 148
Schreck 164
Schuldgefühl 41, 153, 164
Schulung der Emotionswahrnehmung 67
Schutz 26, 192, 270
schwierige Situation 50
scientist-practioner gap 290
scientist practitioner 13, 290
Seinsmodus 138
sekundärer Selbstmodus 203, 241, 266
sekundäres gegensteuernde Gefühl 99, 153, 166, 233
Selbst 265
Selbstakzeptanz 112
Selbstanalyse 212
Selbständigkeit 51
Selbstaufwertung des Patienten 277
Selbstbedürfnis 64
Selbstbehauptung 247
Selbstbestimmung 42, 47, 63
selbstbezogen 130
Selbstbild 24, 26, 127, 160, 194, 240
Selbsteffizienzgefühl 50, 63, 80
Selbstentwicklung 81, 209, 212, 276
Selbsterfahrung 104, 212
Selbsterfahrungsgruppe 277
Selbsterhaltung 40
Selbsthilfegruppe 277
Selbstkontrolle 160
Selbstkontrolltherapie 18
selbst machen und selbst können 42
Selbstmanagemantansatz 44
Selbstmanagement 48, 81, 209, 212
Selbstmodifikation 212
Selbstmodus 188, 208, 241, 265
Selbstöffnung 74
Selbstorganisation 37
Selbstorganisationstherapie 40
Selbstreflexion 195
Selbstregulation 37
Selbstregulationsmodell 28
Selbstregulationstherapie 40
Selbstständigkeitstraining 124
Selbststeuerung 114, 188

selbstsuggestive Botschaft 237
Selbsttranszendenz 113, 114
selbstunsicher 53, 130, 198, 241, 259
Selbstveränderung 40
Selbstverstärkung 52, 149
Selbstwahrnehmung 114, 195
Selbst-Welt-Gleichgewicht 249
Selbst-Welt-System 120
Selbstwertgefühl 81
Selbstwertminderungen 53
Selbstwirksamkeit 50, 72, 192, 248
Selbstwirksamkeitsgefühl 160
Selbstzweifel 270
self efficacy expectation 80
self-fulfilling prophecy 213
sensumotorisch 184
Sexualität 51, 273
sichere Bindung 62
Sicherheit 27, 37, 192
Sinnfrage 113
Sisyphus 13, 212
Situationsadäquatheit 28
Situationsanalyse 89
Sitzmeditation 142, 231
Skills 50
Skills Training 121, 122
SKT-Arbeitsblätter 216, 283, 284
SKT-Experimente 283
Sokratischer Dialog 72
Sollbruchstelle 221
Sollwerte 37
somatische Marker 67, 238
SORKC-Schema 86, 88, 95, 222
souveräner Entwicklungs-Modus 188, 198, 202
souveräne Stufe 32, 72, 184
sowohl-als-auch 54
sozial ängstlichen Persönlichkeitsstörung 22
sozialen Umwelt 51
soziale Phobie 282
soziales Kompetenztraining 123, 242
soziale Umwelt 97, 100
soziale Wahrnehmung 114
Sozialisation 46
spezifische Phobie 282
Spiegelung 63
Spirituelle Kompetenz 122, 124
Sport 234

Sprechstunde 280
Sprechstundenkarten 207
S-R-K Analyse 200
Stabilisierung 209
Stammhirn 37
Startphase 209 state of mind 265
Steuerungsfähigkeit 152, 193
Steuerzentrale der Psyche 38
Stimmungsverbesserung 235
Störungsmodell 99, 223
störungsspezifische Behandlung 122
störungsspezifische Kurzzeittherapie 289
Störungstheorie 85, 104, 289
Strategie der Beziehung 114
Strategie der Entwicklung 114
Strategie der Psyche 114
Strategie des Symptoms 44
Strategie des Therapieprozesses 85
Strategisch-Behaviorale Therapie (SBT) 43, 71
Strategische Kurzzeittherapie (SKT) 11, 36, 207, 280
Streiche 190
Streiten können 30
Stressbewältigungstraining 43, 124
Stufenmodell der emotionalen Entwicklung 37
Stuhlübung 266, 283
Stützung 64
Suchtambulanz 281
Supervision 82
Symptomanalyse 88
symptomauslösende Aspekt der Lebenssituation 24, 26
Symptombildungen 290
Symptomreaktionskette 151
Symptomsignale 149
Symptomtherapie 41, 54, 124, 208, 232, 280
Syndromdiagnose 86
systemische Therapie 279
Systemregel 127

T

tabuisierte Gefühle 166
talking cure 38
tertiäre Selbstmodus 203
Theoriebildung 36 Theorie des Mentalen 246
Theory of Mind TOM 73, 38, 66, 246
TherapeutInnenwahl 213
therapeutische Beziehung 57, 78, 275
Therapie als Entwicklungsförderung 197

Therapieende 275
Therapieinhalte 208
Therapiekarten 13, 207, 280
Therapiekonzept 45
Therapiemotivation 78
Therapieplanung 88
Therapieprotokoll 209
Therapieprozess 78
Therapieprozessverlauf 209
Therapiesetting 91
Therapiestrategie 40
Therapiethemen 85
Therapietheorie 43, 85, 289
Therapieverlauf 82
Therapievertrag 88, 226
Therapieziel bei Kurzzeittherapie 25
Therapieziel bei Langzeittherapie 25
Therapieziele 40, 88, 223
tiefe emotionale Erfahrung 51, 72, 78, 208, 209, 238
Tiefenpsychologie 217
tiefenpsychologisch fundierte Psychotherapie 19
Tod 114
top-down-Steuerung 38
Training metakognitiver Kompetenz 183
Training sozialer Kompetenz 38
Trauer 41, 43, 209, 275
Trauerexposition 176, 255, 281
Trauma 19, 170
traumatische Kindheitserfahrungen 52
Trennung 192, 272
Trennungswut 192
Trockenübung 251

U

übendes Rollenspiel 161
Übergangskrise 34
Übergangsphase 218
überindividuell 213
Überlebensmodus 203
Überlebensregel 11, 24, 26, 41, 45, 46, 88, 96, 122, 217, 236, 281
Überlebensstrategie 39
Übertragung 42, 58
Übertragungsneurose 213
Umgang mit Beziehungen 207
Umgang mit der zentralen Wut 51
Umgang mit Emotionen 51

Umgang mit Entwicklung 53
Umgang mit Gefühlen 168
Umgang mit Konflikten 43, 54
Umgang mit Misserfolgen 81
Umgang mit Persönlichkeit 53
Umgang mit Ressourcen 52
Umgang mit schwierigen Situationen 50
Umgang mit Werten 52
Umgang mit Wut 27
Umgang mit der zentralen Angst 51
Umwandlung 17
Umwelt 97
Ungeduldig 188
Ungünstige Ereignisse nach der Therapie 21
Ungünstige Ereignisse während der Kurzzeittherapie 21
Unlust 46
unrealistische Interpretationen 75
Unterstützung 57
Ursache 191

V

Vater 42
VDS Verhaltensdiagnostiksystem 86, 88
VDS1 Anamnesefragebogen, Lebens- und Krankheitsgeschichte 86, 214
VDS14-Befund 88, 214
VDS14-ICD-Entscheidungsbäume 215
VDS21 Verhaltensanalyse Interview 88, 95, 220
VDS22 Fremdanamnese 89
VDS23-Situationsfragebogen 89, 160
VDS24-Frustrierendes-Elternverhalten-Fragebogen 89, 94, 216
VDS26 Ressourcenanalyse 89
VDS27-Bedürfnis-Fragebogen (alternativ SKT09) 89, 217
VDS28-Angst-Fragebogen (alternativ SKT11a) 89, 217
VDS29-Wut-Fragebogen (alternative SKT11b) 89, 217
VDS30-Int Persönlichkeitsstörungs-Interview 218
VDS30 Persönlichkeitsfragebogen 89, 214
VDS31-Entwicklungs-Interview 90, 101
VDS31-Entwicklungsfragebogen 101
VDS32 Emotionsfragebogen 90
VDS38-Ressourcen-Defizit-Rating RDR 114
VDS90Symptomliste
Verachtung 164
Veränderung des Erlebens und Verhaltens 80
Verantwortung 273
verbale Gefühlsausdruck 168

Verbote 26
Verbundenheit 276
Verfügbarkeit 276
Vergänglichkeit 114
Verhaltensanalyse 23, 86, 95
Verhaltensanalyse-Interview 222
Verhaltensbeobachtung 86
Verhaltensdiagnostiksystem (VDS) 86, 88
Verhaltensgebot 126
Verhaltensmodifikation 56
Verhaltensmotiv 48
Verhaltenspläne 45
Verhaltensprobe 161
Verhaltensstereotypien 45, 127
Verhaltenssymptom 150
Verhaltensverbot 126
Verhandlungen 272
verheimlichen 190
verlassen werden 127, 92, 248
verlieren können 30
Verlustangst 193
Vermeidung 44, 47
Vermeidungsmotiv 126
Vermeidungstendenzen 89
Vermeidungsverhalten 53, 60, 233
Vernichtung 27
Versorgungspraxis 36
Versorgung versus Autarkie 90
Verständnis 37, 62
Verstärkung 249
Verstoßen werden 248
vertikale Verhaltensanalyse 217
Vertrag 136, 226
Vorbefund 86
Vorbereitungsphase 85
Vorbild 42, 63
vor-operativ 184
Vulnerabilität 26, 50, 289

W

Wachstumskrisen 81
Wahlmöglichkeiten 242
Wahrnehmungsregulation 48
Wärme 42, 192
Warmherzigkeit 57
Wehrhaftigkeit 27
Wehrlosigkeit 258

Weltbild 24, 26, 127
Werte 43, 59, 90, 96, 263
Wertefaktoren 90
Wertesystem 52
Wertlosigkeit 258
Wertorientierung 96, 263
Wertschätzung 42, 62, 69
Widerstand 43, 103, 111, 236
Widerstandsanalyse 208, 240
Wiederholungszwang 61, 69, 96
Wille 160, 188
Willkommensein 42, 128
willkürliche Psyche 37, 48, 88
Wirkfaktor 78
Wirkfaktoren der Psychotherapie 78, 207
Wirksamkeit eigenen Verhaltens 28
Wirksamkeitsanalyse 73
Wirksamkeitserwartung 153
Wirksamkeitsforschung 36
Wirksamkeitsstudien 91
Wirksamkeit von Psychotherapien 57
Wirkung 191
Witz 190
Wohlbefindens 209
Wunscherfüllung 61
Würde 42
Wut 27, 46, 97, 221, 241
Wutausbruch 188
Wut-Exposition 172, 253
Wuttendenzen 89

Z

zentrale Aggressionstendenzen 89
zentrale Angst 24, 27, 43, 59, 89, 126
zentrale Bedürfnisse 24, 43, 59, 89, 96, 126
zentraler Verstärker 24
zentrale Vermeidungstendenz 24, 27, 29
zentrale Wut 97
Zielanalyse 103, 223
Ziele 43
Zielerreichungsskalierung 276
Zielgerichtetheit 37
Zielorientierung 115
Zielprioriäten 109
Zielspezifität 106
Zieltaxonomie 113
Zivilisation 46

Zufriedenheit 272
Zugehörigkeitsbedürfnisse 37, 42
Zukunft des Patienten 82, 209
Zuverlässigkeit 42, 192
Zwang 13, 22, 122
zwanghaft 130, 259
Zwangsgedanken 282
Zwangshandlungen 282
Zwei Stühle 266
zwischenmenschlicher Selbstmodus 188, 202
zwischenmenschliche Stufe 32, 73, 184

Autorenverzeichnis

A
Allen 75
Antoni 281, 289
Auszra 169, 182

B
Bandura 93
Bateman 66, 67
Batten 79
Beck 18, 38, 45, 46, 72, 79, 80, 136, 220, 278, 279
Becker 82, 96, 101
Bender 39
Beste 89
Betz 95
Bowlby 62, 78, 126
Broda 122
Brunner 249
Burkhard 228, 229, 231

C
Carver 43
Caspar 217
Catania 98
Christensen 79, 209

D
Dall´Occhio 169
Damasio 238
Deckert 13, 126, 133, 147, 255, 280, 289
Dilling 215

E
Ehlert 103
Elliott 66, 71, 238
Ellis 79
Epstein 88

F
Fisher 95
Fonagy 66, 75, 280
Frank 78
Frankl 113
Freud 11
Fuchs 38

G
Gilbert 139
Goldman 71
Gollwitzer 80
Gräff 89, 93
Gräff-Rudolph 13, 89
Graßl 13, 114, 290
Grawe 11, 39, 45, 46, 48, 52, 65, 71, 78, 79, 80, 91, 96, 125, 169, 217, 249, 265
Greenberg 51, 66, 71, 78, 169, 238

H
Hagleitner 13, 281, 289
Haken 43, 265
Haley 12
Hamacher-Erbguth 39
Hartkamp 265
Hauke 13, 38, 51, 126, 169, 227, 264, 265
Hautzinger 163
Hayes 12, 45, 79
Hebing 290
Heckhausen 48, 80
Hoenes 13, 241, 268
Höfling 203
Horowitz 265
Howe 238
Hoy 13, 114, 290
Hoyer 72

I
Inhelder 37, 43, 45

J
Jacobson 79, 209
Jakob 89
Jänsch 13, 22, 128, 282, 289

K
Kabat-Zinn 138, 228
Kahng 95
Kanfer 44, 46, 48, 50, 52, 74, 78, 81, 85, 103, 105, 113, 208, 212, 290
Kaufmayer 13

Kazantzakis 273
Kegan 43, 45, 81, 90, 105, 120, 278
Kelley 93
Kelly 104, 278
Kettl 82, 158
Klerman 18, 19, 79, 103
Kohlberg 105, 278
Kohlenberg 78

L
Lattal 98
Leibing 122
Lewinsohn 79
Liberman 81
Linden 163
Linehan 12, 19, 22, 74, 79, 169, 182, 279
Liwowski 13
Lukoff 19
Lutz 79, 92

M
Mace 98
Madden 95
Maier 96
Margraf 18, 122, 251
Maßun 96
McCullough 12, 37, 66, 72, 147, 183, 246, 261
McIlvane 98
Meichenbaum 251
Miethge 182
Miltenberger 98
Mischel 45
Müller 88, 89

O
Orlinsky 78

P
Perquin 39, 238
Pesso 39, 66, 237
Peters 13, 281, 290
Piaget 37, 43, 45, 66, 90, 105, 120, 183, 249

R
Rabinowitz 19
Ramseyer 38
Rehm 18, 210
Reinecker 163
Richter-Benedikt 13, 290
Rogers 78
Roth 18, 210

S
Sachse 51, 66, 71, 82, 289, 290
Sampson 62
Sauer 89, 96
Scheier 43
Schiepek 43, 265
Schmalhofer 96
Schneider 18, 251
Schönwald 13, 93, 94
Schramm 18, 19
Sedlacek 290
Senf 122
Sichort-Hebing 13, 22, 128, 282, 289
Siegl 163
Spaan 281, 289
Spreemann 38
Stadler 39
Storch 38
Sulz, A. 138
Sulz, J 164

T
Theßen 13, 81, 89, 90, 96, 101, 185, 186, 197, 198
Tillett 19
Tins 45, 62, 89, 96
Tschacher 38

U
Ullrich 19, 38
Ullrich de Muynck 19, 22, 38

W
Wassmann 169
Watson 71
Watzlawick 37, 43
Weil 98
Weiss 62
Weissman 103
Woolfolk 291
Wright 278

Z
Zarbock 93

Gute VERHALTENSTHERAPIE LERNEN und BEHERRSCHEN

Wissen, das man gern griffbereit hat.

Band 1 – Verhaltenstherapie-WISSEN
So gelangen Sie zu einem tiefen Verständnis des Menschen und seiner Symptome

Können baut auf Wissen auf und Therapie auf Verstehen. Um zu dem notwendigen tiefen Verständnis des Menschen zu gelangen, der zu Ihnen in Psychotherapie kommt, ist ein profundes Wissen unverzichtbar:
| Umfangreiche empirische Forschung aus Psychologie und Neurobiologie
| Aktuelle wissenschaftliche Erkenntnis und Theoriebildung.

Das hilft,
– zu einer stimmigen Fallkonzeption,
– einer klaren Therapiestrategie und
– einer effektiven Behandlung zu gelangen und
– eine sichere und souveräne therapeutische Haltung einzunehmen.

ISBN 978-3-86294-046-2 | Hardcover DIN A 4 | ca. 400 S. | 59,– | 4. Quartal 2017

Ein Therapiebuch als ständiger Begleiter.

Band 2 – Verhaltenstherapie-PRAXIS
Alles, was Sie für eine gute Therapie brauchen

Moderne kognitive Verhaltenstherapie mit ihren
- störungsspezifischen evidenzbasierten Therapien,
- störungsübergreifenden Interventionen und
- der Wirkungskraft des Expositionsprinzips
- auf dem Erkenntnis- und Kompetenzstand der Verhaltenstherapie der dritten Welle
- fokussiert auf Emotionsregulation,
- korrigierenden Beziehungserfahrungen,
- Metakognition und Entwicklung des Denkens und Fühlens; dazu die Perspektive der evidenzbasierten Strategisch-Behavioralen Therapie
- schemaanalytisch (dysfunktionale Überlebensregel) funktionsanalytisch (Reaktionskette zum Symptom)
- Alle wichtigen Interventionen anschaulich beschrieben
- ab der ersten Therapiestunde mit dem ersten Patienten

ISBN 978-3-86294-047-9 | Hardcover DIN A 4 | ca. 400 S. | 59,– | 3. Quartal 2017

SPEZIALANGEBOT
Band 1 (VT-Wissen) UND Band 2 (VT-Praxis)
Sulz: Gute Verhaltenstherapie lernen und beherrschen
ISBN 978-3-86294-049-3 | 99,– € statt 118,– €

Gute KURZZEITTHERAPIE in 12 plus 12 Stunden

Kurzzeittherapie ist eine Kunst, wenn sie erreichen soll, dass der Patient anschließend keine weitere Therapie mehr braucht. Sie wird effektiv, wenn strategisch vorgegangen wird – nachdem ein tiefes und recht umfassendes Verständnis des Menschen zu einer stimmigen Fallkonzeption geführt hat.

Die Strategie wirksamer Kurzzeittherapie

- gründet auf einem tiefen Verständnis des Patienten,
- entspringt einem ganzheitlichen integrativen Menschenbild,
- konzipiert klar den Therapiefall,
- ist in der Anwendung auf den individuellen Menschen bezogen,
- geht einerseits empathisch mit dessen emotionalem Erleben mit,
- fordert ihn andererseits zu neuen Wagnissen heraus,
- die ihm die Erfahrung vermitteln, dass er einer sein darf und kann,
- der sein Leben und seine Beziehungen selbstbestimmt auf eine neue Weise angeht.

ISBN 978-3-86294-048-6 | Broschur 21 x 25 cm | 332 S. | 49,- €

PRAXISMANUAL
Strategien der Veränderung von Erleben und Verhalten

Zwei Bücher in einem

- Praxismanual zur Strategischen Entwicklung des Selbst und der Beziehungen
- Experimentierbuch mit einem 25-Wochen-Programm und 34 Experimenten, die sich auf die Arbeitsblätter beziehen und deren Vertiefung und Weiterführung sind

Ein sicherer Weg zu den Ursachen psychischer Fehlentwicklung. Eine zuverlässige Hilfe aus dem Dickicht fehlgeleiteter Gefühle zur Entwicklung einer gesunden Persönlichkeit. Ein Therapiemanual mit einer Fülle von therapeutischen Interventionen.
Für Einzel-, Gruppentherapie und Selbsterfahrung.

ISBN 978-3-932096-78-5 | Hardcover 21 x 25 cm KZT As | 377 S. | 37,50 €

SPEZIALANGEBOT

Gute Kurzzeittherapie in 12 plus 12 Stunden UND
Praxismanual zur Veränderung von Erleben und Verhalten
ISBN 978-3-86294-054-7 | 77,– € statt 87,50 €

---

www.cip-medien.com | Buchbestellung: Herold Fulfillment GmbH | Raiffeisenallee 10 | 82041 Oberhaching | Tel. 0 89-61 38 71 24 | Fax 0 89-61 38 71 20 | cip-medien@herold-va.de

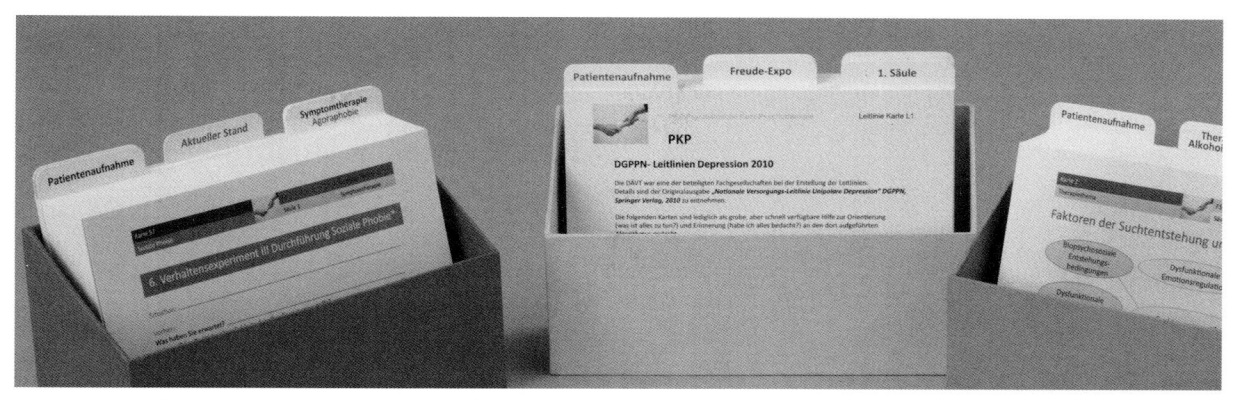

PKP-Therapiekarten | Psych. Kurz-Psychotherapie (PKP)

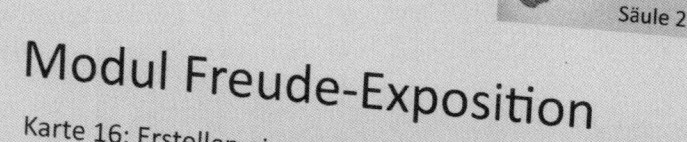

Modul Freude-Exposition

Karte 16: Erstellen einer Liste
Karte 17: Planen, Protokollieren
Karte 18: Aktivitäten öfter einplanen
Karte 19: Aktivitäten + Stimmung zeichnen
Karte 21: Sportplan für die Woche
Karte 22: Entspannungsprotokoll
Karte 23: Genusstraining – Sammeln
– Üben
– Erinnern

ANGST UND ZWANG

Angsttherapie ist eine der häufigsten therapeutischen Aufgaben. In der psychotherapeutischen Sitzung sowohl des psychodynamischen als auch des verhaltenstherapeutischen Psychotherapeuten.

Unsere Therapiekarten bieten eine sichere Führung für das Vorgehen bei allen wichtigen Ängsten und Phobien: Agoraphobie, Panikstörung, Generalisierte Angststörung, Soziale Phobie, Krankheitsängste, alle spezifischen Phobien wie Klaustrophobie, Spritzenphobie etc.
Vorderseite: was wird wie gemacht?
Rückseite: theoret. Hintergrund.

ISBN 978-3-86294-031-8
Karteikasten in Blau | 123 Karten
Manual 20 S. | € 59,–

DEPRESSION

Effektive Psychotherapie in der Versorgung depressiver Patienten wird einfacher. Interventionen im 25-Minutensetting, im 50-Minutensetting und in Gruppentherapien.

Die Karten führen zielorientiert durch das Gespräch mit aktiver Beteiligung des Patienten.

ISBN 978-3-86294-000-4
Karteikasten in Gelb | 90 Karten
Manual 18 S. | € 59,–

ERGÄNZUNGSSET
Antidepressive Pharmakotherapie
ISBN 978-3-86294-032-5
15 Karten | € 10,–

Das
STABILISIERUNGSTRAINING
für jugendliche Flüchtlinge
mit **TRAUMAFOLGESTÖRUNGEN**

Das Stabilisierungstraining für jugendliche Flüchtlinge mit Traumafolgestörungen wurde 2016 in die Landesinitiative „Gesundes Land Nordrhein-Westfalen" aufgenommen. Es wurde als „vorbildlich für die Weiterentwicklung des nordrhein-westfälischen Gesundheitswesens" bewertet.

Das Training richtet sich an jugendliche Flüchtlinge mit Traumafolgestörungen wie posttraumatische Belastungsstörung, depressive Störungen oder Angststörungen. Ziel des Trainings ist eine emotionale und psychische Stabilisierung der Teilnehmenden.
Das Training kann sowohl im Gruppensetting als auch in der Einzeltherapie durchgeführt werden. Da die Versorgungsangebote für die Hochrisikogruppe der unbegleiteten minderjährigen Flüchtlinge ausgebaut werden müssen, richtet sich dieses Manual nicht nur an Kinder- und JugendpsychiaterInnen, psychologische PsychotherapeutInnen und Kinder- und JugendlichenpsychotherapeutInnen, sondern auch an pädagogische MitarbeiterInnen von Wohngruppen und Clearingstellen.
Das Trainingskonzept wurde so entwickelt, dass keine bedeutsamen psychotherapeutischen Kompetenzen zur Durchführung erforderlich sind. So kann das Training direkt vor Ort in den Wohngruppen von MitarbeiterInnen angeboten werden, die den Jugendlichen vertraut sind. Das vorliegende Stabilisierungstraining soll auf diese Weise einen Beitrag zur besseren Versorgung der traumatisierten Flüchtlinge leisten.

ISBN 978-3-86294-0-53-0 | Broschur DIN A 4 | 142 S. | 40,00 €

Buchbestellung direkt bei Herold Fulfillment GmbH | Raiffeisenallee 10 | 82041 Oberhaching | Tel. 0 89-61 38 71 24 | Fax 0 89-61 38 71 20
www.cip-medien.com | cip-medien@herold-va.de